자아와 살

자아와 살

Le moi et la chair

에고-분석 개론

자콥 로고진스키 | 이은정 옮김

도서출판 b

| 일러두기 |

1. 이 책은 Jacob Rogozinski, *Le moi et la chair: introduction à l'ego-analyse*(les Éditions du Cerf, Paris, 2006)를 옮긴 것이다.
2. 본문 속 괄호는 [ ]로, 원어 병기나 옮긴이 괄호는 ( )로 표기하였다.

차 례

두 번째 부분
데카르트로 돌아감

세 번째 부분
에고-분석 개론

나는 이 책을 파트리샤와 세 명의 D,
다비드, 드니스, 디미트리에게 바친다.

들어가기

― 이보게, 뭐 새로운 거라도 있는가? 생각할 만한 뭐 새로운 거라도 있는가 말일세.

― '나'라고 하면 자네 뭐라고 하겠나?

― 자네가 농담한다고 하겠네.

― 그렇지만 그게 내 대답일세. 오늘날 생각해야 할 것은 바로 나일세.

― 아마도 자네는 "자아"[1]를 말하려는 거겠지. 자네를 따르면 '자아' 개념이 생각에 중요한 쟁점이 되거나 다시 될 거라는 말이지.

― 자아("Le" moi),[2] 곧 자아 개념 일반은 아무 의미가 없다는 점을

---

1. [옮긴이 주] 여기서 말하는 이는 'le moi'라고 고쳐 말한다. 프랑스어에서 '나'를 일컫는 단어 'moi' 앞에 정관사 'le'를 붙이면 일인칭에서 삼인칭으로 바뀐다. 이처럼 'moi'와 'le moi'는 일인칭과 삼인칭, 곧 주관적 자아 '나'와 객관적 자아 '그'를 일컫는다는 점에서 다르다. 자콥 로고진스키는 철학에서 문제 삼아야 할 것이 객관적 자아, 삼인칭 자아 '그'가 아니라 주관적 자아, 일인칭 자아 '나'임을 강조한다.

2. 여기서 자콥 로고진스키는 정관사 'le'에 인용부호(" ")를 달아서 일반적으로 사람들이 말하는 자아가 삼인칭임을 드러낸다.

빼면 그러하네. 보편적 자아, 나 자신이 아닌 "자아"는 빈 형식에 지나지 않네. 우리는 그것을 '그(Il)'나 'X'로 쉽게 바꿀 수 있을 걸세. 자아 개념에 그 모든 의미를 주는 것은 내가 매 순간 하는, 살아 있고 단독적인 자아(moi vivant et singulier)라는 경험일세. 이제 생각해야 할 것은 바로 나일세.

— 난 자네에게 생각할 만한 뭐 새로운 거라도 있는지 물었네. 그런데 자네는 인간주의와 주체 철학이라는 케케묵은 생각으로 나를 도로 데려가는군그래!

— 난 인간도 주체도 말한 적 없네. 난 나를 말했네. 인간다움이나 주체라는 일반 개념에 쉽게 동류시할 수 없는 단독적인 자아(moi singulier) 말일세. 생각해야 할 것은 '내가 무엇인가' 하는 바로 그 수수께끼일세.

— 하지만 어떻게 내가 누구인지 모를 수 있나? 왜 뻔한 일에 관심을 갖나? 내가 나라는 명백한 사실에 말일세.

— 정확히 왜냐하면 그 사실이 나를 눈멀게 하고 내가 무엇인지를 내게 숨기기 때문일세. 그 문제가 해결되지 않았음을, 우리가 저마다 다른 사람이나 자기 자신에게 수수께끼로 여전히 있음을 잠시 느낄 때가 우리에게는 모두 있네. 문득 '내가 누구지?' 하는 물음이 섬광처럼 나를 스치네. 그 물음은 불안 속에서, 극도로 격렬한 정념이나 기쁨이나 고통 속에서, 또는 "치명적인 병" 속에서, 곧 오직 그것일 뿐이라는, 참으로 나 자신이 아니라는 절망 속에서 생기네. 그 물음이 언제나 새로 솟구친다면 이는 그 물음이 여전히 해답 없이 남아 있기 때문일세. 그 어떤 것도 나 자신보다 더 내게 낯설지 않네. 그 어떤 것도 나 자신보다 더 내게 아득하지 않네. 왜냐하면 나는 내가 아니라고, 나는 아무것도

아니라고 확신할 때까지 나는 쉴 새 없이 나 자신을 잊고 다른 사람들이나 세계에 사로잡혀 있기 때문일세.

— 정말이지, 자네의 에고중심주의가 자네를 헤매게 하는군. 자네 주변을 보게나. 근대 재앙이 나날이 심화하고 있네. 만일 우리가 폭력에, 불의에 저항하도록 사람들을 돕고자 한다면, 우리가 해야 할 일은 우리 세계를 이해할 수 있는 것으로 만들고자 사고하는 일일세. 세계 역사의 사건을 푸는 일일세. 하지만 자네는 나르시스적인 자기성찰에 몰두하는 걸 더 좋아하는군….

— 하지만 자네가 말하는 사람들이 모두 먼저 단독적인 자아(moi singulier)로서 자기를 산다는 걸 자네는 인정할 걸세. 모든 이는 단독성을 경험하네. 그리고 모든 저항은 위협받는 그 단독성에 원천을 둔다네. 내가 없다면, 우리 가운데 그 누구도 자아로서 자기를 살지 않는다면, '누가' 결국 저항하고자 일어서겠는가?

— 그것에 나는 매우 동의하네. 억압에 저항한다는 것은 저항할 수 있는 주체를 가정하지. 내가 부인하는 것은 에고, 고립된 개인이 문제일 수 있다는 바로 그 점일세. 저항은 '자아'의 일이 아니라 '우리'의 일일세. 곧 민중, 계급의 일일세. 아니 차라리 다중이라고 말함세.

— 개인으로 이뤄진 다중이지. 그들은 모두 자신의 몸, 세계, 다른 사람과 독특한 관계에 연루된 채, 단번에 '자아'로서 자신을 살지. 그 자아는 자신의 고통이나 기쁨, 자신의 욕망이나 증오, 자신의 불안, 자신의 절망을 느끼네. 그가 그처럼 자신을 느끼지 않는다면, 어떻게 그가 억압이나 불의가 불러일으키는 참을 수 없는 괴로움을 경험할 수 있겠는가? 그가 그러한 감정을 그의 살 속에서, 그의 삶 속에서 느끼기에, 그는 저항할 것을, 공동체 내부에 있는 다른 사람들에 합류할 것을 결정

할 수 있는 걸세. 그리고 그 결정은 몇 번이고 '그의' 결정으로 남는다네. 어느 누구도 그 대신 그 결정을 내릴 수 없네.

— 드디어 우리가 논의의 핵심에 이르는군. 데카르트로 되돌아가자고 자네는 우리에게 제안하는 거군그래. 어느 날 자기 영역을 떠나 다른 사람에 이르는 길을 찾기로 마음먹게 될, 자기에 갇힌 고독한 개인으로 말일세. 하지만 유아론적 에고는 존재하지 않는다네. 그것은 형이상학적 허구일세. 우리는 그러한 허구를 단념한 지 오래됐네. 만일 그러한 에고가 어딘가 존재한다면, 우리 사회를 이기적이고 경쟁적인 개인들의 집합체로 묘사하는 지배적인 이데올로기 속에서일 걸세. 자네가 찬사를 보내는 자아, 자기 나르시시즘을 과시하는 자아는 있을 수 있는 저항의 주체가 아니라 권력에 종속된 데서 생긴 결과이자 권력에 종속된 작자일세. 자네가 전하는 철학은 시류에 잘 부합하는 걸세.

— 한 가지 점에서는 자네가 옳네. 주권을 가진 개인에 열광하는 것이 시대의 주요한 특징 가운데 하나라는 점일세. 하지만 그처럼 자기를 과시하는 에고가 정말 나일까? 니체의 격언을 인용함세. "통상적인 에고주의에서 지배적인 것은 매우 평범한 존재로서 비-에고이다." 자네는 나르시스적 자아의 패권을 비판하는데, 자네가 말하는 자아는 타자(autres)와, 아니 차라리 대타자(Autre)[3]의 '이미지'와, 영화 화면에서 빛나는 영광스러운 인물과 동일시한 자아일세. 기묘하면서도 치명적인 역설이 아닐 수 없지. 자아가 자신을 "본래적으로(authentiquement)" 드러내

---

3. [옮긴이 주] 라캉은 타자를 '상상적 타자'와 '상징적 타자'로 구분하고자, 상상적 타자를 소문자 'a'와 함께 'autre'로, 상징적 타자를 대문자 'A'와 함께 'Autre'로 쓴다. 여기서 자콥 로고진스키는 라캉의 용법을 따르는 듯하다. 이에 나는 'Autre'를 대타자로 옮기겠다.

보인다고, 자신의 이름으로 자신을 나타낸다고 믿을 때, 바로 그때 대타자가 그 대신 말한단 말일세. 자아가 할 말을 '속삭이고', 그것을 암시하는 동시에 숨긴단 말일세. 이러한 상황을 일컫고자, 나는 거의 망각 속으로 떨어진 개념을 사용하고 싶네. 바로 '소외(aliénation)'⁴라는 개념일세. 사실 우리 시대가 찬양하는 "자율적인" 자아는 지배받는 자아, 소외된 자아일세. 하지만 그렇다고 우리 자아가 소외하는 동일시에 사로잡힌 예속된 자아로 전적으로 환원된다고 말하는 건 아닐세. '소외된 자아'와 '참된 자아'를 혼동하지 말게. 그 둘을 혼동할 때 우리는 해방이나 치유의 가능성을 더는 생각하지 못하게 될 걸세. 대타자의 영향력에서 벗어날 수 있게 해주는 '일말의 진리'가 내 안에 없다면 어떻게 내가 나 자신이 소외되는 일에 저항할 수 있겠는가?

　　— 결국 우리는 형이상학 한가운데 있지 않나. 자네가 내세우는 "참된" 자아는 근거 없는 허구일세. 사람들이 데카르트의 잘못을 반박한 지 오래 되었네. 그가 자아에 부여했던 실체적 영속성, 인격적 동일성은 우리 이성의 환영일세. 그 어떤 것도 매 순간에 내가 '나 자신으로' 있음을 증명하지 못하기 때문이지. 영속적인 주체 대신에 우리는 불연속적인 방식으로 이어지는 일련의 인상과 관계할 따름이네. 자기 자신이라고 확신하는 자아 대신에 눈먼 흐름이 있을 뿐이지. 그 흐름 속에서 익명의 사건이 일어나네. "나는 생각한다(je pense)"를 근원적인 명증으로 만듦으로써 데카르트는 생각이 주체를 반드시 지니며 주체는 자아로 언제나 자신을 규정한다고 순진하게 생각했네. 그 어떤 것도 그보다

---

4. [옮긴이 주] 우리말에서 소외(疏外)는 '어떤 무리에서 따돌리거나 멀리하는 일'을 말한다. 우리가 보통 '소외'로 옮기는 프랑스어 'aliénation'은 그 어원을 생각했을 때 '타자(alius)에 속함', '타자로 됨'을 뜻한다.

덜 확실하지 않네. 더는 내 생각이 아니라 비인격적 사건으로서, *cogito*가 아니라 *cogitatur*로서 생각이 가능함을 인정해야 하네. 곧 그것이 생각하고, 그것이 욕망하고, 그것이 말한다고 해야 하네. 생각하거나, 욕망하거나, 말하는 것은 더는 내가 아닐세.

— 자네는 결국 자아, 나 자신이라는 내 확실성을 전적인 환영으로 규정하는군.

— 그렇다네.

— 그러면 보편적 환영이 문제가 돼야겠군. 왜냐하면 모든 사람이 그처럼 자신을 헤아리니 말일세. 모든 시대에, 우리가 아는 모든 인류 문화에서 '나'로 자기를 사니 말일세. 우리는 그것을 언어에서 확인할 수 있네. 어떤 언어는 현재, 과거, 미래의 구분을 알지 못하네. 또 다른 언어는 "있다/이다(être)"의 동사를 지니지 않네. 하지만 모두 일인칭 단수를 포함하네. 존재나 시간[또는 신…]이 모든 언어에서 말해지지 않는다면, '나'를 모르는 인간 언어는 없네. 심지어 정신질환자의 언어도 그것을 모르지 않네. 그가 "'나'는 더는 '나 자신'이 아니다"라거나 "'나'는 다른 사람이 된 나를 느낀다"라고 선언할 때, 또는 니체가 몰락하던 순간에 그랬듯 "역사의 모든 이름은 '나'다"라고 말할 때 우리는 그것을 잘 알 수 있네.

— 그렇지만 우리 근대 서양인이 이해하는 의미에서 "나"라는 의식을 가지려면 '나'라고 말하는 것으로 충분하지 않네. 역사학자나 인류학자가 보여 주었듯, 데카르트 *cogito*는 힌두인이나 고대 그리스인에게는 아무 의미도 지니지 못할 걸세. 그들이 반성적 내성(introspection)을 실행하지 않는 한, 그들의 자기의식(conscience de soi)은 비인격적인 '그'나 '우리'의 의식일세. 공동체 성원의 의식이지 인격적인 '내' 의식이 아니

었네.

— 그러한 분석이 정확하다고 가정해 봄세. 그렇더라도 나는 솔직히 그것을 믿기 어렵네. 그것은 붓다나 소크라테스가 자아를 지니지 않았음을, 단독적인 에고로 자기를 살지 않았음을 전혀 증명해 보이지 못하네. 그것은 단지 그들이 그들 삶의 바탕을 이뤘던 구체적 경험을 개념화하지 않았음을 증명해 보일 뿐일세. 소리 없는 그 경험을 "그것이 지닌 의미로부터 순수한 표현으로 가져와야" 하네. 그러한 의미가 역사의 모든 시대를 가로지른다고 나는 생각하네. 나라는 확실성과 수수께끼가 모든 시대, 모든 인류 문화 속에 확실히 다른 모습으로 존재한다고 나는 생각하네.

— 자네는 사실 논거를 내세워 나를 반박하는군. 나중에 면밀한 검토를 한다는 조건에서 모든 시대에 모든 사람이 자신을 자아로 여겼음을 인정하더라도, 그것은 단지 그들이 모두 틀렸음을 보여줄 따름일세.

— 만일 그렇다면, 그토록 근본적인 환영이 어떻게 가능한지를 설명해야 할 걸세. 이를 위해 우리는 '위대한 기만자'의 존재를 가정해야 할 걸세. 자네가 좋다면, 그를 '무의식', '형이상학', '상상계', '이데올로기'라고 함세. 요컨대 내 안에 나라는 환영을 생기게 하는 '대타자=X'의 존재를 말일세.

— 바로 그걸세.

— 그가 속이려고 애쓰는 건 그렇지만 나일세. 나를 그의 목표로 함으로써 그는 내가 실존한다[5]는 것을 내게 밝혀주네. 그가 나를 부정하려고

---

5. [옮긴이 주] 나는 이 글에서 줄곧 'exister'를 '실존하다'로 옮겼다. 그러나 이 용어를 '존재하다'로 옮겨도 무방할 것이다. '존재하다', '현존하다', '실재하다'는 실제로 그 용어의 가능한 번역어이다. 다만 'être'와 용어적 구별을 하고자, 그리고 언제나 그러한 것은 아니지만 그러한 구별을 해야 할 때가 있기에,

애쓰면 애쓸수록 그는 내 실존을 내게 더 확인해주지.

— "그가 나를 속인다면, 나는 존재한다." 교활한 악령이라는 낡은 논거를 자네는 거기 다시 *끄*집어내는군. 정말이지, 자네는 데카르트주의자군.

— 데카르트가 교활한 악령이나 속이는 신이라 했던 근본적 착각의 진원지에 근대인들은 다른 이름을 주었네. 그렇게 하면서 그들은 데카르트 논거를 되풀이한다는 것을, "나는 있다, 나는 실존한다(je suis, j'existe)"라고 데카르트가 그들에게 이미 대답했다는 것을 알아차리지조차 못하네. "나는 있다, 나는 실존한다"라는 진술은 그것을 반박하고자 하는 모든 시도에 저항한다네.

— 데카르트가 흄, 칸트, 니체, 하이데거, 분석 철학과 정신분석학이 그에게 하게 될 비판에 미리 대답했다고 주장하는 것은 설마 아니지….

— 왜 아니겠나? 그들 사상가 가운데 어느 누구도, 그들의 이론 가운데 어느 것도 어떻게 '대타자=X'로부터, 상상, 힘의 의지, 존재, 언어, 무의식적 그것(Es), 그것을 뭐라 하든, 내가 아닌 개체로부터 나라는 확실성이 필연적으로 생기는지 설득력 있는 방식으로 설명해내지 못했네. 그들 가운데 어느 누구도 어떻게 자아가 더 근원적인 비-자아에서 나올 수 있는지 보여주지 못했네. 이 모든 에지시드(égicide)[6]의 실패를 인정해야 할 때네.

그 용어를 '실존하다'로 옮겼으며, 'être'를 '있다' 또는 '존재하다'로 옮겼다.

6. [옮긴이 주] 프랑스어에서 살인자나 살인범을 'homicide', 집단학살을 'génocide', 유아살해 또는 유아살해범을 'infanticide'라고 해서 여기서 사용된 '-cide'라는 접미어는 '죽인다'는 뜻을 지닌다. 'égicide'는 'ego'와 '-cide'를 결합한 말로 '에고살해'나 '에고살해자'를 뜻하고자 고안한 말이다. 이제부터 문맥에 맞춰 '에고살해'나 '에고살해자'로 옮기겠다.

— 레지시드(régicide)[7]라고?

— 에지시드(égicide)라 했네. 자아를 없애야 할 환영으로 고발하는 현대 사유의 매우 지배적인 경향을 말하네. 고백컨대, 나 자신은 오랫동안 에고살해의 매력에 빠져 있었네. 내 스승들이 길을 잃었다는 것을 이해하기 전까지 말일세. 대체로 급진적인, 권력과 사회에 매우 비판적인 사상가들이 문제일세. 하지만 그들은 그들의 동향이 초래할 결과를 헤아리지 못했네. 자아를 단순한 신기루로 여김으로써 그들은 모든 저항을 불가능하게 했네. 인격적인 동일성을, 다시 말해 지속할 수 있는 힘을 자아에게 인정하지 않음으로써 그들은 일시적인 수많은 "인격"으로 자아를 해체했네. "유동적인", 해체된, 끊임없이 바뀌는 우리 세계를 특징 짓는, 모든 동일성의 '청산'을 조장했단 말일세. 정치적 집단의 계급이 모든 이에게 미리 정해진 자리를 배분해주는 전통 사회에서 그러한 비판은 전복적인 힘을 지닐 수 있었네. "해체된" 사회, 유동성 곧 제한 없는 이동성을 주체에게 요구하는 사회에서는 반대로 끊임없이 해체당할 위협을 받는 우리의 인격적인 동일성을 방어하는 게 중요하다네. 소외에 맞서는 일에서 이제 우리는 존재의 통일성을 지키려는 싸움으로 넘어왔네. 익명의 흐름 속에서 잇달아 일어나는 불연속적인 인상이나 비인격적인 사건만이 있다면, 자기가 누구인지, 뭘 하는지 순간순간 잊는 사람들을 내가 닮았다면, 어떻게 내가 근본적인 결정을 내릴 수 있겠는가? 예컨대 저항하기로 결정하고, '그 결정을 따르고', 살아 있는 내내 그 결정에 충실할 수 있겠는가?

---

7. [옮긴이 주] 사전에 없는 '에지시드(égicide)'를 잘못 알아들어 '레지시드(régicide)'라고 반문한다. '레지시드(régicide)'는 왕을 죽인다는 말로 '시역'을 뜻한다.

— 자네는 여기서 매우 급진적인 에고살해를 비난하는군. 알맹이 없는 단순한 겉모습으로 자아를 치부하는 자들 말일세. 그렇게 자네는 논의를 용이하게 하는군. 자아의 실존을 기어이 부정해야 하는 것은 아닐세. 다만 자아의 주장을 제한해야 하네. 자아를 궁극적 기반으로 세워선 안 되며 최고 자리에서 그것을 물러나게 해야 하네. 우리가 우리 자아라고 하는 것은 사실 더 근원적인 다른 심급이 만들어낸 파생된 개체일 따름일세.

— 그럴 수 있지. 하지만 어떻게 자아가 근원적인 비-자아에서 파생할 수 있는지를 설명해야 할 때 어려움은 시작되네. 게다가 근원적인 비-자아에서 파생함을 '자아 자신은 알아차리지 못하고' 말일세. 결국 자아는 자신을 생기게 한 비-자아를 감추는 가면이나 일종의 은막처럼 보이지 않을 수 없을 걸세. 없애야 할 환영의 원천처럼 말일세. 결국 내가 모르는 사이 내 안에서 '그것이 생각한다면', 나는 "나"를 가로질러 생각하는 대타자의 꿈일 수밖에 없을 걸세. … 에고살해는 첨예화할 수밖에 없네. 자아를 파괴하지 않고 자아를 물러나게 하거나 대타자에서 자아를 파생시키는 것은 불가능하네. 에고살해가 시작된 순간 에고를 구하기에는 이미 너무 늦었네.

— 그럼에도 여전히 자아는 대타자에 맞서고 그를 자기 영역 바깥으로 내몰면서 자신을 자아로 놓는다네. 대타자가 교활한 악령의 특징을 꼭 지녀야 하는 것은 아닐세. 대타자가 나약한 자, 모욕당한 자, 내게 손해를 입은 자라고 해봄세. 애원하는 그의 얼굴은 나를 비난하고 나를 속박하네. 파스칼이 이미 말했듯 "자아는 혐오스럽고" 또 "부당하다네." 왜냐하면 그가 "모든 것의 중심이라고" 주장하기 때문이지.

— 자네가 내세운 얼굴의 윤리는 감탄할 만하네. 하지만 나는 그것에

동의하지 못하겠네. 자아의 실존을 부정하지는 않지만 대타자에 자아를 전적으로 굴복시키고자 자아를 폄하하고 자아를 모욕하고자 하는 에고 살해의 변이를 그곳에서 보는 것 같아 걱정스럽네. 무슨 권리로 자네는 '나'라는 것이 언제나 유죄라고, 대타자는 언제나 내 무구한 희생자라고, 다른 누구보다도 내가 모든 이에 대해 모든 것에 책임이 있다고 주장하는가? 어째서 자네는 '잘못을 나눠 갖지' 않으려 하는가? '대타자의 폭력'이 있다는 것을, 그가 내게 불의를, 잔인함을, 배신을 저지를 수 있다는 것을 인정하지 않으려 하는가? 더군다나 자네가 종교적으로 내세운 대타자는 말을 할 때 나와 똑같이 언제나 '나'라고 말하면서 자신을 드러낸다네. 이에 나는 그가 아주 다른 대타자가 아니라고, 무한히 다른 대타자가 아니라 또 다른 나 자신이라고, '알터 에고(alter ego)'라고 결론 내렸네. '누가' 대타자인지 내가 이해하고자 한다면, 나는 나 자신으로부터 출발해야 할 걸세. 그리고 어떻게 나와 다른 사람이라는 의미가 '내 안에서' 이뤄지는지를 보여줘야 할 걸세. 이러한 행보는 그 어떤 '나르시시즘'도, 대타자를 대상으로 한 그 어떤 '폭력'도 함축하지 않네. 그것은 나를 그에게 이끌 유일한 길일세.

— 아마도 그 점에서는 자네가 옳을지도 모르지. 하지만 자아가 대체로 이방인을 맞이하거나, 그에게 자신을 드러내거나, 그를 위해 자신을 헌신하려 하지 않음을 자네는 부인할 수 없을 걸세. 대타자에게 보이는 이러한 무관심은 자아가 저지르지 않을 수도 있는 실수만은 아닐세. 에고의 진리 자체를 우리에게 드러내 주는 존재론적 이기주의가 관계하네. "이것은 내꺼야." "바로 거기가 내 자리이다." 이러한 것이 모든 폭력과 불의의 기원이네.

— 자네는 대타자에 무관심하다고 자아를 비난하는군. 나는 반대로

우리가 '충분히' "무관심하지" 않은 것 같네. 우리는 끊임없이 대타자의 지배를 받고, 대타자에게 사로잡혀 있고, 대타자에 종속되어 있네. 바로 그렇게 우리의 자아는 세계에서 구성된다네. 대타자의 여러 모습에 자신을 동일시하면서 말일세. 하지만 내가 대타자에 나를 동일시할수록, 그는 나 자신보다 더 "나" 같은 위협적인 경쟁자로 내게 나타나네. 소외된 자아는 결국 대타자를 배척하고 그를 부인하려 하네. 동일시는 결국 증오로 바뀌고 증오는 살인 욕구에서 그 절정에 이르네. 레비나스가 뭐라 하든, 폭력의 주요 원천이 되는 건 자아의 이른바 "이기주의"가 아닐세. 대타자가 자아에 끼치는 영향력일세. 대타자를 내 경쟁자로, 내 학대자로 헤아리지 않으려면, 먼저 나 자신을 찾아야 하네. 우리가 에고를 긍정함으로써 에고가 타인(autrui)에 열리지 못하게 한다고 생각하는 것은 잘못이네. 반대로, 대타자를 거부하고, 비난하고, 부러워하고, 증오하는 자아는 자기 자신을 '충분히' 긍정하지 못한 자아일세. 무엇이 결국 '다른 사람에 대한 휴머니즘'에 결여돼 있는가? "대타자의 욕망", 대타자를 향한 존경과 사랑을 다루는 심리학적이거나 도덕적인 모든 논의에 결여돼 있는 것이 무엇이냔 말일세. 매번 우리는 자아가 무엇인지, 대타자가 무엇인지, 그리고 어떻게 그들이 서로 관계를 맺는지를 안다고 생각하네. 사실 나는 내가 '누구'인지 여전히 모른다네. 내 참된 자아를 알지 못하는 한, 나는 또한 대타자가 누구인지, 어떻게 대타자를 만나 대타자임을 알아보고 확인하고는 그와 나를 동일시하기에 이르는지 알지 못할 걸세.

— 난 자네를 잘 따라가지 못하겠네. 자네는 자아가 대타자의 모습에 자신을 동일시하면서 자신을 구성한다고 가정하는 것 같군. 그런데 곧바로 자네는 동일시를 참을 수 없는 소외로 일컫네. 자네는 자기 자신을

긍정함으로써 "탈소외화"하고 "자기에게로 되돌아오라고" 자아에게 요청하네. 마치 '타락'에 앞서 잃어버린 낙원이 있는 것처럼 말일세. 모든 소외를 앞서는 최초의 '자기'가 말일세.

— 대타자에 굴복하고 그와 자신을 동일시하기에 앞서 자기 자신에게 자신을 주는 것으로서 근원적 에고, [익명의 "자기(soi)"가 아니라] 단독적인 '자아'라고 차라리 말함세. 바로 그런 이유에서 우리 소외는 근원적이지 않고 어느 정도까지는 소외로부터 벗어날 수 있는 걸세.

— 하지만 대타자에 나를 동일시하기에 앞서 나는 아무것도 아닐세! 정신분석학이 우리에게 가르쳐 주는 바를 알잖나. 거울 속에서 자기를 알아보기에 이를 때에만 아이는 자아임을 의식할 수 있네. 비-자아로부터 이처럼 자아가 파생함을 결국 설명하기란 쉽네. 자아는 대타자의 이미지처럼 그에게 나타나는 이미지에 무의식적으로 동일시함으로써 자신을 형성하네. 내가 나 자신과 맺는 관계는 근원적인 소외로 곧바로 새겨지네. 어떻게 나와 하나를 이룰 뿐인 환영을 없앨 수 있겠는가?

— 그 이론을 알고 있네. 나는 그 이론에 조금도 만족하지 못하네. 정신분석학이 내 기원을 비-자아로부터 기술하고자 하는 매우 드문 이론 가운데 하나임을 나는 그렇지만 인정하네. 정신분석학은 그렇게 에고살해에 대한 매우 설득력 있는 설명 하나를 우리에게 제시해주네. 자네에게 답변하려면 "거울 단계"의 이론과 그 이론을 떠받치고 있는 동일시 개념을 정밀히 분석해야 할 걸세. 나는 자아나 주체의 발생에 대한 프로이트와 라캉의 가정이 타당하지 못함을 자네에게 보여줄 수 있기를 바라네. 그것이 우리 경험을 왜곡하고 에고의 진리를 은폐한다는 걸 말일세.

— 자네 또한 정신분석학을 과학적 기만으로 비난하는 고약한 흐름에

편승할 셈인가?

— 안심하게나. 자네처럼 나 또한 "생각이 뼈"라고, 아니 차라리 뉴런의 연결 그물이라고 믿고, 마치 우리가 실험실의 쥐에 지나지 않는다는 듯 진정제에 우리를 빠트리거나 우리 행동을 재조건화해서 우리를 치료할 수 있다고 생각하는 이론가를 불신하네. 그의 의욕을 북돋우는 것은 바로 진리에 대한 두려움일세. 모든 자아의 역사를 가로지르고, 내 불행으로 인해 은폐되거나 내 해방을 위해 폭로되는 수수께끼 같은 기이한 진리 말일세. 정신분석학이 찾는 것은 바로 그러한 진리일세. 사고의 모든 규율에 맞서서, 정신분석학은 그런 이유에서 지지받을 만하네. 그렇다고 해서 우리가 프로이트 이론의 한계를 비판하지 말아야 하는 것은 아닐세.

— 내게는 자네에게 해야 할 또 다른 반박이 있네. 자네는 자아를 최초의 진리로 상정한 데카르트적 행위를 요구하네. 하지만 데카르트는 자아의 존재, "*ego sum*"의 sum을 묻지 않았네. 그는 그처럼 그리스 이래로 서양을 방황에 빠트린 '존재(Être)'의 망각을 받아들였네. 그는 인간 자아를 최고의 원리로 설정함으로써 상황을 더 악화하였네. 그는 주체의 근대 형이상학을 정초했네. 그가 정초한 근대 형이상학은 지구 정복에 나선 절대 힘의 의지에서 절정에 이르네. 자네는 그러한 맹목을 되풀이할 셈인가?

— 자네는 정말 데카르트가 절대 주체의 형이상학, 지구에 확산된 정복 의지의 형이상학의 기원에 있다고 믿는가? 데카르트 *cogito*에 대한 하이데거의 공격은 매우 명확한 의미를 지니네. 그러한 공격은 하이데거가 『존재와 시간』에서 이미 시작한 에고살해를 더 첨예하게 하네. 그에 따르면 다자인(Dasein),[8] 다시 말해 "내가 있다"에서 실존자(existant)는

'내'가 아닐세. 다자인은 *Sein*의 *Da*, 존재의 "거기"일세. 그를 규정하는 모든 것은 존재의 수혜를 통해 그에게 주어진 걸세. 하이데거는 존재의 부름에 그처럼 우리를 따르게 함으로써 우리에게서 우리의 자유를 박탈하네. 이러한 에고살해 행위는 1933년에 그가 취한 정치적 관점과 무관하지 않네.

— 그것을 증명해 보여야 할 걸세!

— 그럴 작정이네. 나는 "*ego cogito*"의 존재론적 "파괴"를 엄밀한 비판에 따르게 할 준비가 돼 있네. 존재 물음이 자아 물음을 "우선"한다는 주장을 그만해야 할 때네. 나는 하이데거에게서 적어도 다음을 붙잡겠네. 철학 물음은 그에 따르면 다음과 같은 기본적 특성에서 확인되네. 묻는 자가 그 또한 물음에 포함된다는 것일세. "내가 누구일까?"라는 물음은 다른 모든 물음보다 더 '근본적이고' 철학적인 물음임을 인정해야 하네. 왜냐하면 묻는 자가 그 물음에 아주 사로잡혀 있기 때문일세. 그 물음과 '하나를 이룰 뿐'이기 때문일세. 실제로 '내가 무엇인지'를 묻는 물음이 문제이네. 내가 존재(Être)나 시간을 묻는 동안, [내가 '있고' 내가 시간적으로 실존하기에] 나는 나 자신을 내 물음에 포함하네. 내 실존을 다룬 분석은 존재의 의미에서 특권적인 접근 방식일 수 있네. 하지만 '나는' 존재나 시간 '그 자체'가 '아니네.' 묻는 자와 그의 물음이 지닌 목적의 유사함, 더 나아가 그 둘의 일치가 철학적 물음을 특징짓는다면, 그때 자아에 놓이는 물음은 철학에서 가장 근본적인 물음이라네.

— 자네가 비판해야 할 것은 하이데거의 존재론만이 아닐세. 또한

---

8. [옮긴이 주] '현존재'라 보통 옮기나 나는 그 의미를 살리고자 소리 나는 대로 '다자인'으로 옮기겠다.

정신분석학과 현대 사상 전부일세.

— 에고의 진리로 되돌아올 수 있으려면, 나를 나 자신으로 데려올 길을 찾으려면, 그 길을 막는 것을 치우는 것으로 시작해야 하네. 바로 에고의 '자기 망각'에서 나온 이론이 그것일세. 안심하게나. 나는 이곳에서 자네가 언급한 20세기 두 주요 사상가를 다루는 것으로 그치겠네. 에고살해의 두 거장 말일세. 바로 하이데거와 라캉일세. 이 비판을 흄, 니체, 사르트르, 메를로 퐁티, 들뢰즈로 넓히는 일을 다른 사람에게 남기겠네. 비트겐슈타인과 그의 여러 추종자를 또한 잊지 말아야 할 걸세. 이와 같은 비판적 우회로가 내게는 필요하네. 반대의 생각에서 더 강력한 것과 대면함으로써 에고를 다루는 새로운 생각은 펼쳐질 수 있네. 하지만 만일 존재론과 정신분석학에 대한 비판이 새로운 토대에서 자아 물음을 설정하는 것을 허용하지 못한다면 그것은 생산적이지 못한 논쟁이 될 뿐이네. 이를 위해 데카르트와 대면해야 할 걸세. 에고의 근원적 진리를 발견한 그가 과연 끝까지 그것을 유지하는 데 이르렀을까? 진리의 기반이 될 '또 다른 주체'에 *cogito*를 따르게 하지 않았을까? 만일 그 또한 에고살해의 유혹에 굴복했다면 무엇이 데카르트적 행위에서 남을까? 우리는 한발 더 나아가야 함세. 에고를 다루는 더 근본적인 생각으로 말일세. 우리는 이 책의 마지막 부분에서야 '나'라는 미지의 어떤 것에 다가가게 될 걸세. 새로운 물음이 그 물음을 해명하게 해줄 새로운 개념과 함께 그곳에 모습을 보이게 될 걸세. 우리는 그때 자아와 살의 관계를 물을 수 있을 걸세. 내가 내 안에서 발견하는 '최초로 낯선 것(Premier Etranger)'이 누구인지 우리는 스스로 묻게 될 걸세. 타인과 우리의 만남이 지닌 수수께끼에 다가갈 수 있을 걸세. 증오에서 사랑으로 옮겨가는 일이나 죽음과 자아의 부활이 지닌 수수께끼에 말일세. 우리는 아마

그때 우리 소외의 기원이 무엇인지 이해하기 시작할 걸세. 그리고 우리 해방의 길을 엿보기 시작할 걸세.

첫 번째 부분

에고살해에 맞서서

"EGO SUM MORIBUNDUS(에고는 죽었다)"
또는 하이데거의 부름

「유럽의 니힐리즘」을 다룬 한 글에서 하이데거는 "근대 주체의 최고권", 곧 "무조건적인 힘의 의지"처럼 나타나서 "지상의 절대 주인"이 되고자 하는 주체를 언급한다. 그에 따르면 이 정복적인 주체는 데카르트 *cogito*에 그 기원을 둔다. "형이상학적으로 이해한 최고권의 본질적인 영역으로 나있는 문은 바로 데카르트이다. 데카르트는 *cogito sum*이라는 명제와 함께 그 문을 돌파했다."라고 그는 말한다. 그리고 그는 덧붙인다. "현재 시각에 우리는 역사의 신비로운 법칙의 증인이 되었다. 어느 날 한 민족이 그의 역사에서 나온 형이상학에 더는 대처할 수 없게 되는 일이 일어난다. 그것도 그 형이상학이 절대로 바뀌는 바로 그 순간에 말이다."[1] 이는 수수께끼 같은 선고가 아닐 수 없는데, 하이데거가 그 글을 1940년에 썼다는 것을 기억해냈을 때 그 선고의 의미는 드러난다. 그렇기 때문에 프랑스 민족은 그가 낳은 데카르트 철학에 더는 "대처할

---

1. Heidegger, "Le nihilisme européen"(1940), *Nietzsche* II, 1961, Gallimard, 1971, p. 133-134.

첫 번째 부분: 에고살해에 맞서서 29

수" 없었던 것이다. 데카르트 철학이 힘의 의지의 절대적 형이상학 속에서 무르익으면서 나치 군대 사단에 힘입어 프랑스 민족을 짓누르고자 그에게 되돌아왔던 그 순간에 말이다. 데카르트의 가장 정당한 후계자는 결국 히틀러이다. 『방법 서설』에서 『나의 투쟁』에 이르기까지 같은 기획이 전개되고 완성된다. 오해하지 말자. 그렇게 말하면서 하이데거는 나치주의를 정당화하고자 하지 않는다. (이미 몇 해 전에 그는 그것을 포기했다….) 반대로 그는 나치주의의 형이상학적 기반을 폭로함으로써 나치주의를 파괴하고자 한다. 히틀러의 세계관과 그 정치적 기획은 "주체성의 근대 형이상학"에, 다시 말해 '존재(Être)'의 가장 극단적인 망각에 뿌리를 둔다. 근대 형이상학은 존재자(étant) 중심에 인간 주체를 자리 잡게 함으로써 인간 주체의 최고 의지에, 자기 외에 다른 아무것도 원하지 않는 니힐리즘적 의지에 우리를 무방비로 빠트렸다. 그 맹목적인 힘은 세계와 지구의 황폐 속에서 그 맹위를 떨친다. 사실 데카르트 *cogito*는 형이상학적 최고권의 양상 가운데 하나에 지나지 않는다. 아직은 보잘것없는 그 양상의 예고에 지나지 않는다. 왜냐하면 프랑스 철학자는 최고권의 "에고적인" 해석에 갇혀 있기 때문이다. 주체를 고립된 자아로 환원함으로써 그는 근대 개인주의라는 "변이(aberration)"의 주요 책임자이다. 새로운 원리가 포괄적으로 전개될 때 우리는 더는 개별적 자아가 아닌 집단적 주체, 곧 "민족이고자 하고, 인종으로 자기를 계발하며, 지구의 주인이 되고자 마침내 전적인 힘을 자신에게 주는"[2] 역사적 공동체와 관계한다. 고립된 개인이 문제이든, 인권을 지닌 인간이 문제이든,

---

2. Heidegger, "L'époque des conceptions du monde", asppendice IX(1938), *Chemins qui ne mènent nulle part*(1949), Gallimard, 1990, p. 144.

Führer[지도자] 뒤로 단결한 독일 민족이 문제이든, 같은 기획이 근대의 모든 기본 원리를 실제로 지배한다.

나는 하이데거가 제시하는 데카르트 분석을 지금부터 이야기할 의도가 없다. 반세기 동안 쉼 없이 계속된, 『성찰』의 저자를 대상으로 그가 벌인 논쟁적인 설명을 이야기할 의도가 없다. 지금으로선 다만 하이데거가 데카르트를 통해 우리 시대를 특징짓는 "자아 형이상학"의 구체적 결과를 비난하고 있다는 점만을 확인해 두자. 그 구체적 결과란 "주관주의라는 비본질적인 것 속에서" 표류하는 일과 "근거 없음으로 환원되고 자유 의지에 내맡겨진 자아"[3]에 복종하는 일을 말한다. 근대 주체의 불완전한 단순 이형(異形)인 자아는 정신, 인간, 민족, "인종"과 마찬가지로 우리를 방황 속에 빠트리는 환상이자 파괴해야 할 환상이다. 하이데거는 '에고살해'를 참으로 수행한다. 그가 수행하는 그것은 이제껏 구상됐던 매우 강력하고 매우 근본적인 에고살해 가운데 하나이다. 그리고 그가 행한 에고 파괴는 여전히 프랑스 철학에 그 무게를 드리우고 있다. 그와 같은 에고살해의 이유를 물어야 한다. 어떤 의미에서 자아가 환상에 지나지 않는다고 말할 수 있을까? 어떻게 *"ego cogito"*를 지구 정복에 나선 형이상학적 주체처럼 헤아리게 되었을까? 그 주장은 정당할까? 아니면 그 주장은 데카르트 사유와 '자아 그 자체' 곧 우리 자아를 모두 깊이 오해한 데서 생긴 걸까? 이 물음에 답하려면 하이데거의 주저로 되돌아와야 한다. 몇 해 앞서 『존재와 시간』에서 시작한 에고의 해임으로 되돌아와야 한다.

---

3. 이 물음에 대한 가장 자세한 분석은 J. L. Marion의 것이다. "L'Ego et le Dasein", *Réduction et donation*, PUF, 1989, p. 119-161을 보라.

"나는 타자이다."

"[존재의] 물음은 오늘날 망각 속으로 떨어졌다." 이러한 말로 이 책은
시작한다. 서양 철학은 '존재(Être)의 망각'에 기반을 둔다. 철학자만이
아니다. 일상생활에서 사람들 전체가 존재하는 사물, 곧 '존재자(étants)'
에 정신을 빼앗겼다. 우리는 쉴 새 없이 한 존재자에서 다른 존재자로
달려간다. 그 모든 존재자를 있게 한 것을 한 번도 묻지 않은 채, 존재자의
존재를 묻지 않은 채 말이다. 존재의 물음 쪽으로 새로운 길을 내는 일,
바로 거기에 사유가 할 일이 있다. 그 사유는 먼저 '기초 존재론(ontologie
fondamental)'으로 규정된다. 하지만 존재는 매번 '존재자의' 존재처럼,
그 존재자에 고유한 독특한 '존재 방식'처럼 주어진다. 우리를 둘러싸고
우리인 모든 존재자 사이에서 "전형적인 존재자"를 알아내야 한다. 그것
을 분석함으로써 우리는 존재의 물음을 새로 놓을 수 있다. 특권을 부여
받는 그 존재자는 그 물음을 스스로 놓는 자이다. 존재 쪽으로 유일하게
질문을 할 수 있는 자이다. 다시 말해 "질문을 하는 우리, 매번 우리
자신인 존재자"이다. 하이데거가 다자인(Dasein)이라 부르기로 결정한
것이 바로 그것이다. 엄밀한 의미에서 '실존하는(exister)' 유일한 존재자
이므로, "자신의 실존(existence)에 본질을 둔" 유일한 존재자이므로, 나
는 다자인을 '실존자(existant)'[4]로 옮길 것을 제안한다.

---

4. [옮긴이 주] 레비나스에게서 'exister'와 'existant'는 하이데거의 'Sein(être)'과
   'Seiendes(étant)'에 대응하는 말이다. 어근 'ex'는 '~밖으로 나가다'라는 뜻을
   지닌다. '거기 있다'라는 뜻의 다자인(Da-sein)은 '자기 밖으로 나가 있는 자'를
   일컬으며, 여러 존재자 가운데 우리만이 유일하게 자기 밖으로 나가 거기 있는
   자, 'ex-sistant'이자 'Da-sein'이다. 아마도 이런 의미에서 자콥 로고진스키는
   다자인을 '실존자(exsistant)'로 옮길 것을 제안한다. 이 '실존자(ex-sistant)'를

누가 결국 실존자, 하이데거의 다자인인가? "매번 나 자신인 존재자"[5]가 관계한다. 이것이 왜 실존자가 단수로만 존재하는가 하는 것이다. 그 용어는 결국 인간에도, 민족, "인종", 종족, 국가… 그 어떤 다른 집단적인 실체에도 적합하지 않다. 심지어 '자아(Le moi)', "자아"라는 일반적이고 익명적인 관념조차도 관계하지 않는다. 왜냐하면 "자아는 매번 내 것 […]이며, 익명의 자아는 네모난 원(모순)"[6]이기 때문이다. 달리 말하면 실존자는 바로 '나'이다. 바로 그러한 이유에서 실존자는 "언제나 내 것"이다. 왜냐하면 매번 '내가 그것이기' 때문이다. 그렇지만 실존자는 내가 아니다. 그것은 또한 주체도, 인간도 [의식도, 무의식도, 영혼도, 정신도, 누군가도, 개인도…] 아니다. "자아나 주체 개념과 같은 개념으로 실존자를 곡해하는"[7] 일을 그만두어야 한다. 그처럼 그것을 말함으로써 우리는 실존자의 독특한 존재 방식을, 나 자신이라는 실존자의 이 수수께끼 같은 단독성을, 여전히 파악되지 않고 불명확한 그것을 인식하지 못한다. 또 다른 이유에서 하이데거는 "자아"라든가, "주체"라든가, "인간"이라는 오래된 이름을 포기했다. 그리고 그것을 다자인으로 대체했다. 그는 "존재(Sein)가 인간 본질과 맺는 관계 그리고 인간이

___

그 의미를 살려 '탈존자'라 할 수도 있을 것이며, 이것이 어쩌면 더 정확한 번역어일 수 있겠으나, 'existence'를 '탈존'으로 하지 않고 '실존'으로 하였기에, 'exsistant'도 '탈존자'가 아닌 '실존자'로 하는 것이 맞다고 생각하여 이처럼 옮긴다.

5. Heidegger, *Être et temps*(1927), § 12. 나는 여기서 불어로 읽을 수 있는 유일한 번역서인 E. Martineau(Authentica 1985) 해적판을 사용하겠으며 약어 ET로 이 문헌을 가리키겠다.

6. Heidegger, *Les Problèmes fondeamentaux de la phénoménologie*(1927), Gallimard, 1985, p. 163, § 13.

7. *Ibid.*, § 15, p. 196. ET, § 10을 또한 보라.

열림(ouverture) 곧 '존재(Être)'의 '거기(Da)'와 맺는 본질적 관계를 한 번에 '한' 단어로 함께 일컫고자 했다'[8]라고 말한다. 에고의 이름을 '다-자인(Da-sein)'으로 바꾸는 것은 a) "내가 있다(Je suis)"를 "나(je)"가 아닌 "있다(suis)"로부터, '존재(Être)'로부터 생각하도록 하는 것이며, b) 다자인(Dasein)의 존재를 '다(Da)'로부터 "거기(là)"처럼, 다시 말해 '저기(là-bas)', '~의 밖에 있음(être-hors-de)', '바깥(Dehors)'처럼 이해하도록 하는 것이다. 그것을 '초월성(transcendance)'으로 생각하게 하는 것이다. 인간 자아의 전통 개념은 '있음(sum)'이 아닌 에고를 중시함으로써, 에고를 그 어떤 초월성도 없는, 자신에 갇힌 주체로 생각함으로써 존재를 발견하지 못하게 한다. 실존자에 다가가려면 인간 자아를 대상으로 한 모든 전통적 규정을 없애야 한다. 그리고 무엇보다도 인간 자아를 주체로 규정한 근대적 정의를 없애야 한다. 나아가 자아라는 이름까지 부인해야 한다. "나"라는 실존자는 더는 '내'가 아니다. 『존재와 시간』에서 그렇게 에고살해, 곧 에고의 해임, 파괴는 수행된다.

그렇지만 실존자는 '나 자신인' 존재자로 자신을 규정한다. 그는 오직 그처럼만 다시 말해 오직 자아처럼만 자신을 규정할 수 있을 뿐이다. 만일 '내게-속해-있음(être-à-moi)'이나 '나-임(être-moi)'이 본질적인 성격 가운데 하나처럼 실존자에 속한다면, 자아를 전혀 언급하지 않기란 매우 어렵다. 만일 다자인이 자아가 아니라면, 그럼에도 다자인은 나 이외 다른 아무것도 아니다[9]···. 자아를 전혀 언급하지 않도록 하이데거

---

8. Heidegger, "Le retour au fondement de la métaphysique"(1949), *Questions*, t. I, 1976, p. 32.

9. 우리는 그곳 실존자와 자아의 관계에서 실존자와 인간의 관계를 특징짓는 똑같은 모호함을 발견한다. 이에 데리다는 다음과 같이 말한다. "다자인, 만일

를 이끈 동기를 좀 더 자세히 살펴보자. '누가' 실존자인지 아는 물음에 대답은 명백하다. "매번 자아가 존재자이다. 타인이 아니다." "실존자는 자신을 처음으로 부를 때 언제나 '나'라고 말한다." 글자 그대로 이해했을 때 이러한 지시는 그렇지만 우리를 오해로 이끌 것이다. 분석은 "자아 줌을 출발점으로 삼음으로써" "실존자의 덫에 그리고 실존자가 따르게 될 그 자신의 즉각적인 해석의 덫에 빠지게(§ 25)" 될 것이다. 실존자는 자신을 자아로 여김으로써 자신에 대해 속한다. 이는 적어도 세 가지 이유에서 그러하다. 실존자를 에고로 규정함으로써, (1) 우리는 세계도 타자도 없는 절대 고독 속에 실존자를 가둔다. 따라서 우리는 그의 '초월 성'을 인식하지 못한다. (2) 우리는 실존자를 실체나 주체, 다시 말해 "실체적-존재자(étant-subsistant)"로 만들고 그 '존재 방식'을 오해한다. (3) 우리는 실존자가 "나"라고 말할 때 실존자가 언제나 본질적으로 자기 자신이라고 생각해서 그 비본래적 존재와 그 가능한 '본래성 (authenticité)' 사이에 있는 차이를 없앤다. 하이데거는 이러한 과오를 데카르트 탓으로 돌린다. 데카르트가 근대 철학을 헤매게 한 주된 실수의 기원에 있다는 것이다. 만일 우리가 실존자가 무엇인지를 알아내고자 한다면 실존자를 에고와 구별하고 이를 위해 데카르트 철학을 '파괴'해 야 한다. 프랑스 철학자는 자아를 "사물"이나 생각하는 "실체"로 규정함 으로써 순수하게 이론적이고 추상적인 탐구에 나타나는바 그대로 "실체 적[*vorhanden*]" 존재자라는 적합하지 않은 존재 방식을 자아에 부여했 다. 자아를 실체와 동일시하는 것은 자아에 영원성을, 사물의 안정적인

─

그것이 인간이 아니라면, 그것은 인간과 다른 것이 아니다. 그것은 […] 인간 본질의 반복이다." (Derrida, "Les fins de l'homme", *Marges de la philosophies*, Ed. de Minuit, 1972, p. 148을 보라.)

동일성을 주는 것과 같다. 우리는 사실 모두 자발적으로 자신을 그처럼 생각하려는 경향이 있다. 언제나 있는 지주처럼, 모든 생각을 떠받치고 살아 있는 내내 변함없이 지속되는 '주체'처럼 우리는 자아를 생각하려 한다. 자신을 전혀 재검토하지 않고 자신의 존재 의미를 묻는 일 없이 언제나 자기 자신과 같은 자아-주체는 불변의 완벽한 확실성을 누리는 것 같다. 하이데거가 『존재와 시간』에서 기울이는 모든 노력은 자기 자신을 잘못 이해하는 데서 실존자를 해방하는 데 있다. 사물의 영원한 현존에서 다자인의 고유한 시간성, 언제나 '투기 중에' 있는 존재자의 그것을 구별하는 데 있다. 그 존재자의 실존은 그 자체 앞에 있으며, 현재로 시간화하지 않고 미래 지평으로 시간화한다. 그 존재자는 아직 자기 자신을 찾아야 하고 끊임없이 자신을 잃어버릴 위험을 지닌 존재자이다. 에고라는 용어가 데카르트 이래로 자아-실체, 언제나 자기에게 있고 자기를 확신하는 "자아-사물"을 일컫는다면 에고라는 이름은 그러한 존재자에 더는 적합하지 않다.

  하이데거는 다른 가능성, 곧 [실체적 존재자라는 의미에서] "실체"나 "주체"가 아닌 에고의 가능성을 헤아리지조차 않는다. 나라는 실존자를 왜곡하지 않고 규정할 수 있으며 다자인보다 그것에 어쩌면 더 적합한 이름으로서 에고의 가능성 말이다. 게다가 그러한 방식으로 실존자는 자기 자신을 일컫는다. "넌 누구냐?" 그에게 물으며 그를 불러 세울 때마다 그는 언제나 "나"라고 대답한다. 그처럼 확실한 대답이 그를 정말로 드러나게 하지 않을까? 하이데거는 그처럼 이해하지 않는다. 실존자가 "나"라고 말할 때, 바로 그때 그는 "그 자신이 아니며(*n'est pas* lui-même)(§ 25)" 그 자신을 가장 심각하게 오해한다. 어떤 맥락에서 실존자가 큰소리로 "나, 나"라고 말하며 모습을 드러낼까? 우리가 대개 그를 만나게 되는 거기, 그의 일상적 삶에서, 그가 그 주변에 있는 다른 이들에게 말을 걸 때이다. 그런데 일상 속 다자인은 정말로 그 자신이 아니며, 그 실존 방식은 그를 '실추(déchéance)' 속으로 던진다. 일상의 실존은 타자와 맺는 특별한 관계로 특징지어진다. 실존자는 그곳에서 타자의 지배를 받으며 타자로부터 자신을 구별하지 못한다. 이와 같은 불분명한 혼란 속에서 그는 "타자가 되는 방식 속으로 아주 녹아든다." "모든 이가 타자이며 아무도 자기 자신이 아니다. '나는 타자이다.'(§ 27)" 어떻게 다자인은 이러한 방식으로 실존할 수 있을까? 타자를 모방하고, 그를 본보기로 삼으며, 단지 타자'처럼'이 아니라, 그와 자신을 아주 동일시하면서 실존할 수 있을까? '동일시', 그처럼 하이데거는 때로 실존자가 세계 그리고 타자와 처음으로 맺는 관계를 말한다. 동일시는 사로잡힘처럼, 자기 박탈처럼, "소외(Entfremdung)"처럼 진술된다. 그곳에서 실존자는 비본래성이라는 함정에 빠져 fremde, 곧 자기에 낯설게 된다(§ 38). 다자인, 나라는 이 단독적인 존재자, 타자와 언제나 자신을 동일시하면서 자신의 단독성을 단념하는 그것은 무엇이어야 할까? 실추라는 유일한 방식으로 소외하는 동일시만이 있을 뿐일까? 다른 형태의 동일시는 가능하지 않을까? 이 물음에 하이데거는 어떤 대답도 하지 않는다. 그 결과 그는 우리 실추의 기원과 그 기본 구조를 깊은 암흑 속에 남겨 두었다.

『존재와 시간』에서 하이데거의 분석은 다른 물음에 집중되었다. 그는 '누가' 일상의 실존자인지, '누가' 타자 사이에서 흩어지고 길 잃은 실존자인지를 규정하고자 노력한다. 모든 이가 모든 이와 혼동되는 대중 한가운데 "그 누구는 이자도, 저자도, 그 자신도, 어떤 이들도, 모두의 총량도 아니다. 그 '누구'는 중성이다. '일반인(On)'[10]이다." 일반인이 움직이듯, 일반인이 생각하듯, 모든 이는 움직이고 생각한다. 이와 같은 대타자=X, 일반인에 일상의 나는 나를 동일시한다. 가장 먼저 나는 일반인의 방식에서 타자이다. 그 단어는 여기서 "존재가 지닌 모든 가능성의 평등화"를, 증식하는, 다형의, 익명의 힘을 일컫는다. 어떤 존재 범주도 그 힘을 피해갈 수 없을 것이다. 어디에서 일반인은 그의 엄청난 힘을 끌어올까? 어떻게 언제나 내 것인 실존자가 타자 속에서 길을 늘 잃을 정도로 자신을 잊을까? 그가 그 정도로 이미 소외되었다면 그는 자신의 실추를 극복할 수 있을까? 본래적인 존재에 지속적인 방식으로 다가갈 수 있을까? 해방이 가능한지 알려면 '누가' 일반인의 힘에 가장 저항할 수 있는지를 찾아야 한다. 일반인이 행하는 평등화는 모든 개인과 모든 상황을 대체할 수 있는 것으로 만드는 데 있다. 나라는 실존자의 단독성을 짓밟는 데 있다. 나와 타자의 모든 차이를 지우는 데 있다. 하이데거는 나와 나 아닌 모든 것을 구분 짓는 경계성을 조금도 헤아리지 않고 "존재론적 차이(différence ontologique)", 존재와 존재자를 구분하는 차이를 강조한다. 내가 이제부터 '에고론적 차이(différence égologique)'라고 말할, 나와 나 아닌 모든 것을 구별하는 차이는 일반인과 자신을 분리해야 할 때 더욱 중요하다고 나는 생각한다. 환원할 수도, 평등화할 수도, 다른 어떤 것으로 대체할 수도 없는 단독성에 의존하지 않고 어떻게 집단의 지배에, "조직화한 획일성의 평등화"에 개인을 종속시키는 "편성하기"에 저항할 수 있을까? 어디에서 그 반항적인 단독성을 찾아낼까? 그 단독성은 여전히 자아의 단독성, 나라는 어떤 방식의 단독

---

10. [옮긴이 주] 대명사 'on'은 특정한 누구를 일컫지 않고, 일반인을 일컫으며, 때로 인칭대명사의 대용으로 사용한다. 이후부터 '일반인'으로 옮기겠다.

성일까? 만일 자아가 일반인 속에서 중성화하는 것에 저항할 만큼 충분히 단독적이지 못하다면? 내가 "나"라고 말할 때, 내가 내 이름으로 말한다고 믿을 때 일반인이 내 입으로 말한다. 내가 나르시스적인 방식으로 내 독창성을 요구할수록 나는 대타자에 더욱 예속된다. 이는 내가 나 자신의 목소리를, 나 자신의 자아를 아직 찾지 못했음을 의미할까? 대타자에서 나를 해방해서 나 자신을 찾아야 함을 의미할까? 아니면 내가 나인 동안 나는 절대 본래적으로 나 자신이지 못함을 의미할까?

하이데거는 두 번째 가정을 선택한다. 바로 에고살해의 가정이다. 그에게 비본래적인 일상적 실존자의 "누구"는 내가 아니다. 일반인일 뿐이다. 하지만 본래적인 실존자 또한 "내"가 아니다. 왜 그러할까? 왜냐하면 본래적인 다자인의 참된 이름은 내가 아니라 '자기(Selbst)'이기 때문이다. 다자인을 해방하기로 한 결단 속에서 "본래적인 자기-자신-임(être-soi-même)은 '나, 나'라고 말하지 않는다(§ 64)." 그는 그렇게 말할 이유가 없는데, 왜냐하면 그는 자아가 더는 아니기 때문이다. "본래적인 자기 자신(soi-même)으로 자신을 쟁취하고자 나 자신(moi-même)에서 탈피하는 데 성공했기"[11] 때문이다. 이는 특히 교묘한 전략이 아닐 수 없다. 하이데거는 처음에 소외와 일반인의 평등화로 위협받는 나-임(내게-속해-있음)(être-(à-)moi)을 방어하는 척했다. 하지만 이는 자기(Soi)를 위해 자아(moi)를 제거하는 일에 우리를 더 잘 준비시킬 목적에서였다. 그의 후계자는 대부분 이와 같은 폭력을 받아들일 따름이다. 그 결과 자기(Soi)가 프랑스 철학을 대대적으로 뒤덮게 되었다. 이는 매번 자아의 가치를 떨어트리고 자아의 해임함을 함축한다.[12] 누가 하이데거

---

11. Heidegger, "De l'essense du fondement"(1929), *Questions*, t. I, p. 158.

의 '자기'인가? 누가 자아를 몰아낸다고 주장하는 *Selbst*인가? 이 용어는 나, 너, 그에 대해 중립적이고 그러한 것보다 더 근원적인, 익명의 어떤 개체를 일컫는다. "오로지 실존자 그 자신이 '자기 자신', 자기-임의 모습을 띠기 때문에만 '나 자신'과 '너 자신' 사이에 어떤 관계가 세워질 수 있는 것이다. […] 결국 [자기-임]은 나-임과 너-임에 대해 중립적이다."[13] 다자인의 자기-자신-임은 결국 모든 실존자에 공통적인 본질처럼 나타나며, 내가 다른 많은 이와 공유하는 이 자기 자신은 내 단독적인 존재와 더는 아무 관계가 없다. 하이데거는 마침내 그것을 인정할 것이다. "인간이 인간인 방식, 다시 말해 인간의 자기-임(être-soi)은 나-임 (être-moi)과 같지 않다."[14]

사실 더는 내 것도, 어떤 개인의 것도 아니지만, 나와 다른 이의 모든 관계를 지배하는 '자기', 나와 다른 이들 사이에 존재하는 모든 차이를 중성화하는 익명의 '자기'는 일반인의 모든 특징을 지닌다. 본래적인 존재를 규정해야 할 것이 이상하게도 실추와 비본래성의 원리에 가깝다… 그 둘 다 단독성이 사라졌음에, 에고론적 차이가 부인됐음에 기반을 둔다. 일반인이 나를 소외하지만 자기-임이 나를 해방한다는, 본래적인 존재의 길을 내게 연다는 단호한 주장이 아니라면, 무엇이 그 둘을

---

12. 이는 레비나스에게서 명시적으로 나타난다. 그에게 "자기 임명(position de soi)은 자아의 해임(dé-position du moi)이다." 또한 이는 리쾨르에게서도 나타난다. 그는 자기 해석학(herméneutique du soi)에서 "*cogito*를 넘어서고자" 한다. 그곳에서 나(le *je*)는 "해임된다."

13. Heidegger, "De l'essense du fondement", p. 134. 실존자의 중립성을 주제로 해서는 "Fondements métaphysiques originaires de la logique"(p. 173 et 243, § 10-11)를 다루는 1928년 강의를 또한 보라.

14. Heidegger, "L'époque des conceptions du monde" appendice VIII, *Chemins*…, p. 135.

구별할 수 있는지 나는 알지 못하겠다. 그러나 어떤 마법의 힘으로 보편적이고 중성적인 '자기'가 나 자신에 다가갈 수 있게 해주는지, 에고가 하지 못하는 일을 할 수 있게 해주는지 나는 궁금하다. 사실은 그 반대이다. 가장 강하게 일반인의 지배에 저항하는 일만이 나를 내 소외에서 해방할 수 있다. '자기'가 문제일 수 없다. 오로지 자아만이 문제일 수 있다. 나라는, 언제나 내 것이라는 에고만이 문제일 수 있다. 자아의 "근원적 토대"로 *Selbst*를 규정함으로써 하이데거는 정초관계의 순서를 뒤집었다. 사실 그 누구도 "자기"라는 경험을 먼저 하지 않는다. 모든 실존자는 처음에 '나'로서 자기를 느낀다. 자기 자신으로부터 타자라는, '알터 에고'라는 의미를, "너 자신"이나 "그 자신"이라는 의미를 구성하는 것은 에고이다. 그러할 때만 나 자신으로부터 그리고 내가 다른 이들과 맺는 관계로부터 나는 우리 모두에게 공통적인 '자기'라는 관념을 형성한다. 나 자신으로, 나 자신인 에고로 돌아감으로써만 매번 내 것인 실존자는 소외에서 해방되고 본래적인 실존에 다가갈 수 있다. 실존자를 자아로 일컫는 것을 포기할 어떤 이유도 더는 없다. 나는 이제부터 다자인이 문제가 되는 곳 어디에서나 에고를 말한다고 이해할 것을 제안한다.

독자는 어쩌면 내가 결국에는 자아를 다른 것으로 대체하는데 만족할 것이면서 쓸데없는 섬세함으로 많은 시간을 보낸다고 생각할 것이다. 하지만 단어는 그 중요성을 갖는다. 여기서 문제가 되는 것은 우리 실존의 진리이다. 하이데거는 에고를 다자인으로 바꿈으로써 데카르트와 [또한 그의 스승인 후설과] 자신이 구별될 뿐 아니라 또한 일상적 환상과, 실존자가 자아로 자신을 표현함으로써 늘 빠지게 되는 '덫'과 자신이 구별되기를 바랐다. 하이데거는 에고살해를 저지르기를 원했다. 그는 실존자의 단독성을 살리고자 에고를 배제하기로 결정했다. 하지만 그는 더 일반적이고 더 중성적인 개념으로 에고를 대체했다. 에고의 단독성을 더욱 폭력적으로 짓밟는 '자기'로 말이다. 그는 결국 극복할 수 없는 모순에 노출된다. 왜냐하면 그는 자아를 전혀 언급하지 말자고 주장하면서 계속해서 실존자를 언제나 내 것으로 특징짓기 때문이다. 이와 같은 난관에서 벗어나려면 에고살해를 포기하거나 내-것-임(être-mien)을 포기해야 한다. 하이데거는 후자의 길을 선택하게 될 것이다. 그는 자아가 아니라 '존재(Être)'로부터 내-것-임(être-mien)을 재해석한다.[16] 이는 자아가 지닌 모든 구체적인 의미를 없애는 것이다. 그리고 그 개념을 언급하기를 아주 그만둔다. 그가 처음으로 그 개념을 도입했던 글에서 언제나 내 것이라는 사실은 "구성적인 방식으로 [실존자에] 속한다"라고 그는 선언했었다. "그것에 선을 긋는 이는 자기 말 속에서 자기가 말한 깃을 잃는다."[16] 그런데 바로 얼마 뒤에 하이데거 그 자신이 그 선을 그을 것이다. 그리고 그렇게 실존자를 '중성(Neutre)'의 치명적인 폭력에 빠트릴 것이다.

---

15. "다자인은 '언제나 내 것'이다. 이는 '내가 다자인을 놓았음'도, '다자인이 단독적인 자아로 고립되었음'도 의미하지 않는다. 다자인은 존재(Être) 일반과 맺는 본질적인 관계를 통해 그 '자신(lui-*même*)'이다." (Heidegger, *Introduction à la métaphysique*(1935), Gallimard, 1967, p. 40) 어떻게 언제나 내 것이라는 특징이 나와 단독적인 자아의 그 어떤 관계없이도 가능한지를 나는 고백컨대 이해하지 못하겠다…. 이 물음을 주제로 해서 우리는 이제 F. Raffoul의 작업, *A chaque fois mien, Heidegger et la question du sujet*, Galiée, 2004를 참조할 수 있다.

16. Heidegger, "Le concept de temps"(1924), *Cahier de l'Herne Martin Heidegger*, 1983, p. 31.

"나는 죽었다(나는 죽어가고 있다)(Je suis (à la) mort)"

"사방에서 죽음을 권하는 이들의 목소리가 울린다.
그들은 말한다. "삶은 논박되었다!"
하지만 그들만이 논박되었다.
존재의 한 면만을 볼 뿐인 그들의 시선이 또한."
니체, 『자라투스트라는 이렇게 말했다』

타자에 나를 언제나 동일시하는 나는 누구일까? 어떻게 일반인, '중성', '집단'의 편재하는 지배에 저항할 수 있을까? 그의 지배를 피해서 마침내 나 자신이 될 힘을 나는 지닐까? 만일 실존자가 매번 내 것이라면, 매번 나라면 그러한 물음은 무의미할 것이다. 바로 그 때문에 나는 나 자신일 것을, '정말로' 나 자신인 실존자일 것을, "본래적으로" 나 자신일 것을, 또는 그렇지 않을 것을 결정하거나 결정하지 않을 수 있다. 본래적인 존재의 가능성은 그처럼 '참된 결정'을, 참을 '위한' 결정을 가정한다. 결정하고 선택하는 것 또는 선택하지 않기로 선택하는 것은 매번 나이다. 세계와 그 자신에 열림으로써 다자인은 실존한다. 이 열림, 실존자의 "거기"는 진리 자체이다. "진리의 가장 근원적인 현상이다." 그렇게 "실존자는 '진리 안에' 있다(ET, § 44)." 이는 그가 모든 점에서 항상 옳다는 것이 아니라 그가 진리의 궁극적 조건임을 의미한다. 곧 나, 실존자가 거기 있을 때만 진리가 있음을 의미한다. 이는 '내가' 진리'임'을, 실존자 '그 자체'가 진리와 같아짐을 의미하지 않는다. 실존자는 진리의 조건이자 수신자일 따름이다. 그를 '통해', 그'에게' 진리는 모습을 드러낸다. 하이데거가 한 번도 물은 적 없는, 진리와 그 조건 사이에 있는 이러한 차이로 인해 우리는 진리의 드러남을 '자기-드러남(auto-révélation)'처럼 생각하지 못한다. 진리는 자기-드러남 속에서 자기 자신과 거리를 두지 않고 자신을 주게 될 것이다. 한 틈새가 여기 열린다. 그 틈새는 심연이 될 위험이 있다. 우리가 곧 보겠듯 하이데거는 진리를 '존재(Être)'에 맡기고자 실존자와 진리를 분리한다. 유한한 실존자는 진리에서 점점 더 멀어져 방황과 망각의 어둠 속으로 떨어지게 될 것이다.

『존재와 시간』의 관점에서 결국 실존자는 정말로 그 자신에 열릴 가능성을 지닌다. 정말로 그 자신일 가능성을, 본래적인 방식으로 실존할 가능성을 지닌다. 하지만 그에게는 반대의 가능성 곧 그 자신과 존재자에 닫힐 가능성이 마찬가지로 속한다. 그는 대체로 숨기는 태도 속에 있게 된다. "왜냐하면 그는 본질적으로 실추 상태에 있기 때문이다. 실존자는 '비-진리 속에' [⋯] 있으며", 이런 사실에서 그는 "매번 이미 진리와 비-진리 속에 있다." 이로부터 하이데거의 매우 뛰어난 발견 가운데 하나인 역설적인 주장이 나온다. 마치 두 갈래 길처럼 진리와 비-진리 그 둘이 모두 실존자에 속하는 한 그 둘은 [전통적 개념의 "참"과 "거짓"과 같이] 단순한 논리적 반대처럼 서로 배제하지 않는다. 그 둘은 맹렬히 맞서 자신들의 투쟁 내부에서 서로 부르고 서로 얼싸안는다. 더 간단하게 말해, 비-진리는 외재적인 방식으로 진리와 대립하지 않는다. 그것은 진리'의' 반-진리이며 애초에 진리의 본질에 속한다. 그렇기에 그것에 준 모든 이름 가운데 그리스어 *alètheia*(알레테이아)가 그것에 가장 적합하다. *a*가 여기서 부정접두사임을 인정한다면 그것은 진리보다 더 오래되고 더 강력한 비-진리에서 벗어난 진리의 '탈'-엄폐(*dé*-couvrement), '탈'-은폐(*dé*-cèlement)임을 알 수 있다.[17] 그것은 먼저 다자인, 실존자의 진리이다. 진리와 비-진리의 투쟁이 실존자의 가장 깊은 곳을 가로지른다. 실존자는 찢기고 비탄에 잠겨 매번 진리와 비진리 사이에서 결정해야 한다. 그 결정은 자유이다. 그것은 자유 자체이다. 그 결정 없이 어떤 진리도 주어질 수 없을 것이다.

우리는 그렇지만 어떻게 그 결정이 가능한지 의아해 할 수 있다. 어떻게 "언제나 이미 그리고 대개" 착각 속에 있는 실존자가 진리에 눈을 뜰 수 있는지, 오래전부터 그를 벗어나는 진리에 눈을 뜰 수 있는지 의아해 할 수 있다. 실존자는 일반인의 익명 속에서 길을 잃었다. 그가 자신을 되찾을 수 있으려면 자기에게 '소환'되어야 한다. 그의 해방이 가능하다는 걸 증명하는 어떤 "증거"가 그에게 제시되어야 한다. 그 증거는 밖에서 그에게 이르는 것 같다. 어떤 "낯선 목소리", "의식의 부름"이 그 증거를 가져온다. 갑자기 일반인의 그칠 줄 모르는 웅성거림을 잠잠하게 하고 실존자를 그 자신으로 소환하는 조용한 목소리, 그것은 무엇을 말하는가? "엄밀하게 말해서 아무것도! 부름은 아무것도 말하지 않는다. 그것은 세계 사건에 대해 아무 정보도 주지 않는다. 그것은 아무 할 말도 지니지 않는다(§ 56)." 그것은 [존재자에 대해] 그 어떤 존재적(ontique) 내용도 소유하지 않는다. 어떤 도덕적, 종교적 전갈도 우리에게 주지 않는다. 하지만 그것의 '존재론적(ontologique)' 의미는 아주 명확하다. 그것이 세계의 일에 대해 아무것도 말하지 않는다면, 이는 그것이 '무'를 소리 높여 말하기 때문이다. '무'는 *Schuld*, 곧 어떤

---

17. 역사가들이 그들의 작업에서 보여주었듯, 예를 들어 *Les Maîtres de vérité dans la Grèce archaïque*(Maspero, 1967)에서 M. Détienne의 연구가 보여주었듯, 최초의 그리스인들은 그것을 이해했었다. 그들에게 '진실한(alèthés)' 말은 먼저 시인의 말이다. 왜냐하면 시인의 말은 영웅의 이름을 레테(Léthé)에서, 그 이름을 뒤덮을 위험이 있는 망각의 어둠에서 구하기 때문이다.

"과실", 아니 차라리 어떤 "채무"를 상기하듯 그곳에 나타난다. 누구에게 내가 빚을 졌으며, 어떻게 그것을 갚을까? 윤리적 의무, 모든 이에게 무차별적으로 말하는 보편적 도덕 명령이 여기서 문제가 될 수 없다. "의식은 그 본질에서 내 것이다." 카프카에게서처럼 법의 문은 오직 나만을 위한 것이다. 내 실존을 오싹하게 하는, 빚을 진다는 의식은 어디에서 올까? 언뜻 보기에 부름의 기원은 조금도 명확하지 않다. "*Es ruft*", "그것이 부른다." 그것은 전혀 예기치 않게, 전혀 내 의지와 상관없이 "먼 곳에서 먼 곳으로 울리고(§ 55)" 매번 나를 놀라게 하는 어떤 명령과 같다. 이는 나를 부르는 것이 내가 아니라 다른 것이라는 인상을 내게 준다. 그렇지만 부름을 어떤 낯선 힘에서 오는 것으로 해석하려는 모든 시도를 거부해야 한다. 사실 밖에서 오는 그 목소리는 타자의 목소리가 아니다. "의식 안에서 실존자는 그 자신을 부른다(§ 57)." 물론 그것은 먼저 어떤 "낯선" 목소리처럼 나타난다. 하지만 아무것도 나 자신보다 내게 더 낯설지 않다. 내 일상적 삶의 평범함에 파묻힌 나는 내가 사는 세계에서 안전하다고 느낀다. 이 친밀한 세계에 나 자신과 다르지 않은 부름의 호출자는 속하지 않는다. "그는 근원적으로 그의 집 밖으로 던져지고 세계의 무속에서 벌거벗은 […] 낯선 실존자이다." 세계의 황량함 속에서 외치는 목소리는 마침내 내게 나 자신을 찾게 해주고자 내게 나를 상기하는 나 자신의 목소리에 지나지 않는다.

그렇게 부름의 발신자와 수신자는 하나를 이룰 뿐이다. 이는 다자인의 본질적인 특징을 우리에게 드러낸다. 다자인은 그 자신에게 언제나 말을 건네며, 오직 '자기를 목적으로' 존재할 뿐이다. 의식 분석은 다자인의 그러한 독특한 태도를 증명해 보인다. 그 태도는 그가 행하는 모든 존재론적["실존주의적(existentiaux)"] 결정에서 드러나 보인다. '이해

(compréhension)' 속에서 실존자는 "근원적으로 그의 존재와 그의 존재-
할-수-있음(pouvoir-être)을 이해하게 된다(§ 18)." '촉발(affection)'[18] 속
에서 실존자는 "언제나 벌써 자신으로 자신을 데려오고, 언제나 벌써
자신을 찾는다." 그러한 '이해'가 관계하든, 그러한 '촉발'이 관계하든,
매번 실존자는 자기로부터 자기를 촉발한다. 심지어 그가 일상적 실추
속에서 길을 잃었을 때조차도 그가 배척하는 것은 '그 자신'이며 그가
'자신'에서 달아나 향하게 되는 것도 '그 자신'이다. 그의 비본래적 실존이
다. 자기와 맺는 이 환원 불가능한 관계, 자기에 열려 있는 이 상태를
우리는 '자기-촉발(auto-affection[19])'[20]로, 아니 차라리 '자기-줌(auto-don-
ation)'으로 말할 수 있다. 왜냐하면 실존자는 부름을 받는 자로, 수동적으
로 부름의 영향을 받는 자로 한정되지 않기 때문이다. 실존자는 또한
그 자신을 부르는 자이다. 자신을 부르면서 자신을 향해 있는 자이다,
실존의 가능성을 자신에게 베푸는 자이다. 부름 속에서, 이해와 결정
속에서 실존자는 자신에게 '자신을 준다'. 그렇기 때문에 그는 그렇게

---

18. [옮긴이 주] 내가 '촉발'이라는 이 번역어에서 주목하는 것은 '일어남' 또는
    '일으킴'이라는 함의이다. 일어나고 일으키는 무언가를 우리는 느낌으로 안다.
    그 느낌이 곧 우리의 감정이며, 정서이다. 촉발, 감정, 정서는 같은 것이며
    이를 나는 affection, sentiment, affect에 대응해 번역하고자 한다.
19. [옮긴이 주] 자기-촉발에서 '자기(自起)'는 '스스로 또는 저절로 일어남'을
    뜻하는 말로 이에 대응하는 용어로 '다른 것으로 인해 또는 다른 것으로부터
    일어남'을 뜻하는 'hétéro-affection(affection par un autre)'가 있으며 이의 번역
    어로 나는 이전에 '타자-촉발'을 제안했으나 이보다는 '의타기-촉발'이 낫지
    않을까 생각한다. '의타기(依他起)'는 불교 용어로, 말 그대로 '다른 것에 기대
    일어남'을 뜻한다.
20. "나는 생각한다"의 본질적인 구조를 "자기-촉발"로 규정하는 것은 하이데거
    그 자신이다. [Heidegger, *Kant et le problème de la métaphysiaue*[1929],
    Gallimard, 1953, § 34를 보라.]

자기를 주면서 언제나 '자기'를 찾거나 '자기'를 잃을 수 있다. 자기에게 자기를 주면서 그는 단독적인 실존자처럼 자신에게 자신을 밝힌다. 그렇지만 대체로 실존자는 자신의 힘을 알아차리지 못한다. 자신의 부름이 '마치' 대타자의 부름'처럼' 그에 이른다 함은 그의 기묘한 운명이다. 그는 결국 자신의 다른 부분처럼 모습을 드러내는 어떤 '내밀한 낯섦'과 싸운다.

　이상하게도 하이데거는 실존을 가로지르는 이 수수께끼 같은 내적 경고에 질문을 제기하지 않았다. 이는 그가 무엇보다도 빚의 존재론적 의미에, 그러한 현상을 드러내는 것에 관심이 있었기 때문이다. 내게 빚이 있다는 것을 알아차릴 때 나는 나이고자 하는 것이 '아니라'는 것을, 나 자신이 '정말로 아니라는' 것을 예감한다. 부름은 실존자를 그의 빚으로 소환함으로써 그가 "줄곧 그의 가능성 이편에 있었다는" 사실을, 그가 영영 자신의 실존을 선택하지 못하리라는 것을 그에게 밝혀준다. 다자인은 자신을 스스로 정초할 수 없다. 그는 그의 기반의 "주인이 '절대' 될 수 없다(§ 58)." 왜냐하면 그는 '거기에 던져졌기' 때문이다. 수동적으로 던져졌기 때문이다. 세계에 오는 일을 결정하지 못하고 자기에서 분리돼서 실존 속에 던져졌기(dé-jeté)[21] 때문이다. 내 빚, 내 출생지, 내 혈통, 내 몸, 내 성적 정체성, 내 유년기와 같이 내가 선택하지 않은 모든 존재적 결정은 내가 절대 극복하지 못할 최초 던져짐 (dé-jection)의 흔적이다. 빚이 있다는 느낌은 결국 나 자신에게 나를 주는 내 근원적 힘과 거기-던져진-존재(être-jeté-là)라는 내 조건, 버려진

---

21. [옮긴이 주] déjeter의 'de'는 '분리‧이탈'의 의미를 지닌다. 그 의미를 살려주고자 "자기에서 분리돼서"라는 말을 삽입했다.

내 상태, 유기된 내 상태 사이에서 있었던 싸움의 지표이다. 하이데거는 그러한 조건, 상태를 '사실성(facticité)'이라 한다. 존재의 이 두 차원 가운데 어느 것이 다른 것에 우선할까? 『존재와 시간』의 관점에서는 자기-줌이 사실성을 이기는 것 같다. 그렇지 않다면 다자인의 실추는 극복할 수 없게 된다. 그런데 다자인은 본래적으로 부름에 대답할 수 있어야 한다. "'가장 고유한' 본래적인 빚이-있을-수-있음(pouvoir-être -en-dette)을 향해 자신을 투사할 수" 있어야 한다. 자기이기를 결정함으로써 실존자는 자기에게 되돌아온다. 그는 "근원적으로 자기 자신과 함께 자신을 다시 짜 맞춘다." 오직 자기 자신에게 자신을 주는 실존자만이 가장 극단적으로 소외된 상황에서 또한 자기 자신을 되찾을 수 있다. 그러한 결정의 가능성은 그의 자기-줌이 그의 던져진-존재보다 더 근원적임을 증명한다. 부름의 분석은 우리에게 그 점을 확증해 준다. 부름의 분석은 타자성, 곧 밖에서 실존자를 괴롭히는 목소리의 낯섦이 순전히 피상적이며 그 목소리는 자기 호출에 속한다는 것을 우리에게 보여 준다. 사실성, 곧 나 자신에서 나를 박탈하고 나를 어쩔 수 없이 수동적이게 하는 던져진-존재(être-jeté)의 모든 측면에서도 상황은 마찬가지이다. 내 최초의 '상황'에서 나는 벗어날 수 없고 오히려 그것을 자유롭게 수용할 의무가 내게는 있다. 그 상황과 마찬가지로 나는 그 모든 것을 결정 속에서 받아들일 수 있다. 왜냐하면 그 모든 것이 내 실존에 속하기 때문이다. 거기-던져진-존재, 혈통, 출생, 신체, 그 모든 것이 '내 것'이기 때문이다. 나이기 [내게 속하기] 때문이다.

그러한 결정은 어떤 것일까? 하이데거는 어떤 "결심(résolution)" [해방, "벌어짐(déclosion)": *Entschlossenheit*]처럼 그것을 일컫는다. 우리는 흔히 그 개념이 불명확하다고 하이데거를 비난하곤 했다. 그 개념은 그 어떤 사회참여라도 그것을 정당화하고 그 어떤 부름이라도 그것에 대답하게 할 것이다. 우리는 이처럼 1933년 하이데거 강의를 듣고 나가던 어느 학생의 말을 인용한다. 그는 행동하기로 "결심(résolu)"했다고 속으로 말하지만, 헤라클레스를 "결연히(résolument)" 다시 읽어야 하는지, 아니면 나치 돌격대(Sturm Abteilung)에 가담해야 하는지를 묻는다…. 구체적인 모든 선택, 모든 실존 가능성은 완벽하게 동등할까? 아니면 그 가운데 몇몇은 다른 것보다 더 해방하게 해주는 결정에 해당할까? 이 물음에 하이데거가 주는 대답은 문제를 뜻밖의 방향으로 기울게 한다. 그에 따르면 결심은 "어떤 가능성이 아니라 […] 극단적인 가능성을 향해 투사되는 순간에(§ 62)" 본래적인 것이 된다. 바로 '죽을' 힘이다. 내 죽음을 미리 앞지르는, 내 결심에 모든 의미를 주는 불안 속에서 내 죽음을 미리 느끼는 내 능력이다. 실존의 다른 가능성 사이에서 결정할 수 있게 하는 것. 죽음에 가장 확실하게 직면하게 하는 가능성을 가장 본래적인 가능성처럼 중시할 수 있게 하는 것은 바로 그 능력이다. 그때부터 암담한 이러한 관점 아래에서 실존의 '모든' 존재론적 결정이 검토될 것이다. 죽음 앞에서 달아남, 파스칼적 의미에서 "기분전환(divertissement)"으로 재규정한 실추, 죽음에 대한 확신과 동일시한 진리, 부름에서도 상황은 그와 같다. 본래적으로 이해한 부름은 내 죽음이 언제나 임박할 수 있음을 내게 상기하는 *"momento mori"*이다. 죽음의 그림자가 『존재와 시간』에 드리우고 하이데거의 생각은 이제 그 참된 얼굴을 드러낸다. 존재론은 '죽음론(thanatologie)'이다.

어떤 의미에서 실존자는 그의 죽음을 "선행할(devancer)" 것을 요청받는가? 그 개념은 죽음이 지닌 평범한 의미와는 구별해야 할 죽음의 "실존주의적(existential)" 개념에 속한다. 언뜻 보기에 그 주제로 우리가 아는 것은 우리가 한 번도 직접 경험한 적 없는 우리 자신의 죽음에서 오지 않고 다른 사람의 죽음에서 오는 것 같다. 하지만 거기에는 잘못된 지식만이 있을 뿐이다. 죽음 '그 자체'를 경험하는 일 없이 우리는 밖에서 다른 사람의 죽음을 목격하기만 할 뿐이다. 죽음은 모든 이에게 가장 특이하고, 가장 개인적인 시련이다. 그것은 내 '가장 고유한' 가능성이다. 아무도 나를 대신해서 죽을 수 없다. 어떤 다른 죽음도 그에 대해 내게 아무것도 가르쳐주지 않는다. 바로 그 때문에 실존자가 죽을 가능성은 "'단독자'로서 그를 불러 세운다." 그것은 "그 자신을 향해 그를 고립시키고" 일반인의 소외에서 그를 해방하기에 이른다. 죽음의 일반 개념에서는 실존자의 절대적 단독성이라는 것은 눈에 띄지 않는다. 왜냐하면 그 개념은 죽음을 불명확한 익명의 사건처럼 생각하기 때문이다. "일반인은 죽는다(on meurt)." 이는 모든 이에게 똑같이 타격을 주지 특별한 누군가와 관계하지 않는다. "사람들은 모두 끝내 죽을 것이다"라고 하는 무차별적이고 막연한 종국처럼 죽음을 이해하면서 실존자는 자기 죽음에 대한 불안에서 달아난다. 그는 죽음이 그의 존재에 계속 수반되는, 매 순간 일어날 수 있는 '임박한' 가능성이라는 사실을 잊는다. 이와 같은 여러 특징으로 하이데거는 "죽음을-향한-존재(Sein-zum-Todes)"라고 하는 것을 규정한다. 그것은 죽음을 '향한(vers)' 존재, 쉼 없이 죽음을 향해 나아가는 존재이자, '죽어 가는(à la mort)' 존재, 언제나 막 죽으려 하는 존재이면서 임박한 자기 죽음에 직면한 존재이다. 중요한 것은 추상적으로 그 가능성을 대상으로 성찰하는 것이 아니라 그 가능성에 동일시되어야 한다는 것이다. "자신의 죽음과 일치하는" 것이 중요하다. 내 '죽음을-향한-존재(être-à-la-mort)'[22]에서 나는 미래의 사건처럼 죽음을 생각하지 않는다. '나는(je)' 내 죽음'이다(suis)'. 그리고 오직 그처럼만 나는 본래적으로 실존한다. 오직 "죽기 속에서[im Sterben]만 '내가 있다'라고 나는 절대적으로 말할 수 있다."[23] 이 역설적인 태도를 우리는 앞으로 오게 될, 삶의 끝으로 이해한 '죽음[Tod]'에서 언제나 이미 있는, '죽기[Sterben]'의 가능성을 구분했을 때 더 잘 이해할 수 있다. "선행(devancement)"에서, 죽음으로'까지' 가지 않는 죽음을-향한 -존재라는 이상한 경험에서 문제가 되는 것은 바로 '죽음 없는 죽기'이다. 하이데거가 죽음 '그 자체'를 절대 헤아리지 않는다고 사람들이 말하는 것이 결국 옳다.[24] "죽어 가고 있는" 한 실존자는 살아남는다. 모든 분석은 사실 삶을, 죽기라는 삶의 매우 독특한 방식을 다룰 따름이다.

  참으로 죽지 않고 어떻게 죽을까? 죽어 있지 않고 어떻게 죽을까? "나는 죽었다(나는 죽어가고 있다)(Je suis (à la) mort)." 이와 같은 역설적인 말을 하게 될 끔찍한 경험을 어떻게 그려낼까? 『발데마르의 경우에 관한 진리』에서 에드거 포는 죽어가는 한 사람의 이야기를 우리에게 들려준다. 사람들은 그가 죽기 직전에 그에게 최면을 거는 데 성공했다. 최면은 몇 달 동안 반생반사(半生半死) 상태로 그를 유지하면서 그의 죽음을 연장한다. 움직임이 없는 몸에서 삶의 유일한 흔적처럼 그의 목소리가 이따금 울린다. 그를 깨우려고 애쓰던 최면술사가 그를 마침내 죽음에 빠트리고 그가 곧 "고약한 냄새를 풍기는 부패"로 분해하는 때까지,

---

22. [옮긴이 주] 불어 전치사 'à'에는 '~쪽으로', '~을 향해'와 같이 방향을 나타내는 뜻과 함께 '~하고 있는'과 같은 동작 진행의 뜻이 있다.

23. Heidegger, *Prolegomena zur Geschichte des Zeitbegriffs*(1925), *Gesamtausgabe*, t. XX. Francfort-sur-le-Main, Klostermann, 1979, p. 440.

24. *Apories*, Galilée, 1996, p. 96-98에서 데리다가 눈여겨보는 것처럼.

무덤 저편의 목소리는 "나는 자네들에게 내가 죽었다고 말하네"라는 불가능한 말을 한다. 이 이야기에서 무엇이 우리를 그토록 열광하게 할까? 내가 말한다는 사실이 죽음과 갖는 본질적 관계를 밝힘으로써, 내가 "나"라고 말하자마자 나는 '이미 죽었다'는 것을 이해하게 함으로써 그 이야기는 우리 실존의 참을 수 없는 진리를 말해준다. "나"의 진리가 "내가 죽었다"라는 것이라면 그로부터 "'나'는 죽었다'는 결론을 내려야 한다. 살아 있는 나라는 내 느낌은 한갓 환상에 지나지 않는다. 요컨대 나는 실존하지 않는다. 발데마르의 선언에서 에고살해는 죽음론(thanathologie)과 결합한다.[25] 그 어두운 전언은 카프카에서 아르토, 자네에서 블랑쇼에 이르기까지 우리 시대 문학에서 울려 퍼지기를 멈추지 않는다. 하이데거와 함께 포의 발데마르는 철학에 등장했다. 다자인을 위해 에고를 해임하는 일은 여기서 그 최종 의미를 찾는다. 자아의 죽음이 "나는 죽었다"라는 역설과 결합하는 곳에서 말이다. 바로 이러한 관점에서 하이데거는 데카르트를 비난한다. 자아를 언제나 자기 자신과 같은 영속적인 실체로 규정함으로써 프랑스의 철학자는 에고 죽음의 가능성을 교묘하게 피했다. 데카르트는 에고의 진리가 "*cogito sum*"의 속이는 영속성에 있지 않다는 것을 알지 못했다. 그것을 "*sum moribundus*"처럼 이해해야 한다는 것을 알지 못했다. 이는 내가 위독함을, 심각하게 아픔을, 죽어갈 것임을 의미하지 않는다. "내가 존재하는 한

---

25. 이 이야기를 분석함으로써 나는 포가 발데마르의 "경우"에 관해 스스로 속았거나 우리를 속였다는 것을 보여주고자 했다. 이미 죽었다고 믿을 정도로 자신에 대해 착각할 수 있을지라도 사실 살아 있는 자아만이 '나'라고 말하기에 이를 수 있다. (J. Rogozinski, *Faire part-cryptes de Derrida*, Lignes-Léo Scheer 2005, pp. 79-90을 보라.) 그러한 교훈은 하이데거의 죽음-을-향한-존재(être-à-la-mort)에게도 마찬가지로 해당한다.

나는 죽었다(*moribundus*)."[26] 이러한 것이 "실존자의 근본적인 확실성"
이다. *"ego sum moribundus."* 나는 내 죽기(mon mourir)이다. 나는 죽음에
속한다.

　이에 무엇을 생각해야 할까? 에고는 본질적으로 죽음을-향한-존재(ê-
tre-à-la-mort)로 규정된다. 내 실존의 근본적인 단독성의 기반이 되고
그 진리를 만드는 것이 바로 나와 내 죽음의 관계일까? 우리가 타자의
죽음에서 끌어온다고 믿는 "잘못된 지식"을 하이데거는 거부한다. 그는
엄격하게 유아론적인 접근에 만족하고자 한다. 이러한 관점에선 '타자는
죽지 않는다'고 심지어 말해야 할 것이다. 그가 떠나갔다, 세계에 없다,
갑자기 무로 떨어졌다고 말해야 할 것이다. 오직 나만이 죽을 수 있다.
나이기에, 내게 속하기에 오직 다자인만이 죽는다. 하지만 어디에서
실존자는 죽어야 한다는 절대적인 확실성을 끌어낼까? '타자'가 사라졌
음을 내가 경험한 데서가 아니면 어디서부터 그처럼 이상한 지식이
내게 올까? 그 경험 속에서 나는 내가 사라지리라는 것을 예상한다.
더는 실존하지 않을 가능성처럼, '더는 아무것도' 아닐 가능성처럼 나는
내 죽음을 깨닫는다. 무, 전멸, 이러한 것이 죽음의 최종 의미일 것이다.
어디에서 그러한 한정이 나올까? 거기서 또한 타자의 죽음이 세계에
낸 구멍, 무, 부재에서가 아닐까? 타자의 떠나감을 갑작스레 알리는
기별이 나를 빠트리게 될 놀람, 경악에서가 아니면, 또 어디에서 내
죽음이 "임박"하다는 확실성, 어느 때라도 가능하다는 확실성이 내게
올까? 내게 내 죽음을 "줄" 수 없고 그것을 미리 경험할 수 없다는 불가능
성으로 인해 나는 간접적인 방식으로 내 죽음에 다가갈 수밖에 없다.

─

26. Heidegger, *Prolegomena*⋯, pp. 437-438.

타자의 죽음이 '내' 죽음과 아무 관계가 없고 엄밀하게 내 죽음에 대해 아무것도 내게 가르쳐 주지 않음에도 나는 타자의 죽음에서 '유추해서' 내 죽음을 미리 경험할 수밖에 없다. 하이데거의 모든 분석이 그와 같은 유사함에 근거를 두지만 정작 하이데거는 이를 알아차리지 못한다. 그의 분석은 자체 규칙을 어겨서 다자인이 아닌 타자에서 출발하며, 타자의 죽음을 한정하는 것을 마치 나 자신의 죽음을 한정하는 것처럼 여기게 함으로써 타자의 죽음을 낚아챈다. 내가 내 죽음을 다루는 '지식'을 말한다고 주장하는 한 그것은 어쩌면 불가피한지도 모른다. 만일 내 죽음이 "무"에 속한다면, 만일 그것이 무의 한 방식처럼 생각될 수 있다면, 더는 상대적인 무가 문제가 아니다. 더는 타자의 떠나감이라는, 그가 세계에 부재한다는 한정된 부정이 문제가 아니다. 더 근본적인 '무'가 문제이다. 그곳에서는 세계 그 자체가 전멸한다. 이에 나는 유추나 허구나 믿음에 도움을 청해야 한다. 무-의미(non-sens)에 어떤 의미를 주기를 내가 원한다면, 얼굴 없는 내 죽음에 어떤 얼굴을 주기를 원한다면 말이다.

여기서 하이데거에게 잘못이 있다면, 그것은 타인의 죽음에 호소했다는 것이 아니라(어떻게 그러하지 않으랴?), 단순한 유사성을 내 죽음을-향한-존재(être-à-la-mort)에 대한 엄밀한 분석처럼 제시하면서 그 사실을 숨겼다는 것이다. 정말로 나이지 않으면서 내 것인, 나라는 단독적인 실존자로 규정되고 그와 함께 보편적이고 중립적인 '자기(Soi)'로 규정되는 다자인의 모호한 성격이 그와 같은 속임수를 조장하고 그것을 알아보지 못하게 한다. 그러한 중립성에서는 나와 타자의 모든 차이가 사라지며, 그것을 구실 삼아 타자의 몇몇 규정이 다자인에 은밀하게 옮겨질 수 있었다. 다자인 행보의 주요한 결함은 사람들이 흔히 주장하듯 결국 유아론(solipsisme)이 아니라 '충분히' 유아론적이지 '않다'는 사실이다. 에고론적 차이를 충분히 간직하지 않는다는 사실이다. 결국 "가장 고유한", "가장 단독적인" 내 가능성이 절대로 고유하지 않음이, 타인의 죽음으로 이미 전염되었음이 밝혀진다. 죽을-수-있음(pouvoir-mourir)은 가장 공통적이고, 가장 비인격적인 것이다. 그것은 죽음의 차가운 익명 속에서 모든 개별성을 없앤다. 실제로 죽는 것은 절대 '내'가 아니다. 나를 매개로 '일반인이 죽는다(On meurt)'. 에고살해자를 그토록 매혹하는 것이 바로 죽음의 이러한 비인격적인 중립성이다. 에고살해자는 그곳에서 에고의 단독성을 없앨 가장 근본적인 방식을 본다. 그렇기에 블랑쇼는 내 죽음의 경험에서 "'내'가 죽지 않으며, 나는 죽을 힘을 상실하며, 그곳에서 일반인이 죽는다"라는 사실에 경탄한다. 들뢰즈는 이 일반인의 "장엄함(splendeur)"을 찬양한다. "그가 비가 오듯 그곳에서 죽는다(où *il* meurt comme *il* pleut)."[27] 내 존재에 언제나 내 것이라는 특성을 주는 것은 결국 "내" 죽음일 수 없다. "그 누구도 내 죽기를 내게서 뺏을 수 없다면", 그 누구도 사랑하거나, 미워하거나, 느끼거나, 생각하거나, 내 대신 살 수 없을 것이다. 어떤 타자도 나를 대신할 수 없으며, 이는 내가 에고 '*moribundus*'이기 때문이 아니라 '에고'이기 때문이다. 에고의 삶이 매번 단독적이고, 매번 내 것이기 때문이다.

『존재와 시간』에서 죽음을-향한-존재(être-à-la-mort)의 도입은 결단과 본래성 개념에 더 구체적인 의미를 주어야 한다는, 실존의 여러 가능성 가운데 가장 본래적인 가능성을 선택할 수 있게 해야 한다는 필수불가결한 요구에 부합한다. 하지만 그러한 시도는 실패한다. 하이데거는

---

27. Deleuze, *Logique du sens*, Ed. de Minuit, 1969, p. 178.

결국 그것을 인정한다. [놀라운 § 7에서 설정된 것처럼] 죽음의 선행 (devancement)은 실존 가능성을 구체적으로 결정할 수 없는 형식적이고 텅 빈 구조로 남는다. 그 개념의 불명확함을 극복하고자, 그것에 구체적인 내용을 주고자, 그는 '희생(sacrifice)'처럼 그것을 일컫는다. "선행이 극단적인 가능성으로서 자기희생(Selbstaufgabe)을 실존에 열어 보인다 (§ 53)"라는 것을, 단호한 결정이 "희생을 위한 자유(§ 75)"로 규정된다는 것을 우리는 알게 된다. 이제 본래적인 단독적인 실존은 그의 죽음을 향해 자유롭게 나아가는 그것이다. 자살과 진정한 희생을 구분하는 것은 희생이 자기가 아닌 다른 것을 위해, 다른 사람이나, 민족이나, 조국이나, 관념을 위해 죽을 것을 요구한다는 데 있다. 희생은 내가 '타자를 위해 죽기를' 바란다. 죽음을-향한-존재(être-à-la-mort)를 희생의 용어로 재해석함으로써 하이데거는 결국 유아론을 포기하고, 본래적인 실존자는 '절대 홀로' 죽지 않음을, 대타자에 자신을 바침으로써 자신에게 죽음을 줌을 인정한다. 그의 독자는 대부분 그의 생각이 지닌 이러한 측면을 알아차리지 못했다. 그렇기에 레비나스는 다자인의 "고독한 영웅주의"에 하이데거의 존재론을 넘어서게 될 "희생의 윤리"를 대립시키는 게 가능하다고 생각했다.[28] 레비나스는 희생적인 타자를-위해-죽기 (mourir-pour-l'autre)가 존재론 한가운데 이미 있다는 것을 보지 못했다. 희생을 향한 이 예찬은 어디에서 나올까? 헤겔과 그의 "죽음을 위한 자유"에서일까? 아니면 "진리와 승리를 위해 너무 늦는" 것을 막는 "자유로운 죽음"에 찬사를 보낸 적 있는 니체에게서일까? 아니면 기독교 교리의 상기에서일까? 사실 그러한 것은 중요하지 않다. 왜냐하면 희생의

---

28. Lévinas, "Mourir pour", *Entre nous*, Grasset, 1991, p. 214.

철학은 매번 에고살해에 기반을 두기 때문이다. 자아를 '아무것도 아닌 것으로' (정신적 삶의 비본질적인 순간으로, 힘의 의지가 만든 허구로…) 여기기에, 희생의 철학은 자아에게 영웅적으로 죽을 것을 요청한다. 그와 같은 죽음에서 자아의 텅 빈 존재는 마침내 그 의미와 위엄을 찾을 것이다. 옛날에 시라쿠사에 헤게시아스라는 이름의 철학자가 있었다. 사람들은 그를 페이시타나트(Pisithanate), '죽음의 조언자'라 불렀다. 왜냐하면 그의 교리가 자살을 칭송하는 데 있었기 때문이다. 그는 매우 유창하게 죽음을 설교했으며, 그 결과 그의 제자들은 그의 설교를 들은 뒤 절벽 위에서 강물로 몸을 던졌다. 소문은 그가 권장한 처방을 마침내 그 자신에게 적용했는지 우리에게 말해 주지 않는다. 우리는 서둘러 하이데거를 새로운 페이시타나트로 만들려 하지 않는다. 하이데거는 반대로 죽기와 맺는 본래적인 관계는 살아 있으라고 명령한다고, 죽음을 앞지를 수 있도록 언제나 살아 있는 '*moribundus*'로 있으라고 명령한다고 우리에게 알려준다. 적어도 그가 *Sterben*(죽기)과 *Tod*(죽음)의 구분을 유지하는 한은 그렇다. 사실 죽기가 현실적인 죽음과 같아지려면 선행을 희생으로 생각하는 것으로 충분하다. 그러면 실존의 생각은 죽음의 설교로 바뀐다. 오직 자신의 고독한 결단 속에서 다른 모든 것과 멀어짐으로써만 본래성에 다가갈 뿐인 다자인, 그는 과연 누구를 위해, 어느 타자, 어느 공동체를 위해 자신을 희생할 수 있을까? 대타자를 위해 죽을 것을 받아들임으로써 그는 동시에 대타자를 위해 죽일 것을 받아들이지 않을까? 이와 같은 물음이 놓이려면 시간이 필요하다. 『존재와 시간』이 출판되고 1933년에 이르기까지 짧은 잉태의 시간이.

"개인은 아무 가치가 없다." [하이데거의 나치즘을 다루며]

1933년 11월 「학생에게 호소하는 글」에서 하이데거는 "지도자
(Fhürer)는 그리고 오직 그만이 현재와 미래 독일의 현실이며 그 법은
하이 히틀러이다"[29]라고 선언한다. 어떻게 그가 이것을 쓸 수 있었을까?
이 물음에 격분, 분노의 몫을 남겨두자. 여기 커다란 불의가 저질러졌다.
그것도 먼저 "마틴 하이데거"라는 고유 이름에 대해서, 무엇보다도 『존
재와 시간』의 저자인 그에 대해서. 사유가 단독적인 실존자의 이름으로
그의 잘못과 함께 언제나 주어진다는 것은 사유의 운명이다. 가차 없는
속박 속에서 책은 그 서명 때문에 위태로워진다. 서명은 책을 인질로
삼고 나중에 그 운명의 한 형상처럼 그것으로 되돌아온다. 인질, 사람들
이 나치 대학총장의 성명에 연관된 하이데거의 "말"을 발견했을 때,
그러한 것이 그 말의 지위이자, 그의 생각이 지닌 본질적인 동기의 지위
이다. 다자인, 단호한 결정, 본래성, 그것이 정치적 의미를 지니고 지도자
(Fhürer)를 법으로 세울 것을 명령하는 담화에서 다시 모습을 보였을
때, 이제 그것은 무엇을 의미할 수 있을까? 하이데거는 히틀러를 위해
자신의 생각을 배반했을까, 아니면 그러한 재앙이 이미 『존재와 시간』의
주장에 은밀하게 예고되었을까? 사람들은 이 물음에 가능한 모든 대답을
주었다. 그의 사유와 그가 히틀러에 찬동한 것 사이 어떤 관계도 인정하
기를 완고하게 거부하는 여러 제자의 답변에서부터, 그의 철학이 "매우
사적인 요소에 이르기까지 파시스트적"이라고 아도르노와 함께 생각하
는 이들의 답변에 이르기까지. 하이데거 사례에서 문제가 되는 것은

---

29. Heidegger, *Ecrits politiques*, Gallimard, 1999, p. 118.

그가 단지 히틀러에 찬동하는 정치적 결정에만 그치지 않았다는 점이다. 그는 철학적으로 그 결정을 정당화하고자 했다. 그는 그 일에 그의 모든 철학을 걸었다. 몇 달 동안 [또는 몇 년 동안, 이는 크게 중요하지 않은데…] 그는 그 자신의 존재론을 기반으로 해서 더 "본래적인" 나치즘의 철학을, 나치즘의 공식적인 표현보다 "나치즘 운동의 진실과 위대함"이라고 그가 생각하는 것에 더 적합한 나치즘의 철학을 만들고자 했다. 일종의 형이상학적 나치즘을 그 위에 세우고자 함으로써 그는 자신의 정치적 일탈 속에서 자신의 철학을 위태롭게 했다. 그의 사유에서 그러한 일탈을 허용할 수 있었던 것을 찾는 것은 정당하다. 이를 위해, 오늘날 사람들이 우리에게 권유하듯, 도서관에서 하이데거를 없앨 게 아니라, 인내심을 갖고 하이데거를 읽고 또 읽는 게 중요하다.

내가 다른 곳에서 이미 수행한 적 있는 그 연구[30]는 '부름(appel)'이라는 주제를 출발점으로 삼을 수 있다. 대학총장 하이데거의 성명은 [학생, 노동자, 독일인에 던지는] "부름"처럼 제시된다. 그렇지 않을 때조차도 그의 성명은 '명령(injonction)'이라는 수사법을 지닌다. 그의 성명은 그가 말을 거는 이들이 부름에, "독일 혁명"의 곧 지도자의 부름에 복종할 것을 독촉한다. 이러한 명령과 실존자를 일반인에 빠진 상태에서 빼낸다고 여겨진, 『존재와 시간』이 말하는 "의식의 부름" 사이에 공통된 무엇이 있을까? 우리는 그 부름이 "아무것도 말하지 않고, 세계의 사건을 대상으로 어떤 정보도 주지 않는다"라는 것을 안다. 물론 그 부름이 아무것도 말하지 않기에 사람들이 침묵이나 죽은 자를 말하게 하듯 그것이 말하지

---

30. J. Rogozinski, "Chasser le héros de notre âme", *Penser après Heidegger*, L'Harmattan, 1992를 보라.

않은 것을 말하게 하는 것은 언제나 가능하다. 우리는 그 부름을 예를 들어 독일 민족 지도자의 부름에 동일시할 수 있다. 하지만 이는 그것을 곡해하는 것이다. 그 부름은 어떤 민족에게도, 어떤 계급에게도, 어떤 공동체에게도 말을 걸지 않는다. 왜냐하면 그것은 단독적인 부름이기 때문이다. 그곳에서 실존자는 "그가 버려졌다는 고독 속에서" 스스로 자기 자신을 부른다. 실존자는 [남자도, 여자도, 유대인도, 그리스인도, 독일인도 아닌…] 중성적이다. 언제나 "자기 집 밖으로 던져지고 세계의 무속에 발가벗겨진" 그는 '추방자'이다. 자기 자신에게 말을 걸기에, 그의 부름은 그가 복종해야 할, 그 아닌 다른 이로부터 그에게 올 수 없다. 그 부름은 그가 정복하고자 하는 다른 이를 위한 것이 아니다. 그 부름은 지배적인 모든 태도, 정신적이거나 정치적인 지도(Fhürung)를 행하려는 모든 의도, 영웅이나 지도자를 자처하려는 모든 의도를 무에 대한 불안 앞에서 도망치는 행위로 여기며 사전에 폐지한다. 『존재와 무』의 관점에서 헤아렸을 때 하이데거가 나치즘에 찬동한 것은 비본래성의 절정처럼 보인다. 나치즘에 참여함으로써 그는 스스로 자신을 부인했다. 그가 지닌 생각의 모호함은 그러한 부인을 조장했다. 만일 그가 '그 자신의 부름'에 충실했더라면, 그가 내세운 처음 주장에, 다자인의 절대적으로 단독적인 성격에, 언제나 내 것이라는 다자인의 존재에 만족했더라면 아마도 그는 그토록 쉽게 지도자(Fhürer)의 부름에 굴하지 않았을 것이다. 왜냐하면 다자인의 개념은 사실 모호하기 때문이다. 다자인은 내 것이지만 나와 또한 다른 것이다. 하이데거는 다자인의 나(-에-속해)-있음(être-(à-)moi)에 반대해서 그 중립성을 점점 더 내세우게 된다. 그리고 마침내 그것을 익명의 '자기(Soi)'와 동일시해버린다. 결국 다자인은 그의 가장 고유한 단독성을 잃는다. 단독성은 그가 '전적으로'

타자에 소외되는 것을 막았었다. 히틀러의 부름에 굴복하도록 하이데거를 이끌 수 있었던 이유 가운데 하나를 우리는 어렴풋이 보기 시작한다. 그가 나치즘에 찬동할 수 있었던 것은 그가 다자인의 언제나 내 것인 단독성을 포기했기 때문이다. 곧 에고살해에 그 원인이 있다.

물론 에고의 해임이 그러한 정치적 표류를 설명하기에 충분하진 않다. 먼저 왜냐하면 그처럼 극단적인 정치 참여는 오직 관념에만, 오직 철학적 주장에만 기반을 절대 두지 않기 때문이다. 그러한 정치 참여는 실존 안에서 가장 불투명한 것, 우리의 자유를 사로잡는 비-진리, 맹목, 환상, 광기와 같은 것을 관계시킨다. 하지만 또한 왜냐하면 에고의 해임이 반대로 폭정에 맞서는 '저항 정치(politique de résistance)'와 결탁할 수 있기 때문이다. 철학자가 주체나 자아의 해체로부터 폭정에 굴복하려면 다른 조건이 있어야 한다. 우리는 프라이부르크 대학총장이 설교한 "부름"이나 그가 슐라게터 나치 "영웅"에 바친 추도사를 다시 읽어야 한다. 그 모든 글에는 똑같은 파토스가 묻어난다. 독일 민족과 그 지도자를 위해 희생하라는 똑같은 명령이 그 모든 글을 뒷받침한다. 우리는 이미 『존재와 시간』에서 그와 같은 점진적인 변화를 알아보았다. 그곳에서 나 자신에게 나를 드러내고자 다른 사람에게서 나를 고립시킨다고 생각한 죽음을-향한-존재(être-à-la-mort)는 결국 다른 이를 위해 죽으라는, 그를 위해 나를 희생하라는 요구와 혼동된다. 물론 1927년에 하이데거는 죽음을-향한-존재(être-à-la-mort)에 정치 기반을 두려고 생각하지 않았다. 몇 년 뒤, 죽기의 고독하고 언제나 내 것인 특성을 물리치고 영웅적 희생이라는 공동체적 차원이 득세하게 될 때 그러한 유보는 철회된다. 그는 실제로 "근원적 공동체"의 기반을 전쟁의 시련에, "전방에 있는 군인의 동료애"에 두기에 이른다. 왜냐하면 "희생으로서 죽음의 근접은 똑같은 무로 모든 이를 먼저 데려가기" 때문이다. "그로부터 모든 이는 다른 모든 이에게 절대적으로 속한다. 무엇보다도 죽음과 [⋯] 죽음이 요구하는 희생의 수락이야말로 공동체의 공간을 만들어내는 것이다."[31] 죽기의 이러한 공유와 함께 우리는 공동체의 근간을 이루는 경험을 발견한다. 민족은 그 경험에서 죽음에 맞서 싸우는 공동체로서 모습을 드러낸다. 바로 그때『존재와 시간』맥락에서 "독일 민족의 역사적 다자인"이라는 기괴하고도 상상할 수 없는 형상이 나타난다. 개별적인 실존을 규정하는 모든 것을 되찾아서 그것을 공동체 차원으로 옮겨 놓는 집단적인 다자인의 형상이 말이다.[32] 이 냉담한 문장에서 죽음을-위한-자유(liberté-pour-la mort)와 희생의 부름은 그러면 무엇이 될까? 그것은 병역을 칭송하는 모습으로 민족 성원에 말을 건다. 병역은 "끝까지 책임져야 할 의무"처럼, 자신의 '지도자'를 위해 자신의 삶을 바쳐야 할 의무처럼 찬양된다. 「대학총장의 담화」에서 전쟁의 의무는 노동의 의무 그리고 철학이 최고 수위로 보장하는 지식의 의무와 결부된다. 여기서 문제가되는 지식은 "다자인을 가장 확연하게 위태롭게 하는 것"으로, 곧 그의 죽음을-향한-존재(être-à-la-mort)를 드러내는 것으로 정의된다. 따라서 지식의 지도자, 죽음을 생각하는 사상가는 민족의 이름으로 전쟁을 부과하는 전쟁 지도자와 일치한다. 그들의 목소리는 똑같이 죽음을 부르는데서 같아진다.

---

31. Heidegger, *Les Hymes de Hölderlin*, (1934-1935), Gallimard, 1998, p. 76, § 7. 사람들이 이 세미나에서 30년대 하이데거 정치에 대한 가장 중요한 보고서를 보는 것은 옳다.
32. 1933년 「대학총장의 담화」에서 민족 다자인이라는 언급은 스무 번이나 되풀이된다. 이러한 맥락에서 다자인을 계속해서 '실존자(existant)'로 옮기는 것은 불가능하다.

1933년 하이데거의 정치학은 결국 죽음을-향한-존재(être-à-la-mort)의 정치학으로 규정될 수 있다. 이는 그와 같은 정치학이 살인, 대량 공포, 말살을 근본적으로 정당화함을 의미하지 않는다. 죽음을 부름은 하이데거에게 무엇보다도 '자기 자신'을 희생하라는 명령으로 남는다. 아마도 그의 생각이 지닌 한계가 '타자'의 죽음을 고찰하지 못하게 하기 때문일 것이다. 언제나 있는, 살인의 가능성을 헤아리지 못하게 하기 때문일 것이다. 하지만 타자에, 그리고 먼저 민족 다자인을 위해 목숨을 거는 개별적인 실존자에 살인을 부과하는 힘이 바로 민족 다자인을 특징짓는 것이다. 죽음에 몸을 바치라고 타자에 요구하는 것은 그를 죽이는 것과 같지 않을까? 영웅의 민족이 지닌 이와 같은 절대적 힘은 어디까지 뻗치는가? '다른 민족'을 전멸하라고 명령하는 데까지인가? 하이데거는 이러한 것을 한 번도 물은 적이 없다. 그는 죽음에 맞서는 '영웅'에게서 자기희생의 능력만을 붙잡고자 했다. 자기 자신의 삶, 자기 자신의 자아를 아무렇지도 않게 여기는 사람은 오늘날 이슬람의 가미카제가 보여주듯 자기 자신을 희생할 수 있는 것과 똑같이 다른 사람을 죽일 수 있다. 우리는 독일 제국(Reich)의 몇몇 지도자가 프라이부르크 대학총장의 "사적인 나치즘"을 조롱하는 것도, 곧 공식적인 이데올로기 대신 국가사회주의에 대한 그 자신의 견해를 받아들일 것을 강요하는 그의 요구를 조롱하는 것도 당연하다. 그에게 없는 것은 바로 히틀러 프로그램의 심장부에 있는 것으로 살인을 향한 부름이다. 그의 노력에도 그는 절대 '본래적으로(authentiquement)' 나치당원이 되는 데 성공하지 못할 것이다.

나는 여기서 하이데거의 정치 참여 문제를 깊이 파고들 생각이 없다. 나는 단지 정치적으로 그의 철학을 바꾸게 한 것을, 결국 히틀러를 위해 그의 철학을 사용하게 한 것을 찾을 따름이다. 그러한 일탈을 허용한 것은 바로 에고살해이다. 더 정확하게 말하면 에고살해와 죽음연구의 결합이다. 에고살해와 죽음을-향한-존재(être-à-la-mort)에 대한 희생적 해석의 결합이다. 그 결합이 확실히 필연적인 것은 아니지만 그것은 '에고 숨 모리분두스'라는 역설로 인해 촉진되었다. 그 역설에서 자아의 해임은 '죽어가고(à la mort)' 있다는 확신과 결부된다. 이에 교훈을 간직하면 다음과 같다. 에고론적 차이에 한해서는 절대 양보하지 말아야 한다. 나라는 실존자가 '내'가 아니라고 처음에 설정하는 것으로 충분하다. 그러면 나머지 전부가 뒤따라온다. 실존자는 그의 내-것-임(être-mien)을, 그리고 그의 유한한 단독성과 자유를 점차 박탈당하게 될 것이다. 그리곤 마침내 그의 본질적인 모든 특징을 빼앗는 민족 다자인으로 융합될 것이다. "독일 민족의 다자인"이라는 개념 자체는 집단의 존재 방식과 개인의 존재 방식이 근원적으로 같음을 가정한다. 하이데거는 그 가정을 정치 철학의 오랜 전통에서 물려받았다. 그 가정은 이미 영혼과 도시에서 문제가 되는 정의를 같은 것으로 보도록 플라톤을 이끌었다. 마치 같은 글자가 "이곳에서는 소문자로 저곳에서는 대문자로" 새겨진 듯 말이다. 이는 도시나 국가나 민족과 같은 더 탁월한 현실에 언제나 개인을 종속하는 결과를 낳았다. 하지만 그러한 선입견은 현상을 곡해한다. 자아의 존재 방식과 공동체의 존재 방식 사이에 있는 모든 구분을 사라지게 했을 때, 단지 개인을 집단의 독재자에 구속할 뿐만 아니라, 공동체에 낯선 규정을 그것에 적용함으로써 공동체의 본질을 훼손한다. 왜냐하면 그러한 치환은 공동체를 일체라는 형상에 구속하고자 공동체의 존재 방식을, 그 근원적인 '복수성'을 무시하기 때문이다. 바로 이러한 전통에 하이데거의 정치는 포함된다. 이에 하이데거는 민족-하나

(Peuple-Un)와 전체 국가의 모습을 한 공동체의 지배에 단독적인 다자인을 전적으로 종속하게 된다. 『존재와 시간』에서 시작한 철학적 에고살해는 나치 대학총장의 공문에서 그 실천적 적용을 결국 발견한다. 프라이부르크 교직원의 '순종'을 가속화해야 할 때, 그는 "국가사회주의 정부의 힘과 요구로부터" 대학 개혁에 참여하라고 교직원에게 명령한다. 그리고 다음과 같은 뜻깊은 말로 끝맺는다. "개인은 그가 어디서 일어서든 아무런 가치도 없다. 민족 국가에서 우리 민족의 운명이 가치 있는 모든 것이다."[33] 하이데거 존재론의 정치적 치환은 여기서 단독적인 다자인의 노예화에 이른다. 실존자의 근본적인 특징을 전체주의 국가는 없애려고 한다. 바로 스스로 자기 자신을 부를 힘이다. 이제 대타자가 그를 부르고 그에게 실존을 준다.[34] 이는 실존자에게 일반인의 지배 아래에서 겪는 소외보다 더 근본적인 소외에 해당한다. 그가 일반인과 동일시했던 것과 마찬가지로 새로운 소외는 그를 지도자와 동일시하게 하고, 스스로 생각하고 행동한다는 환상을 그에게 준다. 그러나 그 대신 결정하고 행동하는 것은 바로 그의 지도자이다. 그러한 동일시에 사로잡힌 그는 이제 그를 위해 목숨을 바칠 준비가 됐다. 마치 자유가 문제가 되듯 예속을 위해 싸울 준비가 됐다.

결론을 내려야 할 것 같다. 하이데거는 그의 철학을 정치화함으로써 그것을 훼손했다. 그의 정치 참여는 실제로 그의 사고의 중요한 전회와

---

33. Hugo Ott가 Heidegger, *Eléments pour une biographie*, Payot, 1990, p. 246에서 인용한 글.
34. "독일 민족은 투표하라는 지도자의 부름을 받았다. 하지만 지도자는 민족에게 아무것도 간청하지 않는다. 그는 오히려 자유롭고 숭고한 결정의 가장 직접적인 가능성을 민족에게 '준다.'" [Heidegger, *Ecrits politiques*, p. 119]

일치한다. 우리는 어떤 모순이 『존재와 시간』을 관통하는지를 보았다. 다자인은 그의 자기-줌, 곧 자기 자신에게 자신을 자유롭게 주는 그의 능력으로 규정되고 그와 함께 그의 사실성(facticité), 곧 그의 거기-던져진-존재(être-jeté-là), 자기 자신에 기반을 주지 못하는 그의 무능력으로 규정된다. 하이데거가 지도자(Fhürer)의 부름에 복종하는 것으로 다자인을 재규정할 때, 그 두 규정 사이에 있던 긴장은 사실성에 유리한 쪽으로 풀린다. 앞서 사용하던 용어를 유지함으로써 이 같은 급격한 변화는 감춰진다. 바로 단호한 결정과 자기-긍정(auto-affirmation)의 모든 파토스이다. 이는 다자인의 극단적인 소외를, 그가 타자의 부름에 수동적으로 복종한다는 사실을 숨긴다. 그런데 나치주의와 거리를 둔 뒤에도 하이데거는 그의 사고의 전회와 그 주된 결과로서 자기-줌의 포기를 다시 거론하지 않을 것이다. 물론 그는 순수하게 존재론적인 차원에 새로 자리 잡게 될 것이다. 더는 지도자(Fhürer)가 아닌 존재(Être) 자체가 실존자를 부르게 될 것이다. 부름의 출처는 바뀌지만 그 의미는 같은 것으로 남는다. 부름은 "가장 높은 줌(don)", 희생적 줌을 위해 자유로운 상태로 있으라고 우리에게 명령한다. 이와 같은 희생적 줌만이 "존재의 혜택을 보존"[35]할 수 있다. 이로써 하이데거는 『존재와 시간』의 주제와 참으로 단절하게 된다. 실존자는 더는 자기 자신을 부르지 않고 다른 곳에서 그에게 이르는 부름에 대답할 뿐이다. 사람들은 하이데거의 진정한 전회, 그의 유일한 전회, 그가 1933년에 행한 전회를 그가 단지 연장할 뿐이라는 것을 알아차리지 못하고 인간과 존재 관계의 그와 같은 도치를

---

35. Heidegger "Qu'est-ce que la métaphysique?"(1943), Postface, *Questions*, t. I, p. 81-82. 『예술작품의 기원』을 다루는 1936년 강연은 이미 희생을 존재 진리 해명의 본질적인 방식의 하나로 만들었다.

*Kehre*라고, 하이데거의 "전회"라고 하는 데 익숙하다. 이러한 맥락에서 이제 하이데거는 우리 시대 재앙의 기원에, 특히 맹위를 떨치는 나치 "힘의 의지"의 기원에 데카르트가 있다고 비난하며 데카르트에게서 나온 "주체의 형이상학"을 공격한다. 개별적인 자아, 인권에서 이야기되는 인간, 전체주의 이데올로기에서 거론되는 민족이나 "인종"이 같은 원리의 변이에 지나지 않는다면, 나치주의의 특수성은 근대 암흑 속에서 희석된다. 예컨대 민주주의의 이름으로 나치주의에 저항하고자 하는 것은 부조리하다. 이에 하이데거는 히틀러에 호의적이던 정치 참여의 책임을 불우한 데카르트에게 떠넘기며 크게 애쓰지 않고 그의 행동을 설명할 수 있게 된다. 그의 *Kehre*는 그를 나치주의에 찬동할 수 있게 한 "형이상학적인" 기반을 해체하려는 시도처럼 해석될 수 있다. 그는 『존재와 시간』이 "그의 의사에 반하여 주체성을 강화할 위험이 있다."[36]라고 주장하며 그 저서를 미완성으로 두기로 한 자신의 결정을 정당화한다. 지나치게 데카르트적인 것은 결국 히틀러에 매우 가까운 것이다…. 그렇게 하면서 그는 전회의 정치적 의미를 완벽하게 감춘다. 그곳에서 그는 실존자의 자기-줌(auto-donation)을, 그의 언제나 내 것인 단독성을 포기했었다. 나중에 쓴 그의 글은 에고살해를 더 철저히 하고 인간의 근원적 '수동성'과 존재 역사의 절대적 '필요성'이라는 교리를 받아들이게 함으로써 에고살해를 확인할 따름이다. 생각, 말, 진리에 다가가는 것은 '내가 아니다'. 내게 생각을 허용하는 존재이다. 나와 함께 "작용하는 언어의 존재"이다. 자신을 드러내고, 나를 위해 마련된 존재의 진리이다. 제2의 하이데거는 인간을 "요구하는" 그리고 전권을 가지고 그를

---

36. Heidegger, *Nietzsche*, t. II, p. 156.

소유하는 존재의 서사시를 찬양하기를 더는 그치지 않을 것이다. 인간의 수동성을 강조하며, "존재의 숨겨진 명령"에 전적으로 복종할 것을 강조하며, 존재는 인간에게 아낌없는 혜택을 주거나 그를 방황으로 내몬다. 수동성의 예찬은 하이데거가 프랑스 사상에 남긴 주요한 유산 가운데 하나이다. 구조, 타자, 삶을 위해 존재의 언급을 피할 때에도 사람들은 주체나 자아의 절대적 수동성을 계속해서 긍정한다. 이 무거운 유산으로 인해 사람들은 행동의 가능성을, 수동성에서 저항으로 돌아서는 일을 생각하지 못했다. 그곳에서 에고는 소외에서 해방되고자 한다. 결정과 희생의 수사학이 사실은 행동의 '파괴'를 감추고 있다는 것을 알아차리지 못한 채 사람들은 흔히 후기 하이데거의 "평온"을 나치 시절 때 그가 지녔던 "의지주의"에 대립하곤 한다. 하이데거는 히틀러의 부름을 존재의 부름으로 대체함으로써 지도자의 단호한 의지에 복종하는 것을 정당화했던 장치, 곧 타자가 실존자의 삶에 전적인 힘을 갖도록 실존자에게 허용하게 하는 소외적인 동일시를 정당화했던 장치를 유지했다. 제2의 하이데거 사상은 이와 같은 '존재론적 소외'에 전적으로 근거를 둔다. 하지만 환상적인 투사가 문제된다. 사실 부르는 것, 주어지거나 거부되는 것, 드러나거나 감춰지는 것은 존재(Être)가 절대 아니다. 바로 다자인이다. 바로 나이다. 에고가 자신의 자유를 포기할 때, 자기 실존의 수동적인 구경꾼이 될 때 바야흐로 역사 철학을 위한 시간이 무르익었다. '존재 역사의 사상'은 헤겔 사상 곧 거꾸로 된 헤겔주의와 매우 닮았다. 그곳에선 방황이 존재의 계속 커가는 망각 속에서 정신 진보의 의기양양한 행보를 대체한다. 그 두 학설에 공통적인 것은 일어나는 모든 것을 수용한다는 것이다. 우선하는, 역사의 필연성의 이름으로 모든 것을 정당화하려는 경향을 지닌다는 것이다.[37] 사람들은 때로 지구의 폐해나 숲과 강의 훼손에 매우 민감한 하이데거가 수백만 인간의 말살을 한탄하는 말을 한 적이 없었다는 사실에 놀라곤 한다. 그 말을 파울 첼란은 그에게 기대했었다. 그렇지만 그가 침묵함으로써, 대답하기를 거부함으로써 그는 그의 사상역선(力線)에, 살인을 생각하지 못하는 그의 무능력함에, 운명에 순종적인 그의 수동적인 태도에 충실한 채로 남았다. 그가 생각하기에, 가장 나쁜 재난을 포함해서 일어나는 모든 것은 존재의 명령에서 나오며 침착하게 그것을 맞아야 한다. 거기서 또한 교훈을 간직할 필요가 있다. 에고의 자유를 포기하는 순간, 에고에게 자기 자신을 부를 힘을 부인하는 순간, 운명의 형상 앞에 굴복하고자 하는 유혹은 커진다. 그 형상이 신이 되었든 영웅이 되었든, 지도자가 되었든 존재가 되었든 말이다.

존재의 십자가

"위대한 사상가의 창조적 활동에 대재앙과 같은 무언가가 있다면 그것은 그가 실패했다거나 멈춰 섰다는 사실에 있지 않고, 그가 앞으로 나아갔다는 사실에, 그가 그의 사유의 가장 최근 결과에 기대 그러하기로 결심했다는 사실에 있다. 그 결과는 해로울 뿐인데, 왜냐하면 뒤에, 자기 자신의 시초가 된 기원에 머무르는 대신에 오직 앞으로 나아갈 뿐이라는 것은 해롭기 때문이다."[38] 하이데거가 30년대 말에 이것을 선언했을

---

37. 이 주제를 다루는 것으로 D. Janicaud의 *L'Ombre de cette pensée*, J. Millon, 1990과 M. Haar의 작업을 참조할 수 있을 것이다.

38. Heidegger, *Nietzsche*, t. I, p. 265.

때, 그는 자기 자신을 전혀 생각하지 못했다. 그러나 그의 전진은 그를 이미 참담한 결과에 빠뜨린 뒤였다. 그는 다자인이라는 그의 생각을 포기했다. 그 생각이 형이상학적 주체성에 너무 가깝게 여겨졌기 때문이다. 그 안에서 그는 이제 나치주의의 기반을 알아본다. 그렇지만 아무것도 실존자의 단독성만큼, 그의 자아(-에-속한)-존재(être-(au-)moi)만큼, 그의 자기-줌만큼, 그를 자아에 귀속하는 그 모든 것만큼 확실하게 지도자의 부름에 [또는 집단적인 다른 모든 개체에] 저항하지 못한다. 만일 하이데거가 자기 사유의 기원에 충실한 채로 남았다면 이에 만족했어야 했다. 하지만 그것은 하이데거에게 불가능했다. 실존자가 "나"가 '아니기' 때문이다. 처음부터, 나라는 실존자를 에고가 아닌 다자인으로 말하기로 처음에 결정한 때부터 파국으로 치닫고 있었다. 이 용어에서 문제가 되는 것은 *Sein*이지만, 그뿐만 아니라 또한 *Da*이다. 다자인과 존재의 관계에서 실존을 정초하는 것은 다자인의 '존재론적' 측면이며 마찬가지로 그 '초월성'이다. 왜냐하면 "거기"는 '저기', '바깥에'를 의미하기 때문이다. 따라서 '~의-밖에-있음'처럼 '다자인(Da-sein)'을 이해해야 한다. 다자인이 "초월적(transcendant)"[39]이라면, 이 용어는 어느 먼 후방

---

39. [옮긴이 주] 이 용어의 가능한 번역어로 '초재적'이 있다. 'Transcendant'이란 용어와 얼핏 비슷하지만 개념적으로 구별되는 용어로 'transcendantal'이란 용어가 있다. 나는 앞의 용어를 일관되게 '초월적'으로 옮겼고 뒤의 용어를 '초월론적'으로 옮겼다. 이 두 용어의 번역어에 대해선 앞으로도 줄곧 학계에서 논의가 이뤄질 것이고, 또 이뤄져야 한다고 본다. 내가 'transcendant'를 '초재적'으로 옮기지 않고 '초월적'으로 옮기는 이유는 이 용어가 자아의 초월하는 능력, 힘, 행위를 더 가리켜 보이지, 그 결과적 상태(~밖에 있음)를 더 가리켜 보이지 않기 때문이다. 마찬가지로 세계는 자아의 이러한 초월하는 능력, 힘, 행위를 전제로 해서 그것에 기반을 둘 때에만 '초월적'이며 '초월적'일 수 있다.

세계나 내 의식 저편에 있는 대상을 가리키지 않고, 유한한 실존자에 속하는 것으로서 '자기'를 초월하는 힘을 가리킨다. 그 주장은 하이데거에게서 논쟁적인 성격을 띠며, 철학에서 그의 스승, 그에게 "볼 수 있는 눈을 주었다"라던 그의 스승, 곧 후설을 공격한다. 현상학의 창시자인 후설은 의식의 내재성과 세계의 초월성을 대립시켰다. 이는 "주체를 마치 하나의 내부와 칸막이벽과 하나의 외부를 지닌 일종의 상자처럼 생각하는 것"[40]이라고 하이데거는 비꼰다. 하지만 다자인은 자기 안에 갇혀 밖으로 "나가려" 하는 주체성이 아니다. 그는 '언제나 이미' 자기-밖(hors-de-soi)에 있다. 그것이 바로 그에게 자기 자신이게 하는 것이다. 그의 초월성에 "가장 근본적인 개별화의 가능성과 필연성이 있다(『존재와 시간』, § 7c)."

이제 그와 같은 초월성(transcendance)의 우위를 물을 때이다. 나는 초월성이 정말로 개별화의 기반이 된다고, 다자인에 언제나 내 것인 단독성을 준다고 확신하지 않는다. 실존자는 자기 자신을 선택함으로써, 그의 일상적인 소외를 극복하고자 자기 자신에게 되돌아옴으로써 본래적으로 자기가 된다. 자기에게로 되돌아옴, 그것을 가능하게 하는 것이 바로 그의 초월성이다. 그의 초월성은 존재자에 빠진 그를 존재자 너머로

---

40. Heidegger, *Metaphysische Anfangsgründe der Logik, Gesamtausgabe*, I. XXVI, p. 205-206, § 11a. 그는 반세기 뒤에 이 주장으로 되돌아와 마지막으로 그의 스승과 대척한다. "후설에게 의식의 범주는 손상을 입지도, 파괴되지도 않았다. *ego cogito*는 그처럼 하나의 상자이다. 이 상자에서 나가려는 생각은 그 자체로 모순이다. 바로 이것이 *ego cogito*가 아닌 다른 곳에서 출발해야 하는 이유이다. […] 그 다른 영역을 다자인이라고 한 것이다. 의식의 내재성과 반대로 다자인에서 '존재'는 […] '~밖에 있음'을 말한다." [Séminaire de Zähringen [1973], *Questions*, t. IV, p. 320-321].

갈 수 있게 한다. 하지만 언제나 저쪽에 던져질 그 가능성은 '또한' 그를 이미 세계에 던져 세계와 다른 사람들에게 그를 종속시킨 그것이기도 하다. 어떻게 '같은' 힘이 한꺼번에 그의 실추'와' 본래성의 조건일 수 있을까? 그를 자기 밖으로 던지는 동시에 그를 자기로 되돌아오게 할 수 있을까? 이러한 모호함이 초월성 개념 한가운데 있다. 초월성은 어디를 향하는가? 세계를, 존재자 '일반'의 존재(Être)를? 그렇지 않으면 바로 나 자신인 '이' 존재자의 존재를? 하이데거는 두 가능성 가운데 선택하기를 거부한다. 세계에 열리는 동시에 같은 몸짓으로 실존자는 자기에게 열린다. 우리는 그렇지만 두 개의 관점이 양립불가능하지 않은지 의문을 가질 수 있다. 초월성의 목적지가 세계라고 가정해보자. 내 밖으로 언제나 이미 던져진 채, "나 자신"을, 자기에 가깝거나 내밀한 무엇을 영원히 박탈당한 채, 나는 나를 영영 잃고 소외를 극복할 수 없게 된다. 반대로 초월성의 목적지가 실존자 그 자신이라고 해보자. 발송지는 목적지와 하나를 이룰 뿐이다. 나는 나 자신을 부른다. 나는 나 자신에게 나를 준다. 초월성의 본질은 결국 자기-줌으로 밝혀지고, 초월성은 본래적인 실존 기획의 바탕이 될 수 있다. 하지만 어떤 의미에서 "초월성"을, "자기-밖에-있음"을 말할 수 있을까? 그 운동이 에고의 자기-줌과 일치하는 한 말이다. 단지 내게로 되돌아오고자 나를 떠날 뿐이고 나를 정말로는 조금도 떠나지 않은 한 말이다. 자기 자신에 머무르는 것, 자기에서 나가는 일 없이 자기에 자기를 주는 것을 일컫기에 가장 적합한 용어는 "내재성"이다. '초월성의 진리는 바로 내재성이다.'[41] 그러면 다자인과 실존이라는 생각이 근원적 은폐, 내재성의 망각에 그

---

41. 나는 여기서 미셸 앙리의 기본적인 주장을 다른 맥락에서 재발견한다.

기반을 둠을 인정해야 한다.

이와 같은 두 개의 관점, 초월성의 두 의미 사이에 있는 대립을 숨기는 것이 바로 죽음을-향한-존재(être-à-la-mort)의 역설이다. 그곳에서 자기-밖에-있음(être-hors-de-soi)과 자기로 되돌아옴은 결합한다. 내 죽음 이외에 아무것도 그처럼 극단적인 방식으로 나를 내 밖으로 던지지 않는다. 내 죽음은 또한 가장 고유한 내 가능성이다. 그곳에서 나는 내 가장 깊은 상실 속에서 다시 내 자기(Soi)를 내 것으로 삼는다. 그것이 여하튼 하이데거가 주장하는 바이다. 사실 『존재와 시간』은 다자인으로 부터 죽음을-향한-존재(être-à-la-mort)에 기반을 주는 데 실패한다는 걸 우리는 알았다. 내 죽음의 의미는 다른 사람의 죽음에 대한 내 경험에서 내게 온다. 따라서 "내" 죽음은 정말로 '내' 죽음이 절대 아니다. 내 죽음을-향한-존재(être-à-la-mort)의 초월성이 나를 나 자신이게 할 수 있는 것이 아니다. 내가 다른 사람들을 향해 나를 초월할 수 있는 것, 그들과 나를 동일시할 수 있는 것, 죽기 마련인 사람으로 나를 살 수 있는 것은 내가 살아 있는 나이기 때문이다. 자기 죽음의 가능성을 미리 경험할 수 있으려면 살아 있어야 한다. 하이데거는 그것을 잘 알고 있었다. 그는 "넓은 의미에서 죽음이 삶의 현상(『존재와 시간』, § 49)"임을 인정했었다. 그는 "삶이 육화(살을 지님)함으로써만 산다"라는 것을, "삶의 흐름이 모여드는" 곳으로서 살에 동화됨으로써만 산다는 것을, "그 흐름이 우리 몸을 적시고 실어 나른다"[42]라는 것을 또한 알았다. 이에 그는 엄밀하게 죽음을 '살의 현상처럼' 헤아렸어야 했다. 삶의 살적 내재성을 모든 실존의, 모든 초월성의 조건처럼 고찰했어야 했다.

---

42. Heidegger, *Nietzsche*, t. I, p. 439.

살의 문제가 적어도 시간성의 문제만큼 근본적이라는 것을, '자아'와 '삶'의 관계가 존재와 시간의 관계보다 어쩌면 더 중요하다는 것을 인정했어야 했다…. 그는 전혀 그러하지 못했다. 존재(Être)를 다루는 그의 사고가 '삶의 망각'을 토대로 했기 때문이다. 살아 있는 자아의 망각을 토대로 했기 때문이다. 이처럼 그는 "실존의 한 측면만을 볼 뿐인" 죽음의 설교자에 합류하게 된다.

이러한 무지는 하이데거가 20년대 초반에 "사실적 삶(vie factuelle)"의 철학을 구성하고자 했던 만큼 더욱 놀랍다. 하이데거는 그것을 포기하고 존재(Être)의 물음으로 향할 것이다. 하이데거는 삶으로부터 다자인을 규정하는 것을 거부했으며, 그러한 거부로 인해 그는 "민족 동물학"에, 나치의 '생물학적' 인종주의에 가담하지 않을 수 있었다. 역설적이긴 하지만 증오와 죽음의 이데올로기는 삶의 형이상학에 근거를 둔다. 하지만 그 이데올로기가 찬미하는 "삶"은 단독적인 개인의 삶이 아니다. 보편적이고 맹목적인 원리가 문제가 된다. 그 원리가 지닌 준엄한 "선별의 법칙"이 *Untermenschen* 곧 "삶에 부적합한" "하위 인종"을 죽음에 처하게 한다. 삶이 '내' 삶이기를 멈추는 순간, 에고의 내재성에서 그 삶을 끌어내 집단 개체로 옮기는 순간 파시즘은 멀지 않다. 사실 삶의 근원적 현상은 언제나 단독적인, 언제나 내 것인 '하나의 삶'이라는 것이다. 삶은 살아 있는 모든 내게 주어지고 매번 다른 방식으로 주어진다. 하이데거는 이를 이해하려 하지 않았다. 그가 보편적 삶의 형이상학과 거리를 유지할 때는 실존을 죽음의 지배에 복종시키려 할 때다. 그는 이렇게 파시즘 한가운데 있는 죽음의 외침인 *"viva la merte"*의 예찬자가 스스로 되었다. 이 치명적인 유혹에, 사유를 위협하는 존재론적 파시즘에 저항하기를 바란다면 우리는 '사유를 죽음에서 해방'하고자 해야 한다.

우리 실존, 우리 삶을 "죽음을-향한-존재(être-à-la-mort)"로 정리하지 말고 그것을 생각하고자 해야 한다. 또한 죽음연구와 희생의 형이상학에서 죽음을 해방함으로써 죽음을 달리 생각하고자 해야 한다. 하이데거를 믿자면 "실존자가 삶이라고 단언함으로써 그를 어떤 때에도 규정할 수 없다(『존재와 시간』, § 10)." "살아 있는 존재는 깊은 구렁으로 인해 탈자하는(ek-sistant) 우리 본질에서 분리됐다."[43] 실존이 죽음을-향한-존재(être-à-la-mort)로부터 규정되기에 실존과 삶의 분리는 삶과 죽음의 분리만큼이나 매우 근본적이다. 그리고 이는 어떻게 삶이 죽음과 결합하러 오는지를, 어떻게 삶이 죽음에 저항하거나 반대로 죽음에 사로잡히게 되는지를 이해하지 못하게 한다. 하이데거는 죽음을 생각하기에 이르지 못한다. 그뿐만 아니라, 그는 삶을 생각하는 데도 또한 실패한다. 죽어야만 하는 존재로부터 삶을 규정하는 데도 또한 실패한다. 나는 반대의 길을 선택해야 하지 않을지 묻는다. '삶으로부터' 죽음을 이해해야 하지 않을지, 삶이 자체에 주는 내재적 가능성처럼, 생살의 '괴저(壞疽)'처럼 죽음을 이해해야 하지 않을지 묻는다. 이는 죽음보다 삶을, 시간성보다 살을, 초월성보다 내재성을 우선시하는 일로 되돌아가는 것이며, 바로 이 책의 뒷부분에서 내가 탐색해 나갈 길이기도 하다.

다자인의 이름으로 에고를 해임하고[이것이 곧 에고살해의 주장이다], 죽음을-향한-존재(être-à-la-mort)의 이름으로 삶을 배척함으로써[이것은 곧 죽음론의 주장이다], 하이데거 존재론은 이중의 거부에 근거를 둔다. 그 두 거부는 똑같이 내재성의 거부를 증명한다. 실제로 그는

---

43. Heidegger, "Lettre sur l'homme", *Questions*, t. III, p. 94. 이 모든 것을 다루는 디디에 프랑크의 연구를 참조할 수 있을 것이다. "L'être et le vivant", *Dramatique des phénomènes*, PUF, 2001.

내재성을 문도 없고 창도 없는 감옥처럼 생각한다. 초월성에 근거를 둔 다자인과 달리 데카르트와 후설의 내재적 에고는 세계나 타자나 존재에 조금도 열리지 않고 속으로 움츠린 주체이다…. 이는 치명적인 착각이다. 내 개별성을 정당화하기는커녕 초월성은 '비개별화'의 위협을 내 존재에 드리우게 한다. 비개별화 속에서 나는 나를 잃을 위험을 감수한다. 적어도 세 가지 이유에서 그렇다. 첫째, 실존자는 '세계를 향해' 자신을 초월한다. 그는 근원적으로 세계-내-존재(être-au-monde)이다. 하지만 세계는 하나의 반송 조직, 보편적 체계이다. 그곳에서 모든 것은 다른 모든 것을 대체할 수 있다. 그곳에서 모든 이는 다른 모든 이와 같다. 세계에는 나라는 근본적인 단독성을 위한 자리가 전혀 없다. 둘째, 세계와 타자를 향해 자신을 초월함으로써 실존자는 타자와 자신을 동일시한다. 내가 언제나 이미 내 밖에 있기에, 나는 '타자로서'만 존재할 뿐이고, 타자의 영향력 아래에만 있을 따름이다. 나는 나로 되돌아올 어떤 까닭도 더는 지니지 않는다. 내 초월성은 그처럼 되돌릴 수 없는 방식으로 나를 소외한다. 셋째, 죽음으로써 실존자는 자기에서 자기를 가장 근본적으로 끌어낸다. 초월성의 최종 의미는 죽음을-향한-존재(être-à-la-mort)이고 나는 내 죽음을 향해 나를 내던짐으로써만, 나를 희생함으로써만, 무로 잠겨듦으로써만 참으로 나 자신이 된다. "*ego moribundus*"가 된다. 이 지대에서, 초월성의 이 지대에서 하이데거와 그를 추종하는 이들은 존재의 본래성을, 주체의 자유를, 욕망의 진리를 정당화할 수 있다고 믿었다. 그리고 우리는 그들의 시도가 실패하리라는 것을 안다.

토대를 바꾸고 우리 해방의 길을 다른 곳에서 찾을 때가 왔다. 하이데 거는 우리에게 그것을 가르쳐 주었다. 실존자를 자기에게 되돌아오게 하는 것은 그가 그 자신에게 던지는 부름이다. 하지만 하이데거는 다자인의 초월성과 아무 관계없는 부름의 의미를 몰랐다. 부름은 나 자신을 위한 것이고 그것은 내 자기-줌(auto-donation)에 속한다. 자기에게 이미 온 적이 있는 자아만이 자기로 되돌아올 수 있다. 자아의 내재성은 세계 속에서 자신을 잃은 자아를 구하는 것이다. 나는 나를 사로잡고 나를 내게서 멀어지게 한 세계와 초월적인 모든 개체의 실재를 작용 밖에 둠으로써만 나 자신에 다가갈 수 있다. 내 삶의 내재성으로 되돌아옴으로써만 나는 그러한 사로잡힘에서 나를 해방할 수 있다. 그러한 방식으로 이해한 내재성은 더는 닫힌 상자나 감옥이 절대 아니다. 제자의 반론에 후설은 대답했다. "내재적 소여는 마치 상자 속에 있듯 의식 속에 단순히 있지 않고 자아를 위해 대상을 어떤 방식에선 창조하는 '현상'처럼 매번 모습을 드러낸다."[44] 후설의 말은 내재적 현상이 세계에 있는 사물에 대한 우리 경험을 가능하게 함을 의미한다. 미끄럽다거나 차갑다거나 하얗다는 감각은 내게 책상과 같은 무언가를 "창조한다." 두 감각의 경계는 분명하지 않다. 내재적 소여로부터 그리고 '그 안에서' 모든 초월적 실재는 구성된다. 더 나아가 그러한 현상을 근원적 줌 속에서, 세계에 열림이나 대상 구성 너머에서 기술하고자 노력해야 한다. 어떻게 에고가 자기 자신에 자신을 주면서 내재성의 영역에서 자기 자신을 펼치는지를 보여주어야 한다. 그처럼 나는 내재성(im-manence)의 '내(in)'를 이해한다. 그것은 내 안에 거주함을 일컫기보다 나를 향한 길, 하나의 횡단(traversée)을 가리킨다. 나 자신으로 나를 향하게 하면서 내 자기-줌은 움직인다. 그것은 내 삶의 운동성과 하나를 이룰 뿐이다.

---

44. Husserl, *L'idée de la phénoménologie*(1970), 5e leçon, PUF, 1985, p. 96.

'유동성(mouvance)' 속에서 나는 내게서 전혀 멀어지지 않고 나를 전개한다. 그 '유동성'이야말로 내 자유의 원천이자 모든 초월성의 조건이다. 자기 자신에게 자신을 이미 준 적 있는 에고만이 그에게 주어지는 것을 받을 수 있으며, 또한 세계와 타자에 '자신'을 줄 수 있다, 곧 세계와 타자에 자신을 열 수 있다, 곧 하이데거의 의미에서 자신을 초월할 수 있다. 이것이 왜 내 자기-줌이 나를 세계로 향하게 하는 초월성보다 '더 근원적인가' 하는 것이다. 내 실존의 리듬과 양식, 내 사랑과 증오, 내 소외와 내 해방의 가능성, 내 탄생의 시작과 내 죽음의 상상할 수 없는 지평, 세계 속에서 내게 일어나는 모든 것은 먼저 내 내재적 삶의 기본 현상 속에서 먼저 예고되고 예시됐어야 했다. 자아를 근본적으로 사고하는 일은 바로 그러한 현상을 기술하는 일이며, 그것이 바로 '에고-분석(ego-analyse)'이다. 내가 이 책의 뒷부분에서 하고자 하는 것이 그것이다.

내재성을 매우 엄밀하게 사유한 이들은 대체로 한 면에서 다른 면으로 옮겨가는 일을 헤아리지 않고, 곧 내재성 안에서 초월성의 발생을 헤아리지 않고 두 개의 면을 대립하는 데 만족한다.[45] 하지만 바로 그것을 이해하고자 해야 한다. 곧 모든 초월성의 기원에 있는 요소=X를 이해하고자 해야 한다. 그리고 그것을 내재성에 '내적인' 사건처럼, 내재성이 자체에 주는 한계의 특징처럼 생각해야 한다. 하이데거는 초월성이 존재자 쪽으로 던져지면서 어떤 X에 부딪힌다는 것을 알아냈다. 이 X는

---

45. 들뢰즈는 그의 철학적 유언에서 "모든 초월성은 내재성의 평면에 적합한 내재성의 흐름 속에서만 구성된다(Deleuze, "L'immanence, une vie", *Philosophie*, n° 47, 1995)"라고 강조했다. 그는 이처럼 그와 같은 구성을 이해하는 일, 내재성의 평면 '안에' 초월성의 발생을 자리 잡게 하는 일을 우리에게 남겼다.

"그것[초월성]과 반대로(Dawider)" 가고 "그것에 어떤 멈춤과 같은 것을 준다."[46] 이 내적인 반대(ob-jection), 초월성의 반대자(Opposant)는 존재(Être) 자체에 뿌리를 둔다. *Dawider*는 존재의 이름 가운데 하나이다. 초월성의 철학이 존재론에 호소하는 것은 이 때문이다. 그렇지만 하이데거는 어떻게 초월성이 그 자체로 가능한지, 어떻게 초월성이 내재성의 평면에서 구성될 수 있는지를 전혀 묻지 않는다. 이는 또 다른 *Dawider*가 '내재성의 평면에서' 이미 발생했음을, 에고가 '그 자신에게' 멈춤의 줌을 보냈음을 가정한다. 초월성은 대상=X에 노출되고 이 대상=X의 반대보다 더 근본적인 반대가 결국 있다. 바로 내 살, 내 삶 한가운데에 내재성 속에서 나에 대립되는 상대 극의 반대이다. 내 삶이 그 안에 지니는 반대자(Opposant)가 과연 누구일까? 그것을 '내 죽음'이라고 말해야 할까? 그것은 존재에 여전히 속할까? 존재나 세계나 죽음과 어떤 관계도 없다면 모를까. 모든 존재론적 해석을 비켜간다면 모를까. 우리가 하이데거를 넘어서 한 발을 디디게 될 것은 바로 그때뿐이다.

"존재(Être)는 초월성 중의 초월성이다." 『존재와 시간』(§ 7)의 주요한 주장의 하나가 여기 있다. 그 주장은 존재가 일종의 후방 세계에서 우리와 떨어져 멀리서 군림함을 의미하지 않는다. 문제가 되는 초월성은 실존자의 초월성이다. 그것은 실존자에서 생긴다. 한데 초월성은 존재를 향한다. 존재를 향한 초월성은 자체를 초월한다. 존재는 초월성의 목적지이자 그 *Dawider*이다. 실존자는 초월성에 이끌려 자기 자신인 존재자를 포함해 모든 존재자를 넘어선다. 왜 실존자는 끊임없이 자신을 넘어서야

---

46. Heidegger, *Kant et le problème de la métaphysique*, § 22와 § 25. 하이데거는 여기서 칸트가 객관적 인식 가능성의 근거로서 "초월론적(transcendantal) 대상=X"라고 부른 것의 해석을 준다.

할까? 존재 쪽으로 자신을 넘어서고자 자신에서 벗어나야 할까? 이는 자기 자신에서 '도망치는' 방식이 아닐까? 존재에 종속되는 방식이 아닐까? 존재 안에서 자신을 잊는 방식이 아닐까? 물론 언제나 내 것인 존재, '내가 존재하는 방식'이 문제가 된다. 존재 쪽으로 나를 넘어서면서, 나는 나 자신 쪽으로만 나를 넘어설 따름이다. 한데 "존재 일반의 문제(§83)"를 알아보고자 다자인의 존재 분석을 끝내도록 요구했을 때, 하이데거가 『존재와 시간』 마지막에 문제 삼은 것이 바로 존재의 "내 것이라는 속성(mienneté)"이다. 그는 이어서 모든 존재자와 구분되는 존재를 생각하고자 노력했다. 존재하는 모든 것을 넘어섬으로써, 존재는 내 존재도 아니고, 다른 어떤 존재자의 존재도 아닌 중립(Neutre)이 된다. 존재의 중립성은 그처럼 익명의 자기(Soi)가 된 실존자로 옮겨 간다. 나도, 너도, 아무도 아닌 자기 자신이 된 실존자로 말이다. 존재와 존재자 사이에 있는 '존재론적 차이'의 제거는 자아와 비자아 사이에 있는 '에고론적 차이'의 포기라는 대가를 치른다. 점점 더 확고해지는 에고살해라는 대가를 치른다. 에고살해는 30년대의 전회와 함께 더 강화할 것이다. 거기서 또한 그 도정은 전형적인 의미를 보인다. 내가 존재 "일반"에, 또는 타자에, 신에, 초월적인 어떤 것에 몰두할수록 나는 내게서 더 멀어진다. 하이데거의 존재론은 그러한 망각의 과정 가운데 하나이다. 그가 이룬 주요한 혁신은 초월성을 존재 물음에 결합한 데 있을 것이다. 초월성 속에서 에고를 예속하거나 파괴할 위협이 있는 모든 것, 세계 속에서 에고를 헤매게 할 위협이 있는 모든 것, 에고를 영영 소외할 위협이 있는 모든 것, 에고를 죽게 할 위협이 있는 모든 것은 에고가 최초로 존재를 향한다는 사실에 그 원천을 둔다. 존재론적 중립성, 세계-내-존재(être-au-monde), 타자와-함께-있음(être-avec-l'autre), 죽음을-

향한-존재(être-à-la-mort), 이러한 것이 초월성의 네 매개체이자, 존재의 십자가의 네 가지이다. 자아는 그 십자가에 갇혔다. 바로 그것으로부터 에고를 해방해야 한다. 존재와 초월성으로부터 에고를 규정하기를 그만두고, 에고를 실존자로 일컫는 것조차 포기해야 한다. *ex*도 *Da*도 *Sein*도 아닌 오직 자아라는 이름만이 그에 적합하다. 에고는 존재에 더는 속하지 않는다. 심지어 에고를 '나는 존재한다(je suis)'로 더는 일컫지 말아야 할 것이다. 아니면 '빗금 아래', 괄호나 따옴표 안에 "존재한다(suis)"를 유지해야 할 것이다.

처음 지점으로 되돌아올 때이다. 우리는 하이데거가 데카르트에게 그리고 데카르트를 통해 후설에게 비판을 던진 지점에서 출발했다. 하이데거는 *sum*을 잊고, '나는 존재한다'의 존재를 묻는 것을 빠트리고, 에고에 집중했다고 데카르트를 비난했다. 데카르트는 그에게 뭐라고 응수할까? 아마도 *cogito*를 말하기에 앞서 "'실존'이 무엇인지를, 그리고 '생각하려면 존재해야 한다'는 것을, 그리고 그와 비슷한 다른 것을 먼저 알아야 한다"는 것을 부인하지 않는다고 그는 말했을 것이다. 하지만 그러한 개념에서 "실존하는 것의 인식을 우리가 가질 수는 없으며", 결국 그러한 개념을 헤아릴 필요가 없다고 그는 곧바로 덧붙였을 것이다. 달리 말해, "존재(être)"나 "실존(existence)"이라는 생각은 에고의 단독적인 현실을 근본적으로 놓친다고 말이다. 하이데거는 *sum*에 집중함으로써, 에고를 자기 자신으로부터가 아니고 그 존재로부터 생각하고자 함으로써 에고의 의미를 전적으로 오해했다. 그는 자아의 내재적 핵심이 존재(Être)의 영향력을 벗어난다는 것을, 자아는 어떤 방식에서도 "존재하지도", "실존하지도" 않는다는 것을 이해하지 못했다. 하이데거는 존재론적 무차별을 이유로, 존재 물음에 무관심하다는 이유로 데카르트를 비난했지만, 그러한 무차별, 무관심은 결함이 아니라 전례 없는 대범함, 존재에 낯선 에고의 수수께끼를 돌파했음을 나타내주는 것이다. 후설은 내재적 자아가 세계'와 존재'를 벗어난다고 주장하고 그러한 것을 작용 밖에 둠으로써 데카르트에 다가갔다. 그는 자아가 존재를 "앞서며", "근원적인 선-존재[Vorsein]", "근원적인 삶", 그렇지만 "매우 구체적인 자아"[47]가 문제가 된다고 주장했다. 이는 너무도 새로운 생각이어서 이해받지 못했다. 후설의 후계자는 대부분 반대로 하이데거의 길을 좇고 존재의 지평에서 자아나 주체를 붙잡으려 했다. 사르트르가 그러하다. 그에게 대자(pour-soi)나 즉자(en-soi), 인간 주체의 초월성과 사물의 밀도는 "모두 존재 일반에 속한다." 살의 현상을 발견했지만, 그곳에서 "존재의 요소"를 보고, 살을 보편적인, "세계의 살"로 곧 흡수해버린 메를로 퐁티가 또한 그러하다. "존재와 다른 것"을 생각하려 노력했으나 그것을 타자를 위해 남겨두고 자아를 "존재의 주인"이라는 이기적인 향유 속에 가둔 레비나스에게도 상황은 마찬가지이다. 마지막 위대한 존재론인 들뢰즈의 존재론을 또한 잊어선 안 될 것이다. 그곳에서 모든 동일성은 하나뿐인, "존재의 아우성" 속으로 사라진다.

철학자가 실패한 그곳에서 시인은 "살아 있지만 존재를 지니지 못한다는 말로 다할 수 없는 잔혹함"을 견뎌야 한다. 아르토에게 존재는 치명적인 위협, "일종의 사형 판결"이다. '존재의 십자가'는 삶의 흐름을 막고 멈추게 하러 온다. 아르토는 존재 너머 삶을 그리고 삶 한가운데 "존재를 견디지 못하는", 존재의 '앞잡이'가 되기를 받아들이지 않는 최초의 자아-신체(moi-corps)를 생각하도록 우리에게 요구한다. 그는 자아-신체의

---

47. Husserl, *Husserliana*, t. XV, p. 583-587.

면에 이르고자, 그의 진정한 자아를 구하고자 광기를 가로질러야 했다. 이에 그는 새로 그의 이름으로 서명하고, "몸을 다시 만들고", 그의 경험을 글로 옮겨 적을 수 있었다.[48] 우리 개념과 함께, 곧 그리스 철학 이후로 존재에 갇히고 자아를 배척한 철학 개념과 함께, 어떻게 우리는 아르토를 에고의 진리에 다가갈 수 있게 해준 길에 접어들 수 있을까? 다른 학문분과에 도움을 청해야 하지 않을까? 광기 주변에 다가갔던 유일한 학문분과, "광기를 통해 인간은 자신을 인간이라고 믿는다"라고 주장하며 그 광기를 생각하고자 했던 유일한 학문분과에 도움을 청해야 하지 않을까? 나는 이제 정신분석학 쪽으로 나아가려 한다. 어쩌면 정신 분석학은 그 어떤 철학보다도 더 잘 에고의 수수께끼에 다가가게 해줄지 도 모른다. 어디서 "나"라는 필연적인 확실성이 오는지를 이해하게 해줄 지도 모른다. 그러나 동시에 나는 정신분석학 또한 에고살해의 시대가 지닌 선입견에, 자아를 단순한 영상으로, 텅 빈 거울 면에 반짝이는 환상으로 환원하려는 시도에 굴복했을지도 모른다는 위험을 감수한다.

---

48. 나는 앞으로 출간할 예정인 책[『삶을 치유하다: 앙토넹 아르토의 열정』이라는 제목으로 2011년에 출간됨]에서 아르토의 생각과 함께 내 생각을 밝힐 것인데, 그 책에서 나는 조만간 이 점을 다시 논할 것이다. 그전에 내가 한 연구, "Sans Je ni lieu: la vie sans être d'Antonin Artaud", *Michel Henry, l'épreuve de la vie*, Ed: du Cerf, 2000을 보라.

"나는 거울 속에서 자신을 보는 죽은 사람이다"
또는 라캉의 주체

    화가 푸르테나겔의 것으로 알려진 16세기 그림은 부르크마이어 부부를 우리에게 보여준다. 여자는 손에 "너 자신을 알라"[49]라는 글씨가 새겨진 거울을 손에 들고 있다. 우리가 거울 속에서 보는 것은 그렇지만 부부의 영상이 아니라 그들의 헐벗은 두개골이다. "허영"을 말해주는 고전적인 비유가 문제였다면, 그것은 우리 시선을 전혀 끌지 못했을 것이다. 그림 속 인물들은 우리가 예상할 수 있듯 그들의 죽음을 상징하는 것에 사로잡히기는커녕 그들의 영상을 응시하지 않는다. 그들은 우리를 바라본다. 시선을 잡는 덫으로 쓰이는 교묘한 배치 속에서 우리 시선은 산-죽은-자(mort-vivant)의 시선에 사로잡히고 마치 다른 힘에 끌리듯 불가항력적으로 거울 쪽을 돌아보게 된다. 그 결과 관객과 인물, 산 자와 죽은 자, 살이 붙은 얼굴과 해골, 그림과 거울이 그 자리를 어지럽게 뒤바꾸는 기묘한 엇갈림을 통해 우리는 이제 그들 대신에

---

49. 이 그림은 J. Baltrusaitis, *Le Miroir*, Elmayana-Ed. du Seuil, 1978, p. 76에 재수록되어 있다. 이 그림을 다른 것 가운데 한스 홀바인의 『대사들』과 비교해 보는 일은 흥미로운 일이 될 것이다.

우리 자신의 죽음을 바라본다. 화가가 이곳에서 우리에게 보게 하는 것을 우리 시대 매우 대담한 글 가운데 하나는 모르지 않았다. "나는 결국 죽었다. 나는 거울 속에서 자신의 해골을 보는 죽은 사람이다."라고 장 주네는 썼다. 우리는 프로이트의 발견을 앞서는 이야기 속에서 거의 같은 환영을 목격한다. 브로이어의 환자인 안나 O.는 어떤 방에 들어가는 순간 바로 기절하곤 한다. 최면을 통해 우리는 마침내 수수께끼의 열쇠를 얻기에 이른다. 그곳에 처음으로 들어갔을 때 "그는 문 앞에 놓인 거울 속에서 창백한 얼굴을 보았다. 바로 그 자신의 얼굴이 아니라 해골의 모습을 한 그의 아버지 얼굴이었다."[50] 화가는 죽은 자신을 보는 불가능한 경험을 그리고자 했지만 히스테리 환자는 자신의 죽은 얼굴을 알아보지 못하고, 또는 알아보기를 거부하고, 죽음에 대한 자신의 불안을 타자에게 투영하고 자신의 영상을 아버지의 영상으로 바꿈으로써 그 불안을 부인한다. 하지만 안나와 마찬가지로 부르크마이어 부부는 시련을 견디지 못했다. 왜냐하면 관객 쪽으로 시선을 돌리며 그들은 어떤 의미에선 자신들의 죽음을 관객에게 떠넘기려 했기 때문이다. 적어도 화가는 그들의 술책을 합성 그림을 통해 연출해 보임으로써 그들의 죽음을 보게 하고 그것이 불러일으키는 불안을 완화했다….

어떻게 죽은 자신을 보거나 죽은 자신을 말하기에 이를까? 어떻게 짐승의 썩은 시체로 곧 분해되지 않고 "나는 죽었다"라고 말로 표현할 수 없는 말을 할 수 있을까? 그 어떤 대담한 오이디푸스가 거울의 수수께끼에 맞서 그 속에서 눈멀지 않고 자신의 견디기 어려운 진리 속에서 자신을 알아보기에 이를 수 있을까? 라캉은 그의 초기 세미나에서 자아

50. Breuer et Freud, *Etudes sur l'hystérie*(1895), PUF, 1956, p. 27.

가 "상상적" 환영에 근거를 둔다는 걸 보여주고자 했으며 자아와 죽음 사이에서 맺어지는 근본적인 관계를 강조했었다. 이러한 맥락에서 그는 에드거 앨런 포의 단편을 참조한다. 발데마르의 이야기는 삶의 진리를 우리에게 드러내준다. "오로지 죽을 생각만 하는"[51] 삶이 죽음에 종속돼 있다는 사실을 우리에게 드러내준다. 우리는 이렇게 하이데거와 대부분의 현대 사상가에게서 이미 확인한 역설적인 태도를 라캉에게서 발견한다. 그 또한 "나는 죽었다"라는 말을 '주체의 죽음'의 통보 곧 주체의 해임과 결합한다. 라캉의 독특함을 이루고 그를 다른 에고살해자와 구분하는 것은 그가 '나'라고 하는 환영의 기원을 찾고 있으며 그것을 부르크마이어 부부가 그들의 영상을 가리켰던 바로 그곳에서 찾았다고 믿는다는 데 있다. 바로 그곳에서 우리는 모두 생의 첫 시기에 나라고 하는 거짓된 의식에 다가간다. 라캉은 분석주체 앞에 내민 거울처럼, "살아 있는 거울"이 아니라 "텅 빈 거울"처럼, "아무것도 비추지 않는 표면[을 보여주는] 광채 없는 거울"[52]처럼 분석가를 규정하기에 이른다. 그가 정신분석 치료가 "분석가의 죽음을 주체화하는(E, p. 348)" 데 있다고 주장하므로, 우리는 영상 없는 거울의 빈 공간을 죽음의 빈 공간과 동일시할 수 있다. 그렇다면 푸르테나겔의 그림은 정신분석학 비유에 비교될 만하다…. *Wo Es war, soll Ich werden.*[53] 라캉이 중역하고 주해하기를

---

51. Lacan, *Séminaire*, t. II. *Le Moi dans la théorie de Freud et dans la technique de la psychanalyse*(1954-1955). Ed. du Seuil, p. 270-272 [라캉 *Séminaire*는 이제부터 S로 표기할 것이다.] et *Ecrits*, Ed. du seuil, 1966, p. 486. 발데마르와 관련해서 라캉을 참조한 부분에 대해서는 J. Rogozinski, *Faire part*, p, 49-50을 보라.

52. Lacan, *Ecrits*, p. 486. [이제부터 E로 표기하겠다.]

53. "그것(Es)이 있었던 곳에 나는 생겨나야 한다." [또는 "'자아'는 생겨나야

그치지 않았던 프로이트의 이 구절을 우리는 다음 의미에서 또한 이해할 수 있을 것이다. "그래, 바로 그렇게, 그것(Es)이 있었던 바로 거기에, 나는 온다. 누가 결국 내가 죽었다는 것을 알았을까?(E, p. 802)" 그렇게 정신분석학은 발데마르의 법칙을 따른다. 그러한 것이 *"soll Ich werden"*, '내가 생성되어야 한다'라는 프로이트의 명령(impératif)을 두고 우리가 할 수 있는 유일한 참된 이해일까? 라캉 사유에 죽음은 편재한다. 어디서 그러한 편재는 유래할까? 어떤 권리로 그는 자아를 단순한 환영으로 환원할까? 우리가 하이데거에게서 확인했듯 라캉의 에고살해는 실패하지 않을까? 에고가 제거할 수 없는 어떤 나머지처럼, 라캉 정신분석학을 사로잡으러 오는 어느 유령처럼 그의 사유에 되돌아오지 않을까?

mouroir[54] 단계

라캉 작업의 출발 지점으로, 그의 유명한 '거울 단계' 이론으로 되돌아와야 한다. 그 이론으로부터 라캉은 자아가 "신기루"라고, 상상계의 속임수라고 말하게 된다. 그 이론은 라캉의 에고살해 한가운데 있다. 라캉의 개인적인 발견이 더군다나 관계하지 않는다. 라캉은 그 이론을 심리학자 왈롱에게서 빌렸다. 왈롱은 같은 나이의 원숭이나 다른 동물과 달리

한다."] 이 진술은 *Nouvelles conférence sur la psychanalyse*(1932) 31번째 강연 마지막에 있다.

54. [옮긴이 주] 지은이는 '거울(miroir)'과 '죽다(mourir)'를 합성해 'mouroir'란 신조어를 만들고 라캉의 유명한 '거울 단계'를 'mouroir 단계'라 새로 명명함으로써, 라캉이 제시하는 거울에서 결국 자신의 죽음과 마주해야 하는 주체의 이를테면 비운을 나타내고자 했다.

인간 아이는 생후 6개월부터 거울 속에서 자신을 알아본다는 사실을 눈여겨봤다. 이는 아이가 그의 신체 이미지를 구성하도록 돕는다. 라캉은 이 경험적 관찰을 재빨리 낚아채 그것을 "인간계의 존재론적 구조"로 끌어 올린다. 그는 아이가 자신의 거울 영상에 자신을 '동일시한다'고 결론 내리고는 그러한 동일시 속에서 자아의 기원 자체, 모태를 확인한다. 그곳에서 "'주체'는 최초의 모습 안으로 돌진한다(E, p. 93)." '근원적 (originaire)' 동일시가 문제가 된다. 거울에서 하게 될 중요한 경험에 앞서 자아도 신체의 통일적인 이미지도 있지 않았다. 아이는 분산된 몸처럼 자신을 인식했었다. 나는 이미지에 나를 동일시함으로써만 초기의 분산을 극복하기에 이른다. 바로 이 점에서 자아는 '상상적인 것'이다. 나는 오직 외적인 이미지를 통해서만 내가 될 따름이다. 왜냐하면 내가 거울에서 발견하는 영상은 물론 '내' 이미지이지만, '타자의' 이미지와 마찬가지로 밖에서 내게 나타나는 것이기 때문이다. 이런 의미에서 "에고는 언제나 알터 에고이다(S, II, p. 370)." 이미지와 나를 동일시함으로써 나는 타자에 나를 동일시한다. 결국 나는 나 자신이 절대 되지 못할 것이다. 이 분신을 통해, 정말로 나이지 않으면서 나인 낯설고도 친밀한 이 "타자"를 통해 나는 영원히 내게서 분리될 것이다. 그렇게 자아는 타자 곧 주인에 내면 깊숙이 복종하고 그 복종의 경험 속에서 "소외하는 일련의 동일시를 통해 구성(E, p. 417)"되었다. 내가 타자의 이미지 속에서 '나'를 알아본다고 믿기에 소외는 근본적인 '무지(méconnaissance)'를 가정한다. 나르시스 신화에서 자기 자신의 영상을 향한 눈먼 열정이 죽음에까지 이른다는 것을 우리는 안다. 라캉은 이에 기대어 거울과 우리가 맺는 나르시스적 관계가 지닌 위험하고도 자멸을 초래하는 특성을 지적한다. "결국 본질적으로 소외된 것으로서 최초의 자아와 본질적으로 자멸을 초래하는 것으로서 최초의 희생, 곧 광기의 기본 구조가 결합한다. [⋯] 광기를 통해 인간은 자신을 인간이라고 믿는다(E, p. 187)." 자아는 미쳤다. 자아를 믿는 것, 내가 나라고 믿는 것은 광기이다⋯. 타자와 맺는 모든 관계는 자아가 자기 자신의 이미지와 맺는 치명적인 관계에 근거를 둔다. 왜냐하면 거울 속에서 나와 마주한 분신은 나 자신보다 더 나이기 때문이다. 나는 나를 끊임없이 쫓아내려는 '경쟁자'처럼 그를 인식한다. 내가 타자와 맺는 관계는 이 미친 사투의 흔적을 영원히 지니게 될 것이다. 라캉은 이렇게 정신분석학을 근본적인 에고살해의 길로 접어들게 한다.

나는 거울 단계 이론이 적어도 부분적으로는 사실이지만 라캉이 논쟁을 목적으로 그 이론에 준 해석은 그것을 왜곡한다는 것을 보여주고자 한다. 왜냐하면 라캉이 50년대 초에 시작한 '프로이트로 돌아감'이라는 기획에서 그 이론은 결정적인 구실을 하기 때문이다. 프로이트 이론의 중심에 자아를 다시 자리 잡게 함으로써 프로이트 이론을 개혁한다고 주장하는 이들에 맞서, 신경증 환자가 사회 현실에 적응하도록 그의 "약한 자아"를 "강화할" 작정을 하는 이들에 맞서, 라캉은 자아와 무의식의 "참된 주체"의 구분을 강조한다. "중심에서 벗어난" 주체를 현실에 재적응하도록 하는 것이 문제가 아니라 그가 "그의 욕망을 알아보고 그것을 명명하도록", 결국 상상계의 신기루 너머 "참된 타자와 관계를 맺도록" 하는 것이 문제이다. 분명히 말하건대 이른바 '프로이트로 돌아감'은 우리를 프로이트에게서 멀어지게 할 뿐이다. 라캉은 주체와 자아를 구분한 것이 프로이트라고 관대하게 말했지만 정신분석학의 창시자는 그러한 구분을 전혀 알지 못했을 뿐만 아니라, 자아를 매우 다른 방식으로 생각했다. 프로이트에게 자아는 유일한 나르시스적 차원으로 환원되기는커녕 우리를 외부 세계에 다가가게 해주고 우리가 외부 세계에 영향을 끼칠 수 있게 하는 심리 기제의 심급이다. "*soll Ich Werden*"이라는 명령은 그러한 관점에 들어간다. "자아가 그것(Es)에서 떨어져 나온 새로운 조각을 다시 자기 것으로 할 수 있도록 자아를 강화하고, 그를 초자아에서 자유롭게 하고, 그의 지각 영역을 넓히고, 그의 조직을 단단하게 하는 것"[55]이 곧 정신분석학의 사명이라는 관점에 "*soll Ich Werden.*"이라는 명령은 포함된다. 그렇지만 이러한 불일치에도 비엔나의 스승과 그의 프랑스 제자는 데카르트 유산을 공통되게 거부한다는 점에서 일치한다. 그들에게 에고 존재는 "다른 아무것에도 의존하지 않는" 근원적인 진리일 수 없으며, 오직 일련의 동일시 작용의 결과일 뿐이다. 에고는 그것(Es)이나 타자와 같은 더 근원적인 심급을 따를 수밖에 없다. 에고는 그로부터 파생한다. 라캉은 거울 단계를 보고할 때 이를 명확하게 인정했다. 정신분석학이 자아를 두고 이해하는 것은 *cogito*에서 바로 나오는 모든 철학에 대립한다(E, p. 93)." 데카르트냐, 프로이트냐, 에고를 근원적으로 긍정하느냐, 다른 심급으로부터 에고가 파생했느냐, 이러한 것을 양자택일해야 할 것이다.

　이러한 종류의 반론에 데카르트는 이미 대답한 바 있다. 자아의 믿음이 광기라고 주장할 때, 라캉은 "내가 조금도 존재하지 않는다고 나를 설득하려 하는" 위대한 기만자의 논증을 그의 방식으로 되풀이한다. 이제 거울이 데카르트의 *deceptor*(기만자)를 대신한다. 거울은 교활한 악마의 새로운 변형이며, 같은 반박에 직면한다. 곧 "*si me fallit, Ego sum*",

---

55. Freud, *Nouvelles conférence sur la psychanalyse*(1932), Gallimard, 1995, p. 110.

"내가 나 자신이라고 대타자가 나를 믿게 함으로써 나를 속일 수 있으려면 나는 존재해야 한다"는 것이다. 이러한 것이 거울 단계 이론의 눈먼 지점이다. 라캉은 이를 전혀 물으려 하지 않았다. 자신의 이미지 속에서 자신을 알아보고 그곳에서 '나'로 자신을 알아볼 수 있으려면 '누가' 이 익명의 보는 자이어야 할까? 내가 아니라면, 동일시가 구성한다고 하는 자아보다 더 근원적인 자아가 아니라면, 누가 영상에 자신을 동일시할까? 심리학적 자아로, 사회에 어느 정도 적응한 세계−속−자아(moi-dans-le-monde)로 환원되지 않는 에고 말이다. 특성(qualité) 없는, 억압된 심리적 표상 없는, 대타자나 대상과 어떤 관계도 없는 자아 말이다. 거울 단계 이론은 이처럼 소외하는 동일시에서 유래하지 않는 최초 에고의 가능성을 열어 둔다. 왜냐하면 "나"인 여러 방식이 있으며, 라캉은 그것을 매우 확실히 알았을 것이기 때문이다. 그의 초기 세미나에서 그는 무의식의 주체를 자아이지만 "내가 아닌(S, II, p. 59-60)" 자아로 기술한다. 분석의 끝에 '나'라고 말하게 될 것은 먼저 익명의 말 없는 주체이다. 침묵의 주체가 있었던 그곳에 자아가 오고 자신을 명명해야 한다. 만일 주체가 마침내 말하기에 이른다면 그러할 가능성이 처음부터 그에게 있어야 하지 않을까? 언제나 이미 나이어야 하지 않을까? 치료의 끝에 다시 나타나서 자신을 명명할 수 있으려면 자아(Je)가 어떤 방식에선 그를 '앞서야' 하지 않을까? 하이데거의 "언제나 내 것"인 다자인처럼 자아−주체(je-sujet)는 내가 아니지만 '나 이외 다른 아무것도' 아니다. 바로 그것을, 곧 근원적인 에고의 긍정을 라캉은 인정하기를 거부한다. 주체와 자아 사이에 있는 혼동을 피하려면 하나의 해결책만이 그에게 남을 뿐이다. 바로 자아를 참조하지 말 것, 무의식의 주체를 자아로 일컫기를 그만둘 것이다. 그는 이제 무의식의 주체를 "머리 없는 주체,

에고를 더는 지니지 않은 주체"[56]로, 더는 그 누구도 아닌 "빗금 친" 주체, X, 텅 빈 장소, "주체 없는 주체화"[57]로 규정한다…. 우리는 30년이 라는 거리를 두고 하이데거와 같은 길로 접어드는 그를 본다. 에고살해가 야기한 어려움을 피하고자 그는 에고살해를 첨예화하고 그럴수록 점점 더 깊은 난관에 봉착한다.

그토록 많은 어려움이 거울 단계라는 그의 발상에 뿌리를 둔다. 라캉은 자아를 발생시키는 힘을 시각(vue)에 준다. 자기 자신을 볼 가능성이 자아의 근본적 특성을, 그의 '초월성'을 규정한다. 왜냐하면 나는 언제나 밖에 있는, 언제나 내 너머에 있는 이미지에 나를 동일시함으로써만 나이기 때문이다. "끝없는 탈자태(extase)",[58] 그는 이처럼 자기 영상에 사로잡힌 시선(regard)을 규정짓는다. 그 속에서 아이는 자기 영상을 보는 데 몰두한다. 우리가 지닌 모든 감각 가운데 시각(vue)은 실제로 우리 자신에서 우리를 가장 멀어지게 하는 감각이다. 그것은 우리 너머 세계의 먼 지평 속으로 우리를 던지는 감각이다. 여기에 왜 플라톤 이래 서양 철학을 지배한 인식의 "탈자적(extatique)" 이해가 봄(vision)을 그토록 중시했는가 하는 이유가 있다. 라캉은 매우 오래된 전통에 들어간다. 그곳에서 거울 계열은 주요한 구실을 한다. 적어도 봄을 상상하는 두

---

56. S, II, p. 200. 그는 나중에 "머리 없는 주체화"라고 또한 말할 것이다. 그와 같은 방식으로 그는 그의 친구 조르주 바타유에게 그리고 그와 바타유가 속했던 "무두인(Acéphale)"이라는 잡지에 연결된 비밀스러운 사회에 경의를 표하는 것일까?….

57. S, XI, *Les Quatres fondamentaux de la psychanalyse*(1964), p. 167.

58. [옮긴이 주] '도취상태', '황홀경' 따위로 흔히 번역되는 이 말의 어원은 'ex-ta-sis'로 '자기 밖에 있는 행위'를 뜻한다. 말 그대로 '탈자태(脫自態)', 곧 '자기를 벗어나 있는 상태'를 말한다.

가지 방식이 있다. 고전적인 방식으로 밖에서 이르고 보게 해주는 빛을 수용하는 눈(œil)처럼 상상하거나, 근대인의 관점에서 세계를 향해 분출하고, 보이는 것의 모든 측면을 그곳에서 파악하고자 세계를 탐색하고 검사하는 시선(regard)처럼 상상하거나이다. 봄이 내게서 유래하는 일 없이 내게 주어졌다거나, 그것이 내게 되돌아오는 일 없이 내게서 갑자기 솟아났다 함은 모두 그 기원과 목적지 사이에 있는 분열, 곧 그 초월성으로 특징지어진다. 우리는 초월성의 논리가 개별화의 가능성을 정당화하기는커녕 세계의 일반 체계 속에서 에고의 단독성을 없애버리려 하고, 에고를 소외하려 하고, 죽음의 무를 향해 에고를 내던짐으로써 에고를 없애려 한다는 것을 이제 안다. 거기서 라캉 이론은 예외가 아니다. 물론, 하이데거와 달리 라캉 이론은 선재하는 주체, 곧 세계를 향해 자신을 던짐으로써 '자기 자신'을 넘어서는 다자인을 가정하지 않는다. 반대로 대타자로부터 와서 신체의 모습과 자아의 외양을 새기고자 보는 자 쪽으로 향하는 것은 초월적 이미지이다. 사람들은 결국 실존자의 자유를 더는 강조하지 않을 것이다. "자유?" 라캉은 발끈한다. "나는 이 단어를 한 번도 사용한 적이 없소!" 사람들은 주체나 자아의 극단적인 수동성을, 주체나 자아가 대타자의 여러 형상에 복종한다는 사실을, 주체나 자아의 넘어설 수 없는 근원적인 소외를 강조할 것이다. 자아는 자신의 이미지로부터 모든 것을 부여받으며, 먼저 자아라는 허망한 가능성을 부여받는다. 어떻게 그로부터 벗어날 수 있을까?….

이미지가 그러한 힘을 부여받는다면, *ex nihilo* 자아를 만들어내고 그것을 영원히 사로잡기에 이른다면, 이는 거울 경험에 앞서 자아도, 통일된 신체도 있지 않기 때문이다. 오직 분산된 신체의 혼돈만이 있기 때문이다. 라캉의 모든 행보는 두 개의 가정에 근거를 둔다. a) 분산된 신체는 이미지의 초월적 외재성을 거치지 않고는 '자체의 힘으로' 자체를 통일할 수 없으며, 몸-하나(coprs-un), 총체적 신체의 모습을 자체에 줄 수 없다. b) 신체는 '그 자체로부터' 자아의 핵심부를 형성하기에 이를 수 없다. 그것이 가능했다면, 최초의 신체가 자체의 힘으로 '내' 신체로서 자체를 구성할 수 있었다면, 자아가 거울 경험에 앞서 존재함을 인정해야만 할 것이며, 자아를 상상계의 신기루처럼 더는 헤아릴 수 없을 것이다. 이러한 가정은 거론조차 되지 않을 것이다. 라캉은 자아가 어떤 대타자에도 의존하는 일 없이 내재적 방식으로 자체에 자체를 준다고 생각할 수 없었다. 자아가 동일시를 통해 초월성의 차원에서, 봄의 지평 속에서 자체를 구성한다고 상정함으로써 그는 자아를 불가역적인 방식으로 소외한다. 거울 경험은 결국 내적인 예속의 경험이 될 것이다. 그리고 "자아는 주체가 타자 속에서 찾아낸 주인이자, 자기 자신의 내부에서 신체를 제어하는 기능을 통해 만들어진 주인이다."[59] 누가 내 이미지를 내게 심은 주인인가? 나를 전율로 얼어붙게 하고 내게 전면적인 복종을 강요하는 거울 속에서 나는 결국 무엇을 보았나? 마법으로 유령을 불러내는 마녀의 거울과 비슷하게 라캉의 *speculum*은 영상의 영롱한 광채 밑에 숨은 일그러진 얼굴(grimace)을 우리에게 갑자기 드러낸다. "[주체가] 거울 이미지의 모습 아래 보는 주인의 이미지는 죽음의 이미지와 혼동된다. 인간은 절대 주인 앞에 있을 수 있다. 그가 이미지에 종속되는 한, […] 그는 본래적으로 그곳에 있다."[60] 거울은 *mouroir*이다. 그곳에서 나를 보기에 나는 자기 자신의 죽음을 바라보는

---

59. S, III, *Les Psychoses* (1955-1956), p. 107.

60. S, I, *Les Ecrits techniques de Freud* (1953-1954), p. 172. 헤겔로부터 라캉은 죽음을 "절대 주인(Maître absolu)"으로 규정한다.

유령처럼 나를 본다. 부르크마이어 부부의 거울에 비쳤던 두개골이나 안나 O.의 눈에 보인 거울 속에서 갑자기 윤곽을 드러낸 죽은 사람의 창백한 머리는 인간 경험의 병리학적 일탈을 나타내는 것이 아니라 그 경험의 말로 표현할 수 없는 진리를 드러내준다. 내 죽음의 이미지는 바로 내 이미지이다. 바로 나이다. 자아는 이처럼 "죽음의 가장 가까운, 가장 내밀한 출현"처럼, "죽음을 현재화하는 벌어진 상태(béance)(S, II, p. 245)"처럼 진술된다. "나는 죽었다"라고 말하는 것으로 더는 충분하지 않다. 실제로 '나는 죽음이다.'

에고살해의 성향에서 더 멀리 가기는 어렵다. 하지만 어떤 권리로 라캉은 내 이미지와 내 죽음의 정체불명의 다가옴을 동일시할까? 어떤 마술로 우리는 죽은 자기를 보기에 이를까? 어떻게 봄의 초월성이 보이지 않는 경계에 합쳐질까? 그곳에서 봄은 어둠 속으로 사라진다. '자기-자신을-보다(se-voir-soi-même)'와 이것이 시선의 '자기-밖에-있음(être-hors-de-soi)'과 맺는 관계를 좀 더 상세히 분석할 필요가 있다. 데카르트 *cogito*를 비판할 때 라캉은 그것을 "나는 나를 보는 나를 본다"에, 보는 자기를 본다는 '환영'에, '시선'을 사라지게 하는 나르시스적 환영에 동류시한다. 만일 내가 거울 속에서 내 눈을 볼 수 있다면 나는 내 시선을 절대 보지 못할 것이다. 잡을 수 없고 사라지는 시선은 언제나 봄의 영역 너머로 빠져나간다. 보이는 눈과 보는 시선 사이에 있는 분리, "*schize*"는 나를 보는 나 자신을 보는 걸 내게 금지한다. 깨지는 것은 거울 그 자체이다. 라캉은 그 거울을 아주 잠깐 거슬러 올라가고자 했다. 봄 저편으로, 자기에 더 가깝고 신체에 더 "내재적인" 자기 지각 쪽으로 거슬러 올라가고자 했다. 그러한 지각은 촉각일 수밖에 없다. "'나는 나를 덮히는 나를 덮힌다.' 바로 거기서 그것은 신체로서 신체를 준거로 삼은 것이다. 내 안 어느 지점으로부터 퍼지고 나를 몸으로 한정하는 열감이 내게 번진다. 하지만 '나는 나를 보는 나를 본다'에서 봄이 비슷한 방식으로 내게 번지는 것을 나는 전혀 느낄 수 없다. 나아가 현상학자는 내가 '밖에서(au-dehors)' 본다는 사실, 지각이 내 안에 있지 않다는 사실은 매우 뚜렷하다고 말할 수 있었다. [⋯] 하지만 '나는 나를 보는 나를 본다'의 내재성에 속하는 것 같은 지각 속에서 나는 세계를 파악한다(S, XI, p. 76)." 현상학을 [예외적으로 찬사를 쏟아부으며⋯] 준거로 삼음으로써 라캉은 '만지는-자기를-만지는(se-toucher-touchant)' 경험 속에, 메를로 퐁티가 '촉각 키아슴(chiasme tactil)'이라고 불렀던 곳에 *cogito*를 자리 잡게 할 수 있었을 것이다. 그러나 그 길은 그가 선택한 길이 아니다. '보는-자기를-본다(se-voir-voyant)'의 환영적인 "내재성"에 그는 '더 근원적인' 내재성이 아니라 도처에서 나를 에워싸고 나 자신의 봄을 앞서는 대타자의 시선의 초월성을 대립시킨다. 라캉의 관점은 대타자의 영역으로, 더 근본적이고 더 낯선 초월성으로 옮겨간다. 우리는 이를 다시 확인할 기회가 있을 것이다. 대타자를 향해, 언제나 더한 초월성을 향해 중심에서 어긋나기, 바로 이것이 라캉이 어려움에 부딪힐 때마다 가져오는 대답이다. 그 어려움은 자아나 주체 이해에 영향을 미친다.

내 봄에서 대타자의 시선으로 미끄러지며 라캉은 '보는-자기를-본다'를 대상으로 그가 비판한 것에서 결론을 이끌어내기를 삼간다. 문자 그대로 해석했을 때 눈과 시선의 분열이라는 가정은 거울 단계 이론을 무너뜨린다. 나는 광채를 잃은 눈, 거울 속에서 응시하는 차가운 유리구슬에서 내 시선의 순간적인 광채를 절대 붙잡지 못할 것이다. 라캉이 그림을 두고 말했던 것을 거울에 적용해야 한다. "봄의 중심 근원지는 [그곳에서] 부재일 수밖에 없으며, 구멍으로 대체된다." 동공의 검은 구멍 "뒤에 시선은 있다(S, XI, p. 100)." 내가 나를 보는 나를 보지 못한다면 나는 '나 자신'을 절대 보지 못한다고 결론 내려야 한다. 내 영상에서 내 가시적인 모습만을, 세계 사물 가운데 하나의 모습만을 지각할 따름이지 보는 내 힘을 지각하진 못한다고 결론 내려야 한다. 그 힘으로부터 나라는 살아 있는 에고는 빛난다. 거울에서 이뤄지는 동일시는 불가능함이 드러난다. 시선의 사라짐으로 인해 한가운데에 구멍이 뚫린 동일시는 부분적이고 분할된 자아만을, '자아-구멍(moi-trou)'만을 구성할 수 있을 뿐이다. 시선이 없는, 내가 보는 눈은 거울에 비친 내 눈이든 타자의 눈이든 언제나 눈먼 눈, 죽은 눈, 죽은 사람의 눈으로 남을 것이다. 거울 이미지가 나를 절대 주인에게 보낸다면, 이는 눈과 시선의 분할이 내 영상을 화석화하며 그 자리에 내 죽음의 이미지를 나타나게 하기 때문이다. 하지만 단지 이미지가 거기 있을 뿐이며, 나는 '마치' 내가 죽은 것처럼만 나를 볼 수 있을 뿐이다. 실제로 그 누구도 죽은 자신을 보는 일은 일어나지 않는다. 시체는 더는 아무것도 보지 못하며 더는 자신을 보지 못한다. 안나나 부르크마이어 부부가 본 것은 그들 자신의 죽음이 아니라, 그림 위에 진 흐릿한 빛깔의 얼룩일 뿐이다. 거울 표면에 반짝거리는 희미한 영상일 뿐이다. 거울에서 이뤄지는 동일시 이론은 두 개의 난관에 봉착한다. 보는 자신 곧 살아 있는 자신을 보는 것이 불가능하다는 것과 죽은 자신을 보는 것이 또한 불가능하다는 것이다. 그럼에도 나는 '나'를 본다, 나는 눈먼 얼굴에서 나를 알아본다, 마치 그곳에서 내 시선을 포착하기에 이르기라도 하는 양… 내가 내 영상에 나를 동일시할 수 있으려면, 나에 속한다는 특성, 나라는 특성을 내 영상에 옮길 수 있으려면 나는 나 자신에 나를 이미 동일시했어야 한다. 내가 내 영상에서 내 신체 이미지를 알아보려면 신체에 '체류하고(avoir demeure)' 그것을 '내 것'으로 이미 겪었어야 한다. 임상사례를 통해 우리는 이와 같은 최초의 자기-동일시(auto-identification), 살의 거주가 일어나지 않았을(n'avoir *pas lieu*) 때 어떤 일이 벌어지는지를 안다. 자신의 살로 된 몸(corps de chair)을 자기 것으로 느낄 수 없는 정신질환자나 자폐증환자는 자신의 영상에서 자신을 알아보지 못하고 거울에서 그를 응시하는 미지의 물(物, Chose)로 인해 불안해한다. 그는 자기 자신의 시선을 놓치기에 타자의 눈에서 그를 사로잡는 살아 있는 시선을 더는 알아보기에 이르지 못한다. "타자를 보는 대신에 나는 그의 눈 표면을 볼 뿐이다."라고 정신분열증환자는 선언한다. 또 다른 환자는 "한가운데 뚫린 검은 구멍으로 인해" 또는 "죽음이 똑바로 [그를] 응시하기에"[61] 타인의 시선과 엇갈리는 것을 피한다. 라캉의 주장은 극단적인 이러한 경험, 광기의 경험에 아주 적합하다. 하지만 그의 주장이 또한 우리 일반 경험에 일치할까? 그가 거울 한가운데에서 발견했다고 믿는 메두사의 얼굴이 우리 영상을 은밀하게 사로잡는다는 것이 사실일까?

감히 말하자. 라캉이 그의 빛나는 천재성과 함께 행하는 이 명석한 분석은 잘못되었다. "매혹", "무능력", "마비", "전율", 이러한 것이 자아가 최면 상태로 자신의 이미지에 포획되는 과정을 기술하고자 라캉이 사용하는 용어이다. 분산된 신체는 거울에서부터 그것을 응시하는 끔찍한 시선으로 경악하는 과정을 통해서만 자신의 혼란스러운 분산 상태를

---

61. *Autisme et pscyhose chez l'enfant*에서 Fr. Tustin이 수집한 풍부한 자료를 보라. "검은 구멍"처럼 생각한 동공을 주제로 해서는 Ed. du Seuil, 1982, p. 29를 보고, 대상-괴물(objet-monstre)의 구성과 그의 "죽은 눈"을 주제로 해서는 pp. 45-46을 보라. 이 책 마지막 부분에서 나는 강박관념(hantise)의 기원을 알아보고자 할 것이다.

벗어나리라 희망할 수 있다…. 이 이론을 어린아이의 실질적인 경험이나 자신의 해체된 이미지를 재구조화하고자 노력하는 치료 중인 정신질환자의 경험과 비교해보자. 그는 불안이 때로 나타날지라도 공포에 질린 복종 상태에서 거울에 다가가는 것이 아니라, 반대로 움직임을 탐색하고 자세, 몸짓, 리듬, 공간적 각도를 유쾌히 실험하며 강렬한 활동과 함께 거울에 다가간다. 그렇게 왈롱이 기술하는 "정상적인" 아이는 거울 앞에서 몸짓을 반복적으로 연습하거나, 자신의 이미지를 가지고 놀거나, 그것을 만지거나 껴안는 행위 따위를 한다. 마찬가지로 정신질환을 앓는 네 살 된 어린 여자아이는 먼저 거울을 피했지만 분석 도중에 자신의 신체 이미지를 점차 받아들이게 된다. 거울 앞에서 몸짓을 하기 시작하고, 그 앞에서 움직이고, 자신의 이미지를 분석가의 이미지와 비교하려 든다.[62] 라캉 개념에 없는 것은 무엇보다도 자신의 이미지를 알아보고 그 이미지에 동일시하는 과정을 뒷받침하는 신체 '움직임'의 측면이다. 부분적이든 전체적이든, 아직 분산된 상태로 있든 이미 통일되었든, 거울 속에서 나르시스적으로 관망되든 기표를 통해 상징적으로 구조화하든, 라캉의 신체는 언제나 부동적이고, 굳어 있고, 마치 '사형 판결(arrêt de mort)'로 인해서인 듯 석화한 채로 있다. 프로이트의 시각은 매우 다르다. 프로이트는 신체의 운동성과 "운동의 발산"을, 자아의 발생에서 촉각 인상의 중요성을 강조했었다. 시각(vue)의 유일한 지평에 집중해서 그 지평을 최면 상태와 같은 매혹(fascination)으로 환원함으로써, 라캉은

---

62. A. Cordié, *Un enfant psychotique*, Ed. du Seuil, 1993, p. 165-169. 정신질환자가 자신의 신체 이미지 속에 난 균열을 알아보고 이미지를 재구조화하는 걸 돕고자 거울을 치료 목적에서 사용하는 것을 주제로 G. Pankow의 풍부한 작업을 읽기를 바란다. *L'homme et sa psychose*, Aubier-Montaigne, 1969.

신체의 진리를 놓쳤다. 자신을 만지고, 자신을 더듬고, 자신을 껴안고, 거울 경험 이전에 이미 자신의 초기 분산을 극복하기 시작한 신체-움직임(corps-mouvement)을 말이다.

살아 있는 신체의 유동성은 '나 없이' 펼쳐질까? 자아의 발생은 오직 상상적 동일시와 함께 시작될까? 아니면 거울 이미지에 앞서는 자아의 핵심부를 생각해야 할까? 라캉이 줄기차게 경험에 호소하므로, 잠시 경험의 차원에 머물러 보자. 장님의 사례에서 우리는 실제로 해답의 한 요소를 얻는다. 라캉의 주장이 맞으면 태어날 때부터 눈이 먼 사람들은 정신질환자가 될 수밖에 없다. 자아라는 의식도 신체를 지닌다는 의식도 절대 지니지 못할 것이다. 그런데 앞을 보지 못하는 아이들은 설혹 더 많은 시간을 들여서 자신의 신체와 외부 물체나 타자 신체를 구분한다 할지라도, 어쨌거나 그러하기에 이르고 어려움 없이 자아의 정신적 기능에 다가간다는 것을 우리는 안다. 정신적 기능은 거울 이편에, 선천적으로 눈먼 이도 겪을 수 있는 감각적이고 감정적인 경험 속에 결국 뿌리를 둬야 한다. 에고의 촉각 경험, 만지고 자신을 만지는, 운동 중인 자아-신체(moi-corps)의 경험 속에 뿌리를 둬야 하며 또한 타자의 목소리를 듣고 자기 자신의 목소리를 듣는 자아의 경험 속에도 뿌리를 둬야 한다. 모든 감정, 지각 영역의 모든 층, 분산된 신체의 모든 부분에 마찬가지로 분산되었지만 자아를 이루는 또 다른 파편을 모아서 그 파편과 결합하고 그 파편과 함께 더욱더 폭넓은 경험 영역을, 더욱더 길고 계속되는 시간 국면을 구성하고자 노력하는 자아가 이미 산다. 거울 단계는 그러한 과정의 한 국면일 따름이다. 내 살을 "여기에서" 확인하고 내 영상을 "저곳에서" 확인함으로써 내 내재적인 운동 인상과 초월적 시각 이미지를 확인함으로써 거울 단계는 촉각적인 것과 시각적인 것을 서로 얽히게 한다. 내게 나 자신의 신체와 타자의 신체에 새로 다가가게 해준다. 거울은 "텅 빈" 거울이 아닌 살아 있는 거울, 살아 있는 자아의 움직임을 비추고 그에게 세계 속에서 자신을 펼치게 해주는 '삶 거울(miroir de vie)'이다. 왈롱은 라캉보다 이를 더 잘 이해했었다. 그에 따르면 거울은 무엇보다도 아이에게 자신의 이미지에서 자신을 구별하게 해주며, 결국 "자신의 자아를 공간 속에서 통일하게" 해준다. "몸 가운데 몸으로 그 자신을 파악하게"[63] 해준다. 이는 거울이 속임수가 아님을 의미한다. 반대로 거울은 먼저 내 이미지에 결부되는 실질적인 환영에서 나를 해방해주고, 현실계와 상상계를 더 잘 구분하게 해주며, 내 영상을 분신처럼, 경쟁자처럼 더는 생각하지 않고 '단순한 이미지'이자, 또한 '내' 이미지처럼 생각하게 해줌을 의미한다.

소외, 또는 라캉에 따르면 거울 국면을 특징짓는 주인에 복종하는 행위는 그러면 어떻게 될까? 어떻게 그러한 것이 환멸(dés-illusion)과 일치할까? 환멸 속에서 아이는 이미지의 위엄에서 해방된다. 몇몇 정신분석학자는 이를 주제로 아주 다른 해석을 제안한다. 환멸 국면은 소외하는 동일시의 처음을 나타내지 않는다. 그것은 "긴 투사 과정의 정점"을 나타낸다. 그 과정의 목표는 "자신과 구분되는 타자의 얼굴을 구성하는 데 있다. 그 얼굴에 주체는 먼저 자신을 동일시했었다."[64] 아이는 그의 생애 초기 몇 개월 동안 어머니의 젖가슴과 얼굴에 가장 먼저 자신을 동일시한다. 이 최초의 동일시 속에서 어머니의 얼굴은 가시계의 모든 영역에 중첩되고 주체 그 자신과 혼동된다. 거울 속에서 자기 자신의

---

63. H. Wallon, *Les Origines du caractère chez l'enfant* (1932), PUF, 1983, p. 218-237. [라캉의 거울 단계 이론의 주된 원천이 관계함을 기억하자.]

64. Sami Ali, *Corps réel, corps imaginaire* (1977), Dunod, 1994, p. 150.

얼굴을 알아보기에 마침내 이름으로써만, 어머니의 얼굴과 자기 자신의 얼굴을 구별하기에 마침내 이름으로써만 그는 최초에 있었던 소외를 넘어서게 된다. 그렇게 거울에서 자신을 알아봄으로써 "타자 얼굴에 최초로 동일시하는 행위가 중단된다." "어머니 얼굴과 동일시하지 않게 되고, 이어서 다른 얼굴 곧 자기 자신의 얼굴에 동일시하게 된다."[65] 이는 의기양양한 기쁨과 의기소침한 불안을 모두 설명한다. 아이는 타자의 이미지에 포획되었다가 거기서 해방되었을 때 의기양양한 기쁨을 가질 것이다. 그의 의기소침한 불안은 그가 사라질 수 있다는 사실을, 어머니와 완전히 분리될 수 있다는 사실을 깨닫게 해준 탈동일시로부터 야기되었을 것이다. 아버지의 기표나 오이디푸스 법칙보다 더 근원적인 제삼자가 결국 있다. 바로 거울 자체이다. 어머니의 신체와 어린아이의 신체 사이에 놓이게 될 고유한 신체 이미지의 투사이다. 상상계는 더는 환영이나 소외의 온상이 아니라 진리의 조건, 참된 자아가 자기에 올 수 있는 조건이다. 물론, 탈소외화는 외재적 이미지에 새로 동일시하는 행위를 수반한다. 이에 우리는 놀라지 말아야 한다. 세계의 초월성 속에서 에고는 소외하는 동일시에서 소외하는 또 다른 동일시로 넘어갈 따름이다. 그렇지만 모든 동일시가 같은 중요성을 띠는 것은 아니다. 같은 방식으로 자아의 단독성에 영향을 미치는 것은 아니다. 이제 자기 자신의 신체 이미지에 자신을 동일시함으로써 에고는 어머니의 신체에 더는 포획되지 않으며 어머니의 영향력에서, 타자와 융합적인 일체를 이룬다는 환영에서 벗어나기 시작한다. 그는 가시계의 지평에서 자기

---

65. *Ibid.*, p. 143. 조금 다른 맥락에서 왈롱은 어머니의 얼굴을 아이의 "최초의 거울"처럼 규정했었다.

자신을 긍정하기 시작한다. 진리가 가로지르고 진리가 가공해낸 "거울 단계"는 그러한 발견의 장소, 해방의 장소이다.

라캉이 거울 단계를 자아의 상상적 모태로, 모든 동일시의 원형으로 규정할 때 결국 그를 따르기는 어렵다. 이 점에서 그는 게다가 프로이트에서 멀어진다. 프로이트는 "모든 대상 선택을 앞서는" 최초의 동일시가 있을 수 있음을 인정했었다. 거울에서 이뤄지지도 상징적이지도 않으면서 "타자 관계의 가장 근원적인 형태"[66]를 이루는 '감정적(affectif)' 동일시가 관계한다. 라캉은 이를 받아들일 수 없을 것이다. 왜냐하면 그는 상징과 맺는 모든 관계보다 더 근원적인 촉발성(affectivité)을 인정하기를 거부하기 때문이다. 하지만 정신분석학의 창시자는 그의 프랑스 제자와 마찬가지로 자아를 일련의 기초적 동일시의 잔재처럼 생각했었다. 기원을 향해, 최초의 체화(incorporation)라는, 어머니 젖가슴과 최초로 행해지는 [순수하게 감정적이고 융합적이고 눈먼] 동일시라는 수수께끼를 향해 우리를 언제나 더 멀리 데려감으로써 프로이트는 어려움을 옮겨 놓을 따름이다. 죽기 바로 전에 쓴 한 기록에서 그는 그 문제로 다시 온다. "아이는 타자 관계를 동일시로 표현하기를 좋아한다. 나는 […] 대상이야. 젖가슴은 내 일부야. 나는 젖가슴이야. 나중에만 나는 그것을 갖는다. 다시 말해 나는 그것이 아니다."[67] 이는 똑같은 물음을 다시 묻게 한다. 어머니의 젖가슴이나 얼굴에, 또는 내 신체 이미지나 내 아버지의 이름에, 또는 내가 택한 영웅에 나를 동일시할 수 있으려면,

---

66. S. Freud, "Psychologie des masses et analyse du moi" (1921), *Essais de psycha-nalyse*, Payot, 1987, p. 168-170, et *Nouvelles conférences sur la psychanalyse*, p. 88-89.

67. S. Freud, *Résultats, idées, problèmes*, t. II, PUF, 1985, p. 287.

자아가 동일시를 앞서야 하지 않을까? 내 에고가 대타자와 맺는 모든 관계에 앞서 자기 자신에 왔어야 하지 않을까? 무엇을 이 선-존재가 의미할 수 있을까? 자궁 내의 "주체성", 태아의 "초기 나르시시즘"이라는 어두운 사변에 우리는 다시 빠지지 않을까? 오해를 피하자. 자아의 '근원적(originaire)' 성격을 세계의 시간 속에 위치 지을 수 있는 '최초의(originel)' 상태처럼 이해해서는 안 된다. 어떤 '조건'이 그 조건이 가능하게 하는 것을 앞서는 것처럼, 내재적 발생의 원천-지점처럼, 자아의 내재성 영역에서 매 순간 시작하고 다시 시작하는 "계속되는 창조"의 원천-지점처럼 에고가 자기에 오는 행위는 그가 세계에 오는 행위와 타자와 최초로 접촉하는 행위를 앞선다. 이러한 생각에 이르지 못한 채, 프로이트는 최초의 것(originel)과 근원적인 것(originaire)을 혼동하고, 자아의 원천을 내 어린 시절에서 언제나 더 멀리, 더 앞쪽에서 찾고, 나보다 더 오래된 타자에 나를 소외시킬 수밖에 없었다. 그는 자아가 '자기 자신'에 자신을 최초로 동일시할 수 있다는 것을, 타자와 맺게 될 모든 관계의 조건이 될 근원적인 '자기-동일시(auto-identification)'가 있을 수 있다는 것을 전혀 생각하지 못했다. 여기서 우리는 여전히 소외하는 동일시와 관계가 있을까? 어떤 의미에서? 자기-동일시와 정신분석학이 기술하는 낯선 타자와 행해지는 연속적인 동일시 사이에는 어떤 관계가 있을까? 그러한 물음에 프로이트도, 라캉도 대답하지 않았다. 자아의 내재적 발생을 기술하고 그 발생 한가운데 있는 거울 단계의 진리를 드러내고자 한다면 우리는 그렇지만 그 물음과 대면해야 한다. 왜냐하면 우리가 계류돼 있는 동굴 깊숙이에서 왜 우리는 환상의 은막(écran du fantasme)이나 스펙터클이 펼쳐지는 무대(scène du Spectacle)에서 투영되는 반짝거리는 형상들과 우리를 동일시하기를 멈추지 않는지를 물어야 하기 때문이다.

"누가 결국 내가 죽었다는 것을 알았을까?"

상상계를 다루는 라캉 개념은 두 가지 결함으로 손상을 입는다. 거울 단계에 다가가는 것이 불가능할 뿐만 아니라, 그로부터 나가는 것이 또한 불가능하다는 점이다. 보는 내 시선을 이미지 속에서 보지 못하기에 내 이미지가 아닌 이미지에 자신을 동일시하기는 불가능하다. 동일시가 일어날 수 있다고 가정하더라도 동일시를 넘어서기는 불가능하다. '나인' 분신과 자신을 구별하기는 불가능하다. 라캉은 자아와 의식의 착각이라는 불가역적인 특성을 인정함으로써 그러한 불가능성을 공식적으로 인정했다. 그는 "그의 의식에서 누군가를 나가게 하는 것"이 가능한지를 묻는 이들에게 그 특유의 불쾌한 빈정거림으로 응수했다. "나는 가죽을 벗기라고 대답할 알퐁스 알레가 아니네."[68] 생가죽을 벗기지 않는 한 우리는 어떻게 주체가 그의 나르시스적 울타리에서 나가서 분석의 끝에 마침내 '정말로' 대타자에 말을 걸 수 있는지를 알지 못한다. 분석가라는 "텅 빈 거울"에 무의식적 이미지를 투사하는 행위처럼 거울 단계로부터 치료를 구상함으로써 라캉은 치료를 한없이 계속해야 하는 위험을 감수한다. 이 난관에서 나가려면 앨리스처럼 거울을 통과(through the looking-glass)해야만 한다. 상상계 너머를 찾아야만 한다. 왜냐하면 상상적 관계는 출구가 없기 때문이다. 상상적 관계는 닫힌 영역이기 때문이

---

68. *Cahiers pour l'analyse*, n° 3, 1966, p. 6.

다. 그곳에서 자아와 그의 타자는 사투를 벌인다. 왈롱이 거울에서 이뤄지는 인정(reconnaissance)의 통합적 기능을, 인정이 아이와 그의 이미지를 화해시키면서 아이한테 불러일으키는 환멸(dés-illusion)을 내세웠다면, 라캉은 반대로 내 분신에 나를 맞서게 하는 경쟁심을 강조한다. 이는 그가 철학적 해석을 통해 그 문제에 다가가기 때문이다. 그는 거울 단계에 헤겔의 각본을 적용해서 그것을 "인정을 위한 사투"로 해석한다. 거울 속에서 어렴풋이 드러나는 내 죽음의 불가능한 영상으로부터 라캉은 살해의 가능성으로 그렇게 미끄러진다. 내가 죽은 나를 보기에 절대 이르지 못한다면, 나는 이제 막 나를 죽이려고 하는 타자의 시선에서 어쩌면 절대 주인을 만나리라 예감할 수 있을지도 모른다. 이는 라캉 정신분석학의 에고살해 경향을 강화할 뿐이다. 헤겔에게 자아는 아무것도 아니기에 자아가 자기의식에 다가가려면 투쟁과 살해를 거쳐야 한다. 참된 인정을 허용하려면, 정말로 투쟁이 끝까지 가야만 한다. 싸우는 자 가운데 하나가 죽는 데까지 가야만 한다. 하지만 이는 인정의 가능성 자체를 제거한다. 죽은 나를 볼 수 없는 것만큼이나 나는 죽은 사람을 통해 인정받을 수 없다. 죽은 사람의 눈인 눈먼 거울에 나를 비춰볼 수 없다. 자아는 자신의 분신을 죽임으로써 그것에 자신을 동일시할 수 없게 되고 따라서 나로서 자신을 확인할 수 없게 된다. 에드거 포가 우리에게 들려주는 이야기 속 윌리엄 윌슨처럼 경쟁자를 살해하는 것은 자기 자신을 파괴하는 것이며 상상적인 관계는 자멸을 초래할 수밖에 없는 어떤 난관에 마침내 이르게 된다.[69]

---

69. 공포에 질린 내가 거울 쪽으로 다가갔기에 나 자신의 이미지는 내 쪽으로 다가왔다. 그 결과 나는 그가 내게 말할 때 나 자신이 말한다고 믿을 뻔했다. "네가 이겼고 나는 패했어. 하지만 이제 너 또한 죽어. […] 내 안에 네가

그것(Es)이 있었던 곳에, 자아의 광기가 있었던 곳에, 나는 주체로 생겨나야 한다. 이미지의 치명적인 위엄에서 벗어나야 하고, 거울 단계를 넘어서야 한다. 라캉은 거울 이편으로, 시선의 초월성을 지탱하고 그것을 은밀히 부추기는 비가시적인 삶의 내재적 경험으로 돌아오기를 거부한다. 그는 그러한 경험을 전혀 알고자 하지 않는다. 그가 생각할 수 있는 유일한 출구는 '상상계 계열에서' 상상계 너머로 넘어가서 그 탈자적 초월성을 첨예화하는 데 있다. 왜냐하면 봄(vision)은 그 자체의 초월성에 충실하지 못하고 그것이 낳은 보잘것없는 타자성은 충분히 '타자'답지 않기 때문이다. 나 자신과 내 나르시스적 광기에서 충분히 나를 끌어내지 못하기 때문이다. 라캉은 결국 더 극단적인 타자성, 상상적인 "모든 타자 너머" "절대 대타자"를 찾으러 간다. 이처럼 상징적 대타자로 유명해진 인물이 그의 책에 나타난다. 이는 출구 없는 상상적 관계를 넘어서고자 고안된 고뇌의 해결책이다. 그렇기에 대타자의 새 판(버전)은 그것이 해결한다고 하는 아포리아(aporia)에 종속되며, 거울 관계에 개입하는 '제삼자'로, 사투를 평정하는 '협정'을 보증하는 이로, '진실된 말(parole de vérité)'의 관건을 쥔 자로 대타자를 규정하는 모든 곳에서 그 아포리아를 반복하게 될 것이다. 결국 거울로부터, 거울 영상이 야기하는 매혹으로부터 다시 출발해야 한다. 아이는 자기 영상에 사로잡혀 그와 같은 매혹에 빠질 위험이 있다. 라캉은 그처럼 사로잡히는 걸 막고 자아가 그의 타자와 자신을 구분하도록, 이미지를 '응시'하도록[70] 자아를 도울 수 있는 "배제 기능(fonction d'exclusion)"을 먼저 거울 관계 그 자체'에

─

존재했어. 내 죽음 속에서 봐라. 네 것인 이 이미지를 통해 봐라. 너는 너 자신을 철저하게 죽였어!…." [Poe, "Willian Wilson", *Histoires extraordinaires*]
70. 바로 이러한 배제 기능이 정신질환에서 문제가 된다[S, III, pp. 230-231].

서’ 찾았다. 자아는 결국 ‘자기 힘으로’ 이미지에 사로잡힌 상태에서 자신을 해방할 수 있을 것이다. 이는 어쩌면 에고에게 지나치게 많은 것을 허용하는 것일지도 모른다. 그렇기에 라캉은 그 주장을 곧 포기했다. 이제 라캉은 외부의 제삼자에게, 부모이자 거울 옆에서 아이와 함께 있는 어른인 타자에게 도움을 청할 것이다. 우리의 천사 같은 아이는 말이나 몸짓이나 시선 따위, 그를 그의 분신과 구분할 수 있게 해줄 아주 작은 신호를 간청하고자[71] 그를 돌아본다. 이 해방의 몸짓에서 대타자는 내 상상적 분신으로부터 나를 구분한다. 라캉은 이 해방의 몸짓을 프로이트의 *einziger Zug*에, 주체를 구성하는 동일시의 “단일한 특징(trait unaire)”에 일치한다. 거울 단계에 도입된 이 새로운 개념은 매우 신화적으로 보일 수 있지만 그럼에도 나르시시즘의 저편, 사투의 가능한 해결책을 가리켜 보인다. 주인과 노예의 헤겔 변증법을 그 나름의 방식으로 재구성하며 라캉은 싸우는 두 사람이 패배한 자의 목숨을 살려줄 것을 약속하는 협정을 적어도 암암리에 먼저 체결했음을 가정한다. “왜냐하면 패배한 자가 노예가 되려면 결국 죽지 말아야 하기 때문이다. 달리 말해, 협정은 폭력을 영구히 하기 전에 도처에서 폭력을 선행한다. 이것이 바로 우리가 상징계가 상상계를 지배한다고 하는 것이다. 이 점에서 우리는 살인이 절대 주인인지 의문을 가질 수 있다(E, p. 810).” 그와 같은 협정은 실제로 제삼자의 중개로 보증되어야 한다. 조금도 싸움에 참여하지 않고 헤겔의 주인을 능가하는 대타자의 말을 통해 보증되어야 한다.

---

71. E, p. 678과 특히 전이[*Le Transfert*, 1960-1961]를 다루는 세미나, S. VIII, pp. 410-414를 보라.

누가 라캉이 내세운 "상징적 대타자"인가? 누가 모든 진리를 보장하는 진정한 대타자인가? 데카르트의 신 이외 아무도 아니다. 정신병을 다루는 세미나에서 라캉은 데카르트의 신을, 광기의 악령으로부터 우리를 지켜주는 '참된 대타자'를 준거로 삼는다. 정신질환자의 경험은 그와 같은 정박지가 없을 때 어떤 일이 일어나는지를 우리에게 보여준다. "정신착란자의 말에서 대타자는 정말로 배제되었다. 최종 진리가 없다(S, III, p. 64)." 거짓말하는 신의 형상, 정신착란증을 지배하는 미친 신의 학대하는 형상만이 유일하게 살아남는다. 오직 '진리의 지점(point de vérité)'을 부여받음으로써만, "속이지 않는 어떤 것이 있다(p. 76-78)"라는 확언을 들음으로써만 우리는 그러한 재앙에서 구원받을 수 있다. 라캉에게 근본적인 진리는 에고의 진리가 아니라 대타자 곧 여기서는 신의 진리이다. 라캉이 신의 이름으로, '나는 존재한다'고 말하는 신의 이름으로 발견하는 것은 그렇지만 에고의 주장이다. 이에 라캉은 진리의 문제를 '나'라고 말할 수 있는 주체의 긍정에, 덤불 속에서 타오르는 불길을 가로질러 모세에게 말을 건네는 목소리의 주인인 주체의 긍정과 결합할 수 있었다. 라캉에 따르면 시나이의 전갈은 자아를 모든 말과 모든 진리의 "최종 기반"으로 일컫는다. 그 기반은 "진리가 말하는 한에서 그 진리의 기반을 본래 주는 것을 자아 속에서 진술할 수"[72] 있게 한다. 사람들은 결국 "나는 타자이다(je est un autre)"라고 더는 말하지

---

72. S, III, p. 323. 여러 번에 걸쳐 라캉은 "나는 존재하는 자이다(Je suis celui qui suis)"에서 "나는 나인 것이다(Je suis ce que je suis)"를 거쳐 "'나는 자아인 것이다(Je suis ce qu'est le Je)'[S, XVI, *D'un Autre à l'autre*]"라는 영감을 받은 번역에 결국 이르기까지 이 수수께끼 같은 말을 재번역하려 시도할 것이다.

않고, "대타자는 '나'라고 말하는 자"이자 그것을 참으로 말할 수 있는 자라고 말할 것이다. 물론, 여기서 문제가 되는 최초의 자아(Je)는 거울 단계의 나르시스적인 자아가 아니다. 하지만 그는 '나' 이외 다른 아무것도 아니다. 그는 프로이트의 요청에 나오는 *Ich*, 분석의 끝에 침묵에서 마침내 나가게 될 자아–주체(je-sujet)이고, 이 나라고–말함(dire-je)은 '참'이다. 그것은 모든 진리의 궁극적 조건이다. 나, 에고, '나는 진리이다.' 그리고 진리 그 자체는 자기를 말할 때 언제나 '나'라고 말한다. 그렇게 "나, 진리, 나는 말한다(moi la vérité, je parle)"라고 하는 라캉의 유명한 선언을 이해해야 한다.

어떻게 에고의 진리가 숨소리와 외침 사이 그의 말 속에서 생겨날 수 있는지를 결국 물어야 할 것이다. 메를로 퐁티가 "울부짖음의 끔찍한 탄생"이라고 했던 것, 곧 목소리의 수수께끼를 물어야 할 것이다. 라캉은 그 방향으로 나아가지 않았다. 말이 매우 창조적이라 할지라도 라캉은 '언어(langage)'를 모든 말의 "근본 조건(S, II, p. 360)"으로 여긴다. 그는 "참된 말(Parole vraie)"을 점점 더 드물게 언급하게 되고 그러한 언급을 빈정거린다. 언어의 우월함이 '상징적 질서'라는 라캉 개념을 규정한다. 레비스트로스에게서 빌려 온 그 용어는 여기서 언어의 구조 자체를, '기표' 곧 음성적이거나 표기적인 표시의 총체적 체계를 가리킨다. 기표의 배열은 기의, 곧 의미를 낳는다. 바로 이 "기표 그물"을 라캉은 [좀 성급하게] 정신분석학의 무의식에 일치시킨다. 프로이트와 레비스트로스의 괴상야릇한 결합을 거행하면서 라캉은 상상계가 부딪힌 난관의 출구를 마침내 찾았다고 믿었다. 왜냐하면 "상징계는 상상계를 지배하고", 공존의 기초가 되는 협정이 사투에 맞서듯, 상징계는 환영이 지배하는 세계에서 "진리의 장소"처럼 상상계에 맞서기 때문이다. 상상적인 공간이 자아의 공간이라면, 곧 그것이 자아가 거울 속 자신의 분신인 "작은 타자"와 경쟁하는 공간이라면, 상징계는 반대로 '주체'의 영역으로 정의된다. 주체는 이때 대타자와, 곧 무의식 자체와, "언어처럼 구조화한" 무의식과 그가 맺는 관계로 규정된다. 나르시스적 자아와 "무의식의 참된 주체"의 구별이야말로 라캉의 에고살해에 그 결정적 지위를 주는 것이다. 이 이론을 구조주의로 포장하는 것은 잘못이다. 라캉은 그 당시에 유행하던 언어학 용어 아래 점점 더 극단적인 초월성을 찾는다. "참된 말"은 단독 주체의 살아 있는 목소리에 여전히 너무 가까웠고, 주체의 진리는 나라고-말함(dire-je)에, '말을 할 수 있는' 자아에 의존하는 것으로 보일 수 있다. 반대로 기표 그물과 이것이 함축하는 "타자와 맺는 탈자적 관계"에 라캉이 부여한 실존(또는 탈존, ex-sistance)[철저하게 외재적인 상황]으로부터 라캉은 주체에 대한 절대적 우위를 기표에 일치시키고, 주체를 기표에 소외하고, 주체에게서 살아 있는 주체성의 모든 흔적을 없앤 뒤 주체를 "에고 없는 주체"로 환원할 수 있게 된다. 라캉에 따르면 주체란 결국 무엇일까? 주체는 "기표가 다른 기표로 나타내는 것"이다. 자신이 하는 말에 언제나 부재하는 주체는 기표 그물에 빠져 있는 요소이고, '자기 자신을 말하기에', 그를 대신하는 기표가 그를 나타내지 않고 언어 속에서 자신을 말하기에 절대 이르지 못한다. 이는 기표가 나를 쫓아내기에 '앞서' 내가 존재했었음을 전혀 의미하지 않는다. "주체에 대한 기표의 우위"는 "나"라는 기표가 [또는 나를 나타낸다고 생각되는 다른 어떤 기표가] 주체로 존재하도록 나를 부르기에 앞서 내가 '아무것도' 아니었음을 함축한다. 이것이 왜 주체가 그의 원인인 대타자에 전적으로 종속되는가 하는 이유이다. 주체는 [그 봉건적인 의미에서] 기표의 "주체(sujet)"로서만 존재한다. 곧 불가역적인 소외

속에서 기표에 '예속된(assujetti)' 주체로서만 존재한다. 만일 기표가 주체를 나타낸다면 그것은 언제나 "다른 기표로서"이다. 왜냐하면 그물로 이뤄진 기표만이 존재하기 때문이다. 기표를 다른 모든 기표와 관계시키는 구조 속에 들어간 기표만이 존재하기 때문이다. 주체를 발생시키려면 '적어도 두 개의' 기표가 필요하다. 첫 번째 기표는 그를 소환한다. 곧 예를 들면 물음이나 부름이나 불러 세우기["어이! 당신, 거기!"]의 방식으로 그를 무에서 솟아나게 한다. 그러나 말을 하고자 주체가 나타나는 순간 두 번째 기표가 그를 낚아채고 그를 꼼짝 못하게["그래요, 당신, *Untel!*"] 한다. 그러면 "거기 말할 준비가 되어 있던 것은 […] 기표 이외 다른 아무것도 아닌 것으로 되며 사라진다(E, p. 840)." 출두하도록 주체를 부르자마자 기표(1)은 곧바로 그를 기표(2)에 소외한다. 첫 번째 기표가 내세우고 두 번째 기표가 곧바로 해임하는 주체는 그를 옥죄는 두 기표 사이에서 이러지도 저러지도 못한 채 찢기고 힘을 잃고 사라진다. 라캉의 주체는 이처럼 자라투스트라의 줄 타는 곡예사와 닮았다. 한 발을 내딛자마자 뒤에 있던 기표라는 악마가 앞쪽으로 뛰어올라 그를 심연 속으로 밀어 넣는다.

나는 고백하건대 오랫동안 라캉 이론을 그 두드러진 엄격성과 급진성을 이유로 찬미했었다. 나는 이제 그 이론이 매우 모호하다고 생각한다. 그 주된 주장을 다시 헤아려보자. 주체는 기표가 다른 기표로 나타내는 것이다. 우리는 주체가 기표가 기표와 맺는 관계 '일반', 곧 그 자체로서 기표 그물을 지지한다고 이해하든가 또는 단독적인 두 기표 사이에서 맺어지는 '단독적인' 관계의 결과라고 이해할 수 있다. 전자에서 주체는 *subjectum*, 기표 체계의 비인격적 지지대일 따름이다. 자신을 "주체화한다"는 것, 주체가 된다는 것은 결국 그물에 삽입되는 데 있다. 곧 기표의 총체적 그물에, 다시 말해 대타자에 자신을 동일시하는 데 있다. 이러한 주체화는 단독적이고 살아 있는 주체로서는 사라지는 것과 같다. 하지만 정반대의 관점에서 프로이트의 표준 문구(formule canonique)를 해석할 수 있다. 그 관점에선 타자와 맺는 관계 속에서 비교할 수 없는 유일한 "특징(trait)"으로 구성되는 단독적인 주체는 그 주체가 자기 욕망의 단독적인 대상과 맺는 매번 다른 관계로부터 규정될 것이다. 이런 의미에서 모든 주체는 다른 주체와 다르며 대타자와도 다르다. 그를 무의식 구조의 익명의 지지대로 헤아릴 수 없게 된다. 실제로 "주체는 자신을 명명하는 것"이다. 그의 이름인 "첫 번째 기표 핵"으로부터 자신을 확인하는 것이다.[73] 명명할 수 없는 '물(物, Chose)'이 있었던 곳에 주체는 자아로서 생겨나야 하며, 일인칭으로, 자기 자신의 이름으로 말해야 한다. 주체가 보편적 기능을 지닌 텅 빈 지지대에 지나지 않는다면, 어떻게 그가 그러할 수 있을까? 두 관점 사이에서 라캉은 전혀 선택하지 않았다. 그는 때로는 대타자인 익명의 *subjectum*으로, 때로는 나라고 말할 수 있는 살아 있는 주체성으로 주체를 일컬으며 문맥에 따라 주저한다. 하지만 그는 전자를 뚜렷하게 선호한다. 심지어 60년대에 데카르트로 되돌아가고자 할 때조차도 그는 데카르트 *cogito*를 비인격적인 준(準)-주체(quasi-sujet)로, '나'가 아닌 '나는 생각한다'로 환원한다. 데카르트 다시 읽기는 극단적인 에고살해로 끝날 것이다. *"Cogito, ergo Es"*, "나는 생각한다, 고로 그것(Es)이 있다."[74]

라캉은 그렇지만 기표의 단순한 내적 노리개인, 분열되고 사라지는

73. S, IX, *L'identification*, séance du 10 janvier 1962.
74. S, XIV, *La logique du fantasme*, séance du 1 février 1967.

준-주체가 나라는 살아 있는 주체, 자신을 명명할 수 있고 자신의 이름을 언어에 기재할 수 있으며 타자의 영향력에서 벗어날 수 있는 주체와 아무 관계도 없다는 것을 잘 알았다. 그는 주체 없는 구조로서 이해한 상징계가 내가 태어난다는 사건과 내가 죽는다는 가능성 사이에서 펼쳐지는 단독적인 삶에 대해 아무 할 말도 없다는 것을 이해했었다. "기표에 근본적으로 융합되지 못하는 무언가가 실제로 있다. 바로 주체의 단독적인 존재이다. 왜 그는 거기 있을까? 어디서 그는 나왔을까? 거기서 그는 무엇을 할까? 왜 그는 사라질까? 기표는 주체를 죽음 저편에 놓기에 그에게 해답을 줄 수 없다. 기표는 그를 이미 죽은 것으로 헤아린다(S, III, p. 202)." 어느 날 재판장 슈레버는 신문을 읽으며 그 자신의 부고를 접하게 되는 놀랍고도 불쾌한 일을 겪었다. 얼마 전에 이미 신이 "힘 있고 낮은 목소리"로 그를 "시체"로 여겼었고, 신의 광선이 그를 "나병에 걸린 시체"로 바꿔 놓았었다. 이는 정신병을 앓는 주체는 언제나-이미-죽은-사람(toujours-déjà-mort)으로 자신을 본다는 것을 그처럼 증명한다. 그의 환각적인 경험은 여기서 에드거 포의 허구와 만난다. 그의 영웅이 말하는 것은 단지 "나는 죽었다"가 아니라 "내가 죽었다고 '나는 당신에게 말하오'"이다. 마치 그것을 말한다는 사실 자체가 죽음으로 곧바로 인도하게 될 기표에 자아를 다가가게 해주는 듯 말이다. 발데마르는 라캉의 영웅이다. 그는 기표가 부르기 전에는 아무것도 아니었고, 기표가 그를 소환하는 순간 곧바로 무 속으로 다시 떨어지는 주체의 가능한 이름 가운데 하나이다. 라캉의 방식대로 내가 나를 "주체화"할수록 나는 살아 있는 주체로서 나를 더욱 없앤다. 상상적 자아가 죽은 자기를 보는 불가능한 경험 속에서 자신의 진리를 발견했다면, 상징계의 주체는 발데마르의 핏기 없는 입술을 가로지르는, 무덤 저편에서 나오는 말 속에서, '죽은 자기를 말하는' 마찬가지로 불가능한 경험 속에서 자신의 진리를 발견한다. 한 번 더 죽음이 춤을 이끈다. "*Wo Es war, soll Ich sterben*", "그것(Es)이 있었던 그곳에 나는 죽어야 한다."

프로이트는 삶의 충동과 죽음의 충동 사이에서 벌어지는 "거인의 싸움"에서 삶의 편을, "살아 있는 모든 것을 함께 유지하는 시인과 철학자의 에로스" 편을, 우리가 가차 없이 "죽음을 향해 미끄러지는 것"을 멈추고 늦추는 욕망의 편을 들었다. 그는 그의 프랑스 제자가 삶이 죽음에 절대적으로 복종한다는 주장을 그에게 부여하고, 정신분석학자는 "유일한 주인의 위엄만을, 곧 죽음만을 알아야 할 따름(E, p. 348)"이라고 부르짖는다는 것을 알았다면 놀랐을 것이다. 왜 라캉은 프로이트의 그와 같은 접근을 뒤집었을까? 이 물음에 답해야 한다. 그가 죽음을 과장되게 강조하는 데는 하이데거의 영향이 있다. 프로이트 이론을 다시 정초한다는 그의 계획 속에서 라캉은 대거 하이데거에 도움을 청했으며, 대타자를 존재(Être)에, 억압된 것의 회귀를 '알레테이아(alèthéia)'에, 죽음의 충동을 다자인의 죽음을-향한-존재(être-à-la-mort)에 동일시하기까지 했다.[75] 분석 치료는 결국 본래성으로 전향하는 것과 동등한 것이 되었다. 본래성 속에서 실존자(또는 탈존자)는 "*ego moribundus*"로서 자신을 받아들인다. 반복 강박에서 오는 치명적인 결과에서, 죽음의 충동에서 나오는 우리의 무의식적 죄의식에서 우리를 해방해야 할 치료는 이제 죽음의 전도로 바뀐다. 사람들은 이와 같은 무모한 비교가 하이데거 사상'과' 정신분석학을 모두 곡해하지는 않는지 의문을 가질 수 있다.

---

75. Fr. Balmès가 *Ce que Lacan dit de l'être*, PUF, 1999에서 이를 명백하게 설명해 주듯.

하지만 하이데거의 죽음론-존재론을 향한 라캉의 열정이 그러한 일탈의 유일한 책임은 아니다. 라캉이 상징계의 주체를 죽음을-향한-존재(être-à-la-mort)에 일치시킬 수 있었다면, 이는 죽음이 그의 사상을 이미 지배했기 때문이며 그가 거울 단계를 [곡해하며] 사투로 해석했기 때문이다. "인간 동물이 자신이 죽을 운명임을 상상할 수 있는 것"은 거울이 우리를 절대 주인과 만나게 하기 때문이다. "그를 자기 자신의 이미지에 소외하는 벌어진 상태(béance) 없이 [그는] 상징계와 밀접한 관계를 맺을 수 없었을 것이다. 그 관계 속에서 그는 죽어가는 주체(sujet à la mort)로서 자신을 구성한다(E, p. 552)." 라캉은 결국 그의 기본 주장을 포기한다. 그가 여기서 내놓는 것은 상상계가 상징계를 앞서고 상상계가 근본적으로 상징계의 근거가 된다는 것이다. 앞서 상상적 분신을 특징지었던 용어가 여기서 주체를 "석화"하고, 그를 "꼼짝 못하게" 하고, 그를 죽음에 바치는[76] 기표와 주체의 관계를 일컫고자 사용된다는 점은 눈여겨볼 만하다. 마치 주체가 상징적 질서에 복종하는 행위는 자아가 그의 영상에 치명적으로 예속되는 행위를 다른 차원에서 반복할 뿐인 것 같다. 상상계에서 상징계로 넘어오며 우리는 거울 단계를 이미 지배하는 탈자적 동일시, 근원적 소외, 죽음에 노출됨이라는 똑같은 주제를 다시 만난다. speculum의 마법은 사라지지 않았다. 상징계의 참된 주체는 모든 점에서 자아의 나르시시즘에 대립하는 것처럼 여겨졌었다. 상징계는 상상계의 쌍둥이나 분신, 상상계의 거울에 비친 영상처럼 결국 우리에게 나타난다. 상상적 초월성이라는 아포리아에 라캉은 거울의 탈자를 더 근본적인 다른 탈자로 대체함으로써 더한 초월성으로 대답하고자 했다. 그는 그의

---

76. E, p. 840과 S, XI, p. 188-189를 보라.

사고가 궁지에 빠진 것이 바로 탈자적 초월성을 향해 그가 나아갔기 때문이라는 사실을 깨닫지 못한다. 상상계에서 상징계로 옮겨감은 소외하는 동일시를 소외하는 다른 동일시로 대체하는 것에 결국 그친다. 우리는 어떻게 소외가 주체를 주체로 만드는 한 주체가 대타자로부터 분리될 수 있는지를 잘 이해하지 못한다. 하지만 그러한 해방은 가능해야 한다. 그렇지 않으면 정신분석학은 근거 없는 사기에 지나지 않을 것이다. 치료 막바지에 주체는 "동일시의 차원을 뛰어넘어야" 한다. 대타자와 자신을 '탈동일시'하기에 이르러야 한다. 하지만 주체가 대타자와 자신을 동일시함으로써만 존재한다면 어떻게 주체가 그러할 수 있을까?

 "*Wo Es war, soll Ich werden*", "타자에 소외된 주체가 있을 뿐인 그곳에 내 욕망의 주체로서 나는 생겨나야 한다." 이는 대타자와 내 관계의 끝이 소외가 아님을 가정한다. 많은 라캉주의자는 이를 잊었지만 라캉은 이를 매우 잘 알았다. *Quatre concepts*를 다루는 세미나의 구절이 이를 증명한다. 그곳에서 라캉은 소외의 구조를 기술한 뒤에 주체에게 대타자의 공격으로부터 '자신을 보호하게(se parer)' 해주고, 대타자의 영향력을 "경계하게" 해주고, 주체 자신을 "생성하게" 해주는 '분리하다(se-sé-parer)'[라틴어로 *se parere*라고 말해지는 것…]의 의미에서 그 자신이 '분리(séparation)'라고 이름 붙인 "이차적 작용"을 도입한다(S, XI, p. 194-200). "주체가 자신을 짓누르는 기표로부터 자신을 보호하고자 간격 지점(point d'intervalle)에서 그물을 공격할" 때 분리는 시작된다. 간격 지점은 대타자가 사라지는 지점, 대타자의 말에 생긴 균열이다. 주체를 부르는 기표와 그를 꼼짝 못하게 하는 기표 사이 정말로 하나의 틈새, 침묵의 짧은 한순간이 있다. 그 순간에 주체는 타자를 돌아보고, 그에게 말을 건네고, 그의 욕망["무엇을 내게 원해?"]을 물을 수 있다. 하지만 그의 물음에는 답이 없다. 대타자의 침묵으로 열린 공간에서 주체는 자기 자신의 욕망을 묻기에 이른다. 오로지 대타자가 원하는 것만을 원하기를 그만둘 것, 바로 거기에서 그는 "소외상태에서 회복되는 길을 찾는다." 하지만 어떻게 대타자에 예속되기에 앞서 아무것도 아니었던 그가 소외를 극복하는 데 성공하는지, 대타자에서 분리돼서 자기로 되돌아오는 데 성공하는지 우리는 잘 알지 못하겠다. 어떤 기적으로 기표로부터 생겨나고 기표에 전적으로 소외된 주체가 그를 조이는 기표 그물에서 풀려날 수 있을까? 분리가 가능하려면 소외가 근원적이지 않아야 할 것이다. 주체가 대타자와 자신을 동일시하는 행위를 앞서 주체의 최초핵이 있어야 할 것이다. 데카르트의 에고가 악마의 영향력에 저항하듯 주체가 대타자의 영향력에 저항할 수 있어야 할 것이다. 라캉은 거울단계보다 더 근원적인 자아를 생각할 수 없었던 만큼이나 그러한 자아를 받아들일 수 없었다. 에고살해라는 그의 선입견이 그를 난관에 빠트린다. 그는 분리를 주체 구성의 결정적인 순간으로 만들겠다고 주장하지만 주체의 상황은 그가 대타자에서 떨어져 나오지 못하게 한다. 반드시 일어나야 할 분리는 전적으로 불가능하고, 분석주체를 분석가와 마침내 헤어질 수 있게 해주는 것이 분리이기에, 치료는 끝날 수 없음을 우리는 깨닫는다. 이제부터 정신분석학의 대 사제는 그의 권력에 저항할 수 있는 것을 사전에 제거하였기에, 살아 있는 모든 주체성을 핏기 없는 X로, 슈레버의 환영을 가로지르는 "허겁지겁 만든 인간 그림자"를 닮은, 희미하게 모습을 감추는 유령으로 환원하였기에, 전권을 행사할 수 있게 되었다.

"Wo Es war, soll Ich werden(그것이 있었던 곳에 나는 생겨나야 한다)" [프로이트로 돌아감?]

라캉이 수행한 "프로이트로 돌아감"과 함께 정신분석학에서 득세하기 시작한 것은 에고살해이다. 소외하는 동일시에서 자아-주체를 해방하기는커녕 사람들은 그것을 철저하게 대타자에 종속시킨다. 나를 예속하고자 내가 있었던 곳에 대타자가 발생한다…. 하지만 에고의 해임은 에고를 아주 제거하는 데 실패한다. 하이데거에서 그러했던 것처럼 에고를 배제하려는 사유 속에 에고는 다시 나타난다. 이에 사유는 끊임없이 망설인다. 먼저 자아를 상상적 환영으로 그리고 상징계의 주체를 자아(moi)와 구분되는 자아(Je)로 규정한 뒤에 라캉은 이 주체가 자아(Je)임을 부인한다. 그런데 라캉이 때로는 보편적이고 중립적인 기능처럼, 때로는 자신을 명명할 수 있는, '나'라고 말할 수 있는 단독적인 주체성처럼 진술하는 주체 개념에도 똑같은 모호함이 다시 발견된다. 정신분석학의 주체를 에고로 헤아리기를 거부하며 그것을 이제 데카르트 *cogito*에 일치시키기에 60년대 라캉이 행한 기괴한 "데카르트로 돌아감"은 모호함을 조금도 해결해주지 않는다. 이 문제에서 조금도 바뀌지 않는 것은 주체 또는 자아의 극복할 수 없는 전적이고 근원적인 소외이다. 곧 주체 또는 자아를 거울에 비친 분신이나 기표 그물에 예속시키는 소외하는 동일시이다. "내"가 상상적 자아로 규정되든, 자아-주체(je-sujet)나 자아(Je) 없는 주체로 규정되든, 나는 소외를 다른 소외로 바꾸기만 할 따름이다. 많은 시도가 행해졌지만 그 모든 시도는 처음의 아포리아를 단순히 옮겨 놓을 뿐이다. 상상계에서 상징계로, 상징계에서 "실재계"로 아포리아는 옮겨가지만 그 무엇도 그것을 극복하는 데는 조금도 성공하지 못한다. 왜 찾을 수 없는 출구 뒤로 더 멀리 달려가는 것일까? 하지만 출구는 앞쪽에, 라캉이 그것을 전혀 찾으려 하지 않는 곳에, 거울과 그 "끝없는 탈자" 저편에 있다. 시각(vue)의 탈자적 초월성에 특혜를 부여하기에 라캉은 자아의 기원을 자아 밖에 자리 잡게 한다. 상징계로 옮겨가며 라캉은 이미지의 외재성을 기표의 외재성으로 대체하고 이로써 자아 배치의 핵심을 유지한다. 자아나 주체는 초월적 대타자에 근원적으로 동일시함으로써 발생하는 수동적 결과처럼 규정된다. 낯선 타자성에 자신을 소외하기 전에 자아나 주체는 아무것도 아니었기에, 자아나 주체는 낯선 타자성과 자신을 탈동일시하지 못한다. 그것에서 자신을 분리하지 못한다. 이러한 동일시 이해에 만족하는 한 우리는 막다른 골목 안에서 쉼 없이 맴돌게 될 것이다. 모든 동일시가 꼭 자기 아닌 타자에 자신을 동일시하는 데 있을까? 타자에 자신을 동일시할 수 있으려면 먼저 '자기 자신에' 자신을 동일시했어야 하지 않을까? '내'가 그 안에서 나를 알아보지 못한다면, 모든 동일시에 앞서 내가 '먼저' 존재하지 않는다면, 어떻게 타자에 나를 동일시할 수 있을까? 이 물음에 라캉의 사유는 대답하지 못한다. 이는 라캉이 거울 단계에 앞서, 기표와 맺는 모든 관계에 앞서 에고가 실존할 수 있음을, 심지어 에고가 상상적 동일시나 상징적 동일시의 근원적 조건임을 전혀 인정하려 하지 않기 때문이다. 난관에서 벗어나려면 라캉이 행한 것과 다른 프로이트로 돌아감이 필요하다는 것이 밝혀진다. 라캉이 보게 하는 것과 다른 프로이트로, "*soll Ich werden*", '내가 되어야 한다(devenir moi)'는 요구를 정신분석학의 중대한 요청으로 만든 프로이트로 돌아감이 말이다.

라캉주의자가 아니었던 프로이트는 자아가 소외하는 동일시의 잔재로 '완벽하게' 환원된다고 생각하지 않았다. 그는 물론 자아가 "상당한 부분 동일시로부터 형성"[77]된다고 주장했다. 하지만 오직 '상당한 부분'에서만 그러할 뿐이다. 어디서 자아의 다른 부분은 유래할 수 있을까? 이미지도, 응시도, 목소리도, 기표도 아닌 몸에서이다. 프로이트에게 자아는 "무엇보다도 신체적"이다. 자아는 "자아-몸"[ein Körper-Ich]이다. 자아는 "신체 감각에서, 주요하게 신체 표면에 그 원천을 지니는 감각에서 유래"[78]한다. 이미지나 대타자의 특징과 동일시하기에 앞서 자아-몸은 신체 표면에서 펼쳐지며 그것(Es)과 자신을 구분해야 한다. 신체 표면이 구성되지 못하면, 어떤 영상도, 어떤 상징적 표시도, 어떤 부분적 대상도 그곳에 새겨질 수 없으며, 따라서 어떤 동일시도 일어날 수 없을 것이다. 실제로, 몇몇 정신병에서 일어나듯, 신체 표면이 찢어질 때, 다공질이나 부서지기 쉬운 것으로 될 때, 우리는 엄밀한 의미에서 동일시와 더는 관계하지 않고, 차라리 "체화(incorporation)", 곧 타자 신체에서 떨어져 나온 부분을 몸속으로 주입하는 일과 관계한다. 그렇게 자아는 '자아-피부(moi-peau)'[79]처럼 몸에 면해 직접(à même le corps) 구성된다. 자아는 신체 표면에 퍼지는 '촉각적' 감각의 투사로부터 유래한다. 이는 왜 선천적 장님이 신체를 지닌다는 느낌과 자아라는 느낌에 어려움 없이 다가가는가를 이해하게 해준다. 라캉은 시각(vue)에 특별한 역할을 부여했지만, 프로이트는 촉각에, 촉각이 가능하게 한 신체의

---

77. Freud, "Le Moi et le Ça" (1923), *Essais de psychanalyse*, p. 262.
78. *Ibid.*, p. 238 (note) 프로이트의 허락 아래 영어 번역에 첨가한 기록이 관계한다. 우리는 결국 그 기록이 프로이트의 생각을 진짜로 나타낸다고 가정할 수 있다.
79. 나는 이 기회에 디디에 앙지외에 고마움을 표한다. 그는 그의 책 Le Moi-peau (Bordas, 1985)에서 프로이트의 이 문헌을 중요하게 여긴 드문 현대 정신분석학자 가운데 하나이다.

"내적인 지각"에 특별한 역할을 부여한다. 그는 "고유한 신체, 무엇보다도 그 표면은 외적이고 내적인 지각이 함께 유래하는 장소"이며, "신체는 낯선 대상처럼[als ein anderes Objekt] '보이지만' '촉각'에 두 종류의 감각을 주는데, 그 하나는 내적 지각에 비교할 수 있다."[80] 이 촉각적 감각이 자아의 핵심부를, 자아의 가장 근원적인 층을 구성한다. 그 위에 다른 지각 경험에서 유래한 다른 층이 놓인다. 프로이트는 가끔 신체 표면에 놓인 "청각 모자"나 "자아 내부에서 일어나는 분화를 통해서" 초자아의 기원에 있게 되는 청각 흔적을 언급하곤 한다. 그런데 그 어느 것도 시각 경험이 이와 같은 발생을 보충하러 온다고 생각하는 걸 막지 않는다. 거울 단계는 이 과정에서 그 자리를 찾게 될 것이다. 그 자리는 부차적이고 나중의 단계에 해당할 것이다. 그곳에서 자아는 신체의 전체 모습을 지각할 수 있게 된다. 자아는 단지 타자에 자신을 동일시함으로써만 구성되지 않는다. 무엇보다도 그의 지각 경험이 그 경험을 수반하는 쾌감, 불쾌감, 불안감과 함께 그를 구성한다. 자아는 프로이트가 의식적 또는 무의식적 정신 표상보다 더 근원적인 것으로 여기는 "지각 기호(signes de perception)"에 그 뿌리를 둔다.[81]

최초의 촉각 면은 일련의 움직임 없이는 펼쳐질 수도, 다른 지각 층과 겹쳐질 수도 없다. 사실 어떤 지각도 움직임 없이는, 무언가를 스치거나 쥐고자 손을 앞으로 뻗치는 일 없이는, 눈을 돌리거나 집중하는 일 없이는 가능하지 않다. 라캉의 거울이 신체를 석화하고 시체의 무기력한

---

80. Freud, "Le Moi et le Ça", p. 238.
81. 특히 Fliess에게 보내는 편지[n° 52]에서. 그곳에서 프로이트는 "지각 기호"를 모든 정신 체계를 앞서는, 의식과 무의식에 앞서는 첫 번째 기재 표면(surface d'inscription)으로 규정한다.

측면 속에서 그것을 꼼짝 못하게 하지만, 프로이트는 반대로 운동과 "운동 방출(décharges motrices)"의 역할을 강조한다. 그는 이렇게 "운동 언어로 옮겨가서, 운동성에 투사돼, 무언극의 방식으로 나타난 환상"[82]처럼 히스테리 증상을 규정하기도 한다. 또는 죽음 충동의 승화를, 곧 죽음 충동이 운동성으로 방향을 바꿈으로써 지배 충동으로 변했다고 말하기도 한다.[83] 하지만 그러한 묘사는 드물고 암시적인 상태로 남는다. 한 번도 그는 어떤 신체 개념이 그의 이론에서 문제가 되는지 명확하게 하려 하지 않았다. 자아의 신체 기원을 주제로, 만지기의 우월성이나 근원적인 "지각 기호"를 주제로 그가 지적한 부분은 정신분석학의 발전에 중대한 영향을 지니지 않을 것이다. 놀라운 역설이 거기에 있다. 왜냐하면 프로이트의 발견은 오직 신체와, 신체의 고통과 쾌락과 관계가 있기 때문이다. 신체에 귀를 기울이면서, 히스테리 환자의 신체 증상을, 에미 폰 N.의 경련을, 엘리자베스 폰 R.의 고통스러워하는 다리나 도라의 기침을 이해하고 고치고자 하면서 프로이트는 정신분석학의 초석을 다졌다. 그는 그들의 증상이 과학이 연구하는 객관적 신체에 속하지 않고 신체와 정신의 전통적 대립을 벗어나는 "환상적 해부학"에 속한다는 것을 알아냈다. 하지만 많은 위대한 탐험가와 마찬가지로 미지의 땅에 이른 그는 그것을 알아볼 수도 심지어 명명할 수조차도 없었다. 정신적인 것과 신체적인 것을 아주 다른 두 측면으로 헤아리고, 그 두 측면의 분리에 전혀 영향을 미치지 않는 "전환(conversions)"이나 "번역

---

82. Freud, "Considérations générales sur l'attaque hystérique"(1909), *Névrose, psychose et perversion*, PUF, 1973, p. 161.
83. 다른 것 가운데 *"Le Problème économique du masochisme"*(1924), *ibid.*, p. 291에서.

(traductions)"으로 히스테리 증상을 헤아림으로써 그는 곧 이원론에 다시 빠진다.

프로이트는 간신히 그것을 피할 수 있었다. 이원론이 과학계를 전적으로 지배하던 시대에 그는 '정신'-분석을 정당화하고자 신체 곧 충동의 "막연한 생물학적 기층"에 기초를 둔 모든 연구에서 그것을 구분하며 그 영역을 무의식적 정신적 실재에 한정해야 했었다. 정신분석학은 이렇게 '신체 거부'에 그 기반을 둔다. 정신분석학은 이를 다시 문제 삼지 않을 것이다. 그러한 거부는 무거운 대가를 치르게 된다. 분석 영역에서 신체적인 것을 배제함으로써 프로이트는 그가 "자아-신체"라고 명명한 것을 사유하지 못하게 된다. 에고를 근원적 통일성에, 신체인 자아, 자아인 신체의 통일성에 뿌리를 두게 하는 대신에 프로이트는 그 통일성을 해체했다. 마치 다른 두 개의 면이 문제가 되듯, 그 하나는 다른 하나에서 어떻게 하는지는 모르겠지만 유래하는데, 프로이트는 에고를 신체 표면의 "정신적 투영"으로, 신체 표면이 정신적 차원으로 바뀐 것으로 만들었다. 자아가 아직 아닌 신체 감각에서 유래하기에, 에고는 근원적 현상이 될 수 없다. 프로이트와 라캉은 비록 제자가 하나의 기원에, 동일시에 에고를 국한하는 것과 달리, 스승은 자아에 이중적 기원[신체 감각의 투영과 타자와 동일시하는 행위]을 주었다 할지라도, 데카르트를 공통되게 거부한다는 점에서 여기서 일치한다. 하이데거와 마찬가지로, 모든 에고살해자와 마찬가지로 프로이트는 어떻게 근원적인 비-자아가 자아를 생기게 할 수 있는지를 전혀 의문에 두지 않는다. 그는 내 자아가 촉각에서 유래하려면 촉각이 이미 내 것이어야 한다는 것을, 다른 차원으로 자신을 투영할 수 있는 자아-신체에 이미 속해야 한다는 것을 알지 못했다.

비-자아로부터, 내 몸이 아직 아닌 몸으로부터 자아가 발원하는 것만이 정신분석학에 가능한 유일한 길은 아니다. 『꿈의 해석』에서 프로이트는 "꿈은 절대적으로 이기적"이라고, 그곳에 나타나는 모든 인물은 자아의 "변장"일 뿐이라고 주장하기를 멈추지 않았다. "내 자아가 아닌 낯선 사람이 꿈속에 불쑥 나타나는 것을 볼 때, 나는 내 자아가 동일시 덕분에 그 사람 뒤에 숨어있다고 가정해야 한다."[84] 꿈은 무의식을 알기 위한 "왕도의 길"이므로, 무의식 그 자체가 "이기적"이라고, 그것의 표상은 자아의 여러 변장일 뿐이라고 결론 내려야 한다. 이는 '환상'을 분석해보면 확인되는 사실이다. 겉으로 보기에는 익명의 시나리오(=한 아이가 맞았다)이지만 그 참된 주체는 자아[=내가 맞는 그 아이이다]에 지나지 않는다. 1915년에 나르시시즘 개념을 도입하며 프로이트는 "절대적으로 이기적인" 성격을 성적 욕망으로, 리비도 그 자체로 확장한다. 그는 "자아의 근원적 리비도적 집중"이라는 가정을 내놓는다. 리비도적 집중은 근본적으로 나르시스적이기를 멈추지 않으면서 이어서 외부 대상을 향하게 된다. 심지어 "자아 리비도"에 "대상 리비도"를 [또는 순수하게 나르시스적인 욕망과 대타자의 욕망을] 대립하는 것이 더는 가능하지 않다. 나르시시즘의 상태에서 두 종류의 리비도는 먼저 서로 결합되고 식별할 수 없는 채로 있다. 이와 같은 최초의 나르시스적 집중은 모든 대상 선택에서 지속된다.[85] 요컨대, 대타자를 욕망하면서 나는 언제나 나를 욕망한다. 꿈이 문제가 되든지, 환상이나 욕망이 문제가 되든지,

---

84. Freud, *L'interprétation des rêves* (1900), PUF, p. 153, 218, etc.
85. Freud, "Pour introduire le narcissisme"(1915), *La Vie sexuelle*, PUF, 1973, p. 83-84. 이 물음에 관해선 *Le Sujet freudien*, Aubier-Flammarion, 1982, p. 121-143에서 행한 M. Borch-Jacobsen의 분석을 참조할 수 있다.

대타자는 에고의 대체물일 따름이다. 정신 기제의 다른 심급에서도, 특히 초자아나 자아의 이상에서도 상황은 마찬가지이다. 프로이트는 자아에서 초자아나 자아의 이상을 확실히 구분하며, 그러나 그들이 여전히 "자아 체계"에 속해 있다고, 에고의 '내적' 자기-분화가 문제가 된다고 주장한다.

이러한 연구방향에 충실하려면 프로이트는 정신분석학의 중심을 자아에 두었어야 했다. 정신분석학을 '에고-분석'으로 전환했어야 했다. 하지만 자아를 그것(Es)에서 유래하는 심급으로 규정함으로써 그는 1920년 이후에 정반대의 방향을 취하게 된다. 자아를 상상계의 신기루로 만듦으로써 라캉은 프로이트의 행위를 극단화할 따름이다. 우리는 거기서 정신분석학의 한계와 관계한다. 곧 '세계 한가운데 있는' "정신적 실재"를 다루는 객관적 과학처럼 자신을 정당화하려는 이론의 한계와 관계한다. 이 사실로부터 정신분석학은 절대로 '나', 완전히 단독적인 내 삶 속에 있는 내 내재적인 에고에 이르지 못하고, 수많은 다른 주체와 관계를 맺는 세계-내-자아(moi-dans-le-monde)에 이르게 된다. 수많은 다른 주체의 실존은 자아의 실존을 앞서고 자아의 실존을 모든 면에서 규정한다. 바로 대타자에 언제나 이미 자신을 동일시하고, 대타자에 언제나 이미 자신을 소외하고, 결국 '나 자신이 되기에' 절대 이르지 못할 "자아"이다. "*soll Ich werden*"은 결국 실현 가능성 없는 소원으로, 분석주체에게 약속되고 긴 치료 내내 쉼 없이 연기된 다가갈 수 없는 이상으로 남게 될 것이다. 내가 '이미' 내게 오지 않았다면, 내가 이미 나'로서' 나와 동일시하지 않았다면, 어떻게 내가 언젠가 나 자신이 '될' 수 있을까? 매우 오래되었다 할지라도, 어린 시절의 초기 경험에 뿌리를 둔다 하더라도, 소외하는 동일시는 근원적이지 않다. 그것은 에고의 '자기-동일시(auto-identification)'를 가정한다. 나를 매혹하는 이 규모, 나를 짓누르는 이 구조를 건립한 것은 바로 나이다. 바로 나 자신의 살을 나는 거울이나 대타자에 투영하고 그 살은 허울뿐인 삶으로 거울이나 대타자를 살아 움직이게 한다. 내가 '내' 영상으로 알아보지 못한다면 거울 이미지는 아무것도 아니며, 내가 내 말 속에서 부르지 않는다면 기표는 죽은 문자로 남을 것이다. 대타자에 대한 자아의 이와 같은 우월성으로부터 자아는 자신을 탈동일시하고, 대타자에서 자신을 분리할 수 있다. 우리가 프로이트의 요청에 충실하고자 한다면, 우리는 프로이트를 넘어 한 발을 내딛어야 한다. 최초의 진리, "존재하고자 어떤 대타자도 필요로 하지 않는" 근원적 긍정을 자아 속에서 알아보는 생각을 향해 또는 차라리 뒤로 한 발을 내딛어야 한다. 우리는 데카르트로 돌아가야 한다.

index sui, 곧 과학이 발견할 수 있는 다른 모든 진리의 기준을 과학에 주는 기본 진리에 뿌리를 두지 않는다면 어떤 과학도 창출될 수 없다. 경험의 궁극적 기반이야말로 정신분석학에 없고, 에고의 근본 이론이 정신분석학에 제공할 수 있는 것이다. 나는 앞으로 구성해야 할 이 이론을 '에고-분석(ego-analyse)'이라 일컫겠다. 이 이론은 정신분석학을 대체한다고 주장하지 않으며, 정신분석학이 자신을 재-정초할 수 있도록, 에고의 진리에 다시 집중할 수 있도록 정신분석학과 대화에 들어간다고 주장한다. 왜냐하면 철학자의 오만이라는 죄에, 정신분석학을 "바로 잡으려는" 낡은 시도에 다시 굴복할 수는 없으며, 오히려 우리는 정신분석학에 귀를 기울여야 하기 때문이다. 그렇다고 "신경증 환자의 약한 자아"를 사회 현실에 재적응시키려 하는, 라캉이 예전에 공격한 적 있는 정상화하는 치료로 되돌아오는 일은 없어야 하기 때문이다. 에고-분석

이 발견하고자 하는 것은 자아의 근원적 핵심부, 프루스트가 말하는 '참된 자아'이다. 참된 자아는 타자에 소외된 '세계적 자아'로 환원되지 않는다. 에고-분석은 이렇게 "잘 맞춰진" 인격을 구성하는 소외하는 동일시를 재검토하고, 그로부터 해방되도록 도와야 한다. 어떻게 우리는 근원적 자아에 다가갈 수 있을까? 근원적 자아는 언어 결과(effet de langage)로 여전히 환원될까? 아니면 세계에 있을 가능성과 말할 가능성을 생기게 하는 고요한 나라에 거주하는 '암묵적 에고'가 문제될까? 그가 기표의 이쪽에 있다면, 어떻게 미답의 영역을 명명하고 기술하기에 이를 수 있을까? 프로이트와 함께 자아-신체가 문제된다고 말해야 할까? 그때엔 그것을 그 생물학적 기체로 환원하고, 신경과학의 의기양양한 지배적 성향에 굴복할 위험이 클 것이다. 객관적 과학이 연구하는 신체성에서 *Körper-Ich*의 근원적 신체성을 엄밀히 구분하고, 그것에 어쩌면 다른 이름을 주지 않는 한 말이다. 오늘날 신경과학의 매우 독단적인 지지자는 정신분석학의 "협잡"과 끝장을 봐야 한다고 주장하기까지 한다. 죽기 몇 주 전에 메를로 퐁티는 알쏭달쏭한 필기를 남겼다. "프로이트 철학은 신체 철학이 아닌 살—그것(Es), 무의식—의 철학이다. 그리고 [상관적] 자아는 살이라는 존재(Être)에 하나로 '대거' 들러붙은 데서 '분화하는 것'으로 […] 살로부터 이해해야 한다."[86] 메를로 퐁티의 지적을 따라 프로이트 이론을 "살로부터" 이해하되 "존재의 보편적 요소"로 더는 규정되지 않는 살, '언제나 내 것'인 살로부터 이해하며 프로이트 이론을 재정초할 수 있어야 한다. 우리가 이 관점에, 곧 자아와 살의

---

86. Merleau-Ponty, *Le Visible et l'Invisible*, "Notes de travail", Gallimard, 1964, p. 324.

근원적 결합이라는 관점에 자리 잡을 때, 프로이트 저서를 수놓는 천재적 직관은 새로 빛을 발한다. 꿈이나 환상이나 욕망의 "절대적으로 이기적인" 성격, 리비도의 "근원적 나르시시즘", 신체운동과 "운동 방출"의 리듬이 갖는 중요성, 신체 표면의 촉각 지각에서 나온 "자아-신체", 초자아를 이루고자 자아 표면에 새겨지는 청각 흔적이나 목소리의 파편, 이 모든 것이 에고-분석의 관점에서 새로운 의미를 찾게 될 것이다.

그때 우리는 어쩌면 정신분석학 초기에 일어났던, 심지어 프로이트가 히스테리 환자의 고통 받는 몸에 관심을 쏟기 전에 일어났던 비극을 이해하게 될지도 모른다. 그 비극은 프로이트의 미래 연구방향과 그의 맹목을 결정하게 된다. "안나는 [아픈 아버지] 침대 옆에 앉아 의자 등받이에 오른팔을 걸쳐 놓고 있었다. 안나는 몽상 상태에 빠져 마치 벽에서 나오듯 환자를 물려고 그쪽으로 다가가는 검은 뱀을 보았다. 안나는 뱀을 쫓으려 했지만 마치 마비된 듯 가만히 있었다. 그의 오른팔은 '잠들어 있고', 무감각하고 […], 의자 등받이에 늘어져 있었다. 그 팔을 바라보던 안나는 손가락이 해골로 된 작은 뱀으로 변하는 것을 보았다."[87] 장면 처음부터 어린 여자애 팔은 마치 그의 손이 아버지 몸 쪽으로 다가가는 것을 피해야 하는 듯 움직임이 없다. 촉각 차원에서 일어날 수 없는 것이 '환영'에서 유혹하는 뱀의 모습으로 불쑥 다시 나타난다. 만지는 손과 만져진 기관, 안나 팔과 그의 욕망의 대상, 곧 아버지의 발기가 뱀의 모습 안에 모두 압축된다. 이는 금지된 쾌락의 환각적 형상화이다. 근친상간의 금기가 무너질 수도 있는 한계 지점에서 죄진 팔을 마비시키

---

87. Breuer et Freud, *Etudes sur l'hystérie*(1895), p. 28. 우리는 안나가 거울 속에서 "창백한 얼굴, 자신의 얼굴이 아닌 해골로 된 아버지의 얼굴"을 봤다는 것을 기억한다.

며 안나의 몸에 새겨진 것은 단지 환상의 대상만이 아니다. 바로 법 그 자체이다. 그런데 갑자기 물(Chose)이 확대된 채 해골로 된 수많은 작은 뱀으로 변한 손가락으로 다시 나타나지 않는가? 나, 안나 O.⋯ 나는 죽어가는 내 아버지를 쾌락하게 할 것이다. 나는 내 살 속에 그의 쾌락의 상징을 지닌다. 나는 또한 죽어가는 내 아버지다. 나는 그의 죽음을 예고하는 검은 뱀이다. 나는 이미 나 자신의 살에서 내 죽음이기도 한 죽음을 예상한다⋯.

이 모든 것을 설명하기에 정신분석학은 충분할까? 촉각의 금기, 최초의 몸과 단절된 몸이 살에 직접 새겨지는 얼개를 이해하고자 한다면 우리는 다른 접근방식에 도움을 청해야 한다. 안나가 무감각해진 손-사물(main-chose)에서 자신의 살로 된 손을 더는 알아보지 못하고 마비된 손가락 끝에서 자신의 죽음의 이미지를 발견할 정도로, 분할되고 '괴사를 일으키는(mortifier)' 살은 무엇이어야 할까? 만일 근친상간을 금지하는 법이 몸으로 표현되기에 이른다면, 그것은 더 오래된 상처, 어떤 균열을 되살아나게 하면서이다. 그 균열 속에서 살은 그 자체로부터 찢긴다. 그것은 이미 거울 단계에서 행해지던 것이었다. 그것은 내 이미지 속에서 나를 알아보고 낯선 물(Chose), 곧 거울 속에서 나를 뚫어져라 바라보는 메두사의 머리를 쫓아낼 가능성이었다. 하지만 어떻게 살이 그렇게 자기를 알아보고, 자기 자신을 얼싸안고, 자기에 동일시하기에 이르게 될까? 동일시는 언제나 부분적이고 일시적으로 일어나지 않을까? 결국 실패로 끝나지 않을까? 동일시의 그러한 실패가 바로 안나의 팔을 마비시키고 거울 속에서 자기 죽음의 "창백한 얼굴"을 나타나게 한 것이 아닐까? 어떻게 '거울 속에서 자신의 해골을 보는 죽은 사람'이 되는 것을 피할 수 있을까? 우리는 어떻게 안나가 무시무시한 환영에서 벗어나고자 했는지를 안다. 바로 대타자에 죽은 영상을 투영함으로써, 그곳에서 더는 자기 자신의 얼굴이 아닌 "해골로 된 자기 아버지 얼굴"을 알아봄으로써 안나는 그러할 수 있었다. 우리를 사로잡는 역함(abjection)을 대타자에 내던지는 일, 우리 환상과 때론 우리 납골당을 살찌우는 이러한 투영에 얼마나 많은 이가 굴복하지 않을 수 있을까? 대타자가 내 살에서 나왔기에, 그가 내게 낯설어진 나 자신의 일부이기에, 이는 초라한 방책이 아닐 수 없다. 자신의 고뇌를 밖에 투영하는 대신에 자아-살(moi-chair)은 그것에 맞서고 그 자신 안에서 그것을 받아들여야 할 것이다. 그것(Es)이 있었던 곳, 오래된 상처, 쾌락이라는 구멍이 있었던 곳에서 묾(Chose)은 요동친다. 바로 그곳에서 내가 나로서 그리고 신체로서 일어나야 하다. 하지만 단지 네가 그곳에 이미 있었을 때에만, 상처를 내 것으로 알아보고 명명할 수 없는 묾(Chose)을 내 살의 살로 알아볼 때에만 나는 그곳에 올 수 있을 것이다. 자신의 살을 내던지기를, 대타자에 자신을 투영하고 자신을 잃어버리기를 그만둠으로써 에고는 마침내 자기 자신을 다시 찾을 수 있을 것이다. *"Wo Ich war, soll Ich werden"*, 내가 언제나 있었던 거기에 나는 생겨나야 한다.

데카르트로 돌아감

존재론만큼이나 정신분석학은 에고를 제거하는 데 성공하지 못할 것이다. 정신분석학 또한 데카르트의 대안처럼 보였다. "나"라는 환영에 대한 준엄한 비판처럼 보였다. 하이데거의 다자인과 마찬가지로 라캉의 주체는 에고라는 낡은 이름을 마침내 필요로 하지 않게 된 것 같았다. 그러나 이는 헛수고이다. 내가 되어야 할 실존자는 언제나 내 것, 언제나 나이다. 정신분석학의 주체, 내가 되어야 할 '자아(Je)'는 나 아닌 다른 아무것도 아니다. 자아가 실존자나 주체 안에 끈질기게 계속 있다는 사실에서 하이데거는 존재(Être)에 관심을 쏟고자 다자인의 특권을 포기하게 되고, 라캉은 "주체 없는 주체화"를 마침내 표방하게 된다. 그들은 이렇게 중립, 존재, 대타자의 우위에 단독적인 자아를 전적으로 종속시키게 된다. 하이데거에게 그러한 우위는 *Führer*의 특징을 얼마 동안 지니며 어쨌거나 에고의 자유와 진리를 없앤다. 초기 하이데거에서 후기 하이데거로, 프로이트에서 라캉으로 오면서 에고살해는 훨씬 심각해진다. 하지만 우리가 모두 지니는 '나'라는 절대 확실성이 어디서 오는지, 또 어떻게 환영에 지나지 않는 자아가 더 근원적인 비자아로부터 발생할 수 있는지 그들은 조금도 설명해 주지 않는다. 다른 사상가를 돌아보면 우리는 똑같은 아포리아, 곧 에고살해의 극단화와 에고를 넘어서고자 하는 사유에 회귀하는 에고를 다시 만난다. 그렇게 니체는 *cogito*라는 환상을 고발한 뒤 영원회귀의 불가사의한 주체가 될 'ego fatum'을 마침내 내세우게 될 것이다.[1] 먼저 초월적 대상으로, 단순한 "신기루"로 자아를 규정했던 사르트르는 『존재와 무』에서 "자아-주체(moi-sujet)"를 재도입하게 된다. 우리는 유사한 망설임, 똑같은 모순을 데리다에게서 다시 만난다.[2] 마치 에고와 끝을 보기에 전혀 이르지 못하는 듯 에고살해는 에고의 해임과 복원 사이에서 그렇게 주저할 수밖에 없는 운명에 놓인다.

　『존재와 시간』의 주된 어려움 가운데 하나는 단호한 결정의 가능성, 곧 전향(conversion)에 대한 것이다. 그곳에서 다자인은 본래적인 실존에 다가가고자 최초의 실추에서 해방된다. 그러한 전향이 이뤄질 수 있어야 한다. 실존의 진리가 밝혀지고 그 진리가 우리를 존재 물음에 새로 다가가게 해야 한다. 그렇지 않으면 기초 존재론의 기획은 의미가 없을 것이다. 대타자에서 분리돼서 자신의 최초 소외를 극복하는 것이 주체에게 문제일 때, 우리는 똑같은 문제를 라캉에게서 발견한다. 분리가 불가능하다면, 정신분석학은 협잡이 될 것이다. 어떤 조건에서 해방이 가능할까? 어떻게 실존 속에, 제어할 수 없는 사실성 속에 수동적으로 던져진 다자인, 언제나 이미 자기 자신 밖에 있고 오래전부터 실추된 실존자가 어떻게 자기이고자 결심하고 자기로 되돌아갈 수 있을까? 이를 위해서는 그가 자기 자신을 불렀어야 한다. 자기에게 자기를 상기할 힘을, 자기에

---

1. "Ego fatum ou le miroir de Zarathoustra", *Lignes*, n° 7, février 2002에서 이 주제로 내가 행한 분석을 보라.
2. 나는 *Faire part*에서 이를 보여주고자 하였다.

게 자기를 줄 힘을 지녀야 한다. 그의 자기-줌이 그의 던져진-존재(être-jeté)와 실추보다 더 근원적이어야 한다. 정신분석학의 주체에게도 사정은 마찬가지이다. 소외가 절대적으로 근원적이라면, 대타자와 동일시하기에 앞서 이미 자기 자신에 자신을 동일시하지 않았다면, 그는 대타자와 자신을 탈동일시할 수 없을 것이다. 매번 해방의 가능성은 요소-X가 실추를 앞선다는 사실을, 세계나 대타자에 자신을 동일시하기에 앞서 언제나 이미 자기를 '자기에 주었다는' 사실을 가정한다. 다자인이 실존의 진리에 눈을 뜰 수 있으려면, 주체가 상상계의 환영을 피할 수 있으려면, X가 이미 '진리 속에' 있어야 한다. 실제로 자기 자신에 '자신을 드러낼' 수 있는 힘을 지녀야 한다. 결국, 자신을 소외하거나 일반인이나 구조의 익명 속에서 자신을 중성화하는 일에 저항할 수 있으려면, X가 근본적으로 '단독적'이어야 한다. 자기-줌, 자기-드러냄, 단독성: 누가 이 세 가지 조건을 충족할 수 있을까? 실존자도, 주체도 아니다. 그러한 것은 충분히 단독적이지 않고 익명의 중성과 충분히 구분되지 않을 뿐만 아니라, 자기-줌에 전혀 다가가지 못하고 초월적인 타자성으로부터 존재의 '거기'나 대타자의 기능으로 규정된다. 존재론도, 정신분석학도 요소-X를 규정하지 못한다. 그러나 기이한 실수로 인해 하이데거, 프로이트, 라캉은 매번 그것을 그 이름으로 일컫게 된다. 다자인이나 정신분석학의 주체의 진리인 X는 바로 에고이다. 바로 나이다. 이는 에고살해가 실패했음을 고백하는 것이며 이는 그들의 오랜 적으로, 그들이 반박하는 데 열중한 철학자로 우리를 이끈다. 나인 자아가 '누구'인지를 내가 이해하고자 한다면 데카르트로 되돌아가야 할 때이다.

"그가 나를 속인다면, 나는 존재한다."

데카르트의 고독. 가장 평범한 의견에서부터 가장 고도의 사유에 이르기까지 모든 이가 그에 맞섬으로써만 평판을 얻을 뿐이다. 너무 편협하다고 판단되는 합리주의를 공격하려 할 때 상식은 "데카르트 정신"을 규탄한다. 자기 동료보다 덜 무식한, 인지 과학의 한 신봉자가 우리 이성이 감정 없이 있을 수 없다는 것을 증명하고자 할 때 그는 『데카르트의 실수』라고 책 제목을 달 것이다. 아주 다른 차원에서, 하이데거가 근대를 특징짓는 방황이나 세계 황폐의 기원을 규정하고자 할 때, 그는 히틀러를 데카르트 후계자로 만들 정도로 *cogito*를 비난한다. 푸코가 고전주의 시대에 비이성의 목소리를 침묵으로 돌린 "강권 발동"을 기술하고자 할 때, 제1 성찰에서 행해지는 광기의 거부를 비난하며 그가 소환하는 이는 또한 데카르트이다. 데카르트 철학은 광인들을 사슬로 묶고 벌거벗긴 채 쥐들한테 잡아먹히도록 비세트르의 지하실로 보낸 몰상식한 이들의 대 감금 시대와 동시대적이거나 어떤 의미에선 그 시대의 공모자가 된다. 한 시대가 배제한 것에서 우리는 그 감춰진 통일성을 더 잘 파악할 수 있다. 이러한 규칙은 대추방자, 우리 철학의 파리아 족, 데카르트 *cogito*에 적용된다. 데카르트 *cogito*를 두고 끊임없이 다시 형성되는 이 만장일치는 어디서 오는가? 그렇게 많은 우리 동시대인을 두렵게 하는 무언가가 결국 에고—그의 단독성, 진리, 자유—의 긍정에 있을까?

데카르트 이후 *"cogito ergo sum"*을 반박하고자 하지 않았던 단 한 사람의 사상가도 없다. 그것을 행하는 방식에서 차이가 날지라도 말이다. 한 무리는 칸트 이후로 '그러므로'를, "나는 생각한다"와 "나는 존재한다"의 논리적 연결을 공격한다. 그때 그들은 존재와 사유 사이에, 생각하는 자아와 존재하는 자아 사이에 극복할 수 없는 이원성을 설정하기에 이른다. 라캉은 "내가 존재하지 않는 곳에서 나는 생각한다. 고로 내가 생각하지 않는 곳에서 나는 존재한다."라고 비꼬아 적는다. 다른 무리는 "*ego cogito*"의 통일성 자체를, 자아와 그의 사유의 일치를 문제 삼는다. 이에 그들은 익명의 사유, "그것이 생각하다", *cogitatur*로 "ego cogito"를 대체하기에 이른다.[3] 첫 번째 반론은 쉽게 논박될 수 있다. 모든 상황으로 보아 그러한 반론을 제기한 철학자들은 단순히 착각했다고, 데카르트의 발견을 기본적으로 나타내주지 않는 사소한 진술에 그들의 공격을 집중했다고 생각된다. 제2 성찰로 되돌아오면 [우리가 『방법서설』에서 발견하고 제2의 답변에서 다시 발견하게 될] "나는 생각한다, 그러므로 나는 존재한다"라는 유명한 명제가 사실 그곳에 나타나지 않는다는 것을 우리는 확인한다.[4] 데카르트의 발견은 그곳에서 더 간결하게 말해진다. "*ego sum, ego existo.*" "나는 있다, 나는 실존한다." 논리적 연역의 흔적이 전혀 없이, 데카르트 주해가를 매우 당혹하게 한 자아에서 사유로 옮겨가거나 사유에서 존재로 옮겨간 흔적이 전혀 없이 자아 존재의 솔직한 긍정이 여기선 직접적인 방식으로 주어진다. '나는 생각한다'와 '그러므로'를 사용하지 않음으로써 데카르트는 사전에 함정을 피한다. 사람들은 함정에 걸린 그를 꼼짝 못하게 했을 것이다.

두 번째 반박, 곧 존재하는 것이 '나'라는 것, 존재한다고 우리가 주장

---

3. ""나는 생각한다."라는 구절에 나타난 과정을 분석하면, 나는 정당화하기 어려운, 어쩌면 불가능한 일련의 무모한 주장을 얻는다. 예를 들어 생각하는 것이 나라는, 반드시 무언가가 생각해야만 한다는, […] '나'가 있다고 하는 주장을 말이다." [Nietzsche, *Par delà le bien et le mal*, § 16]

4. 이를 알아차린 최초의 이는 아마도 알키에일 것이다. Alquié, *La Découverte métaphysique de l'homme chez Descartes*, PUF, 1950.

하는 "주체"가 반드시 나라는 것을 인정하기를 거부하는 반박에 대답하기는 더 어렵다. 사실 *ego sum*의 주장은 조금 앞서 한 다른 진술에 명제의 형식을 주면서 그 진술을 반복하기만 할 뿐이다. 제2 성찰 초기에 데카르트는 속이는 신을 가정했다. 그는 "세계에 전혀 아무것도, 하늘도, 땅도, 혼령도, 몸도" 없을 가능성을 언급했다. 하지만 광범위한 기만을 가정한다는 사실 자체가 바로 내가 나 자신의 존재를 의심하지 못하게 하는 것이다. 바로 거기, 그 맥락에서, '내가 있다'는 의심할 수 없는 주장이 처음으로 말해진다. "결국 의심이 있을 수 없다. 만일 그가 나를 속인다면, 나 또한 있다[*ego etiam sum, si me fallit*]. 맘껏 나를 속이라 하지, 내가 어떤 것이라고 생각하는 동안 그는 내가 아무것도 아니게끔[*ut nihil sim*] 절대 하지 못할 것이다(§ 4)."[5] 따라서 내 존재의 직관적 인식은 이론적 추론이나 내 사유 행위를 반성하는 데서 나오지 않으며, 더 걱정되는 시련에서, '위협'의 최초 경험에서 나온다. 그 위협 속에서 속이는 힘은 '내가 아무것도 아니게끔' 하려 한다. 그 힘은 나를 없애려 노력한다. 그 힘은 *deceptor*, 내 모든 확실성으로부터 나를 끌어낼 수 있는 속이는 신처럼 제시된다. 이러한 광범위한 기만은 내가 실존하고 나 자신이라고 내가 순진하게 확신하는 것을 포함한 모든 감각적 명증이나 이성적 명증보다 더 강력한 비-진리(non-vérité)처럼, '반-진리(contre-vérité)'처럼 내게 부과된다. 사람들은 흔히 반-진리를 근거 없고 따라서 곧 버려지게 될 가정으로 헤아리며 데카르트 사유를 약화한다. *deceptor*는 의심하는 내 이유를 강화할 목적에서 마련된 단순한 허구 이상이다. 실질적인

---

5. 데카르트, 제2의 성찰, § 4. 나는 Luynes 공작의 권위 있는 번역과 M. Beyssade가 최근에 한 번역을 모두 참조할 것이다.

위협을 그곳에서 보아야 한다. 나를 괴롭히고 나를 파괴하고자 하는 알려지지 않은 힘을 말이다.

내가 존재한다는 것을 부인하는 여러 방식이 있으며, 그 방식은 매우 다른 관점에 해당한다. (a) 내가 "자아"라고 주장할 때 나는 잘못 생각했을 수 있다. 자아는 없애야 할 환영일 뿐이다. 내가 에고살해라고 한 것이 바로 이러한 태도이다. 또한 (b) 나는 내가 있다고 믿는 자가 아닐 수도 있다. 내가 나라고 나를 상상할 때 나는 나를 타자로 여길 수 있다. 바로 거기 광인이 있다. 제1 성찰 초기에 명백히 배제된 광기의 위협이 여기서 다시 나타나는 것 같다.[6] 다른 위협이 또한 모습을 드러낸다. (c) 왜냐하면 속이는 [여기서는 박해하는 신의 특성을 지닌] 신이 "*ut nihil sim*", 내가 더는 아무것도 아니게끔 그가 지닌 모든 힘을 펼치기 때문이다. 죽음의 위협이 아니라면, 쉼 없이 반복된 살해 기도가 아니라면, 어떻게 내게 운명 지어진 이러한 파괴를 특징지어야 할까? *Réductio ad nihilum*(무로 되돌림), 바로 이처럼 '성찰의 개요(Abrégé des Méditations)'는 유한한 실체의 사라짐을 명명한다. 그 존재를 지탱하던 신적 도움의 해임으로 그것이 파괴되었음을 명명한다. 내 박해자는 나를 그렇게 만들 작정이다. 그는 나를 "무로 되돌릴" 작정이다. 물론, 내가 누구인지, 심지어 내가 있는지조차 여전히 알지 못하기에 나는 내가 죽을 수 있는지 그리고 죽음이 내게 어떤 의미를 가질지를 아직 알지 못한다. 지금으로서는 이 이상야릇한 관계를 확인하는 것으로 그치자. 그 속에서 최초의 반-진리는 내 죽음이라는 당치도 않은 가능성에 결합된다. '내가 있다'

---

6. 이것이 바로 데리다가 "Cogito et histoire de la folie"를 다루는 그의 연구에서 내놓은 것이다. *L'Écriture et la différence*, Éd. du Seuil, 1967.

는 데카르트의 주장은 이 위협에 저항할 때만, 그가 속이는 신의 모습으로 응축한 환영, 광기, 죽음이라는 삼중의 위협에 저항할 때만 의미를 지닌다. "*Si me fallit, ego sum*", "그가 나를 속인다면, 결국 나는 있다." 이 진술은 여러 의미에서 이해해야 한다. (a) 대타자가 내가 나라고 믿을 때 나를 속이려 한다면, X가 '나'를 속이므로, 이는 바로 내가 있다는, 자아의 모습으로 내가 존재한다는 증거이다. (b) 비록 내가 미쳤다 할지라도, 내가 나 자신이라고 믿으며 헛소리를 하는 것이라 할지라도, 그 광기는 내 것이고, 내가 있다는 것을, 내가 여전히 '나'라는 것을 내게 확인해 준다. (c) 만일 누군가 나를 없애려 한다면, 내가 있어야만 한다. 나를 학대하고 나를 죽이려 하는 것에 나 자신의 일부가 저항해야만 한다. 만일 누군가가 내가 이미 죽었다고 나를 설득하기에 이른다면, 이는 내가 있다는 것을 또다시 증명한다. 왜냐하면 살아 있는 나만이 "내가 죽었다"라고 말할 수 있기 때문이다. 바로 이런 이유에서 "나는 있다, 나는 존재한다"라는 명제는 "반드시 참"이다. 의심할 수 없는 진리, 절대적 진리가 문제가 된다. 왜냐하면 그 명제는 그것을 부정한다고 주장하는 모든 것보다 더 강력한 주장의 증명이 되기 때문이다. 그것을 가장 극도로 부정하는 것에 저항하고 그것을 부정하는 힘을 거꾸로 이용해 자기-드러냄(auto-révélation)을 돕기 때문이다. 따라서 '적어도 하나의 진리'가 있다. 환영에서 벗어나고 보편적 부정, 근대에 득세하는 허무주의에 저항하는 진리의 브레이크 포인트(중단점)가 있다. 데카르트의 *deceptor*는 허무주의의 도래를 미리 보여준다. 불가역적인 진리는 '내' 진리이다. '내가 있다'는 묘한 단독적인 진리이다. 왜냐하면 그 진리는 언제나 일인칭으로, '자아(Je)'로 주어지는 까닭이다. 데카르트 논거의 타당성 자체가 그것에 달린다. 내가 절대 부정할 수 없는 "내가 존재한다"

라는 진술과 달리 "X가 존재한다"라는 명제는 "X가 존재하지 않는다"라는 마찬가지로 타당한 명제로부터 완벽하게 반박될 수 있으며, 그 명제는 결국 X가 반드시 존재한다는 것을 보장해주지 않는다. 진리의 "주체"를 자아로 헤아리기를 거부하고 그것을 나와 아무 관계없는 익명의 *subjectum*으로 환원하는 것은 결국 그 진리를 없애고 악령에 전적으로 굴복하는 것과 같다.[7]

"하지만 이제 필연적으로 존재하는 나, 내가 무엇인지를 나는 아직 충분히 알지 못한다." (M, II, § 5) 나는 결국 '누구'인가? 내가 "나"라고 확신하는 만큼, 내 개인적인 정체성으로, 내 이름, 내 역사, 내가 세계에서 차지하는 자리로 내가 정의된다고 확신하는 만큼, 그러한 물음은 부조리해 보일 수 있다. 하지만 그토록 많은 확실성이 의심에 동요한다. 왜냐하면 의심은 '나 자신', 내 개별적인 존재에 영향을 미치기 때문이다. 나는 내가 투렌에서 태어났고, 라 플레슈 학원의 학생이었고, 로이 드 프랑스 군대의 장교인 르네 데카르트라고 생각했다. 나는 나를 약탈할 목적에서 나를 암살할 계략을 꾸몄던 독일 선원들을 기억한다. 나는 도나우 강 기슭에서 겨울 내내 성찰하고자 어느 난롯가에 은거했었는데 나는 그 난로를 또한 기억한다. 경탄할 만한 학문의 토대를 발견하는 동안 나는 그곳에서 꾸었던 세 가지 꿈을 또한 기억한다. 나는 오늘 확고하고 영속적인 토대를 찾으러 떠나고자 내가 믿었던 모든 것을 버리기로 결심했다.

---

7. 바로 이러한 모순이 데카르트에 대한 라캉의 해석을 옹호하고자 할 때 J.-Cl. Milner처럼 명민한 정신의 소유자가 저지르는 것이다. [*L'Œuvre claire*, Éd. du Seuil, 1995, p. 39-42를 보라.] 이 문제의 논리적 접근에 대해선 J.-Cl. Pariente, "La Première personne et sa fonction dans le *Cogito*", in *Descartes et la question du sujet*, PUF, 1999를 보라.

이제 내가 그러한 사람이라는 확실성은 의심의 미망에 빠진다. 나는 더는 수학자 귀족도, 프랑스 기사도 아니다. 내 삶의 얼개를 이뤘던 기억을 나는 이제 철회해야만 한다. 그것 또한 오직 악령의 허구일 수 있기 때문이다. 나는 있다, 나는 존재한다. 이는 매우 확실하다. 하지만 나는 누구인가? 순수한 익명의 자아 이외 아무것도 아니다. 하지만 그 자아는 어떤 추상적인 개념이 아니다. 모든 사람에 적용되는 자아의 공통 관념이 아니다. 매우 중립적이고, 매우 비인격적으로 보일 수 있어도 자아는 그에 고유한 양식과 함께 단독적인 존재임을 증명한다. 느끼고, 자신의 살 속에서 구체적으로 나타나고, 자신의 삶에 영향을 받는 그만의 독특한 방식과 함께 그는 단독적인 존재임을 증명한다. 정말로 자아는 '내 것'이다. 그는 '나'이다.

그 어떤 것도 특성 없는 자아, 에고=X보다 생각하기에 더 어렵지 않다. 왜냐하면 세계에, 다른 사람들 가운데 존재하고, 어떤 이야기의 줄거리 속에 들어가 있고, 상징적이고 사회적인 복잡한 관계 그물 속에 묻힌 인간 개인에 나는 내 자아를 동일시하는 데 익숙하기 때문이다. 나는 개인, 주체, 인간을 세계에 있는 그 특수한 방식과 함께 나 자신으로 헤아리기에 이르렀다. 그리고 나는 그를 사랑하기에 이르렀다. 그렇게 있음에, 계속해서 내 존재로 있음에 나르시스적으로 기뻐하기에 이르렀다. 그는 내 피부에 달라붙어 있는 네소스의 튜닉과 같으며, 나는 그것에 들러붙은 살을 벗겨내지 않고 그것을 벗을 수 있다고 상상할 수 없다. 바로 이러한 명증을 문제 삼아야 한다. 세계와 세계에 존재하는 모든 것—모습과 장소, 정신, 몸, 내가 내 주변에서 만나는 다른 사람들—의 존재를 의심함으로써 나는 세계적 자아, 세계 한가운데 있는 나라는 주체를 '또한' 의심해야 한다. 나는 내 자아의 핵심부를 인간 개인으로 환원했었다. 이제 나는 내 자아의 핵심부가 인간 개인과 일치하지 않음을 알아챈다. 물론 나는 내가 있다는 것을 더는 의심할 수 없다. 내가 존재한다는 확실성은 반드시 참이다. 하지만 내 존재의 진리는 계속 감춰진다. 절대로 나는 내가 정말로 나인 것이라고 확신하지 못할 것이다. 절대로 나는 내가 "나"라고 말할 때 말하는 것이 정말로 나라고 확신할 수 없을 것이다. 내가 존재한다는 의식과 매우 막연하고 불명료한 것으로 있는, 나 자신의 의식 사이에 결국 어떤 괴리, 어떤 균열이 유지될 것이다. 누구인지 알지 못한 채 존재한다는 것은 곧 수수께끼 방식으로 존재한다는 것이다. 나는 그렇게 나 자신에게 하나의 수수께끼처럼 있으며, 에고의 본질을 규정하려는 모든 시도는 '내가 있다'고 하는 수수께끼를 없애는 데 실패할 것이다. 결국 불확실성이 지속될 것이다. 이에 나는 나르시스적이고 세계적인 자아에 그리고 내 참된 자아 대신에 내가 계속해서 내세우는 사회극의 인물에 전적으로 나를 동일시할 수 없게 된다. 이는 *persona*(가면), 곧 참된 자아를 감추는 극가면 뒤로 얼굴 없고 이름 없는 자아의 낯섦을 어렴풋이 보게 한다. 전적으로 '예속되지(assujetti)' 않고 주관적 정체성에 소외된, 탈-주체화(dé-subjectiver)하고 '탈동일시(désidentifier)'할 수 있는, 따라서 삶을 바꿀 수 있는, 자기 삶을 사는 자신의 방식을 바꿀 수 있는, 다른 정체성으로 다시 태어날 수 있는, '더 참된' 모습으로, 자신의 최초 진리를 덜 망각한 모습으로 다시 나타날 수 있는 자아 말이다.

이렇게 적으며 나는 내가 데카르트를 곡해한다는 것을 잘 안다. 데카르트는 세계-내-자아와 자아의 근원적 핵을 전혀 구분하지 않았다. 아직은 수수께끼 같고 불명료한 자아의 근원적 핵은 의심을 경험함으로써 밝혀지게 될 것이다. 그러나 세계에 있고 타자와 함께 있으며 다른 것 중에서도 인간 개인이라는 명증을 문제 삼으며, 아직 내가 누구인지 모르면서 내가 있다는 것을 알아채는 아침의 순간에 이르게 되는 과정의 급진성에 나는 충실하려 한다. 데카르트는 이렇게 철학자들이 더는 묻지 않는 것을 물을 기회를 보존했다. 내가 누구인가? 누가 나인가? 이 물음은 내 모든 확실성의 토대가 흔들릴 때 내 삶에 불쑥 나타나곤 한다. "마치 매우 깊은 물에 갑자기 빠진 양 바닥에 발을 짚을 수도, 헤엄쳐 수면에 떠오를 수도 없을 정도로 나는 매우 동요한다(M, II, § 1)." 데카르트는 그가 거부하는 광기의 경험 속에서 모든 바닥을, 모든 견고한 토대를 잃는 상황에 직면한다. 그러고 나서 *deceptio*(기만)의 경험 속에서, 곧 그를 기만하고 그를 부정하려 하는 타자의 위협 아래 학대받는 경험 속에서 그러한 상황에 직면한다. 우리는 존재의 다른 한계-경험 속에서 그러한 상황을 발견한다. 극도로 격렬한 사랑 속에서, 곧 이렇게 절제 없이 사랑하는 '내가 누구인지'를 물을 때. 강렬한 절망 속에서, 곧 모든 미래가 내게서 달아나는 순간 '내가 누구인지'를 물을 때. 자아를 그 자신과 그의 친밀한 세계에 낯설게 하며 그에게 그의 '낯섦'을 드러내는 모든 시련 속에서. 문제에 다가가는 이와 같은 여러 방식을 나는 여기서 검토하지 않겠다. 현재로선 나는 오직 데카르트의 경험에만 그치겠다. 매우 강력한 속이는 신이 내게 드리우는 위협에 말이다. 나인 에고가 누구인지를 이해하고자 한다면 나는 그것으로부터 출발해야 한다.

두 번째 성찰의 전환점에서 나는 아직 이 자아에 대해 아무것도 알지 못한다. 그가 어떤 저항 행위처럼, 그를 눈멀게 하는 환영을 없앨 수 있는 일련의 반격처럼 갑자기 나타난다는 점을 제외하면 말이다. 나를 배신하는 '나 자신의' 힘일지도 모를 익명의 힘, 대타자=X가 아니라면, 아무것도 그러한 반격을 예고하거나 선행하지 않는다. 게다가 *deceptor*

는 내가 이미 실존하지 않았다면 나를 위협할 수 없을 것이다. 내 저항이 첫 번째라고, 자아가 그를 앞서는 것 같은 대타자를 앞선다고 결론 내려야 할까? 만일 우리가 세계에서 잇달아 일어나는 행위처럼 위협과 저항을 상상한다면, 그러한 진술은 우리를 혼란스럽게 할 수 있다. 그러한 세계 표상을 멀리하고, *ego sum*이 불시에 나타나는 순간을, 내 탄생의 유일한 순간을 다시 붙잡으려 노력하자. 나는 나 자신에게 드러나는 위협에 시달리는 박해받는 자아처럼 발생한다. 하지만 그 위협은 내가 실존하는 한에서만, 내가 그것에 저항하는 한에서만 나를 대상으로 할 수 있다. 그와 함께 하나의 공-탄생으로부터 박해하는 이와 그의 영향력을 벗어난 역설적인 지점이 갑자기 나타난다. 나는 결국 수동적인 상태에서부터 이어서 반란과 나 자신의 긍정으로 넘어가지 않는다. 박해받는 내 수동적 태도와 내 저항 행위는 유일하고 동일한 사건의 두 측면이다. 우리는 원한다면 자아의 "근원적 수동성"을 말할 수 있을 것이다. 하지만 그의 수동성이 최초의 행위, 저항하기로 한 결심의 이면임을 인정한다는 조건에서이다. 그 결심은 경험적인 선택과 같지 않다. 내 저항은 단순한 가능성이 아니다. 내가 취하기로 결정하거나 결정하지 않을 수 있는 여러 태도 가운데 하나가 아니다. 에고에게 '실존한다는 것은 저항한다는 것이다'. 이를 달리 말하면, 자아는 저항하는 한에서만, 그리고 그의 저항이 지속되는 동안에만 "실체(substance)"이다, 곧 '존속한다(subsister)'. 그의 저항이 중단되자마자, 그가 *deceptor*의 덫에 걸리고 그로 인해 소외되자마자 그는 자아로서 존재하기를 멈춘다. "*ego sum*"의 주장은 여기서 그 윤리적 의미를 찾는다. 그 윤리적 의미는 확립된 권위를 무척 존중하고 "세계의 질서를 바꾸기보다는 차라리 우리의 욕망을 바꾸라고" 우리를 가르치는 철학자에게서 예기치 못한 바다. "*ego sum*"의 주장은 실제로

'저항 윤리'의 기반이 된다. 그곳에서 자아는 대타자의 영향력에서 벗어나 그의 진리에, 그의 자유에 다가간다. 자기 자신의 근원적인 긍정에 평생 충실하게 남는 일, 새로 결정을 할 때마다 자기 자신을 다시 긍정하는 일이 가능해야 한다. 아니면 속이는 신에 수동적으로 복종하는 태도 속에서 그러한 긍정을 부인하는 일이 가능해야 한다.[8]

대타자의 내 최초 경험이 박해의 경험이라면, 내가 이 위협에 저항함으로써만 에고로서 나를 긍정할 수 있다면, 자아와 대타자 사이에 깊은 골이 파인다. 어쩌면 건널 수 없을지도 모를 심연이 생긴다. 나는 오직 모든 타자성을 폐지함으로써만 나 자신에 다가간다. "마치 세상에 나뿐인 듯 내가 나를 혼자 헤아리는 한에서(M, IV, § 15)" 말이다. 내 존재는 근본적으로 '유아론적'인 것 같다. 세 번째 성찰이 "신"이라고 불린 무한한 대타자의 존재를 증명함으로써 절대적 유아론을 넘어설 때에도, 여섯 번째 성찰이 세계 존재의 확실성을 확립할 때에도, 데카르트는 타자, 나와 닮은 다른 사람들의 존재를 헤아리기를 완강히 삼간다. 마치 속이는 대타자에 대한 최초의 불신, 그에 맞서 그리고 '그 없이' 자신을 긍정해야 할 필요성이 대타자가 좋은 신으로 바뀐 뒤에도 계속 남아 있기라도 한 것 같다. 마치 대타자의 거부, 그의 해임이 이제 '대타자에서 타자들로'

---

8. 이러한 윤리는 정치적 의미를 또한 지닌다. 스피노자에서 푸코에 이르기까지 '저항 정치'를 매우 엄밀하게 생각한 사상가들이 에고의 근원적 긍정 속에 그것을 뿌리내리게 하기를 거부함으로써 데카르트적이지 않은 관점에서 그것을 생각했다는 점을 애석하게 여길 수 있다. 이 개념의 모든 역량을 펼치는, Françoise Proust의 뛰어난 책, *De la résistance*[Éd. du Cerf, 1997]에서도 사정은 마찬가지이다. 참을 수 없는 것에 저항하고자 다른 이들과 함께 궐기하는 것이 언제나 나임을 어찌 보지 못할까? 자신의 자유로운 자기 긍정 속에서 반란을 일으킬 힘을 얻는다는 것을 어찌 보지 못할까?

옮겨가기라도 한 것 같다. 이제껏 극복되지 않은, 유아론의 유혹, 유아론이 자아와 타자들 사이에 긋는 이 견고한 경계는 데카르트 행보와 이처럼 떼려야 뗄 수 없다. 이에 우리는 때로 그의 방법의 근본적인 결함이라는 결론을 끌어낸다. 홀로 있는 자아의 긍정을 출발점으로 삼는 사유는 타자의 타자성에 접근할 수 없을 것이라는 결론 말이다. 자아를 "모든 것의 중심"으로 만듦으로써, 그 사유는 자아의 "편파성"을, 그의 나르시시즘을, 대타자를 향한 그의 반감을 드러낼 것이다. [피히테와 좀 더 나중에 후설은 동일한 비판의 표적이 될 것이다.] 이러한 논거는 쉽게 뒤집힐 수 있다. 단번에 타자-와-함께-있음 속에 자리를 잡는 대타자를 말하는 이들은 어떻게 에고에 다가갈 수 있을까? 그들이 자아가 무엇인지를 규정한다고 믿을 때, 그들이 만나는 것은 대타자에 '이미 소외된' 자아가 아닐까? 내 참된 자아가 아닌 세계-속-자아가 아닐까? 에고의 근원적 긍정이 에고를 대타자에 열리지 못하게 하리라고 상상하는 것은 잘못이다. 내 박해자나 내 분신처럼 파악하기를 그치고 '정말로' 대타자를 만날 수 있으려면, 먼저 나 자신을 발견했어야 한다. '내' 진리가 타자들에 나를 참으로 다가가게 해줄 것이다. 내가 그들 쪽으로 나를 이끌 길을 발견하고자 한다면, 나는 먼저 나 자신으로 되돌아와야 한다.

홀로 있는 자아의 자기-긍정이 정말 데카르트의 교훈인가? "*Si me fallit, Ego sum*…" 만일 대타자가 나를 속인다면, 만일 내가 그에게 저항함으로써 실존한다면, 이것이 바로 내가 혼자 있지 않다는 증거 아닐까? 처음부터 대타자는 나를 속일 목적에서라도 나에게 말을 걸었을 것이다. 그의 부름이 곧 나를 실존으로 소환하는 것이다. 자아가 반드시 실존해야 함을 간파함으로써 데카르트는 그와 함께 자아의 실존이 전제로 하는 타자성을 간파하고 그 기회에 유아론의 난관을 넘어섰을 것이다.[9] 하지만 이 타자성을 어디에 두어야 할까? '누가' 나를 속이는 대타자인가? 많은 사람이 이 알려지지 않은 힘을 나와 구분되는 대타자처럼 규정하며 나아간다. 하지만 그는 내가 나 자신에 속을 가능성을 열어 두었다. "내가 그것을 어떻게 부르느냐와 상관없이, 내 안에 그러한 생각을 집어 넣는 어떤 신이나 어떤 다른 힘이 있지 않을까? 하지만 어째서 나는 그렇게 생각할까? 나 자신이 어쩌면 그 작자일 수도 있는데?(M, II, § 4)" 착각의 발원지가 여기서 익명의 타자성이라는 하나의 극처럼 드러난 다. 내적인 위협이 문제가 되는지, 외적인 위협이 문제가 되는지, 내게 덫을 놓는 이 힘을 내 안에 지니지 않는지 우리는 아직 결정할 수 없다. 내가 나 자신의 *deceptor*일 수 있다. 우리가 이른 이 지점에서 딱 잘라 말하기에는 너무 이르다. 하지만 네 번째 성찰은 내 실수의 기원이 내게 있다는 것을 보여줌으로써 수수께끼의 열쇠를 줄 것이다. 우리는 이제 악령의 모습 속에서 에고의 분신을, 속이고 속는, 착각의 주체이자 대상 인, 스스로 판단력을 잃은 자아를 알아볼 수 있다. 내가 모든 것과 나 자신에 속는 동안 나는 이 무분별에 추가적인 착각을 보탠다. 나는 의식 하지 못한 채 악의 있는 대타자의 허구를 만들었으며 그에게 내 방황의 이유를 전가했다. 자아는 자기 밖에 자신의 일부를 투영하는 힘을, 그가 아직 자기 안에서 알아보지 못하는 '내적인' 타자성을 대타자의 면에 전이하는 힘을 지녔다. 나는 알아차리지 못한 채 속이는 자아와 속는 자아로 나를 나누면서 대타자의 영향을 받는다고, 그로부터 위협을 받고 공격을 당한다고 착각했다. 하지만 나는 나 자신으로부터 영향을 받았을

---

9. 이것이 바로 *Histoire de la folie*에서 푸코가 취한 관점이었다. 이 관점을 오늘날 J.-L. Marion은 "L'altérité originaire de l'ego", *Questions cartésiennes*, t. II, PUF, 1996에서 지지한다.

뿐이다. 모든 잘못을 대타자 탓으로 더는 돌리지 말고, 그를 절대적 위협으로 더는 헤아리지 말고 착각의 원천이 내 안에 있음을 인정하라는 새로운 요청이 대타자에 저항하고자 하는 근원적 결정에 이제 보태진다. 그러면 이해해야 할 것이 이 내적 타자성의 지위이다. 내가 내 밖으로 몰아내고 낯선 대타자의 특성처럼 밖으로부터 내게 되돌아오는 이 착각의 발원지가 갖는 지위이다. 이를 생각하는 데 데카르트는 어떤 도움도 더는 되지 못한다. 방법을 찾아야 할 것이다. 나 자신의 알려지지 않은 부분으로, 내가 '레스탕(restant)'[10]이라고 부를 내-안-의-타자(autre-en-moi)로 이끌어 줄 길을 찾아야 할 것이다. 이것이 바로 이 책 마지막 부분의 목표가 될 것이다.

이렇게 나와 다른 대타자가 나를 속이려 한다고 내가 믿을 때 나는 '자신에' 속는다. 이는 두 번째 성찰의 근본적인 유아론을 사후에 확고하게 한다. 우리를 소외하고, 우리를 짓누르고, 우리를 부정하라고 다그치는 모든 힘에 맞서 유아론은 적어도 다음의 장점을 지닌다. 그것은 우리 자아를 존중할 것을, 우리 자아의 개별성을, 그것을 다른 모든 것에서 구분하는 환원 불가능한 차이, 내가 '에고론적 차이'라고 부르는 것을 잊지 말라고 우리에게 가르친다. 이 차이를 주장함은 먼저 내 자아가 유일하고 비교할 수 없으며, 다른 어떤 것으로도 대체되거나 다른 어떤 것과도 일치하지 않으며, 어떤 공동체에도 근원적으로 속하지 않음을 인정하는 것이다. 자아의 고독은 다른 이들로부터 고립되기를 선택한

---

10. [옮긴이 주] '나머지' 또는 '남은 것'을 나타내는 가능한 많은 표현 가운데 하나이다. 그런 표현으로 'reste', 'résidu' 따위가 있다. 다른 개념과 구별되는 자콥 로고진스키 자신만의 개념으로 사용되기에 나는 이 용어를 '레스탕'으로 옮기겠다.

세계 인간의 고독과 비교될 수 없는 고독이다. 자아의 고독은 세계나 다른 사람들과 맺는 모든 관계를 앞서는 까닭이다. 이것이 왜 (인간이나 주체와 같은) 보편적 개념으로부터 에고를 규정하고자 에고를 공통된 종류에 넣으려는 모든 시도가 에고를 곡해하고 실패할 수밖에 없었는가 하는 이유이다. 전체의 요소로, 인간 공동체 내부에서 다른 이들 가운데 한 구성원으로 나를 헤아리자마자, 나는 나 자신이 이미 더는 아니다. 이를 데카르트는 잘 알았다. "생각으로써" (다시 말해 *"ego cogito"*로써) "나는 생각하는 모든 방식을 포함하는 보편적인 무엇을 조금도 이해하지 않는다. 그로써 나는 이 모든 방식을 자기 안에 받는 어떤 특수한 본성을 이해한다."[11] 여기 왜 그가 "나는 생각한다, 그러므로 나는 있다"라는 진술을 논리적 연역["삼단논법"]으로 헤아리기를 거부했는가 하는 이유가 있다. 왜냐하면 이는 결국 앞서 실존하는 어떤 보편적 규칙["생각하는 모든 것은 있다, 그런데 나는 생각한다. ⋯"]으로부터 내 실존을 생겨나게 하는 것이기 때문이다. 하지만 다른 어떤 생각도, 나와 다른 어떤 생각하는 존재도 내가 있다는 명백함에 앞서 존재하지 않는다.[12] 이렇게 자아 실존을 선결적인 *cogitatio*로부터 이끌어내지 않고 그것을 곧바로 긍정하는 『성찰』의 진술에 도움을 청하는 편이 낫다. '특수한 것(particulier)'과

---

11. 1648년 7월 29일 Arnauld에게 보낸 편지.
12. 1646년 1월 12일 Clerselier에게 보낸 편지나 두 번째 반박에 대한 답변(§ 22)을 보라. 만일 자아가 "[그의 실존을] 삼단논법을 통해 연역했다면, 그는 '생각하는 모든 것은 있거나 실존한다'와 같은 대전제를 앞서 알았어야 했을 것이다. 하지만 반대로 그가 실존하지 않는다면 그가 생각하는 일이 일어날 수 없으리라는 것을 그가 그 자신 안에서 느꼈다는 사실로부터 그는 그 대전제를 알고 있었다. 왜냐하면 특수한 명제의 인식으로부터 일반 명제를 구성하는 것이 우리 정신의 특성이기 때문이다."

달리 보편적인 것(universel)에서 유래하거나 도출되지 않는 것을 '단독적인 것(singulier)'이라고 부르기로 한다면, 내 자아는 절대적인 단독성(singularité absolu)에 속한다고 우리는 말할 것이다. 단독적인 것의 이 긍정이 바로 데카르트 유아론을 [또는 후설 유아론을] 비난하는 이들이 견디지 못하는 것이다. 오히려 '충분히' 유아론자가 '아니라고' 데카르트를 비난해야 할 것이다. 세 번째 성찰에서부터 자아의 단독적인 상황을 너무 빨리 포기했다고, 그 또한 자아를 대타자의 다른 모습에 소외하는 자기 망각에 굴복하였다고 말이다. 세 번째 요청이 이제 부과된다. 에고론적 차이를 잊지 말 것, 내 단독성에 대해 양보하지 말 것이 바로 그것이다. 결국 어떻게 자아가 대타자를 부정하지 않고 자신을 긍정할 수 있는지, 대타자에 소외되지 않고 대타자에 빠져들 수 있는지를 찾아야 할 것이다.

성찰에서 끌어내고자 하는 이 "잠정적인 윤리"에서 세 번째 요청은 저항의 첫 번째 요청과 결합한다. 나를 위협하는 힘이 대타자의 힘이 아님이 이어서 드러날지라도 저항의 요청은 그 모든 중요성을 간직한다. 내 존재와 분리할 수 없는 그 요청은 나를 예속하려 하는, 나를 다른 사람들과 비슷한 수동적 "주체"로 만들려 하는 세계의 힘에 직면할 때 평생에 걸쳐 다시 나타난다. 언제나 보편적인 것, 공통 규범의 이름으로 그 힘은 자신의 영향력을 행사한다. 자아를 세계 질서에 따르게 하려는 그 힘은 자아의 저항 능력, 곧 그의 자유와 단독성을 모두 공격한다. 내가 그 힘에 저항하고자 할 때, 나는 내 근본적 차이를 동시에 주장한다. 나는 보편적인 것에서 나를 제외한다. 이렇게 에고는 그 자신에게, 악령이 부과한 보편적 착각의 한 예외처럼 태어난다. 그리고 그 자신에 충실한 자아는 이 '예외적 상태'에 줄곧 머무르기로 선택한다. 고대 전통에 따르면, 법이 제거되는 때, 예외가 규칙 대신 부과되는 때는 메시아가 도래하는 때이다. 나 자신이 되라는["*soll Ich werden*"] 명령 속에서 나는 메시아가 한 약속의 반향을 듣고자 한다. 모든 자아가 그 자신의 메시아가 되는 시간의 반향을 말이다. 바로 이 진리를, 나인 절대적으로 단독적인 진리를 생각해야 한다. 그 진리가 우리에게는 모두 "메시아가 지나갈 수 있는 좁은 문"인 까닭이다.

인간도 아닌, 주체도 아닌

누군가 우리가 무엇인지를 우리에게 묻는다면 우리는 모두 곧바로 인간이라고 대답할 것이다. 인간 종에 속한다는 것이 우리가 가장 본질적으로 지닌 것으로 우리를 특징지을 것이다. 인간주의를 규정하는 기본적인 믿음, 가정이 여기 있다. 어느 시대보다도 더 비인간적인 것의 시련을 겪을 시기에 인간주의는 어떤 강압적인 요구처럼, 모든 윤리, 모든 정치와 인간과 인권을 다루는 모든 사유의 기반이 되는 요구처럼 부과되기에 이르렀다. 예전에 인간주의의 전제를 물으려 했던 철학자들에게 최악의 불명예를 던질 정도이다. 인간주의 밖에는 오로지 야만만이 세력을 떨칠 뿐이다! 우리는 이와 같은 만장일치를 물음의 대상으로 해야 한다. 인류 밖으로 수만 명의 인간을 축출한다고 주장하는 이들에 반대하는 투쟁이나 우리가 보편적인 인간 공동체에 속한다는 주장은 명명할 수 없는 것에 대한 저항, 앙텔므, 폴 레비, 살라모프의 저항을 예전에 지지했었다. 하지만 인간의 요청은 오늘날 같은 의미를 더는 지니지 않는다. 축출과 공포의 극단적인 모습을 더는 만나지 않는 사회에서, 인권의 존중이 만장일치로 합의되는 사회에서, 인권을 주문처럼 내세우는 일은 이제 확립된 질서를 정당화하는 결과가 된다. 가장 나은 세계처럼 우리 서구 민주주의를 찬양하는 결과가 된다. 인간의 찬미는 그 세계가 지닌 영혼의 추가분이 되었다. 정신없는 그 세계의 정신적 향료가 되었다. 사실 인간 주의가 현재 지닌 패권(헤게모니)은 사유에게는 하나의 재앙이다. 왜냐 하면 인간주의는 우리가 있다고 하는 수수께끼를 묻지 못하게 하기 때문이다. 내가 "인간"인 것이 확실할까? 이 대대적인 명백함이 나를 규정하기에 충분할까? 오늘날 그러한 물음을 던지는 것은 엉뚱한 것 같다. 데카르트는 이미 그 물음에 직면했었고 나는 그의 차분한 대범함에 감탄한다. 그 대범함과 함께 그는 인간주의에 대한 순진한 확실성을 몰아냈다. "나는 이제까지 내가 무엇이라고 믿었는가? 아마도 인간이라 고. 하지만 인간이 무엇인가? 합리적 동물이라고 말할 것인가? 아니다. 왜냐하면 그 뒤에 인간이 무엇인지 합리적인 것이 무엇인지 찾아야 하기 때문이다. 결국 하나의 물음으로부터 나는 여러 물음으로, 더군다나 더 어려운 물음으로 떨어질 것이기 때문이다. 나는 이러한 종류의 섬세함 에 낭비할 시간을 더는 충분히 지니지 않는다(M, II, § 6)."

인간 개념에 기대는 것은 두 가지 잘못된 생각에 기초를 둔다. (a) 복잡하고 복합적인 관념으로부터 단순한 본질, 내 자아의 본질을 규정하고자 한다. 특히 (b) 보편적인 개념, 인간 종(種)의 개념으로부터 단독적인 경험을 규정한다고 주장한다. 그런데 보편적인 것에서 단독적인 것을 끌어내려 하자마자 그 단독성을 곡해하게 된다. 왜냐하면 인간 유(類)에 속한다는 확실성은 세계적이기 때문이다. 그 확실성은 자아가 던져진 공동의 세계 속에, 그의 단독성을 이미 잃어버린 공동의 세계 속에 타자와 함께 실존함을 가정한다. "근본적이라 함은 어떤 것을 그 뿌리에서 붙잡는 것이다. 그리고 인간에게 뿌리는 바로 인간 그 자신이다."라고 청년 마르크스는 말했다. 하지만 인간은 하나의 추상일 뿐이다. 수많은 살아 있는 개인으로, 셀 수 없는 단독적인 에고로 구성된 보편적 종(種)일 뿐이다. 이 모든 에고에게 자아의 뿌리, 그의 기원과 진리는 자아 그 자신이다. 인간주의는 자아를 인간 권위에 종속시킴으로써 자아를 왜곡한다. 인간주의가 단지 공통의 관념 아래, 모두에게 추상적으로, 일률적으로 적용되는 관념 아래 자아의 단독성을 짓누르기 때문만이 아니라, 또한 그것이 인간이라는, 말 그대로 "인간다운" 것이라는 특수 개념을 자아에게 부과함으로써 자아의 불명확함을 드러내기 때문이다. 오늘날 가장 널리 퍼진 인간의 이해는 인간을 희생자에, 고통받고, 억압받고, 모욕당한 개인에 일치시키는 데 있다. 그러한 개인의 권리를 옹호하는 것이 중요하다.[13] 이러한 것이 예를 들면 레비나스의 주장이다. 타자의 얼굴은 내 희생자의 얼굴이며 나는 내가 실존한다는 유일한 사실로부터 그에게 피해를 입힌다. 타자는 "약자이지만, 나는 강자이다. 그는 과부이고 고아이다." 인간의 인간다움은 박해받거나 탄압받는 그의 상황으로, 곧 그의 수동성, 그의 무력함, 그의 비-자유로 규정될 것이다. 이렇게 데카르트 에고는 먼저 우리에게 나타났다. 곧 죽음의 위협을 받고, 그를 파괴하려 하는 대타자로부터 박해받는 모습으로 말이다. 하지만 상황은 곧바로 뒤집히고 우리는 그 위협이 그를 실존하도록 한 것임을, 그의 실존이 박해자에 맞서는 그의 저항과 분리할 수 없음을 알아차린다. 여기 희생자적 인간주의가 인정하기를 거부하는 것이 있다. 바로 박해받

---

13. 적어도 이 점에서 나는 현대 인간주의에 대한 바디우의 비판에 동의한다.
   [A. Badiou, *L'Ethique, essai sur la conscience du mal*, Hatier, 1993]

는 자의 수동성이 저항 행위로 바뀌는 역설적 경험이다. 그 행위 속에서 자아는 그의 자유를, 세계 내 어떤 힘보다 더 강력한 자유를 맛본다.

내가 인간이 아니라면, 나는 누구인가? 나는 결국 '주체'가 아닐까? 우리는 하이데거의 비난을 기억한다. 인간 주체가 존재자의 최고 원리로 자신을 상정하는 시대를 데카르트는 열었다. 이는 존재에 대한 우리의 망각을 극도로 악화했다. 하이데거에게 "나는 생각한다."는 "나는 나를 표상한다."의 의미를 지닌다. 그것은 자아가 절대적 확실성을 가지고 자기 자신과 그가 소유하는 존재자들의 "확고부동한 기반"처럼 자신을 표상한다는 것을 의미한다. 왜냐하면 하이데거가 재해석한 "*ego cogito*"는 자신만만한 폭군의 모든 특징을 지닌다. 그의 *cogitatio*는 *co-agitatio*, 표상의 통일성 속에 존재자들을 모으고 지배하려 존재자들을 공략하러 나서는 난폭한 "소요"이다. 1940년대 세계로 급격히 확산된 이 니힐리즘적인 힘의 의지 속에서 결국 데카르트 *cogito*를 특징짓는 특성을 알아볼 수 있다. 저자를 이렇게 심하게 잘못 알기도 어렵다⋯. 임의대로 데카르트 사유를 재건하는 대신에 데카르트 글로 되돌아오자. 자아가 자신에게 자신을 드러내는 첫 번째 시초로 되돌아오자. 우리는 바로 "나는 생각한다"가 "나는 내게 표상한다"일 수 없음을 알아차린다. 자아는 태어나는 순간에 아직 아무것도 자신에게 표상하지 않는다. 차지할 만한 아무것도 그 앞에 소유할 수 없다. 세계 전체가 작용 밖에 있는 의심의 어두운 밤에 자아가 자기 맘대로 소유할 수 있을 만한 아무것도 자아 밖에는 없다. 자아는 자기에 매우 들러붙어 있어서 심지어 자기 자신을 자기에게 표상할 수조차 없다. 자기를 성찰하고자 심지어 자기에서 떨어질 수조차, 이 성찰 속에서 심지어 자기를 '표상할(re-présenter)' 수조차 없다. 하이데거는 세계-속-자아(monde-dans-le-monde)의 초월성을 근원적 자아의 내재성과 혼동했다. 극단적인 의심에서 나온 속이는 힘에 에워싸이고 그로부터 위협받는 자아는 그 자신을 확신하고 존재자를 확고하게 지배하는 주체가 전혀 아니다. 그는 세계를 그의 수중에 넣고자 세계를 공략하지 않는다. 치명적인 위협의 표적이 되는 것은 바로 그이다. 하이데거는 여기서 박해받는 자와 박해하는 자를, 자아의 자유——작아지고 약해진 그의 저항——과 주인이나 지도자의 절대 권력을 혼동했다. 그의 견해는 레비나스의 견해와 대칭적인 것 같다. 독일 사상가가 데카르트 에고에서 자신만만한 힘의 의지만을 보는 동안 『존재와 다르게』의 저자는 반대로 "꼼짝없이 자기일 수밖에 없는", 그를 박해하는 자 쪽으로 돌아설 수 없는 자아의 절대적 수동성을 찬양한다. 둘 다 에고에 대해, 에고 탄생의 역설에 대해 잘못 생각했다. 그들은 에고의 수동성과 그의 저항의 분리할 수 없는 통일성을 알지 못했다. 그곳에서 박해받는 자의 비탄은 긍정으로 바뀐다.

하이데거가 그의 초기 형이상학적 의미에서 *sub-jectum*으로, 밑에 있는 토대로, 항구적이고 안정적인 지지대로 이해한 "주체"와 자아를 동일시할 때 그는 또 다른 오역을 저지른다. 자아가 언제나 현재적인 토대인 한, 그는 자기의 기반이 되고 모든 것의 기반이 영속적으로 될 수 있다. 바로 이 힘이 자아에게 세계 지배를 요구할 수 있게 하는 것이다. 이러한 견해가 데카르트 에고의 궁극적 의미를 결정한다. 자아가 영속적인 현존을 누리지 않는다는 것이 드러난다면, 내가 나 자신의 힘으로 시간 속에서 지속하기에 이르지 못한다는 것이 드러난다면, 그때 나는 나 자신의 기반이 되기에 이르지 못할 것이다. 나는 절대 주체가 되지 못할 것이다. 우리는 "대상" 세계에 대응하는 인간 "주체"로 우리를 헤아리는 데 너무도 익숙해서 이 개념이 최근에 생긴 것임을 알아차리지 못한다. 우리가 세계와 맺는 관계를 우리에게 생각할 수 있게 하고자 칸트 이후로 주체-대상의 짝이 대대적으로 부과된 것은 겨우 두 세기 전이다. 주체의 근대 형이상학의 기반을 세웠다고 데카르트를 비난하는 이들은 한 가지 사실을 잊는다. 그는 절대 에고를 "주체"와 일치시키지 않았다. 그는 그것을 그처럼 절대 가리키지 않았다. 그렇지만, 자아가 거기에 없다면, 다른 개념이 형이상학적 주관성으로 자아를 생각하도록 그에게 허용했을 수는 있을 것이다. 바로 '실체(substance)' 개념이다. 왜냐하면 이 용어가 또한 "밑에 있는 것(sub-stans)", 안정적이고 지속적인 지지물을 명명하기 때문이다. "생각하는 실체"로 자아를 규정함으로써 데카르트는 자아를 주체로 세웠고, 현대의 재앙은 이미 시작되었다고 하는 것이 과연 확실할까? "실체"라는 이름으로 그는 "실존하고자 다른 어떤 것도 필요로 하지 않는 방식으로 실존하는 것",[14] 그 자체의 힘으로, 절대적 방식으로 실존하는 것을 가리킨다. 세계 어떤 것도, 특히 물체적 실재(réalité corporelle)는 그렇지 않다. (그는 이 물체적 실재를 또한 실체로 규정하는데, 이는 잘못이다.) 의심 속에서 그는 하지만 절대적 존재, 곧 내 존재를 알아차린다. 나는 결국 유일한 실체이다. 내가 "나 자신에 대해 지니는 관념에서 끌어온(M, III, § 20)" 개념이 관계한다. 이처럼 이해한다는 조건에서 그 명칭은 오직 내게만 적합하다. 하지만 내가 나 자신의 힘으로 '실존한다면', 이는 내가 또한 '존속하는(sub-sister)' 힘을, 시간 속에 지속되는 힘을 지님을 의미하지 않는다. 나는 주체가 아니면서 실체[데카르트가 이 용어에 주는 정확한 의미에서]일 수 있다. 이에 다음 두 가지를 물어야 한다. (a) 데카르트가 자아에 부여하는 이 이상한 "실체성"이 무엇을

---

14. Descartes, *Principes de philosophie*, I, § 51.

의미하는지와 어떻게 어떤 대타자도 필요로 하지 않고 실존에 다가갈 수 있는지를 물어야 한다. 그리고 (b) 내가 나 자신의 힘으로 지속되는 힘을, 외부의 어떤 도움도 없이 시간을 가로질러 내 정체성을 유지하는 힘을 지니는지를 물어야 한다. 내가 두 번째 의미에서 이해한 실체라면, 나는 또한 주체일 것이고 데카르트 에고는 지구를 공략하러 떠나는 절대 주체를 예고한다. 그렇지 않다면, 내가 나를 '주체화(subjectiver)'할 수 없다면, 어떤 결과가 따를까? 어떻게 나는 순간순간 같은 것으로 남는다는 단순한 사실로부터 내 삶의 통일성을 이루어내기에 이를까? 만일 내가 주체도 인간도 아니라면, 나는 결국 누구인가? 어떻게 내 참된 얼굴을 감추는 이 가면을 벗길 것인가?

"나는 길이요, 진리요, 삶이다."

내가 있다는 수수께끼 같은 진리로 나를 데려가는 수많은 물음들이 있다. 어떻게 나하고만 관계있는 절대 단독적인 진리를 명확하게 하기에 이를까? 데카르트 경험으로, 보편적 착각이 긍정으로 바뀌는 최초의 순간으로 되돌아가 보자. "그가 나를 속인다면, 나는 있다." "*ego cogito*"의 진리는 근원적 비-진리(non-vérité)와 그것의 관계 속에서 밝혀진다. 이 비-진리는 그것에 외재적이지 않으며, 참이 보통 거짓에 대립하듯 그것에 대립하지 않는다. *deceptor*의 반-진리(contre-vérité)와 에고의 진리는 서로 떼려야 뗄 수 없는 것 같다. 만일 대타자가 나를 속이지 않는다면 나는 있지 않을 것이다. 나는 이제 이 반-진리가 내게 낯설지 않음을, 속이는 대자타가 나 자신의 감춰진 얼굴로 마침내 드러날 것을 안다.

이렇게 자아는 그 자신의 매우 깊은 곳에 뿌리내린 착각에 맞서 쉼 없이 투쟁하는 속에서 자신의 진리에 다가간다. 데카르트는 이어서 명석 판명한 "일반 규칙"에 근거를 두고 참의 기준을 세우고자 할 것이다. "내가 아주 명석하고 아주 판명하게 생각하는 모든 것은 참이다(M, III, § 2)." 하지만 아무것도 이 규칙이 에고의 진리에 적합한지 증명하지 못한다. 먼저 어떤 일반적 규범에도 순응할 수 없는 '예외적 진리'가 관계하기 때문이다. 또한 데카르트의 그 규칙이 '명암(clair-obscur)'을, 진리와 반-진리의 근원적 관계를 헤아리지 않기 때문이다. 진리가 드러 나는 속에서 진리와 반-진리를 싸우게 하는 충돌을 헤아리지 않기 때문 이다. 비-진리에 외재적으로 대립하지 않고 본질적 통일성으로 그것에 결합하는 진리, 최초의 반-진리가 숨기는 것에서 빠져나옴으로써만 생 기는 진리, 이러한 진리는 명석 판명한 관념의 명증으로 규정될 수 없다. 그것을 하이데거 식으로, 탈-은폐(dé-voilement, dé-cèlement), *alètheia* (알레테이아)로 이해해야 한다. 진리는 이론적 진리 속에 자신을 가두지 않는다. 진리는 매번 다른 방식으로, 언제나 단독적인 사건으로 자신을 준다. 자신을 줌으로써 그것은 매번 *Léthé*(레테), 은폐와 망각의 어두운 바닥을 드러낸다. 그 바닥에서 진리는 빠져나온다. 이 진리를 표상적 확실성, 나 자신을 주제로 성찰하면서 내가 내게 만드는 표상에 일치함으 로써 우리는 데카르트의 행보를 완벽하게 배반한다. 이 모순으로 인해 하이데거는 *alètheia*로 규정한 자신의 진리 개념과 데카르트 에고의 진리 사이에 있는 유사함을 보지 못했다. 여전히 수수께끼 같은 그 진리는 주체와 대상의 일치로, 또는 주체와 그 자신의 일치로 더는 생각할 수 없다. 잠정적인 그 진리는 표상의 일치가 주는 확신을 잃은 채 역설적으 로 비-지(知)의 불확실성에 일치한다. 내가 참으로 있다는 것을 아는 데 절대 이르지 못할 수 있다. 하지만 이 진리는 비-진리의 가장 강력한 힘에, 세상의 모든 명증을 의심에 놓은 보편적 의심에 저항할 수 있다.

'내가 있다'라는 발견 속에 무엇이 드러날까? 나 자신, 내 실존의 단독적인 진리 외에 다른 아무것도 아니다. "드러남(dévoilement)"이란 용어가 우리를 실수로 이끌지 말아야 한다. 착각의 장막 뒤에 드러나기를 기다리는 숨겨진 어떤 것도 없다. 아무것도 내 드러남을 앞서지 않는다. 어떤 대타자도, '어떤 자아도', 나와 함께 발생하거나 그렇지 않을 수도 있는 기존의 어떤 개체도 아니다. 나 자신이 나를 드러내며 나는 이 드러남의 시간 속에서만 실존할 뿐이다. 하이데거의 다자인이 존재의 진리를 드러내는 조건이듯이 나는 나 자신과 다른 진리를 드러내는 '조건'이 결국 아니다. 내가 나 자신에게 나를 드러낼 때, 아무것두 내 밖에 아직 실존하지 않는다. 나 이외 다른 진리는 없다. '내가 진리이다.'[15] 스피노자의 유명한 문구에 따르면, "*verum est index sui*", "참은 그 자신의 기준이다." 나는 이 문구가 에고 진리에도 적용된다고 주장한다. "*verum index mei*", 나인 진리는 내 실존의 "지표", 그 원천이자 법이다. 이렇게 내 진리를 내게 가리켜 보이며, 그것을 내게 드러내며, 나는 나 자신에게 '나를' 드러낸다. 나는 드러남의 행위자이자 그 목적이다. 드러내는 것이

---

15. 세계나 존재 진리는 그것이 드러내는 것에 낯설지만, 내재적 자기-드러남 (auto-révélation)은 "그 자체 외에 다른 아무것도 드러내지 않는다." 그 두 진리 사이에 있는 구별에 대해서 나는 미셸 앙리의 분석을 본받는다. [*C'est moi la vérité*, Éd. du Seuil, 1996을 보라.] 하지만 어느 지점까지만 그러하다. 미셸 앙리에게 자기-드러남은 '내' 삶에 속하지 않고, 내 에고의 삶과 더는 일치하지 않는 절대적이고 신적인 삶에 속한다. 나는 그러한 분리를 받아들일 수 없다. 그것은 에고를 격하한다. 아마도 나는 이에 지나치게 "데카르트적"인 것 같다.

자 드러난 것이다. 진리의 조건이자 진리 그 자체이다. 이런 의미에서 에고는 "실체"라고 말해질 수 있다. 왜냐하면 에고는 그 자신의 기원에 있기 때문이다. 자신을 드러내고자, 결국 실존하고자 "다른 아무것도 필요로 하지 않기 때문이다. 이 드러남은 나를 어디로 이끄는가? 존재로도, 대타자로도, 신으로도 아니다. 오직 나 자신으로만 그것은 나를 이끈다. 그것은 나를 내게 데려오는 길이다. 내가 곧 그 길이다. 나는 진리이자, '길'이다.

이는 먼저 어떤 외재적인 기준도, 이미 존재하는 어떤 조건도 내 에고 진리를 (또는 그의 비-진리를) 결정할 수 없음을 의미한다. 왜냐하면 그 진리는 *index sui*인 까닭이다. 그 진리는 자체의 힘으로 자체를 드러내고 참이고자 다른 아무것도 필요로 하지 않는다. 이렇게 나 자신에 나를 드러내며 나는 자기 실존의 "무의식적" 주체로서 이미 실존하던 자아를 발견하지 않는다. 나를 드러내기에 앞서 나는 실존하지 않았으며, 이는 나를 드러내는 것이 '나를 실존하게 함'을, 나를 '무에서부터(ex nihilo)' 창조함을 의미한다. 무에서 나를 끌어냄으로써 나는 나 자신을 낳는다. 나는 내게 삶을 준다. 나는 미친 듯한 생성 속에서 나 자신에게 나를 태어나게 한다. 그 생성 속에서 나는 동시에 "내 아들이자, 내 아버지이자, 내 어머니이자, 나"[16]이다. 에고의 자기-드러남(auto-révélation)은 결국 에고의 자기-줌(auto-donation)과, 자기 자신에게 자신을 주는 기이한 힘과 일치한다. 이 힘을 하이데거는 다자인에게 주었다. 그런데 그는 그것을 '자기 자신을 부르는' 유일한 힘으로 곧바로 만들었다. 그렇게

---

16. "나, 앙토넹 아르토, 나는 내 아들이자, 내 아버지이자, 내 어머니이자, / 나이자; / 창조를 가둔 멍청한 여행의 평등주의자"⋯.

자신을 부르며 언제나 내 것인 실존자는 근원적으로 자기 자신에게 '자신을 준다'는 것을, 자유롭게 자신의 실존을 자신에게 허용한다는 것을 그는 알지 못했다. 이 주는 자기-드러남, 이 드러내는 자기-줌을 어떻게 이해해야 할까? 언어 행위 이론가들은 기존의 외부 현실을 기술하지 않고 진술하는 것 자체를 발생시키는 진술을 '수행적 발화(performatifs)'로 규정한다. 데카르트의 "ego sum"을 언어 작용과 비슷한 것으로 여길 위험이 없다면, "나"라고 말하는 행위로 한정되지 않을 자아의 가능성을 자의적으로 배제함으로써 진술하는 발화 행위로 그것을 만들 위험이 없다면, 우리는 데카르트의 "ego sum"을 수행적 발화로 부득이하게 일컬을 수 있을 것이다.[17] 그렇지만 데카르트는 '내가 있다'는 진술이 "내가 그것을 말할 때마다 '또는' 내 정신을 통해 내가 그것을 생각할 때마다(M, II, § 4)" 참이라고 주장함으로써 자아의 진리가 언어적 발화 행위와 일치하지 않을 가능성을 보게 한다. 몇 년 뒤 '진리 탐구'를 다룬 그의 미완성 원고에서 그는 심지어 모든 말과 모든 대담을 의심하는 데까지 간다.[18] 우리가 그의 행보가 지닌 급진성에 충실하고자 한다면, 현대 사유의 왕도를 결국 취하지 말아야 할 것이다. 현대 사유는 "ego sum"을 진술로, 기표나 언어 행위로 만들었다. 20세기의 *linguistic turn*(언어 전향)은 본질적인 것에서 우리를 벗어나게 한다. 발화 주체에 중심을 두든, 문장의 "화자"나 일상 언어에서 "나"라고 말하는 행위에 중심을

---

17. Hintikka가 이제는 고전이 된 그의 연구, "*Cogito ergo sum*: inférence ou perfomance?" *Philosophical Review*, 1962에서 하듯이.

18. "결국 나는 당신이 세계에 있는지, 땅이 있는지, 해가 있는지 확신하지 못할 뿐만 아니라, 내가 눈을 지니는지, 내가 귀를 지니는지, 내가 몸을 지니는지, '심지어 내가 당신에게 말을 하는지, 당신이 내게 말을 하는지', 요컨대 모든 것을 확신하지 못한다." [Éd. Adam et Tannery, t. X, p. 514]

두든, 이러한 접근은 말하는 모든 주체에 무차별적으로 적용되는 '보편적' 순간으로 '나'를 만들려는 경향이 있다. 기표나 언어 작용의 익명적인 일반성 속에서 이러한 관점을 지닐 때 우리는 나인 유일한 것을 틀림없이 놓친다. 그렇게 '나'라는 대명사는 '대-명사(pro-nom)'일 뿐이다. 빌린 이름, 에고 진리를 감추는 일종의 가명일 뿐이다.[19] "나는 내가 죽었다고 '당신에게 말하오.'" 발데마르는 자아가 언어의 차원으로 옮겨 가는 순간 그의 살아 있는 단독성을 만드는 것을 잃어버림을 어쩌면 우리에게 암시하는지도 모른다. 내가 '나'라고 말하자마자, 나는 내가 말하는 어떤 것에도 더는 속하지 않는다. 나는 이미 죽었다. 언어와 맺는 모든 관계를 작용 밖에 둠으로써 우리는 이 단독적인 자아에, 이 '암묵의 에고'에 다가가리라 기대할 수 있을 것이다. 에고의 말없는 이 자기-줌(auto-donation)은 모든 표현과 모든 발화의 기초가 된다.

자아는 불시에 나타나는 것이다. 아무것도 그것을 예고하지 않는다. 그것은 아무것도 아닌 것으로부터 예기치 않게 나타나는 순수한 솟아남이다. 그것을 하나의 '사건'이라 부르는 것이 더 나을 것이다. 이 용어는 일어나는 것의 도래를, 전혀 새로운 것의 갑작스러운 침입을 이해하게 한다. 그것은 매번 다르고(사건은 절대 되풀이되지 않는다), 일시적이고 (어떤 사건도 계속되지 않는다), 원인도 목적도 없는(장미처럼 사건은 '왜 없이' 있다, "꽃이 피니까 꽃이 핀다"), 어떤 특별한 사태처럼 유일한

---

19. 레비나스는 이를 강하게 강조한다. "명칭(dénomination)은 여기서 대신하는-명명(pro-nomination)일 뿐이다. 대명사(pronom)는 말하는 유일한 것을 이미 감추고, 그것을 개념 아래 포섭하고, 유일한 것의 가면이나 인칭을 가리킬 뿐이다. 그 가면은 '나'를 개념에서 벗어나게 한다." [Lévinas, *Autrement qu'être* [1974]; réed. Le Livre de poche, 1990, p. 95]

것으로 발생하는 것을 특징짓는다. 그것은 자아의 예측할 수 없는, 한마디로 '불가능한' 특성을 강조한다. 왜냐하면 진정한 사건은 언제나 가능한 것의 한계를 넘어선다. '불가능한 것의 가능성'처럼 일어난다. 아무것도, 어떤 진리도, 어떤 존재도 *deceptor*의 영향력을 벗어날 수 없는 것 같다. 그렇지만 나는 있다. 들뢰즈 이후, 프랑스 철학은 사건이라는 주제를 가장 중요한 것으로 평가한다. 사건은 거의 언제나 비인격적인 "일어남(il arrive)"으로, 모든 주관성을 앞서는 익명의 도래로 제시된다. 이는 '세계' 사건, 곧 자아 밖에서 영향을 미치고, 자아를 형성하고, 자아를 열광하게 하거나 매우 상심케 하는 사건에 중심을 두기 때문이다. 하지만 어떤 사건도 그것을 맞이할 수 있고, 그것을 사건으로 알아보고, 그것을 기억으로 간직하고, 또한 그것에서 멀어지고 그것을 잊는 수신자 없이 일어날 수 없을 것이다. 어떤 사건도 '목격자 없이' 일어나지 않을 것이고, 그 사건을 받아들일 수 있는 자아로서 이 목격자가 이미 자기 자신에게 자신을 주지 않았다면, 어떤 사건도 그에게 영향을 미칠 수 없을 것이다. 나인 이 아르케-사건(archi-événement)[20]이 없었다면 사건은 없을 것이다.

그러한 드러남의 의미, "내용"은 어떤 것일까? 그것은 외재적 현상에 대해 아무것도 우리에게 알려주지 않는다. 그것은 어떤 객관적 과학의 기반도 되지 않는다. 세계에서 일어나는 어떤 행위도 정당화하지 않는다. 그것은 나 이외 다른 아무것도 내게 드러내지 않는다. 제2 성찰의 끝에 나는 세계도, 몸도, 나 자신과 다른 어떤 진리도 없이 홀로 존재한다.

---

20. [옮긴이 주] 접두사 'archi'는 'arche(아르케)'에서 유래한 말로 '처음'이나 '시초'를 뜻한다.

이는 내가 내 안에 갇힌 채로 있음을, 귀먹고 눈먼 채로, 내가 실존한다는 순수 확실성을 넘어서는 모든 것에 무관심한 채로 있음을 의미할까? 물론 아니다. "나는 빛을 보고, 소리를 듣고, 더위를 느낀다." 그렇지만 "이러한 모든 것이 거짓이고 나는 잠들어" 있을 수 있다. [극단적 의심의 순간이다.] 하지만 "나는 보는 것 같고(*videre videor*), 듣는 것 같고, 더운 것 같다. 그것은 거짓일 수 없다. 그것은 본래의 의미에서 내 안에서 느낀다고 하는 것이다. 그리고 그처럼 정확히 이해한 그것은 생각한다는 것과 다른 아무것도 아니다(M, II, § 9)." 이는 아주 중요한 구절이다. 그곳에서 데카르트 진리의 궁극적 의미, 드러남의 본질, 다시 말해 '느낀다'고 하는 것이 밝혀진다. 의심을 통해 철회된 것은 지각 내용이나 지적인 내용이 아니다. 그것은 *videre* 속에서, 내 밖에 존재하는 현실처럼 나타나는 것의 봄 속에서 그 내용이 내게 주어지는 방식이다. 의심에 저항하는 것은 다른 방식으로 주어진다. 그것은 *videor* 속에서, 보거나 듣거나 만지는 자기를 느끼는 경험 속에서 주어진다.[21] 이 근원적 느끼기를 데카르트는 여기서 생각에 일치시킨다. 그리고 우리는 *cogito*가 의미하는 것을 마침내 이해하게 된다. 데카르트의 '나는 생각한다'는 '나는 논증한다'나 '나는 내게 표상한다'가 아니라 '나는 느낀다'이다. 그리고 이 느끼기는 '언제나 참'이다. 대타자가 나를 속일지라도, 내 밖에 모든 것이 허망한 가상에 지나지 않을지라도, 나는 내가 그 모든 것을 생각하고 그것을 느낀다는 것을 의심할 수 없다. 그것은 내게 이러저러한 것 같고, 정말로 그러하다. 이 차원에서 "나타나다"와 "있다" 사이에 더는

---

21. 나는 여기서 데카르트 사유에 새로운 접근을 할 수 있게 해준 M. Henry의 *Généalogie de la psychanalyse*, PUF, 1985를 따른다.

어떤 차이도 없다. 순수 느끼기 속에서 '주어지는 것은 주어진 것과 일치한다.'

　고립된 모나드로, 자신의 세계에 틀어박힌 자폐 의식으로 데카르트의 에고를 생각할 때 우리는 결국 잘못 생각한다. 왜냐하면 에고 존재의 진리는 그가 생각할 수 있는 모든 것으로 확장되기 때문이다. 그의 사유는 세계의 빛으로 열리고, 세계의 웅성거림에 귀를 기울이고, 사물들의 살을 어루만지고 맛본다. 그런데 그것은 이 세계 현실을 내재적 경험으로 느끼면서 그렇게 한다. 그 경험 속에서 그는 보고, 듣고, 만지는 자기를 느낀다. 이렇게 "데카르트의 의심"은 정말로 의심이 아니다. 곧 세계의 '부정'이 아니라, 세계가 실제로 실존함을 보류해 둠이다. 작용 밖에 둠이다. 이는 세계를 부인하기는커녕 반대로 나타나기 속에서 세계가 모습을 드러내고 펼쳐질 수 있게 한다. 예상치 못한 어려움이 여기 나타난다. 내 신체의 실존이 작용 밖에 있는 동안 이 최초의 느끼기를 나는 깨닫는다. 나는 여기서 손 없는 만지기, 빛도 없고 눈도 없이 보는 자기를 느끼는 봄의 수수께끼와 대면한다. 어떻게 세계보다 앞서 있는, 신체보다 앞서 있는 이 느끼기를 명명할까? 어떤 것이 이 최초 경험의 영역일까? '내가 존재한다'의 장소일까? 내 자아의 첫 솟아남으로 되돌아오자. 나는 그곳에서 나를 없애려고 하는, 내게 죽음의 위협을 드리우는 적대적인 힘을 겪었다. 반-진리와 죽음 사이에 뗄 수 없는 관계가 있다면, 반대로 에고 진리는 삶과 결합된 부분을 지님을, 착각과 죽음의 힘보다 더 강력한 삶의 전조를 지님을 인정해야 한다. "나는 있다, 나는 존재한다"라는 진술은 "나는 느낀다"를, 곧 '나는 산다', '나는 살아 있다'를 의미한다. 왜냐하면 살아 있는 것만이 느낄 수 있고 자기를 느낄 수 있기 때문이다. 자기 자신에 올 때 자아는 탄생의 경이 속에서 삶에 온다. 아무것도 그 탄생을 앞서지 않는다. 우리는 확실히 자아를 'cogito'로 일컬을 수 있다. 하지만 이는 그의 "사유"를 순수하게 지적인 활동으로, 추상적 성찰로 더는 환원하지 않는다는 조건에서이다. cogito는 삶의 이름 가운데 하나이다. 내가 살아 있는 나를 느낄 때, 내 삶으로부터 내가 나를 촉발할 때 내가 느끼는 감정의 하나이다. 이처럼 데카르트는 그것을 이해한다. 그가 자아를 "생각하는 어떤 것"으로 규정할 때 이는 "내가 몸이란 이름으로 일컫는 것, 시체에서 관찰할 수 있는 바로서 기관 기계 (M, II, § 6)"와 그것을 구별할 목적에서이다. 생각하는 어떤 것은 데카르트에게 신체의 죽은 기계와 아주 다른 살아 있는 어떤 것을 의미한다. [결국 그것은 더는 정말로 일반적 의미에서 어떤 "것(chose)"이 아니다.] 많은 비난을 받은 마음과 몸의 이원론은 무엇보다도 살아 있는 것과 죽은 것의 환원 불가능한 이원론을 주장하는 데 있다. 나는 있다, 나는 실존한다, 나는 생각한다, 나는 느낀다, 나는 산다, 이 말들은 완벽하게 같은 뜻을 지니며, 모두 같은 진리를, 살아 있는 자아에게만 적용되는 진리를, 자아 삶'의' 진리인 진리를, 진리의 장소로서 삶 그 자체를 주장한다. ego sum의 자기-드러남은 그렇게 매번 단독적인 경험 속에서 행해지는 진리와 삶의 근원적 통일성을 나타낸다. 우리는 모두, '나'라고 말하는 우리는 모두 자기 자신의 이름으로 "나는 길이요, 진리요, 삶이다"라고 말할 권리가 있다.

다른 아무것도——어떤 원인도 앞서 행해진 어떤 사건도——자아의 존재를 규정하지 않는다. 우리는 자기 자신으로부터 삶에 오는 자아를 '자유롭다'고 말할 수 있다. 우리는 데카르트가 에고의 본질적 특성을 자유로 여겼다는 것을 안다. 나는 자유에 대한 데카르트 학설에 맞설 의도가 없다. 내 자유가 무엇인지를 이해하려면 내가 도래하는 사건을 묻는 편이, 내 탄생의 흔적을 다시 발견하는 편이 한 번 더 말하건대 더 낫다. 자아의 자유는 이 아르케-사건 속에, 속이는 신의 계략을 실패하게 하는 데 성공하는 근원적 저항 속에 뿌리를 내린다. "우리를 창조한 자가 전능하다 할지라도, 그가 우리를 속이는 데 기쁨을 얻을지라도, 우리는 그래도 우리 안에서 자유를 느낀다. 그 자유는 다음과 같은 것이다. 우리가 잘 알지 못하는 것을 우리 믿음 안에 받아들이지 않을 수 있으며, 결국 우리가 속는 것을 막을 수 있다."[22] 내 자유의 긍정은 여기서 저항 행위처럼, 대타자의 심술궂은 쾌락을 저지하는 반항의 몸짓처럼 제시된다. 그것은 의심하는 행위, 세계 우상에 종속된 나를 해방하는 힘과 동일시된다. 이런 방식으로 이해한 에고의 자유는 그의 진리와 분리할 수 없다. 모든 사건만큼이나 단독적이고 일시적인 진리라는 사건과 분리할 수 없다. 그 속에서 나는 나를 드러내고 나 자신에게 나를 준다. 그런데 자아의 자유는 매우 극단적이어서 진리에 '반하여' 또한 결정될 수 있다. 거짓과 악을 고의로 선택할 수 있다. 오랫동안 망설인 뒤에, 데카르트는 마침내 '악을 위한 자유'의 가능성을, "가장 좋은 것을 앎에도 가장 나쁜 것을 따르는 적극적인 힘"[23]을 인정했다. 자아가 이 힘을 지닌다는 것, 내가 진리를 위해서나 '비-진리를 위해서' 나 자신을 결정하는 능력을 지닌다는 것, 이는 조금도 놀랍지 않다. 왜냐하면 내가 나 자신의 *deceptor*이기 때문이다. 나는 진리이자 길이다. 나는 또한

---

22. Descartes, *Principes de philosophie*, I, § 6. [이 최초의 자유 경험에 관해 § 39를 또한 보라.]
23. Lettre au père Mesland du 9 février 1645. 이 물음에 관해 우리는 J.-M. Beyssade, *La Philosophie première de Descartes*, Flammarion, 1979, p. 190-199를 참조할 수 있다.

나를 눈멀게 하는 착각의 발원지이다. 한데 내가 어떻게 이처럼 방황할 수 있을까? 나는 나를 속이는 허구를 작용 밖에 두었으며, 내게 주어지는 모든 것이 참인 최초의 느끼기 속에서 나는 나 자신에게 나를 드러내지 않았나? 우리는 여기서 매우 어려운 물음 가운데 하나와 관계한다. 바로 자아가 스스로 드러내는 움직임 자체 '속에' 그가 스스로 착각할 수 있는 가능성이다. 이러한 착각은 더는 내가 세계에서 지각하는 현상을 대상으로 하지 않고, 자아 그 자신을 대상으로 해서 일어난다. 나를 태우는 불이 오직 내 꿈속에만 있을 뿐이라 하더라도, 나는 '정말로' 화상을 느낀다. 어떻게 나는 나에 대해 속을 수 있을까? 나는 적어도 두 가지 방식으로 나에 대해 속는다. (a) 나를 타자로 여기면서, 나 자신의 일부를 낯선 현상으로 여기면서—(b) 타자를 나로 여기면서. 첫 번째 방식은 악령의 허구를 구성하는 투영을 가리켜 보인다. 속이는 대타자는 '내 안에' 있다. 내 에고의 알려지지 않은 한 부분에 뿌리를 내린다. 데카르트는 "다른 어떤 것을 나로 여길" 위험을, 말 그대로 "내 자아 자리에(in locum mei)(M, II, § 5)" 그를 놓을 위험을 우리에게 경고함으로써 두 번째 방식을 간략히 언급한다. 그 자신을 나로 여기게 함으로써 나 자신에게서 나를 내쫓고 내 안에 들어올 수 있는 (어떤 마법으로?) 타자성의 지위를 그는 그렇지만 묻지 않는다. 하지만 이것이 바로 내가 "일반인"에, 내가 나 자신의 이름으로 말한다고 믿는 동안 나를 통해 말하는 익명의 대타자에 나를 동일시했음을 알아차릴 때 내게 일어나는 것이다. 두 가지 방식에서 자아와 대타자의 경계는 침범되었다. 명확히 대립되는 두 착각은 에고론적 차이가 지어졌음을 전제로 한다. 착각의 세 번째 방식이 있다. 바로 내재적 자아와 세계적 자아 사이에서 그 둘을 혼동하는 일이다. 세계적 자아는 나르시스적인 개인주의를, 세계에 나타나는 자아가 유일하고 참된 자아라는 순진한 믿음을 살찌우는 것이다. 그런데 타자를, 타자에 종속된 거짓-자아를 나로 여기므로, 세 번째 방식은 두 번째 방식으로 귀착된다. 매번 자아와 타자의 다름이 망각된다. 이 망각이 바로 나 자신에게 나를 감추는 것이다. 나를 사람으로, 다른 인간 개인 사이에서 한 인간 개인으로, 전체의 한 성원으로 나를 표상하도록 나를 이끄는 것이다. 세계와 세계 현실로부터, 그 자체의 힘으로 존속하는 어떤 "것"으로, 곧 주체로 나를 나타내도록 나를 이끄는 것이다.

내가 사라지는 순간

우리는 모두 평생에 걸쳐 불가분의 개인적인 정체성을 부여받은 주체라고 확신한다. 우리는 모두 순진하게 '시간이 충분히 있다고 믿는다.' 그 확실성보다 더 일반적이고, 더 "명백한" 아무것도 없다. 그렇지만 데카르트는 그 확실성을 문제 삼는다. "나는 있다"라고 말하는 순간 그가 그것에 어떤 제한을 덧붙였다는 것을 우리는 너무 자주 잊는다. 그 진술은 "필연적으로 참이다." 한데 오직 "내가 그것을 말하거나 생각할 때마다" 그러하다. 이는 내가 그것을 말하거나 내가 실존한다고 생각하기를 그만두면, 내 실존의 주장은 참이기를 멈춘다는 것을 의미할까? 이는 더는 배제할 수 없는 이상하고 걱정스러운 가능성이다. "나는 있다, 나는 실존한다, 이는 확실하다. 하지만 얼마동안? 내가 생각하는 동안 (*quamdiu cogito*). 내가 어떤 생각도 더는 하지 않는다면 나는 당장에 전적으로 실존하기를 멈추게 될 수도 어쩌면 있을 것이다(M, II, § 7)."

나는 내가 드러나는 사건을 앞서 있지 않으며 또한 그 사건 뒤로 살아남을 수 없을 것이다. 왜냐하면 '내가 그 사건이며' 다른 아무것도 아니기 때문이다. 그 사건만큼이나 일시적이고, 덧없는 나는 그 사건이 일어날 때 발생하고 그와 함께 사라진다. 하지만 만일 내 자아가 그처럼 사라진다면, 어떻게 그것은 매번 다시 나타나기에 이를까? 어떻게 나라는 사건을 한 번 더 그리고 무한 번 반복할까? 여기서 문제가 되는 것이 *quoties*, *cogito*의 매번(à-chaque-fois)이다. 잇따른 여러 사유 행위로 그것을 해체하는, 분배적이고 복수적이고 불연속적인 그것의 특성이다. 이는 내 자아가 사라지고 다시 나타나기를 멈추지 않음을 의미할까? 그렇다면, 어떻게 매번 다시 나타나는 것이 나라는 것을, 동일한 나라는 것을 확신할까? 이 물음은 흄과 칸트에게서, 그리고 자아의 통일성과 주관적 연속성을 반박하고자 하는 모든 이들에게서 발견된다. 내 존재의 연속성이 내 자아의 필연적 속성처럼 곧바로 내게 주어졌다면, 내가 실체적 영속성을 지녔다면, 내가 주체였다면, 그 문제는 제기되지 않았을 것이다. 유일한 움직임으로, 내 삶의 모든 단계, 내 자아의 모든 나타남이 중지도 단절도 없는 유일한 선율로 융합되었을 것이다. 주관적 정체성을 지닌다는, 그 자체의 힘으로 시간 속에 계속될 수 있다는 확신, 이 대대적인 명백함을 데카르트는 거부한다. 데카르트는 실제로 "내 삶의 시간은 셀 수 없는 부분으로 나뉠 수 있으며, 그 개별적인 부분은 다른 부분에 어떤 방식으로든 의존하지 않는다(M, III, § 33)."[24]라고 주장한다. 이는

---

24. 우리는 이러한 주장을 그에게서 종종 만난다. 예를 들어 제1 반박과 제3 반박에 대한 그의 답변에서 또는 철학 원리I, § 21에서 우리는 그것을 만난다. 뛰어난 역사가들이 데카르트 시간의 불연속성을 받아들이기를 여전히 거부한다는 점에 나는 놀란다.

다른 어떤 사상가도 그와 같은 형태로 지지한 적 없는 매우 역설적인 견해이다. 데카르트에 따르면 "사물 자체의 시간 또는 지속"[25]과 "추상 속에서 헤아린 시간"을 구별하는 게 적합하다. "추상 속에서 헤아린 시간"의 순간은 연속적으로 잇따른다. "추상적" 시간 곧 세계의 시간, 과학의 객관적 시간이 균열 없는 연속성으로 특징지어진다면, 반대로 "내 삶의 시간"은 서로 분리된 순간의 단속적이고, 불연속적인 잇달음처럼 제시된다. 마치 과거가 현재에 어떤 영향력도 지니지 않은 것 같다. 내 삶의 순간의 이 틈, 분리는 "내가 지속되는 매 순간에 존재하기를 멈출 수 있음"을 결국 함축하며, 나를 근본적으로 '불안정하게' 한다.

　더는 존재하지 않을 가능성, 임박한 내 사라짐을 뭐라 불러야 할까? 살아 있는 자에게 존재하기를 멈춘다는 것은 죽는다는 것으로 귀결된다. 결국 삶에 내재적인 죽음, 프루스트가 언급한, "우리가 알지 못하는 사이 우리 의지에 반해 필요할 때 매일 성취되는" "자기 자신의 죽음"과 비슷한 자아의 일시적 소멸, 가사상태가 있는 것 같다. 점멸하는 준(準)- 주체처럼, 연속적인 나타남과 사라짐을 통해 자아는 다시 태어나고자 죽기를 더는 멈추지 않는다. 그 나타남과 사라짐의 박자가 그의 삶에 운율을 준다. 우리가 내 죽음의 내재적 가능성을 만나는 것이 처음이 아니다. 그 가능성은 *deceptor*가 내 존재에 드리우는 소멸의 위협으로 이미 나타났었다. 이 죽음의 위협과 자아의 시간적 불안정성 사이에 본질적인 관계가 있다. 언제나 있는, 내가 사라질 위험은 위협을 물리치지 못했거나, 단지 내가 나로서 나를 긍정하는 언제나 너무 짧은 시간 동안에만 반-진리의 힘에 저항함으로써 그 위협을 물리쳤음을 증명한

---

25. Descartes, *Réponses aux cinquièmes Objections*; § 28.

다. 왜냐하면 단지 *quamdiu cogito*, "내가 생각하는 동안"에만 내가 실존한다는 확실성은 다른 *quamdiu*에서, 속이는 신에 대한 내 저항을 통해 내가 획득한 은총의 기한 속에서 그 의미를 찾는다. "그가 나를 속인다면 나는 존재한다. 나를 속일 수 있는 만큼 속이라 하지, 그렇지만 그는 내가 무언가라고 생각하는 동안 내가 아무것도 아니게끔 전혀 할 수 없을 것이다(M, II, § 4)." '내가 존재한다'라고 밝혀짐과 함께 결정적인 승리를 거뒀지만, 그 승리는 한정적이고 매우 일시적이다. 위협의 발원지는 파괴되지 않았으며, *deceptor*는 내 밖에서, 어떤 의미에선 내 안에서 군림하기를 계속한다. 나는 있다, 나는 실존한다, 이는 매우 확실하다. 하지만 그것은 몸도, 세계도, 타자도 없는, 지속도 없는 고독한 순수 사유처럼 있다. 나는 실제로 *"ego sum."*이라는 번득하는 직관에 이끌려 '순간에만' 존재할 뿐이다. 나는 결국 매 순간 나를 되찾아야 한다. 나를 부인하는 적대적 힘과 쉼 없이 투쟁하며 언제나 새로 나를 긍정해야 한다. 나 자신에 대한 이 새로운 긍정을 앞서거나 뒤따르는 어떤 긍정에도 그것을 잇지 못한 채 말이다. 나를 소멸시킬 수 없는 *deceptor*는 그럼에도 다른 모든 시간과 분리된 시간의 한 점 속에 매번 나를 가둠으로써 나를 내게서 분리하고, 나를 분할하고, 무한으로 나를 분산하는 데 성공한다.[26] 하지만 우리는 이제 안다. 악령은 나 자신과 다르지 않다. 시간적 분리는 에고의 삶 속에서 그 원천을 결국 찾아야 한다. 자아를 요동치게 하는 것은 시간의 불연속성이 아니다. 시간의 불연속성의 기원에 있어야

---

26. 오늘날 이론의 여지가 있음에도, 내 생각은 *Descartes selon l'ordre des raisons*, Aubier, 1953, 특히 t. I, p. 153-158["*ego cogito*"의 불안정성에 관해서]과 p. 272-285[시간의 불연속성에 관해서]에서 M. Gueroult가 제안하는 해석에 가깝다.

하는 자아의 사라짐이다.

이 사라짐을 데카르트는 약함처럼, 힘이나 역량의 결핍처럼 생각한다. 우리 삶의 순간이 지속적이고 필연적인 방식으로 이어지지 않는다면, 이는 "'우리 안에 힘이 조금도 없기' 때문이다. 그를 통해 우리는 존속하거나 한순간 우리를 유지할 수 있다."[27] 이로써 그는 전능하고 완벽한 대타자의 도움을 청하게 된다. 그만이 우리 결점을 보완할 수 있다. 이 대타자의 존재를 증명하지 않은 한, 에고의 삶은 어떤 인식의 기반도 세울 수 없으며, '자신의 기반도 세울 수 없는' 덧없는 순간에 갇히게 될 것이다. "안정적이고 확실한 지점", 절대적 기반을 찾으러 떠난, 제2 성찰은 이처럼 엄청난 붕괴로 끝난다. 에고가 착각일 뿐일 가능성, 꿈과 현실의 구분되지 않음[다시 말해 또한 광기의 위험], 그 어떤 것도 없어지지 않았다. 이 "판타슴(phantasmes)", 우리 꿈을 사로잡는 이 시뮬라크르(simulacres)에 없는 것은 우리 지각 사이에서 맺어지는 필연적이고 지속적인 연관이다. "마치 잠 속에서 일어나듯 내가 깨어 있을 때 누군가가 갑자기 내게 나타나고 곧바로 사라진다면, 진짜 사람이라기보다는 내 머릿속에서 만들어내고 내가 잘 때 형성되는 것과 유사한 유령이거나 시뮬라크르[*phantasma*]라고 판단해도 될 것이다(M, VI, § 42)." 우리는 이제 시간적 연속성, 필연적 연쇄가 '자아 그 자신에' 없음을 알아차린다. 자신의 명증을 확신하는 에고를 환영이나 유령과 어떻게 구별할까? 나, 르네 데카르트, 나는 에고의 절대 진리를 깨달음으로써 내 꿈에서 깨어났다고 믿었다. 나는 이제 내가 어쩌면 꿈꾸기를 멈추지 않았을지도 모른다는 걸 알아차린다. 어떻게 이 유령 같은 실존에서 벗어날까? 매번

27. Descartes, *Principes de philosophie*, I, § 21.

나 자신에게서 나를 분리하는 *deceptor*를 물리침으로써 나는 그러할 수 있다. 이 속이는 힘을 능가하는 충분한 힘을 내 안에서 찾거나 다른 누군가가 나를 도우러 와야 한다. 첫 번째 가정은 이치에 맞지 않다. 왜냐하면 에고는 정확히 결함을 지닌 것으로, 그 자체의 힘으로 계속될 수 없는 그의 무능력함으로 규정되기 때문이다. 시간의 비연속성을 극복할 수 있는 나보다 더 강력한 대타자를 찾으러 떠나야 할 것이다. 이러한 방향으로 제3 성찰은 나아간다. 내 삶의 시간이 서로 분리된 셀 수 없는 순간으로 분할된다고 주장한 뒤에, "조금 전에 내가 있었다는 것으로부터 지금 내가 있어야 한다는 것이 뒤따르지 않는다"라고 결론 내린 뒤에, 데카르트는 다음을 덧붙인다. "어떤 원인이 지금 이 순간을 위해 말하자면 새로 나를 창조하지 않는다면 모를까. 다시 말해 나를 보존하지 않는다면 모를까. 우리가 시간의 본성에 주의한다면, 어떤 것이 지속되는 단독적인 매 순간에 그것을 보존하도록, 만일 그 어떤 것이 아직 존재하지 않는다면, 그것을 새로 창조하도록 동일한 힘과 행위가 필요하다는 것은 명백한 일이다. 결국 보존과 창조는 생각하는 우리 방식에 따라서만 다를 뿐이다(M, II, § 33-34)."

이렇게 데카르트의 매우 놀라운 발견 가운데 하나인 '연속적인 창조' 이론이 진술된다. 우리가 단순한 보존과 혼동하게 될 영속적인 창조의 역설이 말이다. 결국 용어의 일반적 의미에서 "창조"가 정말로 문제되진 않는다. 어떤 파괴도 그것을 앞서지 않으며, 그것은 이미 존재했던 것을 단지 되풀이하거나 보존할 뿐인 것 같기 때문이다. 하지만 순수한 보존 또한 아니다. 정확히 '창조하기에', 마치 처음인 양 매 순간 행해지기에, 그것은 똑같이 되풀이하는 것으로 한정되지 않는다. 언제나 새로 시작함으로써 그것은 '다시' 시작한다. 이전의 창조와 섞이지 않으면서 그것을 되풀이한다. 그것은 되돌아오는 음악 모티프가 이어지는 가락 속에서 같으면서도 아주 다른 것처럼 같으면서도 '또한' 다르게 이전의 창조를 재연한다. 다르면서도 언제나 매번 새로운 창조는 결국 같은 것으로 남는다. 그것은 계속되고 부단히 지속된다. 순간의 파편을 가로질러 유지되고 그것이 [재]창조한 것을, 그의 창조의 동기를 유지한다. 그것을 창조함으로써, 창조는 쉼 없이 그것을 연장한다. 다시 말해 그것을 그대로 보존한다. 결국 창조와 보존은 순간의 통일성 속에서 융합한다. 역설의 열쇠는 시간성의 두 방식 사이, 세계의 시간과 에고의 시간을 구분하는 데 있다. "내 삶의 시간" 속에서, 창조의, 사건의, 자유의 시간성인 내재적 시간성 속에서 모든 새로운 창조는 *ex nihilo*(무로부터) 모든 것을 되풀이한다. 시간성은 창조하는 자유로운 순간의 불연속적인 연속처럼 제시된다.[28] 세계의 시간 속에서만 연속적인 일련의 창조가 꾸준한 보존처럼 나타난다. 이 차원에서 내 존재의 연속성은 정당하다. 다른 차원에서 내 근원적 시간성의 마디가 완벽하게 불연속적으로 있다할지라도, 나는 유지되고 시간 속에서 지속된다. 나는 주체로 존재한다. 왜냐하면 내 주관적 동일성의 지속이 "나는 있다"를 솟아나게 하는 언제나 새로운 사건을 지우지 않으며, 내 세계 존재의 시간은 그 근본적 조건을 가리켜 보이듯 내 탄생의 순간을, 내 자유의 시간을 가리켜 보이기 때문이다.

---

28. 우리 동시대인 전체 가운데 연속적인 창조 이론을 진지하게 여긴 유일한 이는 레비나스이다. 그에게 시간의 불연속성과 단절 너머 계속되는 시간은 부활을 "시간의 주요 사건"으로 만든다. "순간은 그것이 계속되는 속에서 죽음을 만나고 부활한다. 불연속적인 시간 속에서 다시 시작함은 젊음과 시간의 무한함을 가져온다." [Lévinas, *Totalité et infini*, M. Nijhoff, 1961, 1984, p. 261.]

참으로 탄생이 여기 관계한다. 아니 차라리 쉼 없는 거듭남, '영원 회귀'가 관계한다. 내가 순간의 분리와 이 분리를 극복하지 못하는 내 무능력만을 헤아리는 동안 닥쳐 올 죽음의 위협이 매 순간 나를 짓누르는 것 같다. 이 불연속성이 지속적인 재-창조와 일치함을 내가 깨달은 지금 죽을 가능성은 중요하지 않게 되고 반대의 가능성, 새로운 탄생의 가능성이 강조된다. 데카르트가 강조하듯, 어떤 선결적인 파괴도 새로운 창조를 앞서지 않는다.[29] 순간순간 그 어느 죽은 시간도, 무의 그 어느 간극도 있을 수 없기 때문이다. 창조의 되풀이된 흐름이 역류를 위한 그 어느 여지도, 완전한 사라짐을 위한 그 어느 여지도 남겨두지 않는다. 내 죽음의 가능성은 내 탄생의 이면이 될 뿐이다. *ex nihilo*(무로부터) 창조함에서 *nihil*(무)인 내 죽음의 가능성, 곧 위협적인 지평에서 내 탄생은 매번 떨어져 나온다. 자아가 순간의 울타리를 넘어설 때, 다시 태어나기를 멈추지 않으면서 그의 생애 내내 전개될 때, 존재의 궁극적 지평이 되는 것은 탄생-중-인-존재(être-en-naissance)이다. 데카르트는 여기서 파르메니데스에서부터 자라투스트라에 이르기까지 순간의 수수께끼에 맞섰던 사상가들의 영웅적인 계보에 합류한다.[30] 현재의 매 순간이 다른 모든 순간에 계속 결합되기에, 지속적인 창조 이론은 타자에 도움을 반드시 청하지 않아도 내게 없던 것, 곧 지속되는 힘, 시간의 틈을 뛰어넘는 힘을 내게 부여한다. 이를 위해 내 삶의 순간이 어떤 낯선 원인 없이

---

29. 특히 Morus에게 보낸 편지[1649년 2월-4월]를 보라.
30. 그와 가장 가까운 사상가는 아마도 칸트일 것이다. 칸트 또한 순간의 사상가이며 시간을 다룬 그의 모든 성찰은 *Opus Postumum*의 부분 원고에 집중되어 있다. "시간은 조금의 지속성도 없다. 시간의 존재[지금, 미래, 동시에, 이전에, 이후에]는 순간이다." 나는 *Le Don de la Loi*, PUF, 1999의 마지막 부분에서 칸트의 순간 이론을 재구성하고자 했다.

순수하게 내재적인 방식으로 서로 얽힘을, 창조되고 계속 재창조되는 것이 곧 자아의 삶 자체임을 인정하는 것으로 충분할 것이다. 데카르트가 "창조"라고 부른 것을 *ego sum*의 주는 자기-드러남(auto-révélation)과, 낳아준 이 없는, 초월적 창조자 없는 창조의 경이와 일치시키는 것으로 충분할 것이다. 데카르트는 그렇게 하지 못했다. 그는 지속적인 창조를 '무로부터' 에고가 갑자기 나타난 것으로 헤아리는 대신에 그것을 그가 "신"이라고 부른 낯선 원인 탓으로 돌렸다. 그때부터 지속적인 창조 이론의 의미는 완전히 전도된다. 아주 무능력하게 된 에고는 무조건적으로 복종할 뿐이다. 내 삶은 전적으로 이 대타자-원인(Autre-Cause)에 달린다. 이 대타자가 나를 끊임없이 재-창조하면서 내 존재를 보존한다. 내가 매 순간 존재하기를 계속하는 것은 오직 이 대타자에, 그의 선의에 달렸다. 악몽은 그치지 않을 것이다. 죽음의 위협과 자아의 불안정은 영영 사라지지 않을 것이며, 지속적인 창조라는 새로운 관점에도, 아니 오히려 '그로 인해' 그것은 훨씬 더 강하게 부과될 것이다. 왜냐하면 나를 없앨 항구적인 가능성의 기반이 되는 신이 나를 계속 [재]창조하기 때문이다. 그리고 내게 삶을 주는 이 신이 또한 나를 파괴할 수 있을 것이기 때문이다. 이것이 바로 『성찰』의 요약이 선언하는 것이다. "모든 실체, 곧 신의 창조 없이 실존할 수 없는 것은 신이 그의 지지를 거두며 그것을 무로 되돌리지 않을 때를 제외하면 존재하기를 절대 멈출 수 없다." '누가' 결국 데카르트의 신인가? 데카르트는 신의 완벽함과 무한한 선함이라는 안심되는 속성 너머 무와 죽음의 투영을 새로이 보게 한다. 그러한 물음은 오직 신학자나 철학사가하고만 관계가 있지는 않다. 자아가 단번에 주체가 아니고, 주체로 되어야 한다면, 자아는 자신을 계속 재-창조하면서 '자기 힘으로' 그것에 이를 수 있을까? 아니면 순간의 울타리를 넘어서고자 타자의 지지에 호소해야 할까? 어떻게 대타자에 곧바로 '예속됨' 없이 자신을 '주체화'하기에 이를까? 여기 데카르트가 우리에게 남겨 준 물음이 있다. 우리 삶의 고독 속에서 우리 자신과 대타자를 향해 길을 내고자 노력하는 우리에게 말이다.

"Larvatus pro Deo(나는 신 앞에서 가면을 쓰고 나아간다)" [데카르트의 유산]

> "무대에 오르는 배우가
> 이마의 붉은 반점을 감추고자
> 가면을 쓰는 것처럼,
> 내가 이제까지 관객으로 있었던
> 세계의 무대에 오를 준비가 된
> 나는 가면을 쓴 채 나아간다[*larvatus prodeo*]."
> 데카르트, 『사적인 생각』

우리는 대체로 『성찰』의 여정을 의기양양한 행보처럼 그린다. 그곳에서 데카르트는 에고의 확실성을 확고하게 정초한 뒤에 신과 물체와 같은 다른 "대상"의 존재를 증명하고 그의 체계를 마치고자 이어서 이들 대상을 향한다고 우리는 생각한다. 하지만 전혀 그렇지 않다. 확고한 기반처럼 에고를 정초하기는커녕, 에고를 주체로 세우기는커녕 제2 성찰은 반대로 에고의 붕괴와 우리를 대면케 한다. 이 정초화의 실패가 바로 다른 기반을, 자아보다 더 강력하고 더 안정적인 기반을 다른 곳에서 찾도록 하는 것이다. 마침내 주체일 수 있는 대타자를 말이다. 무엇이 이 대타자의 이름일 수 있을까? 제3 성찰이 우리의 모든 관념을 하나하나 검토할 때, 우리는 그 관념 중 하나가 매우 높은 객관적 실재성을 지녀서 자아가 그 원인이 될 수 없음을 알아차린다. 데카르트는 이에 "나는 세계에 혼자가 아니고 이 관념의 원인이 되는 다른 어떤 것이 실존한다(M, III, § 18)"라고 결론 내린다. 이 '다른 것', 이 대타자-원인(Autre-Cause)은 먼저 익명의 타자성으로 제시되나, 그처럼 유보된 생각은 곧 버려진다. 문제가 되는 관념이 무한의 관념이고 신의 이름이 무한한 실체를 일컫기에, 그의 익명성을 거두고, "내가 이전에 말했던 모든 것으로부터 신은 실존한다고 필연적으로" 결론 내려야 할 것이다. 우리는 그곳에서 하나의 '이름 몰이(forçage du nom)'를 목격한다. 거기서 최초의 비결정성이 압도적인 명칭으로 뒤덮인다. "신"은 대타자의 '별칭(surnom)'이 된다. 이 용어를 나는 가장 탁월한 이름(Sur-nom)이자 일종의 가명, 그에게 부과된 별명(sobriquet)으로 이해한다. 이러한 별칭 짓기(sur-nomination)를 가능케 한 것은 신에게 무한, 완벽함, 전능, 절대적 선함을 부여하고 '그'가 존재한다는 걸 증명할 의무를 지닌 신학의 영향력이다. [하지만 인간 이성이 신의 실존을 증명할 수 있다면, 그 신은 신적인 무언가를 여전히 지닐까?] 이 신학적 전기와 함께 제2 성찰의 모든 발견과 무엇보다도 자아의 우위, 제1 진리, 유일한 절대 진리로서 그것이 지닌 특권은 부인될 것이다. 신의 관념은 내가 지닌 모든 관념 가운데 가장 참된 관념으로, 모든 확실성과 모든 진리의 유일한 원천으로 제시될 것이다. 그러면 우리는 내가 지닌 "무한 곧 신의 지각이 어떤 방식에선 내 안에서 유한한 것 곧 나 자신의 관념보다 앞서 있음"(M, III, § 23)을, 내 안에서 더 오래되고 나 자신보다 더 참됨을 알게 될 것이다. 이처럼 철회되고,

하위 열로 물러난 자아는 이제 대타자의 전능에 복종할 뿐이다. 제3 성찰은 신을 맞이하고, 그를 찬미하고, 그를 숭배하도록 우리를 이끌면서 신의 위엄에 매혹돼 그 위엄을 응시하는 속에서 끝난다. 하나의 전기, 관점의 완전한 전복이 참으로 관계한다. 몇몇 독자는 [더군다나 레비나스, 라캉, 게루와 같은 적지 않은 독자가] 그곳에서 결정적인 진보를, 데카르트가 유아론적 *cogito*의 "존재론적 나르시시즘"을 극복하게 되는 순간을 본다고 믿었었다. 나는 그곳에서 참담한 결과를 본다. 거기서 데카르트의 모험은 구렁에 빠지게 되고, 그의 매우 풍부한 제안은 버려지게 된다.[31] 우리가 신을 나타내고자 할 때마다, 그에게 이름을 주고자 할 때마다, 상황은 어쩌면 언제나 이러한지도 모르겠다. 왜냐하면 얼굴 없이 있는 것에 우리는 우리 자신의 특징을, 우리의 빈곤한 말을 투사하기만 할 뿐이기 때문이다. 우리를 매혹하고, 우리가 한없이 찬미하고 숭배하는 것은 우리 자신의 가공된 그림자일 뿐이다.

　신학자의 신을 위해 자아의 우위를 포기하는 데카르트의 전향이 어떤 점에서 여전히 우리의 관심을 끌까? 오래전에 우리는 그러한 "신"의 존재를 증명하기를 포기했다. 그러나 자아와 대타자의 관계 문제, 자아가 근원적 현상인지 아닌지, 자아이고자 어떤 대타자도 필요로 하지 않는지, 또는 자아가 대타자에 달렸고 대타자로부터 전적으로 결정되는지를 아는 문제는 여전히 우리의 문제이다. 신의 죽음을 선언한 뒤로 우리

---

31. J.-L. Marion은 그의 책, *Sur le prisme métaphysique de Descartes*(PUF, 1986)에서 데카르트의 철학을 [에고의 우위에 이르는] *cogitatio*의 존재론과 [신의 우위로 이끄는] 원인의 존재론으로 쪼개진 "양분된 존재론"으로 특징짓는다. 이 분석에 흠잡을 아무것도 없다. 나는 다만 두 번째 존재론이 첫 번째 존재론의 전제를 부인한다고, 에고의 사유 속에서 존재-신학의 울타리를 넘어서기에 이르는 모든 것을 지운다고 생각한다는 것만을 덧붙이겠다.

시대는 대타자에 새로운 이름을 주는 데 열중했다. 그러나 그의 현대적 별칭은 훨씬 더 빨리 수명을 다할 것이다. 그러한 명명은 또한 대타자 몰이(forçage de l'Autre)를 함축한다. 매번 대타자의 모습은 개인과 개인이 지닌 단독적인 자아를 종속시키고, 그들의 욕망을 사로잡고 그들의 자유를 속박하는 데 성공함으로써, 그 우위를 쟁취했다. 자아가 그의 주인이자, 원인이자, 법처럼 상정되는 대타자의 초월성에 예속되는 이러한 일이 우리의 종속을 규정하는 것이다. 그와 같은 소외를 비판하는 일이 철학의 주된 작업의 하나가 되어야 할 것이다. 자아가 근원적 현상임을, 대타자가 있기 전에 내가 나 자신임을 깨달음으로써, 데카르트는 자아의 소외를 근원적으로 비판할 수 있게 한다. 제3 성찰의 참담한 결과에서 우리는 그렇지만 그러한 비판을 충실히 수행하는 일이 매우 어려움을 본다. 어쩌면 저항할 수 없을지도 모를 하나의 경향, 아마의 모든 힘이 우리의 단독성을 단념하도록, 대타자의 지배적인 모습에 종속하도록 우리를 압박함을 본다. "양분된" 데카르트 철학은 저항의 길과 복종의 길이라는 두 가지 가능성과 그 두 길이 갈라지는 정확한 지점을 우리에게 일러주는 이점을 적어도 지닌다. 어쩌면 에고의 특권을 끝까지 지지할 대범함이 우리 프랑스 기병(데카르트를 말함)에게는 없었는지도 모른다. 삼세기 전에 다음과 같은 것을 주장하도록 늙은 스승을 이끈 미친 대범함 말이다. "내 탄생 속에서 모든 것이 태어났다. 그곳에서 나는 나 자신과 모든 것의 원인이었다. 내가 그때 원했더라면, 나는 있지 않았을 것이고 온 세계도 있지 않았을 것이다. 내가 있지 않았다면, 신 또한 있지 않았을 것이다."[32] 에크하르트를 데카르트에 대적하게

---

32. Maître Eckhart, Sermon n° 52 "Bienheureux les pauvres en esprit"

하려는 것이 아니다. 데카르트가 결국에는 떨어져 나간 정확한 지점, *Durchbruch*, "내가 모든 피조물 우위에 있으며, 신도 피조물도 아닌 나는 나인 것"이라는 이 "돌파"를 다만 일컬으려는 것일 뿐이다.

데카르트를 데카르트 자신에 대적하게 하는 것이 어떤 의미가 있을까? 신학적 표류로부터 그의 생각을 구해낼 수 있을까? 사실 데카르트는 "신"의 이름을 부과하면서 대타자의 별칭을 짓는 데(sur-nommer) 만족하지 않는다. 그는 또한 신의 속성, 무엇보다도 그의 진실함, 그의 무한한 선함을 규정한다고 주장한다. 이는 그가 우리를 속일 수 있으리라고 생각할 수 없게 한다. 제1 성찰에서 속이는 신의 모습을 만나는 순간 그는 신의 그러한 모습을 곧바로 배제한다. 그것을 인정하느니 신의 실존을 아주 부인하는 것이 더 나으리라. 악마의 허구는 신을 그곳에 연루시키지 않은 채 극단적인 반-진리(contre-vérité)의 가능성을 유지하게 해주었다. 하지만 데카르트는 악마의 안심되는 가면 아래 *Deus deceptor*의 걱정되는 얼굴을 어렴풋이 보게 한다. 그는 보편적 착각이 신의 뜻에서, 우리를 헤매게 하는 데서 신이 지니는 해악한 즐거움에서 그 원천을 찾는다고 생각하기를 주저하지 않는다.[33] "신"의 이름은 여기서 이상한 모호함으로 덮여 있다. 그 이름은 속임수의 대가이자 그와 함께 "진리의 최고 원천"을 가리켜 보인다. 나를 농락하고 파괴하려 하는 박해자이자 그와 함께 나를 삶에 오게 하고, 내 실존을 지지하는 자를 일컫는다. "신"의 개념에 영향을 미치는 이 모호함이 사실 자체에, 곧 그 이름이 가리켜 보이는 현상에 뿌리를 둔다고 위험을 무릅쓰고 가정해

---

33. 예를 들어 *Principes de philosophie*(§ 6)의 구절에서 이미 이를 볼 수 있는데, 그곳에서 데카르트는 신이 "우리를 속이는 데서 즐거움을 얻을 수 있다"라는 가정을 제시한다.

보자. 그 가정은 대타자와 진리의 관계에서 '대타자 분열(clivage de l'Autre)'의 지표가 될 것이다. 그의 근원적 분리의 지표가 될 것이다. 데카르트는 그것을 알아보았을 것이고 그것을 곧바로 부인하고 감추고자 하였을 것이다. 속이는 자와 모든 진리의 보증인을 "신"이라는 같은 이름으로 부르며 데카르트는 진리가 반-진리와 결합하는 지점, 그 둘을 거의 구별할 수 없게 되는 수수께끼 같은 지점에 다가갔다. 위험을 무릅쓰고 그토록 멀리 가도록 그를 이끈 것은 "영원한 진리의 창조자" 신이라는 매우 대범한 생각이었다. 2 더하기 3이 5라고 자유롭게 공포한 신은 달리 결정할 수 있었을 것이다. 그는 그 자신이 세운 진리를 따르지 않고 그 진리가 참이 아니도록 할 수 있었을 것이다. 내가 산술을 할 때마다 착각하도록 할 수 있었을 것이다. 이는 신의 자유와 전능의 결과로서 '진리의 반-진리(non-vérité de la vérité)'가 가능함을 주장하는 것이다. 착각의 발원지는 대타자 속에 계속 남아 있고 아무것도 신이 나를 속이지 않는다는 것을 내게 보증해줄 수 없다. 그런데 신은 절대 완벽함으로 또한 특징지어진다. 그는 결국 거짓을 말할 수 없을 것이다. 왜냐하면 "모든 기만과 속임수는 어떤 결함에 달린 것(M, III, § 40)"이기 때문이다. 이는 신 안에서 일종의 갈등을, 그의 자유와 그의 선함 사이, 그의 전능과 그의 완벽함 사이 어떤 긴장을 남아 있게 하는 것이다. 근본적인 착각에 나를 노출하지만 나 자신보다 '더 참된 것으로' 드러나는 두 얼굴의 대타자, 나를 창조하고 매번 나를 재창조하지만, 무로 나를 되돌릴 위험이 있는 대타자, 그를 "신"으로 계속 불러야 할까? 어떤 놀라운 이름이 그에게 여전히 적합할 수 있을까?

　　제3 성찰이 속이는 신의 위협적인 모든 그림자를 쫓아버리기로 할 때 다툼은 종결된다. 대타자를 '선한 신'에 동일시하는 이차 전기가

대타자를 신과 동일시하는 신학적 전기를 곧 잇는다. 신 안에 진리와
비-진리가 공존한다는 걸 인정하기를 데카르트가 결국 거부한다면, 그
가 진리의 본질을 아주 철저하게 생각하지 않기 때문이다. 그는 여기서
진리의 본질을 '진실성'으로, 참을 말할 의향이 있는 주체의 도덕적
태도로 여긴다. 그때부터 진리의 본질은 비-진리의 매우 강력한 힘에,
곧 비밀의 보존, 착각, 광기에 더는 대립하지 않고, 오직 의도적인 기만,
거짓말에 대립할 뿐이다. 대타자의 진리 문제는 윤리적 차원으로 옮겨가
고, 그의 솔직함, 공정함, 선함이 문제가 된다. 그런데 이 분야에서 더는
어떻게 해볼 도리가 없어진 지 오래다. 모든 것은 이미 우리 역사의
여명기에 결정되었다. 필연성의 행렬 앞에 모인 죽은 자들의 영혼에
"*thos anaitios*", "신은 죄가 없다"[34]라는 말이 건네진 순간에 말이다.
플라톤은 그때 서구 사상의 주요한 흐름에 기반을 주었다. 신이 악의
원인이 아니라는 것을 증명하고자 하는 변신론에 말이다. 데카르트가
기만을 "최고 존재가 절대 향할 수 없는 무로"[35] 규정했을 때, 그는 이
고대 전통에 순응한다. 존재와 선의 해묵은 일치를 문제 삼으려면, 단순
한 부정으로, 근본적인 악으로 환원되지 않을 악을 생각하기에 이르려면,
무한을 최상의 완벽함과 동일시하기를 멈추려면, "신" 없는 무한을 고찰
할 수 있으려면, 한 세기를, 곧 칸트를 기다려야 할 것이다. 선한 신의
부담에서 해방된 새로운 신의 얼굴을 향한 길이 열릴 것이다. 사드적인
방탕한 이가 내세우게 될 "악의를 지닌 최상의 존재"를 향한 길, 슈레버의
신이나 아르토의 신이 지닌 탐욕스러운, 치명적인 쾌락을 향한 길, 생드

---

34. Platon, *République* X, 617e.
35. Descartes, *Réponses aux sixième Objections*, § 8.

니 문의 그늘에서, 비참하고 불규칙적인 단말마의 경련 속에서 주어지는 창녀-신을 향한 길이 열릴 것이다. 왜냐하면 "신이 모든 의미에서, 저속한 존재의 의미에서, 공포와 외설의 의미에서, 결국 아무것도 아닌 것의 의미에서 신의 초월(dépassement)이 아니라면, 신은 아무것도 아니기"[36] 때문이다.

여기서 우리를 붙잡는 것은 신성에 대한 은유가 아니라 데카르트 전기의 결과이다. 신을 모든 진리의 근원으로 세우기로 한 그의 결정의 결과이다. 속이는 신의 가정을 없앰으로써, 그는 자아를 짓누르던 위협을 사라지게 한다. 그러면 자아와 대타자 사이, 거짓말, 학대, 다툼을 더는 거치지 않는 '다른 관계'가 열린다. 마침내 대타자를 부인하지 않고, 그를 내 경쟁자로 만들지 않고 자아를 긍정할 수 있게 된다. 이 새로운 관계는 쇠약한 자아를 북돋고, 그를 실존하게 하고, 그를 드러내고 지속할 시간을 그에게 준다. 하지만 내 박해자가 더는 아닌 대타자를 향해 열린 이 문은 자아와 진실하고 완벽한 대타자 사이에 있는 깊은 불균형이라는, 그 둘 사이에 있는 무한한 간격이라는 매우 큰 대가를 치르게 된다. 이에 에고는 비-진리의 모든 짐을 짊어지게 된다. 대타자의 진리의 드러남은 내 고유한 진리를 내게 박탈하고 나를 대타자에 아주 종속되게 한다. 이런 의미에서 제3 성찰의 선한 신은 속이는 신보다 더 강력한, 훨씬 더 위험한 경쟁자이다. 여기서 자아와 대타자 사이에 복잡한 음모가 꾸며진다. 그 쟁점을 우리는 가까스로 엿보기 시작한다. 누가 '나'인지 알고 싶다면 그 음모의 추이를 나는 풀어야 할 것이다. "신"의 이름으로 제3 성찰은 먼저 "나 자신으로부터 올 수 없는 어떤 것(§ 22)"을, 내가

---

36. G. Bataille, Préface de *Madame Edwarda*.

나 자신의 힘으로 만들 수 없는 관념의 유일한 실재를 가리킨다. 그것은 초월적이고, 내게 아주 낯선 타자성이다. 그런데 무한히 다른 이 대타자가 더 가깝고 더 내밀하게 있는 것으로 내게 점차 나타날 것이다. 그는 나를 매 순간 다시 생겨나게 하는 원인처럼 드러날 것이다. 그는 "그의 모습으로 그리고 그와 비슷하게" 나를 창조한 아버지의 얼굴을 지니게 될 것이다. 나는 나 자신 안에 그 흔적을 지닌다. 바로 무한의 관념이다. 마치 장인이 자신의 작품에 새기는 날인처럼 그 관념은 있다. 데카르트는 여기서 중요한 설명을 가져온다. 그는 "그 흔적이 작품 그 자체와 다른 어떤 것일 필요는 없음(§ 39)"을 강조한다. 그림 한쪽에서 예술가의 고유한 특징을 찾는 일, 내 안에서 대타자에 속할 것을 구별하고자 함은 쓸데없고 부조리함을 강조한다. 나는 다른 개념 가운데 한 개념처럼 무한의 관념을 소유하지 않는다. '내가' 그 관념'이다'. 나는 내 안에 있는 대타자의 자국이다. 그 자국은 나와 하나를 이룰 뿐이다. 내가 어떤 문장이 셀린'의' 것인지 프루스트'의' 것인지 곧바로 알아내는 방식으로 나는 '내가 대타자에 속함'을 알아차린다. 내게 아주 낯선 것 같은 것이 이제 나 자신 한가운데에서 다시 나타난다. 내 안에서 더 '내 것으로' 있는 것이 대타자에 나를 가장 다가가게 하는 것이다. 나를 그와 가장 일치시키는 것이다. 무한의 무가 유한의 부정만을 단지 더는 의미하지 않고, 무한의 내재성을, 무한이 유한에 속함을, 무한이 내 안에 있음을 의미한다. '무'한은 동일한 것 속에 있는 대타자이다. 그것은 내 가장 깊은 곳에서 대타자를 드러낸다.[37] 대타자는 내게 나타나기에 앞서 이미

---

37. 한 번만으로는 관례가 되지 않는다. 나는 여기서 레비나스의 관점을 채택했다. [*De Dieu qui vient à l'idée*, Vrin, 1982, p. 105-106과 *Totalité et infini*, p. XIII-XV의 서문을 보라.]

내 밖에 존재할까? 전혀 그렇지 않다. 극단적인 의심을 통해 나는 신이라 명명한 대타자의 실재를 포함한 모든 초월적 실재를 작용 밖에 두었다. 대타자가 있다면, 그가 '내게' 드러난다면, 그것은 결국 '내 안에' 드러날 수밖에 없다. 내가 지닌 신이나 무한 관념은 그것에 외재적인 어떤 실재를 목표로 하는 표상이 아니다. 무한은 그것의 관념, 내 안에 있는 그것의 자국과 '다른 아무것도' 아니다. 그 결과 내가 대타자와 "닮았다"는 사실은 새로운 의미를 지니게 된다. 그 닮음은 내가 나 자신 안에 지니는, 내 안에 있는, 나인 타자성과 나의 내적인 관계를 명명한다. 우리는 여기서 엄밀한 의미에서 '닮음', 외재적인 두 항 사이에 있는 유사성이 아닌 동일성에 직면한다. 동일성은 내게 단번에 주어지지 않으며, 나는 "그것을 내 안에서 경험한다". 최초의 거리를 극복하면서 나는 그것을 조금씩 알아간다. 동일성보다 '동일시'가 더 문제이다.

  내가 대타자에 나를 동일시할 수 있으려면, '누가' 대타자이어야 할까? 나와 동일한 것으로 절대 되지 않을 완전한 대타자, '무한히' 다른 대타자가 더는 문제일 수 없다. 무한이라는 개념의 유지가 바로 레비나스를 헤매게 한 것이다. 그에게 대타자를 내 내적인 변질처럼 생각하지 못하도록 한 것이다. 그 개념은 대타자를 나와 아주 분리된 것으로 생각하도록 레비나스를 이끈다. 그러면 어떻게 무한이 내게 그리고 '내 안에서' 드러날 수 있는지를 이해하는 것이 아주 어렵게 된다. 자아가 발견하기에 앞서 존재하는 늘 이미 거기 있는 주체처럼 우리는 대타자를 생각하지 말아야 할 것이다. 내적 범람, 자아의 자기-변질 속에만 대타자는 있을 뿐이다. 나를 드러내는 사건 속에만, 내 안에 새겨졌고 '나인' 이 자국 속에만 대타자는 있을 뿐이다. 엄밀하게 말해, 외적인 개체의 의미에서 "대타자"를 심지어 더는 말하지 말아야 할 것이다. 그가 먼저 경험의 어떤 순간에 나타났다면, 그는 이제 내적인 타자성처럼, 나와 나 자신 사이에 있는 간극처럼 드러난다. 부당한 투사처럼, 내가 모르는 사이 내 밖으로 옮겨 놓은 나 자신의 일부처럼 헤아려야 할 것은 더는 단지 속이는 대타자일 뿐만 아니라 또한 진실한 대타자이다. 악령도 선한 신도 아니다. 누구도 나인 사건을 앞서지 못한다. 어떤 대타자도 내 유한성을 드러내는 무한처럼 밖으로부터 내게 드러나지 못한다. 어떤 대타자도 내 안녕이나 내 상실을 목적으로, 나를 헤매게 하고 나를 죽이려고, 또는 나를 낳고 내 지속을 지지하려고 내게 나타나지 않는다. 어떤 지지도 내게 없다면, 신의 선의나 존재의 부름을, 대타자의 욕망이나 타인의 얼굴을 내가 기대할 수 없다면, 내가 버티고, 순간순간 나를 유지하고, 내 생애 내내 지속될 수 있게 할 원천을 내가 찾아야 할 곳은 오직 내 안이다. 자기 자신을 지지하고 자기 자신의 주체가 되어야 할 것은 바로 에고이고 오직 에고뿐이다.

자아와 그의 "타자"의 이 은밀한 동일성을 데카르트가 몰랐을 수 있을까? "*Larvatus prodeo*", "나는 가면을 쓴 채 나아간다." 이것이 철학자의 신조였다. 그가 신중하게 쓴 이 가면을 벗기기에 이른다면, 그의 사고가 지닌 미지의 어떤 면을 알게 될까? 대신의 집무실에서 훔친 편지처럼 "*ego cogito*"의 비밀스러운 숫자는 그렇지만 전 작품에서 가장 유명한 글 한가운데, "*ego sum*"의 명증이 말해진 바로 거기에 눈에 매우 잘 뜨인다. 뜻을 거의 알 수 없는, 비비 꼬인 구절 뒤를 바로 잇는 말을 다음처럼 옮길 수 있을 것이다. "하지만 나는 이 자아가 누구인지, 지금으로선 반드시 존재하는 나[*qui jam necessario sum*], 내가 누구인지 [*quisnam sim ego ille*] 충분히 알지 못한다."[38] 이 "*sim ego… qui… sum*"에서 주의 깊은 독자는 "*ego sum qui sum*", "나는 존재하는 자이다"[또는

"나는 나인 누구이다"]라는 문구의 암호화한 이본을 알아볼 것이다. 우리는 그 서식에서 시나이(Sinai)의 말씀, 덤불숲의 불 너머로 엘로힘 (Elohim)이라는 이름의 계시를 알아본다. 내 숨겨진 이름, 내 에고의 은밀한 진리는 바로 『방법서설』에서 데카르트가 "이 자아, 곧 영혼, 이것으로써 나는 나인 것이다"라고 언급할 때 이미 예측되던, 대타자의 이름, 낯선 고백이다. 대타자가 드러나고자, 대타자와 나 자신의 내재적 동일성을 알아차리고자 결국 『성찰』을 기다릴 필요가 없었다. 대타자의 이름과 내 이름이 내 탄생의 순간에서부터 서로 얽히기 때문이다. 언제나 장인의 흔적은 그의 작품과 하나를 이룰 뿐이었고, 아버지의 날인과 내 날인, 우리 둘의 날인은 단 하나의 모노그램으로 서로 뒤섞인다. 우리는 왜 데카르트가 신이 내 밖에 실제로 실존함을 증명했어야만 했는지를 이해하기 시작한다. 그는 신과 에고 사이 무한한 거리를 반드시 드러냈어야만 했다. 그들의 구분이 자명하지 않았기 때문이다. 제2 성찰 의 불가해한 문구가 반대로 그들을 가깝게 하고, 그들을 동일시하려는 경향이 있었기 때문이다. 그러면 자아가 그와 신이 하나를 이룰 뿐이라는 것을 알아차리는 현기증 나는 순간에, 어떤 악령보다도 더 걱정스러운, 자아와 대타자 사이에서 있을 수 있는 혼동이 닥친다. 에고를 그러한 현기증으로부터 보호할 목적에서 초월적 신의 실존을 증명하는 것이 필요했던 것이다. 데카르트가 그러한 위험에서 자신을 지키는 데 성공했 는지, 대타자의 초월성을 진리로 상정하는 데 성공했는지를 우리는 물을 수 있다. 내가 내 안에 그의 날인을, 그의 이름의 자국을 지니는 한,

---

38. M, II, § 5. 나는 여기서 *"Ego sum, Ego existo*, Descartes au point d'hérésie", *Bulletin de la Société française de philosophie*, t. 86, 1992에서 Balibar가 행하는 주목할 만한 분석에서 영감을 받았다.

'내가' 그 이름'인' 한, 어떻게 내가 신이 아니라고 확신할 수 있을까? 자아와 신[또는 그의 이름]의 동일성이라는 이 놀라운 주장은 무엇을 의미할까? 그것이 『성찰』의 숨겨진 진리일까? "*Larvatus prodeo.*" 어쩌면 이 격언 또한 암호화하지 않았을까? "*Larvatus pro Deo*"로 그것을 어쩌면 이해해야 하지 않을까? "나는 가면을 쓴 채 나아간다"가 아니라 "신 앞에 가면을 쓴 채"로 말이다. 그것은 숭배의 표시일까? 그 속에서 철학자는 겸손하게 "무한의 얼굴 앞에서 그의 얼굴을 감추는"[39] 걸까? 그렇지 않다면 대담한 계략의 표시일까? 그 속에서 그는 대타자의 시선을 피하려 하는 걸까? 그를 미친 듯이 몰아내고자, 그의 자리를 차지하고자, 변장을 한 채 그를 향해 나아가려는 걸까? ("신의 '자리에서' 가면을 쓴 채", 이는 "*Larvatus pro Deo*"의 가능한 다른 의미이다.) 더는 속이는 신이 아니라, *deceptor*에게 보복하는 에고의 속임수에 당한 '속은 신'과 우리는 관계한다. 가면을 쓴 철학자는 근대의 큰 전환점을 비밀리에 이루었다. 바로 신의 지위를 차지한 주체의 의기양양한 도래다.

이것이 유일한 해석은 아니다. "*ego cogito*"가 마치 시나이의 목소리처럼 표현되는 것 같은 이 이상한 전언을 이해하는 여러 방식이 있다. 우리는 그곳에서 인간 주체가 신의 자리를 빼앗으려 하는 형이상학적 모반을 보는 대신에 대타자에 소외된 나를 말할 수 있는 힘, 신이 빼앗아 간 그 힘을 되찾으려는 자아의 시도를 알아볼 수 있을 것이다. 대타자와 동일시함으로써 대타자를 몰아내지 않고도 말이다. 내 생각에 첫 번째 해석은 데카르트의 의도에 해당하지 않는 것 같다. 그것은 자아의 불완전

---

39. 이는 J.-L. Marion이 *Sur le prisme métaphysique de Descartes*, p. 292에서 제안하는 경건한 해석이다.

함과 유한성, 그를 신과 [또는 근대 형이상학의 절대 주체와] 분리하게 하는 무한한 거리를 재차 주장하는『성찰』의 많은 구절을 전혀 헤아리지 않는 것 같다. 나는 결국 다른 해석을 내놓겠다. 자아와 신의 근접성은 본질적인 동일성에 근거를 두지 않고, 그들 진술의 공통된 모습에 근거를 둘 것이다. 출애굽기를 해설하며, 에크하르트는 "'나'라는 대명사는 신에 그리고 오직 그에만 적합함"[40]을 옹호한 바 있다. 이 기본 견해가 지닌 중요성을 알아보자. 확실히 에고는 그 또한 나라고 말하며 일인칭으로 자신을 표현한다. 하지만 이 진술은 부당하다. 그것은 신의 말씀을 위한 것이다. 말하는 모든 주체에 속하는 것 같던 "나"라고 말할 가능성은 사실 오직 한 사람, '나는 있다'라고 주저 없이 말할 수 있는 오직 한 사람의 특권이다. 이는 '나'라고 자기를 부름으로써 자기 자신을 부를 수 있는 힘, 자기 자신에게 자신을 줄 수 있는 힘을 박탈당한 자아의 수용(收用, expropriation)을 확인한다. 이렇게 나라고 말할 수 있는 힘을 찬탈하는 것이 단지 신의 [또는 우리가 그처럼 가리키는 우상의] 진리만은 아니다. 그것은 대타자, 곧 '나'라고 말할 수 있는 힘, 내 대신, 내 이름으로 말할 수 있는 힘을 늘 가로챘던 아버지, 주인, 정치적 군주가 지닌 지배적인 면모의 진리이다. 그들은 그렇지만 내가 그들에게 그러한 특권을 허용하는 한에서만 그 진리에 이른다. 그러한 소외로부터 해방될 순간이 올 것이다. 에고의 진술이 신의 진술과 같음을, 우리가 대타자만

---

40. St. Breton이 *Deux mystiques de l'excès*, Ed. du Cerf, 1985, p. 98에서 인용한 Maître Eckhart, *Commentaire sur l'Exode*을 재인용했다. 그 견해는 해당 문제를 두고 에크하르트가 한 마지막 말이 아니다. 그의 이후 작품에서 그는 반대로 신 너머, 또는 "신"의 어떤 차원 너머 에고를 있게 함으로써 에고의 근본적 특권을 세우려 할 것이다.

큼이나, 그보다 훨씬 더 '나'라고 말할 수 있는 힘과 권리를 지님을 우리에게 밝히며 데카르트는 그곳으로 우리를 이끈다. 대타자의 최고 힘을 가로채야 하는 것이 아니라, [형이상학적 해석이 그렇게 하도록 우리를 다그치듯] 자신을 신으로 선포해야 하는 것이 아니라, '나 자신을 부를 수 있는' 힘을 복원해야 할 것이다.

데카르트가 말하고자 한 바를 우리는 아마도 전혀 알 수 없을 것이다. 하지만 형이상학적 해석이 유일한 가능성처럼 에고의 나라고-말함 (dire-Je)과 신의 그것 사이 명목상의 동일성이 있다는 것에 만족하는 대신, 철학자들은 그 둘의 동일성을 본질적인 동일성으로 여겼으며 인간 주체는 신을 대신해서 신이 되어야 한다고 주장하기에 이르렀다. 물론 새로운 신은 더는 그처럼 불리지 않는다. 우리는 그것을 일반 의지나 절대 국가, 인간, 민중, 프롤레타리아, 힘의 의지라고 명명할 것이다. 하지만 이 최고 힘에 가장 적합한 것은 여전히 주체라는 이름이다. 이들 주체는 내 이름으로 말하고 나 대신 행동하며 내게 부과된다. 헛되이 *deceptor*는 나를 아무것도 아닌 것으로 만들어 버리는 데 열중한다. 그가 나를 부인하려 하면 할수록, 나는 더욱 내 실존을 주장할 것이다. 데카르트 계승자들에게서 우리는 반대의 운동을 본다. 자아가 자기를 주장하려 하면 할수록 자아는 더욱 자신을 부인한다. 자기 자신의 기반이 돼서 신에 예속된 상태에서 벗어나려 하면 할수록 자아는 더욱 대타자-주체 (Autre-Sujet)에 종속된다. 데카르트 신의 모든 특권이 그에게 주어졌다. 하지만 신 대신 자리 잡는다고 주장하는 이 절대 주체가 여전히 나일까? 대타자로부터 박해당하고, 살아 있는 개인을 예속하는 전제적인 모습이 고독하고 연약한 에고를 대신한다. 신이 돼서 자기 자신을 넘어서는 것이 마치 자신의 운명이었다는 듯, 근대의 우상, 자아 죽음에서 오는 이 새로운 신은 데카르트 에고의 후예이다. 데카르트는 자기 책이 사후에 맞게 될 이 운명에 분명히 동의하지 않았을 것이다.[41] 최초의 기반을 찾는 데서 그는 에고와 신 사이, 자아의 무한한 자유를 주장하는 것과 대타자에 완전히 복종됨을 주장하는 것 사이에서 망설이기를 멈추지 않았다. 그의 계승자들은 이 '실패한 신', 자기 자신일 '시간이 없어서' 절대적인 자율을 자신에게 줄 수 없으면서 그것을 갈망하는 이 준-주체 (quasi-Sujet)를 물려받는다. 그들은 주체를 그의 실패로부터 일으켜 세우면서, 그것을 시간 속에 유지하게 하면서 데카르트의 기획을 완성한다.

한낮에 밝힌 초롱을 들고 미치광이는 마을의 광장과 거리에서 신을 찾는다. 신이 단순히 사라진 게 아니라 그가 사실 살해당했음을 ['"우리가 그를 죽였다', 당신들과 내가"] 군중에게 밝힐 때, "이 행위에 걸맞고자 우리 자신이 신이 되어야 하지 않는지"[42]를 자문하며 그는 자신의 이야기를 마칠 것이다. 우리가 죽인 그 신이 우리의 태양이자 우리의 지평이었기 때문이다. 우리 세계가 기초를 두던 기반이었기 때문이다. 신의 살해자인 우리가 신으로 자신을 세우기에 이르지 못한다면, 우리는 깊은 어둠에 잠길 위험이 있다. 종교적 믿음의 쇠퇴와 함께 소외에서 벗어난 인간의 찬란한 지배가 마침내 시작되리라고 생각하는 것은 매우 순진하다. 왜냐하면 신의 살해는 그와 함께 신의 자리를 차지한다고 주장하는 모든 최고 형상을 사멸로 이끌기 때문이다. 그것은 주체, 인간, 자아가

---

41. 자아가 지닌 최고 자유가 "우리를 신과 비슷하게 어떤 방식에선 만들고 신에 종속되지 않도록 우리를 지켜주었다"[1647년 11월 20일에 스웨덴의 크리스틴 드 스웨드 왕비에게 보낸 서한이나 *Passions de l'âme*, § 152를 보라]라고 주장할 정도로 그가 자아의 최고 자유를 언제나 매우 강하게 강조할지라도 말이다.

42. Nietzsche, *Le Gai Savoir*, § 125.

맞은 중대한 위기를 알린다. 바로 이 점에서 니체의 미치광이가 데카르트의 후예인 것이다. 제2 성찰에서 데카르트는 자아의 절대 진리를 긍정한 순간에 자아가 극도로 불안정함을, 시간 속에 자신의 힘으로 계속되기에 이르지 못하는 에고의 결함을 알아차렸다. 데카르트는 더 안정된 기반을 결국 찾아야만 했고 그는 그것을 신에서 찾으리라 생각했다. 그러면, 모든 지원을 박탈당한 자아가 분해되고 무너지기에 의심을 첨예하게 하는 것으로 충분하다. 신의 존재를 증명할 가능성을 다시 문제 삼는 것으로 충분하다. 신의 지지를 받지 못하게 되면서부터, 이 '주체 없는 자아', 해체되고 안정된 동일성이 없는 자아가 바로 데카르트의 에고이다. 에고의 덧없고, 유령 같은 존재는 *phantasma*, 곧 악몽이나 망상을 닮았다. 데카르트가 에고에게 준 기반은 이렇게 자아가 '탈주체화'할 가능성을 엿보게 한다. 에고살해가 채택하는 것이 바로 그러한 관점이다. 에고살해는 그러한 관점에서 나오는 매우 극단적인 결과까지 채택한다. 그것은 자아의 소멸, "꿈의 꿈"으로 에고가 아주 해체되는 것까지 채택한다. 그것이 바로 피히테가 *cogito*의 이론적 기반의 궁극적 결과처럼 소개한 것이다. 곧 "'나 자신'은 전혀 아무것도 모르고 아무것도 아니다. '이미지'가 실존하며 그것이 실존하는 유일한 것이다. 지나가고, 유동하는 이미지, […] 의미 없고 목적 없는 이미지가 실존하는 유일한 것이다. 나 자신은 이미지의 하나이다. 아니 그것조차 아니다. 나는 다른 이미지 가운데 불명료한 이미지일 뿐이다."[43]

나는 역사의 거대한 묘사에 그 어떤 취미도 지니지 않으며, "자아의 원천"을 찾는 것도, 자아 고증의 역사를 서술하는 것도 문제가 아니다.

---

43. Fichte, *La Destination de l'homme* (1800), Aubier-Montaigne, 1942, p. 135-136.

에고의 진리가 절대 명증처럼 부과되기는커녕 데카르트의 모든 계승자들에게 반박되었으며 그 반박은 언제나 급진화하였음을 나는 확인할 뿐이다. 스피노자가 에티카 II권에서 "*homo cogitat*", "인간이 생각한다"를 하나의 공리처럼 놓았을 때, 이 명제는 그에게 절대 불가결한 제일 진리를 더는 가리키지 않고, 실존하지 않을 수도 있는 "인간"의 '사실상의' 실존을 가리킨다. *cogito*의 명증은 소멸하지 않았다. 그것은 단지 무한한 신적 실체 아래 있는 하위 자리에 보존되었을 뿐이다. 인간 영혼은 신적 실체의 유한한 한 형태일 뿐이다. 우리는 게다가 그 명제가 "나는 생각한다", 엄밀한 의미에서 이해한 '*cogito*'처럼 '일인칭으로'더는 진술되지 않는다는 것을 눈여겨볼 것이다. 그 명제는 내 단독적인 생각을 더는 가리키지 않고, 인간 일반의 보편적이고 중립적인 생각을 가리킨다. 데카르트가 에고에게 준 지위에 뒤이어 그를 최고 자리에서 내몰 '해임(destitution)'이 이렇게 이어진다. 이 첫 번째 에고살해에 이어 곧바로 더 근본적인 두 번째 에고살해가 일어난다. 자아의 동일성을 단순한 착각으로 나타내는 '파괴'가 일어난다. 흄에게 영속적인 실체, 실질적인 동일성이나 지속적인 실존은 실존하지 않는다. 우리 지각에서 불연속적인 방식으로 이어지는 일시적인 인상만이 있을 뿐이다. 우리 자아의 개인적인 동일성의 외양을 만들어내는 것은 상상적인 것의 허구이다. 에고살해에서 더 멀리 가기도 어렵다. 우리 동시대 철학자들은 니체에서 들뢰즈에 이르기까지 스코틀랜드 철학자의 논증을 흔히 되풀이하기만 할 뿐이다. 이제 우리 삶의 통일성은 여러 인상, 사건, 서로 분리된 의식 상태로 해체된다. 이제 우리는 매 순간 이전 순간에 겪었던 것을 잊어버리는 건망증에 걸린 사람처럼 즉각적인 현재에 갇혀, 과거를 받아들이고 미래를 계획할 수 없는, 일시적인 존재가 되었다.

그렇지만 마치 철학자들이 '나는 생각한다'를 포기하지 못하는 듯 모든 일은 일어난다. 파괴의 매 순간을 뒤이어 *cogito*는 회귀한다. '나는 생각한다'를 최고 원리로, 모든 경험의 가능 조건으로 승격하면서 이 새로운 정초화를 확고하게 하는 일이 먼저 칸트에 귀속된다. 사실 이 재-정초화는 데카르트와 거리가 매우 멀다. 칸트의 초월론적(transcendantal)[44] 주체나 피히테의 절대적 자아는 나인 이 단독적인 자아와 일치하지 않기 때문이다. 생각하는 모든 존재에 무차별적으로 적용할 수 있는, 보편적 원리가 관계하기 때문이다. 그것도 '나=나'['나는 나이다']인 논리적 동일성으로 규정되는 추상적 원리가 관계하기 때문이다. 하지만 보편적 "자아", '내'가 아닌 자아는 더는 정말로 '자아'가 아니다. 게다가 칸트는 자아를 그처럼 부르기를 포기하고 '그'나 'X'나 "내 안에서 생각하는 어떤 것"[45]으로 자아를 가리킨다. 에고의 재-정초화는 에고의 해임에 해당하고 이는 칸트를 계승하는 이들에게서 더 뚜렷해진다. 개인의 의식

---

44. [옮긴이 주] 이 용어의 번역어는 이전까지 줄곧 '선험적'이었다. 이 용어의 새로운 번역어로 '초월론적' 또는 '초월적'이라는 말이 사용되기 시작한 것은 비교적 최근 일이다. '선험론적'으로 옮길 것을 제안하는 사람도 있다. 논란은 아직 진행 중이며, 나는 이 글에서 일관되게 '초월론적'이라 옮겼다. 하지만 나로서도 고민이 아직 끝나지 않았음을 알려야겠다. 'transcendantal(초월론적)' 용어와 구별해야 할 것이 'transcendant(초월적)'이다. 나는 이 용어를 일관되게 '초월적'이라 옮겼으며 그 명사형인 'transcendance'는 '초월' 또는 '초월성'으로 옮겼다. '초월론적'인 것이 '가능 조건'을 일컫는 말이라면 '초월적'인 것은 자아나 의식을 넘어서는 것, 그 결과 자아 밖에 나타나는 것을 가리키는 것이다. 혹자는 이를 '초재' 또는 '초재적'이라 일컫고 이와 구별되는 것으로 'transcendantal'을 '초월적'이라 일컫는다.

45. Kant, *Critique de la raison pure* (1781), "Des paralogismes de la raison pure", PUF, 1994, p. 281. 내가 *Kanten——esquisses kantiennes*, Kimét, 1996, p. 75-91 에서 한 분석을 보라.

은 그것을 무한히 초월하는 절대 주체의 단순한 순간이 된다. 곧이어 셸링은 *cogito*를 포기하고 그것을 *cogitatur*["사람은 생각한다". "무언가가 생각된다."]로 가리키자고 제안할 것이다. 한 발 더 나아가, 에고의 해임은 니체에게서 자아나 주체가 있다는 착각, 또는 삶에 유용한 착오일 뿐인, 힘의 의지가 만들어낸 허구일 뿐인 의식이 있다는 착각의 근본적인 파괴로 끝난다. 우리는 똑같은 주기, 세 동작으로 된 똑같은 왈츠가 20세기에 한 번 더 되풀이됨을 쉽게 보여줄 수 있을 것이다. 후설을 통한 에고의 재-정초화는 존재나 대타자를 위해 새로운 해임과 새로운 파괴를 불러올 것이다. 철학은 자아를 필요로 하지만 자아에 만족하지 못하는 것 같다. 철학은 에고로 되돌아가는 것과 에고살해 사이에서 주저하는 것 같다. 이는 곧바로 해임되지 않고서는 원리로서 자신을 정립할 수 없는 에고의 근본적인 '불안정성'을 드러내지만, 또한 에고의 끈질긴 지속을 드러낸다. 새로운 정초화 속에서 자신의 유해로부터 언제나 다시 태어나기 때문이다. 에고살해는 실패할 수밖에 없는 운명인 것 같다. 우리가 하이데거와 라캉에게서 이미 확인했듯, 에고살해는 그것이 배제하려는 에고를 매번 재도입할 수밖에 없는 것 같다. 그러나 에고 철학은 결정적인 방식으로 에고를 정립하는 데 실패하고, 에고를 정초하려는 모든 시도는 에고를 새로운 위기에 빠트린다. 우리는 자아 그 자신에게서, 에고의 쇠약함에서 그러한 불안정성의 기원을 찾아야 한다. 매우 강력한 힘이 에고가 그 자신을 부인하도록 부추긴다. 그것은 "나는 타자"라고, 자아는 실존하지 않거나 나는 이미 죽었다고 상상하게까지 한다.

우리는 데카르트로 돌아가면서 이처럼 예상치 못한 결과에 도달한다. 우리는 에고살해에 저항할 수 있는, 에고를 다루는 사유를 그곳에서 찾기를 기대했다. 우리는 '나는 있다'는 절대 진리를 그곳에서 발견하였다. 하지만 그 진리의 범위는 너무도 제한적이어서 자아는 대타자에 수동적으로 복종함으로써만 또는 대타자에 자신을 동일시하려 애씀으로써만, "어떤 방식에선 신과 유사하게 자신을 만들려" 애씀으로써만 그의 동일성을 고수하기에 이른다. 두 상황에서 자아는 대타자-주체에 자신을 소외하고, 자신의 진리, 자신을 부를 줄 아는 능력, 자신에게 자신을 줄 줄 아는 능력을 숨기게 된다. 데카르트는 결국 최초의 에고살해자가 될 것이다. 벌레는 과일 속에 있었다. 에고의 해임을 초래하고 에고를 언제나 더 극심한 위기에 빠트리는 것이 데카르트 발견의 조건 자체이다. 데카르트로 돌아오는 것으로 충분하지 않다. 데카르트보다 더 '데카르트다워야' 할 것이다. 의심의 검증을 첨예하게 해야 할 것이다. 대타자의 전통적인 모든 규정, 그의 존재, 그의 진리나 오류, 그의 악함이나 선함, 그의 무한성, 그의 신성, 그의 인간성에 대한 모든 증거를 작용 밖에 두어야 할 것이다. 대타자의 형상을 자아의 투사처럼, 내적인 타자성의 초월적인 형상화처럼 생각해야 할 것이다. 대타자에 소외된 세계적 자아에서 참된 자아를 구분하려 하고 대타자로부터 자아를 생각하기를 그만두어야 할 것이다. 대타자에 자아가 복종한다거나 자아가 대타자와 경쟁한다거나, 자아가 대타자를 존중하거나 증오하거나 욕망한다고 생각하기를 그만두어야 할 것이다. 나이고자 어떤 대타자도 필요로 하지 않는 근원적인 현상처럼 자아를 생각해야 할 것이다. 그러면 우리는 에고 삶, 우리 삶의 결정적인 물음에 접근할 수 있을 것이다. 초월적 형상에 자신을 동일시하지 않고도 자기 자신이 되거나 자기 삶을 고수할 수 있는지를 물을 수 있을 것이다. 대타자와 이루는 모든 동일시가 소외에 해당하는지를 물을 수 있을 것이다. 무엇이 이 내적인 타자성일 수 있을까? 타자성의 자국은 내 안에서 다른 이들과 맺는 모든 관계를 앞선다. 우리 시대는 이 모든 물음을 더는 놓지 못한다. '내가 누구일까?' 라는 물음을 더는 놓지 못한다. 데카르트는 우리에게 그것을 말할 수 있게 한다. 사유의 차원에서 우리는 데카르트에게 모든 걸 빚진다. 데카르트는 우리에게 자아를 격하하거나 지울 수 있는 모든 것을 경계하도록 한다. 우리가 오늘날 힘의 의지, 언어, 무의식, 존재라고 명명하는 위대한 기만자, 나는 아무것도 의미하지 않는다고, "나"는 없다고 우리를 설득하려 하는 위대한 기만자의 셀 수 없는 속임수를 경계하도록 한다. 우리의 프랑스 기병은 위대한 기만자의 술책에 굴복하기 전에 그 술책을 좌절시켰음을 우리에게 알려주었다. 데카르트 그 자신에 맞서서, 그가 "*ego sum*"의 특권을 부인하기에 이르도록 한 것에 맞서서, 데카르트로 돌아가야 한다. 에고살해에 맞서 자아를 옹호하고자, 에고를 다루는 근본적인 생각을 재구성하고자 데카르트로 돌아가야 한다. 왜냐하면 나인 이 자아가 누구인지를 나는 여전히 알지 못하기 때문이다.

예고-분석 개론

살아 있으며 나라고 확신하는 나, 나는 결국 누구일까? 어떻게 나는 나 자신으로 있기에 이르렀을까, 이미 나"안" 이 '나'로 되기에 이르렀을까? 어떻게 내 동일성을 지속할까, 어떻게 나를 소외하지 않으면서, 낯선 대타자에 나를 동일시하지 않으면서 나를 주체화할까? 주체나 자아의 여러 해체 가운데 어느 것도 이 물음의 해답을 우리에게 주지 못한다. "*ego cogito*"의 정초가 그 붕괴의 지점으로 그것을 다시 이끈다는 걸 우리가 알아차렸기에 데카르트로 돌아감은 그 또한 난관에 봉착한다. 한 발 더 내딛을 순간이 왔다. 다른 관점에서 이 모든 물음을 다시 놓아야 한다. 내가 이곳에서 개괄적으로 그리고자 하는 것은 에고를 다루는 새로운 생각 곧 에고-분석이다. 오늘날 에고-분석은 어떤 점에서 요청될까? 왜 에고를 분석 대상으로 해야 할까? 우리는 모두 "나"라는 확실성을 어찌하지 못하고 받아들이지 않는가? 왜냐하면 내가 '진짜로' 나 자신임을, 내가 '누구'인지를 정말로 안다고 확신하지 못하기 때문이다. 언뜻 보아 '내가 나 자신'이니까 내 에고보다 더 나와 가까운 것은 아무것도 없으며, 동시에 아무것도 더 내게 낯설지 않다. 은하수 가운데 가장 먼 것, 극소-미립자 가운데 가장 작은 것이 나 자신보다 내게 더 가깝고 알기에 더 쉽다. 신이나 존재의 물음이 내가 나 자신으로 있다는 수수께끼보다 내게 덜 불가해하다. 우리의 모든 일상 경험이 그것을 보여준다. 우리 자아는 끊임없이 자신에서 달아나려 하고, 자신에게 자신을 숨기려 하고, 익명의 중성에, 사람에, 다른 이들에 자신을 동일시하려 하고, 그들에게 자신을 소외하려 하고, 그들 안에서 자신을 잃어버리려 한다. 하이데거나 라캉이나 데카르트를 다시 읽으면서 우리는 그것을 확인했다. 가까스로 엿본 에고의 진리는 자아의 기원이자 모든 진리의 장소처럼 제시된 낯선 개체를 위해 곧바로 배제된다. 아무것도 자기 망각보다, 자신을 부인하도록, 대타자가 자신의 진리를 감추도록 자아를 부추기는 기만자보다 더 끈질기지는 않다. 그렇지만 우리는 에고살해가 언제나 난관에 이른다는 것을, 에고를 배제해야 하는 행위기 매번 에고를 재도입한다는 것을 안다. "*si me fallit, ego sum*", 내 자아가 착각일 뿐임을 내게 증명하려 하면 할수록 그것은 내 존재를 내게 더 확고하게 한다. 자아는 결국 '환원 불가능'하다. 비-자아로부터 파생시키려는 행위에 그것은 저항한다. 이는 에고가 '근원적인(originaire)' 사건임을 의미한다. 내가 나 자신으로부터 나 자신에게 나를 주며, 그처럼 내게 나를 주고자 어떤 대타자도 필요로 하지 않음을 의미한다. 쉴 새 없이 자신을 잊고 자신의 단독성을 포기하는 자아가 또한 대 기만자에 맞서기에 이른다. 본래적인 실존의 계획을 자신에게 상기하기에 이른다. 주체의 진리에 다가가고자 대타자에서 떨어져 나가기에 이른다. 에고의 소외와 저항의 농기를 함께 설명해야 한 것이다. 어떻게 내가 세계나 다른 사람들에, 내 어머니의 젖가슴이나 거울에 비친 내 영상에, '내가 아니'며 내게 언제까지나 낯선 것으로 남는 이 모든 초월적 실재에 나를 동일시할 수 있는지를 이해해야 할 것이다. 그리고 이러한 동일시가 일어났을 때, 어떻게 내가 그곳에서 해방될 수 있는지를 이해해야 할 것이다. 어떻게 소외하는 동일시를 극복한 자아가 일시적으로 자신을 전개하기에 이를 수 있었는지, 초월적인 대타자의 도움 없이 실존하기에 이를 수 있었는지를 모색해야 한다. 선한 신에 도움을 청하는 데 있는 비탄의 해결책(solution de détresse)에 굴복하지 않으면서, 하이데거가 내 실존의 통일성이 내 죽음을 앞질러 경험하는 데 기반을 둔다고 주장했을 때 이른 난관과 똑같은 난관에 빠지지 않으면서, 우리가 재검토해야 할 것은 에고의 '주체화' 문제이다. 에고의 계속되는 재-창조의 문제이다.

현상학의 모호함

우리는 어째서 에고-분석이 필요한지, 존재론과 정신분석학에서 가장 생산적인 것과 대화할 수 있는 근본 사유를 정초하는 일이 어째서 필요한지 더 잘 이해하기 시작한다. 그러한 사유는 그것이 발견하게 될 그 어떤 것도 전제로 하지 않으면서 자체 물음을 스스로 개척해야 할 것이다. 이를 위해 우리는 그 사유의 "대상(objet)" 곧 에고 삶이라는 아직 탐구되지 않는 대륙으로 우리를 이끌어줄 방법을 필요로 한다. 그 방법은 무엇보다도 에고를 감추는 착각으로부터 에고를 해방하는 일에 몰두해야 한다. 나 자신에게 나를 정말로 드러내는 일에 말이다. 나 자신으로 나를 데려가 줄 그 길을 나는 어디서 찾을 것인가? 없애야 할 장애물, 나 자신에게서 나를 박탈하고 내 진리에 다가가지 못하게 하는 낯선 것이 무엇인지 더 명확히 규정하는 속에서 나는 그 길을 찾을 수 있을 것이다. 신과 관계하든, 존재나 상징적인 대타자, 또는 타인의 얼굴과 관계하든, 그것은 '초월성(transcendance)'처럼 매번 제시된다. 우리는 그것을 매번 확인했다. 에고살해는 에고를 그 자신으로부터 끌어내고, 그를 왜곡하고, 저항하지 못하는 그를 대타자, 중성, 죽음의 힘으로 인도하는 낯선 초월성을 향한 "탈자적(extatique)" 나아감과 분리할 수 없는 것 같다. 소외와 왜곡 이전에 내가 누구인지를 알아내고자 한다면 나는 모든 초월성을 배제하려 노력해야 한다. 자아가 지닌 이 최초의 차원, 자아를 은폐하고 밖에서부터 자아에 영향을 미치는 그 모든 것보다 더 근원적인 이 차원을 어떻게 명명할까? 초월성에 "반대되는 것", 자기로부터 전혀 나가지 않고 자기 자신 안에 머무르는 것을 우리는 '내재적'이라고 말할 수 있다. 라틴어로 *immanere*는 "안에 있음 (résider au-dedans)"을 의미하며, 자아 바깥에, 자아 너미 실존할 수 있는 모든 것을 작용 밖에 두면서 자아가 자신에 자신을 드러낼 때 그러한 것이 곧 자아의 조건이다. 그 용어는 자아의 위치, 그가 '사는 장소'를 가리키기에 적합하다. 그 장소는 그의 삶과 다르지 않다. 또 그것은 실존하는 그의 단독적인 방식, 자기 삶을 사는 그의 단독적인 방식을 가리키기에 적합하다. 나는 또 다른 이유에서 그 용어를 채택한다. 접두사 in-이 움직임을 또한 환기하기 때문이다. 그것은 어떤 나아감을 생각나게 한다. 그곳에서 자아는 자기 밖으로 나가지 않으면서 '내재성의 영역(champ d'immanence)'처럼 자신을 전개한다. 내가 그처럼 가리키는 것은 들뢰즈가 이론화한 "내재성의 평면(plan d'immanace)"과 같은 특성을 지닌다. 들뢰즈에게는 비인격적인 내재성이 관계한다는 점이 다를 뿐이다. 내재성을 가로지르는 사건은 "선-개인적인 단독성"으로 남는다. 들뢰즈는 에고에게 초월성을 부여하는 우리 시대 선입견에 사로잡혀 있다. 그는 에고의 내재성의 평면과 일치하게 될 '내재적인 에고'의 가능성을 생각하기를 거부한다. 그러면 어떻게 내재적 자아가 세계와 다른 이들을 향해 '자신을 초월하기에' 이르는지를 아는 문제가 생긴다. 어떻게 내재적 자아가 곧바로 변질되지 않고서, 세계의 사물로 왜곡되지 않고서, 대타자에 영원히 종속되지 않고서, 자신의 내재성의 영역을 "벗어날" 수 있을까? 어떻게 순수하게 내재적인 [또는 순수하게 "나르시스적인"] 자아가 타인을 왜곡하는 것을 삼갈 수 있을까? 타인을 상상적 투사로, 나 자신의 영상이나 복제로 환원하면서 자신의 초월성을 오인하는 것을 삼갈 수 있을까? 에고-분석이 부딪혀야 할 많은 문제가 남았다. 하지만 먼저 우리가 "내재성"과 "초월성"으로 이해하는 것을 명확히 해야 할 것이다. "내 안"에 있는 것과 "내 밖"에 있는 것의 대립은 안과 밖의 세계적 구분을 통해 매우 명백하다. 그러한 대립은 "닫힌 상자"처럼, 자아가 자기 자신에 묶여 있는 감방처럼 내재성을 잘못 상상하게 한다. 어떤 것이 결국 그 대립의 본래적인 의미일까?

내재성의 영역은 주로 숨어 있다. 그것을 드러내려면, 그것을 감추는 초월적 개체를 떼어놓아야 한다. 그것이 바로 데카르트가 하고자 한 것이다. 내재성이라는 용어를 사용하지 않았음에도 데카르트의 의심은 "*ego cogito*"의 내재성을 밝히는 데 적합하다. 실제로 그는 그러하기에 이르렀을까? 의심이 세계의 '부정'이므로 ["나는 내가 감각이나 몸을 지님을 이미 부인했다"] 모든 초월성에서 에고를 도려내고 단지 제거의 나머지처럼 에고를 존속하게 할 뿐인 '결여적(privatif)' 활동이 관계한다. 한 점으로 집중되고 순간에 갇힌 에고는 지속되는 주체로 자신을 정초할 수 없으며, 자신의 진리와 다른 진리를 정초할 수 또한 없다. 세계의 학문에 더 확실한 기반을 주려면 에고의 특권을 포기하고 신이라 명명되는 대타자-주체(Autre-Sujet)에 도움을 청해야 한다. 데카르트의 의심이 전적으로 잠정적이기 때문이다. 나는 단지 의심을 넘어서고자 의심할 뿐이며, 새로 발견된 모든 진리는 내 최초의 의심에서 나를 점점 더 멀어지게 하고 나를 세계의 실재에 점점 더 단단히 뿌리내리게 한다. 하지만 내재성 밖으로 나가면서 나는 매우 높은 대가를 치르게 된다. 데카르트는 의심을 포기하며 곧바로 그가 철회했던 낡은 견해에 다시 빠지게 된다. 바로 무한히 선한 신에 대한 믿음이다. 자신의 진리를 박탈당한 에고는 대타자의 초월성에 전적으로 종속된다. 그와 같은 참담한 결과를 피하고자 한다면 방법을 바꿔야 한다. 의심의 극단적 성격을 포기하지 않으면서 본질적인 지점에서 행보를 바꿔야 한다. 초월성을 부인하지 않으면서 그것을 배제해야 한다. 그것을 '멀리 두어야' 한다. 이러한 것이 데카르트의 마지막 계승자, 에고살해의 시대에 데카르트에 충실했던 유일한 이, 후설이 밟은 길이다. 후설은 그 방법을 '에포케 (épochè)[곧 "판단 중지"] 또는 '현상학적 환원'이라 불렀다. 그것은 초월 성을, 무엇보다도 세계의 초월성을 작용 밖에 두는 데 있다. 자연적 태도를, 세계가 실존한다는 순진한 믿음을 중단하는 데 있다. 내 세계 경험에 주어지는 모든 것을 나는 "괄호 속에" 넣는다. 이는 세계가 있다는 것을 내가 '부인함'을, 세계 속 사물과 타인의 실제 존재를 의심함을 절대 의미하지 않는다. 미세한 소리와 목소리, 지평선 위에 뚜렷이 드러 나는 그림자, 나는 그 모든 것을 듣고 보기를 계속한다. 그러한 것 가운데 어떤 것도 사라지지 않았으나 그러한 것의 의미는 변했다. 그 자체로 실존하는 실재처럼 그러한 것을 생각하는 대신에 단순한 현상처럼 그러 한 것을 목표로 할 때 그러한 것이 내게 나타나는 그대로 나는 이제 그러한 것을 헤아린다. 내가 내 앞에서 바라보는 탁자, 내가 듣는 곡조,

내가 만지는 낯선 살, 그러한 것 가운데 어느 것도 내가 기록해두는 것으로, 수동적으로 받아들이는 것으로 그칠 어떤 외재적인 대상처럼 내게 더는 주어지지 않을 것이다. 나는 그러한 것을 나 자신의 힘으로 '내 안에서', 내 고유한 경험 영역 속에서 구성해야 한다. 세계의 거대한 영역 가운데 그 어느 것도 잃어버리지 않았지만 더는 아무것도 자명하지 않다. 아무것도 당연한 명증으로 더는 부과되지 않는다. 에포케는 세계에 그 낯섦과 신비로움을 되찾아주고 모든 사물에 수수께끼의 풍미를 준다. 그것은 실존하는 실재에 수동적으로 복종하는 데서 나를 해방하고, 현상에 의미와 모습을 주는 힘을 내게 부여한다. 현상을 맞이하면서 어떤 방식에선 그것을 태어나게 하고 또 그처럼 세계를 재창조하는 힘을 내게 부여한다. 왜냐하면 "기록하는 단순한 기관으로 머무르는 데 우리가 만족하지 않는 한 태어나지 않은 모든 것은 아직 태어날 수 있기"[1] 때문이다.

그처럼 이해한 현상학적 환원은 더는 조금도 "환원적"이지 않다. 조금도 제한적이거나 부정적이지 않다. 현상학적 환원은 세계에 대한 우리의 순진한 경험의 시선을 그 경험을 가능하게 하는 기초적인 현상으로 다시 이끄는[re-ducere] 데 있다. 우리 경험을 한정하기는커녕, 현상학적 환원은 우리 경험을 그 한계로부터 해방한다. 우리 경험이 경계를 알지 못하는 새로운 영역에 다가가도록 실재하는 실재에 예속된 우리 경험을 그 예속으로부터 해방한다. 부정적이지 않은 에포케는 잠정적이지 않으며, 더는 신의 진실함에 호소함으로써 의심을 뛰어넘는 것이 아니라 환원 속에 자리 잡는 것이 중요하다. 초월성의 어떤 자국도 계속해서

---

1. A. Artaud, *Le Théâtre et son double*, Introduction.

끼어들지 못하게 하면서 환원을 극단화하는 것이 중요하다. 세계로 돌아오고자 내재성을 벗어나는 것이 더는 문제가 아니다. 어떤 신도, 어떤 대타자도 내 실존을 지지할 수 없는, 나 자신과 다른 아무것도 만나지 못하는 내 내재적 삶의 무한한 영역 속으로 더 깊이 나아가는 것이 중요하다. 하지만 후설을 데카르트에 맞서게 하는 것은 잘못이다. 현상학의 창시자는 그 자신이 생각했던 것보다 더 데카르트에 가깝다. 데카르트의 의심은 엄밀한 의미에서 의심이 아니라고, 세계의 실재를 정말로 부인하는 것이 아니라 세계의 실재가 내게 나타나는 그대로 나타나게 한다고, 나는 세계의 실재를 보는 것 같고[videor videre], 만지는 것 같고, 듣는 것 같다고 이미 말했다. 데카르트는 세계의 실재를 부인한다고 생각했지만, 사실 세계의 실재를 미결상태로 두는 데 만족했다. 그는 이미 일종의 현상학적 에포케를 행했다. 그는 그가 산 길, 그가 발견한 대륙을 알아보거나 기술하거나 명명할 줄 몰랐다. 위대한 탐험가에 이어 지도를 제작하는 전문가가 온다. 데카르트의 사유를 생각하는 데, 그가 발굴하기 시작한 미지의 나라에 이름을 주는 데 후설이 있어야 했다.

에고의 지위가 관계하든, 내재성이나 삶의 지위가 관계하든, 후설 "발견"의 대부분은 데카르트의 자취를 밟는다. 후설은 게다가 그것을 명확하게 인정한다. 데카르트는 "이미 가장 위대한 발견"을 했지만, "그 고유한 의미를 파악하지 못했음"을 그는 강조한다. 그 발견이란 내재적 자아인데, 데카르트는 그것을 세계 한가운데 있는 인간 자아와 혼동했다.[2] 프랑스 철학자는 근원적 자아가 세계의 초월성에 속하지 않으며,

---

2. Husserl, *Méditations cartésiennes* (1929), § 10, Vrin, 1980. *Krisis*, § 18을 또한 보라.

세계 현상을 구성하고 그것에 의미를 주므로 근원적 자아가 세계 현상을 "그 안에 지닌다"는 것을 알아차리지 못했다. 세계의 한 부분이나 영역처럼, 연장하는 실체와 구분되는 "생각하는 실체"처럼 그것을 생각함으로써 데카르트는 마음과 몸의 낡은 이원론에 다시 빠지게 된다. 그는 *videor*, *cogito*의 바탕을 이루는 최초의 느끼기이자 후설이 '살(chair)'이라고 부른 것이 실제로 무엇인지를 이해하기를 스스로 금했다. 왜냐하면 내재적 자아는 키잡이가 그의 선박 안에 있듯, 데카르트 영혼이 송과선에 있듯 그의 살 '안에' 있지 않기 때문이다. 내재적 자아는 그의 살이다'. 그는 *Ichleib*, "에고-살", 근원적으로 육화한 자아이다.[3] 그는 '가장 경탄할 만한 것', 언제나 새로운 현상의 근원적 원천, "실존하고자 '어떤 것'도 필요로 하지 않는"[4] "절대 정립의 영역"이다. 후설은 그가 사용한 용어 자체에서 데카르트의 실체 규정, 그 가장 올바른 규정과 여기서 다시 만난다. 그 규정은 에고에게만 적합한 규정이다. 자기 자신에게 자유로이 자신을 주고 나이고자 다른 아무것도 필요로 하지 않는 자아에게만 적합한 규정이다. 전적으로 내재적인 자아는 오래 지속하기에, 그 어떤 초월적 실재의 도움 없이 시간적으로 자신을 전개하기에 이르러야만 한다. 우리는 이 일시적인 자유로운 전개의 궁극적인 기반을 시간 자체 속에서 찾는다. 후설은 내재적 시간성의 본질적인 특성을 발견했다. 그는 자체에 자체를 엮고, 현재의 인상과 최초의 기억["과거지향"]을 계속 교착시키며 자체를 통일하는 시간성의 능력을 발견했다. 이 최초의 기억 속에서 현재의 인상은 이미 과거처럼 겨냥된다. 그때부터 현재와

---

3. *Ichleib* 개념은 1907년에 *Choses et espace*를 다룬 강의에서부터 후설에게 나타난다. 거기서 그 개념은 공간성의 구성에서 중요한 역할을 한다.

4. Husserl, *Idées directrices pour une phénoménologie (Ideen I)* [1913], § 49.

과거, 달리 말해 근원적 인상과 과거지향은 외재적인 두 용어처럼 더는 서로 맞붙지 않으며, 그 둘의 차이는 살아 있는 현재 한가운데에서 깊어 간다. 단순한 시간-의-한-점, 사라지는 한순간으로 더는 환원되지 않고, 과거와 미래를 포괄하면서 '현재 영역(champ de présence)'처럼, 흐름의 한 국면처럼 전개되는 현재 한가운데에서 그 둘의 차이는 깊어간다. 에고는 칸트의 비시간적 주체처럼 시간의 흐름 위에서 바깥으로 불쑥 솟아 있지 않다. 에고는 자신을 시간화한다. 에고는 그의 내재적 시간성과 하나를 이룰 뿐이며, 후설이 "살아 있는 현재"라고 부른 것은 자아의 자체 내 살아 있는 현존(présence vivante du moi à lui-même)일 뿐이다.

이렇게 철학자들이 길을 잃도록 한 모든 아포리아가 해소된 것 같다. 처음으로 에고의 자기-줌이 정초된 것 같다. 후설이 고안한 '에포케'는 그 생산성을, 그 진리를 입증했다. 에포케는 자아의 내재성 영역을 발견하게 해주는 유일한 방법이다. 곧 에고-분석에 적합한 유일한 방법이다. 하지만 에고-분석은 엄밀한 의미에서 "현상학"이 아닐 것이다. 현상학은 모두 에고의 진리를 드러내는 데 실패했을 수 있다. 후설의 계승자들은 존재나 대타자, 세계의 살이나 절대 삶의 이름으로 자아를 해임하면서 에고살해로 편입됐을 수 있다. 후설 그 자신은 근원적 자아에 더는 집중하지 않을 환원에 이르게 될 다른 길을 모색했었다. 1924년에 발표한 『제일철학』에서 그는 "데카르트적이지 않은 심리학"의 길을 내려 할 것이다. 미완성으로 남은 그의 철학 유언인 『위기』는 "삶 세계(monde de la vie)"의 길을 중시할 것이다. 이는 데카르트 길의 실패를 고백하는 것일까? 우리는 거기서 또한 데카르트 이후 에고를 정초하거나 재정초하려는 모든 시도에 영향을 미치는 이상한 실패를 다시 알아보게 될까? 철학 역사가와 관계있을 뿐인 이론적 문제가 거기 관계하지 않는다.

나는 피할 수 없는 주요한 어려움의 징후를 그곳에서 본다. 나와 타인의 관계, 나를 둘러싼 타자, 세계에 모습을 주고자 나와 결합하는 모든 타자와 나의 관계를 헤아리지 않은 채 내재성의 영역은 어째서 '한' 자아에만 속하고 '우리'에 속하지 않는 걸까? 어째서 에고의 지위를 더는 지니지 않는 의식이나 비인격적 삶이 아닌 한 '자아'에 그것을 부여할까? 내가 행하는 환원은 나를 나로 반드시 데려가야 할까? 그렇다면 어떤 "자아"가 관계할까? 어떤 점에서 그 자아는 환원이 작용 밖에 둔 세계의 자아와 구분될까? 이러한 물음을 우리는 매우 일찍이 후설이 살아 있을 때 이미 놓았으며 여전히 놓는다. 왜냐하면 현상학은 경직된 교리가 아니라 사물 자체로 향한 길, 가능한 하나의 사고이기 때문이다.

후설이 에고의 근원적 내재성의 주장을 언제나 옹호했다고 생각하는 것은 잘못이다. 그는 그의 학문적 도정 초기에 자아를 단순한 "정신적 경험 다발"로, 곧 경험적 실재 가운데 하나로, 집이나 나무와 같은 자격에서 초월적 대상으로 생각했다.[5] 몇 년 뒤 환원이라는 방법을 발견한 뒤에도 그는 그의 관점을 바꾸지 않았다. 그 발견은 반대로 의식 영역 밖으로 자아를 퇴출하는 데 유리하게 작용한다. 환원을 수행함으로써 "우리는 자아의 초월적 정립이 관여하지 못하게 하고 절대적인 것, 순수한 의미의 의식에 만족한다." 그 의식은 그러면 마치 익명의 의식처럼, "누구의 생각도 아닌 생각"[6]처럼 제시된다. 뒤늦게 그는 환원을 통해 경험적 자아와 구분되는 "순수 자아"의 존재를 인정할 것이다.[7] 무엇이

---

5. Husserl, Ve *Recherche logique*, § 4 (1900-1901), PUF, 1972, p. 152-153.
6. Husserl, *Chose et espace*, § 13 (1907), PUF, 1989, p. 64.
7. Husserl, *Problèmes fondamentaux de la phénoménologie*, § 37 (1910-1911), PUF, 1991, p. 198-204를 보라.

이러한 결정을 하도록 그를 이끌었을까? 먼저 경험의 통일성을 확보할 필요성이다. 곧 구별되는 시간의 여러 흐름, 예컨대 하나는 가깝고 다른 하나는 먼 두 종류의 기억, 또는 기억과 현재의 인상을 같은 의식에 모두 있게 하는 것을 이해할 필요성이다. 대답이 부과된다. 그 모든 흐름은 '내 것'이기 때문에, 내 자아의 통일성에 속하기 때문에 의식의 유일한 흐름 속에서 서로 맺어진다.[8] 하지만 그것이 유일한 이유는 아니다. 만일 후설이 내재적 자아를 인정하기에 이르렀다면, 그것은 그의 사유의 본질적 특성과 관계있다. 바로 경험에, 가장 직접적이고 가장 일상적인 우리 경험에 충실한 그의 태도이다. 그는 이 경험을 "진실하지 않은 것"으로 거부하는 것을 자신에게 언제나 용납하지 않았다. 우리 자신과 세계에 대한 우리의 순진한 접근으로부터 아무것도 배제되지 않았다. 세계의 실재는 지워지지 않고 수수께끼나 징조처럼 "괄호 속에" 살아남았다. 그런데 이 모든 초월적 소여 가운데 불가항력적인 힘을 지니고 우리 모두에게 부과되는 것이 하나 있다. 바로 자아라는 확실성이다. 물론 이 자아는 경험적 실재를 지닐 뿐이다. 다른 것 가운데 인간 개체라는 경험적 실재를 지닐 뿐이다. 하지만 그것을 버릴 어떤 이유도 없다. 우리가 환원을 수행할 때, 실재의 어떤 측면도 파괴되지 않았다. '나'라는 보편적 명증을 포함해서, "우리는 우리의 자연스러운 '모든' 경험을 현상학적 경험으로 바꾸어 놓는다."[9] 이러한 조작에 이어 경험적 자아는 이제 그것에 "평행한" 내재적 자아이기도 하다. 이러한 중복은 분열을, 완전한 분리를 일으키지 않는다. 왜냐하면 우리는 다른 두 평면

8. 나는 여기서 R. Bernet가 *La Vie du sujet*, PUF, 1994, p. 303-304에서 제안하는 분석에 의존했다.
9. Husserl, *Problèmes fondamentaux de la phénoménologie*, § 34, p. 194.

에서 헤아린 '똑같은 하나의 자아'와 관계하기 때문이다. 하지만 정확히 같은 것은 아니다. 환원은 에고의 지위를 바꾼다. 그의 몇몇 특징을 달라지게 한다. 그에게 새로운 면모를 준다. 내가 그곳에서 '나를' 알아보리라는 것이 더는 확실치 않다. 이름도 몸도 없는 고독한 자아, 인간이 더는 아닌, 타인과 함께 세계 속에 더는 살지 않는 이 자아가 여전히 '나'일까? 후설은 모순되는 여러 대답 가운데 망설인다. 똑같은 자아가 관계한다고 대체로 주장하지만 두 평면을 또한 대립시키기도 하고, 내재적 자아를 경험적 자아와 구분되는 이차적 자아로 만들기도 하고, 심지어 내재적 자아를 "자아"로 가리키기를 거부하기도 한다. 우리는 특히 『위기』의 당혹스러운 다음 구절에서 후설의 망설임을 감지할 수 있다. "에포케 속에서 내가 이르는 '나'는 사실 모호한 방식으로만 '나'로 불린다." 하지만 "'나는 나'라고, 에포케를 수행하는 나라고 말하는 것 이외에 나는 달리 나를 표현할 수 없다."[10] 사르트르를 선두로 한 그의 추종자들은 비인격적 의식처럼, "주체 없는 초월론적 영역"처럼 규정되는 근원적 현상 영역에서 에고를 추방하기로 결정한다. 하지만 만일 자아가 초월적 대상일 뿐이라면, 환원을 통해 관여 밖에 놓인다면, '누가' 이 환원을 수행하는지를 더는 이해하지 못하게 된다. 그것을 수행하고자 '더는 아무도 없기' 때문이다.

여기서 관건은 환원의 결과이다. 곧 환원이 세계의 순진한 경험과 내재성의 영역 사이에 설정하는 관계가 관건이다. 사람들은 때로 환원이 충분히 근본적이지 못하다고, 경험적 실재를 "베껴 쓰는" 데 그친다고,

---

10. Husserl, *La Crise des sciences européennes et la phénoménologie transcendantale*, § 54b (1935-1936), Gallimard, 1976, p. 210.

세 번째 부분: 에고-분석 개론 217

새로운 아무것도 전혀 발견하지 못하고 경험적 실재를 중복시키는 데 그친다고 비난한다. 하지만 건널 수 없는 심연을 만들 정도로 두 면 사이에서 간격을 벌리는 '지나치게' 철저한 환원을 또한 조심해야 한다. 대부분의 후설 계승자들이 취한 길이 그것이었다. 언제나 더 철저한 에포케를 행하는 것, 우리 경험에서 점점 더 멀어지는 어떤 근원(Originaire)을 향해 거슬러 올라가는 것이었다.[11] 어떤 존재자의 존재도 더는 아닌 존재, 어떤 단독적인 몸의 살도 더는 아닌 세계의 살, 내 삶과 더는 아무 관계없는 절대 삶, 타자의 가시적이고 치명적인 형상과 공통된 아무것도 더는 없는 무한한 완전한-타자(tout-Autre)와 우리는 그때부터 관계할 것이다. 가장 일반적인 경험, 자아이고, 몸을 가지고, 타자와 함께 세계에 있다는 경험은 아주 불명확하고 이해할 수 없게 된다. 우리는 그 경험이 근원을 왜곡한다는 것을, 없애야 할 착각이라는 것을 의심할 것이다. 그렇게 철저해진 에포케는 에고살해가 된다. 에고를 파괴하는 데 전념하거나 세계의 실재 속에 있는 경험적 자아만을 인정하려 한다. 그러면 우리는 정신분석학에서 부딪친 것과 똑같은 아포리아를 다시 만난다. 자아를 더 근원적인 비-자아로부터 유래하게 하려는 계획을 다시 만난다. 그러한 시도는 반드시 실패로 돌아간다. 그러한 근본주의는 경험에 충실해야 한다는 원리를 어겼기에 궁지에 몰리게 된다. 이제부터 그 원리에 만족해야 한다. 나라는 거스를 수 없는 확실성에 만족해야 한다. 그리고 어떻게 그러한 명증이 에고의 내재적 삶에 뿌리를 두는지를 보여주려 애써야 한다.

---

11. 이에 "지나친" 환원의 위험과 현상학의 운명에 미친 그 위험의 결과를 다룬 Fr.-D. Sebbah의 책 *L'épreuve de la limite*, PUF, 2001을 참조하라.

그 길에서 우리를 인도할 이가 후설일까? 이 결정적 물음과 관련해 그의 관점은 보기보다 덜 확실하다. 에포케가 이른 자아를 참된 자아로 가리키기를 주저할 때, 그는 사르트르나 하이데거의 익명의 근원을 향해 이미 한 발을 내딛는다. 그가 여기서 보인 "모호함"은 그의 모든 사유에 영향을 미친다. 그의 자아나 내재성이나 삶이나 시간성 개념에 영향을 미친다. 후설 현상학 전체가 이로 인해 불안정하게 된다. 언제나 숨고 보이지 않는 무게 중심을 찾아 하나의 모호함에서 다른 모호함으로 미끄러지는 운명에 처하게 된다. 이 파국의 여러 국면을 간략히 되새겨 보도록 하자.

1. 후설은 마침내 절대 의식이 익명이 아님을, 그것이 언제나 에고의 의식임을 인정한다. 자아는 이처럼 내재성 한가운데 닻을 내리는 것 같다. 하지만 그는 곧바로 그곳으로부터 퇴출당하게 된다. 내가 언제나 '내 것으로' 내 체험을 겪기에, "순수 자아"가 내 모든 경험에 반드시 속한다고 [*Ideen* I, § 57에서] 인정한 순간, 마치 자신의 대범함에 놀란 듯 후설은 뒷걸음질 친다. 그는 순수 자아가 내 체험의 하나처럼 여겨질 수 없다고 주장한다. 이는 결국 내 내재적 삶에서 자아를 내쫓게 된다. [사르트르가 하게 될 것처럼, 후설 그 자신이 몇 년 전에 했던 것처럼] 세계의 초월성 속으로 자아를 내몰게 된다. 그러면 내 의식, 내 삶 그 자체는 비인격적 중립성 속으로 다시 빠지게 될 것이다. 후설은 결단하지 못한다. 결정을 못한 채, 명확하게 자아를 초월성 속에 '또는' 내재성 속에 자리 잡게 하지 못한 후설은 자아를 "내재성 한가운데 있는 초월성" 으로 규정하기에 이른다. 모든 모호함이 그가 더 분명하게 하고자 전혀 하지 않았던 이 중의적인 개념 안에 집약된다. 그 개념은 엄밀하게 에고 가 내재성에 '속하지 않음'을, 내재성에서 분리될 수 없다 할지라도

그가 낯선 것처럼, 일종의 '불법 점유자'처럼 내재성에 들러붙어 있음을 의미한다. 결국 에고는 '내재적이지도 초월적이지도' 않다. 에고는 어떤 위치도, 어떤 규정된 지위도 소유하지 못한다.

　2. 이 중의성을 없애려면 두 면을 정확히 구분해야 할 것이다. 하지만 그 둘 사이에 경계는 없으며, 이 모든 것으로 보아 후설이 정말로 내재적인 것을 규정하기에 이르지 못한다고 믿게 된다. 내재성과 초월성의 개념을 처음으로 도입하면서 그는 그 두 개념이 그 자체로 모호함을 강조했었다. '실질적인' 내재성, 곧 의식 체험에 '실제' 속하는 것으로, 또는 절대 명증 한가운데 "직접(en personne)" 주는 것으로,[12] 내재성을 이중적인 의미에서 이해할 수 있음을 강조했었다. 첫 번째 의미로 이해한 내재성은 자기 자신으로부터 전혀 나가지 않고 자기 자신에 자신을 주는 삶의 절대 자기-줌(auto-donation)을 가리킨다. 두 번째 의미로 이해한 내재성은 초월적 대상이나 세계의 실재나 관념적 본질, 곧 내게 낯설고 내 삶에 근원적으로 속하지 않는 개체의 지향적 파악으로 확장된다. 이 지향적 내재성을 그는 그렇지만 가장 "본래적인" 것으로 가리킨다. 후설은 내재성의 경계를 점점 더 넓혀 나간다. 내재성은 내 에고의 단독적인 특성이기를, 언제나 내 것인 내 체험의 단독적인 특성이기를 그치고 익명의 중립성이 된다.

　3. 후설에 따르면 "내 삶은 가장 근원적으로 내 것인 것"[13]이며 그리고 자아 그 자신은 *Ichleib*처럼, "에고-살", '자아-살'처럼 규정된다. 후설은

---

12. Husserl, *L'Idée de la phénoménologie*, 2ᵉ leçon (1907), p. 59-60. [이를 주제로 M. Henry가 *Phénoménologie matérielle*, PUF, 1990, p. 72-84에서 행하는 비판적 분석을 보라.]

13. Husserl, *Husserliana*, t. XIV, p. 58.

심지어 내 살을 *Urleib*, "근원적 살"처럼, 모든 살의 유일한 원천처럼 제시하기까지 한다.[14] 하지만 내재성의 모호한 성격은 살의 지위에 또한 영향을 미친다. [두 번째 의미에서] 내재적 방식으로 내게 나타나는 명증적인 소여를 두고 그는 이제 그것이 *leibhaft*, "자체 살 속에" 주어진 다고 말할 것이다. 한 발 더 나아가면 우리는 메를로 퐁티와 마찬가지로 "사물의 살" 또는 세계의 살을 말할 수 있을 것이다. 그런데 살의 지위는 훨씬 더 모호하다. 후설은 에고의 내재성 영역 밖으로 살을 아주 내던지 게 된다. 그는 살이 "본래 나인 것에 속하지 않음"[15]을 옹호하게 된다. 그때부터 살 없는 에고는 에고 없는 살에 대립되고, 현상학은 마음과 몸의 전통적 대립 속에 다시 빠지게 된다.

4. 이러한 어려움은 총체적으로 궁극적인 아포리아, 가장 어려운 문제 인 시간성의 문제로 집중된다. 나는 거의 삼십 년 동안 쉼 없이 재작업 중에 있던 후설 시간 현상학의 미로 속으로 빠져들기를 바라지 않는다. 나는 다만 어떻게 자아와 살을 주제로 후설이 내리는 모호한 규정이 그의 시간 개념에 영향을 미치는지를 보여주고자 할 것이다. 후설이 1905년의 『강의』에서 처음으로 시간 개념을 진술할 때, 그는 구성하는 에고(ego constituant)의 어떤 개입도 없이 시간 흐름이 자체의 통일성을 구성한다고 믿는 것 같았다. [이에 강의는 에고살해에 마력을 발휘하게 된다.] 그런데 그는 "그때 자아를 말하지 않았다"라고, "스스로 자체를 시간화하는"[16] 자아의 삶 속에 뿌리를 둔 시간의 구성적 지향성을 "에고

---

14. Husserl, *Philosophie première* (1992), 35e leçon, PUF, 1972, t. II, p. 85.
15. Husserl, *Ideen* II, § 54, PUF, 1982, p. 296. [§ 22를 또한 보라. 순수 자아는 살 속에 "그의 위치를 가지지 못한다."]
16. 우리는 이 자기비판을 "Téléologie universelle"[*Husserliana*, t. XV, p. 594;

적"인 것으로 규정하지 못했다고 이후에 자신을 책망한다. 이는 그가 살아 있는 현재의 이론을 입체적으로 전개하지 못했기 때문이다. 그는 그렇지만 "현재 순간이 근원적 느낌으로", 곧 시간 흐름의 절대 원천인 '근원적 인상'으로 정의되어야 함을 알아차렸다.[17] 그런데 그 인상은 반드시 "살로" 주어지며, 또한 내 살에 주어진다. 이는 엄밀히 '살이 시간을 줌'을, 살이 시간성의 가능 조건임을 의미한다. 내 삶이 언제나 내 것이라면, 언제나 나라면, 근원적 살이 "에고에서 나옴"을 인정해야만 한다. 자아-살이 살적 인상을 가로질러 자체에 자체를 줌으로써 시간 흐름의 통일성을 구성하는 것이다.[18] 후설은 이를 인정하기를 망설인다. 내재적이면서도 초월적인 살, 근원적으로 내 것이면서도 내게 낯선 살, 아마도 그가 살에 부여하는 이 모호한 지위 때문일 것이다. 이 망설임의 결과는 곧 나타난다. 만일 내 살의 삶이 시간의 첫 번째 소여라면, 살이 없는 자아는 시간에 미치는 그 모든 영향력을 상실할 것이다. 탈육화함으로써 자아는 탈시간화한다. 시간성은 자아에 내린 모든 닻을 상실할 것이다. 이 모든 일탈 끝에 후설은 절대 에고를 "비시간적인 것"으로 정의하고 가장 근원적인 현재를 *ichlos*, "자아 없는 흐름"으로 정의하기에 이를 것이다. 하지만 익명의 흐름, 에고의 살적 자기-인상(auto-impression)이 가로지르지 않는 흐름이 어떤 기준에서 여전히 흐름일까,

---

trad. fse *Philosophie*, n° 21, 1989]이라는 제목이 붙은 1933년의 미간행 작품에서 볼 수 있을 것이다.

17. Husserl, *Leçons pour une phénoménologie de la conscience intime du temps* (1905), § 31, PUF, 1983, p. 88.

18. 이 문제를 두고 D. Franck가 *Chair et corps*, Ed. de Minuit, 1982, p. 189-190에서 인용하는 후설의 미간행 작품을 보라. 나는 이 기회를 이용해 내 연구가 이 중요한 책에 많은 것을 빚졌음을 강조하는 바이다.

계속해서 자체를 전개하는 의식의 유일한 흐름일까? 에고 없는 시간성은 자체에서 멀어질 운명에 처하지 않을까? 영원한 분산 속에서 끊임없이 붕괴할 운명에 처하지 않을까? 우리가 자아와 시간의 불가피한 분열을 피하려면, 어떻게 자아의 살적 자기-줌(auto-donation)이 시간적으로 자신을 구성하고 그로써 '근원 인상(Ur-impression)'을 가로질러 시간을 구성하는지를 보여주어야 한다. 그리고 이 인상이 '참으로' 근원적이려면, 시간의 기원에 있으려면 어떤 것이어야 하는지를 물어야 할 것이다. 어떻게 그 인상은 과거 속으로 미끄러지면서 과거지향의 변형된 모습으로 이 자기-변질(auto-altération), 살아 있는 현재의 통일성을 구성하는 이 자기-차별화(auto-différenciation)를 통해 계속해서 자체에 자체를 잇기에 이를까? 이것이 바로 데리다가 확인한 어려움이다. 이에 그는 "근원 인상이 자기-촉발이며, 그 속에서 동일자는 타자로부터 영향을 입음으로써만, 동일자의 타자가 됨으로써만 동일자이다"[19]라는 결론을 내린다. 인상은 이처럼 자체와 다른 것으로, '자기-의타기-줌(auto-hétéro-donation)'[20]의 방식으로 자체에 자체를 준다. 무엇이 결국 이 '다른 것(hétéron)', 현재의 순간 한가운데 쉼 없이 다시 깊어가는 이 불가사의한 타자성일까? 살아 있는 현재가 자아-살의 자체 내 살아 있는 현존(présence vivante du moi-chair à soi-même)일 뿐이라면, 그것을 가로지르는 타자성은 자아로부터 생겨나야 한다. 이는 최초의 낯섦, 자아의 내재성 '속에 있는' 최초의 초월성이라는 수수께끼에 우리를 직면하게 한다.

---

19. Derrida, *La Voix et le Phénomène*, PUF, 1967, p. 95.
20. [옮긴이 주] 'auto'를 옮긴 자기(自起)가 저절로 일어남을 뜻한다면 그 반대말 'hétéro'를 옮긴 의타기(依他起)는 원래 불교 용어로서, 다른 것에 의존해서 일어남을 뜻한다.

이를 사유하는 데, 후설의 감탄할 만한 분석은 더는 아무 도움이 되지 못한다. 시간 문제의 열쇠는 시간 그 자체 속에 있지 않고 삶 속에 있다. 자아-살의 삶 속에 있다. 시간성의 현상학에 작별을 고하고 에고-분석에 호소할 때가 왔다.

자아를 "분석한다" 함은 엄밀한 의미에서 그것을 '나누는 것'과 같다. 곧 통일성과 자기 동일성의 모습 아래 감춰진 근원적으로 많은 자아를 인정하는 것과 같다. 물론, 이러한 행보가 후설의 생각에 아주 낯설지는 않다. 그에 따르면 "활동 중인 에고의 삶은 끊임없이 분열되는 과정과 다른 아무것도 전혀 아니다." 분화한 많은 에고로 갈라지는 과정과 다른 아무것도 전혀 아니다. 그는 많은 의식 행위를 강조했다. "'저마다의' 행위가 '자체의' 특수한 자아를 지닌다는 것"을 말이다. 그 특수한 자아의 삶은 행위가 끝날 때 고갈된다. 보는 자아와 만지는 자아가 결국 있다. 더 자세히 말하면, 노란 벽을 보는 자아, 그 거친 면을 만지는 또 다른 자아, 벽 앞에 있는 사람을 보는 또 다른 자아 따위가 결국 있다. 괴로워하는 자아, 즐거워하는 자아, 기억하는 자아, 바라거나 기대하는 자아 따위가 말이다. 하지만 곧바로 그는 "그러나 유일하고 동일한 자아가 분열되는 것임"을 강조한다. 자아의 많은 나타남은 에고의 본질적인 통일성에 조금도 영향을 미치지 않는다. 자신의 여러 의식 행위를 통해 보거나 만지거나 기억하는 유일한 자아의 본질적인 통일성에 말이다. "그래서 나는 주장한다. 여기 도처에서 나는 같은 것이다."[21] 후설은 이처럼 자아가 '하나(un)'라고, 자아의 통일성이 그의 잇따른 분열을 앞서며 그의 많은 행위를 가로질러 불변으로 지속된다고 기정한다. 내재성의 영역이

---

21. Husserl, *Philosophie première* (1992), 40ᵉ leçon, t. II, p. 128-129.

의식 흐름의 환원 불가능한 복수성(pluralité)으로 특징지어지는 것과 마찬가지로, 모든 것으로 보아 언제나 자기와 같은 자아-하나(Moi-Un)는 내 내재적 삶에 더는 속하지 않는다고, 초월적 개체처럼 밖으로부터 내재적 삶 위로 솟아올라 있다고 믿게 된다. 데카르트는 "의심하고, 이해하고, 욕망하는 것이 똑같은 자아"인지를 의아하게 생각할 수 있다는 것을 용납하지 않았다. 왜냐하면 내가 언제나 하나, 언제나 똑같은 자아라는 것은 자명한 일이기 때문이다. 후설 또한 이 오래된 선입견에 지고 말 것이다. 그는 간신히 그것을 피할 수 있었다. 왜냐하면 그는 순수 자아를 내 경험의 결합 원리처럼, 그것의 통합 원리처럼 도입했기 때문이다. 이 통일성의 원리가 그 자체로 통합되지 않았다면 어떻게 나를 끝없는 혼돈 속으로 빠트리게 될 내 의식 영역의 붕괴를 막을까? '나는 하나'라고 상정하면서 나는 낭떠러지 앞에 난간을 세운다. 다수(multiple)의 긍정은 무한한 분산의 위협에 나를 빠트리고 나는 그 치명적인 위협을 쫓으려 노력한다.

이는 무너지기 쉽고 곧바로 재검토에 놓이게 될 방어선이다. 우리는 데카르트 *cogito*가 내가 생각할 때에만 존재한다는 것을 보았다. 여러 번, 무한 번 새로 자신을 긍정하면서, 계속된 재창조 속에서 매번 다시 나타났다가 사라지기를 그치지 않는 것을 보았다. 하지만 어떻게 되돌아오는 것이 언제나 똑같은 자아라는 것을 확신할까? 칸트가 눈여겨보았듯, "매 시간 속에서" '나는 생각한다'의 자기 동일성이 그의 동일성이 "다른 시간 속에서" 지속된다는 것을 함축하지 않는다. 내 경험의 시간적 통일성은 그러면 많은 일시적인 에고로, 자아-순간(moi-instants)으로 사라질 위험이 있다. 이와 같이 자아의 실존 자체를 문제 삼지 않으면서 다수를 긍정할 수는 없는 것 같다. 오늘날 에고 해체는 동일한 선입견에 기초를 둔다. 자아가 하나일 수밖에 없다는, 유일한 주체(Sujet)일 수밖에 없다는 동일하고 순진한 확신에 기초를 둔다. 오늘날 에고살해자들은 자아가 자아이기를 멈추지 않으면서 동시에 나뉠 수 있다고, 분리될 수 있다고 생각하지 않는다. 그들이 우리 경험에서 많은 인상이나 욕망, 사건이나 국면을 만날 때, 그들은 이 많음이 한 에고에 속하지 않는다고, 그것이 에고를 터뜨리고 나라는 착각을 없앤다고 공포한다. 데카르트에서부터 후설에 이르기까지 에고를 제일 진리로 헤아린 자들은 에고의 통일성을 미리 상정한다. 흄에서부터 들뢰즈에 이르기까지 다수의 이름으로 에고의 통일성을 반박하는 이들은 그곳에서 단순한 착각만을 본다. 에고의 옹호자와 적대자는 적어도 한 가지 점에서 서로 일치한다. 자아는 만일 자아가 실존한다면 근원적으로 하나라는 점이다. 하나가 있지 않다면, 다수가 있을 뿐이라면, 자아는 있지 않을 것이다. 이제 물어야 할 것은 그들의 공통된 선입견이다. 다수에 맞서 하나를, 곧 자아의 근원적 통일성을 내세우든가, 하나에 맞서, 곧 자아에 맞서 근원적 다수를 내세우든가 하는 것이다. 반대로 자아를 '다수의 통일성'처럼, 근원적으로 나뉘었지만 통합된 자아처럼 생각해야 한다. 통일성은 내게 단번에 주어지지 않았다. 통일성은 발생의 마지막 단계이고 나는 그것을 언제나 새로 다시 쟁취해야 한다. 내 일상의 실존 속에서 해체된 수많은 에고로 나를 흩뜨리는 모든 힘에 맞서 싸우면서 나는 내 삶의 통일성을 회복해야 한다. 이 해체된 수많은 에고 가운데 어느 것도 '내'가 아니다. 우리는 대개 에고의 분산을 전혀 알아차리지 못한다. 우리는 모두 자신의 통일성, 개별성이 역사의 진행 사이에 구성된다는 것을, 그 통일성, 개별성이 통합 과정의, 동일시 과정의 결과라는 것을 깨닫지 못한 채 한 '개인'처럼, 언제나 자신에 동일한, 통일적이고 분할할 수 없는 자아처럼 자신을 산다. 우리 시대가 내세우는 최고의 개인은 에고의 분할과 최초의 분산을 극복하려는 에고의 투쟁을 감추는 하나의 허구일 뿐이다. 에포케를 행해서, 근원적 다수를 마침내 나타나게 할 목적에서 자아-하나의 선입견을 작용 밖에 둬서 그 망각된 발생을 발견하는 것이 중요하다. 그 근원적 다수로부터 나는 온다.

　이는 새로운 어려움을 제기한다. 우리는 비자아로부터 자아를 나오게 하려는 모든 시도가 실패할 수밖에 없다는 것을 보았다. 에고를 구성하는 동일시는 자기-동일시(auto-identification)일 뿐이다. 자아를 구성하고자 합쳐지는 근원적 요소는 자아에 낯설 수 없다. 그 모든 요소는 이미 "나"이다. 내 부분이나 조각이다. 그렇기에 '에고는 그 자신을 앞선다.' 에고는 그 자신을 낳고, 그 자신'으로부터' [단편적인 여러 에고로부터] 자신'에게' [통일적인 하나의 에고처럼 자신을 구성하면서] 자신을 준다. 하지만 이 자기-구성(auto-constitution)은 언뜻 보기에 하나의 고리 같다. 내가 나 자신의 기원에, 내 모든 구성 요소 속에 이미 있다면, 어째서 나는 나를 낳아야 할까? 어째서 나는 에고로서 나를 구성해야 할까? 그 모든 요소가 늘 나를 앞선다면, 이는 그 모든 요소가 아직 '내'가 아니며 나를 구성하는 데 결국 절대 이르지 못하리라는 증거가 아닐까? 어떻게 헤르메스가 제우스의 분노로 나뉜 한 존재로부터 분리된 두 몸을 만드는 데 성공했는지를 이야기해주려면 플라톤의 시적 영감이 있어야 했다. 어떤 탁월한 마법사가 에고의 흩어진 조각으로부터 내 자아의 퍼즐을 짜 맞출 수 있을까? 우리가 추상적인 방식으로 논하는 데 만족하는 동안에는 이 물음에 답이 없을 것이다. 내게 주어지는 그대로 나인 이 자아를 기술하고자 노력하면서 나 자신 에포케를 행할 때가 왔다.

내재성의 영역

"당신들은 혼자라고 믿소.
그것은 사실이 아니오.
당신들은 다수이오."
아르토, 『아르토-모모가 겪은 이야기』

나는 에포케를 행한다. 세계가 실존한다는 내 순진한 믿음을 나는 멈추기로 결정한다. 사물의 실재, 세계 속에 다른 사람들이 실존한다고 미리 상정하는 모든 판단, 모든 태도를 나는 이제부터 삼간다. 나는 세계나 세계 속에 사물들이나 타자들이 있다는 것을 부인하지 않지만, 그 모든 것이 실제로 실존한다는 것을 긍정하지도 않는다. 나는 내게 주어지는 것을 더는 실제 대상이 아닌 단순한 현상으로 헤아리면서 주어지는 그대로 기술하는 데 만족한다. 거기에는 단호한 결심이 관계한다. 내가 자발적으로 행하는 시선의 전환이 관계한다. "우발적인(sauvage)" 환원을 한쪽에 두자. 그것은 친밀한 세계가 최대의 낯섦으로 갑자기 기울 때, 불안이나 애도나 쾌락이나 학대나 광기의 극단적인 경험 속에서 때로 일어나는 것으로서 세계를 작용 밖에 두는 것이다. 내가 에포케를 행하기로 자유롭게 선택할 때 나는 이 자연스러운 명백함의 상실을, 모든 것을 점령하는 이 걱정스러운 낯섦을 다른 방식에서 목격한다. 이제 실제 책상은 사라졌다. 내가 스치는 차갑고 매끈한 면이 있다. 유리의 푸른 기가 도는 반사광과 나무의 어두운 결이 또한 있다. 사실 먼저 첫 번째 음영이 진다. 그곳에서 하나의 각도가 전경에 튀어나온다. 그러고 나서 연이은 다른 음영이 진다. 그곳에서 책상의 윤곽은 바뀌고,

돌출된 모서리가 점차 희미해지다 내 시각 영역에서 사라진다. 그동안에 내 시선은 가장자리를 따라 점점 더 먼 곳으로 미끄러진다. 이 음영 가운데 어느 것도 그 자체로서 책상이 아니지만, 책상은 그 모든 음영에서 '주어진다.' 왜냐하면 책상은 그 음영 밖에서 그 자체로 있는 어떤 것처럼 실존하지 않기 때문이다. 그것은 음영의 연속적인 쇄도 이외, 지각 일부분의 계속된 통일성 이외 아무것도 아니기 때문이다. 유일한 대상처럼 제시되는 것이 끝없이 나뉜다. 곧 사라지는 윤곽으로, 촉각 인상으로, 색깔과 소리의 최초 감각으로 흩어진다. 경치는 셀 수 없을 정도로 많은 유색 인상으로 사라진다. 대상의 형태는 붕괴한다. 서로 완전히 겹치지 않으면서 서로 포개지고 겹치는 많은 윤곽으로 분열한다. 이 분열, 이 무한한 회절은 먼저 지각 경험과 관계있다. 그 경험 속에서 책상은 그 경험의 음영을 통해 그 경험의 "살 속에" 제시된다. 책상은 다른 줌 양상에 따라 또한 달리 주어지기도 한다. 그 줌 양상 속에서 책상은 단지 표상될 뿐이다. 내 지각을 에워싸는 불명확한 헤일로(halo) 가 있다. 내가 지금 지각하지 않지만 내가 보는 책상의 일부를 통해 간접적으로 내게 제시되는 다른 측면, 이면이 있다. 내가 상상하는 책상, 내가 기억하는 책상이 있다. 그리고 내가 지각할 때마다 깨어나는 기억 세계가 있다. 게르망트 성 안뜰의 흩어진 포석을 통해 되살아나는 성 마르코 광장과 베니스 전체… 매번 똑같은 책상이면서 똑같은 것이 전혀 아니다. 이 한없는 공명, 줌 양상의 환원 불가능한 다양성이 사물의 즉각적인 통일성을 분열한다.

우리 사유는 하나, 같은 것을 향해 너무 빨리 달려든다. 우리 사유는 세계에 있는 사물의 안심되는 통일성에, 이 세계를 메우는 인간 주체의 안정된 동일성에 만족해한다. 우리가 사물의 통일성을 발생의 마지막 단계에 목격할 수 있으려면 우리는 그 통일성을 깨고 산산조각 내야한다. 왜냐하면 모든 통일성은 최초의 다수로부터 형성되기 때문이다. [자아나 "개인"의 동일성을 포함한] 모든 동일성은 동일시의 종합을통해 구성되기 때문이다. 불변의 사물처럼 제시되는 것은 먼저 흐름속에서 잇달아 오는 유동적인 일련의 음영처럼 주어졌다. 내가 초월성을작용 밖에 둘 때 나타나는 이 분열되고 유동적인 차원이 바로 내재성이다. 그것을 단순한 한 점으로, 자기 안에 박히고 자기에 짓눌린 자기로 헤아리는 것은 잘못이다. 내재성은 im-manence이다. 그것은 늘 움직이는한 영역이다. 그 영역은 멈추지 않는 흐름처럼 시간적으로 전개되고, 자체 경계를 끊임없이 이동시키면서 공간적으로 확장된다. 내재성의영역은 먼저 흩어진 다수처럼, 어떤 형태도 어떤 안정된 동일성도 떠오르지 않는 chôra, 혼돈처럼 제시된다. 우리 공통의 세세가 해체될 때, 어떤위기가 존재의 통일성을 위협할 때, 다시 나타나는 것은 바로 이 최초의혼돈이다. ego cogito를 혼돈의 "체(crible)"처럼 혼돈의 경계에 자리 잡게했을 때 들뢰즈는 어려움을 보았다. 그때부터 "철학의 문제는 사유가잠기는 곳인 무한을 잃지 않으면서 하나의 정합성을 얻는 데 있게 된다."[22] 하지만 그는 무한한 광기 속에서 자체의 어긋남을 쉼 없이 확대하는 연속의 어긋남을 지나치게 강조했다. 그 결과 우리는 어떻게 이 연속을 다시 엇갈리게 할 수 있는지, 어떻게 내재성의 평면이 혼돈을 피할수 있는지를 알지 못한다. 그렇지만 세계에 사는 내 자아와 타자와 함께'세계는 있다.' 우리는 이 세계 경험에 충실해야 한다. 세계의 자아,

---

22. Deleuze et Guattari, *Qu'est-ce que la philosophie?*, Ed. de Minuit, 1991, p. 45.

어떻게 인간과 사물의 초월성이 내재성 속에서 예고되는지를 보여주면서 그 초월성을 구성하는 것이 중요하다. 이는 내재성의 영역이 순수 혼돈이 아님을 가정한다. 규칙성, 지속적인 일치가 나타남의 흐름을 정리하러 옴을 가정한다. 다른 관점, 일치하지 않는 일련의 인상은 '또한' 수렴하고, 서로 만나고, 서로 엇갈릴 수 있다. 점점 더 광범위하고 더 안정된 통일성이 형성될 수 있게 하면서 모든 교차점은 동일시의 한 극처럼 구성된다. 이와 같이 질서가 마침내 혼돈으로부터 나오게 된다.

사실 책상의 모든 음영이 다른 음영과 다르다면, 그럼에도 모든 음영은 하나의 공통된 '양식'을 소유하고 지각의 통일성 속에서 계속 이어진다. 이 일련의 인상은 게다가 다른 일련의 인상과 함께 한 점에 모일 수 있다. 내 손이 책상을 스치는 동안 나는 눈으로 그 표면을 가로지르고 내 손이 책상을 스치는 것을 본다. 나는 이 표면의 촉감과 그것에 일치하는 시각적 느낌을 확인한다. 그렇게 동시에 보고 만진 유일한 책상-사물이 점차 구성된다. 어떻게 시각 인상과 매우 다른 촉각 인상이 유일한 대상의 다른 두 지각처럼 시각 인상과 함께 발생할 수 있을까? 우리는 감각의 종합을 생각하지 않고 그것을 끊임없이 수행한다. 시각적인 것과 촉각적인 것을 끊임없이 겹쳐 놓는다. 하지만 이는 명쾌하지 않다. 아리스토텔레스가 이미 눈여겨보았듯, 두 개의 다른 감각에서 오는 두 느낌을, 예컨대 하양과 부드러움을 동시에 갖는 것은 불가능하다. 그렇지만 우리는 그러한 것을 관계 지을 수 있어야 한다. "그러한 것이 다르다고 말할 수 있으려면 통일성이 있어야 한다. 부드러움은 실제로 하양과 다르다. 그것을 말해 주는 것은 동일한 무언가이다."[23] 설탕의 하양을

---

23. Aristote, *De l'âme* III, 425-426[*De la sensation* 7, 447-449를 또한 보라].

보고 그와 함께 설탕을 맛볼 수 있는 이 통합의 원리, 그 둘의 차이를 지각하고 그와 함께 그 둘을 통일할 수 있는 이 통합의 원리를 어떻게 불러야 할까? 근대인인 우리, 데카르트와 칸트 이후에 오는 우리는 그것을 기꺼이 '자아'라고 부를 수 있다. 언제나 자기 자신과 같은 내 유일한 에고가 바로 서로 다른 감각의 종합을 행하는 것이다. 다른 지각 연속 사이에서 그리고 모든 연속 내부의 다른 지각 사이에서 종합을 행하는 것이다. 하지만 이 또한 우리가 에포케를 행할 때는 명쾌하지 않다. 본래의 사물이 많은 음영과 많은 1차 감각으로 분열되는 것과 마찬가지로 에고는 서로 분리된, 셀 수 없을 정도로 많은 에고로 쪼개진다. 세계의 모든 측면에, 사물의 모든 음영에, 이 모든 음영의 모든 겨냥에 단독적인 자아가 일치한다. 상상하거나 기억하는 자아로부터 지각하는 자아를, 괴로워하는 자아로부터 사랑하는 자아를 구분하는 것으로 더는 충분하지 않다. 전경에 돌출하는 모서리와 함께 책상의 음영을 보는 자아가 있다. 그리고 다른 음영을 보는 다른 자아가 있다. 책상의 표면을 만지는 것은 다른 자아이다. 그리고 그 가장자리를 스치는 것은 또 다른 자아이다. 셀 수 없을 정도로 많은 다른 자아가 이 모든 행위를 기억하고, 그것을 예상하거나 상상한다. 그러면 문제가 되는 것은 내 자아의 통일성이다. 내 전 생애 동안 "내 안에" 잇달아 오는 이 모든 점멸하는, 회절된 에고의 통일성이다.

적어도 한 가지는 확실해야 한다. 이 맹아 상태의 에고, 자아의 파편은 여전히 언제나 '나'이다. 자아를 더 근원적인 비-자아로부터, 무의식의 그것(Es)이나 비인격적인 초월론적 영역으로부터 나오게 하는 게 불가능하다면, 자아가 언제나 그 자신을 앞선다고, 근원적으로 그 자신에 자신을 준다고 결론 내려야 한다. 내재성으로부터 에고의 모든 자국을 없애고

자 하는 이들에게 나는 말하고 싶다. 내재성의 평면이 추상적인 단순한 구성과 다른 것이려면, 그것을 기술할 수 있으려면 그것을 경험해야만 하는 것이라면, 그 영역에 이르는 '통로'를 찾아야 한다. 어떻게 어떤 초월성도 배제하지 않으면서 내재성에 다가갈까? 어떻게 환원을 행하는 그 누구도 없을 때 환원이 행해질 수 있을까? 환원을 행하는 것은 환원의 영향을 받을 수 없다. 그렇지 않다면 환원은 스스로 폐기될 것이며 내재성은 영원히 접근할 수 없는 것으로 남게 될 것이다. 하지만 지금 여기서 환원을 수행하는 것은 바로 '나'이다. 어떤 환원에도 저항하는, 초월성을 작용 밖에 둔 이후에도 살고 생각하기를 계속하는 내 자아의 한 측면이 결국 있다. 우리는 내재성의 영역에 이르는 모든 통로를 자신에게 차단하지 않으면서도 내재성의 영역에서 자아를 비워낼 수는 없을 것이다. 들뢰즈는 내재성의 평면에 에고의 초월성을 재도입하는 것을 피하려 했다. 하지만 그는 내재적 에고의 가능성을 생각하지 못했다. 그 관점에서 내재성의 영역은 에고로부터 더는 위협받지 않는다. 왜냐하면 '내재성의 영역이 에고'이기 때문이다. 분할된 많은 에고가 내재성의 영역 전 규모에 걸쳐 퍼진다, 그 영역의 모든 범위, 모든 층과 일치한다. 그 모든 에고는 내 것이다. 그것은 나이다.

어떻게 내 내재성 영역이 나와 뒤섞인다고 내가 확언할 수 있을까? *leibhaft*, "내재적인" 방식으로 내게 주어지는 현상 가운데 대부분은 반대로 바깥에서 내게 이르는 것 같다. 세계 경험을, 내게 낯선 외부 사건을 가리켜 보이는 것 같다. 그러한 영역의 한계가 무엇일까? 우리가 보았듯, 후설은 내재성의 의미를 한정하는 데, 그리고 내재성과 에고의 관계를 한정하는 데 전혀 이르지 못했다. 그는 내재성을 둘로, "실재적(réel)" 내재성과 부당하게 더 진짜라고 말해진 "지향적(intentionnel)" 내재성으로 나누었다. 후설의 모호함 속에서 결단을 내릴 시간이다. 나는 내재성 영역의 핵심을, 그 가장 근원적인 층을 에고가 행하고 그에 속한 체험의 '실재적 내재성'으로 규정하자고 제안한다. 불안, 괴로움이나 기쁨을 겪으면서 나는 나 자신과 다른 아무것도 겪지 않는다. 나는 나 자신으로 부터 나를 촉발한다. 나는 나 자신에게 나를 준다. 초월성과 마찬가지로 내재성은 자기를 주는 한 방식이다. 내재적 줌을 특징짓는 것은 자기 자신으로부터 자기 자신에 자신을 주는 힘이다. 자신을 주고자 다른 아무것도 필요로 하지 않는 절대 줌이 관계한다. 나는 결국 내재성을 '자기-줌(auto-donation)'으로, 주는 것과 주어진 것의 동일성으로, 줌의 '기원'[줌은 그 자체'로부터' 자체를 준다]과 그 '목적지'[줌은 그 자체 '에' 자체를 준다][24]의 동일성으로 규정한다. 데카르트가 우리에게 가르 쳐 준 바, 그러한 힘은 에고에게만 속할 수 있다. 후설은 "순수 자아"를 "내재성 속의 초월성"으로 만들면서 길을 잃었다. 순수 자아는 가장 내재적인 것이다. 그것은 자신의 내재성 영역에 전적으로 일치한다. 어떤 타자성도, 어떤 외재성도 나 자신과 나 자신 사이에 놓이지 못한다. 낯선 아무것도 내 자기-줌을 왜곡하러 오지 못한다. 이것이 바로 왜 내 자기-줌이 '언제나 참'인가 하는 것이다. 자기-줌은 즉각적인 방식으 로, "음영 없이" 나타난다. 세계의 실재는 변화하는 일련의 음영을 통해 내게 나타나지만, 내 자아는 내 모든 체험 속에서 나 자신에게 전부

---

24. 언뜻 보기에 에고의 자기-'줌'은 줌의 현상학, 예컨대 J.-L. Marion이 *Etant donné*(PUF, 1997)에서 구상한 현상학에 속할 수 있을 것이다. 하지만 내재적 '자기'-줌은 줌 일반의 다른 사례 가운데 한 "사례"가 아니다. 그것은 초월성에 열리거나 초월성에서 나오는 줌의 다른 방식과 심지어 근본적으로 다르다. 줌 현상학과 "충만한 현상"이 이러한 차이를 헤아렸는지 나는 의문이다.

다 주어진다. 내 삶은 유일한 줌 속에서, 똑같은 방식으로 내게 모습을 나타난다.

　이제 초월성의 본질을 규정할 수 있게 된다. 초월성은 반대로 기원과 목적지 사이에서 생기는 차이로 정의된다. 대타자로부터 또는 대타자 쪽으로 주어진다는 사실로, '의타기－줌(hétéro-donation)'으로 규정된다. 나는 (a) '나로부터' 오지 않으면서 '내게' 주어지는 것, (b) '내 쪽으로' 되돌아가지 않으면서 '나로부터' 주어지는 것을 "초월적"이라 결국 명명할 것이다. 첫 번째 사례에서 용어의 전통적 의미에서 이해한 초월성이 관계한다. 내 의식에 외재적인 실재, 사방에서 나를 둘러싼 거대한 이 세계, 내게 영향을 미치는 세계 현상의 쉼 없는 흐름, 내 주변에 몰려 있는 다른 사람들이 관계한다. 두 번째 사례에서 그 용어는 대타자에 나를 주고자, 그에게 나를 드러내놓고자, 그에 나를 동일시하고자, 그를 위해 나를 희생하고자, 나 자신 너머 나를 투사하는 내 힘을 가리킨다. 내가 나를 내맡기는 대타자가 세계인지 타인인지는 중요하지 않다. 신, 존재, 아버지, 우두머리, 집단적 개체 어느 것이 관계하는지는 중요하지 않다. 그러한 줌, 숭배가 나 자신으로부터 나를 멀어지게 하기 때문이다. 나와 거리가 먼 곳에서 길을 잃게 하기 때문이다. 하이데거 의미에서 다자인의 초월성, 탈자적 초월성은 초월성의 이본 가운데 하나처럼 두 번째 정의에 속한다. 나는 이 탈자적 초월성이 존재자를 소외하고 존재자의 단독성을 없앤다는 것을 이미 보여주었다. 근본적인 탈개인화의 위협을 매번 지니고, 대타자의 법에 복종시키고자 자아를 그 자신에서 끌어내는 초월성의 모든 방식에서도 상황은 마찬가지이다. 하지만 그러한 위협은 극복될 수 있어야 한다. 자기 자신에 '이미 왔기에' 에고는 또한 자기로 '되돌아갈' 수 있다. 초월성은 에고를 세계 속으로 내몰지만,

그의 내재성은 그의 소외에서 그를 해방한다. 이러한 해방이 가능하다면, 이는 내재성이 초월성보다 더 근원적이기 때문이다. 내재성은 내게서 와서 내게로 간다. 모든 초월적인 줌은 '자아가 있음'을 가정한다. 내가 나 자신에 나를 이미 주었음을 가정한다. 내재성 속에 '나를 줌'이 다른 모든 줌을 가능하게 하는 것이다. 이는 자아가 자기 자신을 '스스로 정초할 수 있음'을, 자신의 실존을 완전히 제어할 수 있음을 의미하지 않는다. 자기에 자기를 주는 힘은 자기-정초화(auto-fondation)라는 형이상학적 목표와 아무 관계없다. "강한 자아", 근대의 자신만만한 주체의 자기 확신과 아무 관계없다. 내 고통, 내 소극성, 내 가장 극단적인 소외 속에서 나는 언제나 나 자신에게 나를 준다. "붕괴된" 자아, 대타자로부터 버림받거나 억눌린 자아는 그럼에도 자신의 감옥에서 자기 삶으로부터 자기를 촉발하고, 자기에 자기를 주기를 계속한다. 바로 이런 이유에서 그는 그를 만신창이로 만든 적대적인 힘에서 해방되자마자 자기를 되찾고 자기로 되돌아갈 수 있다.

우리는 내재성 영역의 경계를 구별하기 시작한다. 이 영역의 범위를 더 잘 정하려면 이제 우리는 감각 지각의 지위를 명확하게 해야 한다. 나는 자기 자신으로부터 자기 자신에 자신을 주는 현상을 "내재적"이라 한다. 그런데 내가 책상을 보거나 그것을 만질 때 내게 주어지는 감각은 내게서 나오지 않는다. 이것이 바로 책상을 초월적인 것으로, 낯선 어떤 것으로 규정하도록 나를 이끄는 것이다. 책상을, 세계의 모든 사물을 대하는 내 지각 또한 초월적이다. 하지만 내가 "내 지각"이라 명명하는 것은 복합적 실재이다. 내가 에포케를 실행하자마자 내 지각은 이질적인 여러 층으로 구분된다. 환원이 작용 밖에 둔 초월적 감각, '책상의' 차갑고 하얀 감각은 이제 내가 사물-책상과 맺는 모든 관계에서 분리된 차가움-

을-만짐, 하양-을-봄이라는 감각과 구분된다. 순수하게 내재적인 인상이 관계한다. 그곳에서 나는 내게 외재적인 대상을 더는 겨냥하지 않는다. 그곳에서 나는 오로지 감각하는 나 자신의 힘으로부터만 영향을 받을 뿐이다. 내 감정과 같은 자격에서 그러한 인상은 내 의식과 하나를 이룰 뿐이다. '나는' 내 절망'이다.' 내가 차가움으로 얼어붙은 살로 나를 만드는 차가운 감각인 것과 마찬가지로 나는 절망하는-에고이다. 대상 감각(Empfindung)과 그 감각을 구별하고자 후설은 이러한 종류의 인상[25]을 "감각태(Empfindnis)"라 명명했다. 이 감각 속에서 주어지는 것은 그가 힐레(hylè)[26]라 한 모든 지각의 일차적 "재료"이다. 물론 이 하양이나 이 차가움은 이미 초월적인 어떤 것을 가리킨다. 그리고 곧 내 밖에 있는 사물-책상을 구성하게 될 지향적 겨냥에 사로잡히게 될 것이다. 그러한 것은 다른 유형의 감각태와 그 점에서 다르다. 그것은 "운동감각", 움직임이나 노력이나 저항의 일차적 감각, 내 모든 지각을 수반하는 긴장이나 이완의 일차적 감각과 다르다. 움직이면서, 내 움직임을 느끼면서 나는 오직 나 자신으로부터만, 나 자신의 운동성으로부터만 나를 촉발할 뿐이다. 내 모든 감정에서도, 내 삶의 감정적이고 충동적인 기반에서도 상황은 마찬가지이다. 프로이트는 그것을 알아보았다. 충동은 "그 대상과 무관"하다. 충동이 세계 사건을 '계기로' 나타날 수 있다면, 그것은 사실 '대상 없이' 있다. 그것은 나 자신에서 나와서 나와 관계할 뿐이다. 바로 이러한 감정적이거나 충동적이거나 운동적인 인상이 내 모든 감각태 가운데 자기-줌(auto-donation)에 가장 근접하는 것이다.

---

25. 이 본질적인 구분에 관해 Husserl, *Ideen* II, § 36, p. 208-209를 보라. 나는 *Empfindnis*의 번역어로 레비나스가 제안하는 번역어 "sentance"를 채택한다.

26. [옮긴이 주] 그리스어로 '질료'를 뜻하는 말이다.

하지만 지각 감각태를 배제하고 내재성의 영역을 오직 운동 감각태에만, 정서에만, 충동에만 국한하는 것은 큰 실수이다.[27] 지각 인상이 사물의 초월성을 향할지라도 그것은 초월성에 아주 사로잡히지 않는다. 붉음이나 하양이나 차가움 같은 이 순수 인상은 언제나 내 것으로 남는다. 언제나 내 살에, 내 삶에 내재적으로 남는다. 지각의 이 힐레(질료)적 재료를 두고 후설은 그것이 내 안에서 *Ichfremdekern*, "내게 낯선 것의 핵"을 구성한다고 하였다. 자아와 "뗄 수 없는 방식으로 그것과 하나를 이룰 뿐인" '내밀한 낯섦'이 관계한다.[28] 하나의 연속체, 치밀하고 균열 없는 하나의 덩어리이기는커녕, 내재성의 영역은 층이 진 지대, 서로 겹치는 여러 층으로 나뉜 지대처럼 결국 제시된다. 하지만 그 모든 층은 내재성에 속한다. 그것은 그 나름대로 자아의 자기 내 살아 있는 현존(présence vivante du moi à lui-même)을 나타낸다. 그 모든 층에서 주는 것은 주어지는 것과 일치한다.

내재성 영역의 최초 층, 내 근원적 인상, 내 정서, 내 운동 감각, 내 모든 감각태의 장소는 '삶'의 면이다. 익명의 삶, 보편적 삶의 분화되지 않은 거대 흐름이 아니라, 단독적인 삶, 매번 '내' 삶이 관계한다. ["삶"을 내세우면서 우리는 살아 있는 자아를 잊기에 언제나 이른다.] 우리는 자아의 감각적 차원을 훨씬 더 잘 나타내는 다른 이름을 또한 그것에 줄 수 있다. 바로 '살(chair)'이다. 이것이 내재적 감각태의 장소를 일컫고

---

27. 미셸 앙리가 범하는 착오가 바로 그것이다. 그러한 착오는 내재적 삶의 영역을 세계 지평과 아주 분리시키면서 그 영역을 극단적으로 제한하도록 미셸 앙리를 이끈다.

28. N. Depraz가 인용하는 30년대 미간행물, "Temporalité et affection dans les manuscrits tardifs de Husserl", Alter, n° 2, 1994, p. 72-73을 보라.

자 후설이 사용한 용어이다. 하지만 살의 의미를 발견하자마자 그는 그것을 놓친다. 그리곤 그것을 순수 자아에 낯선, 초월적 실재로, 몸(coprs)의 동의어로 만들었다. 메를로 퐁티는 그의 후기 저술에서 몸과 마음, 물질과 정신, 대상과 주체의 전통적 대립에서 그 용어를 벗어나게 하고자 애쓰면서 그 용어를 똑같이 사용한다. "살"이란 이름은 그에게 가시적인 것, 촉각적인 것의 소재 자체, "어떤 철학에도 이름이 없는" 요소를 가리킨다. 그는 그처럼 그것에 보편적 확장을 주었다. 그는 그것을 익명의 환경으로 생각했다. 그곳으로부터 나 자신의 살은 일종의 주름잡기, 비틀기, 자체에 감기기를 통해 솟아난다. 하지만 이 뛰어난 은유는 우리에게 착각을 일으킨다. 그것은 무감각한 바깥으로 살을 옮겨 놓는다. 그곳에서는 어떤 살도 자체에 자체를 전혀 주지 못한다. 사실 '세계의 살은 없다.' 사물은 아무것도 느끼지 못한다. 사물은 '내' 살에 "살로" 주어질 따름이다. 내가 보는 풍경은 나를 보지 못한다. 자신의 살을 빌려주는 화가의 시선 없이 생트-빅투아르의 산은 햇볕이 내리쬐는 죽은 바위에 지나지 않는다. 나는 타자 경험을 두고도 같은 것을 말할 것이다. 내게 '타자는 살을 지니지 않는다.' 내가 보고 내가 만지는 이 낯선 몸을 나는 나 자신의 살과 마찬가지로 안으로부터 전혀 느끼지 못한다. 내 시선, 내 어루만짐은 사물의 표면을 스치듯 그것을 스친다. 그가 살을 부여받을 수 있으려면 나는 그에게 내 살을 옮겨주면서 그와 나를 동일시해야만 한다. 후설은 이를 잘 알았다. 유일한 최초의 살이 있을 뿐이다. 이 *Urleib*는 곧 '내' 살이다. 그 살을 세계의 초월성 속으로 내던지지 않도록 주의하자. 그 살이 내게 가장 가까이 있는 것, 가장 "근원적으로 내 것"인 것이라면, 그 살이 자체에 자체를 주는 힘, 언제나 내 것인 단독성, 최초의 분산과 같은 내재적 에고의 모든 특성을 지닌다면, 이는 내 살이 단지 나와 하나를 이룰 뿐이기 때문이다. "살", "삶", "에고", 이 모든 용어는 완벽하게 동의어이다. 내재적 자아는 *Ichleib*, 살적이고 살아 있는 자아, 자아-살(moi-chair)이다.

그처럼 자아를 일컬으면서 나는 그것에 어떤 규정도 덧붙이지 않는다. 나는 다만 자아의 생명력, 그의 육감(肉感, sensualité),[29] 나아가 그의 공간적 차원 곧 그의 '간격(espacement)'을 강조할 뿐이다. 왜냐하면 살과 공간 사이에는 본질적인 관계가 있기 때문이다. 움직임 속에서 공간은 구성되며 그 움직임은 무엇보다도 자아-살의 움직임이다. 쉬고 있는 것 같을 때에도 자아는 움직이기를 멈추지 않는다. 언제나 새로운 움직임의 감각을 느끼기를 멈추지 않는다. 그렇지만 몸이 공간 속에서 한 지점에서 다른 지점으로 이동한다는 의미에서는 적어도 자아는 움직이지 않는다. 내가 가는 곳 어디에서나 나는 내게서 절대 멀어지지 않는다. 경계를 게을리하지 않는 보초병처럼, 나는 언제나 "이곳에", 절대적 이곳에, 중심이 되는 "제로-지점" 속에 머문다. 사물과 세계는 그 주변을 맴돈다. 후설은 그것을 때로 "제로-지대, 공간구멍[*Raumloch*], 구성되지 않는 것, 지향되지 않는 것, 지향될 수 없는 것"[30]으로 일컫는다. 어떻게 자아-살이 이 구멍에서 빠져나와 자신의 *Ich*에 공간적 의미를, 지표의 의미를, 공간 속에 나타나는 모든 것의 위치를 정해주는 고정된 극의 의미를 주기에 이르는지를 물어야 할 것이다. 지점-나(point-je)의 불변의 고정성이 내게 공간을 그 모든 차원에서 구성하게 해주는 것이다. 내 살이 몸처럼 공간 속에 있지 않다면, 이는 내 살이 공간을 자기 주변으

---

29. [옮긴이 주] 살의 느끼는 능력을 말한다.
30. Husserl, *Chose et espace*, appendice IX, p. 424.

로 펼치면서 공간의 원인이 되는 것이기 때문이다. 그렇게 내 살은 "공간적"이지 않고 공간을 주는 것이다. 그렇기에 공간 속에서 사물의 위치를 기술하는 어떤 용어도 그것에 적합하지 않다. 내 살은 언제나 움직이고 있지만 부동한다고 또한 동시에 말해야 한다. 내 살은 가장 가까이 있는 것이라고 말하면서 "가까운 것"과 "먼 것"의 차이가 그것에 아무 의미 없다고 또한 동시에 말해야 한다. 어떻게 이 부동하는 최초 동인을, 이 장소 밖의 장소를 규정지어야 할까? 그곳으로부터 모든 장소가 뻗어 나간다. 나는 그것을 '유동성(mouvance)'으로 일컫자고 제안한다. 이 낡은 단어가 움직임과 지방, 곧 동물이나 인간이 늘 다니는 길로 경계가 정해진 영토를 함께 명명하면서 똑같은 충성을 공유하고 유동하는 경계를 지닌 공동체를 또한 동시에 명명하기 때문이다. 이 살적인 유동성이 내가 움직일 수 있는 영역을 내게 열어주는 것이다. 세계 속에서 내가 이동하는 것을 가능하게 하는 영역을, 다른 사람들과 사물들 쪽으로 나를 미는 추동력을 가능하게 하는 영역을 내게 열어주는 것이다. 하지만 그 유동성 자체는 아무 데도 가지 않는다. 그것은 부동의 여행이다. 그 여행에서 나는 내게서 절대 멀어지지 않으면서 나 자신으로부터 나 자신을 향해 간다.

우리는 어떻게 부분적인 여러 에고가 자아-하나를 이루고자 통합될 수 있는지 의아해했다. 그 모든 에고가 살로 되어 있으니 그러면 그 살이 그 모든 에고를 모으고 통합할 수 있는 공통된 요소일까? 하지만 최초의 살은 매번 단독적인 에고에 속하며 살 그 자체는 셀 수 없을 정도로 많은 에고로 분산된다. 그 모든 에고는 다른 에고로부터 분리된 '자기 자신의' 살을 지닌다. 자아의 살은 그 유동성 속에 자아의 각 부분을 가두면서 그 각 부분을 다른 유동성으로부터 분리한다. 그것은 그 각 부분을 문도 없고 창도 없는 하나의 모나드로 만든다. 물론, 그 각 부분을 고립시키는 살적인 유동성이 동시에 그것을 자체 너머로 옮기고, 공간 속에 삽입하고, 세계로 향하게 한다. 하지만 자신의 척도에 따른 세계, 자신의 감각태 영역에 한정된 세계가 관계한다. 단편적인 세계, 다른 빛을 가로지를 수 없는, 공통된 지평선 아래 그 다른 빛과 함께 자신을 정초할 수 없는 유일한 "세계 빛"이 관계한다. 살은 수수께끼의 열쇠를 우리에게 전혀 주지 않는다. 자아의 살적인 차원을 헤아리면서 우리는 어려움을 심지어 더 가중시킨 것 같다. 왜냐하면 우리는 더는 단지 시간적 복수성과, *cogito*의 점멸과, 자아-순간의 간헐적인 연속과 관계할 뿐 아니라, 공간적 분산과 또한 관계하기 때문이다. 우리가 찾는 종합은 결국 공간과 시간 속에서 함께 행해져야 한다. 하지만 어떤 방식으로? 먼저 내 흩어진 사지를 나는 다시 납땜해야 할까? 내 삶의 시간을 회복할 수 있으려면 오직 하나의 살을 내가 이뤄야만 할까? 아니면 반대로 시간적 종합이 내 살의 통합을 확고히 하는 것일까?

사람들은 그러한 물음이 아무 의미 없다고 말할 것이다. 미치지 않은 한 우리는 모두 '하나의' 자아라고, '하나의' 몸을 지닌다고 확신한다. "어떻게 이 손과 이 몸이 내게 속한다는 것을 부인할까?" 몸-하나(Corps-Un)라는 이 대대적인 명증을 나는 재검토한다. 왜냐하면 그러한 명증은 오직 세계 속에서만, 모든 인간 몸에 유사한 객관적인 몸으로 나를 지각하는 다른 이들의 시선 아래에서만 유효할 따름이기 때문이다. 에포케를 행하자마자, 세계와 다른 이들을 작용 밖에 두자마자, 내 몸-대상은 그러한 것과 함께 사라진다. 그럼에도 나는 내 목소리를 듣고, 움직이지 않거나 움직이는 내 손과 내 몸의 다른 부분을 보기를 계속한다. 아니 차라리 나를 듣고, 나를 보고, 내가 움직임을 '느끼기'를 계속한다.

하지만 이 여러 느낌은 오직 하나의 몸의 통일성에 더는 속하지 않는다. 세계가 더는 없다면, 나는 몸을 더는 지니지 않는다. 나는 소용돌이에 지나지 않는다. 여기저기서 솟아오르고 얼마간 지속되다 사라지는 다수의 혼란된 인상에 지나지 않는다. 물론 이 소리를 듣고 이 빛깔과 형체를 보는 것은 나이다. 매우 부분적이고 매우 순간적이라 할지라도 그러한 인상은 내 것이다. 하지만 나는 내 눈이 보고 내 귀가 듣는다고 말할 권리를 더는 지니지 않는다. 내가 환원을 행할 때, 내 물질적인 몸은 그 모든 기관과 그 모든 신체적 특징과 함께 사라진다. 남는 것은 몸이 더는 아니고 살이다. 우리는 여기서 내 몸과 다른 이의 몸과 같은 세계의 두 개체 사이에 있는 구분과 관계하지 않는다. 세계의 사물과 내 살의 수수께끼 같은 차원을 나누는 보이지 않는 경계와 관계한다. 장소와 세계 밖에 있는 이 X는 내가 세계에 열리려면 있어야 할 조건이다. 내 내재적 자아와 내 인간적 자아만큼이나 뗄 수 없는, 내 경험의 두 면이 어쨌든 관계한다. 우리가 "내 몸"이라 부르는 비감각적이고 관성적인 꼭두각시로 내 살은 넘어가기를 그치지 않는다. 그것에 자신의 움직임과 삶을 주면서 그것에 '살을 부여하기를' 그치지 않는다. 어떻게 내 살이 두 면 사이에 있는 경계를 뛰어넘기에 이르는지, 객관적 공간 속에 '자신을 합체하기에' 이르는지, 살이기를 멈추지 않으면서 몸이 되기에 이르는지를 우리는 물어야 할 것이다.

내가 이해한 바로서 살은 들뢰즈에게 소중한 "기관 없는 몸"과 매우 다르다. 그렇지만 아르토에게서 빌린 이 개념은 순전히 부정적이라는 결함을 갖는다. 그것은 살에 꼭 있어야 할 '재-조직화', 아르토가 또한 말하는 "기관의 새로운 춤"을 그려내지 못한다. 내 살이 기관의 구별되는 통일성으로 절대 구체화하지 않는다면, 내 살이 눈도, 손도, 성기도 지니지 않는다면, 소용돌이와 흐름, 셀 수 없을 정도로 많은 감각적 인상이 내 살을 그럼에도 뚫고 지나간다. 그 모든 인상은 자신의 단독적인 살적인 위치를 지닌다. 끊임없이 열리고 닫히며, 만지거나 듣거나 보거나 욕망하거나 즐거워하거나 괴로워하기를 멈추지 않는 유동적이고 움직이는 수많은 작은 기관을 지닌다. 그 작은 기관을 몸 기관과 혼동하는 걸 피하고자, 나는 그 작은 기관을 '살 극(pôles de chair)'으로 일컫겠다. 인상이 있는 만큼, 다른 극과 분리된 무수한 극이 있는 만큼 살 극이 있다. 그 모든 극에 자아-살, 다른 모든 에고와 분리된 만지거나 듣거나 보는, 욕망하거나 괴로워하는 에고가 산다. 그 모든 극, 그 모든 에고는 근원적 인상이 지속되는 만큼 지속하고 그것과 함께 사라진다. 일단 인상이 멈춘 뒤에도 인상은 일련의 과거지향(rétention), 최초의 기억을 통해 에고를 촉발하기를 계속한다. 그 기억 속에서 인상의 희미해진 울림은 여전히 계속된다. 그러면 그 인상을 지각하는 자아는 달라진다. 자아는 기억하는 자아, 과거지향의 에고가 된다. 이러한 모습으로 자아는 얼마간 명맥을 유지한다. 그리고 과거지향의 "혜성의 꼬리"는 마침내 그것 또한 희미해져 간다. 단독적인 살 극은 영원히 다시 닫히고 그것에 생명을 불어넣던 자아는 무로 잠긴다.

맹아 상태의 유동적인 에고는 모두 이미 "자아"이다. 자아의 한 조각이나 한 부분이다. 하지만 어느 것도 정말로 자아가 아니다. 어느 것도 나인 에고, 모든 극을 통해 다 함께 지각하는 나, 하나의 인상이나 감정에서 다른 인상이나 감정으로 끊임없이 미끄러지면서, 보거나 듣는 속에서, 기억하거나 예상하는 속에서, 사랑하거나 증오하는 속에서 언제나 같은 것으로 있는 나와 아주 일치하지는 않는다. 내가 실존하려면, 결국 종합이 있어야 한다. '동일시의 종합'이 있어야 한다. 그 속에서 에고는 모두 다른 극의 에고와 결합하고, 그 다른 극의 에고를 자기의 다른 형태로 알아본다. 동일하고 유일한 자아의 다른 얼굴로 알아본다. 그러한 종합 없이 나는 절대 나 자신이지 못할 것이다. 에고는 절대 없을 것이다. 그러면 결국 에고살해가 승리를 구가하게 된다. 내 자아가 내 살 밖에서 실존하지 않음을 나는 이제 안다. 에고를 구성하는 종합은 '살의 종합 (synthèse charnelle)'이다. 그곳에서 살의 모든 극은 다른 극에 통합된다. 다른 극과 합체된다. 그 모든 극은 하나의 살을 이룰 따름이다. "*Wo Ich war, soll Ich werden.*" 왜냐하면 어떤 방식에선 내가 '이미' 이 모든 에고, 이 모든 극이기에, 외재적 요소의 단순한 덧셈이 문제일 수 없으며, '자기-줌(auto-donation)'이 오히려 문제이기 때문이다. 그 자기-줌 속에 서 나는 나 자신으로부터, 이 모든 단편적인 에고로부터 나 자신에게, 나인 유일한 자아에게 나를 준다. 초월적인 어떤 개체도, 어떤 신, 어떤 존재, 어떤 번쩍거리는 영상도 나 자신에게 나를 태어나게 할 수 없다. 자기-줌이 있다면, 그 자기-줌은 순수하게 내재적이어야 하며, 오직 나만이 내 삶의 모든 순간의 끝과 끝을 맞붙일 수 있다. 내 살의 모든 조각을 모을 수 있다. 진정으로 자기 자신이고자 하는 확고한 결심 속에 서 다자인은 자기 존재의 통일성을 문제 삼는다. 그러나 여기선 그러한 결단과 유사한 자발적인 선택이 문제가 될 수 없다. 모든 기획과 결심에 앞서, 자기-동일시의 종합이 '이미' 일어나지 않았다면, 존재자는 되돌 릴 수 없는 분산이라는 운명에 처하게 될 것이며 어떤 해결책도 그러한 운명을 어찌하지 못할 것이다. 결국 내가 결정하지 않고 행해지는 '수동 적인 종합'과 우리는 관계한다. 그 종합은 나라는 내 기획의 기초를 은밀히 이루고, 내 전 생애 동안 내가 나 자신에 충실할 수 있게 해준다. 추상적인 문제가 관계하지 않으며, 내가 찾는 것은 순전히 개념적인 해결책이 아닌, 실질적인 경험, 내 살에 일어나는 단독적인 사건이다. 우리는 그러한 경험이 가능한'지'를 물어서는 안 되며, 단지 '어떻게' 그러한 경험이 내게 일어나는지를 물어야 한다. 그러한 종합이 일어나지 않았다면 나는 절대 나 자신이지 못할 것이다. 나는 공간 속에 자리 잡을 수도 시간 속에 나를 펼칠 수도 없을 것이다. 나는 몸을 지니지 않을 것이며, 나는 세계에 있지 못할 것이다.

살적 종합: 키아슴

> "데미우르고스는 X처럼 가운데를 일치하게 하면서
> 두 개의 띠를 서로 갖다 대었다.
> 그리고 나서 그는 하나로 배열하고자
> 그것을 둥글게 구부렸다.
> 그는 두 개의 원을 잡고
> 하나는 외부로 만들고
> 다른 하나는 내부로 만들었다.
> 외부의 움직임을 그는 동일자의 움직임으로,
> 내부의 움직임을 타자의 움직임으로 일컬었다."
>
> 플라톤, 『티마이오스』

이 특정의 경험, 나에게 나 자신을 낳게 하는 이 종합은 어떤 것일까? 내 내재성 영역에 흩어진 거대 다수의 분할된 에고 속에서 그들 중 하나가 자신의 유동성에서 나가 다른 에고-살을 만나 자기 자신이기를 멈추지 않으면서 그 다른 에고-살에 자신을 동일시해야 한다. 물론 그가 동일시하는 알터 에고는 다른 이, 세계에 있는 다른 주체가 아니라 자아의 다른 부분이다. 내 내재성 영역에서 내가 만날 수 있는 유일한 "타자"는 바로 나 자신이다. '어떻게' 이러한 동일시가 가능하며 '어디서' 그것이 일어날 수 있는지를 그러면 물어야 한다. 이 내재성 영역의 어느 지점에서 두 개의 극이 서로 만나고, 서로 알아보고, 통합될 수 있을까? 감정적 경험을 통해서일까? 고통, 불안, 기쁨의 경험을 통해서일까? 하지만 괴로워하는 자아는 자기 자신으로부터 자신을 촉발할 따름이다. 자기에 꼼짝없이 붙들려, 자신의 고통으로 망연자실해진 그는 고통이 지속되는 동안 자기에서 자기를 빼내는 데 이르지 못한다. 다른 극의 자아에 [그리고 아 포스테리오리 다른 인간 주체에] 빠져들고자 잠시 자신의 고통을 잊고 자신의 유동성에서 나가기에 이르지 못한다. 다른 정서에서도, 충동이나 운동과 노력의 감각에서도, 내재성 영역의 가장 깊은 층을 구성하는 모든 것에서도 사정은 마찬가지이다. 만남이 가능하려면 지각의 차원으로 넘어가야 할까? 촉발성(affectivité)[31]이 나를 짓누른다면, 내 안에서 나 자신을 밀어붙인다면, 반대로 지각은 두 극 사이에서 내밀한 접촉을 허용하기에 지나치게 "외재적"인 것 같다. 지나치게 거리가 먼 것 같다. 어떻게 보는 에고가 가시적 몸 전체에 걸쳐 자기 살의 다른 극을, 보는 다른 에고를 알아차리고, 그 다른 에고 안에서 자신을 알아보

---

31. [옮긴이 주] 촉발성(affectivité): 일어나는 성질, 능력(la faculté de s'affecter)을 말하며 그렇게 해서 일어난 것이 감정(affection)이나 정서(affect)이다. 이 용어의 번역어로 "감성", "정감성", "감정성" 따위가 제안됐으나 나는 이 용어가 함의하는 것이 "촉발능력"이라 생각하기에 이로써 옮겼다. 하지만 번역어와 관련한 논의는 열려 있음을 알려야겠다.

고, 그 다른 에고와 자신을 동일시할 수 있을까? 자연스러운 경험은 그것을 확인해준다. 내가 내 몸의 일부를 바라볼 때, 마치 다른 사람의 몸인 양 나는 그것을 밖으로부터 지각한다. 내가 거울 속에서 나를 바라볼 때 나는 내 눈을 물론 볼 수 있지만 내 시선을 보지 못한다. 내가 보는 눈은 마치 낯선 사물인 양, 밀랍으로 만든 얼굴에 박힌 두 개의 유리알인 양 밖으로부터 나를 물끄러미 바라본다. 후설이 옳았다. 거울 속에서 "나는 보는 눈으로서 내 눈을 지각하지 못한다. 나는 내 것인 [만지기를 통해 내 것으로 구성되는] 사물-눈[*Ding Auge*]과 같은 것으로 […] 내가 간접적으로 판단하는 어떤 것을 본다."[32]

이 "사물-눈"이 내 것임을, 이 손과 이 몸이 내게 속함을 인정할 수 있으려면 내재적 경험의 힘을 결국 빌려야 한다. 만지기에, 만지기의 한 특수한 방식에 도움을 청해야 한다. 내 지각 경험의 모든 영역에 걸쳐 지각하는 에고가 그 안에서 지각하는 것을 다른 극에서 다시 만나기에 이르게 되는 유일한 때는 바로 내가 나 자신을 만질 때이다. 프로이트가 만지기 속에, 몸의 표면에서 생기는 만지기의 "이중 감각" 속에 자아의 기원을 자리 잡게 했을 때 그는 다른 것을 말하지 않는다. 내 손이 내 다른 손을 만질 때, 내 손은 먼저 한 사물의 매끈매끈하고 움직임이 없는 표면처럼 내 다른 손을 지각한다. 하지만 이 손-사물은 만져진 '그 자신을 느낀다.' 촉각 인상이 그 손-사물 안에서 일어나고 그 손-사물은 '살이 된다.' 그 손-사물은 그것을 만지는 손을 또한 만지는, 살아 있는 손, 살로 된 손(main de chair)이다. 먼저 대립하던 두 극의 지각은

---

32. Husserl, *Ideen* II, § 37 (note), p. 211. 눈과 시선의 이러한 분열, 보는 자기를 볼 수 없음이 바로 거울 단계의 라캉 이론을 무너뜨리는 것이다.

이제 수렴된다. 두 극은 서로 교차하고 이중의 발생원을 지닌 유일한 지각을 이루고자 서로 일치한다. 하나의 행위로써, 두 극은 모두 살로서 자기 자신에 '그리고' 다른 극에 자신을 동시에 준다. 주는 것, 내 만지는 살은 주어진 것과 일치한다. 모든 극은 이제 낯선 극에서 자신을 알아본다. 그 낯선 극을 자기 살의 살처럼, '같은' 살의 '다른' 극처럼 알아본다. 두 에고는 모두 다른 에고 속에서 자신이 알지 못하던 자신의 한 부분을 발견한다. 두 에고는 모두 다른 에고의 유동성 속으로 침투해 들어가 다른 에고와 자신을 동일시한다. 그래서 오직 하나의 살만을, 똑같은 하나의 자아만을 이룰 정도이다. 그렇게 내가 나 자신에게 나를 살적으로 (charnellement) 주는 종합은 완성된다. 만지는-자기를-만지는 이 독특한 경험이 바로 메를로 퐁티가 "얽힘(entrelacs)"이나 "키아슴(chiasme)" 으로 일컫는 것이다. "키아슴"은 용어의 도치, 교차를 함축하는 수사학적 수식을 나타내는 이름에서 온다. '맺기(nouage)'라는 단어를 선호함에도 나는 티마이오스의 장인이 동일자와 타자를 서로 얽히게 함으로써 세계의 영혼을 낳을 수 있게 한 도식인 그리스 문자 X[khi]의 비대칭적 십자형을 또한 연상시키는 이 단어를 마침내 보존하기로 했다. 왜냐하면 살의 키아슴은 기본 사건이기 때문이다. 그 사건은 내재성의 영역에서 데미우르고스가 세계를 만들어내는 것과 비교할 만하다. 그 사건을 '근원적 (originaire)인' 사건으로 일컬음으로써 나는 키아슴이 에고의 '기원에' 있음을 뜻한다. 어린 시절에 일어났던 '최초의(originel)' 일화가 관계하지 않는다. 그 사건은 [프로이트주의자가 우리에게 제시하는 것처럼] 심리학적 기원에 속하지 않는다. 그 사건은 세계의 시간이 아닌 내재적 시간성 속에 자리 잡는다. 그 내재적 시간성 속에는 앞도 뒤도 있지 않다. 키아슴이 몸의 형성을 앞선다고 또는 타자와 있을 만남을 "미리 나타내 보여준다고" 내가 말하기에 이른다면, 이는 키아슴이 몸의 형성이나 타자와 있을 만남을 일어날 수 있게 하기 때문이다. 키아슴이 그러한 것의 가능 조건이기 때문이다. 이는 어떤 연대기적 선행성도 가정하지 않는다. 사실 살의 키아슴은 어느 때에도 일어날 수 있으며 언제나 새로다시 시작할 수 있다.

"체험의 매 순간에 우리는 우리 자신의 생성을 앞선다."[33]라고 아르토는 말한다. 정말로 에고는 언제나 자기 자신을 앞서는 것 같다. 내가 키아슴을 통해 내게 일어나기에 앞서 분산된 많은 에고가 이미 "내 안에" 존재했었다. 어떤 악순환 같은 것이 거기 있다. 하지만 그 현저한 모순은 세계의 시간성과 모든 시간적 또는 인과적 연속을 작용 밖에 두자마자 사라진다. 그 모든 극소-자아(micro-moi)가 나를 '실제로' 앞서지 않음을, 그 모든 극소-자아의 분산이 먼 과거 속에서 일어나지 않음을, 언제나 내 생성의 현재 조건이자 필수 조건임을 그때 나는 이해하기 때문이다. 맹아 상태의 에고가 아직 나 자신이 아니며 그 모든 에고가 서로 만나, 서로 동일시해서, 구체적인 유일한 에고를, 내 참된 자아를 낳으려면 키아슴의 경이가 있어야 한다. 이런 의미에서 키아슴은 나를 '낳는 행위', 내 모든 역사의 원천이다. 이 단독적인 사건 속에서 나는 나 자신에게 나를 드러낸다. 나는 나 자신을 끊임없이 발생시킨다. 물론 키아슴에 "앞서" 분할된 모든 자아는 이미 자아처럼 자신을 살았다. 하지만 그 모든 자아는 다른 자아를 '내 것으로', 동일한 자아의 다른 면으로 지각하지 못했다. 결국 근원적인 착각, 자아-살의 자기-은폐 (auto-dissimulation)가 있다. 그 속에서 자아는 자아의 모든 극 안에서

---

33. Artaud, *Œuvres complètes*, t. XI, Gallimard, 1974, p. 74.

낯선 사물처럼 다른 극에 자신을 제시한다. 키아슴은 그처럼 은폐된 것을 드러내준다. 내게 "타자"로 나타나는 것이 이제 나 자신의 살로 드러난다. 그것이 바로 타자의 '진정한' 모습이다. 키아슴을 통해 내 살은 자신을 발견하고, 자신을 알아보고, 자신의 모든 극에서 자신을 탐색한다. 내 살의 드러남이 진리라는 사건, 알레테이아(*alètheia*)이다. 내 살이 총체적이고 결정적인 방식으로 자신을 드러낼 수 있는지, 내 살의 한 부분이 자신을 드러내지 않으려 하지는 않는지, 에고가 불가피하게 초기의 무분별 속에 다시 빠지지는 않는지를 그러면 물어야 할 것이다.

이 물음을 잠시 미뤄두고, 키아슴 속에서 일어나는 것을 기술하는 것으로 만족하자. 촉각의 한 극이 다른 극에 자신을 동일시할 때, 앞서 분리됐던 그 두 극의 살적인 유동성은 통합된 하나의 더 큰 유동성으로 합쳐진다. 그런데 살적인 유동성은 각각 얼마간의 한 범위, 공간의 제한된 한 영역만을 규정하지 않는다. 그것은 지속되는 운동, 얼마간의 시간적 연속 동안에 연장되는 운동을 또한 가정한다. 그것은 매번 어느 맺기, 시간과 공간의 얽힘을 함축한다. 그 모든 유동성이 서로 겹치는 동안 그 시공간적 영역은 더 넓은 다발로 통합된다. 키아슴을 통해 내 살은 매번 시공간적으로 펼쳐진다. 우리는 데카르트와 후설이 부딪힌 바 있는, 내 살의 시간적 구성이라는 만만찮은 문제를 여기서 새로 다시 만난다. 시간적 흐름의 원천은 매번 다른 근원적 인상이다. 이 모든 인상은 언제나 살을 부여받는다. 내 살적인 에고는 모든 인상과 모든 줌의 요소, 그 초기 "환경"이다. 그 모든 인상과 줌에서 에고는 자기 자신에게 새로 자신을 준다. 쉼 없이 반복되는 에고의 자기-줌이 흐름의 통일성을 구성하는 것이다. 이런 의미에서 '살이 시간을 앞선다.' '살이 시간의 원인이 된다.' 하지만 이러한 분석은 너무 추상적이고 너무 피상적이다. 어떻게 자아-살이 시간화하는지, 어떻게 자아-살의 시간성이 키아슴으로부터 전개되는지 보여주고자 노력해야 한다.

극의 에고가 모두 서로 동일시하기에 앞서 그 모든 에고는 자신의 고유한 시간성을 지니고 자신의 유동성 속에 고립돼 살았다. 모든 극에 근원적인 인상이 발생한다. 그 모든 인상은 자아를 깨우고 얼마간 지속되다 그것이 촉발한 잠정적인 자아와 함께 사라진다. 이 일시적인 에고가 모두 통합될 때, 그 모든 에고의 유동성이 서로 일치하고 확장될 때, 모든 것이 달라질 것이다. 그러면 극의 인상 사이에서 '울림의 공동체'[34]가 만들어진다. 그 모든 인상이 "함께 이루어진다"라고, 그 모든 인상의 공통된 울림이 그 모든 인상을 '동시적이게 한다'고 나는 기꺼이 말할 것이다. 서로 다가가며, 서로 부르며, 다 같이 한 목소리로 울리며, 그 모든 인상은 자신의 시간적 지평을, 미래지향의 화살과 과거지향의 "혜성의 꼬리"를 자신과 함께 끌고 간다. 마침내 그 모든 인상의 시간적 흐름은 과거와 미래 쪽으로 언제나 더 멀리 전개되는 하나의 같은 흐름으로 합쳐지게 된다. 다른 차원에서 시간화하는 근원적 인상의 여러 양상을 구별하는 것이 결국 중요하다. 극소-인상(micro-impressions)은 끊임없이 솟아난다. 살의 모든 극에서 자아-살이 키아슴 속에서 자기 자신에 통합될 때 겪는 매우 독특한 인상이 구별된다. 극의 극소-인상은 다소 짧은 시간적 연속, 흐름 한가운데 단순한 국면의 기원에 있지만, 이

---

34. 키아슴이 문제되지 않는 다른 맥락에서 후설은 "울림의 공동체"의 형성을 기술했다. 그 공동체 안에서 에고의 감정적 흥분은 "전체를 울리며 ['서로 부르며'] 지속되다" 마침내 통합적인 하나의 감정으로 수렴된다. [예컨대 Husserl, *Analyses sur la synthèse passive*의 부록 XXI, J. Millon, 1998, p. 404-405를 보라.]

모든 국면을 통합하는 아르케-인상(archi-impression)은 '흐름 그 자체의 기원에' 있다. 이렇게 살의 키아슴은 자체에 시간을 준다. 내 오른손이 내 왼손을 모르는 동안에 내 촉각 인상은 내 오른손이 책상의 표면을 가로지르는 동안만큼 지속된다. 내 오른손이 가장자리에 이르자마자 그 모든 인상은 과거 속으로 잠긴다. 하지만 이제 두 손이 똑같은 살의 두 극으로 밝혀진다. 책상을 또한 만지는 내 왼손에서 나는 방금 전에 내 오른손에서 느꼈던 매끈매끈하고 차가운 '똑같은' 감각을 이제 느낀다. 처음에 있었던 일련의 인상이 나를 촉발하기를 멈춘 동안에, 단순한 과거지향으로만 살아남는 동안에, 내 왼손은 책상의 표면을 여전히 계속 가로지른다. 내 왼손의 현재 인상은 다른 손에서 느꼈던 과거 인상의 기억을 일깨운다. 내 왼손의 현재 인상은 그것의 과거지향과 얽히고 그것의 과거지향과 함께 연장되는 하나의 같은 흐름을 구성한다. 키아슴의 마법으로 무가 될 뻔했던 에고는 다른 극에서 현재의 에고와 결합하고 이 결합은 에고를 되살린다. 그가 지속될 수 있게 한다. 한 순간에서 다른 순간으로 계속 있을 수 있게 한다. 이처럼 에고는 순간의 마감을 피한다. 우리는 데카르트의 아포리아에 대한 해결책을 마침내 발견한다. 키아슴을 통해 자아는 시간 속에서 자기 힘으로 자신을 지탱할 수 없는 자신의 무능력을 극복한다. 이러한 무능력 때문에 그는 자신의 더 안정된 기반을 신의 창조 행위에서 모색해야 했었다. 내 지속의 계속성은 '계속된 자기-줌'에 기반을 둔다. 나는 나 자신을 되살리기를 멈추지 않는다. 자아-살의 힘만으로 다시 생성되기를 멈추지 않는다.

　모든 살 극과 각 극에 현존하는 에고를 결합하면서 키아슴은 그 시간적 흐름의 통합을 또한 확보한다. 자기 자신에 자신을 주면서, 자기에 자신을 동일시하면서, 자아-살은 충분한 시간을 자기에게 준다. 이는 모든 것이 구별되지 않는 유일한 흐름으로 흡수됨을 의미하지 않는다. 모든 극 사이에 차이가 존속한다. 그 모든 극의 인상은 절대로 정확하게 똑같지 않으며, 흐름에 그마다의 양식과 독특한 리듬을 준다. 이 모든 살극, 이 모든 시간 흐름을 함께 놓으면서 키아슴은 그것들의 공동체 한가운데 새로운 구별의 조건을 만들어낸다. 서로 교차하고, 서로 부르고, 서로 응답하는 그 모든 흐름 사이에서 선율 변화의 조건을 만들어낸다. 한 경험 영역에서 일어난 것은 더 광범위한 동시성이 여러 영역 사이에 수립될 때 말할 것도 없이 또한 적용된다. 내가 통합적인 한 행위로써 한순간에 하양과 부드러움을 지각할 수 있게 될 때, 내가 만지고 있는 것을 볼 때, 내가 얼굴을 보면서 목소리를 들을 때, 내가 목소리를 알아듣고 기쁨을 느낄 때, 또는 얼굴을 기억하면서 고통을 느낄 때 말이다. 일시적인 자아를, 시간 흐름을 자체적으로 갖는 이 여러 경험은 일치와 불일치, 얽힘, 차이로 된 점점 더 폭넓은 울림의 공동체를 이루고자 결합한다. 그 공동체는 유일한 에고의 유동성이 된다. 한 인상에서 다른 인상으로 계속 넘어갈 수 있으며, 자신의 모든 극에서 동시에 스스로 자기를 새길 수 있는, 지금은 통합된 자아-살, 그것에 어떤 이름을 주어야 할까? '주체'라는 이름이 그것에 적합할 것이다. 그리스인들에게 그 이름은 그리스인들은 인간 자아를 규정하기에 앞서 모든 것의 오래 지속되는 지주를, 현상의 나타나기를 끊임없이 떠받치는, 밑에 있는 바닥을 일컬었다. 그 용어를 사용하며 나는 그 용어에 사물의 환영적인 영속성을 주기를 더는 겁내지 않는다. 또는 그 용어를 근대 형이상학의 오만한 원리에 일치시키기를 더는 겁내지 않는다. 왜냐하면 나는 이제 내 "주체성"이 내게 단번에 주어지지 않고 한 역사가 지속되는 내내 힘으로 쟁취됐음을 알기 때문이다. 내 주체성이 불확실하고 불안정함을, 나를 언제나 탈-주체화할 위험이 있는 위기를 맞을 수 있음을 알기 때문이다. 어떤 에고도 주체가 절대 '아니다.' "주체"는 없다. '주체화 과정'만이 있을 뿐이다.

키아슴의 다른 측면을 이제 탐색해야 한다. 공간을 주는, 그 '넓은 (spacieux)' 차원을 말이다. 에고의 공간적 구성은 에고의 시간적 구성보다 훨씬 더 복잡하다. 에고의 공간적 구성은 매우 다른 두 방향에서 나아간다. 키아슴이 살을 살과 몸으로 '함께' 구성하기 때문이다. 살을 몸의 객관적 공간에 포함시키는 동시에 살이 살적으로 전개할 수 있도록 하기 때문이다. 이는 후설의 매우 뛰어난 발견 가운데 하나이다. 만지는 자신을 만지는 경험을 할 때 "살은 근원적으로 이중적인 양상에서 구성된다. 한편으로 살은 물리적 사물, '물질(matière)'이다. 다른 한편으로 나는 그 '위에서' 그리고 그 '안에서' '느낀다'."[35] 살은 살과 물질적 사물로 동시에 내게 나타난다. 후설에게 이 이중적 나타남은 자명한 것 같다. 그는 어떤 기적으로 내 살이 '살로 있으면서' 몸이 될 수 있는지를 묻지 않는다. 분석을 심화해야 한다. 이 이중적 줌의 수수께끼를 풀려는 노력을 해야 한다. 살의 한 극이 다른 극을 껴안을 때 무슨 일이 일어날까? 그 모든 극은 자기와 다른 극이 오직 사물에 지나지 않을 뿐 아니라 자기 자신처럼 또한 느끼고 만지는 살임을, 그 둘이 오직 하나의 살을 이룰 뿐임을 알아차린다. 외재적 투사가 아니라, 낯선 몸으로 자기 살을 전이하는 것이 아니라, 진정한 '동일시'가 관계한다. 그 속에서 먼저 분리됐던 두 에고는 유일한 자아를 이루고자 합쳐진다. 이는 모든 자아-살이 자신의 유동성 속에 갇혀 있지 않고, 자신의 내재성 영역에서 나가 다른 극을 향해 자신을 넘어서고, 다른 자아와 자신을

---

35. Husserl, *Ideen* II, § 36, p. 208.

동일시하고자 다른 자아와 자신을 떼어놓는 살적 차이의 심연을 가로지른다는 것을 가정한다. 이 독특한 맺기(nouage) 속에서 모든 극은 다른 극에 살을 부여한다. 나는 그러한 맺기를 '수평적 종합(synthèse horizontale)'으로 일컫을 것이다. 이 '육화하는(incarnation)'[36] 종합의 토대에서 두 번째 맺기가 완성될 수 있다. 키아슴 내부에서 만지는 살의 모든 극은 다른 극에서부터 다른 극이 만진 몸적인 사물처럼 자신을 지각한다. 그것은 그 자신 또한 몸임을 알아차린다. 한 번 더 자아-살은 근원적 차이를 극복하기에 이른다. 하지만 그것은 그 차이를 더는 바깥으로부터 극복하지 않는다. 그것을 다른 극에서 떼어놓는 간격을 뛰어넘으면서 말이다. 그것은 '자기 자신 안에서' 그 차이를 가로지른다. 그것은 그 자신이 살에 지나지 않을 뿐 아니라, 그 자신 또한 몸임을 알아차린다. 이 살적 차이의 가로지름을 '횡적인 종합(synthèse traversale)'으로, '체화하는(incorporation)' 종합으로 일컫자. 이 두 종합이 서로 묶이지 않으면 내 살은 몸을 절대 취할 수 없을 것이며 세계에서 그 어떤 자리도 발견하지 못할 것이다.

키아슴을 이루는 이 얽힌 이중적 맺기를 더 자세한 방식으로 기술하려 애써보자. 수평적 종합이 수행될 때 모든 자아-살은 자신의 초기 칩거에서 벗어나 다른 살적 에고와 접촉에 들어가서 그들과 합체된다. 모든 만남의 지점에서 '동일시의 극'이 형성된다. 그 속에서 만남과 끊임없이

---

36. [옮긴이 주] 'in-carner'는 말 그대로 '살 속으로 들어가게 하다'라는 뜻을 지니며, 몸이 살로 되는 현상의 가능 조건으로서 종합을 자콥 로고진스키는 '육화하는 종합(synthèse d'incarnation)'으로 칭하고, 반대로 살이 몸으로 되는 현상의 가능 조건으로서 종합을 '체화하는 종합(synthèse d'incorporation)'이라 해서 여기서 'in-corporer'는 말 그대로 '몸속으로 들어가게 하다'라는 뜻을 지닌다.

새로운 합일을 야기하며 다른 종합이 이어진다. 그렇게 모든 인간 공동체의 모태가 되는 모나드의 살적 공동체가 내 안에 구성된다. 그 모든 에고가 서로 다가가고, 공명을 일으키고, 서로 통합됨에 따라, 그 모든 에고의 관점은 수렴되고 그 모든 에고의 유동성은 서로 겹치고 합쳐진다. 자아-살의 내재성의 영역은 점점 더 멀리 확장된다. 유일한 살적 표면을 형성하고자 펼쳐진다. 쉼 없이 움직이는 점점 더 넓은 층이 이미 주름지고 갈라지고 구별되기 시작한다. 모든 자아의 광선, 모든 극의 유동성이 정확히 같지 않기 때문이다. 그 모든 자아는 같은 살에서 나와 '비슷해' 보이지만 또한 '다르게'도 보인다. 그 모든 자아가 저마다 다른 곳에서, 육화의 다른 위치에서 빛나기 때문이다. 키아슴의 모든 힘으로도 없앨 수 없는 이 거리, 간격이 어디서 나오는지를 찾아야 할 것이다. 매우 복잡하고, 매우 구별되었다 할지라도 층이 진 이 덩어리는 아직 몸이 아니다. 이를 위해 다른 종합이 요청된다. 바로 살이 체화할 수 있게 하는 횡적인 종합이다. 사실 이러한 체화는 여전히 수수께끼로 남는다. 어떤 비밀스러운 뼈대가 살을 떠받치는지, 살이 살이기를 멈추지 않으면서 몸으로 될 수 있게 하는지를 물어야 할 것이다. 하지만 그러한 맺기는 일어난다. 만지는 모든 살 극은 하나의 단순한 사물, '몸'처럼 다른 극이 만지는 자신을 느낀다. 그때부터 살 극이 다른 극과 갖는 관계는 다른 의미를 지닌다. 살 극은 다른 극과 함께 내 몸의 통일성을 구성하게 된다. 살의 표면에서 이제 몸의 안쪽과 바깥쪽을 분리하는 피부의 저항 조직이 형성된다. 이 표면 위로 구멍들이 파이고 돌출부가 솟아 나온다. 이제부터 서로 껴안거나 세계에 열리는 것은 구별됐던 극이 더는 아니다. 다른 기관과 구분되는 기관, 사물을 더듬거나 움켜잡는 손, 보고자 열리는 눈, 말하는 입, 듣는 귀이다. 살에 몸의 지위를 주면서 횡적인 종합은

Raumloch, 절대 자아의 깊은 구멍에서 살을 나오게 한다. 그러한 종합은 사물의 공간, 멀거나 가까움, 높거나 낮음, 왼쪽 측면이나 오른쪽 측면과 같은 차이로 질서 잡힌 객관적 공간에 살을 포함시킨다. 신의 장인이 X자 형태로 동일자와 타자를 맞붙이며 최초의 '코라(chôra)', 내 살의 유동적이고 조형적인 물질에 더 안정적인 형태를 주고자 지칠 줄 모르고 그것을 만들어낸 것처럼 모든 것은 일어난다. 데미우르고스는 바로 나 자신이다. 자아-살의 힘이다. 자신을 구별하면서 자신을 전개하고, 자신에게 몸을 주면서 자기 자신에게 자신을 주고, 시간 속에서 주체화하듯 공간 속에서 육화하는 자아-살의 힘이다. 자아-살의 발생은 기억 없는 과거 속에서, 태아를 잉태한 암흑의 기간 동안 완성되지 않았다. 자아-살의 발생은 절대 끝나지 않았으며 내 삶의 매 순간에 새로 시작한다. 살을 세계의 초월성 속에 던지면서, 살을 나누고 그것에 기관의 구조를 새기고자 그것의 극을 빚으면서, 육화 과정은 살에 큰 폭력을 행사한다. 많은 신화가 "세계 창조"를 살인으로, 또는 희생과 최초 거대한 살의 분할로 기술한다. 그것은 베다에 따르면 최초 인간인 푸루샤의 살이며, 중국 신화에 나오는 혼돈의 살이며, 바빌로니아 신화에 나오는 어머니 여신 티아마트의 살이다. 이에 우리는 결국 놀라지 않을 것이다. 그 거대한 살의 흩어진 조각은 우주와 인간 사회의 다른 부분을 낳았다. 환상이나 신화 속에서 분해나 절단처럼 제시되는 것은 내 살을 세계의 사물로 변화시키는 내 체화의 운동 자체이다. 그 사물은 살이기를 멈추지 않는 매우 독특한 사물, 내 몸이다.

　몸이 되면서, 세계 속에 포함되면서, 살은 주요한 여러 변화를 겪는다. 살은 자신의 '가역성'을 잃는다. 살은 '전체'와 '부분'의 구분에 순응한다. '만지기'의 측면에서 '봄'의 측면으로 넘어가지 않고서 그러한 변화는 불가능할 것이다. 키아슴이 있으려면 내 살이 둘이어야 한다. 적어도 서로 영향을 미칠 수 있는 두 살 극으로 나뉘어야 한다. [다른 극에 영향을 미치는] 능동적인 극과 [다른 극으로부터 영향을 받는] 수동적인 극으로 나뉜, 이 근원적 이중성은 '비대칭적'이지만 그럼에도 그와 함께 '가역적'이다. 키아슴의 껴안기 속에서 모든 극은 능동적이고 그와 함께 수동적이다. 만지고 그와 함께 만져진다. 매번 '가역의 지점'이 있다. 그 지점에서 모든 극은 다른 극으로 넘어간다. 마치 장갑을 뒤집듯 "뒤집히고" 다른 극 안으로 파고들어 간다. 그렇게 살은 본래의 의미에서 '무질서(an-archique)'하다. 어떤 위계도, 요청하는 극과 복종하는 극 사이에서 어떤 구분도 살은 알지 못한다. 어쩌면 이러한 가역성, 수동성에서 능동성으로 쉼 없이 이동해가는 이러한 일로부터 자아는 수동적으로 대타자에 복종하는 데서 자신을 해방할 수 있게 되는 것일지도 모른다. 그런데 살 극이 몸의 기관으로 바뀔 때 그러한 동일시는 불가능해진다. 자아–살이 몸을 자신에게 줄 때, 모든 극을 다른 모든 극에 결합하는 살적인 관계는 새로운 의미를 지니게 된다. 살 극은 이제 단순한 구성원으로, 몸이라는 전체의 부분으로 나타난다. 그 모든 부분은 정해진 위치와 기능을 지닌다. 체화하면서, 몸이 되면서 살은 전에는 몰랐던 도식, '전체'와 '부분'의 관계에 종속된다. 그리스 때부터 그 관계는 부분에 대한 전체의 우위라는 의미에서, 부분이 전체에 종속된다는 의미에서 해석됐다. 기관 전체로서 몸의 표상은 정치적 위계나 종교적 위계를 정당화하는 표본으로 오랫동안 쓰였다. 이러한 몸의 형이상학에서 살의 가역성, 살의 무한한 유형성은 기관의 반란, 혼돈스러운 미분화라는 위협을 지니며, 그러한 위협은 어떤 대가를 치르더라도 제거해야 하는 것이었다. "몸 전체가 결국 보는 용도로 만들어졌을까" 오랜 관습에 이어 헤르더는 자문한다. "만일 손과 발이 눈과 뇌이고자 한다면, 몸 전체가 괴로워하지 않을까?" 모든 구성원이 '제자리에 있기를' 받아들여야 하는 것은 몸의 안녕을 위해서이며, 우선하는 이익인 전체의 이익 속에서이다. 우리는 이 전통적인 표상이 우리 몸인 것과 정말로 일치하는지, 우리의 체화를 이해하려면 몸의 형이상학을 멀리해야 하는 것이 아닌지를 물을 수 있다.

어떤 지각 영역에서 그러한 체화가 행해질까? 살이 자신의 무질서한 분산을 극복하려면, 전체처럼 자신을 구성하려면, 자신의 살 극이 키아슴 내부에서 서로 맺어져야 한다. 하지만 이러한 맺기는 전체 몸의 형성을 확보하기에 충분하지 않다. '촉각' 키아슴이 관계하며, 만지기의 차원만으로는 그 모든 극을 안정적인 방식으로 결합할 수 없기 때문이다. 그 모든 극을 하나의 몸으로 묶을 수 없기 때문이다. 촉각 인상은 분산되고, 간헐적이고, 빈 간격으로 나뉜다. 내 손이 책상 표면에서 내 다른 손으로 이동해가는 동안 나는 먼저 매끈매끈하고 차가운 감각을 느낀다. 그러고 나서 감각의 부재를 느낀다. 그리고 더 따뜻하고 더 유연한 표면의 아주 다른 감각이 이어지다 다시 중단된다. 이러한 불연속, 촉각 감각태의 점멸을 극복하려면, 다른 지각 경험에 도움을 청해야 할 것이다. 우리의 모든 감각 가운데 시각이 유일하게 동질적이고 항구적인 영역, 언제나 이미 통합된 일종의 그림이나 화면을 펼친다. 내 시선이 놓이는 곳 어디서나 나는 가시적인 것만을 만날 뿐이다. 다른 색깔에 섞이는 색깔, 다른 형태에 결합되는 형태만을 만날 뿐이다. 특정한 모든 현상은 그림의 한 요소나 정경의 한 부분처럼 그 바탕에서 부각된다. 시각만이 통일된 전체에 다가갈 수 있게 해주며, 자기를 만지면서가 아니라 자기를 보면서 살은 자기 체화를 마침내 끝낼 수 있다. 내가 나 자신을 대상으로 지니는 봄은 하지만 매우 제한적이다. 거울 속에 비친 내 모습을 바라보며 그것을 나 자신의 영상으로 알아보지 않는 한 나는 내 눈, 내 얼굴, 내 몸의 전체 형태를 놓칠 수밖에 없다. 라캉은 [그리고 그에 앞서 왈롱은] 그것을 알았다. 거울 경험, 거울을 통한 동일시로부터 나는 최초의 분할을 극복할 수 있다. 내 몸의 완전한 파악에 다가갈 수 있다. 하지만 라캉은 시각적 동일시가 다른 동일시를 전제로 한다는 것을, 촉각 키아슴의 더 근본적인 맺기에 기댄다는 것을 알지 못했다. 거울 앞에 제시되는 것은 이미 부분적으로 체화한 살, 통합 중인 몸, 살로 된 몸(corps de chair)이다. 자아-살이 이미 만지기 차원에서 스스로 움직이고 자기를 통합하고 자기에 자기를 동일시하기 시작하지 않았다면, 어떤 봄도 내 흩어진 사지를 모을 수 없을 것이다. 내 손이 내 다른 손을 만졌어야 했다. 내 영상을 보거나, 내 목소리를 듣거나, 내 이름을 부르는 소리에 대답할 때, 내 모든 연속적인 동일시 속에서 내가 나를 알아볼 수 있으려면, 촉각의 두 극이 서로 동일시했어야 했다. 만지기에서 봄으로 넘어감, 시각적인 것과 촉각적인 것의 종합은 자아-살에게 생성의 본질적인 순간이다. 그 생성 속에서 자아-살은 몸을 얻고 주체가 된다. 체화 속으로 나아감은 그렇지만 자기 살의 손실, 탈진, '탈육화'라는 대가를 치른다. 왜냐하면 '시각적 키아슴은 없기' 때문이다. 눈은 보는 자신을 보지 못하고, 눈으로 본 살은 만진 살이 만지고 동시에 만져진다는 의미에서 보고-보인-것이 아니다. 봄과 듣기에는 가역성의 가능성이 결여한다. 그 가역성 속에서 모든 살 극은 다른 극으로 미끄러져 들어가고 그 다른 극과 합쳐지게 된다. 후설은 우리에게 그것을 상기시킨다. "시각만을 갖춘 주체는 나타나는 어떤 살도 가질 수 없을 것이다."[37] 이는 촉각적 에고가 육화한 유일한 자아임을 의미한다. 촉각적 키아슴이 내 모든 체화의 기반이 되는 기본 경험임을 의미한다. 키아슴이 없다면, 키아슴의 매듭이 한순간이라도 풀린다면, 내 몸은 곧 탈육화할 것이다. 낯선 사물, 살 없는 유령이 되고자, '살로 된' 몸이기를 그칠 것이다. 우리는 거기에 단순한 가정이 아니라 살의 운명에 줄곧 무겁게 드리운 실질적인 위협이 관계한다는 것을 볼 것이다. 그 위협은 '헐벗음(décharnement)'의 위협이며, 에고의 탈-주체화와 일치하는 탈체화의 위협이다.

자아-살의 통합은 일련의 면, 층을 가로지른다. 모든 층은 자신의 제한을 넘어서고자 다른 층에 호소한다. 최초의 층이 만지기의 층이라면 그 층은 불연속적인, 분할된 경험에 다가갈 뿐이다. 통합될 수 있으려면, 살은 봄을 지나쳐 가야 한다. 하지만 살은 오직 살기를 멈추면서만 몸으로 자신을 보기에 이를 뿐이다. 우리는 여기서 유아론적 자기-체화의 한계에 이른다. 내가 홀로 있는 동안, 만지는 내 살도 보는 내 살도 완벽하게 몸으로 통합되기에 이르지 못할 것이다. 내 체화를 마치려면, 내 내재성의 영역에서 나가서, 다른 이들을 만나고, 그들의 몸이 내 몸과 닮았다는 것을 알아차려야 할 것이다. 그들이 나를 보는 것처럼 나를 보고, 내가 그들 몸에서 발견하는 특성을 나 자신의 몸으로 옮겨와야 할 것이다. 그럴 때에만 나는 완전한 몸을, 세계 속에 있는 다른 많은 몸과 비슷한 인간 몸을 지니게 될 것이다. 나는 인간 개인, "주체"가 될 것이다. 상호주관성, 사회적 존재, 언어, 소통의 측면에 단번에 자리 잡으면서 그로부터 시작해야 하지 않을까? 다른 이의 몸에 내 몸을

---

37. Husserl, *Ideen* II, § 37, p. 213. 후설은 시각의 이러한 "탈육화적" 성격을 종종 강조한다. "내가 내 몸을 파악해야 한다면 […], 나는 외적인 나타남의 형태로, 그것의 "영상"을 만들 수 있다. 하지만 그러면 나는 그것이 지닌 살의 성격을 잃고야 만다." (*Chose et espace*, appendice IX, p. 424.)

동일시하기, 내가 타인과 맺는 모든 관계를 정초하는 그러한 동일시는 그렇지만 만만찮은 어려움을 일으키며, 고립된 자아가 공동체로 이동해 가는 것으로 내 살의 체화를 마치기에 충분하지 않다. 후설의 암시적인 지적은 여기서 하나의 경고처럼 울린다. 후설은 "모든 지각에 수단으로 사용되는 살이 그 자체의 지각에서는 내게 장애가 된다. 살은 놀랍게도 불완전하게 구성된 사물이다"라고 말한다. 어떻게 내 살의 이 이상한 불완전함을 이해할까? 살의 측면에서 몸의 측면으로, 그리고 타자의 측면으로 넘어갈 때 쉬이 없어져야 할 일시적인 한계처럼 그것을 이해해야 할까? 아니면 더 근본적인 한계처럼 그것을 이해해야 할까? 내 살이 '전적으로' 몸으로 구성되지 못하게 막는 본질적인 무능력의 지표처럼 그것을 이해해야 할까? 내 체화가 영원히 미완성으로 남는다면, 내가 오직 부분적인, 분할된, 일시적인 몸에만 이를 뿐이라면, 어떻게 나는 그 몸을 다른 이들의 몸에 동일시하기에 이를까? 어떻게 나는 공동체 내부에서 다른 이들과 결합되기에 이를까? 내가 내 몸의 생성을 마치는 것을 막는 장애물이 어디서 오는지를 찾아야 한다. 그 장애물은 키아슴의 구조 자체에, 두 극이 교차하는 곳에서 종합에 맞서고 종합을 실패로 놓는 것에 뿌리를 둘까? 아니면 내 살에 아주 낯선 장애물이 문제일까? 이 물음에 답하려면, 처음부터 분석을 다시 시작해야 한다. 살의 키아슴 이 가능하다는 것을, 살의 키아슴이 언제나 이미 일어난다는 것을 이론의 여지없는 명백함으로 인정하면서 우리는 그 가능 조건을 묻지 않았다. 살이 살과 맞붙는 데 전혀 이르지 못한다면, 자아-살이 그 자신과 전적으로 일치하는 데 성공하지 못한다면 어떤 일이 일어날까?

어떻게 만지는 자신을 만질까: 키아슴의 (불)가능성을 다루며

　후설에게 키아슴의 '문제'가 있는 것 같지 않다. 후설은 만지는 손과 만져진 손이 같은 몸의 두 성분으로 서로 본능적으로 알아보는 것이 확실하다고 생각한다. 후설은 대체로 살을 일종의 몸으로 여기기에 살의 키아슴을 내재적 자아의 삶과 아무 관계도 없는, 내 세계 실존의 단순한 사건으로 만들었다. 구성해야 할 것, 고유한 몸의 통일성, 살과 몸의 동일성, 살과 몸의 줌의 시간적 동시성이 미리 주어졌기라도 한 듯 모든 것은 일어난다. 이는 후설이 충분히 근본적인 방식으로 '에포케'를 여기서 행하지 않기 때문이다. 조심성 없이 "다른 손"을 만지는 "손"을 말하는 것으로 모든 분석이 잘못되기에 충분하다. 같은 손이 동시에 만지고 만져질 수 있으며 두 손이 하나의 몸에 속함이 그러면 명백한 것 같기 때문이다. 그만큼 많은 대대적인 명백함을 이제 문제 삼을 때이다. 우리는 여기서 후설보다 더 후설다워야 한다. 후설보다 더 에포케의 극단성에 충실해야 한다. 몸을 가진다는 순진한 우리의 확신을 중지해야 한다. 눈도, 손도 아직 지니지 않고, 오직 살 극만을 지닌 최초 살의 낯섦, 하나이자 분할할 수 없는 개별적인 주체가 아직 아니고 에고의 무수한 조각으로 흩어진 자아의 낯섦에 우리는 맞서야 한다. 그럴 때에만 그 모든 극의 통일성이라는, 자아-살의 자기-동일시라는 매우 어려운 문제가 놓인다. 자아-살을 공간에 통합시킬 수 있는, 자아-살을 시간 속에서 주체화하게 하는 종합의 가능 조건이라는 매우 어려운 문제가 놓인다. 그러면 어떻게 키아슴이 가능한지를 아는 문제가 하나의 수수께끼처럼 생긴다.

　어려움을 피하는 다른 방법이 있다. 물음조차 놓이지 않는다고, 만지는 것과 만져진 것은 절대 일치할 수 없다고 선언하는 것이다. 이것이 레비나스의 관점이다.[38] 하지만 레비나스는 '자기 자신'을 만질 가능성을 언급조차 하지 않고 '타자와' 접촉하는 것만을 헤아린다. 더 엄밀하고 실존 현상에 더 주의 깊은 사르트르는 그러한 가능성을 고찰하지만, 키아슴은 일어나지 않는다고 주장할 목적에서 그렇게 한다. "나는 내 손이 만지는 한 내 손을 만질 수 없다." 만짐과 만져짐은 "소통할 수 없는 두 면에 실존하는" "근본적으로 다른 두 현상"[39]이기 때문이다. 그는 이렇게 대자와 즉자, 몸과 살, 주체와 대상, 자아와 타인의 극복할 수 없는 대립이라는 엄격한 이원론에 자리 잡는다. 이러한 대립을 넘어서고자, 나 자신과 다른 이들에 공통된 환경을 찾아내고자 메를로 퐁티는 후설로 되돌아온다. 메를로 퐁티는 키아슴이 가능함을 인정할 뿐 아니라 키아슴에 보편적인 영향력을 부여한다. 그에 따르면 만지는 내 손과 만져진 내 손만이 아니라, 나 자신의 손과 다른 사람의 손이 또한 키아슴 속에서 합류한다. "내 손에서 만진, 사물과 결합하는 힘을" 다른 사람의 손이 소유함을 내가 알아차릴 때, 그러한 합류는 일어난다. 그 결과 타인과 나 자신 "우리는 유일한 하나의 몸처럼 작동한다."[40] 나와 타인 사이에 있는 차이를 뛰어넘을 뿐만 아니라 키아슴은 나와 사물, 나와 세계 사이에 있는 간격을 가로지른다. 왜냐하면 "내 몸은 세계와 같은

---

38. "멀어지고 언제나 이미 타자인 만져짐이 나와 '공통된' 아무것도 없는 듯 접촉 자체에서 만짐과 만져짐은 분리된다." (Lévinas, *Autrement qu'être*, p. 137)

39. 그는 아마도 후설에 대립하고자 『존재와 무』의 몸을 다룬 장에서 세 번 되풀이 해서 그것을 확언한다. 나는 "Scotomes (point de vue sur Sartre)", *Les Temps modernes*, n° 531-533, 1990에서 키아슴에 대한 사르트르의 비판을 분석했다.

40. Merleau-Ponty, *Le Visible et l'Invisible*, p. 185 et 268.

살로 만들어졌기"[41] 때문이다. 우리가 살이라 부른 것은 '내' 살이기를 멈춘다. 그것은 존재의 궁극적 요소, 일반화한 교환의 장소, 끝없이 솟아나옴의 장소가 된다. 그곳에서 모든 면이 섞인다. 그곳에서, 세계의 거대한 살 속에서, 나는 다른 모든 사람과 융합된다. 우리 모두에게 이 보편적 얽힘은 그렇지만 "전형적으로 감각적인 것"에, 특정의 경험에 뿌리를 둔다. 그 경험이란 만지고 있는 자기 자신을 만질 때 우리 자신의 살이 하게 되는 경험이다. 내 살의 키아슴은 모든 살을 "평가하는 것", 세계 모든 키아슴의 모태이다. 하지만 나는 '정말로' 만지는 나를 만질 수 있을까? 메를로 퐁티는 그것을 인정하기를 주저한다. 살로 된 손이 사물-손과 절대 일치할 수 없다고 인정할 때, 그는 심지어 사르트르의 반박을 받아들이는 것 같다. "대상 오른손은 만지는 오른손이 아니다. 전자는 공간의 한 지점에 웅크린, 뼈와 근육과 살의 얽힘이다. 후자는 자기 장소에서 외재적 대상을 드러내고자 쏜살같이 공간을 가로지른다."[42] 상황이 이와 같다면, 내 살의 두 가장자리, 두 입술이 서로 일치하는 데 이르지 못한다면, 세계의 골조는 해체된다. 그리고 나는 절대 같은 살의 공통된 요소 속에서 다른 사람들과 존재에 열리지 못할 것이다. 물론 메를로 퐁티는 그것을 인정하기를 거부한다. 그러한 인정은 그의 모든 철학이 잘못된 가정에 기초를 둠을 시인하는 일이 될 것이다. 때로는 일치를 때로는 차이를 강조하며, 키아슴이 절대 일어나지 않는다고 인정하는 동시에 키아슴이 가능하다고 다시 주장하며, 결국 대립된 두 개의 관점 사이에서 왔다 갔다 해야 하는 그를 우리는 본다.

—
41. *Ibid.*, p. 302.
42. Merleau-Ponty, *Phénoménologie de la perception*, Gallimard, 1945, p. 108.

무엇이 내 살이 그 자신과 합류하는 것을 방해할까? 내 살에 없는 것은 시간이다. 접촉의 시간적 '동시성'이 불가능함이 밝혀진다. "두 손은 절대 '동시에' 만져지고 만질 수 없다." 이 때문에 그 둘의 만남은 "언제나 임박하지만", "일어나려는 순간에 무산된다."[43] 우리는 실제로 일어나는 데 성공하지 못할 잠재적인 종합과 관계한다. 쉼 없이 나중으로 연기된 키아슴은 매번 실패한다. 메를로 퐁티는 이 실패를 받아들인다. 분석의 이 시점에, 또한 어려움을 피할 목적에서, 그는 "내 몸의 전체 존재"를, 그것의 근원적 통일성을 내세운다. 그곳에서 내 살을 가로지르는 틈은 이미 오래전에 제거됐다. 그가 다른 감각 사이, 두 손의 촉각 영역, 두 눈의 각도 사이 존재하는 차이에 주의했을지라도, 그는 그럼에도 "내 몸의 통일성이 대립하는 이 수많은 경험을 지탱하고 그 경험의 기초가 된다"라고 주장한다. 그 경험이 "하나의 세계를 앞에 둔 하나의 몸의 경험"[44]으로 있다고 주장한다. 후설과 마찬가지로 그는 구성해야 할 것을 전제로 하고, 그의 분석은 악순환에 갇힌다. 키아슴을 가능하게 하는 것이 내 몸의 통일성이란 이야기인데, 키아슴은 그렇지만 내 몸의 통일성을 형성하는 것으로 여겨졌었다. 어떤 권리로 몸이 "전체 존재"라고, 몸과 세계가 하나라고 주장할까? 이 대대적인 확실성은 에포케의 영향 아래 들어간다. 세계나 자아의 통일성만큼이나 몸의 통일성은 해체되고 분산된 많은 극으로 부서진다. 더는 아무것도 그러한 극이 키아슴을 통해 통합되기에 이르리라고 예측해주지 않는다. 우리는 메를로 퐁티가 그 자신이 제안했던 "해결책"에 만족하지 못했다고 가정할 수 있다.

---

43. *Ibid.*, p. 302. *Le Visible et l'Invisible*, p. 194를 또한 보라. 우리는 이 책 저 책에서 메를로 퐁티가 같은 아포리아에 부딪히는 것을 본다.
44. Merleau-Ponty, *Le Visible et l'Invisible*, p. 186 et 195.

그의 몇몇 작업 노트에서 우리는 그가 다른 출구를 찾고 있음을 본다. 그가 몸 밖으로 향했음을, 살의 두 가장자리 사이에서 경첩이 되어 줄 수 있는 "맹목적인 중심점"을 향해 나아갔음을 말이다. "만지기와 자기를 만지기 […]. 그 둘은 몸 안에서 일치하지 않는다. 결합이 일어나려면 몸과 다른 어떤 것이 필요하다. 결합은 '만질 수 없는 것' 안에서 일어난다."[45] 무엇이 이 X 지점, 그가 "만지기의 만질 수 없는 것, 봄의 볼 수 없는 것, 의식의 무의식"으로 일컫는 이 미지의 요소일 수 있을까? 어떻게 그 요소가 결합을, 키아슴의 맺기를 보장할까? 메를로 퐁티는 수수께끼를 풀려 노력했지만, 죽음은 그의 작업을 중단하러 왔다.

완성을 보지 못한 그의 저작은 그렇게 우리에게 하나의 물음을 남겼다. 그 물음에 답하려 노력해야 한다. 메를로 퐁티가 부딪힌 주요한 장애물을 생각해보자. 그것은 시간성이라는 악령이다. 메를로 퐁티에 따르면 '동시에 행해지는' 접촉의 불가능성, 만지기와 만져짐의 완벽한 시간적 일치의 불가능성으로 인해 키아슴은 맺어질 수 없다. 이러한 용어로 놓였을 때 문제는 아마도 해결될 수 없을 것이다. 왜냐하면 내 살의 두 입술이 합쳐지지 못하게 하면서, 같은 순간에 입 맞추지 못하게 하면서, 시차, "불안정함(porte-à-faux)"은 내 경험의 다른 측면 사이에서 불가피하게 지속될 것이기 때문이다. 이러한 방식으로 물음을 제기하며 메를로 퐁티는 자신에게 해답을 금한다. 그는 동시성의 문제, 두 현상의 정확한 일치의 문제가 세계의 차원에서만 의미가 있음을 보지 못했다. 세계의 시간성 속에서만, 우리 일상 삶을 지배하는 시계의 시간 속에서만 시간의 두 지점은 일치할 수 있으며, 두 기차는 같은 역에 동시에 "정확하

---

45. *Ibid.*, p. 307.

게" 도착할 수 있다. 내가 에포케를 행하면, 세계와 세계의 시간은 관여 밖에 놓이고 나는 내재적 시간성에 접근한다. 그곳에서 현재는 시간 속에 있는 한 점처럼 더는 나타나지 않고, 운동 중인 면, 흐름 한가운데 있는 유동적인 국면, '현존 영역'처럼 나타난다. 우리가 동시성이라 부르는 것은 여러 인상이 내게 "동시에", 흐름의 같은 국면 속에 주어질 때 이 내재적인 시간 흐름 속에 이미 예고되고 미리 나타나 보인다. 인상의 현존 영역은 서로 포개지고, 서로 겹치고, '동시적으로' 된다. 그렇지만 동시성을 이루는 근원적 인상 그 자체는 동시에 행해지지 않는다.[46] 그것은 동시에 발생할 수 있거나 없을 고립된 현상을 관계에 놓지 않는다. 그것은 흐름 내부에서 시간적 공동체를, 공시성을 구성한다. 이러한 공시성은 앞쪽에서는, 시간적 종합 이편에서는, 살적인 '힐레 (hylè)'의 심연 속에서는 아직 눈에 띄지 않는다. 이 울림의 공동체 안에서 근원적 인상은 서로 부르고 다 같이 공명한다.

키아슴의 기반을 시간적 동시성에 두고자 함으로써 메를로 퐁티는 구성의 질서를 완벽하게 뒤집었다. 사실 시간적 종합의 기반이 되는 것이 살의 종합이며, 시간 흐름의 공시성을 가능하게 하는 것이 살의 키아슴이다. 이러한 공시성이 절대 일어날 수 없으리라고, 현존의 여러 영역, 만져진 손과 만지는 손의 영역이 내재적 방식으로 통합되기에 이르지 못하리라고 우리가 주장할 수 있는 그 어떤 근거도 없다. 메를로 퐁티가 갇혔던 아포리아는 제거됐다. 키아슴은 가능하다. 적어도 시간성이 키아슴에 장애가 되지는 않는다. 하지만 이는 키아슴이 실제로 일어남

---

46. 후설은 객관적 동시성이 동시에 이뤄지지 않는 근원적 인상으로부터 형성된다는 것을 보았다. 예컨대 시간에 관한 그의 1905년 『강의』 부록 Ⅶ의 38절을 보라.

을 의미하지 않는다. '또 다른 장애'가 만지는 손이 만져진 손에 전적으로 동일시되는 것을 금할 수 있을 것이다. 내 살이 "불완전하게 구성된" 채 있다면, 두 극이 동시에 만지는 것이자 만져진 것일 수 없다면, '뜻밖의 사건'이 그 둘을 매번 결합하지 못하게 한다면, 더 근본적인 시차의 징표를 그곳에서 보아야 한다. 여기서 또한 살이 시간에 우선한다. 살이 그 자신과 합쳐지지 못하게 하는 것은 시간의 분리가 아니다. 시간적 공시성을 깨트리는 것은 살의 내적 간격이다. 무엇이 결국 자아-살이 그것을 찢는 간격을 가로지르는 것을 금하는 것일까? 미지의 개체, 비-자아, 비-살 속에서 자기를 알아보는 것을 금하는 것일까? 이 미지의 개체, 비-자아, 비-살은 그렇지만 그 자신의 살이다.

매우 뛰어난 철학자 가운데 하나인 우리 시대의 한 철학자가 최근에 그 물음에 맞섰다. 데리다는 그의 후기 저서 가운데 한 저서에서 그가 후설에게서 여전히 지배적이라고 보는 "촉각의 형이상학"을 비난한다. 그는 근접성의 감각, 거리 없는 접촉의 감각으로서 촉각과 시각의 외재성 사이에 존재하는 전통적인 대립에 기반을 둔 "접촉중심주의"를 비난한다. 반대로, "간격이 벌어지면서, 자기와 갖는 접촉을 잃어버리면서, 자아는 자기를 만진다"라는 것을 인정해야 할 것이다. '내가 나를 만지지 않으면서 나를 만진다'[47]는 것을 인정해야 할 것이다. 나는 모든 타자성에서 벗어난 순수 자기-촉발 속에서 나 자신에게 나를 절대 주지 않는다. 키아슴을 즉각적인 일치처럼 생각하면서 우리는 "어떤 '외재성'이 […] 만져진 만짐의 경험에 속'해야 한다'"[48]라는 사실을 인식하지 못한다.

---

47. Derrida, *Le Toucher*, Galilée, 2000, p. 47, 51 et passim.

48. *Ibid.*, p. 200. 우리는 미셸 앙리의 책, *Incarnation, une philosophie de la chair*, Ed. du Seuil, 2000에서 유사한 비판을 볼 것이다. 나는 "Le chiasme et le

내 살의 두 가장자리 사이에서 "인상의 '만지는' 측면과 '만져진' 측면에 모두 낯선" 아주 외재적인 요소, "기생충", "침입자"가 슬그머니 끼어든 다는 사실을 인식하지 못한다. 그 침입자가 그렇지만 키아슴의 조건이다. 그 가능 조건이자 ['특히'] 그 불가능 조건이다. 물론 데리다는 단순히 키아슴이 불가능하다고 전혀 주장하지 않는다. 그는 키아슴이 "일어나지 않으면서 일어난다"라고, "이르지 않으면서 이른다"라고 주장한다. 그는 살이 "자기를 만지지 않으면서 자기를 만진다"라고 주장한다. 나는 그렇 지만 그가 애정을 갖는 그러한 결정불능의 표현이 여기서 순수하게 수사학적 가치만을 지니지 않는지 염려스럽다. 그러한 표현으로 그는 가능성과 불가능성, 일치와 차이 사이에서 명백한 모호함을 유지할 수 있었다. 하지만 그에게 저울은 언제나 같은 쪽으로, 불가능성 쪽으로 기운다. 그가 키아슴에 부과하는 준엄한 조건은 원칙에서 살의 종합이 맺어지는 것을 금하기 때문이다. 이 낯선 바깥, 침입자는 살의 종합을 그 자체에서 멀어지게 하고, 그러한 침입자로 불안정해지고 해체된 살의 종합은 "중단되는 데 성공하고", 곧바로 무효가 되면서만 일어날 뿐이다. 키아슴은 일어나지 않을 것이다. 또는 "실패하기에 이를 뿐이다". 모든 사건과 마찬가지로 키아슴은 '이르지 못하기에 이를 뿐이다.'[49]

　사르트르와 마찬가지로, 그러나 매우 다른 이유에서 데리다는 결국 살의 분리된 극의 만남이 가능함을 반박한다. 왜 그는 살의 종합의 가능 성을 인정하기를 거부할까? 왜 그는 살이 서로 합쳐지는 것을 막는

---

restant", *Rue Descartes*, n° 35, 2002에서 두 접근을 대조하고자 노력했다.
49. 촉각 키아슴의 불가능성은 도달의 아포리아의 특수한 한 상황일 뿐이다. 이에 도달의 아포리아를 다룬 내 책, *Faire part─cryptes de Derrida*의 마지막 장을 참조하길 바란다.

외재적 타자, 바깥을 살 속에 뿌리내리게 할까? 이는 그의 사유의 근간을 이루는 동기와 관계하는 이유에서이다. 그에 따르면 '순수' 자기-촉발, 순수하게 내재적인 줌은 절대 있을 수 없다. 내적 타자성이 모든 자기-촉발을 가로지르고, 모든 자기-촉발은 즉각적으로 의타기-촉발(hétéro-af-fection)로 바뀐다. 우리는 여기서 "흔적", "나머지", "유령" 따위로 여러 방식으로 진술되고, 동일자의 울타리를 언제나 위협하러 오는, 동일자가 자기 자신에 자신을 가두는 걸 금하러 오는 환원 불가능한 타자성과 관계한다. 거기서 또한 저울은 균등하지 않다. 동일자와 타자의 맺기 속에서 사실 "타자"가 "동일자"에 우선한다. 데리다에게 동일자[현존, 자기 동일성, 점유, 일치, 합일, 진리, 의미]는 타자[비−현존, "차이", 중단, 간격…]의 한 결과일 뿐이다. 타자성을 지우겠노라고 주장하는 동일자를 타자성은 오염시키고 불안정하게 한다. 데리다가 촉각 문제에 적용하는 것이 바로 그러한 도식이다. 이는 살의 접촉[자기-촉발]이 비−접촉의 균열을 전제로 함을 지지하도록 그를 이끈다. 의타기-촉발은 키아슴을 중단하러 올 수밖에 없다. 나는 그러한 도식이 촉각 경험을 곡해하지 않는지 자문한다. 데리다가 '타자'에 부여하는 우위를 뒤집으면서, 반대로 살의 자기-촉발을 사로잡는 타자성의 근본적인 조건처럼 살의 자기-촉발을 헤아리면서, 촉각 경험을 달리 생각할 수는 없는지 자문한다. 물론 나는 나 자신으로부터 '타자처럼' 나를 촉발한다. 하지만 이 타자성은 순전히 표면적이고 나를 그처럼 촉발하는 것은 여전히 '나'이다. 상황이 이렇다면, 데리다의 반박은 그 자체로부터 제거된다. 이제 아무것도 살이 키아슴 속에서 자신을 껴안는 것을 더는 막지 못한다.

촉각의 두 개념 사이에서, 자기-의타기-촉발의 두 진술 사이에서 어떻게 결정할까? 진리가 그 둘을 구별해줄 것이다. 타자가 정말로 자아−

살에 낯선지, 살의 자기-눈멂, 자기-은폐가 관계하지 않는지, '내적' 자폐가 관계하지 않는지, 자기 자신을 잊어버리고 '마치' 밖에서 그리고 타자에게서 나오는 '양' 허망하게 자신을 제시하는 내 살의 한 부분이 관계하지 않는지 물어야 할 것이다. 데리다는 그것을 받아들일 수 없을 것이다. 왜냐하면 먼저 그는 진리와 비-진리를 구별하기를 거부하기 때문이다. 그에게 "진리는 환상 그 자체이다." 비-진리의 작용으로 발생한 착각이다. 그렇게 환상을 진리로 여길 위험이 그에게는 있다. 키아슴 한가운데 생기는 X-요소의 '명백한' 외재성으로 인해 함정에 빠질 위험이 그에게는 있다. 이 낯선 것이 내 살의 살이라는 것을 알아차리지 못한 채 말이다. 어디서 만지기를 사로잡는 이 유령, 만질 수 없는 것은 나오는가? 이 물음에 그는 우리에게 실망스러운 대답을 준다. 그에 따르면, 이 이질적인 요소는 단지 촉각 표면의 가시성에서 온다. 자기를 만지는 행위가 "순수하게 고유한 몸의 순수 경험으로 환원될 수 없는"[50] 것은 손이 보일 수 있기 때문이다. 어떤 타자성도, 자기와 지니는 어떤 간격도 결국 촉각 '그 자체'를 특징짓지 못할 것이다. 간격은 단지 바깥으로부터, 가시적인 것의 근본적인 외재성 속에서만 촉각에 영향을 줄 뿐이다. 이 이상한 분석에서 우리는 내 살이 '자신을 볼 수 있다'는 가능성에서부터 조금 성급하게 '자신을 만질 수 없다'는 결론에 도달한다. 이 이상한 반전으로 인해 우리는 촉각의 내재성을 시각의 초월적 외재성에 대립시키는 전통적 관점으로 되돌아온다. 그렇게 데리다는 그가 후설에서 고발했던 "접촉중심주의"에 다시 떨어지게 되고, 그가

---

50. Derrida, *Le Toucher*, p. 201. 깜짝 놀랄 만한 이 주장은 이 책에서 여러 번 반복된다.

행한 "촉각 형이상학"의 해체는 짧게 끝난다. 이는 어쩌면 바깥, 간격, 차이, 의타기-촉발을 지나치게 강조한 나머지, 촉각 영역 '내에서' 그 영역을 촉발하는 타자성을 발견하는 데 더는 이르지 못하고, 근본적으로 낯선 요소에 타자성을 부여할 수밖에 없었던 행보의 결과일지도 모른다. 키아슴의 "불가능 조건"을 그 정도로 강조함으로써, 살을 사로잡는 이질적인 요소를 살 밖으로 내던짐으로써, 데리다는 그 요소와 화해할 수 있는 길을, 우리를 괴롭히는 유령에서 해방될 수 있는 길을 우리에게 차단한다. 어떻게 키아슴이 가능한지, 어떻게 우리가 우리의 강박관념을 극복할 수 있는지를 이해하려면, 우리는 데리다 그 자신보다 더 데리다다 워야 할 것이다. 시각에 만질 수 없는 것을 뿌리내리게 하는 대신에 '촉각 내에서' 만질 수 없는 것의 발생 장소를 찾아내야 한다.

만질 수 없는 것의 영향 아래: 레스탕

> "나머지에 이름과 형태는 근거를 둔다,
> […] 나머지에 세계는 근거를 둔다.
> 존재와 비-존재, 둘 다 나머지 안에 있다,
> 죽음과 생명력과 […] 들숨과 날숨 […]:
> 나머지에서 하늘에 거주하는 모든 신은 태어났네."
> 아타르바베다

촉각 키아슴 문제를 거론했던 철학자들은 이율배반에 빠졌다. 한 무리는 [후설과 마찬가지로] 키아슴이 가능하다고 상정하지만, 어떻게 키아슴이 일어나는지 알려고 하지 않고 키아슴을 분열하는 간격, 틈을 전혀 헤아리지 않는다. [사르트르와 데리다와 함께] 다른 한 무리는 그 간격을 알아봤지만, 그로부터 키아슴이 불가능하거나 "중단되기에 이를 뿐"이라고 결론 내린다. 또 다른 한 무리는 [메를로 퐁티가 하듯] 때로는 일치를 때로는 간격을 강조하면서 양자택일의 두 항 사이에서 망설인다. 한 가지는 적어도 확실한 것으로 여겨져야 한다. 키아슴의 아포리아가 있다면, 아직 알려지지 않은 어떤 요소가 키아슴을 방해한다면, 이는 시간적 분리에서도, 가시적인 것의 외재성에서도 오지 않는다. 그것은 살적 차이, 만지기 그 자체에 내적인 간격에서 온다. 촉각 경험에서 살의 모든 극은 '밖으로부터' 다른 극에 이를 뿐이다. 그 극에 절대 합쳐지지 못한 채 그것에 부딪히고, 그것을 낯선 사물처럼 바라본다. 내 만지는 살이 내 만져진 살에서 '자기 자신을' 알아보는 일은 절대 불가능한 것 같다. 어떻게 자아–살이 자신의 단독성, 자신의 살, 자신의 삶을 포기하지 않으면서 이 무감각하고 관성적인 사물과 결합할 수 있을까? 자아와 비–자아, 살과 비–살을 나누는 본질적인 불가능성, 근본적인 구분이 거기 관계한다. 키아슴을 방해하는 것은 바로 에고론적 차이의 극복할 수 없는 간격이다.

하지만 키아슴은 일어난다. 그 가능성 또는 불가능성을 무한정 조사하는 것은 합리적이지 못하다. '키아슴이 일어난다'는 것은 하나의 사실이다. 그렇지 않으면 나는 어떤 몸도 지니지 못할 것이다. 내게는 어떤 타자도 어떤 세계도 있지 않을 것이다. 내 모든 경험은 깊은 혼돈 속에 잠길 것이다. 사건을 규정하는 것은 '불가능성의 가능성'에 빠져드는 데 있다. 불가능한 것 같았던 것, 어떤 때에도 일어날 수 없었던 것이 어쨌든 일어날 때 사건은 있다. 이는 먼저 키아슴이라는 근원적 사건에 적용된다. 내 내재적 살이 초월적인 어떤 것처럼 주어지는 것에 자신을 동일시할 수는 없을 것 같다. 하지만 이 불가능성이 바로 매 순간 일어나는 것이다. 모든 것을 설명하려는 욕망, 모든 것을 구성하려는 욕망은 여기서 그 한계에 이른다. 키아슴이 가능하다는 사실, 내 분산된 살이 통합된다는 사실, 세계 속에서 몸이 된다는 사실, 바로 거기에 이전에 있던 어떤 조건으로도, 상위의 어떤 원리로도 정당화할 수 없을 사건이 있다. 바로 거기에 살이 그 자신을 위해 이루는 하나의 은총, 경이, 선물이 있다. 하지만 그 어떤 것도 살적 차이의 심연이 전적으로 메워질 수 있다고 주장할 수 있게 하지는 않는다. 자아-살의 두 극이 서로 알아보고, 서로 통합되기에 이른다면, 이는 그 두 극이 서로 완벽하게 동일시함을 함축하지 않는다. 감히 가정해보자. 키아슴은 '부분적이고 일시적인' 동일시만을 행할 수 있다. X-요소, 차이는 그 동일시를 쉴 새 없이 문제 삼고, 그것을 불안정하게 한다. 메를로 퐁티가 "실패 속에 있는 성공"을 말하는 것이 잘못이 아니라면, 이 실패는 메를로 퐁티가 그것에 부여한 의미에서 실패가 아닐 것이다. 잠재적이고 언제나 연기되는 종합의 '임박함'보다는 오히려 그곳에서 실질적인 종합, 하지만 끊임없이 쇠하는 종합의 '간헐'을 봐야 한다. 그러한 쇠함, 뚜렷한 "실패"에도, 이중의 종합은 맺어지기에 이른다. 내 살은 내 살에 통합되고, 내 몸을 산출하기에 이른다. 물론, 퇴행과 위기로 점철된 내 통합, 내 주체화는 불안정한 상태로 있을 것이다. 그러나 최초 살의 혼돈, 조각난 자아의 분산으로부터 몸과 주체의 윤곽이 세계에 드러난다. 내가 기술하고자 하는 것이 바로 그러한 생성이다. 내 몸의 발생 형태가 점점 뚜렷해지고 흐려지다 새로 고정된다.

바로 여기 내가 제안하는 가정이 있다. 키아슴 속에서 행해지는 동일시가 일시적이고, 불연속적이고, 점멸한다면, 이는 동일시가 부분적이고 매번 내 살과 분리할 수 없는 비-살의 나머지, 잔재를 발생시키기 때문이다. 내가 이제부터 '레스탕(restant)'이라고 부르게 될 것이 바로 살 한가운데 있는 이 낯선 요소이다. 촉각 경험과 대면했던 어떤 철학자도 이 현상을 밝히기에 이르지 못했다. 아리스토텔레스는 겉보기와 달리 촉각적인 접촉이 전혀 직접적이지 않음을 이미 눈여겨보았었다. 살이라는 "중간(metaxu)"이 만지는 이와 만져진 것 사이에 매번 놓인다. 마치 그 살이 우리 몸을 둘러싼 일종의 "막", '처녀막'이라도 되는 양 말이다. 봄에서 보는 이와 가시적인 것 사이에 있는 거리는 명백한 방식으로 드러난다. 봄과 달리, 만지는 이와 가촉적인 것 사이에서 깊어지는 감각되지 않는 간격은 숨겨질 수밖에 없고, 모든 접촉에서 벗어난다. 살은 만질 수 없는 것일 것이다. 이는 촉각의 조건이다.[51] 하지만 그리스의 철학자는 자기 촉각의 특수한 경험을 헤아리지 않고, 촉각에 [그리고 감각적인 것 일반에] 자기 자신을 느낄 가능성을 거부한다. 이로 인해 그는 레스탕의 현상을 알아보지 못했다. 내 살의 두 입술이 합쳐지는 걸 막는 "틈(histus)"을 언급하며 메를로 퐁티는 그 현상을 직감했지만 그것을 시간적 차이의 결과로 잘못 해석했다. 후설은 만지는 자기를 만지는 경험에서 "처음에 나눴던 촉각의 두 측면이 겹칠 수 있고, 그 점에서 어떤 방식에선 합쳐지지만, 서로 뒤섞이지는 않는다"라는 것을 눈여겨봤을 때 그 현상에 매우 가까이 다가갔었다. 촉각 영역의 불연속적인 영역의 장소가 떨어져 있음에도, 그 영역을 "일종의 연속성 속으로

---

51. Aristote, *De l'âme* II, 423ab. 이를 두고 J.-L. Chrétien이 *L'Appel et la Réponse*, Ed. Minuit, 1992에서 주는 주해를 보라.

들어가게" 해주는, "하나의 같은 면을 구성하게" 해주는 '부분적인 합일'
과 우리는 관계한다. 바로 거기에 "현상학적 측면에서 아주 독특한 사건
이 있다."[52]라고 후설은 덧붙인다. 하지만 그는 분석을 충분히 심화하지
못했고, 전적인 합일에 대립하는 것을 묻지 않은 채, 이 부분적인 겹침을
기술하는 것으로 그쳤다. 한 발 더 나아가자. 두 면이 서로 전혀 뒤섞이지
않으면서 서로 동일시한다면, 이는 어떤 이질적인 요소가 그 둘의 완벽한
동일시에 맞서기 때문이다. 키아슴 한가운데 두 극의 합일을 방해하는
이 X-요소가 바로 레스탕이다. 우리는 왜 살이 불완전하게 구성되는지
를 이제 이해하기 시작한다. 왜냐하면 살을 그 자체에 통합하는 종합이
매번 레스탕을 발생시키기 때문이다. 자기에 자신을 주면서 자아-살은
자기와 간격을 만든다. 타자성과 일정한 관계를 맺는다. 현존의 영역을
구성하는 시간적 종합과 마찬가지로 살의 근원적인 종합은 '자기-의타
기-줌'의 구조를 지닌다.

　이 "매우 독특한" 현상을 어떻게 이해하기에 이를까? 레스탕은 내
촉각의 만질 수 없는 것이자, 내 시각의 볼 수 없는 것이자, 내 청각의
들을 수 없는 것이다. 나는 직관 속에서 그것을 절대 파악할 수 없을
것이다. 나는 그것을 내 일상 경험의 한 요소처럼 세계 속에서 절대
만날 수 없을 것이다. 곧이어 우리는 몇몇 현상이 레스탕에 비간접적인
접근을 줄 수 있음을 볼 것이다. 증오나 사랑이나 죽음을 그 "결과"처럼
생각할 수 있음을 볼 것이다. 하지만 증오나 사랑이나 죽음이 레스탕과

---

52. Husserl, *Husserliana*, t. XV, p. 296-298, trad. fse *Autour des "Meditations cartésiennes"*, J. Millon, 1998, p. 254-259. 물론 후설은 데리다가 조금 성급하게 그에게 부여했던 이 "촉각의 형이상학"(완벽한 일치, 완점함, 접촉의 직접성의 형이상학)에 결국 굴하지 않았다.

혼동되지는 않는다. 끊임없이 사라지는, 끊임없이 물러나는 경계-현상이 관계한다. 그 경계-현상은 아리스토텔레스가 말하는, 촉각의 간격처럼 그것이 가능하게 한 경험에서 언제나 감춰진다. 플라톤의 *chôra*처럼 그것은 "곧 사라지는, 다른 무언가의 유령"이다. 그것은 "다른 무언가 속에서만 존재에 올 수 있다."[53] 우리는 레스탕의 이론을 다루기가 특히 어렵다는 것을 이해한다. 그 이론은 하이데거가 '나타나지 않는 것의 현상학'이라 부른 것에 속한다. 레스탕이 숨는다면, 이는 키아슴이 그것을 끊임없이 감추기 때문이다. 자아-살을 통합하고 자아-살에 몸을 주는 종합이 레스탕을 가리기 때문이다. 레스탕에 다가가려면, 철저한 환원을 시행해야 한다. 오직 하나의 살이 있을 뿐이라는, 몸을 지닌다는, 유일한 에고라는 맹목적인 확신을 작용 밖에 두어야 한다. 자아-살의 내재성 영역을 그 근원적 다수 속에서 드러내야 한다. 이 영역에 주어지는 현상, 키아슴과 레스탕이라는 기본 현상을 구성하고자 해야 한다.

반박이 곧 제기된다. 레스탕이 구성(construction)의 대상이 되어야 함을 바로 받아들일 수 없기 때문이다. 무엇이 그러한 구성이 사변적인 일탈에 빠지지 않도록 막아줄까? 내가 여기서 개괄적으로 그리는 생성이 추상적인 허구와 다른 것이 될 수 있을까? 나는 후설 계승자들이 지나친 환원을 했다고 비난했었다. 그렇게 함으로써 그들은 그들이 일상 경험과 하는 모든 접촉을 잃어버렸다. 나는 내 살, 내 삶과 더는 아무 관계도 없는 세계의 살이나 절대 삶을 조롱했었다. 전혀 잡히지 않는 레스탕은 훨씬 더 추상적인 개체가 아닐까? 이러한 종류의 반박에 오직 하나의 답이 있을 뿐이다. 바로 그러한 구성의 조작적 생산력, 우리 경험을

---

53. Platon, *Timée* 51bc.

설명해주는 그것의 능력, 매우 기본적인 우리 물음에 대답해주는 그것의 능력이다. 그러한 생산력은 구체적인 분석을 시작할 때 자연스럽게 증명된다. 사랑, 증오, 죽음, 믿음, 광기, 주권, 학대, 희생, 그리고 다른 많은 현상에 새로운 빛을 던질 수 없다면, 레스탕의 분석은 헛수고가 될 것이다. 후설은 우리가 일탈하지 않게 하는 방법, 순수하게 개념적인 것으로 농간을 부리지 않게 하는 방법, 일종의 방책을 제안했었다. "상상적 변이"를 행하면서, 사고의 새로운 가능성을 자유롭게 만들어내면서, 우리는 변이의 작용을 멈추게 하는 근본적인 불가능성을 만나게 된다. 우리는 그처럼 현상의 본질[eidos(에이도스)]을 규정하기에, 그 현상이 여러 변이에 맞서는 걸 느끼기에, 그 현상의 경계를 한정하기에 이를 수 있다. 이러한 방법이 바로 그가 "에이도스적 분석"이라 부른 것이다. 내가 살의 키아슴이 레스탕을 산출할 수밖에 없다고 주장할 때, 거기에는 추상적 가설이 아닌 본질적인 필연성, 에이도스적 차원의 필연성이 관계한다. 상상적 변이를 행해보자. 만일 모든 살 극 사이에 어떤 간격도, 어떤 레스탕도 더는 존속하지 않는다면, 만일 모든 극이 '남김 없이' 다른 극에 자신을 동일시하기에 이른다면, 어떤 일이 일어날지를 물어보자. 그러한 일이 일어날 수 있다면, 모든 극은 다른 극에 전적으로 같아질 것이다. 다른 극의 살이 자신의 살과 뒤섞이고, 다른 극의 위치가 자신의 위치와 뒤섞일 것이다. 모든 극은 '동일자'가 되거나 다른 극과 구분되지 않는 일종의 "분신"이 될 것이다. 살 극은 모두 서로 들러붙게 될 것이다. 서로 섞이고 전부 합쳐져서, 아무것도 더는 그 모든 극을 구분할 수 없을 것이다. 살은 자기 위로 접히고 자기 안에 처박히게 될 것이다. 살은 구별되는 자기 기관과 함께 몸을 자기에게 주는 데 조금도 성공하지 못한 채 내향성 폭발을 일으킬 것이다. 극단적인 때에는 심지어 살도,

자아도 더는 없고 오직 익명적이고 정해진 형태가 없는 덩어리, 마그마만이 있게 될 것이다.

결국 키아슴은 "실패"해야 한다. 적어도 부분적으로는 말이다. 왜냐하면 키아슴의 "성공", 살 극의 절대 합일은 자아-살을 눈먼 혼돈에 빠트리는 재앙이 될 것이다. 나는 자아-살을 없애는 그러한 붕괴, 그러한 재난에 그리스어로 파괴, 사라짐, 현상으로 나타날 수 없음을 일컫는 이름을 주려 한다. 나는 그것을 '아파니시스(aphanisis)'라 부르려 한다. 정신분석학자 어니스트 존스는 근본적인 불안의 대상, 성적 욕망이 완전히 사라지는 것에 대한 두려움을 규정짓고자 이 용어에 도움을 청한다. 거세 공포증과 죽음의 공포는 거기서 파생한 형태이다. 나는 그것을 달리 생각한다. 이 최초의 불안은 자기-전멸, 자아-살의 내향성 폭발 가능성 앞에서 표출된다. 그러한 가능성은 단지 하나의 허구, 상상적 변이의 대상이 아니라 언제나 존재하는 위협이다. 이러한 재앙을 가능하게 하는 것이 바로 키아슴의 조건이다. 종합으로 내 살은 자신에게 몸을 줄 수 있지만 그러한 종합으로 또한 전멸할 위험이 있다. 환자가 그를 빨아들이고 그를 삼킬 위험이 있는 '검은 구멍'에 불안해 할 때, 몇몇 정신병에서 윤곽을 드러내는 것이 바로 그러한 무서운 가능성이다. 우리가 '자폐'라고 부르는 것은 이 깊은 구렁 앞에서 하나의 "등껍질(carapace)", 하나의 울타리를 자신을 위해 세우고자 하는 비장한 시도, '아파니시스'[54]의 심연에 삼켜지지 않도록 자아와 그의 살을 구출하고자 하는 비장한 시도를 나타낸다. 우리는 후설이 "제로 지대", 내 살의 장소인 절대적

---

54. 나는 이러한 관점에서 Fr. Tustin의 뛰어난 연구업적, 특히 *Autisme et psychose chez l'enfant*을 해석한다.

여기를 *Raumloch*, "공간 구멍"으로 일컬었던 것을 기억한다. 하지만 이는 *Raumloch*이 또한 공간에 포함됨을 함축한다. 그것이 국지적 열림으로, 내 살과 내 살, 이 극의 "여기"와 다른 극의 "여기" 사이에 있는 간격으로 변함을 함축한다. 이 간격이 유지되는 데 성공하지 못한다면, 자아-살은 초기의 벌어진 상태, *Raumloch*의 구멍 속으로 다시 떨어질 위험이 있다. 그러한 붕괴가 바로 아파니시스에 대한 불안 속에서 윤곽을 드러내는 것이다. 자아-살이 검은 구멍을 피하려면, 자아-살이 몸을 지니려면, 그는 구별되는 동시에 그 자신에 결합되어야 한다. 그의 모든 극이 다른 극과 구분되고, 다른 극을 '같은' 살의 '다른' 극으로 지각해야 한다. 그것은 키아슴 속에서 극과 극 사이에서 일어나는 합일이 총체적이지 않음을 가정한다. 모든 극의 한 부분은 동일시에 저항한다. 살이 내향성 폭발을 일으키지 못하도록 하면서, 끝없는 심연 속에 잠기지 못하도록 하면서, 간격을 유지하는 레스탕이 있다. 에이도스적 필연성이 관계한다. 레스탕이 없다면, 살도, 에고도 없을 것이다. 내가 레스탕이라고 부른 것은 무엇보다도 먼저 이러한 열림으로 정의된다. 레스탕은 재앙으로부터 내 살을 보호한다. 내 살이 나타나고 전개될 수 있는 유동성을, 작용 공간을 그것에 준다. 매우 양가적이라 할지라도, 매우 위협적이고 매우 치명적으로 될 수 있다 하더라도, 레스탕은 무엇보다도 먼저 자아-살을 보호해주고, 자아-살의 생성을 가능하게 해주는 것이다. 레스탕은 내 궁극적인 가능 조건이다.

에이도스적 분석은 자아-살의 실존이 레스탕과 분리할 수 없음을 우리에게 보여주었다. 하지만 우리는 이 용어가 무엇을 의미하는지, 레스탕과 자아 사이에 어떤 관계가 있는지 여전히 보지 못한다. 더 구체적인 접근이 필요하다. 레스탕이 먼저 촉각 경험 속에서 주어지므로,

키아슴이라는 독특한 경험에 레스탕을 적용하려면 감각 지각의 분석을 다시 해야 한다. 내가 나를 만질 때 무엇이 일어날까? 나는 먼저 구분되는 두 극에 자리 잡은 다른 두 지각과 관계한다. 그 두 극은 이중으로 된 유일한 지각, 만지는 동시에 만져진 유일한 살의 지각이 되고자 합쳐진다. 이 모든 초기 지각 자체는 나눠져 있다. 나는 초월적 대상(예컨대 내가 만지는 다른 손의 매끈매끈하고 따뜻한 면)의 감각을 지니며, 그와 함께 만지는 손에서 매끈매끈함이라는 순수 감각, 내재적 감각태를 느낀다. 내가 만일 모든 초월적 감각을 작용 밖에 두고, 오직 감각태에만 분석을 집중한다면, 나는 감각태가 또한 나뉘는 것을 알아차린다. 외재적 사물로 벌써 향하는 지각의 일차적 내용[내가 느끼는 매끈매끈함, 따뜻함과 같은 것]에서 나는 이차적 층을 구분한다. 바로 운동 감각태, 정서, 근원적 인상의 층이다. 그곳에서 내 살은 오직 그 자체로부터, 자신의 유동성, 자신의 삶으로부터 자신을 촉발한다. 내가 이동하는 내 손을 느낄 때, 내 살의 긴장이나 이완, 그것의 노력, 기쁨, 고통을 느낄 때, 나는 오직 나 자신과 관계할 뿐이며, 주는 것은 주어지는 것과 일치한다. 이 이차적 층은 전적으로 에고의 살에 속한다. 나는 그 살을 "내 것"처럼, "내 살에 속하는 것"처럼 느낀다. 에고의 살은 "내 것이라는 의식", 내게 속한다는, 나라는 의식을 함축한다. 그러나 지각의 일차적 소여 층은 '낯선 의식'을 수반한다. 그렇지만 그러한 소여 자체는 내게 아주 낯설지는 않다. 그것은 '내가' '내 살 속에서' 느끼는 매끈매끈함이고 따뜻함이다. 그 모든 감각태는 지각적이든, 감정적이든, 운동적이든, 내 내재성 영역에, 내 자기-줌에 속한다. 그 가운데 지각 감각태는 내 것이자 '그와 함께' 낯선 것이다. 그것은 내 안에서 내게 낯선 것의 핵을 이룬다.

나는 결국 모든 극의 지각에서 이중의 파악과 관계한다. 그 속에서 내 것이라는, 나라는 의식은 이 의식과 뗄 수 없는 낯선 의식과 얽힌다. 키아슴이 일어날 때, 모든 극에 현존하는 이 이중의 파악은 다른 극에 고유한 이중의 파악과 합쳐진다. 더 정확히 말해 두 층은 다른 극에서 그것에 일치하는 층과 합쳐진다. 내 것이라는, 나라는 의식, 내 살에 속하는 것으로 있는 의식은 유일한 살, 유일한 에고라는 의식을 이루고자 모두 통합된다. 그러는 동안 낯선 의식 또한 모두 통합되고, 내 살에 낯설지만 내 살과 분리할 수 없는 물(Chose), 레스탕을 목표로 하는 것으로 이제 제시된다. 다른 극과 결합하는 순간, 자신의 모든 감각을 공유하는 순간, 모든 극은 그것이 낯설다고 느끼는 저항 면에 부딪힌다. 그 모든 극은 다른 극에서 지속되는 낯섦을 계속 의식하지만, 다른 극을 자기 살의 살로 알아보았기에, 그 낯섦을 '완벽하게' 낯선 것으로 더는 지각하지 않는다. 키아슴을 겪으면서 타자성의 의미는 달라진다. 타자성은 더는 초월적인 어떤 것이 아닌, 내적인 "타자"를 규정한다. 타자성은 내 안으로 투입된다. 내 살에 낯선 것으로 계속 있으면서, 내 살에 달라붙는다. 바로 그때, '내밀한 타자(étranger intime)', 레스탕의 끈질긴 현존의 의식이 자아-살에 생긴다. 결국 근원적 현상이 관계하지 않는다. 레스탕이 키아슴을 앞서지 않기 때문이다. 레스탕은 키아슴에서 나오고 키아슴이 맺어지는 걸 돕는다. 레스탕은 키아슴을 방해하고 그와 함께 그것을 보전한다. 키아슴이 '아파니시스' 속에서 붕괴하지 않게 한다. 키아슴에 저항하면서 레스탕은 키아슴이 일어날 수 있게 한다.

　내가 기술한 발생으로부터 레스탕의 몇몇 본질적인 특징이 나온다. 이렇게 다음과 같은 것이 드러난다. (1) 레스탕은 종합적인 현상이다. (2) 레스탕은 내재성 속에서 초월적인 것이다. (3) 레스탕은 자아 한가운데 분열, 무의식의 효과, 강박관념을 일으킨다. (4) 레스탕은 세계와 존재에 낯선 것이다. (5) 레스탕은 가상, 비-진리의 한 모습이다. 종합에서 발생한 레스탕은 여러 층, 앞서는 구분됐던 여러 의식 흐름의 합일의 결과이다. 우리는 레스탕이 아주 대립되는 기능을 맡는다는 것을 볼 것이다. 레스탕이 하나 이상의 얼굴을 지닌다는 것을, 매혹이나 욕망이나 사랑만큼이나 증오나 혐오를 불러일으킨다는 것을 볼 것이다. 레스탕이 지닌 잡종의 특성, 양면성은 촉각 영역에서 다른 경험 영역으로 넘어가면 더욱 강조된다. 그 속에서 최초의 촉각적 레스탕에 기반을 두고 그것에 겹쳐지는 다른 [시각적, 청각적, 상호주관적] 레스탕 효과가 이뤄진다. 레스탕이 매번 내 살, 내 살의 전개, 위기와 밀접한 관련을 맺고 있다면, 이는 레스탕이 '내 살에 속하기' 때문이다. 레스탕이 내 촉각 감각태의 내재성에 뿌리를 두기 때문이다. 내가 나 자신에게 나를 주는 근원적 종합에서 레스탕이 나오기 때문이다. 그렇지만 레스탕은 이 종합에 저항하기를 그치지 않는다. 레스탕은 내 살 속에서 내 살에 낯선 것으로 주어지는 것이다. 내 내재성 영역에 속하면서 레스탕은 밖으로부터 나를 촉발하는 초월적인 물(Chose)처럼, '내재성 속에 있는 초월성'처럼 내게 나타난다. 동일자 속에 있는 타자처럼, 내 살의 아주 내밀한 주름 속에 숨은 낯선 것처럼 말이다. 후설은 여러 번 되풀이하여 내재성 속에 있는 초월성을 생각하고자 했다. 하지만 그는 그것을 전혀 명확하게 규정하지 못했으며 그것을 때로는 과거 의식과, 때로는 순수 자아와, 또는 '알터 에고'와 동류시하였다. 이는 그가 레스탕의 현상을 밝혀내지 못했기 때문이다. 레스탕은 최초로 낯선 것, 내가 내 내재적 삶 한가운데에서 만나는 근원적 초월성처럼 제시된다. 내가 초기에 레스탕과 맺는 관계에서 이미 다른 초월성, 내 몸이나 타자의 초월성, 세계나 존재나 신의 초월성과 맺게 될 이야기가 예견된다. 어떻게 레스탕의 역설적인 상황을 규정할까? 프로이트의 *fort-da*, 그의 손자가 멀리[*fort*] 던졌다 거기로[*da*] 되가져왔던 실패에 경의를 나타내는 표시로, 나는 그것에 기꺼이 *Fort-da-sein*이라는 이름을 주겠다. 환상의 대상 장소를 규정하고자 라캉이 만든 "외심성(extimité)"[내밀한 외재성(extériorité intime)]이라는 개념이 그것에 아주 적합하다. 하지만 그것에 가장 잘 어울리는 이름은 천재적인 소설가[55]를 통해 발견된다. 나를 끊임없이 괴롭히고 나를 먹어치우는 보이지 않는 타자, 숨은 분신, '거기', 끔찍한 가까움 속에서 다시 나타나는 낯선 바깥, 그것을 '오를라(Horla)'라고 부르자.

키아슴에서 자아-살은 그 자신에게 주어진다. 다른 살 극 사이에서 앞서 분산됐던 내 것이라는, 나라는 의식은 유일한 자아의 의식을 이루고자 통합된다. 같은 때에 낯선 의식 또한 서로 결합하고 전자, 곧 내-안에-있는-타자의 의식, 레스탕과 구분되는 다른 의식을 구성한다. 키아슴에서 떠오를 때, 자아-살은 나뉜 채, 키아슴의 소산인 양분된 의식으로 찢긴 채 발견된다. 우리는 에고의 주요 기능이 의식 흐름의 통합을 확고히 하는 데 있음을 보았다. 현재 의식과 과거 의식, 지각하는 의식과 상상하는 의식, 나 자신에 대한 의식과 타인에 대한 의식을 단일한 영역에 들어가게 하는 데 있음을 보았다. 하지만 에고의 종합적인 활동은 그것이 이겨내기에 절대 이르지 못할 어떤 낯섦, 레스탕의 확고부동한 타자성에 부딪힐 때 그 한계에 봉착한다. 쉼 없이 모습을 감추며, 내 의식에 얽히는 타자-의식(conscience-autre)은 마치 '무의식'인 양 내 의식에 낯선 것으로 제시된다. 메를로 퐁티는 틀리지 않았다. 내 촉각의

---

55. [옮긴이 주] 단편소설 『오를라(Horla)』의 저자 모파상을 말한다. *Horla*는 모파상이 지어낸 말로 *Hors*(밖에)와 *là*(거기)를 합성한 말로 생각된다.

만질 수 없는 것, 내 시각의 볼 수 없는 것은 또한 "내 의식의 무의식"이다. 이는 레스탕이 그것을 앞서는 어떤 신비스러운 무의식에서 나옴을 의미하지 않는다. 반대로 레스탕이 야기한 에고의 분열이 레스탕을 내 의식에 나타나지 못하게 하는 것이다. 그것이 내게 나타나지 않는 현상, "무의식적" 현상의 가능성의 기반이 되는 것이다. 레스탕은 결국 무의식의 파생물이 아니다. 무의식이 레스탕의 결과이다. 그렇게 무의식적 정신 현상의 과학인 정신분석학은 레스탕의 환상이 전개되는 근원적인 무대(scène originaire)를 기술할 수 있는 더 근본적인 이론에 연결되어야 한다. 에고-분석에 연결되어야 한다. 이제 무의식적 그것(Es)에서 나왔을 자아와 자아보다 더 오래된 "무의식적 그것(Es)"을 단정적으로 구분하는 것을 그만두어야 할 때이다. 사실 이 다른 무대는 '내 의식의' 무의식이며 내게서 뗄 수 없다. 바깥에서 온 것 같을지라도, 타자처럼 내게 부과된 것 같을지라도, 레스탕은 내 살에서, 내 살적인 감각태에서 발생했다. 레스탕은 나와 다른 것처럼, 자아 한가운데 감춰진 지하 납골당처럼 제시되는 나 자신의 일부이다. 매우 멀고, 매우 낯선 것 같을 수 있어도, 그것은 내 살에, 내 삶에 속한다. 그것은 내 것이다. 그것은 나이다.

레스탕은 '나타나지 않는' 현상 (또는, 원한다면, "무의식적" 현상)이다. 하지만 '현상'이 관계한다. 이는 그것이 어쨌거나 나타난다는 것을 의미한다. 그것이 내게 '주어진다'는 것을 의미한다. 티마이오스의 "곧 사라지는 유령"처럼, 데카르트가 말하는 유령처럼, 어디서 오는지도, 어디로 가는지도 내가 아는 일 없이 갑자기 내게 모습을 드러냈다가 곧바로 사라지는 '판타스마(phantasma)'처럼, 그것은 내 의식의 빛 속에 절대 "몸소(en personne)" 나타나는 일 없이 내게 영향을 미치고 나를 끊임없이 괴롭힌다. 어떻게 나를 괴롭히고 내 손에서 벗어나는 이 나타남을 규정할까? 어떻게 숨으면서 그와 함께 나타나는 이 방식을 규정할까? 내게 낯선 것으로 내 안에 주어지는 이 방식을 규정할까? 나는 그것을 '강박관념(hantise)'이라 부르겠다. 여러 종류의 강박관념이 있고, 모든 강박관념은 레스탕과 레스탕이 사로잡는 에고가 그러한 것처럼 모두 단독적이다. 강박관념이 언제나 다소 강한 불안을 수반한다면, 혐오나 증오나 공포가 때로 강박관념에 어린다. 그리고 때로 강박관념은 욕망이나 열정적인 사랑의 모든 특성을 지닌 매혹적인 유혹처럼 반대로 제시된다. 강박관념이 단지 타자나 "총체적 대상"처럼 헤아린 다른 사람과 만나는 일 속에서만 일어나지 않는다는 점을 빼면, 그것은 레비나스가 기술하는 "망상", "정신적 외상"에 매우 가깝다. 대개 강박관념은 신체적 부분, 몸짓, 시선, 목소리와 같은 '부분적인' 표시에 집착한다. 강박관념은 또한 단순한 어떤 것, 대상-물신(objet-fétiche)이나 공포증(포비아) 한가운데 있는 두려움의 대상을 목표로 하기도 한다. 결국 이 모든 것으로 보아 내가 타인과 맺는 강박적인 관계는 사실 얼굴 없는 타자와 관계하는 최초의 강박관념에서 유래한다고 믿게 된다. 강박관념의 가장 독특한 특징은 그 명백한 불합리성이다. 강박관념은 사소한 단어, 무의미한 몸짓, 하찮은 것에서 일어나서 우리 일상 실존의 안심되는 세계에 갑자기 나타난다. 강박관념이 불쑥 나타나자마자 나타나는 모든 것, 세계의 모든 실재는 그것을 일깨우고 북돋는다. 마치 세계 전체가 우리의 강박관념을 쉼 없이 상기시키기라도 하듯이 말이다. 강박관념이 맹위를 떨치고 자아를 사로잡을 때, 세계의 어떤 실재도 그것에 저항하지 못하는 것 같다. 불명료함, 모든 경험적 "대상"에 보이는 무관심은 강박관념이 '세계에 속하지 않는다'는, 실질적인 이유의 결과가 아니라는, 심지어 정신적 무의식적 이유의 결과조차도 아니라는 표시이며, 그것이 더 근원적인 현상임을, 에고의 내재적 삶에 뿌리를 둠을 입증한다. 강박관념을 일으키는 요소는 접촉 지점처럼, 일시적인 만남, 에고의 내재성 면과 세계의 초월성 사이에서 교차를 허용하는 예측 불가능한 X-요소처럼 작용한다. 그 요소는 어떤 특권도 누리지 못하며, 어떤 특별한 가치도 지니지 못한다. 단지 두 면 사이에 있는 경과점이 관계할 따름이다. 그렇게 그 요소는 다른 요소가 그것보다 더 잘 그 기능을 수행한다면 곧바로 버려질 것이다. 그 현상이 우리에게 밝혀주는 것은 우리 세계의 취약함이다. 그리고 강박관념이 우리 삶 가장 깊은 곳에서 솟아날 때, 우리 세계의 "근거"와 "이유"가 어떤 가치를 지니는가 하는 것이다.

강박관념의 가장 두드러진 특징 가운데 하나는 그 시간 양식이다. 강박관념은 일상적인 실존의 시간성과 어떤 점에서도 닮지 않은 고유한 시간성을 지닌다. 우리 실존의 여느 현상은 나타났다가 과거 속으로 미끄러지면서 그 생생한 힘을 잃고 잊히지만, 강박관념은 사라지지 않는다. 과거 속으로 잠기면서 퇴색되지 않고, 줄기차게 되돌아온다. 그것은 모든 새로운 인상 속에서 매번 다시 나타난다. 마치 넘을 수 없는 과거가 살아 있는 현재를 전염시키고 그것에 달라붙으러 오는 것 같다. 강박관념의 현상은 그렇게 시간성의 기본 법칙을 위배하는 것 같다. 강박관념은 시간 흐름의 '흐름'을 훼손한다. 현재 인상을 과거 속으로 내던지는 다른 인상이 현재 인상을 쉼 없이 제거하는 일을 훼손한다. 강박관념의 시간은 부동하는 시간, 석화한 시간처럼, '역-시간'처럼 주어진다. 그 속에서 죽음은 살아 있는 현재의 삶에 솟아나고 현재의 삶을 마비시킨다. 모든 본래적인 사건처럼 강박관념은 '까닭 없이' 있다. 동기 없이 나타났다 이유 없이 사라진다. 강박관념의 정신적 무의식적 "원인"처럼 분석에 제시되는 것은 아마도 그것이 나타날 수 있게 한 계기, 구실에 지나지 않을지도 모른다. 내 강박관념은 먼 과거로부터, 어린 시절의 정신적 외상, 되돌아오는 "억압된" 심리적 갈등으로부터 반드시 오지는 않는다. 강박관념은 순간순간마다 반복되고, 과거로 흐르기를 거부하면서 현재의 매 순간에 달라붙는 현재 인상의 끈질기게 괴롭히는 고집을 드러낸다. 이는 강박관념이 레스탕의 줌 양상, 그것이 내 의식에 주어지는 매번 단독적인 방식이기 때문이다. 그리고 우리는 레스탕이 키아슴에, 레스탕을 발생시키는 살의 종합에 저항한다는 것을 안다. 키아슴은 시간을 준다. 서로 다른 살 극의 시간성이 동시에 이뤄지게 하면서, 그 모든 극의 유동성을 합치면서, 키아슴은 단일한 흐름 안에서 시간적 연속 단위(시퀀스)가 다른 시간적 연속 단위에 결합될 수 있게 한다. 레스탕을 없애러 오는 것이 바로 이러한 공시성이다. 레스탕은 그렇게 살아 있는 현재 한가운데 시차, 위상차를 도입한다. 레스탕은 근원적 인상과 이것의 과거지향 사이에서 간격을 심화한다. 일정한 시간적 연속 단위가 다음 국면에 결합되는 대신에 고집을 부리고, 지나가기에 더는 이르지 못하는 응고된 시간 덩어리처럼 달라붙는다. 강박관념의 강박적 시간성은 공시성 단절의 지표가 될 것이다. 키아슴 속에서 내 살은 다른 살과 결합하면서 자신에게 자신의 지속을 주는데, 그러한 시간성은 키아슴의 위기의 지표가 될 것이다.

에고의 삶에 레스탕의 침입은 어떻게 모습을 보일까? 레스탕의 침입은 강박관념의 순간에 어두운 색채를 주는 정서와 뗄 수 없다. 그 정서란 바로 불안이다. 불안은 타자, 외부의 낯선 것이 내 가까이에서 갑자기 다시 나타나는 순간에 나를 엄습한다. 물론 레스탕은 대개 내 의식 너머에 있다. 분열로 인해 의식적인 나와 떨어져 있다. 하지만 경계는 아주 분명하지 않으며, 자아 속으로 파고들고자 그 경계를 가로지르는 레스탕이 그 경계를 침범하곤 한다. 불안을 낳는 것이 그러한 침범이다. 불안이 정해진 대상을 지니지 않는다는 것을 강조하면서, 그것이 무 앞에서, 죽음의 무, 존재나 자유의 무 앞에서 일어난다는 것을 강조하면서, 실존의 철학자들은 불안의 본질적인 특징을 알아보았다. 그러나 라캉이 잘 보았듯, 비록 불안의 역설적인 "대상"이 정해진 어떤 것이 아니라 할지라도, 세계에 있는 어떤 것이 아니라고 할지라도, "불안은 대상 없이 있지 않다." 강박관념 속에서, 그것이 불러일으키는 불안 속에서 내게 갑자기 드러나는 것은 내 살의 레스탕이다. 불안은 '레스탕을 대상으로 한 감정' 이다. 불안이라는 근원적 현상 속에서 내가 내 안에서, 내 삶의 가장 내밀한 곳에서 오래전부터 나를 사로잡는 이 낯선 것을 발견할 때 드러나는(se dé-celer) 것은 바로 레스탕의 진리이다. 그러한 발견은 내가 나 자신을 두고 안다고 믿었던 모든 것을 다시 문제 삼게 한다. 정해진 "주체"처럼 나를 자리 잡을 수 있게 하던 모든 것을, 자아와 타자, 고유한 것과 낯선 것 사이에서 구별할 수 있게 하던 모든 것을 다시 문제 삼게 한다. 물음이 일어나는 것은 불안의 자국 속에서이다. 철학적 물음이 아닌, '나 자신이 무엇인지', 내가 레스탕과 어떤 관계를 갖는지를 묻는 물음이 관계한다. 아마도 그 물음은 우리 모두에게 다르겠지만 그 몇몇 서식은 경험 속에서 어김없이 발견된다. 그 물음은 두 개의 가능성 사이에서 대개 선택의 형태를 띤다. 주체의 동일성 자체를 대상으로 하는 격심한 양자택일의 형태를 대개 띤다. 라캉은 물음의 유형과 임상진단을 개괄적으로 그렸다. 그는 어떤 물음이 신경증이나 정신병의 모든 유형을 특징짓는지를 찾았다. "나는 남자일까, 여자일까?" 이는 히스테리 환자의 물음이다. 하지만 강박증 환자는 그가 살았는지 죽었는지를 묻는다. 이러한 분류는 내가 볼 때 지나치게 경직되고, 고정적이다. 그러한 물음은 모든 실존을 은밀히 가로지르고, 같은 차원에, 우리의 생성의 같은 국면에 놓이지 않는다. "나는 살았을까, 죽었을까?" 이는 살아 있는 내가 보기에는 "미친" 물음이자, 매우 결정적인 물음 가운데 하나이다. "나는 나일까, 타자일까?" 나는 나 자신일까, 아니면 낯선 어떤 것일까? 이토록 많은 물음에서 기본적인 고정관념이 드러난다. 내가 살로 된 자아인지 아니면 그 자아의 레스탕인지를 아는 물음이 드러난다. 또 다른 물음은 나중에 다른 차원에서 제기될 것이다. 내가 도라나, 그레고르 잠자나, 조세프 K.의 물음을 내게 놓을 수 있으려면, 다른 사람들을 만나고, 나 자신을 "사람"으로 규정하고, 그들처럼 법에 노출됐어야 한다. "나는 남자일까, 여자일까? 동물일까, 인간 존재일까? 무죄일까, 유죄일까?" 이러한 양자택일, 특히 매우 근원적인 양자택일은 자아–살 한가운데 있는 분열의 결과이다. 내 것인 것과 타자처럼 내게 나타나는 것 사이에서, 내 살의 살아 있는 부분과 내게 낯설고, 움직이지 않고, 죽은 것 같은 다른 부분 사이에서 생긴 분열의 결과이다. 그러한 분열을 이겨낼 수 있을까? 왜 레스탕은 대개 그러한 방식으로, 치명적인 위협, 유령, 명명할 수 없는 물(Chose innommable)처럼 제시될까? 자아는 그의 강박 관념을 이겨내기에 이를 수 있을까? 레스탕과 다른 관계에 접어들기에 이를 수 있을까? 그것과 화해하기에 이를 수 있을까? 그러한 물음이 이 연구의 궁극적인 지평을 가리켜 보인다. 그러한 물음에 착수하려면 더 근본적인 분석이 필요할 것이다.

무엇이 결국 레스탕인가? 그것이 아무것도 아닐 수 있을까? 존재자도, 어떤 존재자의 존재도 아닐 수 있을까? 존재의 차원에 속하지 않을 수 있을까? 하지만 레스탕이 정확히 그것'인' 이상, 내 살의 레스탕인 이상, 어떻게 그러한 일이 가능할까? 그리스인들 이후로 철학이 '존재'라고 부르는 것은 바로 세계 빛의 지평이다. 그곳에서 있는 모든 것은 나타나게 된다. 세계는 보이는 것의 지평이고 세계의 뼈대는 상징으로 짜여 있다. 로고스로, "존재의 집"인 언어로 유기적으로 구성돼 있다. 존재, 곧 세계의 초월성은 이렇게 보이는 것과 말할 수 있는 것의 교차에 자리 잡는다. 레스탕이 이 두 차원에서 우리에게 나타날 수 있는지, 아닌지를 물어야 한다. 세계의 광경 속에서 자신을 보이게 하는지, 로고스의 질서 속에서 자신을 말하게 하는지를 물어야 한다. 후설이 상기하듯, 시각 키아슴은 없으며 나는 보는 나를 보기에 절대 이르지 못할 것이다. 보이는 것이 지배하는 곳에서는 살도, 키아슴도 없으며, 레스탕도 결국 없을 것이다. 촉각적 종합에서 태어난 레스탕은 시각에 감춰지고 세계의 지평 아래 절대 나타나지 않는다. 레스탕의 다른 신체적 형상화가 우리의 환상을 가득 메운다 할지라도, 레스탕 자체는 우리의 불안을 깨우거나 우리의 욕망을 떠받치는 상상적 각본 속에 절대 "몸소" 모습을 나타내지 않는다. 모든 심상 속에서 레스탕은 '보이지 않는 것으로 있다.' 이는 그것이 보이지 않는 것'으로서', 마치 그림에서 멀어져 가는 가장 은밀한 선처럼, 그 심상에 포함됨을 또한 의미한다. 시각에 적용되는 것은 언어에도 또한 적용된다. "레스탕"이라는 이름은 로고스에 잡히지 않는 명명할 수 없는 것(Innommable)을 일컫는다. 모든 말은 그것의 이름을 부르고자 헛되이 열을 올린다. 레스탕은 내 봄의 볼 수 없는 것이며, 내 말의 말할 수 없는 것이며, 내 듣기의 들을 수 없는 것이며, 정경의 눈먼 지점, 언어-바깥, 거기-바깥, 비-세계, 존재에 낯선 것이다. 우리가 레스탕의 수수께끼에 다가가고 싶다면, 에크하르트나 아르토의 대범함, 존재 너머를 생각하고자 했던 이들의 대범함을 되찾아야 한다. '존재 없는 삶', "존재를 견디지 못하는" 살, '나'인 살의 "말할 수 없는 잔혹함" 속에서 로데즈가 느끼는 고독이 레스탕을 파악했던 그곳에서 레스탕을 찾아야 한다. 『조종』과 다른 책에서 데리다는 존재를 벗어나는 "나머지(reste)" 또는 "잔여물(restance)"[56]을 작용에 놓는다. 내가 "레스탕"이라 부르는 것은 그 주제와 물론 관계없지 않다. 하지만 데리다는 그것을 촉각과, 촉각적 키아슴과 관계시키지 않는다. 그는 키아슴을 게다가 불가능하다고 생각한다. "실패하는 데 이를 뿐이라고" 생각한다. 그러한 용어는 언제나 데리다에게 '일반적인 기능'[그의 해석에 저항하는 것으로서 글의 "잔여물", "저자" 뒤에도 살아남는 것으로서 글쓰기 흔적의 "잔여물" 따위]을 규정짓는다. 내가 여기서 주제화하고자 하는 레스탕은 단독적인 사건의 또한 '매번 단독적인' 결과이다.

레스탕이 '참으로' 낯선 것이 아니라는 데 적어도 논란의 여지가 없어야 한다. 레스탕이 내 삶에 불법으로 침입할 때, 여전히 내 살이 내게 주어지고, 나는 나 자신을 대상으로, 내 에고의 알려지지 않은 한 부분을 대상으로 불안해한다. 이 유령한테 쉼 없이 쫓기고, 이 유령을 대상으로 강박관념에 사로잡힌 자아는 자기로부터 자기를 촉발할 뿐이다. 살의 종합이 행해지기에 앞서, 내 살은 먼저 촉각 속에서 세계의 다른 사물과 비슷한 외재적 사물처럼 그 자체에 주어진다. 그러한 극은 같은 살의 부분처럼 알려지지 않았다. 키아슴은 자아-살의 모든 극 안에서 자아-살을 자체에 드러냄으로써 이 근원적 은폐를 없애기에 이른다. 키아슴은 진리를 만든다. 키아슴은 알레테이아의 주요한 한 양상이다. 하지만 그러한 드러남은 절대 완전하지 않으며 살은 전적으로 노출되기를 거부

---

56. [옮긴이 주] 여기서 드러나듯, 레스탕(restant)은 데리다의 레스탕스(restance)와 구별되려는 목적에서 고안된 용어이기도 하다.

한다. 모든 극에서 비-살의 일부처럼 다른 극에 고집스럽게 주어지는 내 살의 일부가 레스탕이다. 이는 레스탕이 어떤 고유한 확고함도 지니지 않는다고, 가상이나 불가피한 착각, 자아-살을 드러내지 못하게 하는 '반-진리'에 지나지 않는다고 말하는 것과 같다. 우리는 전적으로 외재적인 요소, "불청객", 인위적으로 옮겨 심은 "보철"처럼 그 현상을 헤아림으로써 그것을 잘못 생각한다. 물론, 레스탕은 그처럼 제시된다. 그것은 바깥으로부터 나를 괴롭히는 타자의 특징을 띤다. 하지만 이는 레스탕이 그 본래적인 정체성을 숨기기 때문이다. 사실 그것은 내 살의 살이다. 레스탕이 불시에 나타나는 것은 자아-살이 자신을 잊기 때문이다. 자기 자신을 보지 못하기 때문이다. 자아-살은 그를 함정에 빠뜨리는 착각에서 적어도 부분적으로나마 해방될 수 있어야 한다. 내가 강박관념이라 부르는 것은 단순한 가상으로 환원되지 않는다. 레스탕 자신이 그러한 방식으로 나타난다. '오를라(Horla)'처럼, 내 안에 다시 나타나서 내 삶을 갉아먹는 위협적인 분신처럼 말이다. 강박관념의 진리가 결국 있다. 강박관념은 '레스탕의 장소'를 내게 밝혀준다. 그것은 초월적인 타자처럼 내게 잘못 나타나는 현상의 본래적인 장소를 내게 밝혀준다. 그렇지만 '부분적인' 발견이 관계할 따름이다. 그처럼 내 삶에 난입하는 타자가 내 불안이나 내 증오를 일깨운다면, 이는 내가 레스탕을 '타자처럼' 이해하기를 계속하기 때문이다. 초기 낯섦을 온전히 간직하며 내 살 가장 깊숙한 곳에 달라붙어 그것이 움직였기 때문이다. 단순한 이동에 한정되지 않고 레스탕의 본질 자체에 기반을 둔 더 근본적인 드러남이 가능할까? 레스탕의 참된 얼굴은 나 자신의 다른 측면이다. 어떻게 레스탕은 그 얼굴을 내게 드러내면서 다른 방식으로 주어질 수 있을까? 자아가 그의 저주받은 부분을 거부하기를 마침내 멈춘다면 어떤 결과가 뒤따를까? 레스탕이 더는 없다면, 그 어떤 것도 살 극이 서로 융합되는 것을, 분간할 수 없게 되는 것을 더는 막지 못할 것이다. 자아-살이 자신의 강박관념에서 해방된다면, 그것은 아파니시스의 끝 모를 곳으로 떨어질 것이다. 어떻게 '레스탕으로서' 레스탕을 유지하기에 이를까? 그것이 내 삶의 일부임을, '나'임을 인정하면서, 제삼자처럼, 내 살이 내향성 폭발을 일으키지 않도록 하는, 그 자신의 심연 속으로 사라지지 않도록 하는 간격처럼 그것을 유지하기에 이를까?

레스탕의 강박관념 속에서 진리는 비-진리와 얽힌다. 더 근본적인 진리만이, 더 본래적인 드러남만이 내 강박관념으로부터 나를 치유할 수 있다. 내 살은 이처럼 진리와 비 진리, 키아슴과 레스탕 사이에서 벌어지는 투쟁의 장소이자 그 목적이 된다. 그러한 투쟁은 내 전 생애에 걸쳐 절대 끝나지 않을 것이다. 자아-살의 모든 종합, 그것의 모든 전개는 새로운 발견을 수반한다. 살의 진리의 돌출을 수반한다. 종합의 모든 실패에, 키아슴의 모든 위기에 반대로 새로운 착각이 생긴다. 내가 몸, 세계, 타자들과 맺는 관계에 깊은 영향을 끼치는 '판타슴'이 생긴다. 이러한 판타슴을 통해 내 시체-됨을 미리 느끼면서 죽는다는 불안 속에서 나는 레스탕을 이해한다. 레스탕의 역함(abjection)이 내 증오의 표적이 된다. 레스탕의 변형은 사랑의 최초 대상으로 레스탕을 구성한다. 레스탕은 정신착란자를 괴롭히는 박해자이다. 또한 아마도 그것은 우리가 이상하게도 "황홀경(extase)"이라 부르는 돌파 속에서 신비주의자가 이르고자 하는 것이다. 우리 삶의 씨실을 이루는, 레스탕과 살의 복잡한 전개가 지닌 몇몇 특성을 이제 개괄적으로 그리는 게 중요하다. 타인과 갖는 만남과 키아슴의 위기를 가로질러, 체화의 과정 속에서 레스탕이 되는 것을 기술하는 것이 중요하다. 물론 그러한 발생은 세계의 시간 속에서 일어나지 않는다. 그것은 연속도 동시성도 알지 못하는 근원적 시간 흐름 속에서 일어난다. 이러한 내재적 시간성을 기술할 만한 그 어떤 이름도 우리에게는 없다. 우리는 그것을 우리의 세계 경험으로부터 단지 상상할 수 있을 뿐이다. 그것을 어떤 '역사'처럼, 잇달아 일어나는 상이한 국면을 지닌 어떤 "과정"처럼 제시할 수 있을 뿐이다. 그러한 제시가 잘못된 것은 아니다. 그것이, 그것이 진술하는 것을 어쩔 수 없이 왜곡한다 할지라도, 아마도 그것이 유일하게 가능한 것이다. 우리는 이 모든 것을 어떤 우화처럼, 형언할 수 없는 것을 형언하는 단순한 허구처럼 헤아릴 권리를 물론 지닌다. 하지만 "허구는 '영원한 진리'를 살찌우는 원천이다."[57] 그러한 이야기가 말하고자 하는 것은 우리 삶의 비극이다. 허구가 에이도스적 분석으로부터 강요받은 한계를 존중하면서 우리 존재의 근본적인 물음에 어떤 답을 가져온다면, 허구가 자아-살의 근원적 형상을 드러내 준다면, 이는 그것이 참이기 때문이다.

이것은 내 몸이다(아니다): 체화의 레스탕

> "나는 거울 속에서 내 모습을 보지 못했다! […]
> 그가 우리 사이에 있었다는 것을 느끼면서,
> 다시 내게서 벗어날 것이라는 것을 느끼면서,
> 그의 지각할 수 없는 몸이
> 거울 속에 비친 내 모습을 흡수해버렸다는 것을 느끼면서,

---

57. Husserl, *Ideen* I, § 70.

나는 더는 감히 나아가지 못했다."

모파상, 『르 오를라』

　내 시선이 향하는 곳 어디서나 나는 가깝거나 먼, 움직이거나 움직이지 않는 몸을 본다. 이 모든 몸 가운데 매우 특별한 성질을 지닌 몸이 있다. 그 몸은 내게서 절대 멀어지지 않는 유일한 몸이다. 충실한 동료와 같이 그 몸은 어디서나 나와 함께 있다. 마치 우리가 서로 용접돼 있는 것 같다. 그 몸은 내게 전체적으로 또는 정면으로 나타나지 않는 유일한 몸이다. 내가 그 주위를 돌 수 없고 대상처럼 내 앞에 배치하기에 이르지 못하는 유일한 몸이다. 내 촉각, 내 시각의 원천과 일치하는 것 같은, 내가 세계에 열림과 하나를 이룰 뿐인 것 같은 볼 수 있고 만질 수 있는 유일한 몸, 곧 내 몸이다. 다른 몸과 비슷한 몸, 다른 몸처럼 시선과 접촉에 노출되는 몸, 다른 몸으로부터 끌어당겨지거나 밀쳐지는 몸, 다른 몸으로부터 스치거나 부딪히거나 운동에 놓이거나 멈춰진 몸이 관계한다. 하지만 다른 몸과 똑같은 몸이 아니다. 그 몸은 후설이 말하길 "단지 몸[Körper]을 이룰 뿐만 아니라 또한 살[Leib]인 유일한 몸이다." 우리는 이 역설을 충분히 평가했는가? 어떻게 내 몸은 살의 차이를 뛰어넘기에 이를까? 완벽하게 Leibe도 아니고 완벽하게 Körper도 아닌, 살이자 동시에 몸이기에 이를까? 왜냐하면 살과 몸 사이에 공통된 아무 것도 없기 때문이다. 내 살이자 나인 내재적 살과 저곳에, 세계의 초월성 속에 나타났다가 내 지각 영역 밖으로 미끄러지는 낯선 몸 사이에 공통된 아무것도 없기 때문이다. 내 살은 세계에 있지 않다. 세계의 사물에 적용되는 어떤 범주도 내 살에 적합하지 않다. 가득 차지도, 비어 있지도 않은 살은 앞도 뒤도, 안도 밖도 지니지 않는다. 내 살이 언제나 이곳에,

298

저곳이 전혀 아닌 절대적 여기에 있기에, 아무것도 그 살을 움직이거나, 공간 안의 다른 곳으로 이동시킬 수 없다. 살이 "내부"도 "외부"도 지니지 않으므로 아무것도 그 살에 파고들거나 그 살로부터 나갈 수 없을 것이다. 침범할 수도, 만질 수도, 볼 수도 없고, 중심도, 윤곽도 분화한 기관도 없는 살은 자기 안에서, *chôra*처럼, 일정한 형태도 경계도 없는 간격 (espacement)처럼 자기를 전개한다.

이상한 역설로 인해 내 모든 지각을 떠받치는 살은 보지도, 듣지도, 만지지도 못한다. 데카르트는 우리에게 가르쳤다. "*videor videre*", "내게는 보는 것 같다", 나는 보거나, 듣거나, 만지는 '나를 느낀다.' 내 살적 인상으로 나를 촉발하면서, 나는 나 자신으로부터만 나를 촉발할 뿐이고 내게서 나가지 않는다. 하지만 이 유아론적 살은 또한 사물과 존재에 나를 여는 것이다. 나는 보이는 것의 광채를 보는 나를 느낀다. 나는 세계의 깊은 웅성거림을 듣는 나를 느낀다. 내 살은 자기 너머, 내 경험이 확장되는 만큼이나 멀리, 존재의 궁극적인 경계로까지 퍼진다. 이러한 무한정이 살을 몸과 가장 잘 구분 짓는 것이다. 몸의 경계는 언제나 정해져 있다. 몸은 다른 몸으로 둘러싸여 있거나, 모든 장소를 분배하는 동질적인 유일한 공간 한가운데 빈 곳으로 둘러져 있다. 공간 속에, 보이는 것의 지평 속에 자리 잡은 한, 내 몸은 '노출'이란 말이 지닌 모든 의미에서 그곳에 '노출돼(exposé)' 있다. 곧 전시되며, 시선에, 접촉에, 충격에, 다른 몸이 행사하는 많은 압력에 맡겨진다. 마치 우리가 치명적인 위험을 시험하듯, 내 몸은 세계의 압도적인 초월성에 '자신을 노출한다(s'exposer)'. 내 몸은 마침내 자기 밖에 자신을 놓으면서, 다른 이들과 사물에 자신을 내맡기고자 자신에서 쉼 없이 멀어지면서 자신을 노출한다(s'ex-poser[58]).[59] 몸의 몸다움(신체성, coporéité)을 정의하는 이러한 노출이야말로 몸을 소외하고, 정치적이거나 기술적인 여러 조작을 당하게 하고, "규율"에 따르게 하고, 모든 종류의 길들임을 받게 하는 것이다. 우리는 살이 예속되지 않고, 몸의 지배적인 이미지에 복종되지 않고 자신을 체화하기에 이르는지 물을 수 있다. 하지만 무엇보다도 먼저 어떻게 그러한 체화가 가능한지, 어떻게 내 살의 한없는 혼돈이 자신의 경계를 설정하고, 몸의 형태로 정돈되기에 이르는지를 알아내야 한다. 여기서 하나와 다수 사이에서 복잡한 전개가 행해진다. 내 살의 근원적 다수성은 무한히 회절하고, 내 살의 체화는 일련의 키아슴을 가정한다. 키아슴 안에서 내 살의 무수한 극은 서로 만나고, 서로 체화하며, 그 모든 극의 유동성은 서로 겹치고 결합된다. 그러한 종합은 그렇지만 '이미' 근원적으로 하나였던 것의 통일성을 밝힐 뿐이다. 몸의 기관, 전체 한가운데에서 서로 결합하는 별개의 부분이 나타나려면 이 유일한 요소, 동질적인 환경은 서로 나뉘고, 구분되어야 한다. 익명의 극이 무차별적으로 자신의 유동성을 펼치던 그곳에서 오른손이 왼손과, 눈이 입술과, 생식 구멍이 다른 구멍과 이제 구분된다. 이렇게 체화는 단지 다수를 하나로 다시 가져오는 데 있지 않으며, 그것은 또한 불명료한 통일성에서부터 다수를 산출하는 데 있다.

커다란 신비는 육화에 있지 않다. 바로 체화에 있다. 어떻게 말씀이

---

58. [옮긴이 주] 말 그대로 자기(s')를 밖에(ex) 놓는다(poser)는 뜻이다.
59. "몸은 존재의 노출된-존재(l'être-exposé de l'être)이다"라고 J.-L. Nancy는 *Corpus*(Métalité, 2000, p. 32)에서 적는다. 그에 따르면 이러한 노출은 몸의 분리나 분열, 몸의 열림, 몸이 자기를 벗어나는 것으로부터 나타난다. 이 매우 뛰어난 책에서 그가 형성하는 몸이란 새로운 개념은 그렇지만 살이나 살의 내재성을 다루는 모든 생각을 확고하게 거부함을 가정하며, *Leib*와 *Körper*의 몇몇 특징을 또한 확고하게 혼동함을 가정한다.

살이 됐는지를 아는 것이 그토록 중요하지 않다. 어떻게 살이 몸을 자신에게 주고, 몸으로 되면서 말씀 속에서 자신을 내세울 수 있는지를 이해하는 것이 중요하다. 이 물음에 후설은 대답하려 애썼다. 그는 상이한 여러 경험이 개입하는 복잡한 과정처럼 살의 "자기-객관화"를, 살이 "신체적 사물"로 변하는 것을 기술했다. 그 경험이란 무엇보다도 먼저 내 살의 수동성을 경험하는 일이다. [내 손이 다른 손에 부딪혀 사물처럼 밀린다.] 그리고 봄과 만지기의 일치를 경험하는 일이다. [나는 내가 보는 손이 내가 만지는 손과 같은 것임을 알아차린다.] 마지막으로 밖에서 나를 물질적인 몸으로 지각하는 다른 사람들과 나의 관계를 경험하는 일이다. 내 살은 언제나 가역적이므로 내 살의 수동성은 사물의 관성과 구별된다. 움직이지 않는 대상처럼 다뤄지고 옮겨진 손은 매 순간 자기를 다루던 그 손이 되어 이제 그 손을 움직일 수 있다. 이는 살로 된 손(main de chair)을 단순한 사물과 동류시하지 못하게 한다. 후설의 분석은 매우 예리함에도 똑같은 어려움에 부딪힌다. 우리는 어떻게 미분화한 많은 움직이는 극이 인간 유기체로 변할 수 있는지 알지 못한다. 어떻게 내 것인 유일한 살, 아주 단독적이고 세계에 낯선 살이 다른 모든 몸과 유사한 하나의 몸으로 세계에 나타날 수 있는지 알지 못한다. 어떻게 내 살이 살이기를 멈추지 않으면서 사물이 될 수 있는지 알지 못한다.

자아-살이 자신에게 자신을 주는 근원적 사건에서 수수께끼의 열쇠를 찾아야 한다. 내 체화의 가능성은 살의 키아슴에 뿌리를 내리고 있다. 살의 키아슴은 이중의 종합을 통해 이뤄진다. 모든 극이 저마다 다른 극의 살로 되고 그것에 동일시하는 수평적 육화의 종합에 모든 극이 저마다 다른 극을 통해 하나의 사물처럼 만져지는 자신을 느끼는 이차적 종합이 결부된다. 최초의 종합에 앞서 그러한 지각은 그것에 낯설고,

전적으로 무관한 것으로 있었다. 하지만 다른 극이 그것에 그 자신의 살처럼 이제 드러났다. 그것은 이제 다른 극을 통해 그것과 "함께" 느낀다. 그것은 다른 극이 그것을 지각하는 것처럼, 만져진 어떤 것, 외재적 몸의 매끈매끈하고 따뜻한 표면처럼 '자기 자신을' 지각한다. 이 사물-지각은 자신의 살-지각에, 살이라는 자기 자신의 감정에 겹쳐진다. 두 인상은 그처럼 하나의 새로운 인상을 산출하면서, 만지고 '동시에' 만져진다는 인상, 살이자 동시에 몸이라는 인상을 산출하면서 서로 겹쳐진다. 수평적 종합에서 모든 극은 자기에서 나가 자기 살을 다른 극에 주고자 심연을 뛰어넘는다. 이 새로운 종합에서 모든 극은 '그 자신 안에서' 살과 몸의 차이를 '가로지른다.' 바로 그러한 이유에서 나는 그 종합을 '횡단적' 종합이라 일컫는다. 바로 그러한 종합이 체화 가능성의 기반이 된다. 수평적 종합이 자아-살을 내재성 영역처럼 펼칠 수 있게 한다면, 단순한 극에서 면으로 넘어가며 표면에서 확장할 수 있게 한다면, 수평적 종합에 기반을 둔 이 새로운 종합은 자아-살에 다른 차원을, 초월성의 열림을 준다. 자아-살을 세계 깊숙이 넘쳐흐르게 한다.

　이것이 체화의 신비를 밝히는 데 충분할까? 몸의 초월성에서 내 내재적 살을 떼어놓는 이 심연을 횡단적 종합은 어떻게 건널까? 내 사물-지각과 내 살-지각이 서로 겹치고 같은 경험 속에서 서로 교차하는 일이 일어날지라도, 그 두 인상은 서로 혼동되지 않고 차례로 일어날 수 있을 것이다. 현존의 같은 영역에서, 살로서 그리고 몸으로서 '동시에' 자신을 사는 대신에 에고는 그의 모든 극에서 상반된 인상을 '번갈아가며' 지각할 것이다. 자신의 마비된 사지를 알아차리기에 더는 이르지 못하고 죽은 사물처럼, 자기 살에 이식된 "시체 다리"처럼 그것을 이해하는 반신불수의 사람에게서 보는 것과 마찬가지로, 살-존재와 사물-존재는 살로 된 유일한 몸으로 절대 합쳐지지 않고 외재적으로 공존할 것이다. 내 살이 살로 있으면서 몸을 지니려면, 두 면 사이에 어떤 통로, 경첩, 중간이 있어야 할 것이다. 단지 살도 아니고, 전적으로 몸도 아닌 *metaxu* 가 있어야 할 것이다. 이 제삼의 요소, 내 살에 낯선 것으로 주어지는 자아-살의 일부를 우리는 이미 안다. 바로 레스탕이다. 초월적이지만 내재성 속에 잠긴, 내 것이자 다른 것인, 살이자 사물인 레스탕은 두 면 어디에도 속하지 않으면서, 그 둘을 모두 가로지르고 그처럼 그 둘을 서로 결합해준다. 바로 이런 의미에서 나는 "결합이 이뤄지려면 몸과 다른 무언가"가 있어야 한다는, "만질 수 없는 것 속에서" 결합이 일어난다는 메를로 퐁티의 막연한 지시를 이해한다. 어떻게 이음새가 이뤄질까? 우리는 키아슴이 내면화를, 살 속에 레스탕의 '주입(injection)'을 야기하는 것을 보았다. 두 극이 서로 동일시하는 동안, 다른 극의 레스탕은 아주 낯선 개체로 더는 내게 나타나지 않는다. 레스탕은 내밀한 타자성으로 내게 나타난다. 레스탕은 내 살 가장 깊숙이 파고들어, 점점 더 밀접하게 내 살에 얽히다 마침내 내 살과 융합한다. 레스탕이 내 살에 실제로 낯설지 않기에, 종합이 가능한 것으로 있다. 부분적인 동일시가 관계할 뿐이라 할지라도, 레스탕이 살 속에 절대 완벽하게 흡수되지 않는다 할지라도, 그 둘은 어쨌거나 서로 합쳐지기에 이른다. 체화는 그처럼 '레스탕이 육화하는 데' 있다. 레스탕에 살의 몇몇 특징을 주는 데 있다. 반대로 살은 레스탕을 규정하는 몇몇 특징을 자기 것으로 한다. 레스탕에서 자아-살을 떼어놓는 경계를 자아-살은 가로질러, 비-살인 나머지에 자신의 살을 준다. 그것에 살아 있는 살이라는 의미를 준다. 이 복종하지 않는 낯섦을 나는 내 살에 통합한다. 나는 그것을 내 것으로 알아본다. 이는 거꾸로 나 자신의 살에 사물의 모든 특성을 준다. 내 살의 범위를 정할 수 있게 하고, 내 살을 공간 안에 들어갈 수 있게 하고, 세계의 초월성 속에서 다른 사물 가운데 한 사물처럼 내 살이 자신을 노출할 수 있게 한다(s'ex-poser). 그리고 내 살을 접촉과 충격에 노출하고, 그로써 그것을 무한히 취약하게 한다. 플라톤 신화에서 포로스(방책)와 페니아(곤궁)의 아들인 에로스가 자기 부모의 이중적 본성을 지니는 것과 같은 방식으로, 자아-살과 레스탕의 모든 특성을 모두 소유하는 새로운 실재가 그러면 나타난다. 내재적이자 초월적인, 하나이자 다수인, 보이지 않으면서 보이는, 이 잡종의 개체, 살과 사물의 이 이상한 혼합이 바로 내가 '내 몸'이라 부르는 것이다. 살이 레스탕을 수태했을 때, 그 안에서 자신을 알아볼 때, 레스탕을 그 자신에 숨기는 낯선 모습에서 레스탕을 [적어도 부분적으로] 해방할 때, 레스탕을 낳는 것은 살의 종합이다.

내 살이 체화할 수 있게 하는 것은 결국 레스탕의 중재이다. 레스탕이 그 기능을 확실히 수행하기에 이르지 못할 때, 두 면 사이에서 경첩을 만들기에 이르지 못할 때, 두 면이 끝과 끝을 잇는 대신에 서로 밀어내고 서로 떨어질 때, 그 기능은 *a contrario*(대립된 추론을 통해) 밝혀진다. 살과 몸은 적대적인 두 개의 개체처럼 대립하고, 만남의 가능성, 하나에서 다른 하나로 이행할 가능성은 어마어마한 위험처럼 이해된다. 바로 여기 왜 체화가 환상이나 신화 속에서 살에 가해진 참을 수 없는 폭력처럼 대체로 나타나는가 하는 이유가 있다. 바로 그처럼 아르토는 "역한 조작(abjecte opération)"의 결과처럼 보이는 몸의 출현을 알렸다. "진짜 몸", 기관 없는 보이지 않는 살을 해체하고 그 진짜 몸을 죽게 하는 절단의 결과처럼 보이는 몸의 출현을 알렸다. 그는 살이라는 유일한 관점으로 그러한 대립을 고찰했다. 하지만 그는 반대로 몸에 위협이 되는 것으로서 살을 헤아리며 상반되는 관점에서 그것을 이해했을 수도 있다. "살의 본질은 부패이다"라고 미시마는 썼다. 그는 몸을 '탈육화'하면서, 강력하고 완벽한 몸, 몸-예술-작품(corps-oeuvre-d'art)을 만들어내면서, 살의 박리, 노쇠에 반대하려 애썼다. 그 몸-예술-작품의 모든 근육은 마치 하나의 "빛줄기"와 같을 것이다. 하지만 이 금욕적이고 찬란한 "몸-태양(corps-soleil)"은 자기-파괴로 뛰어들면서만, 자기 죽음의 의식을 연출하는 데 자신의 모든 에너지를 동원하면서만 살의 불쾌한 쇠약을 극복하는 데 성공한다. "결국 살을 우스꽝스럽지 않게 하는 것이 건장한 몸에 있는 죽음의 요소"[60]이기 때문이다. 모든 중재가 실패할 때, 두 면 사이에 상호적인 "반감"만 존속할 때, 살이 세계에 오는 일, 몸이 삶에 오는 일 또한 마찬가지로 불가능하게 된다. 살이 탈체화하든지, 아르토가 말하는 "추잡한 혼돈" 속에서 붕괴하든지, 몸이 자신을 사로잡고 자신을 종국에는 없애고 마는 "죽음의 요소"에 굴복하면서 자신의 살을 떼어내든지, 둘 중 하나이다. 횡단적 종합은 내 살에 몸을 주고 그 몸에 운동과 삶을 주면서 이 이중의 재난을 피할 수 있게 한다.

살과 레스탕의 행복한 결합으로 태어난 몸은 사물의 세계에서 하나의 단순한 사물이 아니다. "우리가 시체 속에서도 관찰하는 것으로서 기관 기계", 제반 과학이 연구하는 객관적 몸이 여기서 문제가 아니다. X-선으로 촬영되고, 스캐너로 주사되고, 해부되고, 기계 보철과 이식을 지닌

---

60. Mishima, *Le Soleil et l'Acier*, Gallimard, 1973, p. 49. 나는 여기서 Fr. Noudelmann이 "Le Corps tragique. Lecture de Mishima", Césure, n 9, 1995에서 제안한 분석을 매우 가까이에서 따랐다. 우리는 셀린에서 유사한 환상을 찾아낼 수 있다. 셀린은 무용수의 "꿈처럼 아름다운" 몸을 유태인의 추잡하고 치명적인 살에 대립시킨다.

몸이 문제가 아니다. 후설이 언급한 *Leibkörper*, 몸-살, 살이기도 한 유일한 몸, 내가 내 것으로 느끼는, 보이고 만져질 뿐만 아니라 또한 만지고 보는, 욕망하고, 괴로워하고, 살아 있는, 세계 속에 유일하게 있는 몸이 관계한다. 쉴 새 없이 움직이는 몸, 기뻐하고, 괴로워하고, 즐기고, 환상과 충동과 정서로 얼어붙은 몸이 바로 프로이트가 히스테리의 말에 귀 기울일 때 발견한 몸이다. 이미 나뉘고, 고통이나 기쁨의 영역으로 분할된 몸, 어떤 의미에선 "기관의" 몸이지만 그 몸의 환상적 구조는 의학이나 생물학에서 기술하는 구조와 매우 다르다. 왜냐하면 이동하고 서로 결합하는, 유동하고 불안정한 준-기관으로 그 몸은 구성되었기 때문이다. 마치 도라의 고통스러운 목구멍이 그의 질과 동일시되거나 안나의 마비된 팔이 발기된 성기와 동일시되는 것과 같이, 다른 구멍이나 돌출부위로 대체될 수 있는 구멍이나 돌출부위로 그 몸은 구성되었기 때문이다. 무한한 조형성, 멈추지 않는 변형을 지닌 그 몸은 아직 살의 초기 혼돈에, 한정 없는 유동성에, 가역성에 매우 가깝다. 그 무한한 조형성은 모든 극을 하나하나 다른 극으로 넘어갈 수 있게 하고 모든 극이 하나하나 그 다른 극에 자기를 동일시할 수 있게 한다. 이 몸의 표면에서 프로이트는 에고의 기원을 찾았다고 생각했다. 이중의 촉각 느낌에서 나온 *Körper-Ich*는 사실 최초의 자기-살의 변형이다. 그 체화의 첫 번째 국면이다. 자아-몸의 표면에서 레스탕의 흔적을 찾아야 한다. 레스탕은 내 체화의 지주이고, 내 실존 전체는 그 유령으로 지탱된다. 레스탕의 강박관념은 내 실존 전체를 관통한다. 하지만 몸-살의 몇몇 특징은 다른 특징보다도 더 레스탕의 표식을 지닌다.

레스탕은 무엇보다도 먼저 간격을 확보하는 것이다. 자아-살이 '아파니시스'의 심연 속에서 내향성 폭발을 일으키지 않게 하면서, 키아슴의 두 극 사이에서 열림을 유지하는 것이다. 살이 자기에 가까워질수록, 살은 더 자기를 껴안고, 자기와 합쳐지려 한다. 그리고 살을 자기에서 더 내던지고 떨어트리는 레스탕에 부딪히게 된다. 레스탕은 이처럼 살에 일종의 '반감'을 행사한다. 역함도 없고 혐오도 없는, 감정적으로 중립적인 방식으로 그 반감을 이해해야 한다. 거리 두기, 내밀기, 최초의 거부처럼 그것을 이해해야 한다. 이 모든 것으로 보아 반감은 체화가 일어날 때 살과 레스탕의 새로운 결합에도 지속된다고 믿게 된다. 마치 '아파니시스'의 위협, 혼돈, 미분화의 공포가 정말로 절대 사라지지 않는 것 같다. 어디서 반감이 몸에 새겨지러 올까? 어떤 '한계'를 그리는 모든 것 속에서다. 몸을 외부에 노출할 때 몸의 경계를 설정하는 모든 것 속에서다. 피부와 신체 구멍에서다. 내가 내 몸의 표면을 만질 때, 나는 사방에서 내 몸을 감싸고 침투를 막는 일종의 은막이나 덮개에 쉼 없이 부딪힌다. 체화 중에 피부의 질긴 막이 펼쳐진다. 피부는 몸-살의 표면 전체로 확장되고, 안과 밖의 경계를 그리고, 내 몸을 그 자신 안에 '포함하고', 외부에서 오는 모든 습격으로부터, 낯선 몸의 모든 침입으로부터 내 몸을 보호한다. 신체적 자아는 '자아-피부(moi-peau)'이다. 자아-피부는 기재하는 면처럼 구성되고 또 그와 함께 레스탕이 했던 거부 기능을 맡으며 보호 철책처럼 구성된다. 거부 작용이 실패할 때, 정신분석학이 기술하는 "막의 병리학"이 나타난다. 마조히스트는 고통 막(enveloppe de souffrance)으로 자신을 감싸는데, 그런 막이나 자폐증환자의 자아-등껍질(moi-carapace)과 같은 것이 그것이다. 또 몇몇 정신병에서는 외부가 몸속에 세차게 침범하는데, 그런 정신병의 잘게 부수는 자아-여과기(moi-passoire)와 같은 것이 그것이다.

간격 기능은 또한 다른 방식으로 행해진다. 그 기능은 몸을 그 외부에서 떼어놓을 뿐 아니라, 몸 표면에 단층 선, 빈 굴, 구멍을 파면서 그곳에 자국을 남긴다. 우리는 살이 *Raumloch*의 벌어진 상태를 만들어내면서 공간 속에 편입되기에 이르는 것을 보았다. 그때 이 "공간 구멍"은 살에 직접 새겨지러 온다. 그것은 살 극 사이에서 국지적인 일련의 간격으로 분할된다. 이는 그 간격을 유일한 살의 상이한 극으로 나타나게 한다. 레스탕은 모든 극을 서로 벌어지게 하면서 간격을 있게 하고 최초 살의 혼돈에 첫 구분을 있게 한다. 장자는 세계를 창조할 때 혼돈이 얼굴을 지니지 않음을 신들이 알아차렸다고 이야기한다. 그래서 그들은 보고, 듣고, 숨 쉬고, 먹을 수 있게 하는 일곱 개의 문을 혼돈의 피부에 뚫기로 결정했다. 일곱 번째 문을 내는 순간 혼돈은 죽고 그의 흩어진 살에서 해와 달과 꽃과 산과 인간이 태어났다. 신화는 진리를 말한다. 레스탕이 살에 도려내는 이 문 없이 우리는 몸을 지니지 못할 것이다. 그러면 세계도, 세계 속에 다른 사람도 없을 것이다. 이 간격 기능은 체화의 전 과정 동안 유지될 것이다. 구멍의 틈새로 시선과 말, 음식, 배설, 쾌락이 지나가는데, 그 구멍의 틈새처럼, 간격, 사이, 구멍은 이제 경계가 정해진 몸의 몇몇 영역에 포함된다. 신체 막은 그렇게 구멍 뚫린 표면처럼 제시되고, 자아-몸은 '자아-구멍(moi-trou)'처럼 제시된다. 우리 환상을 사로잡는, 욕망이나 불안이나 혐오를 불러일으키는 몸의 조각조각은 그러한 통로 지점, 막의 갈라진 틈을 경유한다. 프로이트는 "배설물, 아이, 성기는 일체성을 이룬다. 그것은 무의식 개념, […] 몸에서 떨어져 나갈 수 있는 하찮은 것이라는 개념을 이룬다.[61]라는 것을 이미 눈여겨봤다. 이 명단에 라캉은 젖가슴, 시선과 목소리를 덧붙일 것이다. 그는

---

61. Freud, "L'homme aux loups" (1918), *Cinq psychanalyses*, PUF, 1975, p. 389.

이 "하찮은 것"을 욕망의 대상, "대상 a"가 나타나는 방식으로 규정할 것이다. 대타자의 몸에서 떨어져 나간 그토록 많은 부분 대상으로 규정할 것이다. 우리는 아이가 어머니의 젖가슴을 '자기' 몸의 일부처럼 헤아린 다는 것을 안다. 배설물, 성기, 목소리에서도 사정은 마찬가지이다. 이 고정되지 않은 조각조각은 "a", "타자들(autres)"이 아니다. 그것은 대타 자로부터 오지 않고 나 자신의 살에서 온다. 그것은 '레스탕의 신체적 형상화'이다.

레스탕으로 그렇게 관통되고 나눠지면서 몸-살은 성적 욕망에 열릴 수 있다. 최초 살은 성적으로 다른 둘에 자리를 내주기에는 너무 미분화 했다. 너무 산재되고 그와 함께 너무 동질적이었다. 성별구분(sexuation) 이 일어나려면, '절단(section)'이 있어야 했다.[62] 국소적인 일련의 문으로, 분화한 구멍으로 배열되는 근원적인 파열이 자아-피부의 모든 표면에 있어야 했다. 그 문, 구멍은 그렇게 다른 부분 사이에서 접촉을 가능하게 한다. 욕망을 한 지점으로 모으는 고착을 가능하게 한다. 욕망을 한 부분에서 다른 부분으로 옮기는 이동을 가능하게 한다. 분리, 만지기, 침투, 배출, 경련을 가능하게 한다. 욕망과 쾌락의 지칠 줄 모르는 전개를 가능하게 한다. 『향연』의 유명한 신화가 성을 가진 몸을 태어나게 하는 세공, 자르기, 접기, 뒤바꿈이라는 복잡한 작업으로 이어진 분할, 최초 상처에 욕망의 기원을 자리 잡게 할 때, 그 신화가 기술하는 것이 바로 그것 아닐까? 신체 구멍 사이에 본질적인 관계가 그처럼 있다. 몸의 에로틱한 차원은 정박지와 레스탕의 '절개 효과(effet de coupure)'를

---

62. [옮긴이 주] 성(sexe)이라는 말 자체가 라틴어 'secum', 'secare'에서 온 말로 '나누다', '자르다', '구분하다', '가르다'라는 의미를 지닌다.

그 신체 구멍 속에서 찾는다. 레스탕이 내 살과 내 살 사이를 벌리기 때문에, 두 극이 결합하는 것을, 거리 없이 서로 들러붙는 것을 막기 때문에, 살은 기관, 구멍, 오금, 도관, 구멍의 틈과 함께 절단된, 성을 가진 몸의 모습으로 체화한다. 물론 생리학이나 발생학은 우리의 해부학적 구조의 기원과 작용을 달리 규정한다. 하지만 나는 똑같은 이야기를 하는 것이 아니다. 나는 "몸"이라고 불리는 물질적 사물의 생리적 원인과 보편적 규정을 찾는 것이 아니다. 나는 인간 개인에게 자신의 신체를 경험하게 하는 내재적 발생을 기술하고자 하는 것이다.

단순하고 임의적인 구성이 관계하지 않는다는 증거를 나는 정신병의 임상이나 인류학에서, 우리가 세계에 있고 몸을 지닌다는 즉각적인 명증을 이러저러한 방식으로 유보하는 학문분과에서 발견한다. 예컨대 "상징적인 상처"를 헤아려 보자. 문신이나 난절을 함축하는 신체적 표시의 관례나 할례, 음핵절제, 심지어 거세와 같은 의례 행위를 헤아려 보자. 민속학자는 그러한 행위가 어떤 연령층, 부족이나 카스트에 속함을 나타내는 통과의례에 들어간다고 우리에게 알려준다. 그러한 행위가 종종 주체의 "죽음"과 "부활"을 연출한다고, 절개는 의식의 흔적을 보존함으로써 입문자를 비-입문자와 구별하게 해준다고 우리에게 알려준다. 그렇게 아프리카의 입문 의식에서 "악어 정신"이 청년들을 삼켰다고 여겨진다. 그리고 나서 그들은 되살아나고, 할례를 당하고, 커다란 악어 이빨 자국을 나타내는 절개를 피부에 새긴 뒤 자신들의 마을로 돌아온다.[63] 모든 의식에서 나는 체화의 과정을 나타내려는 시도를 본다. 그 비극의

---

63. Br. Bettelheim(1954)의 *Les Blessures symboliques*, Gallimard, 1977, p. 139-140 을 보라. 나는 그가 그러한 의식을 대상으로 제안하는 정신분석학적 해석을 공유하지 않는다.

결정적인 국면, 레스탕의 추방을 재연하는 것을 본다. 레스탕은 불순한 찌꺼기, 몸에 위협이 되는 것으로 단지 생각되지 않았다. 의식은 레스탕의 간격 기능을 또한 중시한다. 그것은 자아-살이 괴물의 아가리, '아파니시스'의 검은 구멍 속으로 사라지지 못하게 하면서 그가 소생할 수 있게 하는 기능을 또한 중시한다. 레스탕을 상징적으로 재현하는 신체의 부분을 잘라낸 뒤에 의식은 레스탕의 흔적을 간직하고자 노력한다. 흉터나 절개의 형태로 신체에 직접 레스탕의 간격을 다시 새기고자 노력한다. 동시에 그러한 행위의 잔재[피, 살점이나 피부 조각…]를 신성한 제물처럼 숭배한다. 양면성이 입문 의식을 마친 뒤에 완화한 방식으로 계속된다. 그 양면성은 신체적 표시에 때로는 불명예스러운 [노예나 죄수에 새긴 '낙인'이라는] 의미를, 때로는 미적으로 또는 에로틱하게 더 높은 가치를 지닌 의미를 준다. 신체적 나머지에 레스탕의 흔적을 보존하면서, 그 경계를 설정하고, 레스탕을 추방하고, 레스탕을 없앨 것을 목표로 하는 그러한 행위는 게다가 '희생'이라는 또 다른 중대한 의식에서 다시 발견된다. 인류학자가 우리에게 알려주듯 희생 의식은 '나머지의 요리'로 정의될 수 있다. 그것은 제물을 죽인 뒤에 그 몸을 자르고 그 일부를 신들에 바치고자 떼어 내는 데 있다. 그 신성한 부분은 대개 불로 파괴된다. 그곳에 레스탕의 모든 양면성이 집중된다.[64]

우리는 어째서 "몸에서 떨어져 나온 하찮은 것"이 무한히 성욕을

---

64. 고대 인도에서 희생적 나머지의 양면적 가치를 주제로 해서 우리는 *Cuire le monde*, Ed. de la Découverte에서 C. Malamoud가 주는 풍부한 분석을 읽을 수 있다. 또한 Détienne et Vernant의 *La Cuisine du sacrifice en pays grec*, Gallimard, 1979를 보라. 나는 "Le restant de l'universel", *Universel, singulier, sujet*, Kimé, 2000에서 그러한 의식의 사회적이고 정치적인 기능을 분석하고자 했다.

자극하는 것이자 혐오와 공포의 대상인지를 이해하기 시작한다. 바타유는 "배설물[정액, 월경, 오줌, 똥]과 신성한 것으로, 신적이거나 경이로운 것으로 보일 수 있는 모든 것의 주관적이고 기초적인 동일성"[65]에 관심을 가졌었다. 그는 성적 외설, 죽음, 시체, 희생, 종교적 황홀에 있는 이 '이질적인 요소'의 이론을 만들고자 노력했으며, 그 요소를 '배설'의 기본적인 과정에 결부시켰다. 그는 "그 요소 자체는 규정할 수 없는 것으로 남고 부정을 통해서만 고정될 수 있다"라는 점을 강조했다. 그는 파시즘이 커지는 상황에서 그의 타자론(hétérogénéité)을 정치에 적용하고자 노력했다. 그는 동질적인 사회의 위기가 방출하는 "이질적인 힘"을 알아보았으며 파시즘의 "절대적인 지배"나 해방 정치 쪽으로 이끄는 상이한 인력(끄는 힘) 양상을 알아보았다. 모든 점에서 바타유는 선구자였으며 레스탕의 몇몇 특징을 훌륭하게 기술할 줄 알았다. 하지만 그의 분석은 구성된 몸에 단지 자리 잡을 뿐이다. 외부와 이미 구별되고 외부에 자신을 적응하거나 그것을 거부할 수 있는 기관 몸의 차원에 자리 잡을 뿐이다. 그는 신체적 쓰레기가 불러일으키는 양면적 태도가 몸의 세계 저편에 뿌리를 둔다는 것을 알지 못했다. 더 근원적인, 그러나 '가역적인' 배설물에 뿌리를 둔다는 것을 알지 못했다. 이러한 가역성, 살과 그 살의 레스탕 사이에 존재하는 최초의 동류성을 간파하지 못했기에, 그는 [동질적인 것과 이질적인 것, 점유와 배설, 생산과 소비 따위의] 엄격한 양자택일 속에 갇히게 된다. 이에 그는 이질적인 요소의 여러 운명을 검토하지 못했다. 살이 배제하는 요소와 살 사이에서 일어날

65. Bataille, "La valeur d'usage de D. A. F. de Sade" (1930), Œuvres complètes, Gallimard, 1972, t. II, p. 58-59.

수 있는 궁극적인 종합의 가능성을 검토하지 못했다.

바타유의 타자론이 제기하는 모든 문제를 우리는 키아슴의 위기와 종합의 다른 측면을 분석함으로써만 풀 수 있다. 그 다른 측면에서 레스탕이 자아-살을 지배한다. 그러면 우리는 왜 레스탕이 때로는 불길한 얼룩처럼 '역한 것(abject)'의 모습으로 나타나고 때로는 매혹, 욕망, 사랑을 일깨우는 '숭고한(sublime)' 모습으로 나타나는지, 그리고 어떻게 그러한 변동을 넘어설 수 있는지를 알 것이다. 지금부터 나는 첫 답변을 개괄적으로 기술하고자 한다. 레스탕이 반감과 혐오를 불러일으키면서 일종의 쓰레기처럼 대체로 나타난다면, 이는 몸 안에 '레스탕을 위한 자리가 없기' 때문이다. 자아-살이 레스탕을 흡수하기에 이르지 못한다면, 내 몸을 이루는 종합 속에 이질적인 요소를 흡수하기에 이르지 못한다면, 체화는 가능하지 않을 것이다. 몸이 되면서 살은 그처럼 해묵은 갈등, 내재성 면을 가로지르는 최초의 이원성을 적어도 잠시는 극복할 수 있는 것 같다. 살이 흩어진 살 극을 모을 때, 그 모든 극을 몸이라는 전체의 부분으로 만들 때, 종합은 동질적인 것을 창출한다. 매우 복잡하고, 매우 분화한 것 같을지라도, 내 몸은 유일한 바탕으로 짜여 있다. 피부의 다른 쪽으로 넘어가면, 유기체의 심층을 탐구하면, 우리는 "기관으로 가득 찬 어둠"만을 만날 뿐이다. 몸과 극도 다르지 않은 것을 만날 뿐이다. 내 살 한가운데 낭종이 된 낯선 물(Chose)로, 몸은 밖으로 내던지려 노력한다. 이 내밀한 낯선 것이 우리 강박관념 속에 다시 나타날 때, 그것은 전체와 분리된 부분, 몸 밖에서 떠도는 몸 일부의 모습을 반드시 띤다. 얼굴 없는 시선이나 시선 없는 눈, 조각난 목소리, 잘린 사지, 배설 찌꺼기… 레스탕이 모든 체화를 떠받침에도, 레스탕은 구성된 몸에 참을 수 없는 것이 된다. 마치 레스탕의 간격 기능이 레스탕 자신에

해를 끼치기라도 한 것 같다. 몸에서 점점 더 멀리 레스탕을 밀어내는 것 같다. 레스탕을 불가항력적인 혐오감의 대상으로 만든 것 같다.

내 살이 발생하려면, 레스탕이 자아-살에 밀접하게 결합되어야 한다. 그렇지만 몸은 그것을 발생시킨 레스탕을 추방하면서만 자신을 구성하는 데 성공한다. 어떻게 몸-살이 레스탕을 체화하고 그와 함께 레스탕을 배제하기에 이를까? 이는 레스탕의 같은 양상, 같은 면이 관계하지 않기 때문이다. 아마도 레스탕은 내 것이자 '내 살의' 몸인 몸에 조화롭게 편입되기에는 지나치게 "몸"스럽다. 내 살과 나 자신에 지나치게 낯설다. 몸이 살에 얽히고, 살에 동일시될 때, 우리는 부분적인 종합과 관계할 따름이다. 체화 중에 레스탕의 일부는 살에 흡수되고, 살과 '일체가 된다.' 하지만 다른 일부는 레스탕으로 유지된다. 그러한 나누기는 다른 차원에서 최초의 분할을 반복한다. 그 분할 속에서 내 살의 일부는 모든 육화에 저항하는 이질적인 요소처럼 내 살에서 떨어져 나왔다. 이렇게 최초의 종합은 레스탕을 살에 결합하는 데 적어도 부분적으로는 실패하는 것 같다. 체화는 레스탕을 해소하지 못하는 것 같다. 레스탕을 몸에 전적으로 흡수하지 못하는 것 같다. 레스탕이 불안, 욕망, 증오 그 어떤 것을 자극하든, 그것은 몸에 앞선 유물처럼, 근원적 낯섦의 최후의 증인처럼 우리 환상과 악몽 속에, 우리 쾌락과 망상 속에 쉼 없이 다시 나타난다. 후설이 생각했듯 내 살뿐만이 아니라 '내 몸 또한' "불완전하게 구성된 어떤 것"으로 남는다. 이러한 미완성이 실존하는 내내 지속된다면, 나를 갉아먹는, 내게 몸을 주려는 내 모든 시도를 좌절시키는 레스탕의 효과를 그곳에서 봐야 한다. 내 살의 몸-되기는 결국 계속된 전진이 아닌, 재발과 위기로 박자를 맞춘 복잡한 과정처럼 제시된다. 해체, '탈체화'의 국면에 '재체화', 신체 통일성의 재구성의 국면이 매번 이어진다. 그 속에서 에고는 자신의 완강한 일부를 자기 밖으로 내던지면서 레스탕을 분할하고 그 일부분을 자신의 몸에 들어가게 하기에 다시 이른다. 종합이 불가역적인 방식으로 전도되는 때까지 말이다. 레스탕의 영향력이 몸의 방어를 피하고 몸의 저항을 고갈시키면서 몸을 마침내 전적으로 불안정하게 하는 때까지 말이다. 이 최종적인 패배를 두고 우리가 늙고 죽는다고 말하는 것이다.

레스탕의 이론에서 근거 없는 사변만을 보고자 하는 이들에게 나는 현대 과학과 철학에 계속 영향을 미치는, 몸이라는 전통 개념에서 그 주제가 행하는 역할을 생각해 볼 것을 당부한다. 그리스인들 이래로 우리 몸은 전체로 규정되었다. 하지만 이는 매우 잘 규정된 전체 개념, 부분과 전체의 관계 개념을 따랐다. 그 관점에서 전체는 부분에 앞서고 부분보다 우선하는 것으로 생각됐다. 부분을 존재하게 하고, 그것을 통합하고, 그것에 그 기능과 항렬을 배분해주는 최상의 힘으로 생각됐다. 물론 전체가 존재하려면 부분을 필요로 하지만 전체는 부분이 사라진 뒤에도 쉬이 살아남을 수 있다. 하지만 어떤 부분도 전체 밖에서 존속할 수 없을 것이다. 이 점을 아리스토텔레스는 강조한다. 전체에서 떨어져 나가면서 부분은 그 삶, 존재, 심지어 그 이름의 실질적인 의미조차 잃을 것이다. 그런데 아리스토텔레스가 우리에게 주는 예는 '몸의' 일부, 절단된 사지의 예이다. 살아 있는 기관과 그것에서 잘려 나간 부분 사이에 어떤 본질적인 공통점도 더는 없을 것이다. 참된 의미 없는 명명적 동일성 이외 아무것도 더는 없을 것이다. 왜냐하면 "[…] 몸의 일부는 따로 떨어져 존재할 수 없기 때문이다. 그처럼 죽은 손가락은 동음이의로써만 '손가락'일 뿐이다."[66] 죽은 손가락, 눈먼 눈, 시체의 손… 그러한 것이 아리스토텔레스의 작품 전체를 슬그머니 관통한다. 예컨대 『정치학』의 결정적인 대목에서 그는 국가가 개인보다 우월하다는 근거를 마련하고자 한다. "왜냐하면 전체가 반드시 부분을 앞서기 때문이다. 만일 [몸의] 전체가 파괴되면, 돌로 된 손을 말한다는 의미에서, 동음이의로써가 아니라면 발도, 손도 더는 없을 것이다. [⋯] 이러한 종류의 '손'은 죽은 손이 될 것이다. 그처럼 결국 도시가 원래 존재하고 개인을 앞서는 것은 당연하다.[67]" 그러한 주제가 집요하게 되돌아온다면 이는 단순한 "예", 되는대로 선택한 심상이 아닌 진정한 강박관념이 관계하기 때문이다. 어떻게 몸에서 떨어져 나온 이 조각조각에서 레스탕의 신체적 형상을 알아보지 못하랴? 몸을 전체로 규정하면서, 전체를 레스탕의 추방으로 규정하면서, 아리스토텔레스는 그러한 강박관념에서 몸을 해방하려 한다. 그는 헐벗은 이 조각이 살과 몸에 속할 '수 없다'고, 그러한 것과 어떤 유사성도 지니지 않는다고, 어떤 존재론적 일관성도 지니지 않는다고, 요컨대 '전체의 어떤 것도' 아니라고 가정한다. 그는 그렇게 몸의 이론과 정치학, 나아가 형이상학의 기반을 '레스탕의 부인'에 둔다.

아리스토텔레스의 철학은 그처럼 살 가장 깊은 곳에서 이미 이뤄진 배출 행위를 확인하기만 할 뿐이다. 체화하면서 자아-살은 어떤 영역을 구성하는데, 그곳에 더는 어떤 자리도 레스탕에 없다. 자아-살은 쓰레기처럼 레스탕을 배출하면서만, 그러한 배출을 줄기차게 반복하면서만

---

66. Aristote, *Métaphysique* Z-10 (1035b). 전체, 전체가 부분과 맺는 관계, 전체를 파괴하지 않고 전체에 영향을 줄 수 있는 "훼손"을 주제로 해서 또한 *Métaphysique* f-26과 27을 보라.

67. Aristote, *Politiques* I-2 (1235a). 우리는 *Parties des animaux*(640b-641a: 청동이나 나무로 된 손, 시체의 눈이나 손)의 도입에서, 또는 마음과 몸의 관계를 명확히 해야 하는 순간에, *De l'âme*(412b: 돌로 된 눈)와 같은 다른 중요한 문헌에서 이 사례를 만난다.

몸을 지닐 수 있다. '잘라내기(retranchement)'라는 용어를 통해 반복된 '절개'[새로 절개하는 행위, "잘라내는" 행위]와 [우리가 "참호로 둘러싸인 진지"를 말하는 그 의미에서] 자신에 자신을 가두는 몸의 '자기에 접힘(repli sur soi)'을 이해한다면, 그 용어는 그러한 작용을 일컫기에 아주 적합하다. 아마도 레스탕의 잘라내기 없이 개별적이거나 집단적인 몸은 절대로 없을 것이다. 우리는 이를 주제로 플라톤에서 또 다른 증거를 발견하는데, 그러한 작용은 그에게서 더 폭력적인 형태를 띤다. 아마도 그 형태는 체화의 근원적 과정과 더 가까운 형태이다. 아리스토텔레스에게 몸은 밀접한 관계를 맺고 있는 부분으로 구성된 조화로운 전체처럼 나타난다. 그 전체에서 레스탕의 모든 자국은 지워졌다. 하지만 그는 이질적인 요소의 반란으로 쉼 없이 위협받는, 분할되고 불안정한 실재처럼 레스탕을 제시한다. 티마이오스의 신화적 이야기에서 그는 몸의 창조를 신의 외과시술처럼, 분할과 축출 작업, '내적 제거'처럼 기술한다. 몸통에서 머리를 떼어놓으면서, 영혼에서 불멸하는 부분을 안전하게 놓은 뒤에 데미우르고스의 조수들은 심장에 있는 용기라는 고결한 요소와 아랫배에서 나오는 비루한 욕망 사이에서 새로운 분할을 행하는데, "마치 남자들의 거처를 여자들의 거처에서 떼어놓듯, 칸막이로 사용하고자 그들 사이에 횡격막을 세운다."[68] 욕망의 거친 요소를 고립시킬 목적에서, 이 "다형의 짐승"을 길들이고 속박할 목적에서 그토록 많은 절개가 이뤄진다. 그곳에서 우리는 레스탕의 형상을 어렵지 않게 알아본다. 플라톤의 정치 이론에서 국가의 지도자, "학식으로써 지배하는" 지도자가 사회적 몸을 정화할 사명을 지닌, 더 큰 안녕을 위해 그 몸을 병든

---

68. Platon, *Timée* 69c-70a.

사지에서 잘라낼 사명을 지닌 사회적 몸의 의사처럼 제시될 때, 우리는 그 소재를 이번에는 '외적' 제거, 진짜 절단의 모습으로 다시 만난다.[69] 이와 같은 비유는 박해를 정당화하고 "기생충 같은 사람들", "외국의 첩자들", 사회적 몸을 부패시키는 "암적 존재"의 숙청을 정당화하면서 근대에서 자코뱅의 공포정치에 이르기까지, 전체주의 국가의 "숙청"에 이르기까지 오래 지속됐으며, 우리는 그와 같은 비유가 어떻게 평가됐는지를 안다. 이 거대한 몸은 레스탕의 앞잡이로 일컬어지는 이들을 축출함으로써만 자신을 구성하기에 이른다. "자유롭고" "민주적인" 공동체를 포함해서 모든 정치 공동체에서 우리는 이 토대가 되는 축출이 덜 극단적인 형태로 다시 발견된다는 것을 경험으로 안다. 폭력적인 제거에 근거를 두든, 단순한 부인에 근거를 두든, 몸의 전통적 이해는 레스탕을 제거하려는, 통일성과 동일성을 부패시키는 이 이질적인 요소를 배출하려는 결단을 언제나 함축한다. 몸의 철학적 개념은 그처럼 레스탕의 위협에 맞서 실재하는 몸을 보호할 목적에서 마련된 '방어적 형성'처럼 나타난다.

하지만 전체 몸의 형이상학을 착각으로 고발하는 것으로 충분하지 않다. 그것이 뿌리를 두는 최초의 경험을 알아내야 한다. 그것은 이 경험을 왜곡한다. 촉각적인 근원적 종합이 부분적이고 불안정하게 있으며, 그것만으로 자아-살의 체화를 마치고 몸-하나, 세계에 있는 몸-대상을 구성할 수 없음을 우리는 이제 안다. 시각은 아주 동질적인 영역의

---

69. 예를 들어 *Le Politique* 293b와 298a. 플라톤의 정치학은 디오티마가 진술하는 형이상학의 원리, 곧 "반쪽의 사랑도, 전체의 사랑도 없으며, 선의 사랑이 있다. 사람들은 그들 자신의 한 부분인 손과 발이 나쁜 것 같다고 생각될 때 그것을 자르게 둔다"라는 것에 기반을 둔다. (Platon, *Le Banquet* 205e).

경험, 통합된 전체를 우리에게 주는 유일한 감각이다. 키아슴 속에서 나를 만지면서가 아니라 거울 속에서 나를 보면서 나는 내 몸의 전체 모습에 다가갈 것이다. 이는 촉각 인상이 불연속적이고 간헐적이기 때문만은 아니다. 만지는 손이 만져진 손에 합쳐지지 못하고 그 표면에 눌리기 때문이다. 촉각 경험이 레스탕의 저항에 맞닥뜨리기 때문이다. 그 저항은 촉각 경험의 사이를 벌려 놓고, 그 경험이 연속적인 표면을 형성하는 걸 금하고, 신체 막을 사방으로 찢어 놓는다. 시각 차원에서 그러한 저항은 사라진다. 레스탕이 절대 보게 하지 않기 때문이다. 보이는 것의 지평에 나타나지 않기 때문이다. 시각에 호소하며, 내 영상에 나를 동일시하며, 나는 레스탕의 모든 흔적이 사라진 것 같은 세계에 다가간다. 거기서 형이상학이 시각에 주는 특권은 설명된다. 형이상학이 드러내는 몸은 거울에 비친, 전적으로 노출된 몸이다. 레스탕이 없는 몸, 보이고 그와 함께 보인 몸, 전적으로 '자신을 비출 수' 있고, 자기 자신을 보면서 자신의 영상을 '응시할' 수 있는 몸이다. 이 모든 것으로 보아 그와 같은 표상에 근대 주체의 규정은 기원을 둔다고 믿게 된다. 근대는 주체를 자기 자신을 사유하는 사유로 규정한다.

그러나 우리는 거울 경험이 한계에 부딪힌다는 것을 알았다. 바로 보이는 눈과 보는 시선의 분열이다. 내가 보는 나를 본다는 것은 사실이 아니다. 나는 나를 보는 내 눈을 보지 못한다. 내 봄은 키아슴 한가운데에서 자기에 자기를 맺기에 절대로 이르지 못할 것이다. 내가 내 몸을 바라볼 때, 내 몸은 육화한 살아 있는 몸으로 내게 나타나기를 곧바로 멈춘다. 내 영상 한가운데 구멍이 불쑥 나타난다. 살로 된 눈으로부터 내 시선은 나온다. 나는 거울 속에서 그 눈을 *Ding Auge*, 낯선 "사물 눈"으로 보기에 이를 뿐이다. 나는 그처럼 내 시선의 실명을 쉼 없이 목격한다. 시각 키아슴이 없다면, 어떤 동일시도 시각 키아슴의 차원에 들어서지 못한다면, 그러한 동일시에 저항하는 일은 있을 수 없을 것이다. 레스탕은 없을 것이다. 하지만 정말 그러할까? 내가 무지갯빛으로 빛나고 눈먼 안구를 '나를 보고' 있는 '내 눈'처럼 알아보는 이상, 적어도 간접적인 방식으로, 후설이 암시했듯, 최초의 촉각적 자기-동일시에 기대면서, 보는 눈과 보인 눈의 동일시는 일어날 수 있어야 한다. 내가 거울 속에서 뚫어져라 쳐다보는 "사물 눈"이 "내 것인 사물 눈과 같음"을, "만지기를 통해 내 것으로 구성되는" 사물 눈과 같음을 나는 "간접적으로 판단한다."[70] 내가 만지는 것은 이 얼굴이다. 보이는 내 눈을 내 것으로 여기게 해주는 것은, 내가 보는 얼굴에서 나를 알아볼 수 있게 하는 것은 내 얼굴 표면에서 만져지는 내 눈이다. 만지는 내 살은 내 봄에 삶을 불어넣으면서 내 봄에 퍼진다. 만지는 내 살은 또한 내 봄에 나쁜 영향을 미친다. 시선과 얼굴의 세계에 자신의 레스탕을 옮겨 가게 함으로써 내 봄에 자신의 강박관념을 옮긴다. 물론 어떤 키아슴도 시각 차원에서 일어나지 않을 것이다. 하지만 나 자신의 봄 속에 '준-키아슴'이 시작된다. 그것은 촉각 키아슴의 경험을 재연하고 유사한 저항을 불러일으킨다. 이 *Ding Auge*를 나는 이제 내 것으로 알아본다. 낯선 어떤 것처럼 제시되면서 그것은 또한 내 몸에, 나 자신에 속한다. 그것은 레스탕의 모든 특징을 지닌다. 내 시선의 눈먼 지점에 '시각적 레스탕'이 결국 나타날 수 있지만, 그것은 경험의 다른 영역, 참된 동일시가 일어날 수 있는 유일한 지각 영역에서 온다. 촉각, 촉각 움직임의 우월을 나는 거울 단계를 분석하면서 발견한다. 라캉이 왜곡적인 방식으로 주는 그

---

70. 이미 인용한 바 있는 후설의 문헌, *Ideen* II, § 37, p. 211을 보라.

경험의 재구성이 아닌, 그 실질적인 경험을 분석하면서 발견한다. 아이가 자신의 영상 속에서 자신을 알아보기에 이르려면, 거울에 비친 자신의 모습에 사로잡혀 그것을 수동적으로 주시하는 것으로 충분하지 않다. 이제 막 나타나기 시작한, 자기 몸의 형태를 보이는 것의 차원에 투사하면서, 거울 앞에서 움직여야 한다. 자신의 영상을 가지고 놀아야 한다. 그의 촉각 경험은 그 형태의 첫 개괄적인 그림을 그에게 이미 주었다. 내 모든 경험을 떠받치고 그것에 활기를 주는 촉각적 종합 없이, 내가 나 자신에게 나를 주는 근원적 동일시 없이, 나는 내 눈이나 내 손이나 내 얼굴이나 내 목소리를 절대 알아볼 수 없을 것이다. 그러한 것을 다른 사람의 시선이나 얼굴이나 목소리와 구별할 수 없을 것이다.

내가 내 영상과 맺는 관계는 자기-동일시를 허용하기에 충분하지 않다. 그러한 것이 나르시스 신화의 교훈이다. 우리가 대체로 상상하듯 자기 영상과 사랑에 빠지기는커녕 나르시스는 반대로 '다른 사람의' 영상으로 그에게 주어지는 모습에 죽을 때까지 사로잡힌다. 그것을 '자기 자신의' 영상으로 알아봤다면, 그는 아마도 그것에서 떨어질 수 있었을 것이다. 그것에 사로잡혀 죽음에 이르지 않을 수 있었을 것이다. 나르시시즘의 결여로 인해 나르시스는 형을 받은 것이다… 우리 자신인 이 친숙한 나르시스에게 우리는 같은 것을 말할 수 있을 것이다. 환상이나 영화의 은막은 '보이지 않는 거울'이다. 그곳에서 우리는 우리 자신의 모습을 비춘다. 하지만 이를 알아채지 못한다. 그런 의미에서 우리는 절대 충분히 "나르시스적"이지 않다. 우리는 우리 영상처럼, 우리 자신의 살의 투사처럼 우리를 사로잡는 영상을 절대 충분히 알아보지 못한다. 그렇게 우리 욕망은 대타자의 욕망에 사로잡히고, 우리 자신을 잊고 대타자에 우리를 동일시한다. 거울에서 우리 자신을 알아보게 될 때,

이러한 식별은 언제나 부분적이고 일시적으로 남는다. 이는 비-식별, 전적으로 절대 사라지지 않을 최초의 낯섦을 바탕으로 그러한 식별이 획득되었기 때문이다. 그러한 식별은 '저항의 지점'에 부딪힌다. 바로 눈과 시선의 분열이다. 이는 내 눈-사물에서 내 보는 눈을 떼어놓고 완전한 동일시에 대립하는 좁힐 수 없는 간격이다. 완전한 동일시를 지지하는 촉각 종합이 없다면, 내 보이는 눈은 곧 탈-육화하고, 메두사의 얼굴에서 나를 응시하는 눈먼 사물이 다시 될 것이다. 나는 "죽은 눈", 봄의 원천에서 조금 열리는 벌어진 "검은 구멍"에 잠기지 않으려고 다른 사람들의 시선을 회피하는 정신병자를 이미 언급했었다. 인류의 모든 문화는 경악케 하고 불행을 가져오는 '사악한 눈', 죄지은 자를 무덤까지 쫓아가는 "지평선 깊이 크게 열리는 눈"의 강박관념을 지닌다. 이 시선 없는 눈, 얼굴 없는 눈이 보는 나 자신의 눈이다. 그 눈은 죽은 내 초상을 내게 제시하는 메두사의 봄 속에서 밖으로부터 나를 대타자의 눈처럼 바라보고자 자신을 탈-육화한다. 레스탕의 이러한 효과는 시선에 국한되지 않는다. 나르시스적인 동일시가 중단될 때, 거울에 비친 모습 전체가 변질되고, 낯설면서도 친숙한 분신의 모습으로 제시된다. 내 초상 대신에 안나를 공포에 떨게 한 "창백한 얼굴"처럼 불쑥 나타나는 *un-heimlich*(친숙한 낯섦, 언캐니)의 모습으로 제시된다. 대개 고유한 것의 낯섦, 변질은 가까스로 지각될 수 있으며 그렇기에 더욱 위협적이다. 사르트르가 언급하는 경험이 바로 그것이다. "당신이 거울에 다가간다고 상상해 보시오. 하나의 초상이 그곳에 그려지고, 여기 당신의 눈, 코, 입, 옷이 있습니다. 그것은 바로 당신입니다. 당신이어야만 합니다. 하지만 거울에 비친 내 모습 대신에 다른 사람의 모습을 거울에 놓았다고 문득 말하게 하는 무언가가 거울에 비친 모습 속에 있습니다."[71]

레스탕이 거울에 비친 내 모습의 구멍에 나타날 때, 나는 더 근본적인 경험을 반복할 뿐이다. 내 봄에서 볼 수 없는 것은 먼저 그리고 무엇보다도 내 만지기에서 만질 수 없는 것이다. 이 만질 수 없는 것이 다른 차원에서 반복된다. 영역을 바꾸면서 그것은 몹시 달라진다. 왜냐하면 촉각적 레스탕은 '내 살'의 레스탕으로 있기 때문이다. 자신의 모든 극에서 자신을 알아보면서 그 자신에 들러붙는 살의 레스탕으로 있기 때문이다. 그러한 어떤 것도 시각 영역과 시각의 외재성에서는 일어나지 않는다. 키아슴의 언제나 부분적이고, 언제나 불완전한 특성은 레스탕의 낯섦을 극대화할 뿐이다. 레스탕을 더 막연하고 더 끈질기게 만든다. 레스탕이 위협적인 경쟁자의 모습을 이 차원에서 띠는 것은 그 때문일까? 거울에 비친 나 자신의 모습에서 타인의 시선으로 옮겨간 레스탕은 주요한 강박관념으로 불안이나 수치심을 살찌운다. 보이는 데서 오는 수치심, 나 자신이 하나의 사물, 자아-대상, 자아-쓰레기가 됨으로써 '시선 아래로 떨어진' 데서 오는 수치심을 살찌운다. 이에 보는 자아는 레스탕의 그러한 양상을 대타자 속으로 내던진다. 이번에는 그 자신이 대타자의 품위를 손상시키고자 대타자 쪽으로 시선을 돌린다. 시선의 공간을 지옥같이 만드는 것은 시각 그 자체도, 상상적인 것의 위엄도 아니다. 보는 자기를 볼 수 없다는, 자기 봄의 "주체"이자 "대상"일 수 없다는 불가능성이다. 치명적인 싸움이 벌어지는 이 닫힌 장에서 나는 언제나 노출돼 있다. 쉼 없이 사라지는 대타자 시선의 대상이 된다. 내게 가까운 만큼 더 낯선, 거울에 비친 분신은 형제 같은 내 경쟁자일 뿐 아니라, 나를 떠나지 않으면서 끈질기게 괴롭히는 현존일 뿐 아니라,

71. Sartre, "Venise de ma fenêtre", *Situations*, t. IV, Gallimard, 1965, p. 449.

거울의 부재자, 거울에 비친 내 모습을 먹어치우는 투명물체, 오를라(Horla)이다. 모파상의 작품은 물 흐름을 따라 떠가는 짐승의 썩은 시체, 가죽이 벗겨진 손이나 죽은 자의 머리와 같은 레스탕의 다른 면을 어렴풋이 자주 보여 주지만, 가장 나쁜 강박관념은 시각에 모습을 감춘다는 것을 그는 알았다. 그것이 투명물체처럼 주어진다는 것을 그는 알았다. 마치 "일종의 불투명한 투명함"이 화자와 거울에 비친 그의 모습 사이에 놓이는 무시무시한 순간에, 주체가 거울에 비친 모습과 이뤘던 동일시를 깨뜨리고 주체를 그 자신에게서 앗아가면서, '자기를 볼 수 없다'는, 자기 자신의 시선을 잡을 수 없다는 불가능성이 몸 전체의 지각으로 가끔 확장될 수 있는 것 같다. 이 '오를라 효과', 상상적인 것의 잠식은 보이는 것의 지평선에 레스탕이 나타나는 주요한 양상이다. 시각 세계와 점점 더 일치하는 세계에서, 우리가 스펙터클이라 부르는 영상의 제작이 소외하는 동일시의 주된 원천이 된 시대에, 그러한 특징은 정치적으로나, 미적으로나, 사유의 차원에서나 결정적인 목적이 된다. 모든 스펙터클 가운데 "가장 나르시스적인" 스펙터클에 구멍을 뚫으러 오는 맹목적인 얼룩을 제외하고, 그 어떤 것도, 섹스도, 죽음도, 가장 역한 것도 오늘날 영상화에 맞서지 못한다. 영상의 영향력을 벗어나는 것을 영상에 들어가게 하는 일이 남았다. 위대한 화가들은 오래전부터 그것을 이해했다. 보이지 않는 것의 흔적에 어떤 자리를 마련해 줌으로써만 그림은 가치가 있다. 오직 그렇게만 그림은 부르크마이어 부부처럼 죽음의 지점을 우리에게 보여줌으로써, 우리 초상의 빈자리를 우리에게 보여줌으로써 봄의 나르시시즘을 좌절시킬 수 있다.

오직 시각 차원에서만 우리는 레스탕의 파생물을 만나는 걸까? 아니면 다른 지각 영역에서 그것이 다시 나타날까? 우리는 그것을 예컨대 청각의 장에서 다시 만나게 될까? 그러려면 키아슴이 그곳에서 맺어질 수 있어야 한다. 내가 들은 소리의 일부가 돌이킬 수 없는 방식으로 나를 벗어났다가 나를 사로잡으러 되돌아와야 할 것이다. 웅성거림과 목소리가 어지럽게 뒤섞인 세계의 아우성이 내게 이를 때 그러한 소리 중 하나가 떨어져 나간다. 나는 말하는 나를 듣는다. 내가 식별하는 것은 정말 내 목소리이다. 내게 주어지는 것은 나 자신, 내 살의 일부이다. 그것은 키아슴 속에서, 곧 '음성-청각적 종합' 속에서 또한 주어진다. 언어를 "소통의 수단"처럼 헤아리는 습관이 우리에게는 매우 있어서, 우리가 하는 말이 대타자를 향한다고 매우 확신해서, 우리는 무엇보다도 우리 자신에게 말을 건넨다는 사실을 잊어버린다. 말한다는 것은 먼저 말하는 자신을 듣는 것이다. 의식의 부름이나 "*ego sum*"의 발화 속에서만이 아니라 사소한 문장, 가장 의미 없는 진술 속에서 이미 '나는 나 자신을 부른다.' 이 최초의 부름은 내 자기-줌 양상의 하나이다. 세계를 말하기에 앞서, 사물을 명명하기에 앞서, 내 말은 자체로부터 자체를 촉발하는 내 삶의 외침이다. 우리는 게다가 실험 연구를 통해 발성이 듣기에 의거한다는 것을 안다. 우리가 내는 발성이 일종의 자기-촉발, "자기-듣기"에 달린다는 것을 안다. 기술적 장치의 도움으로 청각 조정을 교란하는 것으로 목소리가 변질되고, 불협화음을 내고, 음색과 속도와 말투의 뚜렷함을 잃기에 충분하다. 자신을 듣기에, 내 듣기와 '일치하기에' 더는 이르지 못하면서 내 말은 차마 전혀 들을 수 없는 것으로 된다. 사실 내가 쉼 없이 나 자신에게 던지는 부름은 몇몇 말에서 더 강렬하게 울린다. 바로 내가 나를 명명하거나 '나 자신의 이름으로', "일인칭으로" 말할 때이다. 언어가 에고의 단독성을 배반할 수밖에 없을지라도, 고유 이름과 '나'라는 대명사는 에고의 본질적인 정박지로 남는다. 라틴어는

그 증거를 가져온다. "자기를 부르다"[*se chiamare, se llamer*]는 '자기를
명명하다'와 동의어이다. 이 특정의 진술 행위 속에서 내 자기-줌은
나타나는데, 나는 그 행위를 '불러냄(invocation)'으로 일컫자고 제안한
다. 그것을 내가 다른 사람으로부터 소환되는 모든 언어 상황과 구별해야
한다. 타자가 내게 말을 건네고 그의 법에 나를 복종시키고자 내 동일성
을 내게 부여하는 '불러 세우기(interpellation)'와 구별해야 한다. 알튀세
르는 앞서 종교, 가족, 매체, 학교와 같은 "이데올로기 장치가 개인들을
주체로 불러 세운다(interpeller)"[72]라고, 이데올로기적인 인정 의식을 통
해 개인들을 예속한다고 가르친 바 있다. 내가 그처럼 불러 세워지고,
'나 여기 있다(me voici)'고 대타자에 대답하려면, 내가 '나'라고 말하기
에 먼저 이르러야 한다는 것을, 내가 단독적인 개인으로 나를 이미 구성
했어야 한다는 것을 그는 이해하지 못했다. 에고의 불러냄, 그가 자기
자신에 던지는 부름은 대타자가 행하는 모든 불러 세우기를 가능하게
하는 것이자, 에고를 반항하게 하는 것, 에고를 노예로 만들고, 그를
규격화하고, 그에게서 그의 단독성을 벗기는 장치들의 힘에 저항하게
하는 것이다.

키아슴 속에서 나는 말하는 나를 듣는데, 나 자신의 모든 불러냄은
그러한 키아슴 없이 불가능할 것이다. 하지만 목소리와 듣기의 종합은
내재적 통일성 없이, 촉각적 종합을 특징짓는 가역성 없이 불완전하게
있을 수밖에 없다. 말의 장소는 듣기의 장소와 일치하지 않는다. 내
목소리는 타자의 목소리처럼, 세계의 모든 소음과 유사한 초월적인 '목

---

72. Althusser, "Idéologie et appareils idéologiques d'Etat"(1969), *Positions*,
Editions sociales, 1976, p. 79-137. 라캉에 따르면 주체를 기표에 확고히 "예
속"되게 하는 것이 우리가 보았듯 이러한 종류의 부르기이다.

소리-사물'처럼 언제나 밖에서 내게 이른다. 시각일 때와 마찬가지로 우리는 오로지 준-키아슴과 관계할 뿐이다. 무엇이 그 목소리를 다른 목소리와 구별하고 '나 자신의' 목소리로 알아볼 수 있게 할까? 바로 촉각의 근원적 차원이다. 내재적인 촉각 감각태, 발성을 수반하는 내적 떨림의 지각이 바로 내게 내 목소리임을 '승인'할 수 있게 하는 것이다, 그것을 내 것으로 구성할 수 있게 하는 것이다. 그러한 감각태가 부재할 때, 그 소리는 내게서 오지 않는다. 후설은 초기 운동 감각태[운동 감각]의 중요성을 알아보았다. 목소리의 소유, 에고가 그것을 자기 것으로 삼는 것은 후설에 따르면 "큰 목소리로 표출되는" 중에 "근원적으로 주어지는 성대 근육의 고유한 운동 감각"[73]과 뒤섞인다. 사실 과학은 이러한 분석을 공고히 하고 심지어 예상치 못한 확장을 그 분석에 준다. 토마티스의 작업이 보여주었듯, 목소리의 울림, "말의 흐름"이 야기한 압력 변화에 민감한 것은 목소리만이 아니라 피부 전체이다. 이 촉각 인상은 확산된다. "피부의 음역"은 발성을 조정하는 데 본질적인 구실을 한다. 우리가 몸의 몇몇 지대를 고립시키면서 이 소리의 흐름을 깨트린다면, 목소리는 더는 '놓이기에' 이르지 못한다. 그것은 단조롭고, 불규칙하게 끊기고, 부정확하게 된다.[74] 내 살 전부, 내 몸 전체와 더불어 나는 말하고, 노래하고, 나 자신을 부른다. 만지는 내 살이 보이는 내 몸과 동일시되는 것과 같은 방식으로 내 목소리의 소리 막은 내 피부의 촉각 막과 일치한다. 촉각 층이 다른 지각 층의 토대가 됨이 입증된다. 촉각 키아슴이 내 시선과 내 몸의 거울에 비친 모습 사이에서, 내 말과 내 듣기 사이에서,

---

73. Husserl, *Ideen* II, § 21, p. 143(note)과 [소리의 위치 결정, 듣기, 보기, 만지기의 구별 문제를 주제로 해서는] § 37, p. 212.

74. 특히 Tomatis, *L'Oreille et le Langage*, Ed. du Seuil, 1978, p. 144-145와 180-181.

내 몸과 다른 사람들의 몸 사이에서 얽히는 준-키아슴을 지지함이 입증된다.

우리는 결국 준-키아슴의 장에서 레스탕의 효과를 만나리라 기대할 수 있다. 음성-청각적 종합의 조건 자체 곧 입과 귀, 발화와 듣기의 간격이 이를 불가피하게 한다. 촉각 기반이 사라지는 것으로, 최초의 키아슴이 없어지는 것으로, 내 목소리가 내 살에서 떨어져 나가기에 충분하다. 내 목소리는 그러면 타자에게서 오는 것 같지만 나 자신의 가장 깊은 곳에서 울리는 낯선 목소리처럼, 레스탕의 목소리처럼 내게 되돌아온다. 같은 방식으로 다자인을 그 자신에 상기시키고자 "먼 곳에서부터 먼 곳으로 울려 퍼지는" 의식의 부름이 나타난다. 한데 사실은 다자인이 자기 자신에게 던지는 부름이 관계한다. 우리는 하이데거가 부름의 살적 토대에 전혀 관심을 가지지 않은 점을 유감스럽게 여길 수 있다. 왜 그 부름이 타자의 부름처럼 잘못된 방식으로 "처음에 또 대체로" 나타날 정도로 그렇게 변질되는지 그는 묻지 않았다. 그는 어떻게 세계와 타인들에 소외된, 본래성이 없는 곳에 파묻힌 존재자가 낯선 목소리에서 그 자신의 목소리를 알아볼 수 있는지를 우리에게 설명하지 않는다. 정신분석학은 같은 어려움에 부딪히러 온다. 우리는 프로이트가 '초자아'의 발생에서 청각 흔적의 구실을 강조했음을 안다. 초자아라는 용어로 프로이트는 *inneres Ausland*, 일종의 "내부에 있는 낯선 나라", "자아의 나머지에 대립하는 자아의 일부"[75]를 일컫는다. 자아 한가운데에서 초자아의 구분은 이렇게 목소리의 신비로 우리를 데려간다. 내

---

75. Freud, *Nouvelles conférences sur la psychanalyse* (31ᵉ conférence)와 그에 앞서 중요한 문헌인 "Le Moi et le Ça"를 다룬 *Essais de psychanalyse*를 보라.

안에 "내면화"하고 다른 것으로 있으면서 내 것으로 된 낯선 목소리의 신비로 우리를 데려간다. 하지만 프로이트는 어떻게 초자아의 기원에 있는 목소리의 파편이 자아를 구성하는 촉각에 연결될 수 있는지를 알고자 하지 않았다. 이를 위해선 만지기와 듣기의 얽힘을 물었어야 했다. 신체 자아가 그 자신의 몸을, 그 자신의 목소리를 미지의 물(Chose) 처럼 느낄 수 있는지 그 가능성을 물었어야 했다.

정신분석학은 그렇지만 광기의 경험, 아무 데서도 오지 않는 "목소리 를 듣는" 환청의 경험과 대면한다. 우리는 그곳에서 수수께끼의 열쇠를 발견한다. 기젤라 판코우는 옆집에서 "경찰의 목소리"를 끊임없이 듣는 부인의 이야기를 우리에게 들려준다. 그 목소리는 "그가 하는 모든 것을 메아리처럼 되풀이하고" "언제나 '아무것도 아니라고' 말한다."[76] 그 목소리는 환자가 자신의 집에서 그에게 속하지 않는 가구를 치우게 했을 때 처음으로 나타났다. 판코우가 눈여겨보았듯, 집은 여기서 그의 몸, "마치 그의 몸이 이질적인 두 부분으로 구성되기라도 한 듯" 그가 겪는 몸의 투사이다. 그 두 부분은 매우 밀접하게 뒤얽혀 그 둘을 "더는 떼어놓을 수 없다." 마치 목소리가 몸에서 잘라낸 하찮은 것의 대체물인 양, 살적 레스탕의 청각 복제품에 지나지 않는 양, 자기로부터 낯선 부분을 내몰려는 그의 시도가 목소리의 나타남을 야기한다. 아마도 그가 레스탕을 청각적 레스탕의 형태로 되돌리면서 다른 차원에서 그의 살과 레스탕의 분리를 곧바로 상쇄하지 않고 그 둘의 분리를 견디기에는 그 둘의 뒤얽힘이 너무 강했기 때문일 것이다. 몸에 체화하지도, 밖으로

---

76. G. Pankow의 뛰어난 저작, *L'Homme et sa psychose*, p. 92-103. 언어 환각 문제에 관해서는 J. Naudin의 시론, *Phénoménologie et psychiarie*, PUM, 1997 을 읽어야 한다.

아주 배출되지도 못한 레스탕은 '극단적인 상황에서' 동일자와 타자의 불분명한 경계에서, 마치 옆집에서 오는 "메아리"처럼 지속된다. 이 용어 자체가 그것을 드러낸다. 그가 말하는 자기를 들으면서 그 목소리를 알아보기에 더는 이르지 못할 때, 자기 살의 '내적' 울림처럼 그것을 확인하기에 더는 이르지 못할 때, 그를 줄기차게 괴롭히는 목소리는 대타자의 목소리가 아니라, 밖으로부터 그에게 되돌아오는 단순한 메아리, 소리의 반영, 자기 목소리의 반향이다. 데카르트의 *deceptor*처럼, 다자인에게 그의 "쓸모없음(nullité)"을 상기시키는 부름처럼, 초자아의 치명적인 요청처럼, 박해자는 에고가 자기 것으로 알아보지 못하는 자기 자신의 일부이다. 그에게 언제나 '아무것도 아니라고(rien)' 말함으로써, 그 목소리는 그의 삶을 잠기게 한 이 '아무것도 아님'을 그에게 외친다. 그 목소리는 그를 아무것도 아닌 것으로[*ut nihil sit*] 되돌린다. 어쩌면 그 낯선 목소리는 그 자체가 '아무것도 아니라고', 그에게서 떨어져 나가고 대타자 속으로 환각적으로 투사된 목소리 이외에 아무것도 아니라고 그에게 또한 외치는지도 모른다. 박해하는 목소리가 외치는 이러한 쓸모없음은 슈레버 의장을 매우 놀라게 했다. 그토록 섬세한 정신의 소유자는 "단조롭고 진절머리 나는 비방"에, "기계처럼 끊임없이 반복하도록 훈련받은 허풍쟁이 무리"에 분개할 수밖에 없었다. 그곳에서 그는 신의 지독한 어리석음의 새로운 증거를 보았다.

목소리의 강박관념은 결국 근원적이지 않다. 그것은 살의 틈, '키아슴의 위기'에 뿌리를 둔다. 그곳에서 자아-살은 레스탕을 자기 몸의 단일성에 통합하면서 그것을 흡수하기에 더는 이르지 못한다. 촉각 종합의 이러한 실패는 레스탕과 자아-살의 관계와 레스탕이 형상화하는 양상, 그것이 경험에 나타나는 방식에 영향을 미친다. 촉각 차원에서 더는 나타날 수 없기에, 레스탕은 다른 차원으로 옮겨간다. 그것은 살 없는 목소리나 얼굴 없는 시선으로 다시 나타난다. 그것은 촉각의 장에 정착하지 못할 때 달라진다. 그것은 가역적이기를 멈추고 에고에게서 점점 더 떨어져 나간다. 그것은 키아슴의 가역성, 내 살의 만지는 극과 만져진 극 사이에서 쉴 새 없이 일어나는 교환에 영향을 미친다. 키아슴이 실패할 때, 그러한 단절은 내 강박관념을 더 커지게 한다. 나는 나를 집요하게 공격하는 목소리에 침묵을 강요하고자 그것에 절대 말을 걸 수 없을 것이다. 나는 나를 뚫어져라 쳐다보고 나를 석화하는 시선을 이번에는 내가 뚫어져라 쳐다보고자 그것이 있는 쪽으로 몸을 돌리는 데 절대 성공하지 못할 것이다. 결국 나는 아무 도움 없이 타자의 영향력에 노출된다. 왜냐하면 내 봄, 내 듣기가 만지기와 맺는 관계, 그러한 것이 촉각의 장에 뿌리내리면서 이 뿌리내림이 그들에게 살을 주었기 때문이다. 그러한 것을 내 것으로 지각할 수 있게 하였기 때문이다. 목소리가 하모니를 이루고 자신을 알아볼 수 있게 도와주던 촉각 인상과 소리 떨림의 "음역"을 박탈한 목소리는 소속감을 잃는다. 그것을 '내' 목소리로 확인해주던 에고의 서명을 잃는다. 그러면 목소리는 *no man's land*, "내적인 낯선 나라"에서 표류하기 시작한다. 그곳에서 목소리는 아주 내 것도 아닌 아주 타자의 것도 아닌, 그 누구의 목소리도 아닌 것처럼 울린다. 경계가 사라지면서, 레스탕의 간격 기능이 사라지면서, 자아와 타자를 떼어놓던 경계가 무너진다. 때로는 나 자신의 목소리가 마치 내게 낯선 듯 내게 이르고 때로는 타자의 목소리가 내 안에서 마치 내 것인 듯 울려 퍼진다. 다자인을 파고드는 부름이 관계하든, 초자아를 낳은 소리 흔적이 관계하든, "경찰"의 환각에 사로잡힌 목소리가 관계하든, 우리는 매번 '소속의 위기'를 목격한다. 그곳에서 동일자와 타자, 안과 밖, 고유함과 낯섦은 식별할 수 없게 된다. 이러한 상황이 가장 극단적인 소외를 정의한다. 타자의 요청, 그의 갑작스러운 불러 세우기가 내가 나 자신에게 행하는 부름을 대체하는 순간을 정의한다. 타자의 욕망이 마치 나 자신의 욕망인 듯 내게 부과되는 순간을 정의한다. 나와 타인의 모든 관계는 이러한 소외의 표식을 지닐 것이다. 나는 내 부러움과 증오, 수치심, 존경, 사랑이 '누구를' 향하는지, 이러한 감정이 다른 에고에게 정말로 말을 거는지, 아니면 나 자신보다 더 나인 것 같은 내 안에 있는 '타자'에게 말을 거는지 더는 구별할 수조차 없을 것이다. 우리는 대타자의 부름에 우리를 열도록 우리의 "이기심"을 포기하라고 우리에게 촉구하는 경건한 도덕주의자의 순진함을 헤아려 본다. 그러한 부름에 답할 수 있으려면, 에고가 자기 자신과 자신의 목소리를 먼저 되찾아야 한다는 것을 그들은 보지 못할까? 오직 이러한 조건에서, 대타자와 나 자신, 그의 말과 내 말을 구별할 수 있을 때, 나는 대타자로서 그를 알아보기에 이를 것이다. 정말로 그에게 말을 걸기에 이를 것이다. 다른 사람들로 나를 이끄는 길은 나 자신을 먼저 거쳐야 한다. 오직 자신의 강박관념에서 해방된 자아만이 타자의 참된 얼굴을 발견하리라 기대할 수 있다.

하지만 어떻게 자기 자신의 목소리를 더는 구별할 수 없을 정도로, 자기 살을, 거울에 비친 자기 모습을, 자기 목소리를 빼앗길 정도로 소외된 자아가 그를 벗어나는 것을 다시 쟁취할 수 있을까? 그 구체적인 형태가 여전히 모호할지라도, 그러한 해방은 가능해야 한다. 그러한 해방은 계속적인 창조에 그 기원을 둔다. 그 속에서 나는 나 자신을 준다. 내가 언제나 내게 나를 이미 드러낸 '까닭에', 나는 또한 나 자신에게 나를 숨길 수 있고, 타자에 나를 동일시하고, 마치 내 것인 양 그의 법칙에 순응할 수 있다. 내가 나 자신을 불렀기에, 마치 다른 사람에게 오는 양 내 부름이 나를 불러 세울 정도로 왜곡되고, 레스탕의 형상에 사로잡힐 수 있다. 에고의 자기-줌이 에고의 소외와 강박관념보다 더 근원적이며, 에고에게 소외와 강박관념을 극복할 수 있게 해야 한다. 하지만 어떤 방식으로? 고대의 한 전설은 자신의 조국에서 멀리 추방된 뒤 자신의 고귀한 탄생과 이름을 결국 잊어버리고 만 왕자의 이야기를 들려준다. 한 사자가 그의 아버지의 편지를 그에게 가져오고 그는 그가 누구인지 기억해내고는 자신이 태어난 나라로 되돌아간다. 『중국의 만리장성』에서 카프카는 그 전설을 주제로 더 반어적이고 더 어두운 진술을 준다. 그곳에서 왕의 사자는 성을 빠져나오는 데 이르지 못하고 전갈의 수취인을 끝없는 기다림에 빠트린다. 만일 왕의 사자가 수취인 그 자신과 다른 이가 아니라면, 부르는 자와 그의 부름을 받는 이가 오직 하나를 이룰 뿐이라면, 그의 상황은 훨씬 더 절망적일 것이다. 어떻게 자기 자신을 잊은 에고가 해방의 전언을 자신에게 보낼 수 있을까? 내가 해방되려면, 나는 레스탕과 나의 관계를 심도 있게 바꿀 수 있어야 할 것이다. 이를 위해 레스탕을 몸에 흡수하고자 노력하면서 체화를 계속 해나가는 것으로 충분할까? 촉각 차원에서 시각 차원으로 옮겨가면서 나는 레스탕이 사라진 세계에 다가간다고 생각했었다. 그런데 전혀 그렇지 않다. 레스탕은 시선의 강박관념으로 다시 나타난다. 듣기의 차원에서도 상황은 마찬가지이다. 내 경험의 어떤 차원도, 내 생성의 어떤 국면도 레스탕의 표시를 지니지 않은 것이 없다. 체화의 모든 과정은 그렇게 그 과정을 불안정하게 하는 레스탕의 효과에 영향을 받게 된다. 레스탕에 저항하려면 에고는 점점 더 복잡하고 일시적인 지형을 구축하면서 한 차원에서 다른 차원으로 옮겨가야 한다. 내 것인 몸, 나인 주체는 레스탕의 강박관념을 이겨낼 목적에서 마련된 방어적인 형성물일 뿐이다. 그러나 그러한 형성물은 레스탕이 되돌아오는 것을 막기에 절대 이르지 못할 것이다. 우리가 유아론적인 자기-구성에 만족하는 한 적어도 상황은 그러하다고 사람들은 우리에게 말할 것이다. 내가 타인을 만날 때, 그와 대화에 들어갈 때, 나는 그가 나를 보듯 나를 보는 법을 차차 배운다. 내 몸을 다른 모든 인간 몸과 유사한 하나의 인간 몸으로, 객관적인 공간에 자리 잡은 물질적인 어떤 것으로, 낯선 요소의 어떤 흔적도 더는 없는 하나의 완전한 몸으로 헤아리는 법을 차차 배운다. 대타자에게 너무 많은 것을 허용하는 것이 아닐까? 어떻게 초월적인, 내 삶에 낯선 한 개체가 내 강박관념, 내 살과 하나를 이룰 뿐인 레스탕에서 나를 해방시킬 수 있을까? 어떻게 정말로 자기 자신을 아직 발견하지 못한 에고가 대타자에 사로잡히고 소외되지 않으면서 그를 만날 수 있을까? 내가 타인과 이루는 만남이 레스탕의 영향에서 나를 해방할 수 있는지, 아니면 내 환상과 소외가 공동체의 차원에서 다시 나타날 것인지를 알려면, 에고와 '알터 에고' 사이에 이떤 복잡한 줄거리가 짜이는지, 또 우리가 '타인'이라고 부르는 현상, 거짓으로 친숙한 그 현상이 어떻게 구성되는지를 이해하려 노력해야 한다.

타인을 너머서

> "내 의식은 원과 같은 방식으로
> 내 안에서 시작하는 낯선 것(étranger)을 거치지 않고
> 자기 자신에게로 되돌아온다."
> 후설

어떻게 에고가 자기 자신과 다른 에고라는, "타인"이라는 의미를 구성하기에 이를까? 타자가 자아를 반드시 앞선다는, 자아는 태어나기에 앞서, 또 살아 있는 내내 다른 사람들이 세계에서 그에게 부여하는 자리로 규정된다는 일반적인 명백함에 짓눌려, 후설이 예전에 놓은 그 물음은 전혀 차마 들을 수 없는 것이 된 것 같다. 후설은 어떻게 유아론적인 에고가 '알터 에고'를 스스로 구성하기에 이르는지를 이해하고자 했다. 그의 모든 계승자 가운데 이 길에서 그를 따른 계승자는 단 한 명도 없다. 이는 그들이 모두 이러저러한 형태로 에고살해의 유혹에 굴복했기 때문이다. 자아가 자기 자신에게 '자신'을 근원적으로 준다고 인정하기를 거부하면서 그들은 자아가 자기와 '다른 것'을 자신에게 근원적으로 줄 수 있다고 생각하는 것을 그들 자신에게 금했다. 사실 그들이 모두 자아의 우위를 거부하는 데 서로 동의한다면, 자아와 타자의 관계를 더 자세하게 규정해야 하는 순간부터 그들은 서로 대립한다. 그들 중 일부는 자아와 타자가 구분되지 않는다고, 본래적으로 구별되지 않았다고 가정하지만, 다른 일부는 반대로 무한한 거리가 그들을 갈라놓는다고 주장한다. 그런데 두 상황 모두에서 만만찮은 어려움이 나타난다. 내가 언제나 이미 다른 사람들과 있다고, 그들에 종속되고, 일반인의 구별되지 않는 뒤섞임 속에서 다른 사람들과 융합된다고 주장할 때, 이 일반인 속에서 "모든 이는 저마다 타자이고 아무도 자기 자신이지 않는데", 어떻게 나인 존재자가 사람들의 폭정을 견디기에 이를 수 있는지, 본래적인 자기 자신으로 실존하기에 이를 수 있는지를 이해하기는 매우 어렵게 된다. 대타자의 초월성, 자아에서 대타자를 떼어놓는 무한한 거리를 강조할 때 더 운이 좋을까? 사람들은 그렇게 타인의 얼굴과 윤리적 관계를 맺을 가능성을 보존하기를 바란다. 하지만 그로써 우리는 자아를 깎아내리는 대가를 치러야 한다. 자아는 불의와 악의 유일한 원천처럼 낙인찍혔으며, 타자의 최고 권위에 복종하고, 타자에 헌신하고, 그를 위해 희생할 것을 독촉받는다. 타인과 자아 사이에 매우 깊은 골이 파일 때, 타인이 나 자신처럼 "나"라고 말하면서 언제나 자신을 일컫는다는 단순한 사실은 이해할 수 없게 된다. 이는 그 또한 에고처럼 자신을 산다는 것을 의미한다. 그가 나와 비슷한 다른 자아, 곧 알터 에고처럼 매번 자신을 준다는 것을 의미한다. 근원적 소외의 주장이 자아와 타자의 분리를, 그들의 '탈동일시'를 생각할 수 없게 한다면, 반대로 그들 사이에 절대적 거리를 놓는 이들은 그들의 '동일시'를, 나 자신과 다른 사람들의 공통성의 가능성을 생각하는 데 이르지 못한다. 사실 경쟁적인 이 두 주장은 똑같은 선입견에 기초를 둔다. 그 두 주장은 모두 에고가 타자로부터, 곧 초월성으로부터 언제나 정의된다고 가정한다. 그 두 주장은 초월성이 내재성에 우선한다고, 자아와 타자의 관계가 자아를 구성한다고 가정한다. 내가 재검토하고자 하는 것이 바로 그러한 선입견이다. 그처럼 타자로부터 출발하면서 우리는 에고의 진리에 도달하기를 우리 자신에게 금한다. 우리는 소외된 동일시로 이미 왜곡된 에고에 도달할 뿐이다. 결국 나는 후설의 방침으로 되돌아올 것을 제안한다. 후설의 불충실한 제자들이 포기한 데카르트의 길을 새로 탐색할 것을 제안한다. 아마도 그 길은 '타인 현상'에 이르는 통로를 우리에게 줄 것이다.

극단적인 에포케를 통해 나는 대타자의 실존을 그 실존이 함축하는 모든 것과 함께 작용 밖에 둔다. 나는 근원적으로 내 것인 것, 타인과 나의 관계의 모든 흔적을 배제한, 내 에고의 최초 소속의 장에 이르려 한다. 타인은 물론 소멸되지 않았다. 그는 "단순한 현상"처럼 살아남았다. 내 경험의 장에 불쑥 나타나서 많은 몸짓을 하고는 사라지는 낯선 몸처럼 살아남았다. 그 몸의 지각으로부터 나는 알터 에고의 현상을 구성할 것이다. 하지만 그 몸은 나 자신의 삶과 비슷한 살처럼 제시되지 않는다. 내 자아와 비슷한 자아의 어떤 직접적인 제시도 내게 제공되지 않는다. 내가 저곳에서 본 그 몸은 단순한 사물처럼 먼저 제시된다. 프랜시스 베이컨의 환시 속에서뿐 아니라 우리 자신의 경험 속에서 타인의 몸은 "'고기'와 비슷한 몸다움(corporéité)"[77]처럼 보고 만지게 한다. 어떻게 몸-살 안에서 이 "고기", 타인의 살아 있는 몸은 구성될까? 살이라는 의미를 그것에 주면서, 내가 근원적으로 경험하는 유일한 살, 내 것을 그것에 주면서이다. 살의 이러한 줌을 후설은 '전이(transfert)'라 한다. 그곳에서 나는 나 자신의 살을 타인의 몸에 투사한다. 내 모든 시선에서, 내 모든 어루만짐에서, 내 살은 몸-사물로 옮겨지고 그것에 삶을 준다. 무엇이 이러한 치환을 가능하게 할까? 바로 우리의 닮음이다. 낯선 몸과 나 자신의 몸, 여기 있는 내 손과 저기 있는 그의 손, 그의 공격적이거나 기쁜 몸짓과 내 분노나 기쁨을 수반하는 몸짓 사이에서 내가 발견하는 유사함이다.

영원히 서로 낯선 것으로 있는 두 몸의 단순한 닮음, 순전히 외재적인 관계가 그렇지만 관계할 뿐이다. 내 살은 투사를 통해 타인의 몸에 전이되고, 그러한 투사는 전적인 동일시를, 타인의 살과 내 살이 전적으로 일체가 됨을 함축하지 않는다. 내 에고와 알터 에고 사이에 좁힐 수 없는 거리가 언제나 존속할 것이다. 그러한 거리가 사라진다면, "한

---

77. "'fleisch' ähnliche Körperlichkeit". 이처럼 후설은 타인의 몸을 가끔 기술한다. *Husserliana*, t. XV, p. 249—*Autour des "Méditations cartésiennes"*, p. 194를 보라.

순간이라도 내가 타인의 고유한 존재에 속하는 것에 직접 이를 수 있다면, 나와 그는 똑같은 것이 될 것이다.'[78] 이것이 왜 후설이 내 경험을 타인의 경험에서 떨어트려 놓는 "건널 수 없는 심연"을 그토록 강조하는가 하는 이유이다. 타자의 몸은 그것을 살아 움직이게 하는 미지의 자아를 내게 제시하지만, 내가 지각하는 책상의 표면이 그 감춰진 뒷면을 내게 간접적으로 제시하는 것과 같은 방식으로, 오직 간접적인 방식으로만 그렇게 한다. 나는 다른 자아, '그의 살 안에 있는' 다른 몸을 이해하기에 절대 이르지 못할 것이다. 그의 고통을 겪고, 그의 불안이나 기쁨을 느끼기에 이르지 못할 것이다. 내 살을 타인의 몸에 '실제로' 전이하기는커녕, 나는 단지 "내 살로부터 유추하여" 내 살을 타인의 몸에 줄 뿐이다. 여기서 우리는 외재적인 연합과 오로지 관계할 뿐이다. 우리를 가르는 거리를 없앨 수 없는, 유추에 근거를 둔 치환과 오로지 관계할 뿐이다. 하지만 전이는 일어난다. 내 살을 낯선 몸에 투사하면서 나는 심연을 가로지르기에 이른다. 내 살과 비슷한 살을 알아보기에 이른다. 똑같은 괴로움을, 똑같은 기쁨을, 나와 비슷하지만 나와 구별되는 다른 에고를 그 몸에서 알아보기에 이른다. 그의 타자성, 그의 낯섦은 사라지지 않지만 이제 새로운 의미를 부여받는다. 바로 '알터 에고'라는 의미이다. 이것이 바로 "'그 자체로 최초로 낯선 것'(최초의 '비-자아')은 바로 다른 자아이다(MC, § 49)"라는 핵심적인 주장이 의미하는 것이다. 몸-살을 통해 드러난 타인은 세계에 나타나고 그의 나타남은 '제2의 탄생'과 비슷하다. 왜냐하면 "제2의 탄생을 경험하고 살로 이해되기에" 앞서

---

78. Husserl, *Méditations cartésiennes*, § 50 (1929), p. 91 [이제부터 약어 MC로 일컫겠다.]

"모든 낯선 살은 제1의 탄생의 관점으로 보면 외재성 속에서 외재적 사물처럼 주어지기 때문이다."[79] 이러한 재-탄생은 쉼 없이 다시 시작된다. 몸-사물은 내가 그것을 몸-살로 변모시키도록 내게 매 순간 제시된다. 전이에 전이를 거쳐 이 수많은 몸은 통일적인 골조를 짜고자, 유일한 살에서 태어나서 똑같은 중심, 나인 최초의 모나드 주변을 쉼 없이 도는 모나드 공동체를 짜고자 서로 얽힌다. 이 뛰어난 분석은 철학의 유명한 고전적인 주장이 지닌 간결한 아름다움을 소유한다. 후설은 아마도 난관을 피하기에 이르렀을 것이다. 그의 계승자는 그 난관을 피하지 못했다. 그는 타인의 타자성을 희생하지 않으면서 자아의 우위를 유지하고 모나드와 그 공동체의 분리를 모두 설명하는 데 성공했을 것이다. 하지만 정말 그럴까? 그의 분석이 엄정하고 철저한 것은 맞지만 그럼에도 그가 타자 현상을 구성하기에 정말로 이르렀을까? "최초의 낯선 것"과 다른 자아를 동일시하는 것이 옳을까? 그가 타자의 타자성과 자아의 단독성을 모두 곡해하지는 않았을까? 엘레아의 이방인은 우리를 경계에 놓는다. 닮음은 "매우 위험한 유형"이다. 우리 두 몸의 닮음의 지각 속에 타인의 구성을 뿌리내리게 함으로써, 후설은 그의 이론에 매우 허약한 토대를 주었다. 닮음을 파악하는 것이 인간 경험에서 첫 번째 것이 절대 아니다. 인간은 무엇보다도 닮지 않음에, 다른 사람의 낯섦에, 곧 신체적, "인종적", 성적 또는 언어적 다름에 민감하다. 이러한 다름은 다른 사람을 다른 사람으로, 그와 유사한 이로 인정하지 못하게 한다. 레비스트로스가 상기하듯, 모든 인종이나 민족의 구성원은 유일하게 "진정한 사람"으로

---

79. Husserl, *Husserliana*, t. XIII, p. 6──*Sur l'intersubjectivité*, PUF, 2001, t. I, p. 66.

자신을 헤아리고 다른 집단을 "땅에 사는 원숭이", "서캐", "유령"으로 일컬으며 인류 밖으로 내모는 경향을 대체로 지닌다. 매우 빛나는 문명 가운데 한 문명은 견고하고 엄밀하게 계층화한 수많은 "카스트"로 사람들을 분류하면서 그들의 근본적인 닮지 않음을 기초로 수천 년 전부터 수립되었음을 우리는 안다. 그러한 카스트 가운데 아주 낮은 카스트는 인류의 경계로 내던져진다. 인간 경험에서 매우 공통된 상황은 초월론적 차원에서 그 원천을 찾아야 한다. 그것은 알터 에고와 내가 처음으로 만나게 되는 최초의 구성에 뿌리를 두어야 한다. 타인의 몸과 현존에 면해 우리를 사로잡는 낯섦의 감정이 기원을 두는 곳이 거기이다. 이 차원에서는 닮음이 더는 문제가 될 수 없다. 어떻게 세계의 모든 몸과 비슷한 몸이 유일하고, 비교할 수 없고, 세계에 낯선 개체, 내 살과 닮을 수 있을까? "내 살이 몸과 유사한 아무것도 아직 지니지 않는다면", 내 살은 살이기를 멈추면서만, 오로지 타자의 몸처럼 몸적인 어떤 것이 되면서만 몸과 닮은 것을 경험할 수 있다. 내가 그 편에서 나를 평가할 수 있고, 그의 몸에서 닮은 특징을 발견할 수 있으려면, 내가 세계에서 이미 나를 잃어 버렸어야 했다. 나를 타자와 동일시했어야 했다. 나를 타자에 소외했어야 했다. 후설의 분석은 경험의 의미를 뒤집는 것 같다. 타자의 몸과 내 몸이 닮았다는 것을 지각했기 때문에 내가 나를 그에 동일시하는 것이 아니다. 내가 나를 그에 동일시했기 때문에 우리 두 몸의 닮음을 파악할 수 있는 것이다. 나를 닮거나 닮지 않을 수 있는, 눈으로 볼 수 있는 형태를 지각하기에 앞서 최초의 동일시는 "맹목적으로" 행해져야 한다. 세계에 어떤 것도 내 살과 닮지 않았다. 하지만 그 살의 한 특징이나 한 극은 낯선 몸에 자신의 살을 전이하고 자신의 삶을 그것에 줄 정도로 낯선 몸의 독특한 특징에 맹목적으로 자신을 동일시한다.

　새로운 어려움이 그러면 나타난다. 어떻게 그러한 동일시가 전이의 기반이 될 수 있는지, 어떻게 다른 몸에 살이라는 의미를 줄 수 있는지를 우리는 잘 알지 못하겠다. 타자는 살을 지니지 않기 때문이다. 물론 타인은 내가 나 자신의 몸을 느끼듯 그 자신의 몸을 느낀다. 내 지각은 그의 지각과 절대 일치하지 않을 것이다. 나는 만지고 자신을 만지는 그의 살을 내가 나 자신을 만지듯이 절대 느끼지 못할 것이다. 내게 내 살은 *Urleib*(근원적 살), 유일한 살로 있다. 이는 그 살이 초월적인 몸에 전이되는 것을 원칙에서 막아야 한다. 어쨌거나 내 살이 타인의 몸으로 옮겨가기에 이른다고 가정해보자. 그 살이 내 살이기를 멈추자마자, 그것은 곧바로 살이기를 멈춘다. 그러면 타자의 몸은 그것이었던 것, 살 없는 단순한 사물로 남는다. 반대로 전이가 일어난다는 것을 인정해보자. 우리가 알 수 없는 어떤 마법으로 그 다른 몸은 자신을 육화하기에 이른다. 타인이 살을 취하자마자, 그가 언제나 내 것인 이 살을 받자마자, 그는 나 자신의 일부, 내 시뮬라크르나 내 분신이 되고자 타자이기를 멈출 것이다. 후설은 그러한 어려움을 피해가지 못했다. 그는 왜 전이가 곧바로 폐기되는지(MC, § 52) 어떻게 "내가 '타자'를 그저 '내 분신처럼', 내 몸의 두 번째 판박이처럼 이해하지 않을 수 있는지(§ 53)"를 묻는다. 하지만 염려스러운 그러한 가능성은 곧 배제된다. 후설은 전이에 '저항하는 것', 상이성의 힘, 타인 안에서 육화에 저항하는 것을 과소평가할 뿐만 아니라, 타인과 자신을 동일시하고, 타인을 자신의 분신처럼 헤아리고, 타인에 사로잡히고 그 안에 흡수되도록 자아를 이끄는 것을 그는 인식하지 못했다. 우리의 모든 경험은 소외하는 동일시의 힘, 그러한 동일시가 에고의 단독성에 드리우는 위협을 반대로 보여 준다. 사람들은 불행히도 타자의 지배적인 형상에 자신을 동일시하기를, 인간이나 신적인 지배자, 영예로운 초상, 시대의 우상에 자신을 예속하기를 멈추지 않는다. 어쩌면 어린 시절부터 그들에게 '주체'가 되게 해준 더 오래된 동일시를 그들은 다른 차원에서 반복할 뿐인지도 모른다. 어떻게 자아-살이 타자의 압도적인 영향력에서 떨어져 나와 해방되기에 '또한' 이를 수 있는지를 우리가 이해하고자 한다면, 그러한 동일시의 가능성을 생각해야 한다.

어떻게 내 살이 살이기를 멈추지 않으면서 살 아닌 것, 내게는 타인의 몸인 낯선 사물에 자신을 동일시할 수 있는지를 결국 물어야 한다. 살과 살 아닌 것의 종합이 그러한 것을 가르는 심연을 뛰어넘을 수 있을까? 이 물음에 내가 앞서 한 분석은 답변할 수 있게 한다. 그러한 종합이 가능할 뿐만 아니라 그것은 '이미 일어났다.' 세계에 있는 타자에 자신을 동일시하기에 앞서, 내 살의 극이 저마다 다른 극을 자기 살의 살처럼 알아보았을 때, 자아-살은 살의 키아슴 속에서 이미 자신과 자신을 동일시했다. 이러한 최초의 자기-동일시가 나와 다른 이에 나를 동일시할 수 있게 한다. 밖에서 만진 고기 속에서 자신을 알아볼 수 있으려면, 내 살은 먼저 그 자신의 낯섦을 경험했어야 했다. 또한 그 자신에 대해서 그 자신인 그 고기 조각 속에서 자신을 알아보았어야 했다. 모든 만남, 타인과 이루는 모든 공동체는 이 최초의 만남, 살로 된 내 극의 아르케-공동체(archi-communauté)에 기반을 둔다. 후설을 헤매게 한 것은 자아-하나라는 선입견이다. 에고가 자기 자신과 근원적으로 같다는 확신이다. 타인의 구성은 그러면 하나에서 다수로, 고립된 자아에서 공동체로 이행해감처럼 제시된다. 그러면 우리는 어떻게 홀로인 자아가 자기 안에서 다른 사람들에 이르는 길을 발견하는 데 성공하는지를 잘 알지 못한다.

자아의 근원적 통일성에 대한 순진한 믿음을 포기하자마자 아포리아는 사라진다. 공동체에 이르고자 나는 내게서 나를 끌어내지 않아도 된다. 하나의 공동체 양상에서 다른 양상으로 넘어가기만 하면 된다. 혼자라고 생각했지만 나는 다수였다.

최초의 비-자아, 내게 최초로 낯선 것은 결국 '다른' 자아가 아니라 '내 안에 있는' 타자이다. 내 살이 스치고 같은 살의 다른 극으로 갑작스레 알아보는 상대의 극이다. 전이의 수수께끼, 내 살과 타자 몸 사이에서 일어나는 동일시의 수수께끼는 그러면 풀린다. 그러한 동일시는 내 살과 내 살 사이에서 일어나는 근원적 동일시를 다른 차원에서 반복할 뿐이다. 시선이나 말, 접촉이나 어루만짐이나 포옹에서 내가 타인의 몸에서 재연하려 하는 것은 육화의 종합이다. 가끔 기적이 일어나는 것 같다. 나는 내가 내 안에서 느끼는 능력을 타인 안에서 알아본다고 생각한다. 그러면 이 무감각한 사물, 고기 덩어리는 살아 있는 몸-살로 다시 태어난다. 자아-살의 유아론적 자기-구성을 반복하기에 알터 에고의 구성은 결국 가능하다. 그러한 반복의 상황은 무엇일까? 타인을 구성하는 이 새로운 종합에서 초기 종합의 모든 특징이 되찾아질까? 내 살을 타인에 주면서, 타자의 몸에 내 몸을 갉아먹는 레스탕을 또한 전이하게 될까? 그러한 가정은 어쨌든 달리 설명될 수 없는 두 현상을 해명하게 해준다. 타자와 이루는 동일시가 언제나 '부분적인' 특성을 지니는 것과 인간 공동체를 '집단적 몸'의 모습으로 표상하는 것을 설명해 준다. 자아-하나를 작용 밖에 두면서 나는 몸-하나, 가시적인 세계에 나타나는 그대로 몸의 완전한 모습을 또한 배제한다. 내 내재성 영역에 내가 살 극이라 부르는 선주관적이고 선신체적인 독특함만이 모든 극에 거주하는 분산되고 깜박거리는 맹아 상태의 에고와 함께 존재한다. 살 극으로부터 내 살의 다른 극을 향하든, 타자의 몸을 향하든, 매우 본래적인 동일시가 행해진다. 그 동일시는 언제나 부분적이며, 또한 부분적인 특징을 대상으로 행해진다. 그것은 순전히 감정적이고 맹목적이며, 거울에 비친 모습이나 전체적인 모습의 지각을 모두 앞선다. 그러한 동일시를 프로이트는 "타자와 관계를 맺는 가장 근원적인 양상"으로 일컬었다. 이 차원에서는 어떤 닮음도, 어떤 닮지 않음도 아직 가능하지 않다. 끌어당김과 밀어냄, 결합과 단절, 울림, 부조화만이 가능할 뿐이다. 살의 혼돈 속에서 동일시의 극처럼 구성되는 몇몇 독특한 특징, 자국, 구멍, 돌출부가 윤곽을 드러낸다. 반대로 다른 특징은 동일시에 저항하는 극처럼 제시된다. 타자를 동류로 헤아리는 것을 막음으로써 사람들에게 불안이나 혐오나 증오를 일깨우는 성적이거나 "인종적인" 다름의 시초처럼 제시된다. 그렇게 우리의 환상적인 동일시가 부분적인 대상, 몸에서 떨어져 나간 조각을 언제나 겨냥목표로 한다는 것이 설명된다. 왜냐하면 그러한 동일시의 "주체" 그 자신이 단편적인 에고이기 때문이다. 수많은 살 극으로 분산된 에고이기 때문이다. 그 수많은 극은 모두 살의 이미 다른 조각에 자신을 동일시했다.

자아-살의 초기 회절을 넘어서게 해주는 것은 또 다른 종합이다. 그곳에서 내 살은 몸에 체화하고, 분산된 극은 이제 전체의 부분처럼, 같은 몸의 성원처럼 자신을 살고자 서로 결합한다. 내가 타인의 몸에 내 살을 전이할 때 근원적 육화의 종합이 재연되는 것과 마찬가지로, 체화의 종합은 상호주관적인 차원에서 또한 반복되고, 전체 몸 한가운데에서 개별적인 몸을 다른 모든 개별적인 몸에 결합하고자 개별적인 몸을 저마다 점거한다. 우리의 살적인 종합은 그때 거대한 몸으로 변한다. 내 몸과 다른 사람들의 몸은 그 거대한 몸의 구성원에 지나지 않는다.

불가분의 관계로 서로 결합되고, 상위의 기관, 그 거대한 몸의 머리에 해당하는 가시적이거나 비가시적인 우두머리에 종속된 구성원에 지나지 않는다. 놀라운 대범함을 지닌 책에서 라 보에티는 어떻게 사람들이 지도자에 기탄없이 복종하고자 그들의 자유를 포기할 수 있는지 의아해한다. 이 '자발적인 예속'의 뿌리에서 그는 살적인 줌, 전이의 수수께끼를 발견한다. 그곳에서 그들은 그들의 살을 지도자의 집단적인 몸, 몸-하나에 투사하고자 자신들의 살을 빼앗기는 걸 방치한다. "그는 많은 눈으로 당신을 감시한다. 당신들이 준 게 아니라면, 어디서 그가 그토록 많은 눈을 얻었겠는가? 당신에게서 얻은 게 아니라면, 어떻게 그가 그토록 많은 손을 지니겠는가? […] 당신을 통해서가 아니라면, 어떻게 그가 당신에게 영향력을 행사할 수 있겠는가?" 사람들이 그들을 짓누르는 '거인'에 예속되는 것, 그러한 표상이 지속되는 것과 그것이 해체되는 것 같은 곳 어디에서나 다시 구성되려 하는 것, 그러한 것이 우리 자신의 가장 깊숙한 곳에 뿌리를 두기 때문이 아니라면, 우리에게 몸을 주고 우리를 주체로 만드는 내재적 종합 속에 뿌리를 두기 때문이 아니라면, 그 어떤 것도 그러한 것을 설명하지 못한다.

심리적 차원과 정치적 차원에서 나와 다른 사람들 사이에서 확립되는 관계는 나와 나 자신 사이에서 이미 짜였던 각본을 재연한다. 타인은 더 근원적인 타자성으로부터 구성된, '파생된 현상'처럼 결국 제시된다. 타인은 타자성을 규정하는 모든 것을 초월적인 차원으로 옮겨 놓으면서 그것을 다시 만들어낸다. 그렇게 다음의 기본 규칙이 확인된다. 세계의 초월성 속에서 일어나는 것은 내재성 속에 이미 '예고돼' 있다. 에고의 내재성 영역에 모습을 드러내는 기초 현상이 그것을 미리 어렴풋이 나타낸다. 세계에서 내게 일어나는 모든 것, 초월적인 타자와 내가 이루는 모든 만남은 '나중에'만, 이미 구성된 어떤 지형 속에 들어가게 될 때에만 내게 영향을 미칠 따름이다. 물론, 그러한 "앞섬"이나 "늦음"은 세계의 시간 속에 있는 선형의 연속이 아니라 매 순간 다시 시작되는 지속적인 자기-줌에 속한다. 하지만 우리는 이 내재적인 발생을 연속적인 국면을 지닌 하나의 역사처럼 기술할 수밖에 없다. 이 역사의 흐름 속에서 타자는 카프카가 언급하는 이상한 구세주와 다르지 않다. 그는 너무 늦었을 때만 도착할 뿐이다. 이러한 예고가 어디까지 미칠까? 우리가 타인과 맺는 '모든' 구체적인 관계는 내재성 속에 미리 그 윤곽을 나타냈어야 할까? 이미 다른 곳에서 재연됐던 극을 우리는 우리가 존재하는 내내 그림자 극장에서 되풀이하기만 하는 것일까? 그러면 우리는 우리의 모든 욕망, 모든 정서가 근원적으로 '나르시스적'이라고 인정해야만 할 것이다. 사랑, 증오, 형제간의 질투, 내가 느끼는 모든 종류의 감정은 나 자신에게 또는 내게 최초로 낯선 것인 내 안에 있는 "타자"에 먼저 말을 걸었을 것이다. 하지만 그러한 감정이 타인에게 근원적으로 말을 걸지 않는다면, 최초의 자기-촉발을 타인에게 전이하기만 할 뿐이라면, 어느 정도에서 본래적인 증오, 본래적인 사랑이 여전히 관계할까? 어떤 의미에서 우리는 내가 타자와 맺는 관계가 내가 나 자신과 근원적으로 맺는 관계에서 파생한다고 말할 수 있을까? 타인 현상은 내 에고에서부터 전적으로 구성될까?

우리는 후설의 지적을 길잡이로 삼을 수 있다. 그가 살적 전이를 가능하게 하는, 내 몸과 낯선 몸의 "접속(couplage)"을 언급할 때, 그는 엄밀한 의미에서 '동일시'가 아닌 '연합(association)'(MC, § 51), 곧 수동적 종합이 문제가 된다고 분명히 말한다. 그곳에서 한 쌍의 현상이 울림 공동체를 이룬다. 그곳에서 그 한 쌍의 현상은 동일시와 달리 자신들의 초기 이원성을 유지하면서 "서로 상대방을 부르고", "그들의 요소를 상대방에게 옮기면서 겹쳐진다." 동일시에서 모든 현상은 합쳐져서 하나를 이룰 뿐이다. 이 상이한 종합을 구별하는 데 결정적인 것은 그 부분적이거나 전체적인 성격이 아니다. 우리는 부분적인 동일시만이 있을 뿐이라는 것을 안다. 그보다는 종합이 구성 요소의 본질적인 동일성("에이도스"적인 동일성)을 함축하느냐 하지 않느냐를 알아야 한다. 키아슴에서 모든 극이 다른 극에 얽힐 때, 그 극은 다른 극에 '그것에 속하지 않는' 살을 옮기지 않는다. 두 극은 그들이 동일하고 유일한 살임을 발견한다. 알터 에고의 경험에 없으며 앞으로도 없을 것이 바로 그러한 근원적 공통성이다. 메를로 퐁티는 다른 사람의 손을 만지면서 "내가 내 손 안에서 만진, 사물을 결합하는 힘"을 그 손 안에서 만지기에 이를 수 있는지를 물었다. 하지만 그러한 어떤 것도 이 초월적인 사물, 고기와 비슷한 몸 안에서 드러날 수 없다. 제우스의 분노는 양성을 지닌 사람을 오래전부터 둘로 찢어 놓았다. 헛되이 모든 모나드는 어루만지고 보고 듣는 속에서 서로 만지고 서로 쫓는다. 모든 모나드는 문도 창도 없이 있다. 내 살 안에서 일어나는 살적인 같은 인상이 타자 안에서 나타나기 시작함을 전혀 느끼지 못한 채 우리 두 살은 서로 스치고, 서로 껴안는다.

후설은 정확히 보았다. 타인은 그의 살 속에서 근원적으로 내게 절대 주어지지 않는다. 타인에 살을 부여하는 전이는 진정한 동일시를 허용하지 않으면서 외재적인 연합만을 행할 따름이다. 하지만 이는 어떤 동일시도 전혀 일어나지 않음을 의미하지 않는다. 타인이나 그의 몸의 부분적인 특징에 에고가 동일시하는 일이 절대 일어나지 않음을 의미하지 않는다. 반대로 동일시는 우리를 형성하고, 우리가 존재하는 내내 우리를 지탱한다. 그렇지만 감정적이든, 상상적이든, 상징적이든, 고립된 주체를 구성하든, 정치적 몸을 구성하든, 그러한 동일시는 사실 착각을 일으킨다. 그것은 수많은 '판타슴(phantasmes)'에 지나지 않는다. 그곳에서 에고는 그 자신과 타자에 맹목적으로 된다. 사실 나는 타자가 아니다. 나는 내 어머니의 젖가슴도, 거울 속에 비친 내 모습도, 내 아버지의 이름이나 남근도, 내가 나와 동일시한 영웅 가운데 하나도 아니다. 우리가 타인과 맺는 관계에서 우리는 동일시처럼 '잘못' 제시되는 연합을 통한 전이와 관계할 뿐이다. 알터 에고를 구성하는 육화의 종합은 키아슴의 근원적 종합을 되풀이한다. 그 근원적 종합에서 모든 살 극은 다른 극에 동일시 되고 그 극과 오직 하나의 살을 이룰 뿐이다. 이 최초의 동일시가 바로 내가 내 밖에서 만나는 다른 몸과 나를 동일시하려 애쓰면서 초월성의 차원에서 재현하고자 하는 것이다. 하지만 같은 살의 다른 극이 더는 관계하지 않을 때, 어찌할 수 없는 간격으로 내 몸과 분리된 초월적 몸과 대면할 때, 내재성 속에서 적용되던 것은 더는 이 차원에서 적용되지 않는다. 근원적 종합의 반복은 순전히 외재적인 연합을 진정한 동일시 처럼 제시함으로써 전이의 의미를 그릇되게 한다. 이는 타자와 살적인 동일성을 지닌다는 인상을 만든다. 우리 공동체의 살은 그것이 나를 에워싸고 내 살에 얽힐 때 매우 "사실적"으로 보일지라도 사실 '준-살'에 지나지 않는다. 집단적 몸에서 그러한 공동체는 드러나는데, 그 집단적 몸은 판타슴의 견고함, 확실히 압도적인 견고함만을 지닐 뿐이다. 후설은 경험의 이러한 왜곡을 알아보지 못했다. 살적인 전이가 동일시가 아님을 그가 알았다면, 그 전이가 착각을 일으키는 동일시와 결합될 수 있음을 그는 알아차리지 못했다. 그는 어떤 실질적인 관계도 모나드 사이에 존재하지 않음을 알았다. 오직 "지향적 공동체"만이, "타인이 내 최초의 영역에 상상적으로 침투하는 일(MC, § 56)"만이 있음을 알았다. 그는 그러한 공동체가 실질적인 통일성의 외양을 필연적으로 지님을 알지 못했다. 타자가 내 삶에 실질적으로 침범하는 외양을 필연적으로 지님을 알지 못했다. 그러한 표상이 에고를 함정에 빠트리고, 에고가 동일시하는 타자에 자신을 소외한다는 사실을 알지 못했다. 내가 타인과 만날 때, 나는 착각의 피해자이다. 마치 나 자신의 살이 타인에게도 속하는 것처럼, 마치 그와 내가 오래전부터 오직 하나의 살에 지나지 않는 것처럼 착각은 타인에게 나 자신의 살을 투사하는 데 있다. 이것이 바로 엘로힘이 마비 상태에 빠트린 최초의 사람이 마비 상태에서 깨어나 "자기 살의 살"처럼 그의 옆구리에서 나온 아내에게 인사할 때 최초의 사람을 눈멀게 한 환상이 아닐까? 아담의 착각과 그의 원죄가 아닐까?….

어째서 여기서 '판타슴(phantasme)'을 말하는 것일까? 왜냐하면 그 용어가 이미 플라톤에서 기본적인 착각, '비-진리'의 양상을 일컫기 때문이다. 바로 시뮬라크르, 동굴 깊숙한 곳에 나타난 그림자, 다시 말해 착각을 일으키는 '투사'의 효과를 말한다. 또한 프로이트가 우리에게 알려준 대로 환상은 '에고의 지워짐'을 함축하고 익명의 각본["한 아이가 맞았다"…]을 제시하기 때문이다. 그곳에서 자아의 개별적인 상황은 전적으로 감춰지고[나는 내가 맞고 있는 아이라는 것을 알아채지 못한다], 자아와 타자의 모든 차이는 사라진다. 의식적이거나 무의식적인 '심리적 환상', 예컨대 프로이트가 발견한, 세계의 지평에 나타나고 타자와 관계 맺음을 언제나 전제로 하는 거세나 근친상간의 환상과 에고의 내재성 영역에서 형성되는 '아르케-환상(archi-fantasmes)'의 차이를 강조하고자, 나는 이 '아르케-환상'을 '판타슴(phantasme)'으로 일컬을 것이다. 판타슴은 에고가 그 자신과 또 자기 살의 레스탕과 맺는 순전히 유아론적인 관계를 연출한다. 침입과 자기-먹어치움, 분할과 합일, 괴저와 부활 따위의 판타슴이 바로 그것이다. 그러한 것을 기술하는 것이 곧 에고-분석의 과제이다. 나는 그곳에서 다른 사람들과 우리가 맺는 관계에 영향을 미치는 정신적 환상의 가장 근원적인 모태를 본다. 이는 내재적 판타슴이 타인-과-함께-있음의 차원에서 세계의 초월성 속에 투사되기에 이름을 가정한다. 그러한 투사를 통해 판타슴은 초기의 유동성과 그것을 수반하는 기본적인 인상[탈구되고, "죽어가고", 낯선 물(Chose)로부터 침투당하거나 먹히는 감정…]을 유지한다. 하지만 판타슴의 의미는 매우 달라졌으며, 그것은 마치 다른 사람으로부터 오거나 다른 사람에게 말을 거는 것처럼 이제 제시된다. 레스탕 대신에 우리의 무의식적 환상을 가득 메운, 어머니, 아버지, 아니 차라리 어머니의 젖가슴, 아버지의 남근과 같은 세계적 형상이 나타나며, 우리가 존재하는 내내 쉼 없이 마주치는 대타자의 수많은 얼굴이 나타난다.

그 가정이 정확하다면, '투사적 동일시'가 내 세계적 삶의 구성과 비극의 기초가 된다. 그곳에서 나는 내 살이 자신과 함께 행히는 자용을 타인에 옮긴다. 어느 정도까지? 내가 다른 사람들과 맺는 모든 관계는 판타슴의 성격을 지닐까? 아니면 동일시에 저항하는 타자의 한 부분이 있을까? 후설의 계승자는 자아와 타자를 떼어놓는 거리를 강조하는 이들과 그 둘의 근원적인 동일시를 주장하는 이들로 나뉘었다. 사실 그들의 대립은 겉으로 보기에만 그렇다. 상반되는 주장은 다른 차원에서 둘 다 참이다. 그러한 대립을 극복하고자 한다면, 타자 줌의 두 가지 방식을 구별해야 한다. 판타슴의 성격을 띤 투사가 구성한 '동일시의 대상'으로서 타자와 모든 투사와 동일시 너머 '대타자로서 타자'를 구분해야 한다. 자아-살이 분열되고 레스탕에서 분리되는 것과 마찬가지로 타자는 둘로 나뉜다. 그 요소 가운데 하나는 자아에 동일시되고 또 다른 나 자신처럼 구성된다. 다른 부분은 내게 낯선 것으로 남는다. 그것은 초월적인 것으로 유지된다. 프로이트는 1895년에 쓴『심리학 초고』의 놀라운 대목에서 그 현상에 다가갔다. 그곳에서 그는 타자 경험이 두 요소로 본디 분할한다는 사실을 기술했다. 그 한 요소는 주체가 자기 것으로 할 수 있는 것, "고유한 몸에서 나오는 전언(메시지)"에 일치할 수 있는 것이고 다른 한 요소는 외재적으로 있는 것, "물(chose)로 남는'[80] 것이다.

어떻게 타자의 이 두 차원을 명명할까? "타인(autrui)"이라는 용어는 *alter huic*이라는 라틴어 표현에서 오며, '여기에 있는', 가장 근접한 곳에서 내게 모습을 나타내는 타자를 일컫는다. 나는 투사적 동일시를 통해 나 자신에서 가장 가까이 구성되는 타자의 부분을 그처럼 부르겠다. 그리고 더 멀고 더 낯선 이차적 층에 '대타자(Autre)'라는 이름을 주겠다. 타자의 이 두 양상은 실질적으로 구분되지 않으며, [라캉에게서 상상적인 "소타자"와 상징적인 "대타자"가 그러했듯] 전적으로 다른 두 차원에 자리 잡지 않는다. 타인은 대타자의 '첫 번째 상황', 첫 번째 국면이다. 그는 제1 탄생에서 내게 나타나는 그대로의 대타자 이외 다른 아무것도 아니다. 대타자는 내 에고의 투사로 인해 아직 은폐돼 있다. 대타자는 제2 탄생 때 드러날 수 있는 그대로 타인의 다른 면이다. 내가 "타인"이라 명명하는 것은 내게서 파생하는 것으로서 또 다른 자아이다. 자아의 내재성 '속에 있는' 대타자의 초월성, 자아로 인해 왜곡된 내-안-의-대타자이다. 그렇게 이해한 타인은 판타슴이다. 곧 판타슴의 성격을 띤

---

80. Freud, *Esquisse d'une psychologie scientifique*, dans *La Naissance de la psycha-nalyse*, PUF, 1956, p. 349. 우리는 이후에 있는 그의 이론 작업에서 그가 그것을 조금도 헤아리지 않은 점을 유감스럽게 생각할 수 있다.

투사의 결과이다. 타인은 '에고의 투사 표면', '동일시 면'이다. 그곳에서 살의 전이는 행해질 수 있으며, 동시에 왜곡된다. 처음 나타나자마자 타인 현상은 내 피부의 최초 표면을 밖에서 더 늘리는 일종의 막, 하나의 은막처럼 펼쳐진다. 그곳에 내 시뮬라크르, 내 살에서 떨어져 나간 조각은 투사된다. 어떤 의미에서 그곳에서 나는 나 자신과, 나 자신의 살과, 내 정서와, 은막에 부딪혀 굴절되는 내 판타슴과 오직 관계할 뿐이다. 타인의 구성은 기만적인 방식으로 의타기-촉발처럼 제시되는 자기-촉발에 기초를 둔다. 대타자가 모습을 드러낸 것으로, 대타자를 만난 데서 오는 경이로 우리가 여기는 것이 나르시스적 투사이다. 타인을 대상으로 우리는 마리온이 우상을 대상으로 한 말을 똑같이 할 수 있을 것이다. 내 시선을 "자기로 돌리는" '보이지 않는 거울'이 관계한다고 말할 수 있을 것이다. 그곳에 나는 나 자신을 비추지만 '그것을 알아차리지 못한다.'[81] 이는 그 경험에서 대타자와 같은 어떤 것도, 대타자의 어떤 흔적도 타인 안에 없음을 의미하지 않는다. 타인 현상은 낯선 몸과 나 자신의 살의 종합을 통해 구성된다. 저곳에 보이는 윤곽, 시선, 얼굴, 내가 듣는 목소리, 내가 스치는 피부와 같이 내가 밖에서 지각하는 초월적인 몇몇 요소와 '자기-형상화(auto-figuration)'의 종합을 통해 그것은 구성된다. 그 '자기-형상화' 속에서 내 살은 자신의 투사 표면에서 굴절한다. 이 초월적인 소여, 음영, 타자 몸의 조각은 살의 투사 표면에 또한 나타난다. 그곳에서 그러한 것은 내 살에서 유래하는 투사와 동일시된다. 그처럼 내가 타인을 형상화한 것, 내 '타인 판타슴'은 대타자를 파괴한다. 그를

---

81. *Dieu sans l'être*, Fayad, 1982, p. 20-26을 보라. "우상은 자기-우상숭배 속에서 언제나 절정에 이른다"라고 마리온은 그로부터 정당하게 결론 내린다. 우리는 타인의 우상숭배를 대상으로 같은 것을 말할 수 있을 것이다.

먹어치우고 그를 내 안에 흡수한다. 대타자를 다시 만나려는 내 모든 시도는 이 형상-은막(figure-écran) 위에서 산산조각 난다.

대타자의 판타슴적 차원이 특별히 더 잘 모습을 드러내는 면이 있다. 바로 봄의 면이다. 보이는 것 속에서 타인이 나타나는 방식은 우리가 그의 '얼굴'이라 부르는 것이다. 그의 얼굴 곧 얼굴에서 나아간 끝부분, 시선을 내게 제공하면서 타인 판타슴은 내게 제시되며, 나를 끌어당기고 유혹하며, 또는 그에게서 나를 멀어지게 한다. 얼굴은 사르트르가 말하길 "가시적 초월성"이다. '봄의 광기'가 봄을 엄습해서 봄을 볼 수 있게 했을 때, 그것은 또한 왜곡된, 일그러진 표정으로 굳은 초월성이다. *Sembianza*, 이탈리어로 얼굴을 일컫는 이 용어는 얼굴이 어떤 것인지, 우리 모두에게 '신기루'인 타인의 얼굴이 어떤 것인지 우리에게 잘 말해 준다. 그것은 하나의 '가장'이다. 타자의 진리를 내게 감추고 '나를' 나 자신에게 감추는 가면이다. 악령의 모습 자체이다.[82] 얼굴의 가시적 초월 성은 투사적 동일시의 주된 발원지이다. 그 투사적 동일시 속에서 자아와 대타자의 차이는 흐려지고, 나 자신, 내 욕망, 내 감정, 내 살의 일부는 타인 현상에 사로잡히고 흡수된다. 타인은 매우 역설적인 현상이다. 데카르트의 *deceptor*처럼 타인은 내가 그릇되게 대타자로 여기는 나의 일부이다. 그렇지만 타인은 나와 실제로 구분되는 대타자처럼 매번 제시 된다. 타인은 초월적인 것처럼 주어지는 내재적 현상이다. 의타기-촉발

---

82. 『전체와 무한』에서 타인의 얼굴이 지닌 "솔직함", "거짓말을 할 줄 모르는" 그의 공정함을 찬양한 뒤에 레비나스는 그의 마지막 저서에서 얼굴의 "모호 함", "흔적 속에서 잃어버린 흔적", "어쩌면 가면일지도 모르는 것"(Lévinas, *Autrement qu'être*, p. 148)을 마침내 인정했다. 그가 윤리적 차원에서 그 모든 귀결을 끌어냈는지 나는 확실하지 않다.

처럼 나타나는 순수 자기-촉발이다. 타인이 내게 낯선 것으로 내게 나타나지 않는다면, 그는 내 분신, 나 자신의 단순한 반영에 지나지 않을 것이다. 하지만 타인은 그처럼 절대 나타나지 않는다. 대타자처럼 나타남, 이 명백한 타자성이 '또한' 타인 현상을 구성한다. 그러한 타자성은 어디서 올까? 타자 몸에서 비롯된 초월적 소여에서? 하지만 초월적 소여는 '대타자에 속하기를' 멈춤으로써만, 내 판타슴에 들어옴으로써만 내게 나타날 수 있다. 내 판타슴 속에서 초월적 소여가 애초에 지녔던 낯섦은 사라진다. 타인 현상이 내 에고의 투사로부터 발생하는 한 답변은 필요불가결하다. 타인을 "대타자"처럼 내게 나타나게 하는 것은 나 자신으로부터만 올 수 있다. 내가 내 동일시 면으로 투사하는 '내적 타자성'이 내 안에 있어야 할 것이다. 내재성 속에 있는 아르케-초월성, 자아-살 한가운데 있는 대타자=X가 말이다. 내 동일시 면에서 나는 그것을 타인을 구성하는 데 필요한 모태, 도식으로 사용한다. 언뜻 보기에 내가 나 자신을 대상으로 한 경험에서 아무것도 타인의 타자성을 예고하지 않는다. 나는 온전히 내 살이고 나는 그 살을 내 것으로 계속 겪는다. 하지만 이 자기-동일시는 전적인 합일 속에서 끝나지 않는다. 육화의 종합은 잔재, 동화할 수 없는 나머지를 언제나 남긴다. 바로 내가 레스탕이라 부르는 것이다. 바로 그곳에 첫 번째 초월성, 첫 번째 비-자아, 내게 낯선 첫 번째 것이 자리 잡는다. 사실 레스탕은 내게 정말로 낯설지 않다. 그것은 마치 내게 낯선 듯 나와 다른 것처럼 주어지는 내 살의 일부이다. 대타자를 구성할 수 있게 하는 이 내적 타자성이 바로 내가 타자의 몸에 투사하는 내 살의 레스탕이다.

내 살의 몸-되기는 레스탕에 어떤 자리도 남겨두지 않는다. 자아-살이 체화를 마치려면 이 찌꺼기를 밖으로 내던져야 한다. 우리는 결국 내 몸에서 배출된 레스탕이 낯선 몸에서, 우리가 타인이라 명명하는 투사 표면에서 다시 나타났다고 해서 놀라지 말아야 한다. 그곳에서 우리는 그것을 이미 알아보았다. 강박관념의 현상 속에서, 마치 타자에게서 오듯 나 자신의 시선이 나를 뚫어져라 쳐다보고 나를 마비시킬 때, 나 자신의 목소리가 나를 불러 세울 때 말이다. 우리는 이처럼 "병리학적" 현상인 것 같은 것을 우리가 타인을 대상으로 일상적으로 하는 경험 속에서 다시 만난다. 더욱 놀라운 것은 알터 에고의 구성에서 레스탕이 하는 구실이다. 곧 실재적인 "타자"의 모습을 나르시스적인 판타슴에 주는 데 성공하는 분화, 변질 요소의 구실이다. 키아슴에서 레스탕이 초기에 하던 기능을 기억하자. 내 살과 내 살 사이에 미끄러져 들어갈 때, 레스탕은 살 극이 서로 합쳐지는 것을, 치명적인 내향성 폭발 속에서 전적으로 동일시되는 것을 막는다. 종합을 막음으로써, 레스탕은 종합이 종합으로, 분화된 요소의 부분적인 통일성으로 유지될 수 있게 한다. 이 간격 기능을 우리는 체화의 과정에서 다시 만났다. 그 과정이 내 몸의 안과 밖 사이에서 그리는 간격, 경계 속에서, 그 과정이 내 몸 표면에 파는 구멍 속에서 그것을 다시 만났다. 우리는 그것을 이제 다른 차원에서 만날 것이다. 내가 타인에게 투사하고, 내가 타인에게 나를 전적으로 동일시하지 못하게 하는 내적 타자성 속에서 그것을 만날 것이다. 그러한 것 없이 알터 에고로, 나와 구별되는 또 다른 자아로 타인이 구성되는 것은 전적으로 불가능하다. 물론 내가 타인에게 빌려주는 타자성은 내 에고의 투사일 뿐이다. 하지만 "타자"라는 겉모습은 타인이라는 판타슴 한가운데 있다. 타인이 그러한 방식으로 내게 나타나지 않는다면, 나는 전적인 동일시, 내 분신물과 융합되는 치명적인 일을 더는 피할 수 없을 것이다. 내게 타자는 세계에 절대 없을 것이다.

어떻게 그러한 투사가 가능할까? 무엇이 내게 '내 살의' 레스탕을 "타자"에게 그처럼 옮기게 해줄까? 레스탕과 대타자의 몸 사이에 주목할 만한 유사함이 있다. 두 상황 모두에서 나는 근원적으로 살로 주어지지 않고, 내 살로부터 살을 부여받지 않은 살과 관계한다. 내가 낯선 몸에 살을 전이할 때, 나는 그 몸에서 내가 나 자신의 살에서 이미 만났던 '만질 수 없는' 부분을 다시 만난다. 두 현상의 이러한 공통점으로부터 레스탕은 타자에 자신을 투사할 수 있게 되고, 대타자에, 아니 오히려 대타자 몸의 부분적인 몇몇 특징에 자신을 동일시할 수 있게 된다. 내 살을 대타자에 줌으로써, 나는 대타자를 오염시킨다. 나는 대타자에게 나를 사로잡는 레스탕을 옮긴다. 나는 이제 타인과 내가 맺는 관계에서 레스탕의 강박관념이 내 안에서 불러일으키는 정서를 다시 발견할 것이다. 우리가 레스탕과 맺는 관계는 불안, 증오, 혐오, 그리고 아마도 욕망, 사랑과 같은 정서로 가득하다. '대타자 대신에' 내 살을 갉아먹는 레스탕을 다시 발견할 때 나는 똑같은 감정을 다시 느낀다. 다른 사람, 내가 만나는 낯선 이가 내 강박관념을 뚫어져라 쳐다보는 일을 맡는다. 먼저 나 자신에게만, 내 안에 낯선 것으로 있는 것에만 호소할 뿐인 정서를 포착하면서 그 강박관념에 얼굴과 이름을 주는 일을 맡는다. 자아와 대타자 사이에 새로운 은막이 이제 놓인다. 새로운 투사가 대타자 얼굴의 특징을 이미 흐릿하게 한 투사에 덧붙여진다. 왜냐하면 더는 내 살만이 아니라 나는 또한 레스탕을 그것이 야기하는 판타슴과 함께 대타자에 옮기기 때문이다. 스완의 사랑과 그의 광적인 질투는 오데트가 아니라 유령에, 그 자신이 만들어낸 신기루에 말을 건다. 모습을 감추는 레스탕의 강박관념에, 그에게 늘 없는, 사랑의 대상을 내용으로 한 강박관념에 말을 건다. 그는 오데트가 그를 배반하고 그에게 모습을 감추기를 멈추지 않기에 오데트를 사랑한다. 그는 "자신의 취향이 심지어 아니었던" 여자를 위해 자신의 삶을 망칠 준비가 이제 되어 있다. 그러한 방식으로 타인 판타슴은 레스탕과 우리의 관계로 구성된 핵으로부터 우리 안에 형성된다. 레스탕은 하나의 모태처럼, 타자와 우리가 맺는 모든 관계의 방향을 결정하는 아프리오리의 도식처럼 작용한다. 타자가 우리 삶에 나타날 때, 우리는 우리 관계의 양식을 결정하고 우리가 타자를 대상으로 하게 될 경험을 미리 나타내 보이는 도식을 그에게 투사한다. 그 도식은 매번 다른 구성에 기초를 둔다. 누군가에게는 박해나 질투나 시기의 감정으로, 다른 누군가에게는 부재의 불안으로, 또 다른 누군가에게는 무한한 신앙심이나 희생의 욕망으로, 또는 지배하거나 지배받으려는 욕망으로, 또는 더 복잡하고, 기술하기에 더 어려운 형태로 그 구성은 새겨진다. 대개 우리가 타자와 "만남"으로 여기는 것은 우리 자신의 강박관념을 우리에게 만나게 할 뿐이다. 그렇게 어떤 사람들은 여러 얼굴 아래 숨은 같은 여자와 언제나 사랑에 빠진다. 또는 새로운 정체성 아래 줄기차게 다시 나타나는 같은 "적"에 맞서 싸운다. 하지만 타인의 수많은 모습은 내적 타자성, 곧 내가 엇갈려 지나가는 모든 타자에 그 자국을 새겨 넣는, 내 안에 있는 최초로 낯선 것의 형상, 그와 '꼭 닮은 것(doublures)'일 뿐이다.

우리는 이제 타인의 역설 한가운데 있다. 동일자와 타자, 내재성과 초월성, 같음과 다름의 불안정한 종합의 역설 한가운데 있다. 그 역설은 타인 현상을 구성한다. 언제나 똑같은 도식, 똑같은 레스탕이 타자를, 매번 다른 타자를 있게 한다. 어떻게 우리가 수많은 가면 아래 레스탕의 영향력을 알아보지 못할 수 있을까? 마치 타인의 전조가 감춰져 있는 것 같다. 레스탕은 타인에게 자신의 타자성을 준 순간 타인 앞에서 완벽하게 지워지고, 그렇게 언제나 새로운 타자성의 모습을 한 채 타인을 타인으로서 나타나게 해준다. 대개는 숨어 있는 그러한 작용은 가끔 몇몇 정신병에서 드러난다. 정신의학은 "프레골리의 환영"이라는 이름 아래 타인과 맺는 관계에서 발생하는 특수한 장애를 알아보았다. 그 장애의 이름은 극 중에 수십 명의 사람을 구현할 수 있는 유명한 생물변이론자로부터 온다. 그 장애를 가진 사람들은 수많은 얼굴을 빌릴 수 있는 한 박해자의 집요한 현존을 그들이 만나는 사람들에게서 알아본다고 생각한다. 정신착란적 환영은 여기서 상이한 개인들을 일치하게 해주는 숨은 "닮음"을 추격하는 데 있다. 한데 그러한 환영은 어떤 진리를 포함한다. 동일한 사람, 유일한 레스탕의 특징을 도처에서 밝혀냄으로써, 그 환영은 "타자"의 명백한 타자성을 사라지게 하고, 타인 현상에서 확실해지는 '가면 기능'을, 형상–은막의 기능을 드러낸다. 그렇게 환자 가운데 하나는 "독특한 몇몇 특성으로" 박해자 한 쌍을 그들의 변장에도 알아본다. "그들은 언제나 옷과 머리 맵시를 바꾸지만 […] 나는 그들이라는 것을 알아요. 이는 마치 여러 무대를 위해 치장하는 배우와 같아요." 그들은 "그를 주시하는 반짝이는 눈을 가진 무시무시한 가면으로 그가 처음에 여겼던 것을 입었다. 그는 그게 사실은 그들의 얼굴이었음을 뒤늦게 깨닫는다."[83] 정신착란의 극단적인 경험은 타인의 진리를 드러낸다. 타인 안에서 가장 타자적인 것, 그의 타자성을 구성하는 것은 내게서 온다. 내가 그에게 투사하는 내 살의 레스탕에서 온다. 한데 그러면 우리는 투사의 한계가 어디에 있는지, 무엇이 타인 현상에서 나 자신이

---

83. S. Thibierge, *Pathologies de l'image du corps*, PUF, 1999, p. 197-198; 그 증후의 다른 예는 p. 35-39와 p. 64-65에 기술돼 있다.

아닌 타자를 가리킬 수 있는지 더는 알지 못한다. 우리는 어떻게 알터 에고가 거울에 비친 내 모습이나 내 분신이 아닌 다른 것일 수 있는지를 더는 알지 못한다.

타자 너머 갈 수 있을까? 내 투사와 동일시가 그의 피부에 들러붙게 한 가면 아래 타자의 참된 얼굴을 마침내 발견하고자 판타슴의 은막을 뚫을 수 있을까? 어떻게 내가 절대 이르지 못하면서 겨냥하는, 수수께끼 같은 타자를 정말로 만날 수 있을까? 그러한 만남은 '물의를 일으켜야' 할 것이다. 내가 다른 사람들과 맺는 관계를 미리 규정하는 전조를 좌절케 해야 할 것이다. 그 어떤 것도 그보다 더 어렵지 않다. 내가 타자를 만날 수 있으려면 그가 내 기다림에 답해야 한다. 내 투사 표면에 나타나 내 판타슴을 불러일으켜야 한다. 그렇지 않으면 나는 그를 만날 수조차 없을 것이고, 그는 내게서 멀어져 극심한 무관심 속으로 미끄러져 들어갈 것이다. 어쨌거나 만남이 참으로 일어나려면, 투사 표면이 찢겨야 한다. 타자가 판타슴 너머, 모든 전조 너머, 모든 동일시 너머 '타자로서' 내게 이르러야 한다. 구세주가 올 수 있으려면 자신을 배신해야 한다. 구세주로서 자신을 부인해야 한다. 그를 도래할 수 있게 한 것 그 자체가 그가 드러나는 걸 막고 그의 도래를 영원히 미뤄야 한다. 타자의 드러남을 막는 것이 바로 내 투사적 동일시와 거기서 나온 형체-은막이다. 에고가 그러한 동일시에서 해방돼 타인 판타슴에서 벗어날 수 있을지 우리는 결국 알아내야 한다. 어떻게 에고가 판타슴의 은막을 가로지를 수 있을까? 제2의 피부처럼 나를 감싸고 타자를 절대 못 만나게 하는 투사 표면을 가로지를 수 있을까? 어떻게 다른 사람들과 내가 갖는 모든 관계를 미리 규정하는 형체-은막이 흐려지고 사라질 수 있을까? 어떤 의미에선 그 어떤 것도 판타슴의 소멸(이클립스)보다 더 평범하지 않다.

타인은 가공의 현상이 단지 아니다. 언제나 해체될 위험에 있는 불안정한 현상이 또한 문제이다. 살적 전이의 조건에 그 원천을 두는 그러한 불안정함은 망설임, 극적인 양자택일의 형태를 띤다. 전이가 성공리에 이뤄진다고 가정해보자. 전이는 그러면 타인을 거울에 비친 내 모습이나 내 분신으로 만들거나 나를 타인의 분신으로 만드는 소외하는 동일시를 수반한다. 그러한 동일시가 실패한다고 가정해보자. 이제 막 시작한 전이는 중단되고 거울에 비친 내 모습이기를 그치면서 타인의 품위는 손상되고 그의 살은 "고기와 유사한" 어떤 것으로 다시 된다.

그러면 매우 눈길을 끄는 현상이 일어난다. 전이의 중단과 함께 타인과 나의 관계는 순수 무관심에 자리를 내줄 것이다. 내가 외재적 사물을 대상으로 평소 느끼는 무관심에 자리를 내줄 것이다. 그런데 경험은 상황이 그와 같지 않음을 보여 준다. 타인의 품위 손상은 혐오, 공포의 감정을 일깨우고 내 가장 깊은 곳에서 내게 타격을 준다. 『사라고사 매뉴스크립트』에서 러브크래프트의 소설이나 베이컨의 초상화에 이르기까지 위대한 예술가는 타자 몸의 실추를, 보기 흉하고 소름 끼치는 유골로 변한 그의 모습을 자주 묘사하곤 한다. 정신분석학은 그러한 것을 이론화하고자 했다. 그것은 욕망의 대상이 성적 특성을 잃었을 때 나타나는 혐오를 히스테리의 주된 증상으로 특징짓거나,[84] 거세로 벌어진 상태를 어머니에게서 발견했을 때 주체를 사로잡는 불안을 설명하고자 했다. 하지만 프로이트와 그의 제자들은 어째서 '대타자의' 몸에

---

84. "성적 대상이 실재의 경사면으로 똑바로 나아가고 고기 덩어리처럼 제시되는 기능 속에서 성적 특성의 상실(désexualisation)이라는 형태가 나타난다. 그러한 형태는 매우 현저해서 히스테리 환자에게서 혐오 반응이라 불린다(S, XI, p. 157)."

서 성기 부재를 발견하는 것이 주체에게 '그 자신의' 거세 공포를 일깨우면서 주체에 파급되는지를 설명하지 못한다. 정신분석학에 없는 것은 타인 구성의 더 엄격한 이해이다. 자아-살의 철저한 현상학 곧 에고-분석만이 그러한 반동을 이해할 수 있게 한다. 그 속에서 타인과 만남은 나 자신의 몸에 격렬한 반향을 일으킨다. 왜냐하면 내 살은 불완전하게 구성돼 있기 때문이다. 내가 다른 몸을 만나지 않으면, 우리한테 공통된 닮음을 발견함으로써 내 체화를 끝마치는 데 도움을 받지 못하면, 살로 된 내 몸은 그 생성을 계속 해나갈 수 없기 때문이다. 내 살을 전이하면서 내 알터 에고에게 준 것을 그는 일종의 '반-전이(contre-transfert)'를 통해 내게 되돌려 준다. 그 반-전이로부터 나는 그의 몸에서 유추함으로써 내 몸을 상상할 수 있게 된다. 즉각적으로 그에 동일시하는 것을 막는 다름의 표시, 예컨대 성적 다름이나 "인종적" 다름의 표시를 내가 그 다른 몸에서 알아차릴 때, 역방향의 전이는 갑작스레 중단될 수도 있다. 타자의 피부색, 얼굴 특징, 성기 부재나 모르는 언어의 음색 따위, 대타자의 낯섦을 표시해주는 많은 것이 있다. 동일시를 좌절케 하는 많은 '저항의 지점'이 있다. 내가 그러한 지점을 발견할 때, 이제 막 생성되기 시작한 우리의 공통성은 해체된다. 투사 표면은 찢기고 내 체화를 끝마칠 가능성 자체가 위태롭게 된다. 내 몸이 다른 몸에 얽혔기에, 내가 다른 주체와 나를 동일시하면서 내 주관적 정체성을 구성했기에 낯선 것과 만남, 대타자의 환원 불가능한 다름의 발견은 내 가장 깊은 곳에서 내게 결국 영향을 미친다. 그러한 만남, 발견은 내 몸-살을 최초의 불안정한 상태로, "추잡한 혼돈"으로 도로 데려간다. 타인에게서 나를 떼어놓는 그러한 닮지 않음은 더 오래된 상처를, 불완전함의 감정을, 내 살 한가운데를 찢는 아픔을 되살아나게 한다. 나 자신의 몸은 붕괴할 위험에 놓인다.

우리는 왜 사람들이 타자 안에서 다름을 지각했을 때 그토록 격렬하게 반응하는지를 이해하기 시작한다. 진행 중인 동일시 과정을 중단하면서 그 다름이 매우 가까운 데서, 내 형제, 내 동포, 내 친구, 내 '이웃'에게서 생길수록 그들은 더 세차게 반응한다. 매우 극적이라 할지라도 그러한 위기는 하나의 가능성을 지닌다. 그것은 탈동일시의 가능성, 타자와 나의 관계를 그릇되게 하는 투사에서 그 관계를 자유롭게 할 수 있는 '정화(카타르시스)'의 가능성을 엿보게 한다. 사람들이 그들의 판타슴의 은막을 가로지기에 이른다면, 닮지 않음의 지각이 그들에게 불러일으키는 혐오와 공포를 극복하기에 이른다면 (한데 어떻게 그들이 그러할 수 있을까?), 낯선 것을 겪는 속에서 그들은 다름을 받아들일 수 있게 하는, 좌절하지 않고 자신의 분열을 받아들일 수 있게 하는 본래적인 공동체의 가능성을 발견할 것이다. 타인 너머 대타자의 숨겨진 면이 마침내 나타날 수 있다면, 그때 '제2의 탄생'을 말하는 게 적합할 것이다. 왜냐하면 대타자는 판타슴으로 왜곡된 채 처음 태어나고, 모든 동일시 너머 모습을 바꿔 다시 태어나야 하는 까닭이다. 어떻게 이러한 재-탄생은 가능할까? 알터 에고의 타자성을 구성하는 것이 레스탕의 투사, 밖으로 투사된 내재적 타자성의 투사만이 단지 아니다. 또한 내가 그의 몸에서 발견하는 저항의 지점, 독특한 특징, 몸짓, 그의 낯섦을 내게 드러내는 말이 그것을 구성한다. 우리는 그 둘을 혼동하지 않도록 주의해야 할 것이다. 내재성 '속에서' 저항하는 것과 내재성'에' 저항하는 것, 낯설고도 내밀한 것으로서 레스탕과 대타자의 초월성이 모습을 보이는 곳으로서 '외적인' 저항 지점을 동류시하지 말아야 할 것이다. 레스탕의 강박관념 속에서 나는 여전히 나 자신과 관계한다. 동일시에 저항하는 가운데 대타자의 진리가 판타슴을 통해 나타나기 시작한다. 내 모든 만남에서 예측할 수 없는 것이 생길 수 있다. 투사를 중단하고 내가 타인을 대상으로 행하는 예견을 좌절케 하고 타자 도래의 가능성을 지닌 어떤 몸짓이나 말이 생길 수 있다. "좁은 문"을 통해 대타자는 내 삶에 불법 침입할 수 있으며, 새로운 모든 만남이 바로 그러한 "좁은 문"이다.

닮지 않음의 경험은 그렇지만 '정말로' 타자를 내게 드러내기에 충분할까? 우리는 그것을 의심할 수 있다. 성적 다름의 예가 그것을 충분히 보여준다. 내가 다른 몸에서 지각하는 닮지 않음은 그 몇몇 특징에 나를 동일시하는 걸 막지 못한다. 그 몸에 나를 투사하는 걸, 그 몸을 내 판타슴에 통합하는 걸, 그 몸을 타인의 새로운 면으로 깎아내리는 걸 막지 못한다. 우리의 모든 경험은 그것을 확인해 준다. 우리는 대타자의 극단적인 타자성을 견딜 수 없다. 대타자가 드러날 가능성은 새로운 모습으로 새로 재구성되는 판타슴의 저항에 언제나 부딪힌다. 역방향의 전이가 중단되면서 내 강박관념을 되살아나게 하는 극심한 불안이 일어난다. 닮지 않음의 지각에 나는 곧 새로운 투사로 반응한다. 내가 타인을 '나 자신에' 동일시하기를 그칠 때, 나는 그것을 '레스탕에' 동일시한다. 낯선 것을 겪는 일, 대타자로서 타자를 겪는 일은 '내 안에' 최초로 낯선 것을 겪는 일로 급선회한다. 그의 몸에 있는 다름의 흔적, 그의 타자성의 날인은 레스탕의 정박지가 된다. 내 무서움, 혐오, 증오를 일으키는 특징이 된다. 투사적 동일시의 두 양상, 레스탕을 전이하는 매우 다른 두 방식을 결국 구별해야 한다. 첫 번째 예로 나는 레스탕의 순수 타자성을, 그 아프리오리하고 감정적으로 중립된 모습을 다른 몸에 투사한다. 매 순간 일어나는 그러한 투사가 타인 현상을 구성한다. 더 드문 두 번째 예로 나는 부분적인 특징["*einziger Zug*"라고 프로이트는 말했을 것이다], 곧 레스탕의 독특한 양상을 그것이 일으키는 특수한 정서와 함께 타자의 몸에 투사한다. 이러한 종류의 투사에서 타자는 더 단순하게, 중립적이고 불명확한 방식으로 단지 "타인"으로 구성되지 않는다. 타자는 내 가장 나쁜 강박관념에 모습을 드러내는 바 그대로 내 살의 레스탕과 동일시된다. 내가 내게서 멀리 내던지고 파괴하고자 하는 역겹고 위협적이고 가증스러운 물(Chose)과 그것은 동일시된다. 교과서적인 가정이 관계하지 않는다. 역사를 통해 남자든 여자든 역한(abjection) 대상으로, 레스탕의 앞잡이로 낙인찍혀 그러한 투사의 목표물이 되곤 했다. 그렇게 중세시대의 한 이론가는 여자들을 낙인찍는다. "남자들이 피부 아래 있는 것을 본다면, 그들은 여자들을 보는 것만으로 구역질을 할 것이다. 여성 특유의 우아함은 찌꺼기, 피, 체액, 담즙에 지나지 않는다. 도처에 불결한 것투성이다. 토사물이나 퇴비를 손가락 끝으로 건드리는 것만으로 역겨워하는 우리가 어떻게 배변 주머니 그 자체인 것을 품에 안기를 바랄 수 있겠는가?"[85] 이러한 혐오에서 박해와 살해로 가는 길은 멀지 않다. 마녀재판 때 종교재판관이 고문을 당한 희생자의 몸에서 "악마의 증표"를, 악마에게 충성을 서약했음을 확인해주는 은밀한 흔적을 찾으려 혈안이 됐었다는 것을 우리는 안다. 그 증표, 흔적이란 곧 낯섦의 표시, 레스탕의 신체적 기재이다. 대개 신체적 다름이 아니라 (언어나 종교나 문화나 정치 차원에서) 어떤 상징적 표지가 레스탕의 투사를 더 잘 일어나게 한다. 이때에도 낯섦은 신체적 표시에서 판타슴적으로 구현되려는 경향이 있다. 파리아 족, 유태인, 이교도, 광인, 프롤레타리아, 체제반대자, 역사적으로 레스탕의 형상을 나타낸다는 이유에서

---

85. Odon de Cluny, cité par J. Huizinga, *Le Déclin du Moyen Age*(1919), Payot, 1968, p. 167-168.

박해받고, 갇히고, 추방되고, 전멸된 모든 이들에게서 상황은 그와 같다. 이는 공동체적 동일시를 위기에 놓고, 인간 사회를 공고히 하는 낯선 것을 대상으로 한 증오를 입증하며 그들은 "공동체의 영원한 아이러니"와 그 숨겨진 진리를 구현한다.

이 대타자-쓰레기, 이 위협스러운 침입자를 나는 그렇지만 내 살의 일부처럼 막연히 파악한다. 증오나 혐오를 일으킬 때조차도 다름의 지각은 근본적으로 동일시에 대립하지 않는다. 프로이트는 사랑이 아닌 증오 속에서 이뤄지는 '부정적인 동일시'의 가능성을 생각했지만,[86] 우리의 모든 동일시는 양면적이다. 우리가 타인과 맺는 모든 관계는 밀고 당기는 힘을 모두 가정한다. 타자에게서 나를 떼어놓고, 내가 그에게서 가장 혐오스럽다고 생각하는 그것이 흔히 나를 사로잡는 것이다. 나는 그것과 나를 동일시한다. 내가 그것과 나를 동일시한 만큼, 내가 '그것에 속한다'는 걸 예감한 만큼 나는 더 격렬하게 그것을 거부한다. 가장 극심한 반감이나 혐오를 검토할 때 칸트는 그러한 것을 다음과 같은 정서로 정의한다. 그 정서 속에서 "대상은 마치 그것이 쾌락에 필요불가결한 것처럼 나타난다. 하지만 우리는 그것에 맹렬히 저항한다."[87] 칸트는 역한 것(abject)이 또한 쾌락의 대상임을, 그것에 저항하려는 우리의 노력에는 은밀한 유혹이 뒤따름을 인정했다. 임상은 예를 들어 공포증(포비아)의 사례에서 그것을 확인한다. 공포증 환자가 절망적으로 피하고자

---

86. Freud, "Psychologie des masses et analyse du moi", *Essais de psychanalyse*, p. 162. 나는 이러한 유형의 부정적인 동일시가 히틀러의 반유대주의의 기초가 되며, 나치는 증오와 부러움 속에서 "세계의 지도자"인 유태인의 환상적인 모습과 자신을 동일시한다는 것을 보여주고자 했다. [J. Rogozinski, "L'Enfer sur la terre", *Revue des sciences humaines*, n° 213, 1989를 보라]

87. Kant, *Critique du jugement*, § 48.

하는 불안의 대상은 또한 그의 시선을 사로잡는 것, 그가 보지 않을 '수 없는' 것이다. 동일시하려는 경향과 대타자의 다름을 경험하는 일, 동일시를 막는 대타자의 저항을 경험하는 일, 그 둘을 대조하기가 결국 매우 어렵게 된다. 우리는 우리가 증오하는 대상과 ["부정적으로"] 우리를 동일시하기를 계속할 뿐 아니라, 이 "기분 나쁜 대상"은 긍정적인 동일시의 한 극처럼, 욕망이나 사랑의 대상처럼 또한 제시될 수 있다. 우리의 감정적 관계 대부분에서 우리는 사랑과 증오, 욕망과 혐오 사이에서 그렇게 주저하고, 소외하는 동일시를 다른 동일시로 대체하기만 할 뿐이다.

그럼에도 동일시의 면을 가로지르고 대타자의 진리에 이르는 통로를 찾을 수 있을까? 공동체의 어떤 놀라운 형태가 그러한 만남에서 나올 수 있을까? 살적인 전이가 매번 동일시에 결합되며, 그러한 동일시는 반드시 소외할 수밖에 없음을 우리는 인정했다. 이는 추상적인 가정이 아닐까? 대타자의 살 속에서 나를 잃어버리거나 내 살 속에 대타자를 흡수하지 않으면서 대타자의 몸에 살을 줄 수는 없을까? 동일시로 바뀌지 않고 전이가 일어난다거나, 대타자에 나를 소외하지 않고 대타자에 나를 동일시한다고 우리는 얼마든지 생각할 수 있을 것이다. 동일시가 언제나 근본적인 환영에 기초를 둔다면, 동일시는 에고론적 차이를 위반한다. 이는 동일시가 모든 같은 성격을 지님을 의미하지 않는다. 융합과 소외의 성격을 띤 동일시와 '거리를 두고 이뤄지는 동일시'를 구별하는 것이 중요하다. '거리를 두고 이뤄지는 동일시'는 타자의 타자성을 존중할 줄 알며, 낯선 이를 나와 비슷한 이로 알아보고, 그와 공동체를 이룰 수 있게 할 것이다. 그러면서도 통합적인 몸 내부에서 발생하는 합일의 판타슴에 굴하지 않을 것이다. 그러한 동일시가 행해질 수 있으려면 자아와 알터 에고 사이에 어떤 간격이나 경계를 그려야 한다. 타자성의 한 요소가 동일시의 과정'에' 포함되어야 한다. 레스탕은 정확히 벌리고 구분하는 기능으로 특징지어진다. 내가 레스탕을 대타자의 몸에 투사할 때, 내 모든 살 극 사이에서 레스탕이 그리던 경계는 밖으로, 내 살과 낯선 살 사이로 이동해가고, 그 다른 살과 내가 융합되는 것을 막는다. 하지만 내 안에서 최초로 낯선 것은 진전한 타자성에 길을 내주기에 충분히 낯설지도, 충분히 나와 다르지도 않다. 동일시에 대한 레스탕의 저항은 더는 나 자신이 아닌 타자의 초월성에서 와야 하며, 레스탕이 벌려 놓은 거리를 더 벌려 놓는 다른 저항으로 지탱되고 강화되어야 한다. 이 이중의 저항은 더는 소외하지 않는 동일시를 가능하게 할 것이다. 차이 속에 공동체를 가능하게 할 것이다. 합일을 목적으로 한 사랑의 광란을 피할 줄 아는 사랑을 가능하게 할 것이다. 대타자와 나 자신 사이에 동일시와 그 한계가 '함께' 있어야 한다. 유혹과 거부가, 또는 칸트와 함께 말하면 '존중과 사랑의 종합'이 '함께' 있어야 한다.

칸트는 사람들을 "서로 거리 두게" 하고 끌어당기는 힘인 사랑에 대립하는 "척력의 원리"로 존중을 정의했다. 그는 "만일 이 두 커다란 도덕적 힘 가운데 하나가 기울게 되면", "한 방울의 물이 대양에 그렇듯 무가 모든 존재계를 그 소용돌이 속에 삼켜버릴 것이다."[88] 합일을 목적으로 한 사랑의 끌어당기는 힘에 저항하는 힘이 어디서 올 수 있을까? 『실천 이성 비판』에 따르면 존중은 법에서 나오고 법에 호소한다. 법이

88. Kant, *Doctrine de la vertu*, § 24; 존중과 사랑의 종합의 가능성을 다루는 § 48을 또한 보라. *Le Don de la Loi*에서 나는 존중을 다루는 칸트 이론을 해명하고자 했다. 그러나 나는 레스탕의 기능을 끌어내지 못했기에 그곳에 이르지 못했다.

행위의 주관적 동기처럼, 우리 의지를 움직이게 하는 "도덕 감정"으로 나타날 때, 존중은 윤리적 법 그 자체'이다.' 칸트는 그렇지만 마치 도덕 감정이 주체에 극심한 폭력을 행사하기라도 하듯 도덕 감정이 고통과 일종의 공포를 수반한다는 점을 강조한다. 이는 도덕 감정이 금지된 욕망의 대상, 칸트가 '악'이라 명명하는 "혐오의 대상"과 거리를 두게 하는 기능을 하기 때문이다. 욕망하는 우리 힘에서 그 대상을 떼어놓고 그 대상을 '존중하게' 하는 기능을 하기 때문이다. 존중과 법의 인간주의적이고 도덕적인 해석을 끝내야 할 때이다. 그러한 감정은 조금도 "도덕적"이지도, "인간적"이지도 않다. 다른 사람을 대상으로 한 존중은 존중의 가장 근원적인 양상이 아니다. 존중은 최초의 반감에 뿌리를 둔다. 타인과 맺는 모든 관계 저편에 자리 잡은 무서우면서도 매혹적이고 흉측하면서도 숭고한 대상=X와 거리 두기에 뿌리를 둔다. 우리는 존중의 시초에서 레스탕의 작용을 알아본다. 자아를 그 자신의 살에 잠기지 않게 하면서 자아를 보전하고, 자아가 그 자신의 살에 타자를 융합하지 않으면서 대타자로서 타자를 구성할 수 있게 하는 간격을 알아본다. 그러면 어떻게 레스탕이 '법을 대신하기에' 이르는지, 어떻게 공포나 혐오의 감정이 상쇄될 수 있는지, 간격의 순수 정서에, 다른 사람을 위한 존중이라는 순수 감정에 자리를 내줄 수 있는지를 이해해야 한다.

내가 타자와 합쳐지는 걸 막는 법이 바로 레스탕의 "법"이다. 그것은 대타자를 내 안에 흡수하거나 그에게 내가 흡수되는 걸 막는다. 그것은 역한 것(abject)으로서, 내가 내 살에서 멀리 내던지고 대타자의 몸에 투사한 것으로서 레스탕 그 자체이다. 대타자의 몸에서 레스탕은 추잡한 물(Chose)로, "나쁜 대상"으로 변한다. 그러한 투사는 내가 대타자와 나를 이미 구별했음을 가정한다. 또는 적어도 내가 그의 몸에서 완전한 동일시를 막는 닮지 않음의 특징을 알아봤음을 가정한다. 그러한 표시는 레스탕의 투사를 위한 정박지, 과녁으로 쓰인다. 내 살에서 "역한" 부분이 대타자에 투사될 때, 우리의 다름은 더 커지고 격한 반감으로 바뀐다. 그러한 각도에서 거세 공포증을 다루는 프로이트 이론을 재해석할 수 있다고 나는 생각한다. 어머니에게서 성기 부재의 발견이 아이에게 그러한 공포의 감정을 불러일으킨다면, 그 발견이 아이 자신이 "거세당할 것"이라는, 불완전하게 구성된 살로, 레스탕이 빠진 훼손된 몸으로 영원히 있을 것이라는 그의 불안을 일깨우면서 아이 자신의 몸으로 파급되기 때문이다. 어머니의 거세가 불러일으킨 불안은 어머니의 몸에서 아이를 갈라놓고 근친상간의 금기를 그의 욕망에 들어가게 한다. 상징적 대타자, 오이디푸스 법을 대표하는 이가 끼어들기에 앞서, 그처럼 유대 관계가 단절되고, 어머니의 욕망에 붙잡힌 주체를 그곳에서 벗어날 수 있게 하는 탈동일시가 이뤄진다. 성적 다름의 단순한 지각은 그러한 분리를 수행하고 최초의 동일시를 중단하기에 충분하지 않다. 어머니의 몸에 내 살의 레스탕을 또한 투사해야 한다. 그때부터 어머니의 몸은 단지 끌어당기는 극, 동일시와 사랑의 대상처럼 더는 제시되지 않고, 밀어내는 극처럼 또한 제시된다. 불안과 혐오의 감정을 일깨움으로써 어머니의 몸은 이제 역한 것의 양상으로 레스탕을 구현할 것이다. 에고-분석의 관점에서 우리는 거세 환상과 오이디푸스 법을 근원적 현상으로 더는 생각할 수 없다. 왜냐하면 그러한 것은 내 내재성 영역에서 이미 행해졌던 것을 대타자와 맺는 관계에 다시 옮겨 적게 할 뿐이기 때문이다. 그렇게 거세 공포증은 키아슴의 균열, 레스탕의 축출에서 생긴 최초의 불안을 다른 차원에서 반복한다. 근친상간의 금기, 어머니의 몸과 성적 합일을 이루는 것을 금기로 함은 아파니시스의 위험에서, 내 살이 그 자신과 이루게 될 치명적인 합일의 위험에서 그 원천을 찾는다. 레스탕의 저항은 그러한 위험에서 벗어나게 한다. 최초로 주체를 구조화하는 것은 대타자의 욕망이 아니다. 내가 나 자신과 내 살의 나머지와 맺는 관계가 내가 대타자와 맺는 관계를 결정한다.

레스탕이 낯선 몸 전체에 전이되지 않고 부분적인 대상, 그 몸에 투사된 "기관"의 모습을 띨 때, 낯선 몸에 레스탕을 투사하는 일은 게다가 다른 양상으로 나타날 수 있다. 임상이 우리에게 알려주는 것처럼, 어머니의 거세는 매우 참을 수 없어서 주체는 어머니에게 성기를 상상적으로 부여함으로써 어머니의 거세를 부인할 수밖에 없다. 어머니 성기의 부재는 그를 공포에 질리게 한다. 그렇게 몇몇 병리학에서 매우 중요한 구실을 하는 "남근을 소유한 어머니"의 환상은 태어난다. 프로이트도, 그의 추종자도 어디서 그러한 환상이 오는지를 우리에게 분명하게 설명해 주지 못한다. 나는 거기서도 또한 레스탕의 효과를 본다. 그것은 내가 내 밖으로, 타인의 몸인 투사 표면으로 내던진 내 몸의 한 부분이다. 그곳에서 거세 공포증은 구체화한다. 그 투사 표면에서 내 몸의 한 부분은 [물신숭배(페티시즘) 속에서는] 욕망의 대상처럼, [공포증(포비아) 속에서는] 공포의 대상처럼 나타난다. 어떻게 아이가 그의 성기를 어머니의 몸에, 어린 한스를 공포에 질리게 한 말에, 물신숭배자의 욕망을 자극하는 신발, 속옷, 머리카락에, 세계의 '아무러한' 대상에 투사할 수 있을까? 이를 위해서는 자아-살이 몸을 지니기에 앞서 이미 분열됐어야 했다. 내 살의 일부가 내 몸에서 떨어져 나간 "하찮은 것"처럼, 내가 다른 몸에서 찾아내는 절단된 기관처럼 나를 사로잡으러 되돌아오려면 내게서 이미 분리됐어야 했다. 그러한 투사와 부분적인 동일시를 넘어설 수 있을까? '대상 전체'로서 타자 곧 여기서는 어머니와 관계를 맺을 수 있을까? 어떻게 끌어당기는 힘과 밀어내는 힘 사이에서 쉴 새 없이 흔들거림을, 낯선 몸에 전이되는 레스탕과 맺는 관계의 '양면성'을 극복할 수 있을까? 어머니와 아이의 욕망 사이에 간격을 보전하려면 아마도 밀어내는 힘이 반드시 있어야 할 것이다. 그 힘을 극복하려면, 간격이 달리 재등록되어야 한다. 제삼의 요소가 끼어들어서 근친상간의 금기에 법의 힘을 줌으로써 어머니와 아이의 관계를 평화롭게 해야 한다. 그러한 것이 사람들이 단언하길 오이디푸스 콤플렉스에서 아버지가 하는 기능이다. 그런데 오이디푸스 분쟁의 구체적인 경험은 안심되는 그러한 "해결책"을 반박한다. 아이와 어머니의 관계가 지닌 초기 양면성은 아버지에게로 옮겨간다. 아버지는 동일시의 대상이 되면서 그 또한 증오와 사랑을 야기한다. 프로이트에 따르면, 오이디푸스 분쟁에서 나가려면 아이가 경쟁적이고 증오에 찬 동일시에서 일정한 거리를 보전하는 다른 동일시 형태로 넘어가야 할 것이다. "[아버지와 같이] 너는 그래야 해"라는 교훈으로 끝나지 않고 "네게는 그럴 권리가 없어"[89]라는 금기를 포함하는 동일시 형태로 넘어가야 할 것이다. 하지만 프로이트는 어떻게 한 동일시에서 다른 동일시로 넘어가는지, 어떻게 거리를 두고 일어나는 동일시가 양면성과 오이디푸스의 경쟁을 끝마칠 수 있는지 우리에게 말해주지 않는다. 칸트의 윤리는 유사한 어려움에 직면한다. 실천 이성의 법이 문제이든 오이디푸스의 법이 문제이든 에고에게 법을 대신하는 것은 레스탕의 기능에서 생긴다. 그 기능은 끌어당기는 힘과 밀어내는 힘의 양자택일로 먼저 나타난다. 그러한 동요가 잠잠해질 때에만, 그러한

---

89. Freud, "Le Moi et le Ça", *Essai de psychanalyse*, p. 246. 우리는 M. Borch-Jacobsen의 *Le Sujet freudien*에서 이 문제를 주제로 한 흥미로운 분석을 발견할 수 있을 것이다.

동요를 수반하는 정서가 상쇄될 때에만, 그 기능은 순수한 벌리기 기능으로 나타난다. 어떻게 그러한 감정적 상쇄가 가능할까? 어떤 방식으로 괴로움과 공포의 "병리적" 감정이 존중이라는 윤리적 감정으로 바뀔 수 있을까? 어떤 마법으로 주체는 상상적인 것에서 상징적인 것으로 넘어오기에 이를까? 거세가 그에게 불러일으키는 두려움을 극복하면서 거세를 그의 욕망의 법으로 인정하기에 이를까? 정신분석학은 칸트 비판 철학만큼이나 그 물음에 답을 거의 주지 않는다. 왜냐하면 그 두 이론은 단번에 세계의 초월성에 자리 잡기 때문이다. 하지만 우리의 정서는 에고의 내재적 삶에 그 뿌리를 둔다. 정서의 변화는 자아와 레스탕의 관계가 변화했다는 지표이다. 바로 그러한 변화를 기술해야 한다.

총괄할 때가 왔다. 나는 동일시의 기원을 이해하고자 했다. 무엇이 타인의 여러 형상에 자신을 소외하도록 자아를 이끄는지, 그 형상을 본보기로 삼도록, 그 영향력에 종속되도록 자아를 이끄는지 이해하고자 했다. 나는 대답을 찾았다고 생각했다. 에고와 에고 자신의 근원적 동일시가 에고와 타인의 관계에서 반복되고, 마치 에고와 타인이 오직 한 살을 이룰 뿐인 듯 타인과 합쳐지도록 에고를 유도한다. 그러한 분석이 불충분하지는 않는지, 그것이 우리의 소외하는 동일시의 지속을 설명하기에 이르는지, 예속의 욕망과 사랑의 광란 속에서 쉼 없이 다시 발생하는 합일의 판타슴을 설명하기에 이르는지 나는 자문한다. 어떤 의미에선 모든 것이 그러한 동일시에 대립한다. 다른 사람들과 우리를 구별하는 신체적 다름과 상징적 다름, 레스탕과 대타자의 이중 저항… 그럼에도 우리는 타인과 우리를 동일시하기를 멈추지 않는다. 이는 레스탕의 위기와 간격 기능의 실패의 표시일까? 레스탕 그 자체가 양면적인 것일까? 그것은 분리와 벌리기의 요소이면서 또한 동일시와 소외의 요소일까?

이에 답하려면, 근원적 종합의 분석을 심화해야 할 것이다. 그 근원적 종합에서 레스팅은 나온다. 그와 같은 심화는 어쩌면 또 다른 수수께끼를 풀게 해줄 것이다. 동일시의 중단으로 자아-살이 타인에 전적으로 소외되지 않고 보전됨에도, 왜 그러한 중단이 대게 불안, 증오, 혐오를 수반하는지를 이해하게 해줄 것이다. 나는 "증오의 탄생"을 이해하고자 했다. 대타자와 나 자신의 닮지 않음이 발견됨으로써 역방향의 전이가 중단되고 내 몸의 무너지기 쉬운 통일성이 깨질 위험이 있다. 자아-살은 낯선 몸에 레스팅의 역할을 투사함으로써 그러한 위험에 반응한다. 하지만 어떻게 그 정도로 세계에 있는 두 몸의 경험적 다름이 내가 행한 매우 근원적인 동일시를 위태롭게 할 수 있을까? 내 내재성 영역에는 닮음도 닮지 않음도 있지 않고 끌어당기고 밀어내는, 접속되고 분리되는 기본적인 현상만이 있을 뿐이다. 타자의 외모, 그의 얼굴 형태, 그의 피부 색깔, 말하고 행동하는 그의 방식은 우리의 동일시를 깨트리기에 조금도 충분하지 않아야 한다. 내가 그를 '또 다른 사람', 나와 "비슷한 사람"으로 헤아리기를 거부하려면, 더 근본적인 간격이 이미 생겨서 내 살을 다른 살에 결합하는 맹목적인 동일시를 중단해야 한다. 그러한 역방향이 밖으로, 낯선 몸으로 옮겨가려면, 내가 레스팅과 맺는 최초의 관계가 이미 바뀌었고, 밀어내는 힘이 이제 끌어당기는 힘보다 우세해야 한다. 그러면 닮지 않음의 지각은 견딜 수 없게 되고, 그래서 가장 사소한 차이도 어마어마한 위협처럼 내게 나타난다.

혐오와 증오를 낳는 레스팅과 맺은 관계의 뒤집힘은 다시 뒤집힐 수 있어야 한다. 거리를 두고 일어나는 동일시, 존중과 사랑의 종합이 가능해야 한다. 그렇지 않으면 인간 공동체는 "한 방울의 물이 대양에 그렇듯" 증오의 쾌락과 사랑의 광란 속에 오래전부터 잠겼어야 한다.

레스탕과 대타자 그 둘과 이뤄지는 '참된' 관계를 발견해야 한다. 내가 대타자와 이루는 관계를 왜곡하는 것이 내 투사적 동일시이므로, 그러한 동일시를 중단하고 내 레스탕을 낯선 몸에 투사하기를 멈출 수 있어야 한다. 하지만 그러한 투사는 어쩌면 불가피하다. 낯선 이를 '알터 에고'처럼 구성하는 것이 그것이다. 투사를 중단하는 것이 아니라 그것의 감정적 짐을 내려놓는 것이 결국 중요하다. 증오, 불안, 시기가 마침내 존중에 자리를 내주려면, 그러한 정서가 상쇄되어야 한다. 나와 레스탕의 관계가 그 양면성을 잃고, 가장 중립적인 정서, 우리가 "존중"이라 부르는 간격의 순수 감정으로 환원되어야 한다. 오직 그러할 때에만 에고에게 레스탕이 '법을 대신할' 수 있다. 어떻게 나와 레스탕의 관계가 다시 뒤집힐 수 있을까? 그런 의미로 바뀔 수 있을까? 이는 타인을 대상으로 내가 하는 경험에 어떤 중대한 영향을 미칠까? 내가 나와 대타자 사이에 놓는 판타슴에 어떤 중대한 영향을 미칠까? 타인 현상은 초월성과 내재성의 불안정한 종합이다. 다른 몸에서 떨어져 나간 요소와 내가 내 밖으로 투사한 내 살의 레스탕의 혼합이다. 그러한 투사는 나와 대타자의 관계에 기생하고 그 관계를 틀어지게 한다. 끊임없이 나는 내게서 오는 의도와 정서를 대타자에 부여한다. 나는 그의 증오의 표적이라고 생각한다. 그러나 내 판타슴의 은막에서 굴절된 나 자신의 증오가 문제이다. 또는 나는 내 감정이 그에게 호소한다고 상상한다. 그러나 그 감정은 나를 겨냥할 뿐이다. 내가 그에게 내 사랑을 고백할 때 내가 사랑하는 것은 나이다. 내가 만나는 모든 낯선 이와 함께 나는 지칠 줄 모르고 같은 줄거리를 재연한다. 우리의 모든 관계에 나는 나와 레스탕의 관계의 표시를 새겨 넣는다.

그러한 투사가 착각을 일으키기를 멈추려면, 그것이 환히 드러나야 한다. 내가 타인 판타슴 속에서 대타자로부터 내게 오는 것과 나 자신에게서 오는 것을 구별할 수 있어야 한다. 만일 레스탕이 더는 감춰지지 않는다면, 그것이 마침내 레스탕으로서 내게 드러난다면, 이는 그 기회에 대타자로서 타자를 나타나게 할 것이다. 대타자가 그의 참된 얼굴을 내게 드러내려면, '레스탕의 진리'가 내게 나타나야 한다. 그때에만 나는 존중의 거리 속에서 그것과 결합하고 어쩌면 참된 사랑으로 그를 사랑하기에 이를 것이다. 오직 진리만이 아직 우리를 구할 수 있다. 판타슴 너머 공동체의 가능성을 우리에게 줄 수 있다. 이는 나와 레스탕의 관계의 근본적인 변화를 가정한다. 그 변화 속에서 레스탕은 낯선 물(Chose)로 더는 모습을 드러내지 않을 것이며, 나는 그것을 마침내 내 살의 살로, 내가 내 밖으로 투사했던 나 자신의 일부로 알아볼 것이다. 내가 그러한 변화를 시작해야 할까? 나는 레스탕에 아주 사로잡히고, 그것에 나를 매우 깊이 동일시했다. 그렇기에 어떻게 내 힘으로 그러한 사로잡힘에서 나를 자유롭게 할 수 있는지 우리는 잘 알지 못한다. 대타자에게, 낯선 이와 이룰 행복한 만남에 그것을 기대해야 할까? 하지만 어떻게 레스탕의 투사가 우리 관계를 언제나 이미 그릇되게 함에도 대타자가 내게 자신을 드러낼 수 있을까? 어떻게 그러한 난관에서 나갈까? 지금으로서는 기본 규칙에 만족하자. 세계의 초월성 속에서 내게 모습을 드러내는 모든 것은 내 내재성 영역에서 이미 예고되었다. 대타자와 나의 관계를 결정하는 것은 나 자신과, 내 안에 낯선 것으로 있는 것과 나의 근원적 관계이다. 대타자의 "제2의 탄생"이 가능하려면, 타인 너머 나 자신의 재-탄생이 이미 시작됐어야 한다. 레스탕의 영향 아래 처음으로 태어난 나는 그 영향력에서 나를 해방하면서 다시 태어나야 한다. 어떻게 내 자아가 "하나의 악순환처럼 내 안에서 시작되는 낯선 것을 거쳐 자기 자신으로 되돌아오는지를"[90] 이해하고자 한다면, 이제 검토해야 할 것은 바로 그러한 부활의 조건이다.

키아슴의 위기

> "자기-드러남의 영원한 행위 뒤에
> 세계는 오늘날 우리가 바라보는 그대로이다.
> 규칙, 질서, 형태, 모든 것이 그곳에 있다.
> 하지만 마치 새로 침입할 수 있다는 듯
> 무규칙이 깊숙한 곳에 머무른다.
> 바로 절대 나타나지 않는 나머지이다.
> 그것은 영원히 깊숙한 곳에 머무른다."
> 셸링, 『인간 자유에 관한 연구』

에고는 뭘 원할까? 그는 자신의 '해방'을 원한다. 지구가 치유의 장소가 될 때 되찾을, 니체가 말하던 건강을 원한다. 그는 타인의 수많은 형상에 그를 예속하는 그의 강박관념, 소외하는 동일시를 극복하기를 원한다. 자기 자신과 타자에 이르는 참된 통로를 찾고 "지구의 불안을 자기에서 멀리 내던지기를" 원한다. 어떤 것이 해방의 조건일까? 무엇보다도 '에고가 있어야 한다.' 자기에게 자기를 주는 힘, 자기에게 자기를 밝히는 힘, 자기 자신을 부르는 힘을 지닌 단독적인 자아가 있어야 한다.

---

90. Husserl, *Autour des "Meditations cartésiennes"*, p. 105.

그의 자기-줌, 자기-드러남, 부름이 그의 소외와 실추보다 '더 근원적'이어야 한다. 마지막으로 에고가 자기에게 '자기를 상기하고', "그 안에서 시작하는 낯선 것을 거쳐" 자기 자신에게 되돌아갈 수 있어야 한다. 이 세 번째 조건은 언뜻 보아 처음의 두 조건에서 나오는 것 같다. 자기 자신을 이미 부른 자아만이 자기를 상기하고 자기를 되찾을 힘을 또한 소유할 수 있다. 내 자기-줌을 통해 내가 나 자신에게 돌아갈 수 있다면, 하지만 어떻게 나는 왕의 편지, 나를 자유롭게 할 수 있는 부름을 내게 보내지 못하고, 세계에 추방되고, 다른 이들에 사로잡히게 되었을까? 무엇이 내 해방을 방해할까? 내 실존의 사실성, 내 버림받은 상태, 세계 속에 있는 거기-던져진-내-존재일까? 하지만 내 사실성은 여전히 내 삶에 속한다. 그러한 상황, 시대, 몸은 '내 것'이고 나는 그러한 것을 자유롭게 받아들여야 한다. 내가 그렇게 하지 않는다면, 내가 나 자신을 위해 결정하지 않는다면, 나는 내 결정하지 않음에 전적으로 책임을 지닌다. 내 소외를 설명하고자 나는 세계와 다른 사람들의 압도적인 영향력을 언급할 권리를 더는 지니지 않는다. 내 자기-줌은 근원적이고 초월성의 차원에서 내게 일어나는 것은 내 삶의 내재성 속에서 이미 예고되었다. 내가 세계에서 한 모든 실패는 더 근본적인 재앙을 가리켜 보인다. 세계의 힘에 복종하거나 그것에 저항하기로 한 결정은 아르케-결정에, 최초의 소외나 저항에, 내 삶의 **뼈대**를 이루는 '내재적 사건'에 그 뿌리를 둔다. 사실 거기에는 좋은 소식이 관계한다. 내게 일어나는 것은 결국 대타자의 잘못이 아니다. 나는 그를 비난하거나, 그에게 모든 잘못을 돌리지 말아야 한다. 왜냐하면 나를 헤매게 하는 악령은 내 안에 있기 때문이다. 나는 내 안에서 내 해방에 가장 중요한 굴레가 되는 것을 찾아야 한다. 최초의 자기-눈멂, 자기 망각 속에서 찾아야 한다.

그러한 것에서 나를 해방하는 힘이 내 힘 안에 있어야 한다.

자발적인 예속은 최악이고 그것에서 해방되기가 가장 어렵다. 그러한 예속은 자유로운 결정에 기반을 두기 때문이다. 이는 키르케고르가 주장 했던 바이다. 자기 자신을 속박한 이는 자신의 힘으로 자유로워질 수 없을 것이다. "왜냐하면 그는 비-자유를 위해 자유의 힘을 쓰기 때문이 다. 그 누구도 그토록 무서운 방식으로 포로가 되지 않으며, 어떤 포로 상태도 개인이 스스로 자신을 가둠으로써 발생한 포로 상태만큼 중단하 는 것이 불가능하지 않다." 가장 "자유롭고", 가장 "자율적인" 자아는 사실 가장 소외된 자이다. 그렇게 그의 해방은 대타자로부터만, 그를 "그 자신에서 구해주는" 구원자로부터만, 신적 구세주로부터만 그에게 올 수 있다.[91] 만일 우리가 그러한 결론을 받아들일 수 없다면, 우리는 어떻게 자기 자신을 잊은 자아가 자기에게 자기를 상기하고, 대타자의 도움 없이 '자기 힘으로' 자기를 해방할 수 있을지 물어야 한다. 한데 어떻게 내가 나 자신인 에고를 잊을 수 있을까? 존재가 물러날 수 있다면, 신이 내게서 멀어질 수 있다면, 이는 단번에 어떤 거리가 우리를 갈라놓 기 때문이다. 존재나 신이 초월성의 간격 속에서 밖으로부터 내게 주어지 기 때문이다. 언제나 나 자신'에게' 나 자신'으로서' 나를 주지 않는다고 인정한다면 모를까, 내 자기-줌의 움직임 속에서 내 일부가 나와 분리되 고, 내가 내 것으로 그것을 인정하기에 더는 이르지 못한다고 인정한다면 모를까, 어떻게 끊임없이 내게 나를 드러내는 내가 내게 나를 숨기고 나를 잃어버릴 수 있을까? 내 안에서 시작하는 최초로 낯선 것, 내재성 한가운데 있는 이 아르케-초월성이 곧 내가 레스탕이라 부르는 것이다.

91. Kierkegaard, *Miettes philosophiques* (1844), Gallimard, 1969, p. 57-60.

내 모든 살 극 사이에 미끄러져 들어오면서 레스탕은 나를 내게서 떼어놓고 나 자신에게 나를 불투명하게 만든다. 그것은 내 최초 동일시의 대상이며, 그것에 나를 동일시함으로써 나는 나를 소외하고 나를 잊는다. 내가 그것과 맺는 관계를 근본적으로 바꾸기에 이를 때에만, 그것 자체가 나와 맺는 관계 속에서 달라질 때에만 내 해방은 가능할 것이다. 어떻게 그러한 것이 일어날 수 있을까? 어떻게 레스탕이 그 자체로부터 나를 구해줄 수 있을까?

이를 위해 레스탕은 분할되고 자기를 배반할 수 있어야 할 것이다. 먼저 기만자의 특징 아래 모습을 드러낸 진리의 최고 원천인 데카르트의 이상한 신처럼, 나를 소외하는 것이 또한 내 해방자여야 한다. 우리는 레스탕이 여러 얼굴을 지니는 걸 보았다. 종합에서 나온, 여러 의식 층의 부분적인 겹침에서 나온 그것은 종합적이고 불안정한 현상, *metaxu*, 잡종, 프로메테우스로 있다. 그것은 무엇보다는 그 간격 기능으로 두드러진다. 내 살 극 사이에서 간격을 보존함으로써 그것은 내가 내 살의 혼돈에 잠기지 않게 한다. 내 몸의 안과 밖 사이에서, 내 살과 낯선 몸 사이에서 경계를 그림으로써 그것은 내가 합일의 판타슴, 타인과 이루는 치명적인 동일시에 맞서도록 나를 돕는다. 분화, 탈동일시의 동인인 그것은 내 해방의 본질적인 조건이다. 나를 보호해주는 그것이 그러나 하나의 위협처럼, 추잡한 물(Chose)처럼, 대경실색케 하는 시선처럼, 나를 괴롭히는 목소리처럼 또한 내게 나타난다. 그것의 나타남은 대체로 불안, 증오, 혐오를 수반한다. 한데 우리는 반감을 나타내는 그러한 감정이 아주 대립된 정서와 뒤섞일 수 있음을 안다. 게다가 우리는 레스탕이 에고를 끌어당길 가능성을, 에고가 레스탕에 자신을 동일시할 가능성을 또한 생각해야 한다. 역설적으로 분리의 요소, 동일시에 맞서는 요소로 먼저 나타났던 현상이 소외하는 동일시의 발원지로 또한 제시된다. 이 두 개의 대립된 면 가운데 어느 것이 가장 근원적일까? 어느 것이 레스탕의 진리를 더 잘 드러낼까? 그 두 면이 모두 공존하는 걸까? 아니면 한 면에서 다른 면으로 넘어가는 걸까? 한 면에서 다른 면으로 넘어가게 된다면, 그 움직임은 가역적일까? 어떻게 우리는 밀어내는 힘에서 끌어당기는 힘으로, 또는 거꾸로 합일적인 동일시에서 존중의 거리로 넘어갈 수 있을까?

레스탕이 전혀 "몸소" 나타나지 않는 만큼 그 물음에 대답하기가 더 어렵다. 티마이오스의 *chôra*, 아리스토텔레스의 "제1 주체"와 비슷한 이 경계 현상은 "타자 속에 있는 타자", "다른 무언가의 곧 사라질 유령"처럼만 나타난다. 그것이 사로잡는 타자는 바로 나 자신이다. 왜냐하면 레스탕은 자아-살과 그 종합 속에서만 존재하기 때문이다. 그 종합의 다른 면, 그 변형과 위기를 검토하는 것이 이제 중요하다. 근원적 종합이 만들어낸 레스탕이 자아-살을 위협하려면 어떤 일이 근원적 종합에 일어나야 할까? 강박관념의 분석은 우리에게 대답의 몇몇 요소를 주었다. 내가 내 얼굴을 만질 때, 내가 내 성대의 울림을, 내 피부 위에서 내 목소리의 "소리 흐름"을 느낄 때, 내가 거울 속에서 바라보는 "사물 눈"을 살로 된 내 눈처럼 알아보게 해주는 것, 내가 듣는 목소리를 나 자신의 목소리로 확인하게 해주는 것이 그러한 지각의 기반이 되는 촉각 경험이다. 그러한 것의 기반이 되는 촉각 키아슴이 없을 때, 내 시선과 내 목소리는 내 살 속에 정착하지 못한다. 그러면 내 시선과 내 목소리는 나를 불러 세우는 미지의 목소리처럼, 나를 꼼짝 못하게 하는 낯선 시선처럼 밖에서 다시 나타난다. 소속의 상실, 고유한 것의 변질을 경험하는 일은 그렇게 촉각 종합의 실패에, '키아슴의 위기'에 그 뿌리를 둔다. 그 위기는 편집증, 환영, 정신착란과 같은 극단적인 현상과 오로지 관계있을까? 아니면 그 결과는 우리 전 생애에 걸쳐, 우리의 불안, 사랑, 증오, 절망, 죽음의 공포 속에서 느껴지게 될까?

앞선 분석의 결과를 간략하게 상기해보자. 내 살이 몸으로 되려면, 세 가지 종합이 요청된다. 육화의 수평적 종합, 체화의 횡단적 종합, 체화의 새로운 종합이 그것이다. 두 번째 종합에서 살은 매번 그 자신에 자신을 얽는다. 그리고 세 번째 종합에서 살은 앞선 두 종합에서 발생한 레스탕에 체화한다. 이 종합 가운데 가장 근원적인 것이 바로 수평적 종합이다. 그것이 다른 두 종합의 기반이 된다. 수평적 종합의 실패를 첫 번째로 논의해야 한다. 분석이 세 가지 종합을 구별하게 해준다 할지라도, 사실 그 세 가지 종합은 불가분적이며 만일 키아슴의 위기가 있다면, 그에 세 가지 종합은 모두 영향을 받을 것이다. 하지만 어떻게 내 살을 내 살에 잇는 최초의 얽힘이 해체될 수 있을까? 정확히 '종합'이 문제이기에, 종합은 분화한 요소를 체화하고 그 요소를 서로 일치시키고자 그 요소를 관계에 놓는다. 만일 자아-살이 근원적으로 나뉘고 수많은 극으로 분산되지 않았다면, 어떤 키아슴도 일어날 수 없을 것이다. 종합이 있으려면 최초의 분화, 타자성, 그 구성하는 요소 사이에 간격이 있어야 한다. 처음 두 종합에서는 살 극 사이에, 세 번째 종합에서는 살과 레스탕 사이에 간격이 있어야 한다. 그 간격은 또한 세 가지 종합을 파괴할 위험이 있는 것이기도 하다. 우리는 최초의 자기 동일시가 언제나 부분적으로 남음을 보았다. 체화가 레스탕을 전체 몸의 일체성 속에 전적으로 흡수하기에 이르지 못함을 보았다. 모든 국면에서 어떤 거리가 유지된다. 종합의 요소 사이에 "여지"가 있다. 그 요소가 서로 완벽하게 맞붙어 있지 않기에, 그것은 언제나 분리될 수 있다. 몇몇 요소가 완전한 체화에 대립하는 만큼 그러한 가능성은 더 우려되는 가능성이다. 체화의 과정과 타인의 구성에서 우리는 동일시에 '레스탕이 저항한다'는 사실을 알아냈다. 우리는 그러한 저항이 강도의 변화를 겪으면서 약해지거나 반대로 강해질 수 있다고 생각할 수 있다. 저항이 약해질 때, 레스탕의 간격 기능이 위태로워지고 자아-살은 그 자신 안에서 붕괴할 위험이 있다. 그것은 '아파니시스'의 심연 속에서 내향성 폭발을 일으킬 위험이 있다. 저항이 반대로 강도의 어느 수위를 넘었을 때, 밀어내는 힘이 끌어당기는 힘을 이기게 된다. 최초의 동일시는 점점 더 어렵게 이뤄지고, 살의 종합은 위기를 맞으면서 중단될 위험에 처한다.

어떻게 그러한 위기는 나타날까? 그것은 가장 극심한 불안으로, 절대적 고뇌의 감정으로, 몇몇 정신병에서만 환히 드러나는 판타슴으로 나타난다. 육화의 종합이 실패하자마자, 모든 살 극은 다른 극에 체화하는 대신에 다른 극에서 맹렬히 멀어진다. 내 살의 조직은 찢기고 이제 막 생기기 시작한 내 살의 통일성은 해체된다. 그리고 나는 사지가 뜯기고 무한히 분할될까 봐 불안에 떤다. 체화의 종합일 때, 내 살은 몸처럼 동시에 자신을 살기에 더는 이르지 못한다. 내 경험의 이 두 차원 사이에서 어떤 이행도, 어떤 조정도 더는 가능하지 않다. (아르토의 판타슴에 따르면) 살이 자신의 체화를 끔찍한 절단처럼 느끼거나 (미시마나 셀린의 판타슴에 따르면) 몸이 자신의 살적인 차원을 역한 분해처럼 느끼거나 둘 중 하나이다. 산산조각 난 자아, 분할된 몸, 살과 몸 이중의 상호적인 역함, 몸 표면의 찢김… 살의 종합의 위기는 내 몸의 탈체화, 내 살의 헐벗음, 에고에게 광기의 경계를 넘어서게 하는 당혹스러운 탈-주체화로 먼저 나타난다. 자아-살을 위험에 놓는 것은 결국 '아파니시스'의 심연뿐만이 아니라, 또한 그 반대의 위험이다. 마찬가지로 끔찍한 분리의 위험, 키아슴 중단의 위험이다. 실존하는 내내 나는 내게 내 죽음의 두 얼굴을 보여주는 이 이중의 위험에 대면해 있다.

내가 살아 있는 동안에는 그렇지만 막 닥쳐오려 하지만 쉼 없이 피해진 "죽음"의 위험이 관계할 뿐이다. 곧 단순한 가능성이 관계할 뿐이다. 왜냐하면 분리는 조금도 절대적이지 않기 때문이다. 키아슴의 전적인 중단은 곧바로 자아-살의 사라짐, 그 전멸을 불러올 것이다. 분리된 요소가 접촉해 있음을 결국 인정해야 한다. 가장 극심하게 밀어내는 힘 내부에 끌어당기는 힘, 통합을 위한 경향이 유지됨을 결국 인정해야 한다. 에고가 전적으로 없어지지 않았다면, 재구성의 국면, 자아의 재-주체화, 그의 살의 재체화가 종합의 분리에 이어 결국 올 수 있다. 그러면 우리는 단순히 최초의 상황으로 되돌아오게 될까? 그렇지 않으면 위기는 더는 아물지 않을 어떤 흔적이나 상처를 남기게 될까? 위기가 한번 지나간 뒤에 같은 몸, 같은 자아가 재구성될까? 종합의 행복한 통일성을 분리의 비극에 대립시키는 것으로 충분하지 않다. 왜냐하면 새로운 판타슴, 새로운 위협을 낳으면서 종합이 또 다른 방식으로 재구성될 수 있기 때문이다. 세 번째 종합, 과정을 끝마치는 그 종합에서 자아-살은 내 몸이라는 매우 독특한 현상을 생성하고자 레스탕에 통합된다. 그처럼 나는 체화를 규정한다. 그 움직임 속에서 나는 레스탕을 구현한다. 그것에 살을 부여하고, 그 대신 레스탕의 몇몇 특징을 부여받는다. 이러한 과정 중에 자아-살은 레스탕의 저항을 극복하고 레스탕에 자신의 삶을 주고자 그 안으로 파고든다. 나는 종합의 "주체", 곧 변화의 동인이다. 에고와 레스탕의 종합은 여기서 '에고의 지배 아래' 행해진다. 자아-살의 우위는 언제나 확고할까? 키아슴은 매번 그러한 방식으로 다시 일어날까? 강박관념의 현상은 또 다른 가능성을 우리에게 생각하게 한다.

바로 '우위 역전'의 가능성이다. 그곳에서 종합은 레스탕의 우위 아래 재구성된다.

"부조화를 이루는 것은 힘의 분리가 아니라 힘의 그릇된 통일"이라고 셸링은 말했다. 그는 단순한 결핍, 박탈, 선의 한정이 아닌 '악'의 실질적인 가능성을 설명하고자 노력했다. 그러면서 그는 그것을 어떤 사악한 원리의 탓으로 돌리지 않는다. 악은 선에 대립된 악마의 의지에서 나오지 않고 "전체의 분리"와 "원리의 전복"에서 나온다. "우리는 분리된 전체에서 통일적인 전체에 있었던 같은 요소를 재발견한다"는 사실을 알아야 한다. "물질적인 요소는 두 때에 똑같지만 [이 관점에서 보면 악은 선보다 더 한정되거나 더 나쁘지 않다], 형식적인 요소는 아주 다르다."[92] 서로 일치하거나 분열하는 그 요소는 *Existenz*, 현상의 드러남, 밝은 데로 옴이자, *Grund*, 기반 곧 그 자체의 힘으로 나타나지 않는 모든 나타남의 조건이다. "삶의 섬광"에 저항하고 영원히 기반(Fond)에 머무르는 "환원할 수 없는 찌꺼기"가 현상의 뿌리에 있다. 이 "절대 나타나지 않는 나머지"를 에워싸려 애쓰면서 셸링은 내가 "레스탕"이라 부르는 것에 가장 가까이 다가갔다. 이 웅장한 신통계보학에서 셸링은 신의 내부에서 그리고 창조의 움직임 안에서 기반과 실존의 분쟁을 묘사하는데, 나는 그것을 다시 이야기하지 않겠다. 내가 여기서 관심을 갖는 것은 전도되고 그릇된 통일의 가능성, '도착된 종합'의 가능성이다. 그러한 종합 아래 분리된 전체는 환영, 악, 광기, 죽음의 가장 강력한 힘을 유발하면서 기반(Fond)[곧 레스탕]의 우위 아래 재구성된다.

---

92. Schelling, *Recherches philosophiques sur l'essence de la liberté humaine* (1809), dans *Œuvres métaphysiques*, Gallimard, 1980, p. 152-156.

셸링은 끌어당기는 힘과 밀어내는 힘, 최초의 힘 사이에서 벌어지는 분쟁, 힘의 관계, 그 관계의 뒤집힘과 같은 용어로 사유하는 법을 우리에게 알려준다. 만일 우리가 레스탕과 에고의 관계를 이해하길 바란다면, 정태적인 묘사에 더는 국한되지 말고, 레스탕과 에고의 역동적이고 충동적인 차원, 그 둘의 유동성을 또한 헤아려야 한다. 그러한 관점에서 레스탕은 더는 관성적인 찌꺼기, 육화에 수동적으로 저항하는 것만이 아니다. 레스탕은 살에 끌어당기는 힘을 행사하고 살을 사로잡아 그것을 자기 안에 흡수하려 한다. 그동안에 자아-살은 그것 또한 레스탕을 그 자신의 유동성 안으로 유인하려 한다. 이 엇갈린 이중의 끌어당김 안에서 저마다 다른 것을 사로잡아, 그것에 자신의 표식을 새기고, 그것을 자기 안에 재흡수하려 한다. 자아-살과 레스탕이 서로 만나고 합쳐질 때, 그 둘의 통합은 싸움의 흔적을 지닌다. 레스탕이 살을 지배하느냐 아니면 살이 레스탕보다 우세하느냐에 따라서, 우리는 종합의 두 가지 대립 양상과 관계하게 된다. 나는 지금까지 한 양상만을 검토했을 뿐이다. 바로 우리 체화를 주재하는 양상이다. 어떻게 종합의 전도, 도착은 나타날까? 그것은 자아와 레스탕의 새로운 맺기처럼 나타난다. 그곳에서 이번에는 레스탕이 자아에 그 본질적인 특성을 부여한다. 바로 살과 삶을 박탈한 낯선 물(Chose)이라는 특성이다. 자아를 통해 소생되기는커녕, 레스탕은 자아에 파고들어 그의 살을 먹어치운다. 레스탕은 자아를 아주 없애지 않고, 자아의 모든 특징을 변질시키면서 자아와 다른 방식으로 합쳐진다. 레스탕은 자아-살의 '왜곡'을 야기한다. 그러면 새로운 현상이 에고, 에고의 몸, 에고 시간성의 '자리에' 나타난다. 파편화한 내 자아가 통일성을 되찾는 것 같다. 재-주체화가 시작되는 것 같다. 하지만 내 자리를 차지한 것은 분신, 낯선 경쟁자, 오를라(Horla)이다.

우리는 위기로 인해 분산된 신체적 요소의 재통일화, 재-체화를 목격한다. 그러한 재통일화, 재-체화는 흉측한 몸, 안티-몸(Anti-Corps)의 모습을 한다. 그러면 흐름, 쉴 새 없는 경과 대신에 내 삶의 시간은 얼어붙은 유일한 순간으로 축약된다. 반복되고 전혀 지나가지 않으면서 고착되는, 강박관념의 집요한 역-시간(Contre-temps)으로 축약된다.

왜 그것을 "훼손"이라 일컬을까? 왜냐하면 종합의 전도는 자아-살을 변형하고 감추는 일련의 훼손을 일으키기 때문이다. 레스탕이 내 삶에 침입해서 나와 뒤섞일 때, 내 에고의 진리는 반-진리로 인해, 나 자신을 대체하는 *deceptor*로 인해 은폐된다. 레스탕이 '나 자신인' 역한 물(Chose)처럼 내 안에 다시 나타날 때, 은폐되고 소멸되는 것은 에고만이 아니다. 또한 레스탕의 본질적인 특징인 그 간격 기능 및 분화 기능이다. 자아와 타자의 다름이 지워지고, 자아와 레스탕이 서로 혼동된다. 우리는 거기서 판타슴을 규정하는 것을 확인한다. 물론, 내 몸이나 '알터 에고'를 구성하는 동일시를 포함해서 내 모든 동일시는 판타슴을 수반한다. 하지만 이때 나는 레스탕이나 타자 속에서 나를 잃어버릴 위험 없이 그러한 것에 나를 동일시할 수 있다. 레스탕이 내 삶을 먹어치울 때 상황은 더는 그와 같지 않다. 내가 내 것으로 더는 알아보지 못하는 내 일부가 내 안에 파고들어서 나 자신에게서 나를 떼어놓는다. 그 일부는 내게 낯선 것으로 남는 동시에 '내가 된다.' 오를라, 안티-몸, 역-시간⋯ 어떻게 그러한 판타슴은 구성될까? 체화를 가능하게 하는 것, 그것에 의미를 주는 것이 근원적이고 살적인 종합이다. 바로 그 차원에서 자아-살에 영향을 주는 훼손을 우리는 명확하게 해야 한다. 수평적 종합을 가로질러, 모든 극은 다른 극을 자신의 살처럼 알아보고 그 극에 자신을 동일시한다. 키아슴이 뒤집히는 순간에 다른 극의 자리에 갑자기 낯선 물

(Chose)이 나타난다. 이제 다른 극과 결합하고자 그 다른 극으로 향하는 대신에 자아-살은 자신에게서 먼 곳으로 다른 극을 밀어낸다. 기술해야 할 것은 바로 그러한 밀어냄이다. 자아와 레스탕이 레스탕의 우위 아래 재동일시될 때, 어떤 일이 다른 종합에 일어날까? 횡단적 종합을 통해 모든 살 극은 다른 극으로부터 몸처럼 만져지는 자신을 느꼈다. 살이자 몸으로 자신을 살았다. 그러한 종합이 실패할 때, 모든 살 극은 때로는 살로, 때로는 몸으로 자신을 살게 될 것이다. 자신의 살아 있는 살이 물질적 사물로 변하는 것을 느끼게 될 것이다. 이번에는 다른 극 안에서 가 아니라, '나 자신 안에서' 레스탕이 내 살을 먹어치우는 것을 나는 느낀다. 이러한 탈육화, 자아-살의 헐벗음은 내 경험 속에서 무엇과 일치할까? 반대 방향으로, 사물에서 살로 넘어가면서, 나를 재-육화하면서, 나는 같은 길을 다시 갈 수 있을까? 마찬가지로 '다른 극'에 다시 살을 부여할 수 있을까? 그 극을 다시 나 자신의 살로 알아볼 수 있을까? 수평적 차원과 횡단적 차원에서 종합의 위기를 주제로 한 더 심도 있는 분석이 여기서 부과된다.

나는 어떻게 해방이 가능한지를 물었다. 키아슴 위기의 분석은 더 정확한 방식으로 그 조건을 규정하게 해준다. 형식적인 관점에서 전도된 종합이 바로 잡히고 최초의 양상대로 다시 구성되는 것에 그 어떤 것도 대립하지 않는다. 왜냐하면 우리는 자아, 레스탕, 그 둘의 맺기와 벌어짐과 같은, 훼손을 가능하게 했던 요소를 "그릇된 통일성" 속에서 다시 발견하기 때문이다. 그러한 훼손을 극복하려면 자아와 레스탕이 새로 분리된 뒤 한 번 더 우위를 바꿔 다시 구성될 수 있는 것으로 충분하다. 관계의 뒤집기가 아니라, 다른 요소로 인한 한 요소의 완전한 파괴와 관계한다면, 상황은 매우 다를 것이다. 기적이 일어나지 않는 한, 최초의 상황으로 되돌아오기란 불가능할 것이다. 하지만 나는 그러한 형식적 조건이 여전히 불충분하다고 생각한다. 해방이 가능하려면 '저항의 한 지점'이 또한 있어야만 한다. 단독적인 에고가 그의 가장 깊은 소외에도, 그의 가장 깊은 훼손에도 자신을 고수해야 한다. 레스탕의 영향력에서 해방되면서 자기 자신에 자신을 상기할 수 있어야 한다. 이 두 번째 조건은 데카르트의 발견과 일치한다. "*si me fallit, ego sum.*" 기만하는 자가 악착스레 나를 부인하려 하면 할수록, 그는 내 실존 속에서 나를 더 확고히 한다. 하지만 그러한 조건 또한 충분하지 않으며, 데카르트는 그것을 잘 알았다. 그는 *deceptor* 그 자신이 얼굴을 바꿔야 함을 이해했다. 착각의 발원지가 진리의 원천처럼 드러나야 함을 이해했다. 그러할 때에만 대타자와 참된 관계 맺음이 가능하게 될 것이다. "신"이라는 이름 아래, 언뜻 보아 속이는 것 같지만 사실은 진실한 신인 그 이름 아래 내가 레스탕이라 부르는 현상을 알아본다는 조건에서 우리는 『성찰』이 주는 교훈을 우리 것으로 할 수 있다. 레스탕과 나의 관계가 바뀔 수 있으려면, 내가 소외, 경쟁, 증오, 시기를 극복하기에 이르려면, 레스탕이 바뀌야 한다. 진리만이 아직 나를 구할 수 있다. 내가 레스탕을 마침내 내 살의 살로 알아볼 때, 내 강박관념에서 나를 낫게 할 것은 레스탕의 진리이다. 해방이 일어나려면, 전도의 형식적 조건, 저항의 조건, 진리의 조건, 이 세 조건이 모두 요청된다.

증오에서 사랑으로

"때로 그들은 사랑으로 함께 유일한 배열을 이뤘다.

때로 그들은 하나-전체 속에서 서로 융합되고
형체를 알아볼 수 없는 날이 올 때까지
적대적인 증오로 분리돼 있다.
하나가 다수로부터 생성되는 걸 배우는 한에서
상황은 이와 같다."
엠페도클레스, 『자연을 다루며』

"증오는 […] 사랑보다 더 오래되었다."
프로이트, 『메타심리학』

어떻게 키아슴의 위기를 기술할까? 어떻게 에고의 내재성 영역에서 펼쳐지는 현상을 이해할까? 내재성의 미로에서 방향을 잡고자 한다면, 촉발성(affectivité)이라는 아리아드네의 실을 따라가야 할 것이다. 내 실존의 뼈대를 이루는 것은 바로 내 정서, 사랑과 증오, 기쁨과 슬픔, 피로, 불안, 절망의 감정이다. 그러한 감정은 외재적 요인으로 생기는 것 같다. 세계 내부에서 내가 다른 사람들과 맺는 관계에서 내게 일어나는 사건으로 생기는 것 같다. 하지만 그러한 초월적 요인은 대개 감정을 나타나게 해주는 계기에 지나지 않는다. 내 정서는 내 살의 유동성에 속하고, 내 삶의 내재성에, 자아-살의 "힐레(질료)적" 토대가 되는 "에너지론적 수축과 이완, 억제, 마비, 내적 방출 따위의 감정"에 뿌리를 둔다.[93] 에고는 그 자신으로부터 움직이면서, 그 자신에 자신을 주면서 자기로부터, 자신의 운동성과 삶으로부터 자기를 촉발한다. 그의 자기-촉발은

---

93. Husserl, *Ideen* II, § 39, p. 216.

근원적으로 "감정적"이다. 그의 살의 모든 움직임, 밀물과 썰물, 정지, 유출과 후퇴와 같은 그의 유동성의 모든 국면은 독특한 감정적 색조를, 순수하게 내재적 감정을 수반한다. 그러한 감정은 외재적 이유 없이 갑자기 나타난다. "꽃이 피니까 꽃이 핀다." 그러고는 사라진다. 타인을 대상으로 내가 느끼는 모든 감정은 이 '아르케-정서' 속에 예고된다. 타인은 에고의 투사 표면에 지나지 않는다. 사실은 내게 [또는 나 자신의 일부에] 호소하는 정서를 투사하는 은막에 지나지 않는다. 타인을 대상으로 사랑이나 증오를 느낄 수 있으려면, 내가 이미 나 자신을 사랑했거나 증오했어야 한다. 이 이상한 자기 증오, 이 아르케-사랑, 내 살의 어떤 기초 지형에서 그것은 그 원천을 찾을까?

강박관념, 소외적 동일시, 소속의 상실과 같은 몇몇 현상을 설명하고자 나는 구성하는 종합 전체에 영향을 미치는 키아슴의 위기라는 가정을 개진했다. 처음에 모든 살 극은 다른 극을 마치 낯선 사물처럼 느꼈다. 유일한 살의 두 극으로 서로 알아볼 수 있으려면 수평적 종합 속에서 두 극은 서로 자신을 동일시하고, 자신의 살을 주면서 서로 결합되어야 했다. 그러한 종합이 실패한다면, 모든 극은 다시 다른 극에 낯설게 된다. 초월적 몸처럼, 자기 살에 외재적인 몸처럼 다른 극에 새로 나타나게 된다. 하지만 우리는 그로부터 단순히 최초의 상황으로 되돌아오지 않는다. 두 극이 저마다 다른 극에 내밀하게 결합되고 그 다른 극을 자기 자신의 살로 알아보았다. 그러한 인상은 쉬이 지어지지 않는다. 키아슴의 매듭이 풀리는 동안 그러한 인상은 계속되다 새로운 인상에 얽힌다. 최초 자극이 사라진 뒤에 계속 남는 감각을 일컫고자 심리학자는 "잔류 감각(sensations rémanentes)"을 말한다. 사지를 절단한 이들에 영향을 끼치는 "유령 사지"의 환영은 이에 속한다. 나는 이제 살적 인상의 지속을 '잔류 효과(effect de remanence)'로 일컫겠다. 그렇게 하면서 나는 아르토가 그것에 주는 의미를 또한 포함시키겠다. 바로 나머지, 머무르고, 되돌아오면서 "거슬러 올라가는", 계속되는 잔재의 의미이다.[94] 이 유령 인상은 위기가 야기한 새로운 인상을 심히 바꿀 것이다. 서로 낯설어지는 순간에 두 극은 같은 살의 두 부분처럼 잔류적인 방식으로 서로 지각하기를 계속한다. 두 극은 밖에서 서로 무관한 방식으로 결국 대립하지 않고, 자신의 가장 깊숙한 곳에서 자신을 위협하는 내적인 관계처럼 다른 극과 맺는 관계를 이해한다. 나와 매우 근접한 곳에서, 내 살 내부로부터, 내 살을 먹어치우는 미지의 물(Chose)이 갑자기 나타난다. 세계의 모든 몸과 유사한 외재적 몸이 아니라, 안티-몸, 내게 아주 낯설고 적대적인 것 같으나 나 자신보다 더 내밀한 것으로 여겨지는 분신이 관계한다. 이 '외밀한(extime)' 대상, 오를라(Horla)는 바로 레스탕이다. 더 정확하게 말해 그것은 혼합물이다. 레스탕과 살의 다른 극 사이에서 절충으로 이뤄진 종합이다. 키아슴의 위기가 분리에 국한되지 않음을 우리는 보았다. 분리된 요소가 다른 방식으로 다시 결합되고 레스탕의 우위 아래 전도된 종합 속에서 다시 구성됨을 우리는 보았다. 그러면 종합의 의미는 변질된다. 자아-살이 레스탕에 삶을 주면서 살을 주는 대신에, 이제 레스탕이 살을 탈육화하고, 살을 헐벗은 물(Chose)로 바꾼다. 레스탕은 불투명하고 자기 자신에 눈먼 내 살의 일부에 지나지 않는다. 이 도착된

94. "잔류(remanence)라는 단어가 불어에 존재하는지 알지 못하지만 그 단어는 내가 의미하는 바를 매우 잘 옮긴다. […] 예부터 잔존하고자 하는 것, 곧 잔류하고자(rémaner) 하는 것, 다시 발산하고자 머무르고자 하는 것, 자신의 모든 나머지를 간직하면서 발산하고자 하는 것, 거슬러 올라가는 나머지이고자 하는 것, 그것으로부터 일으켜 세워지고 들어 올린 것을 말이다." (Artaud, lettre à G. Le Breton[1946], Œuvres complètes, t. XI, p. 194).

종합 속에서 죽음의 키아슴은 언제나 내 살의 유동성이다. 내게서 분리돼서 내게 등진 채 펼쳐지는, 내 살의 지칠 줄 모르는 유동성이다.

레스탕의 주된 사명은 키아슴 내부에 간격을 벌리고 살 극의 완전한 합일을 막는 데 있다. 우리는 이제 아주 다른 의미의 벌리기 기능을 목격한다. 근원적 간격 속에서 레스탕과 살은 마치 외적 장애물처럼 서로 부딪히며 증오도 혐오도 없이 서로 밀어낸다. 이제 레스탕은 어떤 위험처럼, '내 살의 자리에' 갑자기 나타난 적처럼 제시된다. 강한 '반발' 감이 감정적으로 중립적이던 최초의 대립을 대체한다. 이 오를-라(Hors-là), 거기 내 살 한가운데 다시 나타난 이 외부의 낯선 것을 어떤 대가를 치르더라도 몰아내야 한다. 내게서 먼 곳으로 내쫓아야 한다. 자아-살의 유동성은 새로운 모습을 띤다. 그것은 이제 멀리 던지는(jeter-au-dehors) 행위에, 역함(ab-jection)[95]의 움직임에 집중된다. 역함이라는 용어를 여기서는 적극적인 의미에서 이해해야 한다. 아르토가 "신을 역한다"거나 "몸의 역한 요소"라고 말하는 의미에서 그것을 이해해야 한다. 내 살은 레스탕을 쉼 없이 몰아내고 내쫓으려 애쓴다. 왜 내 살에 속하는 레스탕이 그 정도로 내 살에 참을 수 없게 되었을까? 나는 그곳에서 살과 비-살의 최초 관계에 영향을 미치는 훼손의 결과를 본다. 역함의 현상과 함께 살과 레스탕의 도착된 종합은 고유한 것과 낯선 것, 이곳과 저곳의 관계의 '해체', 훼손 속에서 공간적으로 펼쳐진다. 내 살의 장소가

---

95. [옮긴이 주] 접두사 'ab'가 '분리'의 뜻을 지니며, 말 그대로 '내게서 분리해서 (ab-) 던짐(-jection)'을 뜻한다고 볼 수 있다. 내게서 분리해서 던지고 싶을 만큼 반감을 일으키고 경멸이나 멸시를 당할 만한 무엇을 대상으로 'abject'란 형용사를 쓴다. 나는 이 형용사를 '역한'으로 옮겼으며 그 명사형, 'abjection'을 '역함'으로 옮겼다.

"저곳이 절대 되지 못할" 절대적 이곳이라면, 반대로 저곳은 비-살의 영역처럼 이해된다. 자신의 가장 근원적인 경험 속에서 에고는 언제나 고유한 것을 가까운 것에, 낯선 것을 먼 것에 연결한다. 키아슴의 위기는 이곳에, 자아-살의 '장소에' 비-살을 나타나게 함으로써 그러한 위상학 (topologie)을 흔들어 놓는다. 자아-살이 자기 밖으로 물(Chose)을 내쫓고 "역하려" 애쓸 때, 최초의 배열을 되찾으려는 시도, 낯선 것을 그것이 발생한 장소인 저곳에 다시 자리 잡게 하려는 시도가 단지 관계할 따름이다. 플라톤이 영혼을 대상으로 말했던 것이 살에 적합하다. "영혼이 지배하는 것이 무엇이 되었든 영혼은 그것에 삶을 가져오면서 언제나 그것에 온다." 이것이 왜 "영혼이 자기 안에 죽음을 받아들일 수 없는가"[96] 하는 이유이다. 살이 그 자신 안에서 비-살의 레스탕을 만날 때, 살은 그것에 삶을 주려 한다. 이에 이르지 못할 때 그것을 자기 밖으로 도려내는 일만이 살에 남았을 뿐이다. 그것을 멀리 내던지는 일만이 살에 남았을 뿐이다.

이러한 훼손, 고유한 것과 낯선 것의 경계의 이동은 단순한 착각이 아니다. 레스탕이 내 살의 가장 내밀한 곳에 다시 나타날 때, 그것은 반대로 그 참된 본성을, 그것이 자아-살에 속한다는 사실을 드러낸다. 그렇게 키아슴의 위기는 진리를 드러낸다. 키아슴의 위기가 내 몸에 흡수되고 체화한 레스탕을 다시 나타나게 하기 때문만이 아니라, 특히 레스탕이 내 가장 가까운 곳에서 다시 나타나서 '마치 그것이 나인 양' 나 자신에서 나를 내몰기 때문이다. 그것을 대하는 에고의 태도, 이질적인 요소처럼 그것을 내던지려는 그의 경향은 그렇지만 그러한 드러남이

---

96. Platon, *Phédon* 105de.

부분적임을, 레스탕이 새로운 착각과 공존함을 보여준다. 최초의 상황에서보다 더 심각하게 나와 레스탕의 관계는 판타슴, 투사, 잔류로 그릇되기를 계속한다. 우리는 위기가 일깨운 초기의 모든 감정 속에서, 먼저 역함의 몸짓을 최초로 수반하는 감정인 '혐오' 속에서 그러한 훼손의 흔적을 발견한다. 이 아르케-정서에 다가가려면 몇몇 외재적 현상 앞에서 구토를 할 정도로 우리를 사로잡는바 그대로 여느 혐오감에서 출발해야 한다. 그러한 감정에 관심을 갖는 드문 저자 가운데 하나는 주체와 혐오 대상의 '근접성(contiguïté)'을 혐오의 주된 성격으로 규정했다. [혐오스러운 것이 내 "몸에 배어있다", 분리할 수 없는 방식으로 내게 들러붙는다는 의미에서] 공간적 근접성만이 관계하지 않는다. 우리는 그곳에서 본질적인 '친근성(affinité)'을 또한 확인한다. 두려움이나 경멸이나 다른 반감과 달리 "혐오는 단지 그 대상만이 아니라, 그것을 대상으로 주체가 느낀다고 추정되는 매력에서 또한 멀어지게 한다."[97] 그러한 특징은 다른 기본적 특성과 결합한다. 주체와 죽음의 관계, 더 정확히 말해 산 것과 죽은 것의 경계의 사라짐, 역설적으로 성적 외설, 벌레, 부패의 상황에서 과다하고 증식하는 삶처럼 제시되는 삶의 해체와 결합한다. 물론 그러한 분석은 순전히 기술적으로 여전히 남으며 세계 사물을 대상으로 일어나는 혐오의 병리적 현상만을 헤아릴 뿐이다. 그것은 그래도 내재적 정서를 위한 길을 우리에게 열어준다. 에고가 레스탕 앞에서, 자기 살의 삶으로 "살며" 그 살을 안에서 갉아먹는 죽은 사물 앞에서 느끼는 아르케-혐오를 위한 길을 우리에게 열어 준다. 그러면 우리는 내가 내 혐오 대상에

---

97. A. Kolnai, *Le Dégoût* (1929), Agalma, 1997, p. 39-43, 70-71, etc. 칸트는 『판단력 비판』에서 혐오가 "쾌락에 부과된다"라고 이미 주장했다.

느끼는 매력, 친근성의 궁극적 의미를 발견한다. 그러한 감정은 '가능한 동일시'의 지표이다. 그것은 혐오의 감춰진 진리, 그 참을 수 없는 진리를 드러낸다. 바로 자아-살과 레스탕의 근원적 동일성이다. 그러한 동일성은 예감되자마자 격렬하게 부인되고, 근접성의 감정, 레스탕과 자아-살의 숨은 동류성의 감정은 레스탕이 불러일으키는 혐오를 더 크게 한다. 낯선 것의 참된 본질을 드러내기에 공간적 훼손으로 결국 충분하지 않다. 그것을 내 안에 자리 잡게 하는 것으로 결국 충분하지 않다. 레스탕이 내 안에 다시 나타나는 순간 그것은 내게 낯선 것으로 여전히 있다. 나는 나를 파괴할 위험이 있는 어떤 침입처럼 그 내적인 타자성을 겪는다. 나는 내게 더 가깝고, 더 내밀한 만큼 더 그것을 위협적으로 여긴다. 그러한 상황은 불안을 반드시 일으킨다. 불안은 혐오, 증오, 사랑, 위기에서 나온 모든 감정 한가운데에서 계속될 것이다.

무엇이 내게 이 모든 것을 주장하게 해줄까? 자기 살이나 그 일부를 향한 내재적 혐오는 오직 경험 속에서만 발견될까? 이를 주제로 임상은 예컨대 히스테리나 성적 흥분을 혐오로 대체하는 신경증에서 사실적인 증거를 준다. 젊은 히스테리 환자 도라를 분석하면서 프로이트는 성을 대상으로 한 그의 혐오가 자신의 신체 일부, 특히 "백대하"나 질과 비뇨 분비물에서 느끼는 혐오에 그 기원을 둔다는 걸 알아차린다. 하지만 그러한 감정은 매우 상이한 또 다른 원인을 지닌다. 성을 대상으로 한 그의 혐오는 아버지를 향해 느끼는 근친상간적이고 도착적인 욕망에 그가 저항하는 데서 나온다. 혐오감은 결국 그에게 자기-성애적이자 대타-성애적인 "반대되는 경향의 조합"으로 나타난다. 프로이트는 그것을 밝혀내기에 조금도 이르지 못했음을 인정한다. 다른 임상 사례는 그 현상을 더 명확하게 할 수 있게 한다. 주체가 그 자신의 몸과 맺는 관계를 그 사례가 다루기 때문이다. 신경학적 사고는 신체 한쪽의 사지를 마비시키거나 무감각하게 만들어 반신불수를 일으킬 때가 자주 있다. 세계의 차원에서 이는 살의 내재적 차원에서 내가 기술하고자 하는 키아슴의 위기에 해당한다. 그런데 반신불수자가 그의 마비된 사지를 더는 알아보지 못한다는 사실을, 마비된 사지가 낯선 개체처럼 그에게 나타난다는 사실을 우리는 많은 증언에서 본다. ["나는 그것이 어디에서 오는지 알지 못한다. 그것은 길고, 죽어 있고, 뱀처럼 물컹하다."][98] 이는 강한 반발과 그것을 잘라내고 싶은 욕망을 그에게 일으킨다. ["그 팔을 내게서 절개해내기만 하면 된다. 마카비[시체]에게 그것을 주는 것이 더 나을 것이다."] 자기 신체 일부를 향한 이러한 반감은 뇌혈관의 손상 없이도 몇몇 정신병에서 발견된다. 그곳에서 반감은 침입, 학대 판타슴에 결합되며, 스스로 절단하는 데까지 이를 수 있다. 한 정신병자는 "신체의 몇몇 일부가 다른 일부를 대체했다"라며 그렇게 "자기 신체 속에 일어난 변화"를 불평한다. "내 손은 온전히 내 것이 아니다. 혐오스러운 뚱뚱한 여인들이 그것을 이미 가로챈 것일까? 마치 그들의 불결한 신체 요소가 내 것의 자리에 온 듯하다. 나를 되찾고자, 뚱뚱한 부인의 신체 일부가 가버리도록, 나는 내 몸을 문지른다."[99]

임상 관찰의 하나를 통해 나는 어떻게 우리의 살적 유동성과 그것을 수반하는 아르케-정서가 변화하는지를 이해할 수 있다. "시신에서 잘라낸 다리"를 그의 왼쪽 다리에 걸었다고 믿는 한 반신불수자가 관계한다.

98. P. Schilder의 *L'image du corps* (1935), Gallimard, 1968, p. 52-58과 92-96을 보라.

99. S. Thibierge, *Pathologies de l'image du corps*, p. 72에서 인용됨. (p. 179-180을 또한 보라.)

그는 그것을 그에게서 멀리 던지고자 그것을 뽑아내려 헛되이 애쓰다 침대에서 그 다리와 함께 떨어졌다. 그러고 나서 그는 그것을 자기 자신의 다리로 인식하지 못하고 매우 세게 내려쳤다. 이는 그에게 공포를 일깨웠으며, 그러고는 분노를 일깨웠다. 죽은 사람의 다리, "그가 그것을 침대에서 던졌을 때, 그는 그것을 뒤따랐으며, '이제 그것은 그에 달라붙었다'." "그토록 무서운 무언가를 이제껏 본 적이 있습니까? 나는 시체가 죽은 줄로만 생각했어요. 한데 이상도 하죠. 심지어 끔찍하기까지조차 합니다. 사람들은 그것이 내게 들러붙었다고 말할 거예요!"[100] 우리는 여기서 혐오의 기원에 있는 유동성을 알아본다. 한데 역하는 행위(geste d'abjection)는 살에서 레스탕을 떼어내기에 충분하지 않음이 이제 드러난다. 레스탕이 '살에 속하는' 한, 그것이 낯선 물(Chose)로 파악될 때 사실 살과 다른 아무것도 아닌 한 그러하다. 그렇게 더욱더 격렬해지지만 언제나 실패하는 거부(rejet) 속에서 역하는 행위는 쉴 새 없이 반복되어야 한다. 에고가 역한 것(abject)을 밖으로 쫓는 데 열중하면 열중할수록 그것은 에고에 달라붙으러 더욱더 되돌아온다. 이는 레스탕을 내쫓으려는 그의 모든 시도가 실패했음을 에고가 인정할 때까지 계속된다. 그러면 역함은 유동성의 다른 양상으로 바뀐다. 나는 그것을 '던져없앰(réjection)'[101]으로 일컬을 것을 제안한다. 던져없앰은 레스탕을 더는 멀리 밀어내려 하지 않고 그것을 오로지 파괴하려 할 뿐이다. 던져없앰은 특수한 정서의 출현으로 나타난다. 대상의 가치 하락과 대상을 떼어놓을

---

100. O. Sacks, *L'homme qui prenait sa femme pour un chapeau*, Ed. du Seuil, 1988, p. 79-82.

101. [옮긴이 주] 'ab-jection'에 대응해서 그보다 더 강한 반응을 나타내고자 고안된 말로 보인다.

가능성을 언제나 함축하는 혐오가 더는 문제가 아니다. 반대로 그 새로운 정서는 레스탕이 자아에 드리우는 위협을 매우 심각하게 여긴다. 위협의 "원인"이 계속 존재하는 한 위협을 배제하는 것은 불가능하다. 그 새로운 정서는 오직 위협의 대상의 제거, 그 전멸을 목표로 한다. 우리가 '증오'라 부르는 것이 바로 그러한 감정이다.

우리는 공격성이나 프로이트의 "죽음의 충동"에 증오를 일치시키면서 증오를 이중으로 잘못 생각한다. 먼저 왜냐하면 용어의 통상적 의미에서 어떤 "증오"도, 어떤 근원적 사디즘도, 어떤 파괴 욕망도 증오의 뿌리에 없으며, 자신을 사로잡는 레스탕에서 떨어지려는 자아의 절망적인 노력이 그곳에 있기 때문이다. 그 다음으로, 증오는 대상을, 아니 차라리 대상의 어떤 상황을, 대상을 내밀한 낯선 것으로 놓는 비틀기를 목표로 하지만, 공격성은 그 대상에 관심이 없기 때문이다. 증오의 일차적 특성을 가장 잘 알아본 이는 데카르트이다. 그는 파괴 의지를 전혀 참조함 없이 "반감을 갖는 사물과 전적으로 분리된 전체처럼 오직 자신을 헤아리도록" 부추기는 어떤 정념으로 증오를 정의한다. 사랑은 반대로 전체의 한 부분으로 우리 자신을 상상하도록 우리를 이끈다. 사랑하는 대상은 전체의 다른 한 부분이다.[102] 증오의 이차적 특성으로 증오가 대상의 "외밀성(extimité)"과 맺는 관계는 대개 알려지지 않았다. 우리의 모든 감정 가운데 증오가 형제와 가장 긴밀함을 인정하기는 어렵다. 하지만 내 쌍둥이 형제나 내 분신, '거의 어떤 점에서도' 나와 구별되지

---

102. Descartes, *Les Passions de l'âme*, § 79-80. 타인과 맺는 관계를 전혀 헤아리지 않고, 영혼과 "동물 정기"의 내적인 움직임으로 귀착하면서, 그러한 열정을 내재적인 방식으로 규정하려는 그의 시도는 천재적이다. 그처럼 증오는 "삶의 원리"(§ 108)에 해로운 낯선 요소가 몸에 파고듦으로써 야기된다.

않는 이 낯선 것보다 더 증오스럽지는 않다. 증오를 지닌 자가 대타자 속에서 지칠 줄 모르고 추격하는 것은 언제나 그 자신의 은밀한 한 부분(그의 여성성이나 억압된 동성애, 그의 혈통이나 문화에 포함된 유태인의 일부, 미치는 것에 대한 그의 두려움, 자기 자신에 낯설게 되는 그의 많은 양상)이다. 그의 증오 대상과 거의 구분할 수 없는 그의 가까움은 "그 일원이다(en être)"라는 갑작스럽고 강한 그의 두려움을 강화할 뿐이며, 그의 증오를 더욱 돋운다. 레스탕의 존재론이 가능하다면, 거기-있음(être-là)의 분석에 근거를 두지 않고, '그-일원-임(en-être)'의 분석에 근거를 둔다. 이는 그 표현이 지닌 위상학적이거나 통상적인 모든 의미에서 그렇다. 예컨대『잃어버린 시간을 찾아서』의 화자가 "저 주받은 두 종족", 유태인과 동성애자를 대상으로 그 표현에 주는 의미에 서 말이다. "남작은 '그 일원이다'라는 단어로 인해 매우 동요되었다. '그 일원이다'라는 표현은 확장됐다. 드 샤를뤼스 씨는 그러한 확장을 알지 못했다."[103] 타인을 향한 우리의 증오 속에 이상한 묵계가 윤곽을 드러낸다. 이 은밀한 묵계는 근원적 증오, 곧 자아가 레스탕을 대상으로 느끼는 아르케-증오의 본질적 특성을 드러낸다. 그 증오는 자아와 레스 탕을 떼어놓는 것이 거의 아무것도 아님을 엿보게 한다. 내가 내 증오 속에서 겨냥하는 것이 언제나 나 자신의 일부임을 엿보게 한다. 증오는 혐오의 변형이며, 혐오에서와 마찬가지로 가까움, 숨은 동류성의 발견이 곧 견딜 수 없는 어떤 것이다. 자아와 레스탕의 동일성은 발견되는 순간 곧 매우 격렬하게 거부된다['réjecté']. 혐오에 진리가 있듯, 모든 살 깊숙

---

103. Proust, *A la recherche du temps perdu*, Gallimard, coll. "Bibliothèque de la Pléiade", t. III, p. 92.

이 있는 *Fleisch*의 어두운 직관이 있듯 증오도 진리의 몫을 지닌다. 한데 증오는 그 진리를 견딜 수 없다. 증오가 다른 사람을 악착스럽게 따라갈 때, 그것이 없애려 하는 것은 그 자체의 진리이다.

증오의 기원에 "해로운" 어떤 것도 없다고 주장함으로써, 증오의 유동성이 레스탕의 침입에서 자아를 보호하고자 할 뿐이라고 주장함으로써 우리는 증오를 정당화할 위험을 지니지 않을까? 그러나 증오가 섞인 반감과 에고의 본래적인 저항을 특히 혼동하지 말아야 한다. 그 둘의 다름을 만드는 것은 진리이다. 정서와 진리의 관계이다. 에고가 소외하는 동일시에 맞서고자 할 때, 그가 종속된 대타자에서 떨어지고자 할 때, 이는 에고가 자기에게로 되돌아오기를 바라기 때문이다. 자기에 자신을 주면서 '정말로' 그 자신이기를 바라기 때문이다. 오직 자기 살의 살로 레스탕을 알아봄으로써만 에고는 그것에 이를 수 있을 것이다. 하지만 증오는 자아와 레스탕의 분열을 극도로 심화한다. 레스탕을 몰아내려 애쓰면서 증오는 최초의 환영을 심화한다. 그곳에서 자아는 분열된다. 증오는 '비-진리'의 가장 강력한 힘을 유발한다. 왜냐하면 내 증오는 타자에 전혀 호소하지 않고 나 자신에, 내 에고의 일부에 호소하기 때문이다. 내 밖으로 투사되며 증오는 이를 부인한다. 투사는 나와 레스탕의 관계, 나와 대타자의 관계를 아주 그릇되게 한다. 내가 레스탕을 증오의 대상으로 구성할 때, 나는 레스탕이 마치 증오의 원인인 양, 마치 저주스러운 힘인 양, 나를 파괴하려 노력하는 *deceptor*가 문제인 양, 레스탕에 증오를 투사한다. 내가 레스탕을 타인에 전이할 때, 내가 내 알터 에고를 위협적인 경쟁자로 구성할 때, 똑같은 행위가 반복된다. 나는 그를 증오하는 데 만족하지 않고, 그를 훼손한다. 대타자를 증오의 원인으로 여기며 박해자는 마치 박해받는 자가 자기인 양, 자기는 그저 방어하기만

할 뿐인 양 자신을 인지한다. 그는 그렇게 "악의 없이" 증오하는 데 성공한다. 그가 박해하는 이가 그의 증오에 증오로 대응한다면, 그때 그는 승리를 구가한다. 파괴하려는 그의 분노는 마침내 "정당화"한다. 환영, 근원적 판타슴에서 생긴 증오는 새로운 판타슴을 퍼트림으로써만 계속될 수 있다. 증오는 언제나 더한 증오를 낳고 그 자체로부터 끝없이 커져간다.

이가 왜 증오가 반드시 나쁠 수밖에 없는가 하는 것이다. 증오는 모든 '슬픈 정념'의 원천이다. '근원적인 악'의 주된 모습이다. 우리 모두에게 이는 무조건적인 의무, 증오에서 해방되라는 절대적 요청을 규정하는 것이다. 그런데 만일 증오가 내 살의 가장 내밀한 곳에 뿌리를 둔다면, 어떻게 내가 그것을 극복할 수 있을까? 증오에 사로잡힌 자가 판타슴으로 헤맨다면, 근원적 환영의 희생자라면, 증오에서 빠져나오는 일은 그 자신에 달리지 않은 것 같다. 그런데 가장 눈멀고, 가장 소외된 에고는 그 자신에 자유롭게 자신을 주고, 그를 소외하는 대타자에 자유롭게 복종하고 자신의 자유를 자유롭게 포기하기를 여전히 계속한다. 그가 증오에서 헤어 나오지 못할 때, 이는 그가 비-진리를 선택하기로 '결정했기' 때문이다. 첫 번째 결정의 결과를 무효화하려면, 새로운 결정이 결국 가능해야 할 것이다. 새로운 결정은 도덕적 규범, "의무"나 "선"과 같은 추상적 관념에 근거를 두지 않을 것이다. 새로운 결정은 '진리를 선택하기로' 결정할 것이다. 증오가 비-진리에 기반을 두는 한 오직 진리만이 증오에서 우리를 낫게 할 수 있다. 오직 레스탕의 진리를 드러냄으로써 우리는 레스탕을 우리 증오의 표적으로 만든 훼손과 투사를 끝낼 수 있을 것이다. 하지만 어떻게 레스탕이 진실로 자신을 드러낼 수 있을까? 훼손의 기반이 되는 것이 키아슴의 위기, 도착된 종합이다. 그곳에서 자아-살은 레스탕의 지배에 종속된다. 이 "그릇된 통일성" 속에서 근원적 요소는 같은 것으로 남는다. 바로 그 때문에 최초 종합의 전도는 레스탕에 대한 자아의 우위를 회복함으로써 전복될 수 있다. 이론적으로 그러한 전복은 언제나 가능하다. 하지만 그 형식적 가능성은 그러한 전복이 실제로 일어나기에 충분하지 않다. 그 구체적 조건, 그것이 행해지는 방식은 매번 다르다. 우리는 그러한 전복이 에고와 대타자에 모두 호소하며, 나와 레스탕의 관계 변화를 요구하고 '또' 대타자를 만날 것을 요구한다는 것을 안다. 대타자는 내 판타슴을 좌절시키고 증오의 논리를 깨트리는 데 성공할 수 있을 것이다. 한데 나와 레스탕의 관계 변화가 적어도 부분적으로는 내게 달릴 수 있지만, 대타자가 도달하거나 내가 그의 도래를 한없이 기다리는 것은 내게 달리지 않았다.

그러한 전복의 본질적인 특징을 기술하는 것으로 나는 여기서 만족하겠다. 개별적인 모든 역사에서 그러한 전복이 행해질 실제 가능성으로서는 그 자유와 운에 그것을 맡기자. 에고가 위기를 극복하기에 마침내 이른다고 가정해 보자. 대타자와 만남으로써 그것이 가능해졌다고, 수평적 종합이 회복되고, 살의 전개가 레스탕의 저항을 이기고, 살이 레스탕에 다시 살을, 삶을 주기 시작한다고 가정해 보자. 그러면 내 살을 파고들고 먹어치우는 낯선 개체라는 환상은 그것을 수반하는 치명적인 감정과 함께 마침내 사라진다. 내가 제거하려 애썼던 이 추잡한 물(Chose)을 나는 나 자신의 일부로 새로 알아본다. 살이 다시 자신을 껴안기 시작하면, 그 유동성의 방향은 근본적으로 뒤집힌다. 밀어내는 힘, 역함에 뒤이어 반대의 운동, 살이 그 자신 쪽으로 끌어당기는 힘이 일어난다. 살의 이러한 끌어당김은 새로운 감정을 일깨울 것이다. 증오의 이면에 갑자기 생긴 이 감정에 '사랑'이 아니라면 그 어떤 이름을 줄까? 대타자와 사이에

402

서 그 어떤 관계도 없이 생긴 이상한 사랑, "자기-숭배", 자아-살이 그 자신의 살을 대상으로 느끼는 아주 "나르시스적인" 자기 사랑이 문제이다. 이 '아르케-사랑'은 내가 내 살의 레스탕을 다른 주체의 몸에 투사할 때 다른 주체를 향해 느낄 수 있는 욕망과 사랑의 모든 감정을 미리 나타내 보인다. 엄밀히 말해서 "나르시시즘"이나 "자기-성애"라는 프로이트 개념은 이 아르케-감정을 특징짓기에 더는 적합하지 않다. 내 내재성 평면에서, 욕망과 동일시[이 차원에서 대상을 '소유하는 것(avoir)'과 대상이 '되는 것(être)'은 같은 것일 뿐이다], 자기 사랑과 대타자의 욕망[나는 내가 욕망하는 "타자"이다], 나르시스적 사랑과 "진정한" 사랑[아르케-사랑은 그것이 나 자신에 말을 거는 만큼 더 진정하다]의 모든 차이는 사라진다. 결국 내가 아르케-사랑이라고 명명하는 것에서 나르시시즘 개념을 구별하고, [거울 단계 때] 자아와 '거울에 비친 그의 모습' 사이에서 수립될 관계에 나르시시즘 개념을 국한하는 것이 적절하다.[104]

'똑같은' 대상이 혐오나 증오를 예전에 유발했으며 지금은 사랑을 불러일으킨다는 사실을 잘 알아야 한다. 칸트가 "똑같은 대상이 유발하는 반감과 유혹의 빠른 잇달음"[105]으로 숭고미(sublime)의 감정을 규정하면서 그 용어에 주었던 의미에서 나는 그 대상이 '숭고미'가 된다고 기꺼이 말할 것이다. 정서와 그 살적 유동성의 전도는 대상 그 자체에서,

---

104. 그러한 구분은 루소가 "자존심"과 근원적인 자기-촉발로서 "자기애" 사이에 세웠던 관계와 아마도 일치할 것이다. [이를 주제로 P. Audi의 *Créer*, Encore marine, 2005, p. 362-366을 보라.] 나르시시즘 문제와 그것이 끼친 사회적이고 정치적인 영향력을 주제로 해서 우리는 B. Stiegler의 작업을 참조할 수 있을 것이다.

105. Kant, *Critique du jugement*, § 27.

대상과 그 대상을 겨냥하는 자아-살이 맺는 관계의 근본적인 변화에서 그 원천을 찾아야 한다. 대상을 증오의 대상으로 만든, 대상의 '훼손(défiguration)'에 이어 '변모(transfiguration)'가 이어진다. 변모한 숭고한 대상이 레스탕이다. 더 정확하게 말해 레스탕과 살의 종합이다. 레스탕으로 감춰지고 훼손되다, 이제 그 참된 모습으로 다시 나타나고, 스스로 재-육화하고; 레스탕의 육화를 다시 시작하는 것은 내 살의 다른 극이다. "대상을 찾는다 함은 그것을 되찾는다 함이다"라고 프로이트는 말했다. 나는 위기 이전에 있었던바 그대로, 사라진 것 같았던 나 자신의 다른 부분을 새로 알아본다. 그것의 재출현은 내 기쁨과 사랑을 일깨운다. 최초로 있었던 일체의 기억에 사랑을 결부시킬 때 플라톤은 틀리지 않았다. 그러나 향수에 젖은 욕망은 신들이 갈라놓은 최초의 거대 몸에도, 프로이트가 생각한 것처럼 어머니 몸과 이룬 시원적인 합일에도 호소하지 않는다. 그 욕망은 잃어버렸다 되찾은 나 자신의 살 한 부분을 겨냥한다. 우리는 서로 껴안을 때마다 재결합을, 두 번째 탄생을, 증오를 이긴 새로운 승리를 축하한다. 증오가 사랑보다 "더 오래되었다고" 주장하는 것으로 더는 충분하지 않다. 증오가 사랑의 '조건'이라고 말해야 한다. [이는 증오가 사랑의 "원인"이라거나 주체의 경험적 역사에서 증오가 사랑을 매번 앞섬을 의미하지 않는다.] 그렇게 감정적인 양면성의 신비가 밝혀진다. 사랑과 증오의 분리할 수 없는 결합이 밝혀진다. 대립된 두 정서는 살적인 자기-촉발의 연속적인 두 양상에 뿌리를 두며, 똑같은 현상에, 그것이 나타나는 다른 두 국면에 호소한다. 훼손된 레스탕이 내 증오를 유발한다면, 변모하면서 그것은 내 삶의 유일한 사랑이 된다. 매우 초보적인 국면에서 사랑이 "증오와 거의 구별될 수 없음"을 알아차리면서 프로이트는 그 방향으로 나아갔다. 사랑이 증오로 바뀔 때, 예컨대 사랑하는 이와 결별한 뒤에, 사랑이 그 이전 단계로 '퇴행'하는 것이 사실 관계한다. 그럼에도 프로이트는 그 둘의 동일성을 인정하기를 거부한다. 그는 증오에서 사랑의 근원적 조건을 알아보기를 거부한다. 반대로 그는 사랑과 증오가 "근원적이고 공통된 실재의 분열에서 나오지 않으며, 서로 다른 기원을 지니고 대립된 것으로 바뀌기에 앞서 자신의 고유한 전개를 따른다"[106]라고 주장한다. 그는 자신의 "충동 이원론"에, 사랑과 증오의 이질적인 두 원천이 될, 삶과 죽음 충동의 신비적인 대립에 점점 더 마음을 뺏긴다. 그러나 프로이트는 길을 잃었다. 사실 '죽음 충동은 있지 않다.' 모든 충동은 자아-살의 충동이며, 내 사랑과 마찬가지로 내 증오는 내 삶에 속한다. 찢길 수 있고, 자신을 해할 수 있고, 자기를 파괴하려 할 수 있으며, 또한 자신의 분열에서 회복될 수 있고, 자신의 포옹을 다시 시작할 수 있고, 자신의 증오를 사랑으로 전환할 수 있는 삶에 그것은 속한다.

이 공-소속(co-appartenance)으로부터, 이 본질적인 동일성으로부터 우리는 증오가 누그러질 것을 기대할 수 있다. 두 정서가 대립하는 두 충동에 뿌리를 둔다면, 어떤 기적으로 증오가 사랑으로 바뀔 수 있는지 우리는 잘 알지 못하겠다. 기껏해야 증오를 억압하거나 [편집증적인 투사 속에서 일어나는 것과 마찬가지로] 밖으로 투사하거나 그 대상을 바꿈으로써 그것을 승화하는 것이 가능할 뿐이다. 하지만 어떤 때에도 그것을 극복할 수는 없을 것이다. 이 점에서 스피노자는 프로이트보다 더 나은 지도자이다. 물론 『에티카』는 그 자체로써 좋은 기쁜 정념과

---

106. Freud, "Pulsions et destins de pulsions", dans *Métaphysique* (1915), Gallimard, 1972, p. 41.

슬픈 정념의 대립을 강조한다. 그 슬픈 정념의 첫 번째 열에 증오가 있다. 그렇지만 실질적인 대립이 문제일 수 없으며 오직 정도의 차이가 문제일 뿐이다. 이 두 종류의 정념은 행동하는 우리 힘의 정도에 따라 다르다. 기쁜 정념은 힘의 증가를 표현하고 슬픈 정념은 힘의 감소를 표현한다. 모든 이원론을 거부함으로써 스피노자는 같은 대상을 향한 사랑과 증오의 공존을, 사랑이 증오로 또는 증오가 사랑으로 전환함을 어려움 없이 설명할 수 있었다. 사랑과 증오는 그러나 '정념'으로 있다. 외재적인 원인으로 유발된 수동적인 감정으로 있다. 순수하게 즐거운 능동적인 감정으로 이행해감을 고찰할 수 있어야 할 것이다. 그곳에서 영혼은 적합하게 자신을 인식하면서 오직 그 자신으로부터만, 행동하는 그 자신의 힘으로부터만 자신을 촉발할 것이다. 거기서 또한 촉발되는 두 방식의 구분은 실질적인 대립에 기초를 두지 않으며, 슬픈 감정이 "외재적인 원인의 사유에서 분리돼서 참된 사유에 결합될"[107] 때 한 방식에서 다른 방식으로 이행해가는 일이 이뤄질 수 있을 것이다. 스피노자는 증오를 근절하는 두 가지 다른 방식을 우리에게 가르쳐 준다. 하나는 증오를 사랑으로 바꾸는 것이고, 다른 하나는 더 근본적인 방식으로 증오를 진리의 힘에 따르게 하는 것이다. 그는 진리가 증오와 증오가 낳은 슬픈 정념에서 우리를 구할 수 있음을, 진리가 해방의 길임을 알았다. 하지만 그는 진리를 탈-은폐(dé-cèlement)가 아닌 합치로, 그 대상에 합치하는 인식으로 고전적인 방식으로 규정했다. 결국 그는 진리가 근원적인 비-진리에 얽힌다는 사실을 인정할 수 없었다. 진리의 드러남이 우리 해방의 가능성을 위태롭게 할 은폐(re-cèlement)와 일치할 수 있다는

---

107. Spinoza, *Ethique*, V-4.

사실을, 어떤 합치된 인식도 극복할 수 있게 해주지 않을 슬픔이나 증오나 시기의 정서에 우리가 사로잡힌다는 사실을 인정할 수 없었다. 우리의 능동적인 정서가 우리의 합치된 관념에서 나오기에, 그러한 정서가 우리의 존재하는 힘을 증가하기에, 욕망이나 기쁨의 정서가 반드시 관계할 것이다. 그는 "능동적인" 증오, 어떤 외재적 원인도 없이 갑자기 나타나고 사랑으로 더는 쉬이 바뀌지 않을 내재적 아르케-증오의 가능성을 생각할 수 없었다. 그는 증오에서 생기는 해로운 기쁨의 가능성을, 근본 악인 죽음의 쾌락을 생각할 수 없었다.

『에티카』의 놀라운 분석으로 어쨌든 우리는 정서의 전도를 이해할 수 있게 된다. "사랑에 완전히 정복된 증오는 사랑으로 바뀌며, 이런 이유에서 사랑은 증오가 사랑을 앞서지 않았다면 이보다 더 대단하다"[108]라고 말할 때, 스피노자는 아르케-사랑의 탄생을 우리에게 더 잘 이해하게 해준다. 의미가 전도되는 순간에 정서는 그 모든 강도를 보존한다. 이것이 왜 증오나 혐오의 반감이 똑같이 강한 유혹에 자리를 내주는가 하는 것이다. 가장 강렬한 증오와 가장 극심한 사랑을 가르는 경계를 우리는 가까스로 지각할 따름이다. 두 정서 사이에, 그 둘의 기초가 되는 유동성 사이에 그렇지만 중요한 차이가 있다. 증오가 사랑보다 더 근원적일 뿐만 아니라 증오가 진리와 맺는 관계는 같은 것이 아니다. 증오가 자아와 레스탕의 동일성을 알지 못하거나 그것을 알아보자마자 그것을 부인할 뿐이라면, 사랑은 반대로 자아와 레스탕의 동일시에 기반을 둔다. 살의 헐벗음, 레스탕의 탈육화, 그 살적 차원의 망각은 혐오와 증오의 원인이 된다. 반대로 살과 레스탕의 재-육화는 사랑을 일깨운다.

---

108. Spinoza, *Ethique*, III-44.

사랑 속에서 나는 내 살의 잊힌 부분을 재발견하고 레스탕의 진리를 엿본다. 자아-살이 훼손에서 다시 태어날 때, 그것은 그 자신을 되찾고 진정으로 그 자신인 것으로 다시 된다. 우리는 결국 변모를 판타슴으로, 단순한 환영으로 생각하지 말아야 할 것이다. 변모되면서 자아와 레스탕은 진정으로 자신을 드러낸다. 내가 아르케-사랑이라 불렀던 것은 [스피노자에게서 기쁨이 그러하듯] 진리의 단순한 결과도, 진리의 "총칭적인 조건" 가운데 하나도 아니다. 사랑은 '진리의 감정'이다.

그러면 어떻게 이 드러나는 힘이 곧바로 새로운 판타슴, 새로운 환영을 만들어내게 될까? 왜 대개 사랑은 증오에 다시 빠지게 될까? 사랑의 현상을 이해하려면 '증오의 논리'를 참조해야 한다. 나는 내 증오를 너무도 참을 수 없어 그것을 내 밖으로 "던져없애려(réjecter)" 한다. 그것을 레스탕에, 그리고 그로부터 타인에 끊임없이 투사하려 한다. 내 판타슴에서 타인은 [마치 그가 그 자체로 인해 증오스러운 양] 증오의 원인이거나 [마치 그가 나를 미워하고 거꾸로 내 증오를 유발하는 양] 그 최초의 원천인 것 같다. 증오와 대상의 이 역설적인 관계는 증오가 사랑으로 바뀌고 전도될 때에도 계속된다. 사랑의 유혹에서 내 살은 내 살을 사로잡는다. 마치 내 사랑이 레스탕의 사랑에 응답할 뿐인 양, 마치 그것이 내 욕망의 원인인 양, 나는 사랑의 유혹을 또한 레스탕에 투사한다. 그러면 나는 그것이 '그 자체로써' 욕망을 자극하기 때문에, 그 고유한 특성으로 인해 그것을 욕망한다고 생각한다. 정서가 전환될 때, 가장 강렬한 증오는 사랑으로 완벽하게 바뀌고 레스탕은 앞서 증오스러웠던 만큼 더 매력적이고 숭고한 것이 된다. 그러한 변화는 내가 타인과 맺는 관계에서 반복된다. 변모한 레스탕을 타인에 투사함으로써 나는 그것을 영예로운 우상으로 승격한다. 그 찬란함은 나를 매료한다. 나는 내 영상이 투사되는 투명한 거울, 형상-은막을 알아차리지 못한다. 그곳에서 우리는 사랑의 여러 본질적인 규정의 기원을 볼 수 있다. 그 "나르시스적" 차원의 기원을 [타자를 사랑한다고 믿으면서 내가 숭배하는 것은 나 자신의 영상이다], 그것이 '부분적인 특징'에 고착되는 것을 [내가 다른 사람에 투사하는 것은 내 살의 단독적인 한 부분이다], 내 살의 변화를 대상에 투사함으로써 대상을 '이상화하려는' 그것의 경향을 볼 수 있다.

이는 어쩌면 사랑의 매우 큰 신비 가운데 하나를 밝혀 줄 것이다. '누가' 내가 사랑하는 타자일까? 내 욕망, 내 사랑을 사로잡는 무엇이 타자에 있을까? 나를 매혹하고 나를 유혹하는 것이 영상의 우아함이라면, 내 욕망을 일깨우는 것은 사실 그것이 아니다. 내가 알지 못하는 무엇이다. 어떤 태도나 몸짓, 시선의 광채, 목소리의 결, 영상의 충만함과 아름다움으로 감춰진, 대개는 숨은, 단독적인 어떤 요소이다. 라캉이 "욕망의 대상-원인", 그에 따르면 다른 논리에 종속되는 사랑이 아닌 욕망의 대상-원인, 대상 (a)로 일컫는 "몸의 상상되지 않는 어떤 찌꺼기"이다. 프로이트는 사랑이나 증오의 관계를 "자아 전체와 대상 전체의 관계"로 보았으며, 그 관계와 충동이 그 대상과 맺는 관계, 언제나 부분적인, 몸에서 떨어져나간 "하찮은 것"으로 제시되는 그 대상과 맺는 관계 사이에 있는 차이를 이미 강조했었다. 라캉은 대상 전체라는 개념 자체를 포기하면서 프로이트 이론을 극단화한다. 내 욕망의 대상으로서 타자는 절대 '하나의' 타자가 아니며, 오직 "부분적인 대상 더미의 총합"일 뿐이다. 라캉은 그렇게 '참된' 사랑의 가능성, 대타자를 하찮은 것, 작은 (a)로 깎아내리는 판타슴 너머 대타자로서 타자에 호소하는 사랑의 가능성을 생각하기를 자신에게 금한다. 물론 욕망이 먼저 부분적인 어느 특징, 플라톤의 '아갈마(agalma)', 프로이트가 말하는 *einziger Zug*, 곧 타자에 투사된 내 살의 레스탕에 결부된다는 그의 주장은 옳다. 하지만 이 이질적인 요소는 고립된 채로 있지 않다. 체화의 과정 중에 그것은 내 살에 동일시되고 몸 전체를 낳고자 내 살과 합쳐질 것이다. 이러한 동일시의 종합은 내가 이질적인 요소를 다른 몸에 전이할 때 반복된다. 변모되면서 그 요소는 낯선 몸의 다른 특성, 다른 부분적인 영역과 합쳐진다. 최초의 원천 지점에서부터 빛나면서 그 요소는 낯선 몸의 표면 전체로 확산되고 타인의 모든 인격에 퍼진다. 욕망의 대상의 단순한 총합에서 타인은 사랑의 유일한 대상으로 변모한다. 사랑의 변모 한가운데에서 최초의 정박지는 지속된다. 욕망을 앞서고 욕망을 가능하게 했던 훼손, 총합의 마지막 자취처럼 그것은 지속된다. 사랑하는 대상의 이상화는 혐오스러운 어떤 결함처럼 먼저 주어졌던 어떤 특수한 흔적에 결합돼서 무한히 욕망을 자극하는 성질로 그 흔적을 만든다는 걸 우리는 자주 눈여겨봤다. 루크레티우스는 이 현상을 완벽하게 기술했다. 사랑하는 이의 눈에는 "거무스름한 것이 '꿀 빛깔'을 지닌다. 더럽고 추잡한 것은 곧 '다듬지 않은 아름다움'이다. 난쟁이, 왜소한 이는 '내 작은 은총'이자, 내 순수한 소금 알이다. 어마어마한 거인은 '위풍당당함으로 가득 찬' 경이이다. 그가 말을 못하고 더듬는다면, 그는 '부드럽게 속삭인다.'"[109] 구체화의 기적, 우리는 그곳에서 레스탕의 자취, 그 변모의 뚜렷한 표시를 알아볼 것이다.

이상화는 사랑의 합일을 제한하고 자아와 대상 사이에 어떤 거리를

---

109. Lucrèce, *La Nautre des choses*, IV, vers 1153-1170과 그에 앞서 Platon, *La République* 474d를 보라.

다시 도입하게 될까? 반대로 그 간격은 계속 좁아진 것 같다. 내가 내 열정의 대상을 숭고하다고 판단하면 할수록, 나는 나를 그에 어울리지 않는 것으로, 그보다 열등한 것으로 더욱 헤아리게 되며, 역설적으로 그 대상과 나를 동일시하기에 더욱 이르게 된다. 사랑의 복종 상태에서 "대상은 말하자면 자아를 흡수했다"라고 프로이트는 말했다. 이 합일의 동일시를 우리는 충동과 그 부분적인 대상의 관계에서 이미 발견했다. 마조히스트 사람이 자신에게 고통을 입히고, 자신을 쓰레기로 여길 때, 관음주의자가 시선이 될 때, 자아는 그의 판타슴 대상에 녹아들고, 말할 수 없고 눈먼 그의 쾌락은 그에게 어떤 자리도, 대타자로부터 자신을 보호하고 그에게서 떨어져 나가기 위한 어떤 자리도 더는 남겨두지 않는다. 판타슴은 익명성으로 특징지어진다. 그것은 단독적인 에고의 모든 흔적을 지운다. 내 판타슴의 대상과 나를 동일시함으로써 나는 그 대상 속에서 자취를 감춘다. 곧 나를 없앤다. 최면상태의 매혹, "자아의 희생", 자아가 대상 속에서 스스로 자신을 해체하는 이러한 것이 프로이트에게는 사랑의 포획을 규정하는 것이다. 하지만 그는 자아가 대상을 아주 흡수해버린 상태, 대상을 자기 안에 내면화한 상태로 그것을 또한 기술하기도 한다.[110] 결국 사랑하는 자가 사랑받는 자에게 자신을 동일시하는 것일까, 아니면 그 반대일까? 에고가 그의 사랑의 대상 속에서 자신을 잃어버리는 것일까, 아니면 대상이 에고에게 먹히는 것일까? 이러한 역설은 우리가 타인과 맺는 모든 관계를 작용 밖에 둘 때, 우리가 우리의 모든 사랑이 미리 윤곽을 그리는 아르케-사랑으로 되돌아올

---

110. Freud, "Psychologie des masses et analyse du moi", *Essais de Psychanalyse*, p. 177-179.

때 해명된다. 종합이 재구성될 때, 살이 재-육화할 때, 모든 살 극이 다른 극과 다시 합쳐지려 할 때 말이다. 앞서 살 극이 완벽하게 동일시되는 걸 막았던 것은 레스탕의 저항이었다. 하지만 이제 우리는 그 자신 또한 재-육화하려 하는, 내 살의 일부처럼 점점 더 내게 나타나는 레스탕을 본다. 극단적인 때에 더는 어떤 어려움도 레스탕과 다른 극 사이에 존속하지 못한다. 둘 다 욕망과 사랑의 대상으로 변모한다. 그때부터 어떤 장애물도 살 극이 서로 껴안는 것을, 서로 융합하는 것을 더는 막지 못한다. 어떤 낯선 요소도 이 위험한 뒤섞임에, 내가 '아파니시스'라고 명명한 내향성 폭발에 더는 대립하지 못한다. 연인의 꿈이 오직 하나의 몸을 이루는 데 있다면, 아르케-사랑의 이상은 기관도 통로도 없는 몸, 자폐주의의 갑각-몸(corps-carapace)이다. 그것은 분화한 극 없는 살이다. 자기 세계에 틀어박힌 살, 마그마, 블랙홀의 벌어진 상태 속에서 자신을 잃을 때까지 자기 안에서 점점 더 붕괴하는 살이다. 증오의 비진리가 있다면, 레스탕을 낯선 몸으로 내던지도록 증오를 부추기는 어떤 눈멂이 있다면, '사랑의 광기' 또한 있다. 그러한 광기가 반대로 레스탕의 낯섦을 부인하려 하기에, 그 타자성을 제거하려 하기에, 그것은 또한 위험하지 않을 수 없다. 증오 속에서는 레스탕이 살을 먹어치운다. 사랑 속에서는 자아-살이 레스탕을 흡수한다. 어떤 의미에선 사랑을 짓누르는 위협이 더 심각한 것 같다. 진리 앞에서 휘고 물러나는 증오와 달리 어떤 드러남도 사랑에서 우리를 더는 구원할 수 없다. 사랑의 진리 그 자체가 [드러나는, 재-육화하는 그 힘이] 사랑의 광기를 만들기 때문이다. 아마도 사랑에 경계를 주어야 할 것이다. 레스탕의 타자성을 존중하도록 그것을 강요하여야 할 것이다. 하지만 어떤 경계, 어떤 법이 사랑의 광기를 억제할 수 있을까? 만일 "사랑의 유일한 척도가 척도 없이 사랑하는 데 있다"면 말이다.

언뜻 보기에 그러한 위험은 아르케-사랑과 관련 있을 뿐이며, 우리가 세계와 몸의 차원으로 이동해가자마자 그러한 위험은 사라져야 할 것이다. 물론 사랑의 광기는 이 차원에서 지속된다. 그것은 타자에 자신을 완전히 소외하고, 타자에 자신을 예속하고, 타자를 위해 자신을 희생하도록 자아를 이끌 수 있다. 그것은 지배자에 복종하고, 자신의 사랑에 걸맞고자 최악의 범죄를 저지르도록 사람들을 부추긴다. 하지만 우리는 '아파니시스'의 어마어마한 위험을 이 차원에서 더는 만나지 않는다. 아마도 데미우르고스는 우리의 비탄을 불쌍히 여겼는가 보다. 우리 몸을 만들면서 그는 몸의 표면에 절대 다시 닫히지 않을 통로, 구멍을 배치하는 배려를 했다. 그는 그러한 틈새에 달라붙는 혐오가 욕망으로 바뀔 수 있도록 신경을 썼다. 그는 그러한 길로 접어들도록 욕망이 다른 신체의 틈새와 구멍을 거쳐 표출될 수 있도록 했다. 두 몸의 완전한 합일을 피할 생각에 그는 그들의 포옹에 기한을 정해 다른 몸의 제한된 부분만을 그것도 매우 짧은 동안에만 향유하도록 했다. 그들의 쾌락이 어느 한계에 이르렀을 때, 그들의 결합은 풀리고 그들은 새로 서로 멀어진다. 그처럼 그 두 몸 가운데 어느 것도 자신의 상처를, 그것을 몸으로 만든 최초의 벌어짐을 아물게 하기에 이르지 못한다. 신은 커다란 호의와 조롱으로, 우리가 우리의 광기에서 헤어 나오도록 우리에게 그러한 형벌을 가했다. 우리를 사랑에서 구원하고자 그는 우리에게 성(性)을 주었다.

한데 살의 차원에서 아파니시스인 것에 해당하는 판타슴이 성의 영역에 있다. 바로 자아와 대타자의 경계가 없어지는 절대 쾌락의 판타슴, 최초의 몸과 이루는 합일의 판타슴이다. 그 최초의 몸에서 내 몸은 나왔다. 바로 근친상간의 욕망이다. 프로이트는 도라의 성적 혐오가 자신의 몸을 향한 혐오와 자신의 근친상간적 욕망에 대한 저항에서 나온다는 것을 잘 알았다. 도라는 안나의 손에 일어났던, 자기 아버지의 몸을 건드리지 못하게 했던 마비와 똑같은 저항을 보인다. 공포증(포비아) 환자의 불안이나 강박증 환자의 의식에서도 상황은 마찬가지이다. 신경 증의 주된 모든 증상은 근친상간의 쾌락에 반대하는 막, 방어이다. 그러 한 증상은 근친상간의 쾌락을 금지하는 법이 실패할 때 마치 마지막 성벽이라도 되는 양 일어난다. 정신분석학의 이와 같은 주장에 흠 잡을 것은 전혀 없다. 그러나 나는 도라의 혐오와 같은 증상은 자아가 그 자신의 살과 맺는 관계에 먼저 뿌리를 두어야 한다고 생각한다. 그와 같은 증상은 근친상간보다 더 근본적인 위험인 '아파니시스'의 위험에 맞선다고 생각한다. 그러한 저항 없이 자아는 이미 오래전부터 끝이 보이지 않는 바닥에 잠겼을 것이다. 살의 차원에서 두 몸 사이에 있는 거리나 성적 구멍의 벌어진 상태와 동등한 것은 아무것도 없다. 만일 레스탕이 벌리기 기능을 확고히 하길 그만둔다면, 더는 아무것도 살과 살의 자기-파괴적 합일로부터 자아를 보호하지 못할 것이다. 그러면 가능한 유일한 방어는 또 다른 살 극을 떼어놓는 데 있을 것이다. 자아가 자신에 동일시했던 레스탕을 내던지는 데 있을 것이다. 그러한 유동성을 우리는 알아본다. 혐오와 증오를 낳게 한 것이 그것이다. 그러면 우리는 왜 사랑이 증오의 회귀를 제지할 수 없는지를 이해한다. 사랑이 어느 한계를 넘어서자마자 사랑은 자아에게 위험이 되고 증오를, 사랑이 강한 만큼 더 강렬한 증오를 기어이 낳고야 만다. 여기 증오의 궁극적 의미가 있다. 증오는 자아가 사랑의 광기에 저항할 수 있도록 한다.

이는 종합이 곧바로 전도됨을 의미하지 않는다. 증오의 훼손이 사랑의 변모를 새로 이기고 그러한 변모를 전적으로 대신함을 의미하지 않는다.

오래된 증오가 사랑의 변화의 움직임 '속에' 다시 나타날 수 있다. 이를 위해 자아와 레스탕 사이에 간격이 다시 벌어지는 것으로 충분하다. 내가 내 욕망의 대상을 향해 힘껏 나아가는 동안 좁힐 수 없는 거리감이 내게 부과되는 것으로 충분하다. 내 욕망의 대상은 그러면 마치 내 사랑을 거부하기라도 하는 양 내 손길이 미치지 않는 곳에서 내게 나타난다. 이 무력한 추구에서 사랑은 바뀌고 일종의 분노로, 대상을 향한 원망으로, 그의 신중함을 힘으로 무너트리고 그가 내게 거부하는 것을 낚아챌 욕망으로 채워진다. 사랑은 '갈망(envie)'으로 바뀐다. 다른 에고가 개입하고, 내 욕망의 대상을 그에게 빼앗긴 것 같다면, 내 갈망은 '질투'로 변할 것이다. 하지만 파생된 현상이 관계할 뿐이다. 그 현상은 자아가 변모한 레스탕을 향해 느끼는 내재적인 아르케-갈망을 여전히 가리켜 보인다. 멜라니 클라인은 최초의 갈망이 나쁜 대상만큼이나 좋은 대상에 호소한다는 사실에 놀랐다. [좀 성급하게 그는 그 대상을 어머니의 젖가슴에 동일시했다.] 하지만 갈망의 논리는 그러한 대립을 비켜간다. 대상이 "좋으면 좋을수록" 더욱더 레스탕은 내게 숭고하고 욕망을 자극하는 것 같다. 대상이 내 영향력에서 벗어나면 벗어날수록 더욱더 대상은 내 갈망을 자극하고 내게 "나쁜 것"[111]으로 나타난다. 나는 그러면 그 대상을 벌충하려 하고, 그것을 파괴하고자 그것을 낚아채려 한다. 사랑으로 있었던 것은 증오에 자리를 내준다. 여기서 또한 스피노자는 정확히 보았다. 갈망은 "증오 그 자체와 다른 아무것도 아니다."[112] 더 정확히

---

111. "쉬이 (좋은 젖가슴은) 젖을 나누어 주고 아이의 욕구를 그렇게 충족해 준다. 마치 그러한 줌이 이뤄질 수 없는 양 갈망을 불러일으키는 것은 바로 그러한 쉬움이다." (M. Klein, *Envie et gratitude* [1957], Gallimard, 1981, p. 22)
112. Spinoza, *Ethique*, III-24, scolie.

말해 증오가 사랑 한가운데 다시 나타날 때 지니는 특수한 모습이 갈망이다. 이 증오에 찬 갈망은 새로운 훼손의 표시이며, 그러한 훼손 속에서 변모한 레스탕은 한 번 더 훼손된다.

결국 자아-살은 훼손과 변형, 헐벗기와 재-육화의 국면 사이에서, 분리의 위험과 치명적인 합일의 위험, 증오의 반감과 사랑의 유혹 사이에서 쉼 없이 동요할 수밖에 없는 것 같다. 서양의 아주 오래된 문헌 가운데 하나는 우리 삶의 이야기인 이 이상한 이야기를 증언한다. 엠페도클레스의 분실된 시의 단편은 이중의 생성을 기술한다. "때로 요소의 / 결합이 만들어지기고 하고 또 없어지기도 한다. / 때로 모든 것이 분리될 때 / 형성됐던 것은 흩어진다." 이 이중의 운동은 최초의 두 세력, *philia* "모든 것을 결합으로 이끄는" 사랑과 *neikos* "사랑이 결합했던 것을 분리하는" 증오가 다툰 결과이다. 우주 전체가 그 둘의 싸움터이다. 그런데 엠페도클레스가 우리에게 목격하게 하는 것은 바로 체화의 과정이다. 풀렸다 다시 맺어지는 키아슴으로부터 이뤄지는 우리 몸의 생성이다. "몸이 없는, 증오로 분리된 구성원은 서로 결합하기를 바라며 헤맨다." "그런데 하나의 신성이 다른 신성에 더 밀접하게 / 결합되자마자, 구성원은 만나는 대로 / 서로 결합한다. 많은 다른 구성원은 형벌을 이어간다." 이 쉼 없는 교체, 요소의 싸움과 운동은 일종의 '아파니시스' 가 일어날 때까지, "모든 요소가 하나-전체(Un-Tout) 속으로 녹아들고 어둠에 잠기는 날까지" 끝없이 이어진다.

우리는 사랑의 진리에 호소함으로써 혐오와 증오의 지옥 같은 논리를 끊을 수 있는지를 알고자 했다. 지금으로선 레스탕의 변모가 증오를 극복하기에 조금도 충분하지 않은 것 같다. 그것은 단지 훼손의 이면, 훼손의 일시적이고 언제나 뒤집힐 수 있는 전도일 뿐인 것 같다. 그렇게 그것은 우리에게 단순한 '진정'만을, 갈망과 증오로 다시 추락하기에 앞서 사랑이 우리에게 제공하는 일시적인 "회복"만을 기대하게 할 뿐이다. 적어도 우리가 레스탕과 맺는 관계가 달라지지 않는 한, 증오의 영원한 회귀에서 사랑은 우리를 지켜줄 수 없을 것이다. 그러한 변화가 가능한지를 탐색하기에 앞서 횡단적 종합에서 발생한 위기의 결과를 분석하는 것이 좋겠다. 그 위기는 살의 유동성에 어떤 변화를 야기할까? 그것은 어떤 새로운 훼손, 어떤 변모를 레스탕과 자아에 부과할까?

아르케-임종에서 부활로

> "우리는 불사의 대가를 톡톡히 치른다.
> 살아 있는 동안 우리는 여러 번 죽어야 한다."
>
> 니체, 『에케호모』

체화의 종합이 실패할 때, 살과 몸의 결합이 풀릴 때, 어떤 일이 일어날까? 내가 '횡단적'이라고 명명한 종합에서 모든 살 극은 다른 극의 인상을 나누어 갖고, 다른 극을 통해 그 자신을 겪고, 다른 극이 물질적인 어떤 것처럼 자신을 건드리는 걸 느낀다. 이제 살로 남아 있으면서 모든 극은 또한 몸으로, 내 몸의 일부로 자신을 산다. 자아-살과 레스탕의 싸움은 수평적 종합과 마찬가지로 횡단적 종합을 가로지른다. 그 둘의 관계가 뒤집히면, 횡단적 종합 또한 위기에 들어가고 이제 막 생기기 시작한 내 몸의 통일성은 붕괴된다. 탈-육화로 인해 키아슴은 전도되고 레스탕의 우위 아래 다시 맺어지게 된다. 그러면 더는 삶이 레스탕에 삶을 주는 것이 아니라 레스탕이 살을 탈육화하고 그것을 그 모든 극에서 먹어치운다. 이러한 전도의 결과는 훨씬 더 비극적이다. 수평적 종합이 문제일 때, 그러한 헐벗기는 다른 극과 관계할 뿐이며 자아-살은 그 극을 내던지고 혐오와 증오의 반감 속에서 그것을 파괴할 수 있었다. 횡단적 종합일 때 그러한 헐벗기는 자아-살에 직접 영향을 주지만, 자아-살은 자신을 사로잡는 물(Chose)에서 달아나거나 그것을 밖으로 추출할 수 없다. 레스탕에 흡수되면서 자아-살은 어떤 의미에선 살아 있는 자아이기를 그만둔다. 그에게 일어나는 것을 느끼기를 그만둔다. 그에게 영향을 미치는 현상은 말 그대로 감각될 수 없고(in-sensible) 그만큼 더 파악하기에 어렵다. 그것은 불안, 증오, 사랑, 갈망, 레스탕의 다른 모든 감정적 표명보다 더 깊이 감춰진 경계-현상이다. 이는 그 현상이 몇몇 극심한 상황에서만 갑자기 나타남을 의미하지 않는다. 그 현상은 끊임없이 우리에게 영향을 줄 수 있지만, 우리는 그것을 알아차릴 수 없다. 어떻게 그럼에도 그것을 기술하거나, 단순히 명명하기에 이를까?

그러한 현상이 일어날 때, 자아에 살과 몸으로 '동시에' 주어지는 것은 분해되고, 때로 살아 있는 내 살처럼, 때로 관성적인 사물처럼 내게 나타난다. 나는 그러면 탈육화한 내 살을 느낀다. 나는 비-살로 서서히 변해가는 자신을 느낀다. 하지만 어떻게 자아가 그러한 방식으로 자신을 지각할 수 있을까? 자신 밖으로 넘어가는 것을, 자신의 살에 낯설게 되는 것을 느낄 수 있을까? 자아-살은 분할된 수많은 에고로 근원적으로 분산돼 있었다. 에고의 삶은 잠깐 동안만, 감각적 인상과 그 과거지향의 자취가 지속되는 동안에만 지속될 따름이다. 과거지향이 지워지자마자, 에고는 사라지고 새로운 모든 인상과 함께 다른 에고, 다르면서도 같은 에고가 나타난다. 쉼 없이 최초의 살은 자신을 펼쳤다 자신을 접는다. 태어나고 죽는 시간을 자신에게 전혀 주지 않고 그것은 쉼 없이 자신을 잃어버렸다 다시 찾는다. 체화를 시작하며 자아-살은 자신의 분산, 초기의 간헐을 극복한다. 그는 그가 지속되는 동안 자신을 전개하고 역사의 동질성 속에서 계속 자신을 구성한다. 그의 동일성의 감정은 위기 때 전적으로 사라지지 않을 것이다. 혐오와 증오의 출현 속에서 그랬던 것과 마찬가지로 잔류하는 "유령 인상"은 위기의 지각을 바꾼다. 비-자아로 서서히 바뀌는 순간에 자아는 과거 삶의 기억을 여전히 간직하고 이는 그가 단번에 무로 잠기는 걸 막는다. 그는 한순간에 더는 자취를 감추지 않는다. 그는 임박한 자신의 사라짐을 파악한다. 그는 살기를 막 그만두려 할 때 자신을 체험한다. 그는 '죽어가는 자신을 느낀다.' 살아 있는 내 살에서 비-살로 이동할 때 어떤 이름이 '죽음'이라는 이름보다 더 잘 어울릴까? 키아슴의 위기는 매번 안티-몸을 만들어낸다. 그 몸이 증오의 발생 속에서 "나쁜 대상", "혐오"처럼 제시된다면, 그 몸은 이제 다른 양상으로 내게 나타난다. 내 살의 탈육화를 느끼면서, 나는 내 몸이 시체로 되는 순간을 예견한다. 내 몸의 탈체화는 자아-살의 '괴사(mortification)', '괴저(nécrose)'를 야기한다. 이 괴저는 촉각 키아슴의 위기에 그 기원을 둔다. 자신의 몸을 손으로 만져보기를 그치지 않던 한 정신병자가 선언한다. "[…] 어떻게 내가 있는지를 알려면 나는 쉼 없이 나를 만져야 한다. 아니 나는 몸을 더는 지니지 않는다. 나는 마치 죽은 이처럼 있다."[113] 그렇듯, 만지는 나를 만지기에 더는 이르지 못하므로 나는 이미 죽은 것으로 나를 체험한다. 하지만 '죽음'이라는 이름이

113. Fr. Lhermitte, *L'Image de notre corps*, Ed. de la Nouvelle Revue critique, 1939, p. 148.

그러한 현상을 일컫기에 정말 적합할까? 우리가 습관적으로 "죽음"이라고 부르는 것은 초월적 몸, 세계에 있는 주체와 관계한다. 죽음은 그러한 주체의 최종적인 사라짐을, 삶에서 생명이 없는 상태로 넘어갔음을 각인한다. 내가 이곳에서 기술하고자 하는 경계 현상은 '내 살에만' 영향을 미칠 뿐이다. 아무것도 그러한 현상이 돌이킬 수 없음을, 그것이 완전한 전멸과 일치함을 증명하지 못한다. 삶에 내재적인 "죽음", 세계에 전혀 나타나지 않는 "죽음", 여전히 '죽음'이 문제일까? 그 현상과 통상적 의미에서 이해한 죽음 사이에 어떤 관계가 있을까?

어쩌면 문제를 잘못 놓았는지도 모르겠다. 그 현상이 "죽음"이라는 이름에 걸맞은지를 묻는 대신에, 그 현상과 우리가 통상적으로 이해하는 의미에서 죽음이 갖는 관계를 묻는 대신에, 죽음의 일반적 의미를 먼저 물어야 한다. 어디에서 우리가 그것에 주는 의미가 나올까? 우리가 순진하게 "죽음"으로 여기는 것이 정말로 죽음 '그 자체'일까? 죽음의 진리일까? 하이데거는 우리에게 가르쳐 준 바 있다. 익명적이고 막연한 만기(晚期)처럼 죽음을 규정하는 것은 그 현상의 비본래적인 이해에 기초를 둔다. 나라는 실존자는 매 순간에 죽음의 가능성에 직면해 있다. 실존자는 불안 속에서 죽음을 예견하고 죽음을 끊임없이 "앞지르며" 죽음을 향해 나아간다. 이는 그를 죽음을-향한-존재로 만든다. 우리 삶의 "앞으로 다가올 마감"처럼 통상적 의미에서 이해한 죽음[Tod]에서 우리는 Sterben, 언제나 있는 죽을 가능성을 구별해야 한다. 우리가 죽음과 갖는 모든 본래적 관계는 바로 그 현상에 기원을 둔다. 하이데거가 Sterben과 Tod를 구분하기에, 죽기의 본질을 엄격하게 규정하기에 정말로 이르렀는지를 우리는 그렇지만 물을 수 있다. 앞으로 다가올 죽음의 현재 예견을 그곳에서 보면서 그는 그것을 단순한 전조로, 죽음의 한 양상으로 만들었다. 죽음은 미래의 만기(晩期)처럼, 무한정 연기된 "끝"처럼 계속 이해된다. 하이데거가 죽기(mourir)와 죽음(mort)의 차이를 충분히 강조하지 않았기에, 죽기를 죽음의 단순한 예견으로 귀착시키지 않으면서 '그 자체로부터' 생각하기에 이르지 못했기에, 죽음의 전통적 이해는 극복되지 않았다. *Sterben*이 근원적 현상이라면, '내 살'의 내재적 사건, 에고의 줌 양상이 문제가 되어야 한다. 그곳에서 살아 있는 자아는 마치 자신의 죽음을 살아야 하는 양 *ego moribundus*처럼 자신을 준다. 삶과 죽음의 관계를 묻지 않고, 삶이 마치 죽은 듯 자신을 체험할 수 있게 하는 것을 묻지 않고, 자신의 죽음을 "자신에게 줄" 수 있게 하는 것을 묻지 않고 그러한 현상을 밝혀낼 수 없다. 삶으로부터 실존을 규정하길 거부했기에, 다자인과 살아 있는 그의 실재 사이에 깊은 구렁을 파놓았기에 하이데거는 그것을 할 수 없었다. 정신분석학 쪽으로 돌아설 때, 죽음을 단순한 가능성으로 더는 생각하지 않고 실질적인 힘, 삶의 충동에 대립하는 '충동'으로 생각할 때 우리는 더 운이 좋을까? 그러나 대립하는 두 힘의 관계는 전적으로 불투명하다. 충동의 이원론은 프로이트의 고백 자체로부터 하나의 "신화"로 남는다. 어떻게 모든 단독적인 실존에서 삶이 죽음과 결합되기에 이르는지, 죽음에 사로잡히기에 이르는지, 자신과 다른 사람들의 죽음을 욕망하거나 반대로 그것에 맞서기에[114] 이르는지를 전혀 이해할 수 있게 하지 않는 추상적 사변으로 남는다.

내 죽음의 진리에 다가가려면, 존재론과 정신분석학 너머로 가야 한다. 삶의 원천과 죽음의 원천을 분리하기를 거부하고, 반대로 죽음을 삶의

---

114. 삶과 죽음의 결합의 수수께끼를 주제로 해서, 그리고 그 둘 중 어느 것이 다른 것에 "맞서는지"를 아는 문제를 주제로 해서 Françoise Proust가 *De la résistance*, p. 117-151에서 다루는 매우 뛰어난 부분을 읽어야 한다.

내재적 가능성처럼, 삶의 한 모험처럼 생각해야 한다. 그리고 한 발 더 나아가서 죽음을 앞으로 올 가능성처럼 생각하지 않고 내 삶에 '일어난' 독특한 사건처럼 생각해야 한다. 내 죽음의 가능성이 내게 어떤 의미를 지니려면, 살아 있으면서 죽는 체험을 이미 했어야 한다. 내 삶에서 작용 중인 내 죽음을, 곧 '괴사되는(자신을 괴사하다, se mortifie)' 내 삶 자체를 파악했어야 한다. 나는 나를 파괴할 위험이 있는 적대적인 힘을 경험한다. 나는 내 살 한가운데에서 죽은 물(Chose)이 나를 갉아먹고 나를 죽이는 것을 느낀다. 하지만 그 물(Chose)은 내게서 분리되고 내게 적대적으로 돌아선 나 자신의 일부일 따름이다. 운 좋게도 우리는 우리 언어에서 "재귀적" 성격을 나타내는 표현 곧 '자신을' 괴사하다(se mortifier)와 같은 죽다(mourir)라는 표현과 시간적 차원 곧 사건, 경과, 임종의 차원을 나타내는 표현을 만난다. "부인이 죽어간다(자신을 죽인다, se meurt)! 부인이 죽었다(est morte)!" 보쉬에가 언급하는 이 "끔찍한 비명"에서 죽음에 잠기는 자신을 느끼는 삶의 모든 비탄이 표현된다. 종합이 전도될 때 자아가 경험하는 것이 그것이다. 그는 그가 '죽어간다(자신을 죽인다, se meurt)'고 느낀다. 죽어가는(자신을 죽이는) 산 자아가 그의 죽음에 더 가깝다. 그는 앞으로 올 죽음의 불안한 예견 속에서 "죽음에-'대한'-존재(être-*pour*-la-mort)"로만 실존할 뿐인 *Dasein moribundus*보다 더 본래적인 경험을 한다. 내재적이고 언제나 연기된 가능성이 이곳에서 더는 문제가 아니라 진정한 임종이 문제이기 때문이다. 나는 비-살로 서서히 변해가는 나를 느끼는데, 그 비-살은 내게 '아무것도 아니다.' 레스탕이 나를 괴사할(me mortifie) 때 그것은 나를 없앤다. 죽어가는 경험은 순간적인 실신, 사람들이 잘못해서 죽음과 일치시키게 될 일시적인 기절이 아니다. 무의 이러한 체험에서 자아가 되돌아올 수 있으리라는 것을 아무것도 보장하지 못한다. 그 체험은 일종의 은유처럼 "진정한" 죽음에서 결국 "파생하지" 않는다. 반대로 내재적 죽음의 무 속에서 미리 예고되고 그곳에서 의미를 얻어 가는 것은 죽음을 대하는 우리의 통상적 개념이다, 우리 종말의 예견이다.

그처럼 나는 죽었을 것이다. 언제나 이미 죽었을 것이다. 나는 선행하는 죽음의 이상한 경험 속에서 내 죽음에 앞서 오래전부터 죽기(mourir)를 체험했다. 내가 살아 있는 내내 나를 수반하는 '자기애도(deuil de soi)' 없이 나는 앞으로 올 내 죽음의 가능성을 절대 예견할 수 없을 것이다. 이 시간적 역설에 또 다른 역설이 보태진다. 자아가 죽어갈(자신을 죽일, *se* meurt) 때, 그의 죽음은 그렇지만 '밖으로부터', 낯선 힘으로부터 그에게 일어나는 것 같다. 살의 헐벗기, 살이 레스탕에 흡수됨은 살해 행위, 모든 살인을 예고하는 '초월론적 살인(meurtre transcendantal)'이다. 인간의 역사는 그러한 살인으로 넘쳐난다. 우리는 게다가 몇몇 문화는 모든 죽음을, 심지어 매우 자연스러운 죽음조차 살해로 여긴다는 것을 안다. 이는 몇몇 정신병자에게도 해당되는 이야기이다. 장례 의식 때 세네갈의 졸라 족은 고인을 저주했을 "영혼을 먹는 마녀"의 이름을 대도록 고인을 오랫동안 심문한다. 마찬가지로 몇몇 멜라네시아 종족은 시체를 파낸다. 그 목적은 시체 피부에서 죽음의 원인이 됐던 사악한 힘의 표시가 되는 흔적을 찾는 데 있다. 대개 욕망, 갈망, 증오와 관련된, 성욕을 자극하는 표시가 문제가 된다. 내가 '레스탕의 신체적 기재'[115]로

115. "만일 시체가 성적 애무 대신에 가해진, 성욕을 자극하는 할퀸 상처와 비슷한 찰과상을 지닌다면, 이는 고인이 강간을 범했거나, 우두머리, 유력인사, 주술사에 해롭게 여자들에게 지나치게 인기가 있었다는 의미이다." (Br. Malinowski, *Trois essais sur la vie sociale des primitifs*[1933], Payot, 1975,

일컬었던 그것이다. 우리는 그러한 생각을 "원시적"이라 [또는 "정신착란적"이라] 판단할 수 있지만, 그러한 생각은 인류학이나 정신의학과 같은 우리 근대 과학보다 더 가까이 레스탕의 진리에 다가가며, 죽기라는 가능성이 근원적 살해에 바탕을 둔다는 역설을 어떤 존재론보다도 더 가리켜 보인다.

죽기 현상에 진리의 한 부분이 있다면, 그 부분은 비-진리와, 근본적인 은폐와 떼려야 뗄 수 없다. 왜냐하면 내게 죽음을 주는 낯선 물(Chose)이 사실 내 살에, 내 삶에 속하기 때문이다. 나 자신의 살이 그 자신을 먹어치우고, 비-살로 되는 환상을 자신에게 준다. 삶과 죽음의 공-소유, 자아와 레스탕의 공모는 증오에서 그랬던 것만큼이나 깊이 감춰져 있다. 이렇게 내 살은 죽은 것처럼 자기를 겪을 정도로 자기를 보지 못하지만, 포의 발데마르처럼 자신의 죽음을 겪을 수 있으려면 살아 있어야 한다. 나는 죽었다고 믿었지만 정말로 죽지 않았다. 혐오와 증오를 다른 차원에서 발생시킨 것과 유사한 훼손이 거기 있다. 매우 "실질적"이고, 매우 끔찍할지라도, 죽어가는(자신을 죽이는) 경험은 판타슴 이외 다른 아무것도 아니다. 하지만 그러한 판타슴 속에서 우리는 모두 자기 죽음의 의미를 찾는다. 우리가 "죽음"이라고 부르는 것은 환상일 뿐일까? 자아-살이 정말로 죽지 않고 죽는 것 같다면, 이는 그가 죽을 운명이 아님을 의미할까? 만일 내가 개괄적으로 그린 분석이 사변적 구성이나 망상가의 꿈으로 환원되지 않는다면, 실존 속에서 그 '증거'를 구할 수 있어야 한다. 결정적이려면, 산 자들이 이미 죽은 것처럼 자신을 겪는다는 것을

---

p. 63-68.) L. V. Thomas는 그의 *Anthropologie de la mort*, Payot, 1975, p. 409-410에서 "시체 심문" 의식을 기술한다.

실존이 입증해야 할 것이다. 선행하는 죽음의 경험이 "실질적인" 죽음의 경험을 '예고'하고 그것에 그 모든 의미를 준다는 것을 또한 입증해야 할 것이다. 만일 우리가 첫 번째 조건에만 만족한다면, 우리는 의미 있는 상황을 재빨리 찾을 것이다. 예컨대 말라르메에서 카프카와 블랑쇼에 이르기까지 '내가 죽었다'는 주제를 온갖 방법으로 말하는 오늘날 문학이나 우리가 정신병이라 부르는 것 속에서 말이다. 강박증 환자의 고통스러운 물음["나는 죽었는가, 살았는가?"]이 관계하든, 안나의 손에 엄습하고 그의 손톱을 그토록 많은 해골로 바꾼 마비가 관계하든, "나병에 걸린 시체"로 바뀐 슈레버의 환영이 관계하든, 우울증 환자의 불평[그것은 "마치 내가 죽은 것 같고, 마치 내가 내 피부 속에서 부유하는 것 같고, 더는 무게도 몸도 지니지 않는다는 느낌과 같다."][116]이 관계하든, 매번 우리는 삶 속에 침입한 죽음과 관계한다. 그러한 침입 속에서 주체는 그 자신의 몸속에서 죽어간다는(자신을 죽인다는) 비탄을, 아니 차라리 이미 죽었다는 비탄을 느낀다.

임상 사례만이 아니라, 우리의 일상적 경험 또한 우리를 그러한 경험에 직면하게 한다. 그러한 경험은 불안이 아닌 '절망'이라는 독특한 감정으로 모습을 보인다. 내가 앞으로 올 죽음에 불안해한다면, '이미 와 있는' 죽음, 끝없이 죽어감(자신을-죽임, se-mourir)으로 나는 절망한다. 키르케고르는 이를 이해했었다. 절망은 치명적인 병이다. 그곳에서 자아는 "죽지 않으면서 죽는, 죽음을 죽이는(mourir la mort)" 고통을 겪는다. 그런데 "죽음을 죽인다 함은 그의 죽음을 산다는 것을 의미한다." 그렇게

---

116. S. Follin, *Vivre en délirant*, Les Empêcheurs de penser en rond, 1992, p. 301.

"절망 속에서 죽기는 살기로 계속 바뀌고" '끝낼 수' 없음, 진정으로 죽을 수 없음은 절망을 더 크게 한다.[117] 우리는 절망한 자가 비탄의 절정에서 자살을 전혀 계획하지 않는다는 점을 자주 주의했었다. 이는 그가 더는 자신의 죽음을 향해 적극적으로 자신을 투사할 수 없기 때문이다. 그가 이미 죽은 양 자신을 체험하기 때문이다. 그가 오래전부터 자기 죽음을 애도하기 때문이다. 매 순간 일어나는 것을 맞이하기에 더는 이르지 못하므로, 그는 미래에 눈을 뜨기에 더는 이르지 못한다. 그의 살아 있는 현재는 죽어간다. 베즐레 대성당의 한 상부장식에서 절망은 찡그린 악마의 모습으로 나타난다. 악마의 머리는 뒤로, 과거로 젖혀졌다. 이는 절망이 과거 속에만, 잃어버린 행복의 향수 속에만 존속함을 의미하지 않는다. 과거로 몸을 돌리며 악마의 시선은 무엇보다도 과거를 오염시킨다. 왜냐하면 절망은 내게 '더는 시간을 남겨두지' 않기 때문이다. 절망은 내 미래로부터 내 과거로 역류한다. 이제 내 삶의 매 순간은 나를 절망시킨다. 이 때문에 치명적인 병은 키르케고르가 말했듯 또한 "자아의 병"이다. 절망은 언제나 "자기이지 않아서 생기는 절망"이 된다. '참으로 자아'이려는 절망적인 의지가 된다. 절망한 자는 그의 지속, 그의 살아 있는 자아를 박탈당한다. 그는 그 자신에게 자신을 주기에 더는 이르지 못한다. 또는 그 자신에 자신을 감추면서만, 자신을 죽게 하면서만 자기에 자신을 준다. 그는 '자신을 죽은 것으로 준다.'

---

117. Kierkegaard, *La Maladie mortelle*(*Traité du désespoir*)(1849), Gallimard, 1973, p. 66. *L'Evénement et le Monde*(PUF, 1999)에서, Cl. Romano는 "죽음이 하이데거의 불안보다 절망과 더 근본적인 관계를 맺음"을 강조한다. 그는 절망한 자가 "이미 죽었다고 자신을 느낌"(p. 143, 253, etc.)을 잘 알았다. 하지만 그는 그것을 익명의 죽음, 비인격적인 사건의 경험으로 만들었다. 그는 절망이 '자기'이려는 절망적인 의지와 융합된다는 점을 알지 못했다.

그러한 경험 가운데 그 어느 것도, 문학, 광기, 절망의 그 어느 경험도 우리가 찾는 증거를 그렇지만 우리에게 주지 못한다. 왜냐하면 그러한 경험은 두 번째 조건을 만족시키지 못하기 때문이다. 그러한 경험 가운데 그 어느 것도 어떻게 죽음의 공통된 의미가 죽어간다는 매우 독특한 감정에 예고될 수 있는지를 이해하게 해주지 않는다. 어떻게 이미 죽었다는 정신착란적이거나 절망적인 확신이 앞으로 올 죽음의 절망적인 기다림에 그 의미를 주면서 미래로 투사될 수 있을까? 위니캇은 "붕괴의 임상적 두려움은 '이미 일어났던' 붕괴의 두려움"이라는 가정을 내놓는다. 그러한 두려움은 주체의 과거 속에서 일어났을 "최초의 임종"의 경험에서 그 원천을 찾는다. 주체의 역사에 포함되지 않은 한, 과거로 인정되지 않은 한, 그러한 임종은 앞으로 올 위험처럼 주체를 끊임없이 사로잡으러 되돌아온다.[118] 죽음의 발작적인 두려움은 그 특정 사례가 될 것이다. "죽음이 일어났지만 주체는 그것을 느끼지 못했다. 바로 그 죽음을 주체는 거기서 또한 그렇게 찾는 것이다." 임박한 죽음의 불안은 위니캇이 "몸 안에 거주함의 실패"처럼, 최초의 공허 속으로 떨어짐처럼 매우 모호하게 기술하는 근원적 임종에 뿌리를 둘 것이다. 위니캇은 여기서 내가 죽어감(자신을 죽임)의 경험처럼 기술하는 것에 매우 가까이 다가간다. 비록 세계에 있는 인간 주체의 역사에 국한된 심리학적 관점에 그칠지라도 그의 분석은 죽어가기의 내재적 현상을 더 잘 파악하게 해준다. 어떤 의미에서 내 죽음이 나를 앞서는지, 어떤 의미에서 내 죽음이 이미 일어났던 불가능한 것의 강박관념처럼 언제나

---

118. Winnicott, *La Crainte de l'effondrement et autres situations cliniques*, Gallimard, 2000.

'나중에' 내게 예고되는지를 더 잘 이해하게 해준다. 그의 가정에 그 모든 파급력을 주려면, 이 아르케-임종(archi-agonie)을 어린 시절로 거슬러 올라가는 최초의 정신적 외상으로 더는 헤아리지 말고, '근원적인(originaire)' 조건이자 '언제나 현재하는' 강박관념으로 헤아려야 한다. 병리적 현상으로 더는 그것을 환원하지 말고, 반대로 죽기의 가능성에 유일하게 의미를 줄 수 있는, 실존의 보편적 조건처럼 그것을 고찰해야 한다.

절망이 죽기를 과거 속에, 언제나 이미 죽었다는 비탄 속에 빠트리지만, 기이한 투사는 앞으로 올 죽음의 불안을 일깨우면서 죽기를 미래로 옮겨 놓는다. 두 상황에서 모두 아르케-임종의 현재 경험은 은폐된다. 마치 그 경험이 너무도 참을 수 없어서, 아주 먼 과거로 그것을 내던지거나 눈먼 미래로 그것을 투사하면서 자아가 그것을 매번 떼어놓아야 하는 것 같다. 우리는 그곳에서 역-시간, 키아슴의 위기가 야기한 시간적 훼손의 다른 두 양상을 본다. 살의 종합이 실패할 때, 그것의 위기는 그것의 토대가 되었던 시간적 흐름의 공시성에 영향을 미친다. 그 위기는 느끼기와 느껴지기, 만지기와 만져지기의 거의 동시에 일어나는 결합을 깨트린다. 그것은 살아 있는 현재에 죽은 시간을 도입한다. 모든 극의 인상 사이에 시간차, 위상차, '죽음의 경과(un laps de mort)'를 도입한다. 이제부터 자아-살이 서로 껴안고자 한다면 그것은 서로 만나지 못할 따름이다. 나는 언제나 나 자신보다 앞서거나 늦게 도착한다. 현재 순간에 살아 있는 나를 느끼기에 나는 너무 빠르거나 너무 늦게 도착한다. 현재는 나를 벗어나고, 죽어가고(자신을 죽이고), 과거 지평이나 미래 지평으로 달아난다. 내 아르케-임종 속에서 나는 내 살을 '이미' 죽은 것으로, 마치 내가 오래전부터 죽은 것[절망의 시간성]으로 느낀다. 그렇지만 나는 죽어가는(자신을 죽이는) 나를 느낀다. 나는 죽어가는(자신을 죽이는) 나를 산다. 이는 내가 '아직' 죽지 '않았음'을 의미한다. 내재적이고 쉼 없이 연기된 위험[불안의 시간성][119]처럼 내 죽음의 기한을 점점 더 멀리 옮겨 놓으면서 내 아르케-임종의 순간은 무한히 늘어난다.

죽음에 면해, 에피쿠로스는 말하길, 우리는 모두 "무방비의 도시"와 같다. 적어도 우리는 그것을 예견하려 할 수 있다. 그것이 불러일으키는 두려움에서 치유되려 할 수 있다. 죽어감(자신을 죽임)에서 상황은 이와 같지 않다. 그것은 기다릴 시간을 심지어 더는 주지 않는다. 그것에 대비할 시간을 심지어 더는 주지 않는다. 그것에서 도망치거나 증오의 대상처럼 그것을 밖으로 내던질 수 없을지라도, 우리는 그것을 시간적으로, 미래나 과거 속으로 투사할 수 있다. 그것이 살아 있는 현재 한가운데 새로 다시 나타나는 한, 불안과 절망 속에서 우리를 사로잡으러 되돌아오는 한, 그러한 투사는 실패한다. 그렇게 자아는 대개 그것을 부인하면서, 그를 갉아먹는 죽음을 알아보기를 거부하면서 반격한다. 그러한 부인은 아르케-임종의 강박관념에 맞서 가능한 그의 유일한 방어가 아니다. 그는 또한 그러한 강박관념을 자기 살의 레스탕을 내던지는 은막에, 곧 타인에 "공간적으로" 투사하려 한다. 물론 죽어감(자신을 죽임)의 체험은 무차별적으로 외재적 대상을 향하거나 자아 쪽으로 돌아설 수 있는 "충동", 일종의 파괴 에너지가 아니다. 언제나 단독적이고 언제나 내 것인 그 체험은 훼손되지 않고 타자에게로 옮겨갈 수는 없을 것이다. 매우 환상적이고, 매우 훼손되었다 할지라도, 그러한 투사는 일어날

119. 이 모든 것을 주제로 아르토의 사유는 [그리고 그의 광기는] 우리에게 아직 많은 것을 알려줄 수 있다. 초기 이해를 위해 2002년에 정기간행물 *Europe*에 실린 내 연구 "J'ai toujours su que j'étais Artaud le mort"를 보라.

수 있다. 타인에게로 끊임없이 자신을 투사하기에 자아는 자신의 죽어감의 판타슴을 그에게 전이할 수 있다. 그렇게 안나는 자신의 얼굴 대신에 해골과 함께 자기 아버지의 얼굴을 거울 속에서 발견한다. 마치 그를 마비시키는 괴저를 그에게 내던지기라도 하는 것 같다. 하지만 그러한 현상은 여기서 최악의 모습으로 나타나지 않는다. 안나의 아버지는 실제로 죽어가고(자신을 죽이고) 있다. 안나가 죽어가는(자신을 죽이는) 자신을 느낀다면, 이는 그가 그 자신의 살 속에서 자신의 죽음을 예견하면서 아버지에 자신을 동일시하기 때문이다. 안나가 대타자'에' 투사하는 죽기는 아버지와 딸이 그들의 강박관념을 교환하고 그들이 거부하는 죽음을 서로 주고받는 엇갈림 속에서 이미 대타자'로부터' 그에게 온다. 타인의 죽음으로 이미 오염되지 않은 죽기의 투사를 알아내는 일은 매우 어렵다. 죽기의 언제나 내 것인 단독성이 다른 사람이 세계에서 사라지는 것과 아무 관계가 없을지라도, 나는 내 판타슴 속에서 끊임없이 다른 사람들에 나를 동일시한다. 그들의 죽음은 내 아르케-임종의 비탄을 내게 상기한다. 이 이상한 경험을 우리는 '애도(deuil)'라 부른다. 다른 사람이 죽을 때마다, 그의 사라짐은 죽는다는 불안을 내 안에 일으킨다. 다른 사람의 죽음을 애도하면서 나는 그와 함께 나 자신의 죽음을 애도한다. 내가 죽어가기를 그치지 않았다면, 내가 언제나 이미 "죽었다면",[120] 나는 타인의 죽음의 애도를 '내 죽음의 애도로' 절대 할 수 없었을

---

120. 데리다는 애도의 작업이 근원적인 "자기애도"를 전제로 한다는 것을 잘 알았다. 자기애도 속에서 나는 나 자신보다 더 오래 '살아남는다'. 애도와 "생존"을 대상으로 그가 생각하는 것과 함께, "애도의 애도"라는 것을 통해 그가 목표로 하는 것과 함께, 그의 저술 전체의 기초가 되는 "나는 죽었다"라는 불가능한 진술과 함께 나는 *Faire part*에서 나를 해명하고자 했다.

것이다. 프로이트에 이어 몇몇 정신분석학자는 "애도 작업(travail de deuil)"의 매우 다른 두 해석을 구분한다. "정상적인" 애도와 "애도의 병리학"이 그것이다. 정상적인 애도에서 자아가 죽은 대상과 더 잘 떨어지고자 그리고 "살아 있기로 결심하고자" 그것을 '투입'하고, 흡수하고, "소화"시킨다면, 애도의 병리학에서는 "대상의 그림자가 자아를 기습"하고 주체는 죽은 타자를 "체화"하고 우울증에 빠지면서 유령처럼 그것을 자기 안에 간직한다.[121] 매번 애도의 양식을 결정하는 것은 내적이자 외적인 단독적인 대상과 자아가 맺는 관계이다. 자아는 대상을 밖으로 내던지려 노력하지만, 대상은 그를 사로잡으러, 그 자신의 가장 깊은 곳에 영원히 달라붙고자 되돌아올 수 있다. 이 강박관념의 "대상"을 우리는 알아본다. 바로 훼손된 레스탕이다. 내 살의 죽은 부분, 내 아르케-임종 속에서 경험한 괴저이다. 내가 타인의 죽음과 대면할 때, 나는 그에게, 곧 형상-은막에, 타인이라는 투사면에 레스탕을 투사한다. 나는 오래전부터 그것의 죽음을 애도하고 있었다. 그렇게 타자를 대상으로 한 내 애도의 결과가 "정상적"인지 "병리적"인지는 내가 레스탕과 어떤 관계를 맺느냐에 달린다. 레스탕의 변모만이, 자아-살의 재-탄생만이 그러한 유령에서 나를 해방시켜 줄 수 있다. 내가 '애도를 애도할 수' 있게 해줄 수 있다.

어쩌면 죽어감(자신을 죽임)을 투사하는 다른 방식이 있는지도 모른다. 안나가 그 자신의 죽음이라는 견딜 수 없는 환영을 자기 아버지의 헐벗은 얼굴로 대체했을 때, 마치 그가 '그 대신에' 자기 아버지를 죽음으

---

121. Freud의 *Métapsychologie*에 삽입된 "Deuil et mélancolie"(1915)와 N. Abraham 과 M. torok이 *l'Ecorce et le Noyau*, Aubier-Flammarion, 1978에서 전개한 것을 보라.

로 떠나보낸 것처럼, 마치 그가 자신의 죽음을 예견한 것으로 만족하지 않고 아버지가 죽기를 '바랐던' 것처럼 모든 것은 일어난다. 자신의 죽기를 자기 자신 안에 받아들이기를 거부함으로써 그러한 거부는 여기서 다른 사람의 죽음의 욕망과 결합한다. 한 발 더 나아가 이제 그 거부는 '살해' 욕망으로 변한다. 헤겔은 "모든 의식은 타자의 죽음을 욕망한다"라고 우리에게 가르쳤다. 하지만 인간 주체의 특성인 존재론적 "부정성" 때문은 아니다. 살해 욕망은 무엇보다도 투사에 근거를 둔다. 그곳에서 나는 절망적으로 내 죽기에서 벗어나려 한다. 내가 내 죽음을 대타자에 투사하면 할수록 나는 그의 죽음을 더 욕망하게 되고 나는 내 죽음에서 자유롭다고 더 믿게 된다. 이 치명적인 투사로 인해 나는 죽음을 훨씬 더 강하게 부인하게 된다. 자신의 희생자를 피로 물든 우상에 [레스탕의 위협적인 면에] 바치면서, 살해자는 그를 사로잡는 죽기에서 치유되기를 바란다. 이는 프로이트의 명석한 주장을 새로이 해명해준다. 무의식 속에서 우리는 모두 "자신을 불사라고 믿는 살인자"이다. 우리는 모두 자기 자신의 죽음을 상상할 수 없으며 타인이 그 죽음을 당하기를 쉼 없이 바란다.[122] 이 흑색 연금술을 이해하고자 "죽음 충동"을 언급할 필요는 없다. 그 불명료한 개념은 죽기와 증오, 대타자를 파괴하려는 내 욕망과 내가 나 자신의 죽음과 맺는 관계를 너무 성급하게 동일시함으로써 우리를 헤매게 한다. 사실 증오와 죽기는 같은 원천을 지니지 않는다. 살의 같은 종합에서 발생하지 않는다. 사랑보다 "더 오래된" 증오는 죽기보다 더 근원적임을 인정해야 한다. 초기에 증오는 죽음과 어떤

---

122. Freud, "Considération actuelle sur la guerre et la mort"(1915), dans *Essais de psychanalyse*, p. 38-39.

관계도 지니지 않으며, 자아의 경계 밖으로 레스탕을 내던지려(réjection)하는 만큼 대타자를 파괴하려 하지 않는다. 마찬가지로 죽기는 증오와 어떤 본질적인 관계도 지니지 않으며, 처음에 타인에게 죽기를 투사하는 일은 타인을 죽이는 데 그 목표가 있지 않고 내 죽음의 책임을 그에게 떠넘기는 데, 내 죽음과 나 자신 사이에 타자를 놓는 데 그 목표가 있다. 그 두 유동성이 서로 만나고 합쳐지기에 이르는 한 점이 그렇지만 있다. 어떻게 죽기가 증오와 결합되기에 이를까? 레스탕의 영향력 아래 살은 그 자신을 보지 못하고 '모든 극'[죽어감의 강박관념]에서 그리고 '반대의 극[낯선 것을 대상으로 한 그의 증오]'에서 비-살처럼 자신을 겪는다. 살은 그 자신을 지각하고 타자를, 먼저 다른 살 극을 그러고 나서 다른 자아를 유령처럼, 짐승의 썩은 시체처럼, 위협적이고 혐오스러운 쓰레기처럼 지각한다. 그러한 판타슴은 죽기의 불안과 대타자의 증오를 함께 일깨운다. 그 두 정서는 상대 정서를 서로 키운다. 나는 타인을 치명적인 위험처럼, 집요하게 나를 파괴하려는 적처럼 파악한다. 그러면 나는 그를 배제하려 하고, 그를 제거하려 한다. 내가 내 죽기와 증오를 그에게 투사하면 할수록 나는 그가 나를 증오하고 내 죽음을 바란다고 더 상상하게 된다. 그렇게 내 증오에 찬 반감이 죽음을 대상으로 내 불안을 강화하는 동안, 내 불안은 내 증오를 더 돋운다. 레스탕이 그 영향력을 행사하는 동안 나는 이 지옥과 같은 악순환에 사로잡혀 있을 것이다.

다른 운명이 가능할까? 죽기와 다른 관계를 맺는 것이 가능할까? 죽기를 부인하거나 그것을 타인에 투사하기에 더는 이르지 않을 다른 관계를 맺는 것이 가능할까? 매우 감춰졌다 할지라도, 죽어감(자신을 죽임)의 경험은 우리 삶을 오싹하게 한다. 그 경험은 우리에게 모두 절대적으로 실재한다. 하지만 그 모든 "실재성"은 판타슴의 실재성이다.

죽어가면서 나는 '아직' 죽지 '않는다', 나는 '참으로' 죽지 않는다. 그렇게 자아-삶은 자신의 아르케-임종을 가로지르면서 자신의 죽음에 맞설 수 있음을 드러낸다. 그로부터 그가 그것에 '언제나' 맞설 것이라고 결론 내려야 할까? 죽음은 그에게 단순한 외양에 지나지 않을까? 그의 죽기가 종합의 전도에 뿌리를 둔다면, 어째서 그것은 가역적이지 않을까? 훼손이 문제라면, 어째서 훼손 뒤에 증오에서 사랑으로 우리를 넘어가게 한 변화와 유사한 변화가 이어지지 않을까? 어떻게 종교적 계시에 호소하지 않고 '철학에서' 그 다른 측면에 다가가는 데 성공할까? "우리가 영원하다고 우리는 그러나 느끼고 경험한다."[123] 스피노자가 이론적 인식의 "제삼의 유형"에 자리 잡게 했던 죽음보다 더 강렬한 삶의 경험을 자아-삶의 어떤 차원에 뿌리내리게 할까? 그러한 가능성에 상식이 갖는 모든 명백함, 철학자와 과학자가 지닌 모든 확신은 대립한다. 드레이어의 감탄할 만한 영화 『오데트』에서 의사와 목사가 부활의 관점을 부인하기로 합의하는 것과 같은 방식으로, 그러한 관점을 떠받치는 말씀을 침묵으로 돌리기로 합의하는 것과 같은 방식으로 말이다. 죽음이 주체의 결정적인 소멸과 마찬가지라는 사실은 명백하지 않을까? 광신도나 광인으로 취급받을 위험을 무릅쓰고 누가 오늘날 감히 불사를 여전히 변론할까?

나는 자아의 최종 사라짐이라는 명백함이 선입견에 기초를 두지 않는지, 우리가 하는 죽기의 경험을 훼손하지 않는지 의문이 든다. 하이데거를 마지막으로 헤아려 보자. 그의 모든 철학은 죽음을-향한-존재, 곧 '끝을-향한-존재'로, 불안 속에서 자신의 종말을 예견하는 능력을 지닐 뿐인 다자인의 근본적으로 '유한한' 실존으로 실존자를 규정한 것에

---

123. Spinoza, *Ethique* V-23, scolie.

기반을 둔다. 그는 이렇게 "끝"이라는 의미, 곧 절대적 경계라는 의미를 죽음에 부여한다. 그 너머에는 '더는 아무것도 없다.' 그는 죽음을 다자인이 더는 거기 없을 가능성, 더는 아무것도 아닐 가능성으로 규정한다. 그리고 더 나중에 그는 죽음을 "무의 방주"로 규정할 것이다. 내세와 영혼의 불사를 주제로 한 모든 신학적 사변과 구분되고자 노력하며 그는 현세에 만족하라고, 경계 이편에 엄밀히 머무르라고 주장했다. 하지만 그는 곧 그 규칙을 깨게 될 것이다. 그가 죽음을 완전한 소멸로 규정하기 때문이다. 이는 비록 부정적일지라도 내세를 대상으로 한 어떤 지식을 가정한다. 나는 하이데거가 세계 실존의 순진한 "명백함"으로 인해 길을 잃지는 않았는지 염려된다. 세계 실존에게 세계는 전부이며 세계 실존은 세계 밖으로 물러남을 무로 추락하는 것으로만 생각할 수 있을 뿐이다. 더는 살지 않을 유일한 가능성으로, 또 다른 가능성을 헤아리지 않고 영원히 사라질 유일한 가능성으로 죽음을 국한하면서 죽음을 그러한 방식으로 규정할 때 죽기의 의미 자체는 그릇되게 된다. 아무것도 우리에게 또 다른 가능성, 더 살 가능성, 새로 소생할 가능성을 생각하는 걸 금하지 않는다.

"하이데거가 죽음과 함께 고도의 곡예 훈련에 몰두하는 방식이 경탄할 만하고 예리하다 할지라도 죽음은 그것을 받아들이기로 어렵게 결정할 것이다." 이렇게 노년의 후설은 제자의 "곡예"를, 죽음을 다루는 경망스러운 그의 방식을 빈정거린 바 있다.[124] 에포케를 행하지 않았기에 『존재와 시간』의 저자는 세계-내-자아, 그가 다자인이라고 명명한, 죽음에

---

124. Husserl, "Le Monde anthropologique"(1936), *Alter*, n° 1, 1993, p. 282-290에 번역됨.

바쳐진 유한한 자아와 내재적 자아를 혼동했다. 세계 자아가 죽는 것처럼 내재적 자아가 죽을 수 있을까? 내 내재적 삶의 근원적 흐름이 멈출 수 있을까? 하지만 그러한 멈춤은 "멈추지 않음, 곧 그러한 멈춤을 의식하는 의식을 가정한다." 후설에게 모든 현상은 그것을 현상으로 구성하는 에고의 삶 속에 그 의미와 진리를 찾는다. 내 죽음이라는 경계-현상이 의미를 가지려면 내가 죽었다는 의식을 지녀야 할 것이다. 내 살아 있는 현재 속에서 '내 죽음을 겪어야' 할 것이다. 하지만 이는 내가 "죽은 것"처럼 나를 겪는 순간에 내가 여전히 살아 있음을 의미할 것이다. 내 죽음의 의식은 순전히 환상적이다. 그로부터 후설은 에포케 아래에서 나인 내재적 자아는 죽을 수 없다는 결론을 이끌어낸다.[125] 더 정확히 말해 나는 '불-사(im-mortel)'라고, 부정적이거나 제한적인 의미에서 죽지 않는다고 말해야 할 것이다. 나는 내 죽음을 겪거나 죽은 나를 겪을 수 없으며, 따라서 내게 내 죽음을 주거나 나를 죽을 운명으로 구성할 수 없다고 말해야 할 것이다. 이러한 관점에서 우리가 "죽음"이라고 명명하는 것은 "사람으로서 스스로 자기를 객관화하는 행위에서 초월론적 자아를 떼어놓는" 데 있을 뿐이다. 마치 내가 꿈 없는 잠에 빠진 동안 근원적 자아가 세계를 떠나서 세계 자아와 모든 관계를 끊었지만 어쨌든 살기를 계속할 수 있는 것처럼 말이다. 이 "경탄을 불러일으키는" 논거를 죽음은 수용할 수 있을까? 우리 내재적 삶이 죽지 않는다고 주장하는 순간 후설은 우리가 '또한' 세계에 실존하는 사람들임을 인정

---

125. 같은 논거가 게다가 내 탄생을 앞선 시간의 가정에 맞서서, 아직-거기-있지-않음의 의식이라는 부조리한 개념에 맞서 적용된다. 죽을 수 없는 것과 마찬가지로, 내재적 에고는 절대 태어나지 않는다. (후설, *Ideen* II, § 23, p. 154-155와 *Analyses sur la synthèse passive*, l'Appendice VIII, p. 362-365를 보라.)

해야 한다. 세계에 우리는 태어나고 언젠가 죽는다. 그러면 모든 어려움은 어떻게 태어나지도 죽지도 않는 내재적 자아가 그럼에도 세계에서 죽을 운명의 자아로 나타날 수 있는지, 어떻게 나라는 불사자가 자신에게 '죽음을 줄 수 있는지', 내가 한 번도 맞닥뜨린 적 없으며 내게 아무것도 아닌 죽음을 줄 수 있는지를 이해하는 데 있다.

하이데거가 삶을 생각하는 데 실패한다면, 그리고 바로 그 이유에서 죽기를 올바르게 생각하는 데 실패한다면, 그의 스승은 죽음을 설명하기에 이르지 못한다. 그 둘 가운데 어느 누구도 죽음을 삶의 내재적 사건으로 이해하는 데 이르지 못한다. 그 삶은 죽어가는(자신을 죽이는) 체험을 하고, 다시 태어나고자 죽기를 그치지 않는다. 내 삶 시간을 연속적인 재생처럼, '계속된 창조'처럼 생각할 줄 알았던 이는 모든 철학자 가운데 아마도 단 한 사람뿐이다. 이는 *ego cogito*가 매 순간 사라질 가능성에 직면해 있으며 언제나 새로 재-창조되어야 함을 그가 이해했기 때문이다. 그렇지만 실질적인 파괴가 새로운 모든 창조를 앞선다는 사실을 부인함으로써, 무의 간극이 창조와 재-창조 사이에 슬그머니 끼어들 수 있다는 사실을 부인함으로써, 데카르트는 죽어감(자신을 죽임)의 경험을 인식하지 못했으며, 더군다나 계속된 창조는 그가 신의 최고선에 위탁한 단순한 보존이 된다. 더 멀리 나아가, 내가 다시 태어날 수 있으려면 '정말로' 죽어야 함을 인정해야 한다. 내 삶이 끝없이 '영원 회귀' 속에서 자기로 되돌아오려면 죽음을 가로지를 힘이 그 자체 안에 있어야 함을 인정해야 한다. 나는 그렇게 니체의 "가장 심오한 생각"을 이해하기를 좋아한다. 니체는 그것을 가끔 다음과 같은 방식으로, 곧 "삶의 영원 회귀"를 알리는 것으로, "죽음을 넘어 삶을 긍정"하는 것으로 제시한다. 하지만 그것을 세계의 법, 보편적 삶의 법, 또는 니체에게서 매우 자주 보듯 새로운 신의 교의로 만드는 대신에 '모든' 단독적인 삶, 모든 에고에 내재적인 사건으로 생각해야 할 것이다. 니체는 불사로 자기를 긍정하려면, 영원 회귀에 혼자 힘으로 다가가려면, "살아 있는 동안 여러 번 죽어야" 한다는 것을 알았다. 가장 큰 기쁨 속에서 다시 태어날 수 있으려면 비탄과 극심한 절망의 국면을 가로질러야 한다는 것을 알았다. 그 경험 속에 광기의 임박이 뚜렷이 나타난다. 회귀의 점점 더 폭넓은 동요가 그를 마침내 무로 끌고 갈 때까지 그는 그 경험을 통해 그 자신의 삶에서 그러한 동요를 느낄 수 있었다.

내가 여기서 가까이 다가가려는 사유는 실제로 광적인 것 같다. 나는 그러나 내 "죽음"이 돌이킬 수 없는 것이 아니라고, 죽고 새로 나는 일이 내게 일어날 수 있다고 느끼고 경험한다. 우리 철학 전통이 생각하기에 매우 어려운 그 경험에 어떤 이름을 줄까? 자아-살의 본질적인 가능성, 그것의 부활 가능성이 문제이다. 믿음은 물론 대성당의 삼각면에 새겨진 부활을 우리에게 약속하지만, 그 약속을 초월적 신의 행위로 돌리고 그것을 먼 미래, "세기말"에 자리 잡게 하는 한 그것을 심히 훼손한다. 이 신학적 교리는 경험을 훼손한다. 매 순간에 나는 내가 죽지 않음을 경험한다. 매 순간이 내 부활의 순간일 수 있다. 나는 대타자의 선한 의지로부터 그것을 기다릴 필요가 없다. 나 자신이 삶의 줌이며 나는 그 줌을 나 자신에게 제공한다. 왜냐하면 살의 부활은 형이상학적 사변에 속하지도 믿음 행위에 속하지도 않기 때문이다. 자아-살이 죽음의 무를 넘어 삶에 되돌아오고, 그 자신을 재-육화하고, 레스탕을 다시 육화하기 시작하는 곳에서, 레스탕 안에서 삶의 힘을 다시 펼치기 시작하는 곳에서, 매 순간 종합은 뒤집힐 수 있다. 살아 있는 것으로 새로 자기를 주면서 자아-살은 자기 자신에 자신을 밝힌다. 그는 자신의 훼손,

죽어감의 환영을 극복한다. 그는 변모한다. 그의 부활은 살아 있는 살로 된 자아로 그를 진실로 밝혀주며 그에게 '삶의 진리'를 밝혀준다. 삶 그 자체는 부활 없이 이해될 수 없다는 사실을, 부활이라는 사건이 삶의 가장 근원적인 줌 양상, 탈은폐를 증명한다는 사실을 밝혀준다. 그 탈은폐 속에서 소생하는 삶은 그것을 그 자체에 감췄던 죽음과 망각의 장막을 찢는다.

"나와 빛의 접속이 지속되는 동안 나는 내 실존이 죽기 마련이라는 사실에 의혹을 드높일 것이다." 슈레버 의장이 자신의 불사를 이 정도로 확신했다면, 이는 그가 매일 자신의 부활을 다시 겪기 때문이다. 그가 "빛의 기적"을 그의 살 속에서 느꼈기 때문이다. 빛은 그의 폐, 위, 뇌를 먹어치우고 그를 부패하는 시체로 만든 뒤에 그의 몸의 "불순한 물질"을 빨아들이고 그의 파괴된 기관을 복원했다.[126] 슈레버 사례를 연구했던 어떤 정신분석학자도 이러한 종류의 환영에 관심을 갖지 않았다. 그랬더라면, 그들은 아마도 라캉이 했듯 죽음이라는 유일한 관점 아래 정신병을 헤아리는 수고를 면했을 것이다. 그들은 죽어감(자신을 죽임)이 정신병에서 부활의 전조가 된다는 사실을 알아차리지 못했다. 정신병자는 다시 태어나고자 죽어야 하는 체험과 대면하는 유일한 자이다. 매우 많은 인간 문화가 그러한 체험을 사회적 존재 축의 하나로 만들었다. 성년으로 이행하는 의식이나 몇몇 입문 의식 때 초심자는 마치 그가 죽었거나 짐승한테 삼켜진 양 다뤄진다. 그러고 나서 그는 때로 어린아이처럼 행동하면서 다시 태어나고 여러 문신과 함께 다른 이름, 새로운 정체성을

---

126. D. P. Schreber, *Mémoires d'un névropathe* (1903), Ed. du Seuil, 1975, p. 130-139, etc.

부여받는다. 차드의 사라에서 미래의 입문자는 "죽음을 보러" 가고자 마을을 떠난다. 그동안에 그의 어머니는 통탄하고 상복을 입는다. 구덩이에 발가벗겨져 던져진 그는 구덩이 주변에서 "물(Chose)을 먹는 물(Chose)"의 끔찍한 목소리를 듣는다. 그 목소리는 그를 먹어치우고자 그를 요구한다. 그를 입문시키는 자는 다음과 같은 문구를 말하면서 그에게 어떤 음식을 먹게 한다. "내가 지금 막 먹게 한 모든 것은 살아남는다. 그렇게 그것을 먹는 자는 살아남는다." 그러면 삶을 흡수한 뒤에 그는 다시 태어나고 관례적인 절개를 받은 뒤에 마을로 돌아올 수 있다.[127] 모든 의식은 체화의 과정, 우리 몸, 우리 주관적 정체성의 생성을 연출한다. 그 의식은 모든 단독적인 에고가 그의 내재성 차원에서 은밀하게 가로지르는 죽음과 부활의 경험을 집단적 실존의 차원에서 재연한다. 그 의식은 자아-살이 레스탕과 맺는 관계, 자아-살을 없앨 위험이 있지만 또한 삶의 원리처럼 제시되는 물(Chose)과 맺는 관계를 눈으로 보고 손으로 만질 수 있게 한다.

정신착란 속에서 살지 않는 우리에게, 그리고 낡은 입문 의식이 더는 아무런 의미도 없는 이에게 부활은 어떻게 나타날 수 있을까? 불안정서나 절망정서나 모든 슬픈 정념이 반대의 정서에 자리를 내주고자 사라질 때, 부활은 간접적인 방식으로 우리 감정적 삶에 나타나 보인다. 그러면 실존의 색조 자체가 달라지고, 그러는 동안에 우리의 치명적인 판타슴은

127. R. Jaulin이 *La Mort sara*, Plon, 1967에서 들려주는 흥미로운 이야기를 보라. *Naissance mystiques*(Gallimard, 1959)에서 M. Eliade는 그러한 의식이 시베리아의 '샤먼'과 아메리카의 토착민이나 오스트리아의 원주민에게서 거의 똑같은 형태로 다시 발견된다는 것을 보여준다. 문화적이나 민족적 차이를 뛰어넘는 '상징적인 불변요소'가 관계한다. 그 불변요소가 모든 인간에 공통적인, 살의 근원적인 경험에 뿌리를 두는 한에서 그렇다.

조금씩 희미해진다. 매우 심각한 정신적 외상의 후유증을 극복할 능력 [몇몇 정신병자가 "탄성에너지(résilience)"라 명명하는 것]은 자아-살의 소생할 힘에 기원을 둔다. 대타자의 욕망과 말에 전적으로 소외된 자아, 대타자이 이름으로만 말하고, 그의 부름에 응답하기만 할 뿐인 자아가 그 자신을 부를 힘, 자기 이름으로 말할 힘을 되찾을 때, 우리는 이 '불러냄(invocation)'에서 그의 부활의 매우 확실한 지표 가운데 하나를 본다. 자아는 그 자신에 다시 태어남으로써 타인의 언제나 같은 형상에 그를 예속한 소외하는 동일시에서 해방된다. 그는 언제나 비슷한 형태로 그를 사로잡으러 줄기차게 되돌아오는, 훼손에서 태어난 판타슴에서 벗어난다. 세계와 대타자로 이르는 새로운 길, 언제나 새로운 근원적 인상, 사건, 만남의 출현으로 이르는 새로운 길이 발견된다. 정말로 에고는 그 자신에 자신을 주면서 악순환을 끊기에 이른다. 증오와 죽음의 영원 회귀를 극복하기에 이른다. 그러한 소생이 불가역적으로 있을 수 있을까? 에고는 자신의 강박관념에서 치유되고 그의 악운과 결별하기에 마침내 이를까? 아니면 일시적인 치유가 관계할 뿐일까? 삶으로 회귀한 뒤에 언제나 죽기의 재발이 반드시 이어질까? 죽기와 소생의 내재적 사건이 서로 얽히는 방식을 기술하기엔 말이 우리에게 부족하다. 근원적인 시간성 속에는 앞도 뒤도 없으며 그 차원에서 그러한 사건이 연달아 일어난다거나 동시에 일어난다고 말하는 것은 아무 의미가 없을 것이다. 단독적인 모든 역사의 구체적인 분석을 통해서만 우리는 어떻게 그러한 사건이 일상적 실존의 시간 속에서 표출되는지를 말할 수 있을 것이다. 몇몇 실존은 절대 일어나지 않을 부활의 한없는 기다림 속에서 끝없이 죽어가는(자신을 죽이는) 것 같고, 다른 몇몇 실존은 부활의 그치지 않는 기쁨을 지니는 것 같으나, 사람들은 대부분 그 두 극 사이에서 다소 왔다 갔다 한다고 단지 우리는 말할 수 있을 뿐이다. 한 가지는 이제 확실하다. 살의 부활은 언제나 가능할 뿐 아니라 그것은 우리 삶에 이미 일어났다. 나머지의 영향력은 너무도 깊고, 너무도 압도적이어서, 만일 자아가 자기 죽음의 체험, 그 자신에 다시 태어나고자 자기 죽음을 가로질러야 하는 체험을 견딜 능력을 지니지 못했다면, 그는 그것에 이미 오래전에 굴복했을 것이다. 죽음의 위협에 맞서는 일에서 우리는 데카르트 *cogito*의 본질적인 특성을 알아보았다. 그 자신에 다가가게 해주는 최초의 경험["*si me fallit, ego sum*"]을 알아보았다. 우리는 이제 에고가 박해자에 저항하는 힘이 계속된 그의 재-창조에, 그의 부활이라는 근원적 사건에 뿌리를 둔다는 사실을 알아차린다.

그러한 경험의 파급력은 어떤 것일까? 만일 내가 적어도 한 번 소생할 수 있다면, 이는 죽음을 극복하는 것이 가능하기 때문이다. 하지만 그러한 부활이 수없이 다시 일어난다면, 이는 내가 언제나 다시 살아날 수 있음을 의미할까? 곧 반박이 제기된다. 내가 죽기를 판타슴으로, 사라지게 할 수 있는 환영으로 규정할 때, 내가 목표로 하는 것은 죽음 '그 자체', 곧 최종 기한, 삶의 절대 경계가 아니다. 실존 흐름을 실제로 멈추게 하지 않는, '준-죽음'일 뿐이다. 잠이나 실신, 오르가즘에서 오는 "잠정적 죽음"과 유사한 하나의 삽입구일 뿐이다. 그러한 죽음으로부터 나는 언제나 깨어날 수 있지만 더는 아무것도 내 부활의 가능성을 내게 보장해 주지 않는 진정한 죽음에서 상황은 더는 같지 않다. 소크라테스는 비슷한 논거와 이미 관계했었다. 독을 마시기 전날에 연로한 스승은 죽고 사는 일이 서로 발생하며, 우리는 하나에서 다른 하나로 끝없이 넘어간다는 걸 보여줌으로써 영혼의 불멸을 제자들한테 증명하려 노력했다. 그는 그때 케레스의 반론에 부딪힌다. 비록 영혼이 매번 새로운 몸에 다시 태어남으로써 여러 번 되풀이하여 신체의 죽음보다 더 오래 살 수 있다 할지라도, 그러한 윤회에 끝이 없으며, 영혼이 "자신의 여러 죽음 가운데 하나에서 마침내 완벽하게 소멸되지 않는다"는 사실을 아무것도 우리에게 보증하지 못한다. 영혼의 *athanasia*, 영혼의 죽지 않음, 곧 명백한 죽음 뒤에 다시 태어날 수 있는 그 능력은 그것이 영원하다는 사실을, 죽음으로부터 영원히 보호받는다는 사실을 의미하지 않는다. 왜냐하면 그러려면 "영혼이 절대적으로 불멸하고 파괴될 수 없음을 증명해야"[128] 하기 때문이다. 만만찮은 반론, 케베스의 진술을 잇는 침묵과 『파이돈』 마지막 장의 회의적인 문체는 그 반론이 물리치기에 쉽지 않음을 암시한다. 소크라테스는 반대되는 것이 그 자신에 반대되는 것으로 되는 걸 견디지 못한다고 주장하면서 대답하고자 한다. 그 자신에 반대되는 것이 반대되는 것 쪽으로 나아가자마자, 마치 눈이 불에 다가가면 녹듯이 "반대되는 것은 도망치거나 소멸한다." 영혼은 신체에 삶을 가져오는 것이다. 영혼은 삶의 이데아에 동참한다. 그렇게 영혼이 그 안에 죽음을 받아들이는 것은 불가능하며 "삶은 죽은 영혼이 절대 되지 못할 것이다." 하지만 논거는 불충분하다. 그것은 영혼이 '살아 있는 한에서' "죽은 것"으로 실제로 자신을 겪지 못하리라는 것을 단지 보여줄 뿐이다. 영혼이 절대 없어질 수 없음을 증명하는 일이 아직 남았다. 그런데 그러한 증명은 부재한다. 『파이돈』은 영혼의 죽지 않음을 주제로 영혼이 긍정적인 의미에서 불멸한다고, 곧 영원하다고 결론내리기에 이르지 못한다. 플라톤은 어쩌면 불멸의 믿음이 이론적 인식에 근거를 둘 수 없다는 사실을, 일종의 장담이 관계한다는 사실을, "주술사의

---

128. Platon, *Phédon* 88ab.

가면을 겁내지 말라고 하듯 죽음을 겁내지 말라고 설득하고자"[129] "우리 안에 있는 아이에게" 호소하는 "주문"이 관계한다는 사실을 우리에게 이해시키고자 했는지도 모른다.

케레스의 반론은 영혼의 영원한 윤회에 대한 오래된 믿음만을 문제 삼지 않는다. 깊은 잠 속에서 삶의 흐름은 멈추지 않을 것이다. 그러한 깊은 잠에 죽음을 동일시하는 후설의 관점에 반하여 케레스의 반론은 또한 적용되며, 자아-살의 부활이라는 나 자신의 가정에 반하여 그것은 또한 적용된다. 내가 극복할 수 있는 이 내재적 "죽음"은 정말로 죽음이 아닐 것이다. 그것은 삶의 사건, 일시적인 경험으로 남는다. 그곳에서 내 삶은 죽어가는 외양을 자신에게 준다. 그러나 아무것도 죽기의 다른 방식을 생각하는 것을 금하지 않는다. 초월적이고 내 삶에 아주 낯설며 내 삶을 돌이킬 수 없는 방식으로 중단하는 또 다른 죽음을 말이다. 영원한 파괴, 궁극적인 아파니시스를 성경에서 빌린 용어로 일컫도록 하자. 바로 '이차적 죽음(seconde mort)'[130]이다. 죽기의 경험은 이차적 죽음의 훼손되고 기만적인 예견에 지나지 않을 것이다. 죽음의 두 해석 사이에 공통된 어떤 것도 없을 것이다. 내 분석은 사실 환영적인 준-죽음과 관계할 따름이다. 그것을 정말로 위협적인 유일한 죽음, 그 어떤 부활도 따르지 않을 죽음에 적용할 권리가 내게는 없다. 반론은 세차다. 하지만 어디서 "실질적인" 죽음과 단지 "표면적"일 뿐인 죽음을 확실히 구분해주는 지식을 이끌어낼까? 무엇이 이차적 죽음이 "진정한" 유일한

---

129. Platon, *Phédon* 77e et 114d.
130. 요한묵시록(20, 6-14)을 보라. 이 글에서 "이차적 죽음"은 "첫 번째 부활" 이후에 일어나지만 사악한 힘을 유일하게 강타한다. 그러는 동안에 의로운 자는 영원히 부활한다. 나는 물론 이 용어를 아주 다른 의미에서 사용한다.

죽음이라고 선언할 수 있게 할까? 내가 '에포케'를 행하면, 이차적 죽음을 포함해 모든 초월성은 작용 밖에 놓인다. 이제 초월성은 단순한 추정으로 나타난다. 내 경험 속에 있는 그 어떤 것에도 일치하지 않는 추상적 구성처럼 그것은 나타난다. 내 죽음이라는 경계-현상이 어떤 의미를 지닌다면, 나는 내게 절대 주어지지 않고 오직 죽어감의 내재적 경험 속에서만 주어질 뿐인 최후의 거짓-죽음 속에서 그 의미를 찾을 수 없을 것이다. 죽기는 언제나 이미 지나갔고 지나가기를 그치지 않으며, 내 살의 매번 소생하는 삶은 그것을 넘어선다. 그러한 죽기는 확실히 판타슴에 지나지 않지만, 내 죽음과 내가 이루는 모든 관계의 가능성을 정초한다. 앞으로 올 죽음의 모든 표상과 마찬가지로 부활 없는 이차적 죽음의 예견은 내 아르케-임종의 강박관념에서 그 기원을 찾는다. 이 최초의 경험을 나는 알지 못하며 나는 그 경험을 다른 사람들의 죽음이나 세계에서 그들이 완전히 사라지는 것을 두고 내가 하는 경험과 뒤섞고 그것을 정해지지 않은 미래로 옮겨 놓으면서 그 경험을 훼손한다. 내가 "내 죽음"이라고 순진하게 부르는 것, 내 삶의 최종 기한은 판타슴의 투사에 지나지 않는다. 이미 훼손된 외양의 훼손에 지나지 않는다.

이는 그렇지만 내가 근원적 죽기의 '모든' 특성을 미래에, 이차적 죽음의 판타슴에 투사할 때 그 특성이 변하지 않은 채로 다시 발견됨을 의미할까? 특히 삶의 흐름을 결정적으로 중단하지 않는 오직 표면적일 뿐인 죽음이라는 결정적 특성 말이다. 상황이 그러하다면, 이차적 죽음은 내 내재적 죽음, 다시 태어나고자 내가 가로지르는 내 삶의 한 국면 '이외 아무것도' 아닐 것이다. 자아의 불멸성과 살의 부활은 정말로 근거 있는 이야기가 될 것이다. 그러나 아무것도 그러한 주장을 허용하지 않는다. 아무것도 이차적 죽음의 현상이 아르케-임종의 현상과 전적으

로 같음을 증명하지 못한다. 아무것도 살에게 자신의 아르케-임종을
극복하게 해주는 소생 능력이 또 다른 임종, 말할 수도 생각할 수도
없으며 앞으로 올 그것을 극복하기에 또한 이른다는 것을 증명하지
못한다. 케레스의 반박은 여전히 논박되지 않았다. 하지만 아무것도
그 반박을 따르도록 우리를 강제하지 못한다. 아무것도 이차적 죽음을
전면적인 소멸과 동일시함으로써 죽어감(자신을 죽임)과 이차적 죽음을
아주 분리하도록 하지 못한다. 죽음은 모든 영향력을 벗어나는 경계-현
상으로 남으며 나는 내 죽음의 두 형상 사이에 어떤 줄거리가 짜이는지
이해하기에 전혀 이르지 못할 것이다. 결국 두 가능성이 열려 있다.
내 삶의 영원 회귀, 계속된 부활의 가능성과 이차적 죽음의 가능성이
그것이다. 이차적 죽음 속에서 나는 영원히 사라지게 될 것이다. 여기서
우리는 철학의 한계와 관계하며 그 경계를 넘어서는 것은 문제가 되지
않는다. '사랑의 광기'가 있는 것과 마찬가지로, 우리가 인식할 수 있는
것의 경계를 넘어 절대적 확신을 가지고 이차적 죽음을 최종적으로
이겼노라 주장하는 '믿음의 광기'가 있다. 사랑이 레스탕의 타자성을
부인하려 하는 것과 마찬가지로 믿음은 레스탕이 살에 부과한 근본적인
변질, 우리가 죽음이라고 명명한 극단적인 훼손을 알아보기를 거부한다.
두 상황에서 모두 레스탕의 변모는 불가역적으로 나타난다. 왜냐하면
우리는 레스탕이 새로 훼손될 가능성, 사랑이 증오에 그리고 삶이 죽음에
다시 빠질 가능성에서 벗어났기 때문이다. 하지만 우리는 그 가능성을
더는 배제할 수 없다. 훼손된 종합이 변모되면서 언제나 뒤집힐 수 있다
면, 그 어떤 것도 변모된 종합이 '다른 방향으로' 뒤집히는 것을 막지
못한다. 자아-살이 레스탕의 영향력 아래 다시 들어가면서 새로 훼손되
는 것을 형식적으로 막지 못한다. 사랑도, 부활도 우리를 해방하기에

충분하지 않다. 그러한 해방이 일어날 수 있는지, 어떻게 그것이 실현될 수 있는지를 이제 물을 시간이다. 철학의 경계인 경계 속에서 우리는 적어도 다음과 같은 것을 알아냈다. 자아-살의 부활이 가능하다는 것을 말이다. 아르토와 같은 시인은 자처해서 그것을 알려주고자 했다. "삶으로써 죽음을, 어두운 죽음을 돌파할 수" 있으며 복음을 알리고자 세상으로 되돌아올 수 있다는 것을 알아내고자, 그는 수용소의 어둠과 임종의 고통을 가로질러야 했다. "내 몸은 매번 그것을 훼손하고 / 나를 죽게 내버려둔 / 수많은 악과 / 증오에 맞서 / 그리고 그를 통해 / 그래도 역시 회복되었다. 그렇게 죽은 덕분에 / 나는 실질적인 불멸을 마침내 얻기에 이르렀다."[131]

해방을 향해[내자태(instase[132])]

> "용연향이 냄새나는 사향과 조화를 이루듯
> 네 숨결이 내 숨결에 섞였다. /
> 사람들이 너를 건드릴 때 그들은 나를 건드린다.
> 너는 나이다. 분리는 더는 없다."
>
> 할라즈, 『디완』

---

131. Artaud, "Je n'admets pas"(1947), dans *Œuvres*, Quarto-Gallimard, 2004, p. 1589.
132. [옮긴이 주] 이 용어는 'extase'에 반대되는 말로 고안된 것이다. 'Ex-tase'가 말 그대로 '자기 밖으로 나간 상태'를 뜻하고 '탈자태'로 옮겨진다면, 'in-stase'는 '자기 안에 머무르는 상태'를 말하며, 대비하여 '내자태'로 옮겼다.

"비극의 전개는 주요하게 다음에 기초를 둔다.
어떻게 신과 인간이 결합하고
어떻게 모든 경계가 허물어진 뒤에
자연의 갑작스럽고 강한 힘과
인간의 가장 깊은 곳에 있는 것이
맹렬히 하나로 되는지,
비극의 전개는 무한한 하나-되기가
무한한 분리로 정화하는 것으로
참을 수 없는 것이 이해된다는 사실에 기초를 둔다."
횔덜린, 『오이디푸스 고찰』

이 연구의 결론에 이르려는 때에 자아-살의 해방 가능성은 여전히 불명확한 채로 있다. 적어도 다음은 확실하다. 훼손이 그것의 유일한 운명은 아니다. 변모는 적어도 한동안 증오와 죽음의 매듭을 풀 수 있다. 종합의 전도 속에 그 최초 요소를 유지함으로써 변모는 가능하다. 에고의 훼손 한가운데 계속되는 것은 그의 저항이다. 무엇보다도 자아와 레스탕의 근원적인 동일시이다. 자아-살의 한 부분이 관계하지 않았다면, 나는 영원히 레스탕에 나를 소외하지 않고 그것에 나를 동일시할 수 없었을 것이다. 자아-살의 변모라는 관점은 단순한 판타슴에 지나지 않았을 것이다. 하지만 '나는' 내 살의 저주받은 부분'이다.' 레스탕이 변모될 때, 내가 그것을 내 것으로 알아볼 때, 그것은 정말로 내게 드러난다. 하지만 아무것도 그러한 드러남이 불가역적이라는 것을, 그것이 새로운 훼손의 위험을 쫓기에 충분하다는 것을 우리에게 보장해주지 못한다.

변모 그 자체는 새로운 판타슴, 새로운 소외를 낳는 것 같다. 혐오와 증오, 때로 혐오스럽고 때로 숭고한 사랑의 광기 속에서 레스탕은 계속해서 나를 사로잡는다. 그러한 동요는 불가피한 것일까? 훼손과 변모의 끝없는 악순환을 벗어날 수 있을까? 키아슴의 위기가 훼손을 극복할 수 없는 것으로 만들 정도로 그것을 악화하는 일련의 비뚤어짐, 투사, 잔상을 일으킨다는 사실을 아마도 인정해야 할 것이다.

우리는 투사가 '알터 에고'와 맺는 관계를 전적으로 그르치고, 타인을 판타슴으로, 대타자에 이르는 모든 길을 차단하는 형상–은막으로 구성하는 것을 보았다. 나는 이 투명한 거울에 오직 내 정서만을 투사하지 않는다. 나는 내 살의 레스탕을 또한 타인의 몸에 전이한다. 그곳에서 그것은 욕망이나 불안의 대상이 된다. 나는 내가 레스탕과 맺는 관계를 내가 다른 사람들과 맺는 관계에서 부지불식간에 되풀이한다. 타인을 향한 이러한 투사는 더 근원적인 내재적 투사를 가정한다. 그곳에서 나는 내 정서를 레스탕에 전이한다. 그러면 나는 레스탕이 내게 증오나 사랑을 보낸다고 상상한다. 이 첫 번째 투사로 이미 훼손된 레스탕을 나는 대타자에 투사한다. 하여튼 그러한 투사는 자아와 그것에 낯선 것, 안과 밖, 내재성과 초월성의 차이를 지운다. 그것은 에고론적 차이를 없앤다. 그것은 소외하는 동일시의 뿌리에 있다. 그곳에서 자아는 자신의 단독성을 박탈당하고, 세계 속으로 흩어지고, 타인에 예속된다. 그러한 동일시가 극복되지 않는 한 대타자의 진리, 레스탕의 진리, 그리고 나 자신의 진리는 언제나 내게 은폐된 채로 있을 것이다. 무엇이 그러한 투사의 원인일까? 프로이트를 믿는다면 자아는 자기 증오를 외부 대상을 향해 내던짐으로써 그 증오에서 자신을 "정화"한다. 그 결과 "낯선 것, 대상, 미움받는 것은 무엇보다 먼저 똑같은 것이다." 실제로 "자아는 그가 외부 세계에 내던지고 적대적으로 느끼는 일부를 그 자신에서 추출했다."[133] 그러한 투사는 증오의 대상으로 배제된, 자아의 부분을 '이룬다'. 투사는 결국 최초에 내가 내 안에서 느끼는 걸 더는 견디지 못하고, 마치 "타자"가 그 원천인 양 타자에 전이한 증오와 관계한다. 내 증오의 대상이 되는 이 최초로 낯선 것은 내 살의 레스탕이다. 그런데 나는 그것을 향해 그러한 증오를 느낀다. 그것이 훼손된 방식으로, 내 안에 침입해서 내 살을 먹어치우는 미지의 물(Chose)로 내게 나타나기 '때문'이다. 레스탕의 훼손으로 나는 그것을 증오하고 그것에 내 증오를 투사하기에 이른다. 투사로 인해 레스탕은 나를 파괴하려 하는 박해자처럼 제시된다. 이에 그것을 향한 내 증오는 커지고 나는 점점 더 심각하게 그것을 훼손하게 된다.

어떻게 죽음의 악순환을 끊을까? 투사를 아주 제거하는 것은 아마도 불가능하다. 투사는 내 실존의 뼈대에 매우 복잡하게 얽혀 있으며 내 타인 경험의 기초가 된다. 어떤 정도에서 훼손의 원인이 되는 투사를 무력화할 수 있을까? 그것이 자아와 낯선 것 사이에 은막을 치지 못하게 할 수 있을까? 투사하는 행위 속에서, 나 자신의 일부를 외재적(또는 "외밀한(extime)") 대상으로 전이하는 행위 속에서 우리는 '초월성'의 본질적인 구조를 알아본다. 내 밖으로, 세계를 향해 나를 던지는 탈자적 움직임을 말이다. 초월성이 근원적이라면, 내가 언제나 이미 내 밖에 있다면, 나는 내게 되돌아올 수 없으며 내 투사는 극복될 수 없을 것이다. 그러나 상황은 그와 같지 않다. 나를 타자에 투사하기에 앞서 나는 먼저

---

133. Freud, "Pulsions et destins de pulsions", dans *Métapsychologie*, p. 38-39. 밖으로 내던진 자아의 "일부"가 바로 내가 "레스탕"이라 부르는 것에 해당한다.

나 자신에게 나를 주었어야 한다. 초월성의 진리는 내재성 속에 있다. 에고의 자기-밖에-있음, 다시 말해 에고의 소외, 동일시, 투사의 기초가 되는 탈자태(extase)는 에고의 자기-줌에 기반을 둔다. 이에 우리는 소외하는 투사 넘어 자기로 회귀하는 것을 기대할 수 있다. 하지만 훼손을 극복하려면 레스탕이나 타인에 전이했던 것을 다시 소유하는 것으로 충분하지 않다. 자아 속에 그것을 다시 주입하는 것으로 충분하지 않다. 왜냐하면 훼손된 레스탕의 체화는 최악의 강박관념에 일치하기 때문이다. 나는 다음과 같은 극심한 불안의 순간을 이미 언급했었다. 그 속에서 내게 침투하는 물(Chose)은 나 자신에서 나를 내쫓고 낯선 불러내기가 마치 나 자신의 목소리인 양 마음속에서 울려 퍼진다. 레스탕의 진리가 감춰져 있는 동안 그것이 내재성으로 회귀했을 때 이는 위협적인 침입으로 내게 나타날 것이다. 레스탕이 내게 되돌아오는 것으로 결국 충분하지 않다. 그것이 '레스탕으로서', 낯선 물(Chose)로 더는 제시되지 않아야 한다. 내가 그것을 내 살의 한 부분으로 마침내 알아보아야 한다.

투사가 공간적 훼손을 함축한다면, 안과 밖, 이곳과 저곳 사이에서 경계 지우기를 함축한다면, 그것은 시간적 차원에서 또 다른 차이를 수반한다. 우리는 레스탕의 출현이 살아 있는 현재 내부에서 공시성의 파괴를 유발하는 것을 보았다. 위기 때 그 차이는 더 벌어지고 다른 극의 시간적 흐름을 분리하고 그 흐름이 서로 교차하거나 새로 합쳐지는 것을 막는다. 자아-살은 그의 살아 있는 현재가 찢길 때 그 자신과 동시적으로 되기에 더는 이르지 못한다. 이렇게 강박관념의 역-시간, 레스탕의 훼손된 시간성은 구성된다. 또 다른 현상이 그 훼손을 강화한다. 유령 인상, 잔상은 종합의 전도 뒤에 계속되다 새로운 인상에 얽힌다. 내 강박관념 속에서 나는 나를 사로잡는 현재 인상에 부딪힌다. 그 인상은 사라지기를 거부하며, 과거로 미끄러져 들어가기를 거부하며 매 순간에 들러붙는다. 반대로 잔상과 함께 나는 내 현재에 달라붙고 그것의 모든 특성을 뒤죽박죽으로 만들면서 그것에 겹쳐지는 과거 인상과 관계한다. 두 상황 모두에서 우리는 시간 흐름의 막힘을, '사형판결(arrêt de mort)'을 목격한다. 그곳에서 몇몇 인상은 더는 경과하지 않는다. 새로운 인상의 쉼 없는 출현으로 과거로 더는 내던져지지 않는다. 우리는 순간의 새로움을 맞이할 수 없는 살아 있는 현재의 무능을 목격한다. 우리는 잔상이 기본적인 판타슴 형성에 결정적인 역할을 했음을 안다. 이 유령-인상이 아니라면 내 살의 헐벗은 극은 혐오도 증오도 절대 불러일으키지 않고 단순한 외부 대상처럼 지각됐을 것이다. 헐벗기와 재-육화의 국면은 전혀 계속되지 않고 차례로 일어났을 것이다. 나는 죽거나 다시 태어나는 감정을 조금도 지니지 않았을 것이다. 어떤 의미에서 잔상은 투사보다 훨씬 더 위험하다. 잔상 때문에 증오와 죽음의 정서는 매 순간 다시 나타날 수 있으며, 사랑에, 다시 태어나는 기쁨에 뒤섞일 수 있다. 그렇게 과거의 내 훼손은 내 변모를 사로잡기를 계속하고 그것을 다시 뒤집을 위험을 지닌다. 잔상을 통해 과거의 모든 짐은 내 현재를 짓누르고 내 미래를 위태롭게 한다. 그 유령에서 자유로워지는 유일한 방법은 키아슴의 위기에 앞서, 모든 훼손에 앞서 시초로, 생성의 근원지로 되돌아가는 데 있다. 하지만 어떤 기적으로 자아-살이 최초의 줌이 일어난 아침의 순간을 향해 자기 역사의 근원으로 그렇게 거슬러 올라갈 수 있는지 우리는 알지 못한다. 시간성이 우리 삶의 궁극적 지평이라면, 해방은 엄밀히 불가능할 것이다. 이 책에서 나는 반대의 주장을 지지했었다. 나는 살이 시간에 우선함을, 살의 키아슴이 내게 '시간을 준다'는 사실을 보여주고자 했다. 내 삶 시간의 통일성과 지속성은 살 극이 서로 결합하면서 그 극의 시간적 흐름을 공시성으로 놓았을 때 키아슴으로부터 구성된다. 이 시간 흐름의 통일성이 위기에서 깨질 수 있다 할지라도 다시 맺어지는 키아슴은 자기의 찢어진 부분을 고칠 수 있을 것이다. 스스로 변모하면서 자아-살은 유일한 지속의 씨실을 새로 짤 것이다. 초월성보다 내재성이 우위에 있다는 사실, 시간보다 살이 우위에 있다는 사실이 해방을 가능하게 한다.

마지막 장애가 여전히 남았다. 그 장애를 없애기는 훨씬 더 어렵다. 더는 외재적 장애가 아니라, 변모의 움직임 자체가 문제이기 때문이다. 그 움직임은 어떤 경계를 넘어서며 자아를 위태롭게 한다. 변모한 레스탕이 사랑 속에서 내 살의 살로 밝혀질 때, 아무것도 살 극이 전적으로 합쳐지는 것을 막지 못한다. 서로 뒤섞이고 자아-살을 끝 모를 곳으로 떨어트리면서 내향성 폭발을 일으키는 것을 막지 못한다. 자아-살을 보호하고자, 사랑의 광기에 저항하고자, 혐오의 역함(abjection)과 증오의 던져없앰(réjection)이 새로 나타난다. 이는 우리를 *philia*와 *neikos*의 지배 사이에서 끝없이 왔다 갔다 할 운명에 처하게 한다. 나는 진리만이 우리를 해방할 수 있다고 주장하기를 그치지 않았다. 하지만 레스탕의 진리는 '또한' 치명적인 위협이 될 수 있다. 나를 구해야 할 것이 또한 나를 죽이는 것이다. 해방이 변모와, 자아와 레스탕의 재-동일시와 일치하지 않는다는 점을 결국 인정해야 한다. 더 정확하게 말해 변모는 필요하지만 아직 충분하지 않은 해방의 한 '조건'일 뿐이다. 우리가 앞으로 나아갈수록 해방의 선결 조건은 점점 더 수가 많아지고 충족하기에 더 어려운 것 같다. 변모 이외에 다른 무엇이 필요할까? 내 해방이 가능하려면 레스탕의 진리가 드러나는 것 이외에 무엇이 더 필요할까?

변모 속에서 레스탕과 살 사이에 어떤 거리가 계속 있어야 한다는 점 이외 다른 아무것도 필요하지 않다. 탈은폐되면서 레스탕은 그 주된 기능을 보전해야 한다. 바로 모든 살 극 사이에 어떤 거리, 벌어짐을 유지하는 것이다. 대체로 레스탕의 저항은 반감, 혐오, 공포의 감정 속에서 나타난다. 이미 훼손으로 변질된, 파생된 나타남이 그렇지만 관계할 따름이다. 애초에 레스탕의 기능은 단순히 경계를 긋는 데 있었다. 차이로 인한 벌어짐을 표시하는 데 있었다. 감정적으로 중립적인 초기의 기능이 변모의 과정 속에 다시 포함되어야 한다. 다른 말로 하면 우리와 레스탕의 관계를 그릇되게 하는 정서의 강한 부하를 '중화'해야 한다. 레스탕을 증오나 사랑의 대상으로, 박해하는 경쟁자나 숭고한 우상으로 여기는 것을 멈춰야 한다. 레스탕의 중립성, 그 전적인 담담함을 인정해야 한다. 『소송』의 마지막에 수도원장이 말하는 정의와 마찬가지로 애초에 레스탕은 "내게 아무것도 바라지 않는다." 내가 올 때 나를 맞이하고 내가 갈 때 날 내버려둔다. 모든 훼손 너머 레스탕과 '감정적이지 않은' 관계, 근원적 중립성을 되찾을 수 있을까? 윤리적 법, 존중의 감정에서 나타나는 그 법과 주체의 관계를 검토할 때 칸트는 유사한 문제에 부딪혔다. 그는 사람들 사이에서 거리를 보존하고 사랑의 유혹에 대립된 "반감의 원리"를 그곳에서 보았다. 이 이상한 정서, 미움 없는 반감 또는 반감 없는 거부로써 레스탕은 에고를 위해 '법을 대신할 것이다.'

어쨌든 존중만으로는 충분하지 않다. 자아와 대타자, 주체와 법 사이에서 경계를 그리는 것으로 충분하지 않다. 칸트는 그의 생애 마지막에 이를 이해했다. 그는 만일 존중의 밀어내는 힘이 전적으로 지배한다면, 그 힘이 "대양에 있는 물 한 방울과 마찬가지로" 모든 인간 공동체를 사라지게 하지 않을지 두려워했다. 이것이 왜 그가 "존중과 사랑의 종합"에 호소했는가 하는 이유이다. 그곳에서 상반된 두 원리는 서로 상쇄하고 서로 균형을 이룰 수 있다. 이는 자아와 레스탕의 관계에도 마찬가지로 적용된다. 그곳에서 종합 없는 전적인 분리는 자아-살을 끝 모를 광기로 빠트릴 것이다. 그렇게 간격을 다시 벌리는 행위는 우리가 사랑이라 부르는 진리의 감정으로 변모의 움직임 속에 다시 포함되어야 한다. 그 행위는 레스탕과 대타자의 동일시를 새로운 형태로 가능하게 해야 한다. 동일시는 더는 합일적이지도 소외적이지도 않다. 이 역설적인 종합 속에서 끌어당김은 간격을 없애지 않을 것이며, 거리는 동일시를 방해하지 않을 것이며, 존중은 욕망과 사랑을 수반할 것이다. 그런데 '거리를 두고 이뤄지는 동일시'는 실현되기 매우 어려운 것 같다. 그것은 이중의 모순적인 강압에 부딪힌다. 내가 레스탕에 나를 동일시하는 순간에 레스탕의 간격 기능을 보존해야 하기 때문이다. 레스탕을 내 살의 살로 인정하고 그와 함께 '레스탕으로서', 그 타자성, 환원 불가능한 낯섦 속에 레스탕을 유지해야 하기 때문이다. 이 이중의 조건 아래에서만 나는 치명적인 합일의 위험['아파니시스']과 자아-살의 통일성을 없앨 분리의 위험을 피하기에 이를 것이다. 자아와 레스탕의 동일성이 궁극적인 진리라면, 알레테이아(alèthéia) 한가운데 레테(Léthé)가 감춰져 있는 것과 마찬가지로 그 진리가 밝혀짐과 함께 어두운 한 부분이 그 밝혀지는 속에 계속 남아 있어야 한다. 더는 판타슴의 반-진리가 아니라 수수께끼의 지표가 될, 비밀의 창고가 될 비-진리가 말이다. 이제 레스탕의 전적인 탈은폐라는 유토피아, 절대 지식의 출현, "정신의 상처를 흉터 없이 사라지게 할" 궁극적인 화해의 출현을 포기하는 것이 맞다. 눈먼 지점, 사라지게 할 수 없는 어둠의 지속을 인정하는 것이, 다시 말해 자아와 레스탕의 차이, 불일치의 유지를 수용하는 것이, 전체 몸과 자아-하나를 단념하는 것이 맞다. "언젠가, 노발리스가 예언하길, 모든 것이 살이 될 것이다. 오직 하나의 살이 될 것이다." 오직 하나의 살, 경계 없는 사랑, 레스탕 없는 키아슴의 환상에 작별을 고할 때가 왔다.

레스탕과 매우 독특한 관계를 맺는다는 조건에서, 레스탕의 최초 정체성, 레스탕과 자아-살의 근원적인 통일성을 다시 발견하고 그 정체성 한가운데 어떤 간격을 보존한다는 조건에서 해방은 결국 가능하다. 이는 탈동일시의 이중 움직임을 요구한다. 바로 비소외화할 것, 레스탕과 분리될 것'과' 레스탕과 재-동일시를 이룰 것이다. 따라서 해방은 자아와 레스탕의 새로운 결합, 육화와 체화의 종합을 완성하는 '네 번째 종합'을 함축한다. 그것을 가능하게 하는 것은 소외하는 동일시의 발원지이자 그러한 동일시에 저항하는 힘으로 제시되는 레스탕의 내적 분할이다. 나를 먹어치우는 레스탕의 일부와 나를 구해주는 레스탕의 일부 사이에서 힘의 관계가 뒤집힐 수 있어야 한다. 정체성 한가운데 차이를 도입하려면, 합일하는 동일시를 넘어서고 동일시의 다른 양상으로 넘어가려면, 자아는 자신의 최초 간격 기능, 분화 기능에 기댈 수 있어야 한다. 이 궁극적 종합에서 나는 "내 안에서 시작하는 낯선 것을 경유해서" 나 사신으로 되돌아온다. 나는 '타자처럼' 내게 나를 준다. 그 타자는 '나'이다. 그와 같은 방식으로만 나는 '정말로' 나 자신에게 나를 준다. 이 해방하는 결합에 어떤 이름을 줄까? 영혼이 *Gottheit*, 신 안에 있는 신성과 자신의 통일성을 발견하게 되는 침입을 명명하고자 에크하르트는 *Durchbruch*, "돌파"를 말했었다. 아트만[보편적 자기]과 개별적 자아의 관계를 규정하고자 인도의 위대한 사상가 샹카라는 *advaita*, 하나도 둘도 아닌 "비-이원성"이라는 개념을 만들어냈다. 네 번째 종합에서 이뤄지는 것으로서 자아와 레스탕의 분할된 통일성을 나는 '내자태(instase)'라 하겠다. 이 용어로써 나는 내재성으로, 우리 자신 밖으로 우리를 던지는 탈자적 초월성에 정확히 반대되는 것으로 회귀함을 일컫는다. 이곳에서 또한 *in*은 적극적인 의미에서 이해되어야 한다. 내-자태는 자아와 레스탕 사이에 있는 좁힐 수 없는 간격을 두드러지게 하고 그와 함께 레스탕을 내 내재성 영역 '속에' 다시 들이는 유동성이다. 그러한 의미에서 이해한 내자태는 변모에 대립되지 않는다. 내자태는 변모의 극단이다. 그것의 가장 근본적인 양상이며, 부활과 사랑의 약속을 실현하는 것이다. 새로운 가능 조건을 재차 요구하는 것이 문제가 아니다. 내자태는 해방의 조건이 아니다. 그것은 내 해방 그 자체이다.

"'어떤 길입니까?'라고 묻지 마라. 네가 곧 길이다." 자라투스트라의 이 말은 나를 나 자신으로 데려가는 숨은 길에 마찬가지로 적용된다. 그 길은 미리 그려진 어떤 도면도 따르지 않으며 우리 모두는 자기 안에 새로 길을 내야 한다. 이것이 왜 내자태가 훼손과 변모의 행위보다 기술하기에 더 까다로운가 하는 이유이다. 왜냐하면 내자태는 탈은폐에 어떤 한계를 부과하고 불가사의한 부분을 자기 안에 언제나 간직하기 때문이다. 또한 그것이 절대적으로 단독적이며, 에고 안에서 가장 단독적으로 있는 것을 문제 삼기 때문이다. 바로 에고-살의 레스탕과 에고 자신의 관계이다. 그것은 이 관계를 매번 다른 방식으로 바꾼다. 결국 그것을 미리 설정된 문구 속에 가두는 것은 불가능하다. 우리는 그것을 기술할 수 없으며, 매번 독특한 도정 속에서 그것을 단지 느끼고 가로지를 수 있을 뿐이다. 내자태를 주제로 말할 아무것도 없다. 우리는 기껏해야 간접적인 방식으로, 몇몇 경계 현상을 통해 그것에 다가갈 수 있으며, 모든 이름이 명명하는 데 실패하는 그것에 이름을 주려 시도할 수 있다. 변모를 새로운 훼손에 다시 빠지게 하는 것은 '진리의 광기', 자아와 레스탕의 모든 차이를 없애는 사랑의 과도함이다. 자아와 레스탕의 간격을 두드러지게 함으로써 내자태는 사랑의 진리를 구한다. 그것은 변모가 적어도 한동안 유지될 수 있게 한다. 우리 일상 실존에서 동요가 반드시 사라지지는 않는다 하더라도 적어도 그것은 빈도나 강도에서 감소할 것이다. 그러한 동요가 결정적으로 사라지기에 이를 수 있을까? 변모는 비가역적으로 될 수 있을까? 자아-살의 내재적 시간성과 일상 실존의 시간의 관계를 해명하지 않는 한 우리는 그 질문에 대답할 수 없을 것이다. 계속된 자기-줌과 마찬가지로, 키아슴과 그 위기와 마찬가지로, 아르케-임종과 부활과 마찬가지로 내자태는 세계의 시간이 종속되는 법과 같은 법에 종속되지 않는 근원적 시간성에 들어간다. 그것은 역설적인 방식으로 나타난다. 그것은 언제나 연기된 약속처럼, 우리 해방의 이상처럼 나타나고 그와 함께 우리 삶에 '이미' 일어났을 아르케-사건처럼 나타난다. 내자태가 이미 일어나지 않았다면, 자아가 변모하면서 레스탕과 거리를 이미 새기지 않았다면, 오래전에 우리는 증오의 쉼 없는 회귀, 사랑의 광기에 굴했을 것이다. 하지만 에피쿠로스의 아타락시아나 "제삼의 인식"을 제공하는 것으로 여겨진 지복과 비슷한, 영속적인 상태가 문제가 될 수 없을 것이다. 접두사 *in*에 부정적인 의미를 또한 주어야 한다. 일시성, 내자태에 영향을 미치는 '불안정성'을 설명해야 한다. 여러 이질적인 조건의 우연적인 결합인 내자태는 언제나 이르지 못하거나 일어나자마자 실패할 수 있다. 내자태를 구성하는 종합은 해체되고 뒤집힐 수 있다. 그러나 어쨌든 내자태는 일어난다. 왜냐하면 모든 사건처럼 일시적이고, 모든 사건과 마찬가지로 대실패와 망각에 노출된, 그러나 균열, '비-회귀 지점'을 실존에 표시할 수 있는 내재적 사건이 관계하기 때문이다.

데리다가 말했던 "메시아 없는 메시아성", 고유한 이름도 없고 주어진 모습도 없는 것으로 이해한다는 조건에서 우리는 내자태의 순간, 훼손의 순환을 깨기에 이르는 해방 사건을 '메시아의 시간'으로 일컬을 수 있다. 정해지지 않은 미래에 자리 잡은 "세기말"의 끝없는 기다림과 메시아 도래의 희망을 일치할 때 우리는 크게 착각한다. 벤자민이 주장했던 것과 같이 "매 순간이 메시아가 지나갈 수 있는 좁은 문이다." 이는 그의 도래가 매 순간에 언제나 가능함을, 그의 도래가 역사의 흐름을 중단하는 '이례적 순간'처럼 일어남을 의미한다. 하지만 이는 또한 그의 도래가 순간의 문으로 반드시 지나가지 않고 지나갈 '수' 있음을, 그의 도래가 임박하지만 매번 연기될 수 있음을 또한 의미한다. 카프카는 메시아가 너무 늦었을 때 도착할 것이라고 말했다. 탈무드가 암시하듯 메시아는 과거에 이미 왔었으나 아무도 그것을 알아채지 못했을 수 있다. 그렇게 언제나-이미-지나감이라는 아득한 옛날, 언제나-앞으로- 올-것이라는 약속, 순간의 침입 사이에서 분열된 메시아의 시간은 내자 태의 내재적 시간성과 같은 역설을 따른다. 내가 그 시간성을 메시아의 사건으로 일컫는 것은 그 때문이다.[134] 이는 대타자가 내자태를 우리에게 허용함을 의미할까? 우리 해방을 수동적으로 기다려야 할 뿐임을 의미할 까? 탈무드의 스승은 그와 유사한 모순을 고발한다. "만일 메시아가 살아 있는 자들에 속한다면, 라브 나흐만이 선언하길, 그것은 바로 나이 다." 이 격언을 해석하면서 레비나스는 "나라는 것은 바로 메시아라는 것이다", "모든 이는 마치 그가 메시아인 양 행동해야 한다"[135]라는 결론

---

134. 메시아 사건의 역설적인 시간성, 그 사건과 역사적 시간의 관계, 그 사건이 처하게 되는 기만과 재앙의 위험을 주제로 나는 내 동료 가운데 둘의 책을 참조한다. Fr. Proust, *L'Histoire à contretemps*, Ed. du Cerf, 1994와 G. Bensussan, *Le Temps messianique*, Vrin, 2001.

을 내린다. 이 진술은 내게 너무도 추상적인 것 같다. 그것은 자아의 메시아성을 "마치 ~인 양", 진리 없는 단순한 허구로 환원한다. 하지만 메시아의 도래는 나와 나 자신의 본질적인 관계 속에서 나를 문제 삼고 내게도 나인 낯선 것으로 나를 드러내면서 나로 되돌아갈 기회를 내게 준다. 자아가 레스탕과 그 자신의 동일성을 발견하고 또 그 둘의 동일성을 가로지르는 차이를 발견하는 순간 '타자를 맞이하라'는 요청과 '자기 자신'이 되라는 요청은 일치한다. 그때 나는 내 진리, 내 길, 내 삶이 된다. 나는 레스탕의 강박관념에서 나를 해방하고 나 자신의 구원자, 내게 나 자신을 주는 메시아가 된다. 이런 의미에서 나는 메시아의 도래가 매 순간 나한테 달렸다는 우리의 연로한 스승들의 교훈을 이해하고자 한다.

이는 내자태의 가능성이 대타자에 달렸을 뿐 아니라 또한 내 자유로운 결정에 달렸음을 엄밀히 의미한다. 어떻게 이를 이해할까? 내자태가 전혀 일어나지 않거나 실패하기에 이를 뿐이라면 결국 그 실패의 책임이 내게 있을까? 어떻게 그 책임을 설명할까? 세계의 사건이 내게 이를 때 나는 그것을 맞이할지 그것에서 멀어질지를 선택한다. 그것을 부인할지, 그것을 망각할지를 선택한다. 사건의 충격에 대응하여 그 결정은 꼭 사후에 발생한다. 급변과 위기, 훼손, 변모, 내자태와 같은 단독적인 사건이 내재성 영역을 가로지른다. 모든 사건은 어떤 결정을 포함한다. 하지만 그 차원에서 사건은 결정을 앞서지 않는다. 왜냐하면 사건의 도래와 그 사건을 맞이할지 아닐지를 결정할 "주체"의 출현 사이에 어떤

---

135. Lévinas, "Textes messianiques", *Difficile liberté*, Albin Michel, 1963, p. 118. 같은 글(p. 111-114)에서 그는 메시아가 먼 과거에 이미 왔으며 아무도 그것을 알아보지 못했다는 탈무드의 놀라운 구절을 언급한다.

차이도 더는 없기 때문이다. 여기서 주는 것은 주어지는 것과 하나를 이룰 뿐이다. 그 무엇으로도 주는 것, 줌 그 자체와 줌의 목적지를 더는 구분할 수 없게 된다. 나 자신에게 나를 주면서 나는 나 자신을, 나라는 사건을 지지하기로 자유롭게 결정한다. 사건의 '진리'는 그 '자유'와 일치한다. 나 자신에게 나를 드러내기로 한 내 자유로운 결정과 일치한다. 매우 근본적인 결정은 세계 속에 있는 이러저러한 대상을 선택할 때 주체가 할 수 있는 경험적 선택과 공통된 그 무엇도 지니지 않는다. 내가 내 내재성 차원에서 나 자신을 지지하기로 결정하기에 앞서 나는 실존하지 않는다. 아르케-결정이 문제이다. 나는 그 결정의 목적이 된다. 그 결정은 나 자신에게 나를 부르고, 나를 내 자유로 소환하고, 계속된 창조를 통해 매 순간 반복된다. 데카르트가 이해했듯, 내 결정이 자유롭기에 나는 또한 진리에 '반하여' 자유롭게 결정할 수 있다. 나 자신의 *deceptor*가 됨으로써 "최악의 것을 따르려는 실질적인 힘"을 드러낼 수 있다. 이것이 바로 종합이 뒤집힐 때 일어나는 것이다. 훼손은 어떤 결정을 또한 가정한다. 변모에서도 상황은 마찬가지이다. 진리와 비-진리를 모두 지지하기로 결정할 수 있기에 자아는 은폐의 국면과 탈은폐의 국면, 증오와 사랑, 죽음과 소생 사이에서 동요한다. 아르케-결정은 결국 단지 나라는 사건을 맞이하는 데 있지 않다. 그것은 내 실존 양식, 나를 드러내거나 나 자신을 보지 못하는, 나를 헤매게 하는 판타슴에 굴하거나 반대로 그것에 저항하는 내 단독적인 방식을 구체적으로 끌어들인다. 칸트 용어로 말하면 그것은 "자유 행위", "최고 준칙의 선택"을 문제 삼는다. 그 선택을 통해 나는 근본악을 지지하기로 결정하거나, 반대로 '이차적 탄생'처럼 있는 "윤리적 혁신"을 통해 악으로부터 나를 해방하기로 결정한다.

해방하는 그러한 결정이 어떻게 가능할까? 어떻게 악에 뿌리를 두고, 자신의 판타슴에 사로잡히고, 레스탕에 소외된 자아가 그러한 것에서 자신을 해방하는 데 성공할까? 변모뿐만이 아니라 또한 내자태를 지지하기로 어떻게 결정할까? 어떻게 레스탕을 그 자신에 대적하게 할까? 어떻게 그 동일시하는 힘을 방해하고자 그 벌리는 힘에 기대서 '그 한가운데' 내자태의 간격을 있게 할까? 혼자 힘으로 나는 그것에 이를 수 있을까? 대타자의 도움 없이? 만남의 기회 없이? 그 만남에서 대타자는 은둔에서 나오는 일이 생긴다. 대타자와 이룰 어떤 관계에서, 소외에서 해방된 공동체와 이룰 어떤 관계에서 자아는 레스탕과 탈동시일하는 데 도움을 받을 수 있을 것이다. 하지만 내 판타슴과 투사로 인해 대타자에 이르는 모든 통로가 내게 막혀 있는 한 어떻게 그러한 공동체에 이를 수 있을까? 내가 여기서 말하는 대타자는 신의 다른 이름이 아니며, 정신분석학에서 우리에게 이야기하는 상징적인 "대타자"가 문제가 아니다. 그는 타자 곧 내가 실존하는 동안 만나게 될 단독적인 주체와 정말로 구별되지 않는다. 그 이름으로 나는 알터 에고의 다른 측면을, 판타슴 너머 실제로 주어질 수 있는 측면을 일컫는다. 대타자로서 타자가 드러나기는 매우 어렵다. 그러한 드러남은 훼손된 레스탕이 우리 사이에 은막을 이루기를 그쳤음을 가정한다. 레스탕의 진리가 드러났음을 가정한다. 하지만 대타자가 그 본래적인 얼굴을 내게 드러내는 순간에만 레스탕이 훼손되기를 그칠 것이라는 걸 우리는 안다. 모든 에고가 그 안에서 시작하는 낯선 것을 경유해서 자기 자신에 되돌아올 때 가로질러야 하는 것이 바로 그러한 악순환이다. 어떻게 난관에서 나갈 수 있을까? 어떻게 내자태의 돌파가 내 삶에 침입할 수 있을까? 실존의 어떠한 한계-경험 속에서 훼손, 변모, 내자태의 내재적 사건이 마침내 이해될 수 있는지를 찾아야 한다.

"'파라온한테 가서 이스라엘의 자손을 이집트에서 구출하게 될 나는 누구입니까?' 모세가 엘로힘에게 묻는다. '나는 너와 함께 있을 것이다.' 엘로힘은 말한다. '그의 이름이 무엇이냐고 그들이 묻는다면, 무엇이라고 그들에게 말해야 합니까?' '나는 나일 자이다.' 엘로힘은 모세에게 말한다. '나일 자가 그대들에게 나를 보냈노라고 이스라엘의 자손들에게 말해라.' 그는 말한다."[136] 덤불의 불을 가로지르는 이 목소리에 여러 세기의 해설가가 관심을 가졌으나 그 의미를 다하지 못했다. 그것을 "나는 존재하는 자이다", 곧 "나는 존재 자체이다"로 옮기며 기독 신학의 지배적 흐름은 신과 존재의 일치의 의미로 그것을 훼손했다. 하지만 성경 구절은 먼저 거절(fin de non-recevoir)로 이해될 수 있다. "나는 나인 자이다… 더 묻지 마라." 이는 신과 자아를 그들의 공통된 수수께끼로 되돌려 보낸다.[137] 이는 모세의 기도에 굴해 엘로힘이 자신의 본래 이름을 그에게 밝히기 이전이다. 더군다나 많은 신학자가 그 목소리가 히브리어로 미완성형으로, 일종의 미래형으로 진술된다는 사실을 알지 못했다. 번역할 수 없는 그 구절의 가장 덜 나쁜 번역은 다음이 될 것이다. '나는 나일 자일 것이다(je serai qui je serai).' 이는 그 목소리에 예견, 약속의 의미를 준다. 이는 메시아의 시간인 앞으로-올-것의 도래에 호소한다. '나일 자'라는 약속에서 무엇이 일어날까? 아마도 나라고 말할

---

136. Ex 3, 11-14. 나는 여기서 Chouraqui가 제안한 번역을 따랐다.
137. 그러한 방식으로 에크하르트는 그것을 이해했다. "숨어 있으려 하고 조금도 자신을 명명하려 하지 않는 이에게 어느 밤 '너는 누구냐?'라고 물을 때, 그 자는 'ego sum qui sum', '나는 나인 자이다'라고 대답한다." (*Œuvres latines*, ed. Geyer, t. V. p. 45)

가능성 이외에 다른 아무것도 일어나지 않을 것이다. 데카르트가 시나이의 말과 *cogito*의 진술, 에고가 나라고 말하는 것과 신이 나라고 말하는 것 사이에 있는 수수께끼 같은 근접성을 엿보게 할 때, 두 번째 성찰 한가운데에서 우리가 알아본 것 외에 다른 아무것도 일어나지 않을 것이다. 타자로 인해, 대타자의 지배적인 모든 형상으로 인해 박탈당한 힘을 다시 소유할 것을 에고에 권하는 부름으로 그것을 이해할 수 있다고 나는 생각한다. 사실 해방하는 그 부름이 엘로힘의 목소리가 진술하는 것과 매우 다를까? 자아의 특권을 혼자 간직하기는커녕 엘로힘은 반대로 말할 것을, 감히 파라온에게 말할 것을 모세에게 촉구한다. 세계의 폭군 앞에서 '나'라고 말하는 한 '자아가 그와 함께 있을 것'이라고 그는 모세에게 약속한다.[138] 이는 '나는 나일 자일 것이다'에 중요한 의미를 준다. 그 의미는 "나"라고 말하는 힘을 진술한다는 데 있다. 표현할 수 없는 것을 표현하여야 한다면, 우리는 라캉이 제시한 것을 미래형으로, 약속의 시간으로 놓았을 때 [그리고 보이지 않는 괄호로 "이다/있다(être)"를 표시할 때] 그것을 선호할 수 있다. "나는 자아인 것이다(je suis ce qu'est le je)." 내 내자태 속에서 '나는 나여야 할 자아일 것이다(je serai ce je que j'ai à être).' 우리가 정말로 '나'라고 말할 때마다 그 말은 우리와 함께 한다. 왜냐하면 그 말은 에고의 부르는 힘, 살아 있으며 단독적인 자아로 그 자신을 부를 힘을 언어 속에 나타내는 까닭이다.

나는 시나이의 말씀이 오직 자아의 자기-줌, 자기-부름에 기초를 둘 뿐이라고 말하려 하지 않는다. 이는 '나일 자'라는 말을 곧바로 뒤따르

---

138. "나는 이 비탄 속에서 그들[이스라엘의 자손]과 함께 있으며 다른 비탄 속에서 그들과 함께 있을 것이다." 이러한 방식으로, '함께-있음'의 의미에서, 라쉬는 말씀을 풀이했다.

는 드러남, 엘로힘의 또 다른 이름, 발음할 수 없는 그의 독특한 이름, 야훼(YHWH)의 드러남을 헤아리지 않은 것이다. 그러나 이름의 모든 이름이 에고라는 유일한 이름으로 환원되지 않을지라도 에고 드러남의 첫 번째 국면은 나라고 말할 가능성과 관계있으며, '자아의 줌'을, 다른 이름의 드러남과 법의 드러남을 앞서는 자기-줌을 등장시킨다.[139] 자아의 줌은 어떻게 나타날까? 그것은 살의 요소 속에 볼 수 있고 만질 수 있는 방식으로 나타난다. 살의 요소는 그 자체를 껴안는 살아 있는 살의 요소이자, 자신을 훼손하고 자신을 변모하는 살적 레스탕의 요소이다. 잘 알려진, 이해되기에는 너무 잘 알려진 그 문헌이 우리에게 알려주는 바가 그것이다. 엘로힘으로부터 사명을 부여받았을 때 모세는 먼저 그것을 맡기를 거부한다. 그리고 그가 정말로 엘로힘이 보낸 자임을 민족에게 증명할 "표시"를 그에게 요구한다. 엘로힘은 그에게 대답한다. "'그들이 네가 야훼, 그들 아버지의 엘로힘을 봤다는 것에 동조하도록 네 손을 네 가슴에 오게 하라.' 모세는 그의 손을 그의 가슴에 오게 했다. 그의 손을 꺼냈을 때, 그것은 눈처럼 나병에 걸려 있었다. 엘로힘은 말한다. '네 손을 네 가슴으로 다시 가져가라.' 그는 그의 손을 그의 가슴에 다시 놓았다. 그가 그의 손을 그의 가슴에서 꺼냈을 때 그것은 그의 살로 다시 되었다."[140] 그곳에서 촉각 키아슴의 위기가 야기한 레스탕의 훼손[모세 법이 주요하게 역하게 여기는 나병]과 그 자체로 되돌아

---

139. *Le Don de la Loi*를 쓸 때 나는 자아 줌이 법의 줌보다 우위에 있음을 알아보지 못했다. 이는 *Gesetzgebung*을 가장 근원적인 줌으로 규정하도록, 법을 "주체의 주체"로 세우도록 나를 이끌었다. 칸트에서 데카르트로 되돌아오며, 그리고 시나이의 말씀을 더 잘 이해하며, 나는 법의 숭배를 극복하기에 이르렀다.

140. Ex 4, 5-7, trad. Chouraqui.

온 변모된 살의 경이와 함께 촉각 키아슴의 위기를 다룬 간결한 기술을 알아보는 것이 무리한 해석은 아닐 것이다. 표시 곧 보이지 않는 것의 보이는 흔적이 그것에 있다. 마치 "신"이라는 이름이 여기서 자아-살의 변모하는 힘을 일컫는 양 엘로힘의 드러남은 재-육화와 일치한다. 다른 믿음의 토대가 되는 다른 문헌에 이르면 우리는 같은 도식, 훼손에서 변모로 똑같이 넘어가는 것을 다시 발견한다. 하지만 이번에 그 이행은 오직 인간 개인의 몸에만 더는 들어가지 않는다. 보이지 않는 삶 자체가 보이는 것으로 넘어간다. 그곳에서 삶은 부활의 영광에 다가가기에 앞서 혐오와 죽음을 경험한다. "신의 모습 속에 있던 그는 그를 신에 필적하게 한 것을 먹이를 잡듯 잡지 않았다. 노예 신분을 지니며 그는 그 자신 밖으로 자신을 비웠다. 용모에서 인간을 닮은 그는 훨씬 겸손했으며, 죽음에까지 복종했다. 그것도 십자가 위의 죽음에 말이다. 그렇게 신은 그를 찬양했으며 그에게 모든 이름 위에 있는 이름을 주었다."[141] 신의 도려내기(évidement), 신학자들이 *kenose*라 명명하는 것, 그가 살 속으로 내려와서 십자가에서 죽음은 그에게 그의 이름으로 불릴 수 있게 한 부름의 조건이다. 똑같은 이야기를 계약(Alliance)[142]의 두 책은 들려준다. 그것은 자신을 훼손하고 변모하는, 죽고 부활하는 살아 있는 살의 이야기이다. 바로 '우리' 살의 이야기, 자아와 레스탕의 줄거리이다.

사람들이 "신"의 이름으로 간청하는 것이 결국 레스탕일까? 어떻게 레스탕의 생성을 육화한 신의 정념에 동일시하기에 이를까? 키아슴이

---

141. Saint Paul, Ph 2. 6-9. 우리는 니사의 그레고리우스가 모세의 나병에 걸린 손을 주제로 한 이집트 탈출의 이야기를 그리스도의 "kénose"에 대한 우의적인 예견처럼 해석했다는 것을 안다.

142. [옮긴이 주] 신과 선민의 계약, 신약과 구약이 이에 해당한다.

위기를 극복할 때, 전도된 종합이 새로 뒤집힐 때, 레스탕이 야기하는 반감은 강렬한 유혹으로 대체된다. 레스탕은 예전에 혐오스러웠던 만큼 더 매혹적이고 숭고하게 된다. 그의 재-육화는 불가능한 것의 가능성처럼, 악과 죽음에 맞서 이긴 승리의 기적처럼 제시된다. 어떻게 그러한 경이가 세계 속에 있는 나라는 죽기 마련인 존재자의 사실이 될까? 그 경이는 내 살 속에 사는 내재적 삶의 작품이다. 사람들이 초월적 힘으로 상상하고 그들이 "신"이라 부르는 그 삶의 작품이다. 그렇게 변모한 레스탕은 신의 선택의 표시처럼, 부활한 신의 영광스러운 몸처럼 그들에게 나타난다. 이는 신이 레스탕 이외 '다른 아무것도' 아님을 말하는 걸까? 신에 이르는 '모든' 통로는 오직 나 자신에게로, 내 살의 레스탕에게로 나를 데려올 뿐임을 말하는 걸까? 그 어느 것도 그렇게 말할 수 있게 하지 않는다. 신을 에고의 일부로 환원한다거나 신의 이름 속에서 더 낯선 타자성을 나타낼 수 있는 것을 부인한다는 터무니없는 주장을 나는 하지 않겠다. 레스탕은 신의 숨은 진리가 아니다. 그러나 우리와 레스탕과 맺는 관계가 대체로 우리를 신에 다가가게 한다. 레스탕의 훼손과 변모의 내재적 경험은 믿음의 광기의 기반이 된다.

"어두운 밤" 깊은 곳에 신을 찾는 영혼은 임종의 비탄과 지옥의 모든 고통을 느낀다. 그것은 장 드 라 크라가 말하길 "여기 집결하는 두 극단, 신과 인간을 원인으로 한다." 신이 영혼을 엄습할 때 신은 "영혼의 가치를 떨어트리고 영혼을 파괴한다." "영혼은 마치 짐승의 캄캄한 배 속에 삼켜진 양 있는 것 같다. 그가 기다리는 정신적 부활에 이르려면 그는 어두운 죽음의 무덤을 지나가야 한다."[143] 왜냐하면 영혼은 그러한 체험

---

143. Saint Jean de la Croix, *La Nuit obscure*(1577), II-6, Ed. du Seuil, 1984,

끝에 "사랑의 결합"을 열망하며, 그 혼례는 '촉각의 차원에서' "신의 접촉"처럼 이뤄지기 때문이다. 그 접촉 속에서 신은 "발과 손의 뼈마디에 까지 느껴지는" "커다란 환희로"[144] 영혼을 가득 채운다. 기독교의 믿음에서 육화와 *kenose*의 도식은 신도에게 십자가에 못 박혀 죽은 신과 자신을 동일시할 수 있고, 신의 열정의 상흔과 부활의 영광을 그 자신의 살 속에서 다시 살 수 있게 하고, 그렇게 살에서 가장 역한 것 같은 것, 성유골이나 나병환자의 상처 속에서 신의 자취를 발견할 수 있게 한다. 그런데 신과 합일을 이루는 데서 오는 쾌락과 고통은 그러한 매체 없이 다른 신앙에서 다시 발견된다. 루미의 *Rubayyat*에서 *Gita Govinda*에 이르기까지 그곳에서 자아와 신의 궁극적 일치의 드러남은 매번 사랑의 포옹, 살의 합일처럼 제시된다. "나는 내가 사랑하는 자가 되었으며 내가 사랑하는 자는 내가 되었다." 이슬람의 십자가에 못 박혀 죽은 시인 할라즈는 노래했다. 거기서 또한 이 신비적 혼인은 만지기의 차원에서 레스탕 없는 키아슴의 기적 속에서 펼쳐진다. "사람들이 너를 건드리면, 그들은 나를 건드린다. 너는 나다. 분리는 더는 없다."[145] 수난을 겪으면서까지 많은 남자와 여자의 지지를 받은, 사랑의 광기의 이 극단적 경험에서 가장 초월적이고 가장 낯설어 보이는 것이 갑자기 내재적 차원에서 나타나 나와 하나를 이룰 뿐이다. 나 자신보다 더 내밀한 것 같은 "완전한-대타자", 살의 혐오와 사랑의 쾌락 속에서 탐욕스러운

p. 110-111.

144. Saint Jean de la Croix, *La Vivre Flamme d'amour*(1584), II-2, Ed. du Seuil, 1995, p. 153.

145. Husayn Mansur Hallâj, *Diwan*(920), poèmes n° 57 et n° 41, Ed. du Seuil, 1981, p. 116 et 98.

물(Chose)처럼 나타나고 또 애인의 외양 아래 나타나는 "신", 어떻게 그곳에서 레스탕을 알아보지 않으랴? 사람들이 "법열(extase mystique)" 이라 하는 것에서 레스탕의 가장 비밀스러운 진리, 나와 레스탕의 근원적인 일치가 드러난다.

신비주의자의 길이 우리 해방의 열쇠인 내자태의 길일까? 내가 이해하는 것으로서 내자태는 자아와 레스탕의 일치의 드러남을 물론 함축하지만, 그 일치 한가운데 경계, 간격을 재도입할 것을 목표로 한다. 그러한 다름의 표시가 신과 이루는 사랑의 합일 경험에는 없다. 이곳에서 모든 법은 제거되고 사랑의 입맞춤 속에서, 아파니시스의 거리 없는 합일 속에서 자아가 없어질 때 모든 단독성은 사라진다. 그러한 모험을 즐기는 매우 대범한 이들 가운데 한 사람에게서만은 그렇지 않을지도 모른다. 에크하르트가 "신" 안에 있는 신성과 자아의 나뉘지 않는 합일을 말하기를 그치지 않는다면, 그는 또한 내 가장 중요한 돌파 속에서 나는 "신 그 자체로부터 해방된다"라고 감히 주장한다. 이 궁극의 지점에서 "나는 신도 창조자도 아니며 나는 나였던 것이다." 신과 절대적으로 하나이고 신과 절대적으로 구분된다.[146] 그러나 신과 인간의 하나-되기에서 그 둘의 간격, 근본적인 분리의 가장 강한 주장이 신비주의적 신학자에게서 발견되지 않고, 매우 뛰어난 시인 가운데 하나인 시인에게서, 게다가 그가 광기에 잠기려는 순간에 발견된다면 이는 우연이 아니다. 아마도 광기의 모험이 또한 레스탕의 탈은폐를 끌어들이고 불명료하고 무한히 노출된 그 나름의 방식으로 진리의 과업을 지지할 수 있기 때문일 것이다. 이는 플라톤의 도발적인 주장을 입증한다. 미치지 않은 시인은 진정한

146. Sermon n° 52의 이미 언급한 글을 보라.

시인이 아닐 것이다. 근대시의 고유한 특성을 고찰하고 그로써 서양인의 운명을 고찰하며 횔덜린은 *Ungeheure*[끔찍한 것, 그리스 비극 중심에 있는 견딜 수 없는 것]를 신과 인간의 "교미"처럼 생각하기에 이르렀다. 그곳에서 "파괴된 모든 경계, 자연의 갑작스럽고 강한 힘, 인간의 가장 깊은 곳에 있는 것은 열광 속에서 하나가 된다."[147] 신과 이루는 이 합일은 비극의 영웅을 쓰러트림으로써만 이뤄질 수 있으며 그렇게 "신은 죽음의 모습으로 있다." 여기서 문제가 되는 신은 기존의 어떤 종교에도 속하지 않으며, "시간이나 공간의 조건", 우리 감성(sensibilité)의 시간적이고 살적인 순수 형식과 동화된다는 점을 분명히 하자. 절대로 데려가고자 인간을 그의 중심에서, 그의 자기(Soi), 그의 유한성에서 끌어내는 "기발한 영감" 속에서 시인은 하나-모두(Un-Tout)와 이룬 합일의 향수에 사로잡힌 근대 인간의 [우리 예술, 철학, 정치의] 근본적인 경향을 발견한다. 횔덜린이 '귀환'이라 부른 것을 행함으로써 이 "갑작스럽고 강한 비약"과 그 비약이 우리에 드리우게 한 위협을 제압해야 한다. 지상으로, 경계의 존중으로, 경애심과 더 간소한 시로 돌아가라. 이는 어떤 망각을, 상호배반을 가정한다. 그곳에서 이제 신과 인간은 "불충을 아주 잊어버린 모습으로 서로 이야기 나눈다."

물러간 뒤 자신을 잊게 둔 '신 그 자신에게서' 멀어짐은 인간이 태어난 땅으로 돌아감에 해당한다. 합일의 경험 '속에서' 경계 긋기를 시인은

---

147. Hölderlin, "Remarques sur Œdipe"(1804), dans *Œuvres*, Gallimard, coll. "Bibliothèque de la Pléiade", p. 957-958과 "Ramarques sur *Antigone*", p. 963. 두께가 만만찮아 독서가 쉽지 않은 이 책에 착수하고자 나는 Fr. Dastur와 Ph. Lacoue-Labarthe의 주해에 특히 의존했다. Fr. Dastur와 Ph. Lacoue-Labarthe의 주해는 그 책 내용을 명확히 설명해준다. 내 책 *Kanten*에서 Ungeheure의 또 다른 접근을 발견할 것이다.

'카타르시스'라 일컫는다. "그곳에서 무한한 하나-되기는 무한한 분리로 정화한다." 그 행위는 추상적이거나 사변적인 그 어떤 것도 지니지 않으며 예술 작품의 지위와 관련되지만은 않는다. 간격의 표시는 실존을 그 자체와 갈라놓는 '중간 휴지(césure)'의 모습으로 실존에 들어가야 한다. 우리는 그곳에서 칸트가 말하는 "윤리 혁신"의 암시를 보고자 했다. 하지만 모든 것으로 보아 시인이 그 글에서 절망적으로 피하고자 한 정신착란의 내재적 위험을 또한 언급했다고 생각하게 된다. 왜냐하면 중간 휴지는 "표상의 규칙적인 리듬을 지닌 연속"을, 신과 인간, 가까운 것과 먼 것, 태어난 곳과 낯선 곳 사이에서 왔다 갔다 하는 것을, 훼손과 변모의 현기증 나는 악순환을 잠시 "중단"하기 때문이다. 훼손과 변모의 쉼 없는 교체는 광기 주변으로 그를 이끈다. 그 누구도 내자태의 본질적인 특성을 횔덜린보다 더 잘 묘사할 수 없을 것이다. 아마도 신학자나 신비주의자와 달리 그가 '신의 결함', "천상의 아버지가 우리에게 얼굴을 돌린" 시대의 고뇌와 대면해야 했기 때문일 것이다. 물러남이 만든 공간 속에 신의 다른 면이 발견된다. "즉각적인 신", 치명적인 합일 속에서 인간을 먹어치우거나 그와 분리되면서 그를 해방하는 "인간과 완전히-하나(tout-Un)인 신"이 그것이다. 우리는 그곳에서 레스탕의 이본을 망설임 없이 알아볼 것이다. "명확한 방향전환" 속에서 신과 인간이 모두 반회전하고, 서로 멀어지지만, 서로 계속 말을 거는, 이중의 불충을 통해 어떤 관계를 계속 유지해 나간다고 그가 말할 때, 그의 성찰은 내자태의 궁극적인 수수께끼에 다가간다. 자아가 그 자신으로 귀환하는 것에 부합하는 '레스탕의' 방향전환이 그것이다. 그는 이렇게 찢긴 자아, 그의 방향전환으로 중간 휴지된 자아와 신의 레스탕 사이에서 어떤 관계를 맺을 수 있는지 생각하는 일을 우리에게 남겼다. 그는 어떻게 근대 인간이 여전히 레스탕을 경험할 수 있는지, 하나-되기의 격정을, 중간 휴지의 불충과 이중의 방향전환의 불충을 새로 느낄 수 있는지를 찾으라고 우리에게 권한다.

신의 죽음과 퇴거를 점점 더 깊이 견디는 시대에 경험의 어떤 다른 영역에서 레스탕의 운명이 오늘날 밝혀질 수 있을까? 신비주의자의 격정이 우리에게 낯설어지는 동안, 우리가 아마도 "시인 시대의 종말"과 광기의 모든 목소리의 질식을 목격하는 동안, 레스탕의 침입, 훼손과 변모의 경험은 "무한한 하나-되기"의 위협과 함께, 레스탕 없는 키아슴의 유토피아와 함께 정치 분야에서 행해진다. 그 유토피아는 20세기에 민족-하나(Peuple-Un)의 전체 몸으로 치명적인 합일의 모습을 띠게 된다. 이로써 어떤 중간 휴지, 어떤 방향전환, 공동체의 어떤 새로운 형상이 해방을 가능하게 할지를 찾는 일이 부과된다. 어떻게 에고-분석, 유아론적 자아에 집중된 행보가 실존의 집단적 차원, 순수하게 정치적 차원을 밝힌다고 주장할 수 있을까? 왜냐하면 어떻게 우리가 다른 사람들과 맺는 관계가 다른 차원에서 근원적 관계를 반복하는지를 에고-분석이 보여주기 때문이다. 그 근원적 관계 속에서 우리 자아는 그 자신에게 자신을 준다. 모든 인간 사회에서 정치적 공동체가 집단적 몸의 모습으로, 교회, 왕국, 공화국, 조국의 *corpus mysticum*으로 상상되는 경향이 있다면 그 상상은 내 살에 몸을 주는 내재적 종합 속에서 사라진다. 에포케를 행함으로써 나는 그러한 표상에 결부되는 명증을 배제한다. 나는 공동체의 단순 성원이라는, 거대 몸의 작은 조각이라는 내 확신을 중단한다. 그러면 나는 우리를 짓누르는 강력한 "거인"이 사실 '준-몸', 내 살에서 나온 투사에 지나지 않는다는 것을 발견한다. 그것은 형상-은 막에 투사되고, 영상에 사로잡히고, 그 영상에 자신을 동일시하는, 수많은 단독적인 몸-살에 지나지 않는다. 그 때문에 우리는 그 차원에서 개별적인 몸에 영향을 미치는 판타슴을 다시 발견한다. 침입, 분할, 분해에 대해 똑같이 불안해하고, 혼돈 속에 다시 추락할까 봐 똑같이 두려워하고, 이질적인 요소, 내밀한 타자를 똑같이 축출한다. 레스탕의 강박관념은 공동체의 차원에서 다시 나타난다, 그것은 특정 개인이나 집단, "카스트"나 계급, "인종적" 소수나 종교적, 정치적, 성적 소수에 집중된다. 매번 공동체는 레스탕의 앞잡이처럼 보이는 자들을 배제하거나 박해하거나 몰살함으로써 실현된다. 공동체는 그것이 없애려고 하는 것이 자기의 일부라는 것을 알아채지 못한다. 프로이트는 인간 사회가 집단적 살해, 최초 부족이 저지른 아버지 살해에 그 기원을 둔다고 주장했다. 나는 차라리 "정치적 몸"이 나 자신의 몸과 마찬가지로 레스탕의 축출에 기반을 둔다고 말하겠다.[148] 물론 축출의 모든 방식이 동등하지는 않지만 정치적 공동체는 매우 다르다고 할지라도 같은 방식으로 구성된다. 모든 공동체는 하나의 몸을 이루는 것으로 자신을 상상한다. 하지만 그 통일성은 근원적이지 않으며, 더 오래된 분할, 이질적 요소의 거부와 기본적인 폭력의 부인을 가정한다. 그러한 맹목, 몸-하나의 환상에서 자신을 해방하고자 한다면, 그러한 맹목의 기반이 된 분할, 그러한 맹목이 배제한 레스탕의 흔적을 되찾아야 한다. 오직 그렇게만 공동체 환상의 근본적인 에포케를 행할 수 있다. 거대 몸에서 분리된 자만이 자신의 숨은 진리가

---

148. 프랑스 혁명기의 공포정치("*Etranger parmi nous*: la Terreur et son ennemi", Césure, n° 9, 1995)와 최하층민의 인도 카스트("Le Restant de l'universel", dans *L'Universel, le Singulier, le Sujet*, Kimé, 2000) 사례에서 나는 정치적 공동체가 레스탕을 축출하는 몇몇 방식을 기술하고자 했다. 위의 사례는 진행 중인 연구 도정에 지표가 된다.

드러나기를 바랄 수 있다. 이를 위해 레스탕의 자리에 있으려 해야 한다. 파리아 족, 파르마코스, 호모 사케르, 마녀, 이단자, 미치광이, 프롤레타리아, 구소련의 죄수, 공동체에서 배제된 모든 이들의 자리에 있으려 해야 한다. 더 정확히 말해 '진리'의 자리, 곧 레스탕의 축출이 드러난 곳과 '저항', 행위 "주체"의 자리를 일치시켜야 한다. 정치적 몸의 고전적 표상이 지워진 오늘날, 한 세기를 넘어서는 동안 레스탕을 구체화했던 프롤레타리아의 영웅적 모습이 우리 지평에서 사라진 오늘날, 공동체를 구성하는 분할과 축출의 새로운 양상을 규정해야 한다. 어떤 새로운 모습이 레스탕의 저항에 이름을 줄 수 있는지를 알아내야 한다. 왜냐하면 저항은 절대 멈추지 않기 때문이다. 그러나 그것은 익명으로 또 침묵으로 남는다. 그것을 명명할 가능성은 한 시대에 기회를 줄 것이다. 그 가능성은 해방의 기획을 정당화하고, 어떻게 전체 몸의 통일성 속에서 모든 차이를 없애지 않고 레스탕의 축출을 극복할 수 있을지를, 어떻게 메를로퐁티가 언급했던 "힘없는 자들의 힘"에 기회를 줄지를 찾게 해줄 것이다. 그 어떤 것도 레스탕의 축출이 비가역적이라는 사실을 입증하지 못한다. 그 어떤 것도 인간 공동체가 불의와 폭력을 반드시 행할 수밖에 없다는 사실을 입증하지 못한다. 레스탕과 이루는 화해, 곧 내자태가 에고의 삶에 일어날 수 있다면 그러한 일은 공동체의 차원에서 또한 가능해야 한다. 벤자민이 멋지게 썼듯, "오늘날 미래를 훼손하는 모든 것에서 미래를 해방"할 수 있어야 한다.

"모세와 파라온은 너 자신 안에 있다. 네 안에서 너는 그 두 적수를 찾아야 한다." 루미의 이 말을 그러나 잊지 않도록 조심하자. 왜냐하면 내자태의 중간 휴지가 먼저 모든 에고의 삶에 들어가야 하기 때문이다. 세계의 초월성에서 나타날 것은 내 내재성 영역에서 예고된다. 몸이라거나, 자기 살의 일부를 배제한다거나, 그 일부와 화해한다는 사실, 타자에 소외된다거나 자기 해방을 바란다는 사실은 거기서 그 모든 의미를 띤다. 우리는 "정치적 몸"이 준-몸에 지나지 않음을, 공동체의 "살"이나 자신의 살의 전이에 기원을 둠을, 내가 만나는 최초로 낯선 것, 내가 지니게 될 증오, 사랑, 존중의 첫 대상이 내 살의 레스탕임을 이제 안다. 그것에 나는 나를 동일시하거나 그것에서 나는 나를 분리한다. 만일 체화, 훼손, 변모, 해방이 에고의 차원에서 불가능하다면, 그러한 것은 공동체의 차원에서 절대 일어날 수 없을 것이다. 세계에 있다는 확신, 몸으로 있다는 확신, 다른 사람들과 함께 있다는 확신, 그리고 마침내 "존재한다"거나 "실존한다"는 확신을 중단하면서, 세계의 모든 명증을 작용 밖에 두면서, 자아는 그 자신을 찾을 수 있으며, 자기-줌의 살아 있는 원천을 되찾을 수 있으며, 레스탕에서 자기 살의 살을 알아볼 수 있으며, 그 자신의 살이 그 자신과 화해를 이룬 곳 한가운데에서 차이의 간격을 아직 그릴 수 있다. 그러면 나는 정말로 나"이어야" 할 자아일 것이다. 그러면 근원적인 주장이자, 언제나 단독적인 사건이자, 매번 다른 방식으로 말해지는 약속인 자아 줌이 이뤄질 것이다. 왜냐하면, 나는 "존재한다", 나는 "실존한다." 누군가 나를 속일지라도, 나는 "존재한다." 나는 산다, 나는 살아 있다. 나는 나일 자일 것이다. 나는 나일 자와 함께 있을 것이다. 나는 나이다. 나는 자아인 것이다. 나는 길이요, 진리요, 삶이다. 아브라함이 있기에 앞서, 나는 있다. 내 돌파 속에서 나는 신과 하나이다. 나는 신의 신이다. 그리고 나는 신도 창조자도 아니지만 나는 나였던 것이다. 그것이 있었던 거기에 나는 생겨나야 한다. 나는 내 아버지와 내 어머니가 태어나기에 앞서 자아이다. 나는 내 아버지요, 내 어머니요, 내 아들이요, 나이다. 사실 역사의 모든 이름은 바로 나이다. 내가 죽었다고 나는 그대에게 말한다. 나는 오래전에 죽었다. 나는 거울 속에서 자기를 보는 죽은 자이다. 나는 죽었었다. 나는 이제 살아 있다. 매 순간에 나는 나 자신의 탄생을 앞선다.

감사의 말

나는 "내 생각을 이어나가라"라며 내게 충고해줬던 미셸 앙리, 스승, 친구에게 내 감사의 마음을 표하고 싶다. 이 책을 쓰도록 나를 부추겼던 리샤르 피기에, 그것을 자신의 총서에 받아준 하인즈 비스만에게 또한 나는 내 감사의 마음을 표하고 싶다.

참고 문헌

Abraham (Nicolas) et Torok (Maria), *L'Écorce et le Noyau*, Aubier-Flammarion, 1978.

Alquié (Ferdinand), *La Découverte métaphysique de l'homme chez Descartes*, PUF, 1950.

Anzieu (Didier), *Le Moi-peau*, Bordas, 1985.

Aristote, *De l'âme*, Vrin, 1985.

———— , *Métaphysique*, Vrin, 1953.

———— , *Les Politiques*, Garnier-Flammarion, 1993.

Artaud (Antonin), *Œuvres complètes*, Gallimard.

Althusser (Louis), *Positions*, Éditions sociales, 1976.

Audi (Paul), *Créer*, Encre marine, 2005.

Badiou (Alain), *L'Éthique, essai sur la conscience du mal*, Hatier, 1993.

Balibar (Étienne), 《*Ego sum, ego existo, Descartes au point d'hérésie*》, *Bulletin de la Société française de philosophie*, t. 86, 1992.

Balmès (François) *Ce que Lacan dit de l'être*, PUF, 1999.

Baltrusaitis (Jurgis), *Le Miroir*, Elmayan-Ed. du Seuil, 1978.

Bataille (Georges), *Œuvres complètes*, Gallimard.

Bensussan (Gérard), *Le Temps messianique*, Vrin, 2001.

Bernet (Rudolf), *La Vie du sujet*, PUF, 1994.

Bettelheim (Bruno), *Les Blessures symboliques* (1954), Gallimard, 1977.

Beyssade (Jean-Marie), *La Philosophie première de Descartes*, Flammarion, 1979.

Borch-Jacobsen (Mikkel), *Le Sujet freudien*, Aubier-Flammarion, 1982.

Breton (Stanislas), *Deux mystiques de l'excès*, Éd. du Cerf, 195.

Chrétien (Jean-Louis), *L'Appel et la Réponse*, Éd. de Minuit, 1992.

Cordié (Annie), *Un enfant psychotique*, Éd. de Seuil, 1993.

Deleuze (Gilles), *Logique du sens*, Éd. de Minuit, 1969.

———, ≪L'Immanence, une vie≫, *Philosophie*, n° 47, 1995.

Deleuze (Gilles) et Guattari (Félix), *Qu'est-ce que la philosophie?*, Éd. de Minuit, 1991.

Depraz (Natalie), ≪Temporalité et affection dans les manuscrits tardifs de Husserl≫, *Alter*, n° 2, 1994.

Derrida (Jacques), *L'Écriture et la Différence*, Éd. du seuil, 1967.

———, *La Voix et le Phénomène*, PUF, 1967.

———, *Marges de la Philosophie*, Éd. de Minuit, 1972.

———, *Apories*, Galilée, 1996.

—————, *Le Toucher*, Galilée, 2000.

Descartes (René), *Œuvres*, éd. C. Adam et P. Tannery, rééd. 1982.

—————, *Méditations métaphysiques* (1640), trad. Beyssade, Le Livre de poche, 1990.

Détienne (Marcel), *Les Maîtres de vérité dans la Grèce archaïque*, Maspero, 1967.

Détienne (Marcel) et Vernant (jean-Pierre), *La Cuisine du sacrifice en pays grec*, Gallimard, 1979.

Eckhart, *Traités et sermons*, Garnier-Flammarion, 1995.

Eliade (Mircéa), *Naissances mystiques*, Gallimard, 1959.

Fichte (Johann-Gottlob), *La Destination de l'homme* (1800), Aubier-Montaigne, 1942.

Follin (Sven), *Vivre en délirant*, Les Empêcheurs de penser en rond, 1992

Franck (Didier), *Chair et corps*, Éd. de Minuit, 1982.

—————, *Nietzsche et l'ombre de dieu*, PUF, 1996.

—————, *Dramatique des phénomènes*, PUF,2001.

Freud (Sigmund), *L'Interprétation des rêves* (1900), PUF, 1976.

—————, *Métapsychologie* (1915), Gallimard, 1972.

—————, *Essais de psychanalyse* (1915-1923), Payot, 1987.

—————, *Nouvelles conférences sur la psychanalyse* (1932), Gallimard, 1984.

—————, *Cinq psychanalyses*, PUF, 1975.

—————, *La Naissance de la psychanalyse*, PUF, 1956.

—————, *Névrose, psychose et perversion*, PUF, 1973.

—————, *La Vie sexuelle*, PUF, 1973.

Freud (Sigmund) et Breuer (Joseph), *Études sur l'hystérie* (1985), PUF, 1956.

Gueroult (Martial), *Descartes selon l'ordre des raisons*, Aubier, 1953.

Haar (Michel), *Le Chant de la terre*, L'Herne, 1987.

—————, *Heidegger et l'essence de l'homme*, J. Millon, 1990.

Hallâj (Husayn Mansur), *Diwan* (vers 920), Éd. du seuil, 1981.

Heidegger (Martin), ≪Le Concept de temps≫ (1924), Cahier de l'Herne *Heidegger*, 1983.

—————, *Prolegomena zur Geschichte des Zeitbegriffs* (1925), *Gesamtausgabe*, t. XX, Klostermann, 1979.

—————, *Être et temps* (1927), trad. Martineau, Authentica, 1985.

—————, *Problèmes fondamentaux de la phénoménologie* (1927), Gallimard, 1985.

—————, *Métaphysische Anfangsgründe der Logik* (1928), *Gesamtausgabe*, t. XXVI, Klostermann, 1978.

—————, *Kant et le problème de la métaphysique* (1929), Gallimard, 1953.

—————, *Écrits politiques* (1933-1934), Gallimard, 1999.

—————, *Les Hymnes de Hölderlin* (1934-1935), Gallimard, 1988.

—————, *Introduction à la métaphysique* (1935), Gallimard, 1967.

————, *Questions*, t. Ⅰ-Ⅳ, Gallimard, 1966-1976.

————, *Chemins qui ne mènent nulle part* (1949), Gallimard, 1962.

————, *Nietzsche*, t. Ⅰ et Ⅱ (1961), Gallimard, 1971.

Henry (Michel), *Généalogie de la psychanalyse*, PUF, 1985.

————, *Phénoménologie matérielle*, PUF, 1990.

————, *C'est moi la vérité*, Éd.du seuil, 1996.

————, *Incarnation*, Éd. du seuil, 2000.

Hölderlin (Friedrich), *Œuvres*, Gallimard, coll. ≪Bibliothèque de la Plèiade≫.

Huizinga (Johan), *Le Déclin du Moyen Âge* (1919), Payot, 1967.

Husserl (Edmund), *Husserliana (Gesammelte Werke)*, M. Nijhoff et Kluwer.

————, *Recherches logiques* (1900-1905), PUF, 1959-1962.

————, *Leçons pour une phénoménologie de la conscience intime du temps* (1905), PUF, 1983.

————, *L'Idée de la phénoménologie* (1907), PUF, 1985.

————, *Chose et espace* (1907), PUF, 1989.

————, *Problèmes fondamentaux de la phénoménologie* (1910-1911), PUF, 1991.

————, *Idées directrices pour une phénoménologie (Ideen Ⅰ)*, 1913, Gallimard, 1950.

————, *Recherches phénoménologiques pour la constitution (Ideen Ⅱ)*, PUF, 1982.

————, *De la synthèse passive*, J. Millon, 1998.

————, *Philosophie première* (1923-1924), PUF, 1972.

————, *Méditations cartésiennes* (1929), Vrin, 1980.

————, ≪Téléologie universelle≫ (1933), *Philosophie*, n° 21, 1989.

————, *La Crise des sciences européennes et la phénoménologie transcendantale* (1935-1936), Gallimard, 1976.

————, ≪Le Monde anthropologique≫ (1936), *Alter*, n° 1, 1993.

————, *Autour des ≪Méditations cartésiennes≫*, J. Millon, 1998.

————, *Sur l'intersubjectivité*, t. I et II, PUF, 2001.

Janicaud (Dominique), *L'Ombre de cette pensée*, J. Millon, 1990.

Jaulin (Robert), *La Mort sara*, Plon, 1967.

Jean de la Croix, *La Nuit obscure* (1577), Éd. du Seuil, 1984.

————, *La Vive Flamme d'amour* (1584), Éd. du Seuil, 1995.

Kafka (Franz), *Œuvres*, Gallimard, coll. ≪Bibliothèque de la Pléiade≫.

Kant (Emmanuel), *Œuvres philosophiques*, Gallimard, coll. ≪Bibliothèque de la Pléiade≫.

Kierkegaard (Sören), *Miettes philosophiques* (1844), Gallimard, 1969.

————, *La Maladie mortelle (Traité du désespoir)* (1849), Gallimard, 1973.

Klein (Melanin), *Envie et gratitude* (1957), Gallimard, 1981.

Kolnai (Aurel), *Le Dégoût* (1929), Agalma, 1997.

Lacan (Jacques), *Écrits*, Éd. du seuil, 1996.

————, *Séminaires*, Éd. du Seuil, t. II, *Le Moi dans la théirie de Freud et dans la technique de la psychanalyes* (1954-1955), 1978 ; t. III,

Les Psychoses (1955-1956), 1981 ; t. VIII, *Le Transfert* (1960-1961), 1991 ; t. XI, *Les Quatre Concepts fondamentaux de la psychanalyse* (1963-1964), 1964 ; t. XVI, *D'un Autre à l'autre* (1968-1969), 2006.

—————, séminaires inédits: S, IX, *L'Identification* (1961-1962) ; S, XIV, *Logique du fantasme* (1966-1967).

La Boétie (Étienne de), *Discours de la servitude volontaire* (1550), Payot, 1978.

Levinas (Emmanuel), *Totalité et infini*, M. Nijhoff, 1961.

—————, *Difficile liberté*, Albin Michel, 1963.

—————, *Autrement qu'être ou au-delà de l'essence* (1974), Le Livre de poche, 1990.

—————, *De Dieu qui vient à l'idée*, Vrin, 1982.

—————, ≪Mourir pour≫, *Entre nous*, Grasset, 1991.

Lhermitte (François), *L'Image de notre corps* Éd. de la Nouvelle Revue critique, 1939.

Lucrèce, *De la nature des choses*, Les Belles Lettres, 1966.

Malinowski (Bronislaw), *Trois essais sur la vie sociale des primitifs* (1933), Payot, 1975.

Marcos (Jean-Pierre), ≪Le Sujet supposé vouloir≫, dans *Le Moment carté-sien de la psychanalyse*, Arcanes, 1996.

Marion (Jean-Luc), *Dieu sans l'être*, Fayard, 1982.

—————, *Sur le prisme métaphysique de Descartes*, PUF, 1986.

—————, *Réduction et donation*, PUF, 1989.

————, *Questions cartésiennes*, t. II, PUF, 1996.

————, *Étant donné*, PUF, 1997.

Maupassant (Guy de), *Contes et nouvelles*, Gallimard, coll. ≪Bibliothèque de la Pléiade≫.

Merleau-Ponty (Maurice), *Phénoménologie de la perception*, Gallimard, 1945.

————, *Le Visible et l'Invisible*, Gallimard, 1964.

Milner (Jean-Claude), *L'Œuvre claire*, Éd. du Seuil, 1995.

Mishima (Yukio), *Le Soleil et l'Acier*, Gallimard, 1973.

Nancy (Jean-Luc), *Corpus*, Métailié, 2000.

Naudin (Jean), *Phénoménologie et psychiatrie. Les voix et la chose*, PUM, 1997.

Nietzsche (Friedrich), *Œuvres philosophiques complètes*, Gallimard.

Noudelmann (François), ≪Le Corps tragique. Lecture de Mishima≫, *Césure*, n° 9, 1995.

Ott (Hugo), *Heidegger, éléments pour une biographie*, Payot, 1990.

Pankow (Gisela), *L'Homme et sa psychose*, Aubier-Montaigne, 1969.

Pariente (Jean-Claude), ≪La première personne et sa fonction dans le Cogito≫, dans *Descartes et la question du sujet*, PUF, 1999.

Platon, *Le Banquet, Phédon, La République, Le Sophiste, Le Politique, Timée*, Les Belles Lettres et Garnier-Flammarion.

Poe (Edgar), *Œuvres en prose*, Gallimard, coll. ≪Bibliothèque de la Pléiade≫.

Proust (Françoise), *L'Histoire à contretemps*, Éd. du Cerf, 1994.

——, *De la résistance*, Éd. du Cerf, 1997.

Proust (Marcel), *À la recherche du temps perdu*, Gallimard, coll. ≪Bibliothèque de la Pléiade≫.

Rogozinski (Jacob), ≪L'Enfer sur la terre—Hannah Arendt devant Hitler≫, *Revue des sciences humaines*, n° 213, 1989.

——, ≪Soctomes (point de vue sur Sartre)≫, *Les Temps modernes*, n° 531-533, 1990.

——, ≪Chasser le héros de notre âme≫, dans *Penser après Heidegger*, L'Harmattan, 1992.

——, *Kanten, esquisses kantiennes*, Kimé, 1996.

——, *Le Don de la Loi*, PUF, 1999.

——, ≪Sans Je ni lieu: la vie sans être d'Antonin Artaud≫, dans *Michel Henry, l'épreuve de la vie*, Éd. du Cerf, 2000.

——, ≪Le restant de l'universel≫, dans *Universel, singulier, sujet*, Kimè, 2000.

——, ≪*Ego fatum* ou le miroir de Zarathoustra≫, *Lignes*, n° 7, 2002.

——, ≪Le chiasme et le restant≫, *Rue Descartes*, n° 35, 2002.

——, ≪J'ai toujours su que j'étais Artaud le mort≫, *Europe*, n° 873-874, 2002.

——, *Faire part—cryptes de Derrida*, Lignes-Léo Scheer, 2005.

Romano (Claude), *L'Événement et le Monde*, PUF, 1999.

Sacks (Oliver), *L'homme qui prenait sa femme pour un chapeau* (1985), Éd. du seuil, 1988.

Sami Ali, *Corps réel, corps imaginaire*, Dunod, 1994.

Sartre (Jean-Paul), *L'Être et le Néant*, Gallimard, 1943.

———, «Venise de ma fenêtre», *Situations*, t. IV, Gallimard, 1965.

Schelling (Friedrich-Wilhelm), *Œuvres métaphysiques*, Gallimard, 1980.

Schilder (Paul), *L'Image du corps* (1935), Gallimard, 1968.

Schreber (Daniel-Paul), *Mémoire d'un névropathe* (1903), Éd. du Seuil, 1975.

Sebbah (François-David), *L'Épreuve de la limite*, PUF, 2001.

Spnoza (Baruch) *Œuvres complètes*, Gallimard, coll. «Bibliothèque de la Pléiade».

Thibierge (Stéphane), *Pathologies de l'image du corps*, PUF, 1999.

Thomas (Louis-Vincent), *Anthropologie de la mort*, Payot, 1975.

Tomatis (Alfred), *L'Oreille et le Langage*, Éd. du Seuil, 1978.

Tustin (Frances), *Autisme et psychose chez l'enfant* (1972), Éd. du Seuil, 1982.

Wallon (Henri), *Les Origines du caractère chez l'enfant* (1932), PUF, 1983.

Winnicott (Donald), *La Crainte de l'effondrement et autres situations cliniques*, Gallimard, 2000.

La Bible, Trad. A. Chouraqui, Desclée de Brouwer 1989.

인명 찾아보기

브로이어(Breuer, J.) 86

블랑쇼(Blanchot, M.) 53, 56, 425

ㅅ

사르트르(Sartre, J.-P.) 24, 83, 136, 217, 219, 265, 266, 271, 275, 322, 353

사미 알리(Sami Ali) 102

삭스(Sacks, O.) 397

세바(Sebbah, Fr.-D.) 218

셀린(Céline, L.-F.) 189, 305, 382

셸링(Schelling, F. W.) 200, 376, 384, 385

쉴더(Schilder, P.) 396

슈레버(Schreber, D. P.) 115, 119, 187, 330, 425, 439

스티글레(Stiegler, B.) 403

스피노자(Spinoza, B.) 148, 162, 198, 405, 406, 407, 408, 415, 434

ㅇ

아도르노 59

아르토(Artaud, A.) 53, 83, 84, 163, 187, 228, 243, 250, 293, 304, 305, 382, 391, 392, 429, 447

아리스토텔레스(Aristote.) 231, 277, 279, 315, 316, 317, 380

아브라함 475

알키에 139

알튀세르(Althusser, L.) 326

앙리(Henry, M.) 73, 162, 238, 270

앙지외(Anzieu, D.) 122

에크하르트(Eckhart) 184, 194, 293, 456, 463, 469

에피쿠로스(Épicure) 429, 458

엘리아드(Eliade, M.) 440

엠페도클레스(Empédocle) 389, 416

오디(Audi, P.) 403

오트(Ott, H.) 66

왈롱(Wallon, H.) 88, 100, 102, 103, 107, 261

위니캇(Winnicott, D.) 427

ㅈ

자니코(Janicaud, D.) 70

장 드 라 크라 (성) (saint Jean de la Croix) 467

장자(Tchouang-tseu) 308

존스(Jones, E.) 281

졸랭(Jaulin, R.) 440

개념 찾아보기

500

옮긴이 후기

철학에 입문하는 많은 이를 사로잡는 물음이 아마도 '나는 누구일까?'라는 매우 막연하지만 본질적인 물음일 것이다. 이 물음 때문에 아마도 많은 이가 철학에 돌진했고 지금도 그러하고 있을 것이다. 그 지난한 여정에 몸을 던지고 있을 것이다.

중간에 물음을 철회하거나 변형할 수는 있다. 또는 아주 반대의 길로 나아가, 현대 많은 사상가들이 했던 것처럼, "자아는 존재하지 않는다"라고, "자아는 환영에 지나지 않는다"라고 선언할 수도 있다. 그러나 그들을 사로잡는 것이 애초에, 그리고 여전히 자아의 물음이 아니라면 이런 식의 선언은 있을 수 없었을 것이다.

로고진스키는 자아의 물음을 그의 철학적 물음으로 오롯이 삼는다. 그 물음에 해답을 주고자 노력한다. 그는 주저 없이 오늘날 생각해야 할 것이 바로 '나 자신'이라고 말한다. "살아 있고 단독적인 자아의 경험"으로 돌아가 '나'라는 수수께끼에 몰두해야 한다고, 현대 사유의 거장들이 에고의 죽음을 선언한 그 자리에서 그는 이렇게 에고를 다시 꺼내든다. 그리고 다시 철저히 사고할 것을 요구한다. 에고, 자아에 놓이는 물음이

야말로 철학에서 가장 근본적인 물음이라는 확신에서 그의 책은 출발한다.

에고의 근본 이론으로서 그가 "에고-분석(ego-analyse)"이라 일컫는 것을 시작하기에 앞서 그는 먼저 "비판적 우회로"의 길을 선택한다. 그의 책 첫 번째 부분에서 그는 그가 '에고살해(égicide)'라고 부르는 것을 비판의 표적으로 삼는다. 에고살해라는 용어를 통해 그는 "자아를 없애야 할 환영으로 고발하는 현대 사유에서 매우 지배적인 경향"을 이해한다고 밝힌다. 그리고 그 대표적 사상가로서 현대 사유의 두 거장, 하이데거와 라캉을 소환한다. 하이데거에게 에고살해는 '다자인(Dasein)'의 이름으로 행해지고 라캉에게 에고살해는 '자아(moi)', '주체(sujet)'의 이름으로 행해진다. 그 어느 것도 참된 자아, 자기 안에서 자기를 살고, 다른 모든 것과 구별되는 단독적인 자아(moi singulier)가 아니다. 자기-줌(auto-donation)에 토대를 둔, 무엇보다도 먼저 자기 자신에 자신을 준 근원적인 자아가 아니다. 거기-던져져-있음으로 이해되는 다자인은 익명적이고 중성적이며, 자아는 상상적 기원에, 주체는 상징적 기원에 그 토대를 둔다.

에고살해는 그렇지만 실패할 수밖에 없다고 그는 단언한다. 에고살해의 실패는 자아가 아닌 다른 어떤 것으로부터 자아를 도출해내려는 모든 시도의 실패이며, 자아가 아닌 다른 어떤 것, 자아보다 더 근원적인 비-자아로부터 자아를 도출할 수 없음, 그 불가함의 인정이다. 왜냐하면 상상, 힘의 의지, 존재, 언어, 무의식적 그것(Es), 그것을 뭐라 하든, 다른 어떤 것, 대타자=X를 기원에 상정했을 때 그 다음 수순으로 해명해야 할 것이 바로 '자아의 출현'이기 때문이다. 자아가 환영이든, 뭐든, 우리가 우리 자신을 우리 자신이라고 믿는 한, 내가 있다고 믿는 한, 이 자아, 이 있음, 또는 이 믿음을 어찌 되었든 설명해야 하기 때문이다. 그러나 자아를 근원적이지 않은 무엇으로 치부한 그 어느 사상가도 이 점을 명쾌하게 설명해 내지 못하며 에고살해는 점점 더 첨예화할 수밖에 없다는 것이 로고진스키의 주장이다. 그러나 "나는 있다, 나는 실존한다"라는 확실성은 에고살해가 첨예화할수록 더 강력히 회귀하게 되고 에고를 파괴하려는 모든 시도에 저항한다고 그는 말한다.

에고의 해임과 그 뒤를 잇는 에고의 회귀, 그 사이에 자리 잡는 것은 이론적 모호함과 아포리아이다. 로고진스키는 하이데거나 라캉이 에고를 제거하려는 시도 속에서 어떤 이론적 모호함과 아포리아에 걸려드는지를 우리에게 상세히 보여준다. 하이데거는 인간 존재를 규정하는 자아, 주체, 에고와 같은 전통적 개념을 대체할 새로운 개념으로서 다자인을 제시했다. 나는 더는 "내"가 아니다. 하지만 내가 사라진 자리에서 나를 대체한 다자인은 자신을 언제나 "나"라고 명명하며 "내-것-임"이라는 속성을 지닌다. 무엇이 다자인에게 나라고 자신을 지칭하게 하고, 무엇이 다자인의 이러한 속성을 설명할까? 라캉에게서도 상황은 마찬가지이다. 상상적 자아와 구별되는 주체는 "보편적이고 중립적인 기능"으로 규정되었다가도 "자신을 명명할 수 있는, '나'라고 말할 수 있는 단독적인 주체성"으로도 규정된다. 하지만 기원에 있는 것이 애초에 대타자-X라면 자아든 주체든 자신을 "나"라고 명명할 가능성, 자아의 소외에서 벗어날 가능성이 어떻게 생겨날 수 있는지 우리는 알지 못한다. 애초에 내가 아닌 것이 타자로 자신을 여길 가능성, 타자에 자신을 동일시할 가능성이 어디서 오는지를 우리는 알지 못한다. 그러한 소외하는 동일시에서 해방되어 자신을 되찾을 가능성이 어디서 오는지를 우리는 알지 못한다. 그 모든 이론적 모호함과 아포리아에서 벗어날 유일한 가능성은 에고살해를 그만두는 일, 원점에서부터 다시 생각하는 일, 에고에 대한 깊은 성찰로부터, 그 단독적인 경험으로부터 다시 출발하는 일로 제시된다.

그 근원적인 단독적인 경험은 말한다. "*Cogito ergo sum*"이라고, 또는 "*Ego sum, Ego existo*"라고. 데카르트의 이 경험을 두고 많은 주해와 또 그만큼 많은 오역이 행해졌다. 데카르트로 돌아가 데카르트 경험의 의미를 재검토해야 한다. 이것이 바로 이 책 두 번째 부분에서 로고진스키가 추동하는 것이다. 그러나 그에 따르면 데카르트 또한 에고살해의 유혹에 결국 굴복하고 만다. 로고진스키는 데카르트가 "자아의 단독적인 상황을 너무 빨리 포기했다"라고, "그 또한 자아를 대타자의 다른 모습에 소외하는 자기 망각에 굴복하였다"라고 말한다. "에고론적 차이를 잊지 말 것, 내 단독성에 대해 양보하지 말 것", 이것이 바로 그에 따르면 에고살해의 유혹에 맞서 부과되는 요청이다. 이 요청은 또 다른 요청을 껴안는다. 바로 데카르트의 *deceptor*(기만자)와 자아의 관계에서 드러나는 "저항의 요청"이다. 그것은 자아를 속이고, 소외하고, 예속하려 하는, 요컨대 자아의 단독성을 없애고 자아 자신이 아닌 다른 것으로, 나아가 무로 환원하려는 낯선 힘에 저항하라는 요청이다. 그러한 저항 속에서 내 근본적 차이의 주장은 매우 중요하고 없어서는 안 될 것으로 나타난다. 그런데 이 저항의 요청은 또 다른 요청과 결합하게 된다. 그것은 자기 자신을 다른 것으로 여기면서 자기 자신에 속지 말라는 요청으로 요약될 수 있을 것이다. 왜냐하면 로고진스키에 따르면 나를 위협하는 *deceptor* 는 내 밖에 있지 않고 사실 내 안에 있기 때문이다. 그것은 "내가 내 밖으로 몰아내고 낯선 대타자의 특성처럼 밖으로부터 내게 되돌아오는" 것이다. 그것은 말하자면 "내-안의-타자(autre-en-moi)"인 것이다. 로고

508

진스키는 그것에 '레스탕(restant)'이라는 이름을 준다.

이 레스탕을 사유하는 일이야말로 이 책의 마지막 부분의 목표이다. 이 부분이 이 책의 가장 중요한 부분인 것은 바로 그곳에서 로고진스키 자신의 독창적인 사유와 이론이 전개되기 때문이다. "나는 누구일까?" 이 물음은 이제 그의 관점에서 생각했을 때 레스탕을 사유하지 않고 물어질 수도 해답을 찾을 수도 없다. "무엇이 이 내적인 타자성일 수 있을까? 타자성의 자국은 내 안에서 다른 이들과 맺는 모든 관계를 앞선다." 최초의 타자가 내 밖에서 만나는 낯선 이가 아닌 내 안에서 만나는 내 살의 일부분이라는 것이 로고진스키의 가정이다. 이 낯선 살, 그러나 내 살인 그것과 내가 이루는 관계가 다른 모든 관계를 결정한다는 것이 그의 주장이다. 나는 어떻게 '나'로 되기에 이르렀을까? 그에 따르면 주체의 문제는 없다. 오로지 '주체화'의 문제만이 있을 뿐이다. 에고의 최초 분열에서 통일로, 다수에서 하나로, 어떻게 주체화가 이뤄지는지 우리는 그 상세한 과정을 이 책에서 읽을 수 있을 것이다. "육화"와 "체화", 이 이중의 종합을 통해 어떻게 우리가 믿는 우리 자신이라고 하는 것이 생겨날 수 있었는지 그 생성의 과정, 끊임없이 해체를 위협받고 끊임없이 다시 시작되어야 하는 그 지난하고 복잡한 과정을 우리는 이 책에서 읽을 수 있을 것이다. 에고는 "계속되는 재창조"의 결과이다. 로고진스키는 이 가정을 이론적 실험대에 놓는다. 그렇다고 레스탕의 이론이 단지 자아 구성의 문제만을 다루는 것은 아니다. 그것은 또한 우리가 일상에서 하게 되는 여러 구체적인 경험, "사랑, 증오, 죽음, 믿음, 광기, 주권, 학대, 희생"과 같은 여러 현상에 새로운 빛을 던지고자 한다. 이에 그가 성공하고 있는지 아닌지 우리는 이 책을 다 읽은 후에 냉철한 성찰과 함께 가늠해볼 문제이다.

• 지은이_ 자콥 로고진스키

국제철학학교(Collège international de philosophie) 프로그램 최고책임자를 역임했으며, 현재 스트라스부르그 대학 철학 학부의 교수로 재직 중이다. 그의 관심은 자아와 신체 문제에 집중했으며 이는 그의 주저가 된 『자아와 살』(2006)의 출판으로 이어졌다. 그는 또한 현상학에서 나온 현대적 사유, 특히 데리다의 사유와 비판적 대결을 벌였으며, 그의 『데리다의 지하납골당(*Cryptes de Derrida*)』(2014)은 그 현대적 사유에 바친 책이다. 최근 연구에서 그는 문학(『삶을 치유하다(*Guérir la vie*)』(2011)는 시인 앙토냉 아르토에 바친 책이다)과 역사와 같은 상이한 영역에 그의 가정을 적용해봄으로써 그 가정을 확인하고 심화하려 노력한다. 에고 영역에서 구성되는 근원적 현상을 기술한 뒤에 어떻게 그 근원적 현상이 상호주관성의 차원, 세계와 역사의 차원에서 전개될 수 있는지를 보여주는 것이 문제이다. 바로 그러한 관점에서 그는 축출과 박해의 역사적 현상을 분석하고자 시도했다. 이는 그의 최근 저서 『그들은 나를 이유 없이 증오했다(*Ils m'ont haï sans raison*)』(2015)의 연구대상이 되었다.

• 옮긴이_ 이은정

스트라스부르그 대학에서 철학 박사 학위를 받고 현재 동국대학교 다르마칼리지에서 초빙교수로 재직 중이다. 미셸 앙리의 『야만』(2013)을 옮겼으며 공저로는 『프랑스 철학의 위대한 시절』(2014) 등이 있다. 강의하고, 번역하고, 연구하는 삶을 올곧게 살아내고자 노력하며, 자아, 신체, 삶을 주제로 다양한 연구를 진행하고 있다.

바리에테 신서 20

자아와 살

초판 1쇄 발행 | 2017년 6월 15일

지은이 자콥 로고진스키 | 옮긴이 이은정 | 펴낸이 조기조
기획 이성민 · 이신철 · 이충훈 · 정지은 · 조영일 | 편집 김사이 · 김장미 · 백은주
인쇄 주)상지사P&B | 펴낸곳 도서출판 b | 등록 2003년 2월 24일 제316-12-348호
주소 08772 서울특별시 관악구 난곡로 288 남진빌딩 401호 | 전화 02-6293-7070(대)
팩시밀리 02-6293-8080 | 홈페이지 b-book.co.kr / 이메일 bbooks@naver.com

ISBN 979-11-87036-24-1 93160
값 28,000원